Entwicklung schulischer Interessen im Jugendalter



Waxmann Verlag GmbH
Steinfurter Straße 555, 48159 Münster
info@waxmann.com

# Pädagogische Psychologie und Entwicklungspsychologie

herausgegeben von Detlef H. Rost



## Editorial

Pädagogische Psychologie und Entwicklungspsychologie sind seit jeher zwei miteinander eng verzahnte Teildisziplinen der Psychologie. Beide haben einen festen Platz im Rahmen der Psychologenausbildung: Pädagogische Psychologie als wichtiges Anwendungsfach im zweiten Studienabschnitt, Entwicklungspsychologie als bedeutsames Grundlagenfach in der ersten und als Forschungsvertiefung in der zweiten Studienphase. Neue Zielsetzungen, neue thematische Schwerpunkte und Fragestellungen sowie umfassendere Forschungsansätze und ein erweitertes Methodenspektrum haben zu einer weiteren Annäherung beider Fächer geführt und sie nicht nur für Studierende, sondern auch für die wissenschaftliche Forschung zunehmend attraktiver werden lassen. „Pädagogische Psychologie und Entwicklungspsychologie" nimmt dies auf, fördert die Rezeption einschlägiger guter und interessanter Forschungsarbeiten, stimuliert die theoretische, empirische und methodische Entfaltung beider Fächer und gibt fruchtbare Impulse zu ihrer Weiterentwicklung einerseits und zu ihrer gegenseitigen Annäherung andererseits.

Der Beirat der Reihe „Pädagogische Psychologie und Entwicklungspsychologie" repräsentiert ein breites Spektrum entwicklungspsychologischen und pädagogisch-psychologischen Denkens und setzt Akzente, indem er auf Forschungsarbeiten aufmerksam macht, die den wissenschaftlichen Diskussionsprozess beleben können. Es ist selbstverständlich, dass zur Sicherung des Qualitätsstandards dieser Reihe jedes Manuskript – wie bei Begutachtungsverfahren in anerkannten wissenschaftlichen Zeitschriften – einem Auswahlverfahren unterzogen wird („peer review"). Nur qualitätsvolle Arbeiten werden der zunehmenden Bedeutung der Pädagogischen Psychologie und Entwicklungspsychologie für die Sozialisation und Lebensbewältigung von Individuen und Gruppen in einer immer komplexer werdenden Umwelt gerecht.

Zoe Daniels

# Entwicklung schulischer Interessen im Jugendalter

Waxmann 2008
Münster / New York / München / Berlin

**Bibliografische Informationen der Deutschen Nationalbibliothek**
Die Deutsche Nationalbibliothek verzeichnet diese Publikation in der Deutschen Nationalbibliografie; detaillierte bibliografische Daten sind im Internet über http://dnb.d-nb.de abrufbar.

Dissertation an der Humanwissenschaftlichen Fakultät der Universität Potsdam, Berlin, Oktober 2004.

**Pädagogische Psychologie und Entwicklungspsychologie; Bd. 69**
herausgegeben von Prof. Dr. Detlef H. Rost
Philipps-Universität Marburg
Fon: 0 64 21 / 2 82 17 27
Fax: 0 64 21 / 2 82 39 10
E-Mail: rost@mailer.uni-marburg.de

ISSN 1430-2977
ISBN 978-3-8309-2022-9


Postfach 8603, D-48046 Münster

www.waxmann.com
info@waxmann.com

Umschlaggestaltung: Pleßmann Kommunikationsdesign, Ascheberg
Gedruckt auf alterungsbeständigem Papier, DIN 6738

# Danksagung

Herzlich bedanken möchte ich mich bei allen, die auf unterschiedliche Weise zum Gelingen dieser Arbeit beigetragen haben. Den Mitarbeitern des Max-Planck-Instituts für Bildungsforschung möchte ich meinen Dank für die vielen inhaltlichen und methodischen Anregungen während der Entstehung der Arbeit aussprechen. Namentlich erwähnen möchte ich Herrn Professor Dr. Jürgen Baumert, Leiter des Forschungsbereichs Erziehungswissenschaft sowie Herrn Professor Dr. Olaf Köller und Frau Professor Dr. Cordula Artelt, die meine Arbeit mit viel Engagement betreut haben. Frau Professor Dr. Ilonca Hardy möchte ich für ihre Hilfsbereitschaft und die vielen konstruktiven Gespräche danken. Herrn Professor Dr. Joachim Brunstein, Leiter der Abteilung für Pädagogische Psychologie an der Universität Potsdam, möchte ich für die Rückmeldungen zu meiner Arbeit während des Examenskolloquiums danken.

Mein Dank gilt ferner allen, die diese Arbeit durch ihre persönliche Unterstützung ermöglicht haben: meinem Lebenspartner Martin Bartsch, der mir während der gesamten Zeit zur Seite gestanden hat, Marianne und Winfried Bartsch, die den Text nach orthographischen Fehlern durchgesehen haben, sowie Frau Schumann-Gliwitzky, die mich in vielfacher Hinsicht unterstützt hat. Herzlich bedanken möchte ich mich nicht zuletzt auch bei meinen Eltern, Ursula und Hans Daniels, sowie meinen Geschwistern, die mir stets Rückhalt gegeben haben.

# Inhalt

# Einleitung

Ziel schulischer Bildung ist es, Kindern und Jugendlichen grundlegendes Wissen sowie wichtige Fertigkeiten zu vermitteln, die für ihre Teilnahme am gesellschaftlichen Leben bedeutsam sind und die sie auf das Berufsleben vorbereiten (Forum Bildung, 2001). Dabei werden neben der Wissenserweiterung auch fächerübergreifende Kompetenzen und psychosoziale Aspekte als wichtig erachtet (vgl. Einsiedler, 1999; Pekrun & Helmke, 1991). Unter fächerübergreifenden Kompetenzen werden sog. *Schlüsselkompetenzen* wie Konzentrationsfähigkeit, Kreativität, Flexibilität, Durchhaltevermögen und Zuverlässigkeit verstanden (z.B. Weinert, 1998b, 2001a), unter Elementen der Persönlichkeitsentwicklung Aspekte wie Selbstvertrauen, Selbständigkeit, Eigenverantwortung, selbständiges und gesellschaftlich verantwortliches Urteilen und Handeln, das Verfolgen selbstgesetzter Ziele und – nicht zuletzt – die Entwicklung individueller fachbezogener Interessen (Patry & Hofmann, 1998; Tarnai, 2001). Dem letztgenannten Aspekt schulischer Bildung, der Entwicklung von Interesse für fachliche Inhalte, widmet sich diese Arbeit.

Es gibt mehrere Gründe dafür, dass der Aufbau und Ausbau stabiler akademischer Interessen als ein wichtiges Ziel schulischer Bildung im Bereich der Persönlichkeitsentwicklung angesehen wird (Krapp, 2002a): Erstens gelten Interessen als eine wichtige Voraussetzung intrinsischer Motivation und stellen eine bedeutsame motivationale Bedingung für (schulisches) Lernen dar (vgl. Hidi & Renninger, 2006; Pekrun & Schiefele, 1996; Schiefele & Schreyer, 1994). Da Lernen nicht losgelöst von der Einstellung und Motivation der Lernenden stattfindet, sondern durch motivationale Prozesse beeinflusst wird (Krapp, 2005), stellt die Forschung zu motivationalen Prozessen und damit auch zum Interesse einen zentralen Aspekt in der Lehr-Lern-Forschung dar (Pintrich, 2003). Das Interesse an einem Gegenstand vermehrt nicht nur die Bereitschaft, sich mit diesem auseinander zu setzen (Krapp, 1998), sondern nimmt einen positiven Einfluss auf verschiedene Aspekte des Lernens – auf die Aufmerksamkeitslenkung (Ainley, Hidi & Berndorff, 2002; Hidi, Renninger & Krapp, 2004), auf Selbstregulationsprozesse während des Lernens (Pintrich & Zusho, 2002; Sansone & Smith, 2000) und auf die Qualität des Lernens, z.B. die Art der verwendeten Lernstrategien (Alexander & Murphy, 1998; Schiefele, 1999; Schiefele, Wild & Winteler, 1995; Wild, Krapp & Winteler, 1992). Besonders unter der Perspektive lebenslangen Lernens stellen fachliche Interessen ein wichtiges Erziehungsziel dar, da ein individuelles Interesse eine über den schulischen Kontext hinausgehende anhaltende Motivation, sich mit bestimmten Inhalten auseinander zu setzen, gewährleistet (Krapp, 1998). Zweitens wird stabilen individuellen Interessen eine Bedeutung für die Entwicklung der Persönlichkeit des Individuums zugesprochen (Alexander & Murphy, 1994). So bilden differenzierte Interessen einen wichtigen Teil des Selbstkonzepts und sind für die Selbstdefinition und Identität einer Person relevant, wobei die Herausbildung stabiler Interessen als ein Teil der Differenzierung der eigenen Persönlichkeit angesehen wird (vgl. Hannover, 1998; Prenzel, 1994). Drittens kommt individuellen Interessen unter dem Aspekt der Aufgabe der Schule, Jugendliche auf das künftige Berufsleben vorzubereiten, eine besondere Bedeutung zu, da differenzierte Interessen die Berufswahl von Jugendlichen erleichtern können. So wurde die Bedeutung individueller Interessen für das Erlangen eines zufrieden stellenden Berufs vielfach belegt (im Überblick s. Krapp, 2000). Aufgrund der Bedeutung individueller Interessen für das Lernen und die individuelle Entwicklung ist es – neben den anderen oben genannten Zielen – ein wichtiges Ziel des Schulunterrichts, die Vermittlung fachlicher Inhalte so zu gestalten, dass Schülerinnen und Schülern langfristig fachliche Interessen ausbilden.

In einem eklatanten Gegensatz hierzu steht das Phänomen, dass Schülerinnen und Schüler im Verlauf der Schulzeit, besonders in der Sekundarstufe I (7. bis 10. Jahrgangsstufe) das Interesse am Unterricht und an schulischen Inhalten verlieren. Ergebnisse zum Interessenverlauf zeigen, dass das durchschnittliche Interesse an den Inhalten der Schulfächer in allen Schulformen über die Schulzeit hinweg abnimmt. Eine Untersuchung zur Lernfreude (Helmke, 1993, 1997), der emotionalen Komponente des Interesses, belegt, dass dieser Trend bereits in der Grundschule einsetzt. Weitere Studien (Baumert & Köller, 1998; Prenzel, 1998) belegten, dass eine Abnahme der Interessen in der Sekundarstufe I verstärkt auftritt. Hier wird der Interessenabfall besonders für die mathematisch-naturwissenschaftlichen Fächer berichtet (vgl. Krapp, 1996). Auch wird betont, dass der Interessenverlust in diesen Fächern in verstärktem Maße die Mädchen betrifft (Baumert & Köller, 1998; Wigfield, Battle, Keller & Eccles, 2002). Ausgangspunkt dieser Arbeit ist damit der Widerspruch zwischen dem erklärten Ziel schulischer Bildung, individuelle fachspezifische Interessen zu fördern, und der häufig beobachteten Abnahme schulischer Interessen in der Sekundarstufe I. Ziel ist es, Ursachen für die generelle Abnahme individueller schulischer Interessen in der Sekundarstufe I zu identifizieren.

Um die Abnahme individueller Interessen zu erklären, werden in dieser Arbeit verschiedene theoretische und empirische Forschungsansätze herangezogen. Die Forschungsliteratur gibt Hinweise darauf, dass die Reduktion fachspezifischer Interessen in der Sekundarstufe I durch verschiedene Prozesse erklärt werden kann. Jugendliche sind in der Adoleszenz vielfältigen Veränderungen ausgesetzt, die ihre individuellen Interessen beeinflussen können. Zu den möglichen Einflussfaktoren zählen die mit der Entwicklung in der Adoleszenz einhergehenden veränderten fachspezifischen Fähigkeitsselbstkonzepte, die verstärkten Geschlechtsrollenvorstellungen, die Auseinandersetzung mit Freundschaften und beginnenden Partnerschaften, die zunehmende Ablösung von den Eltern sowie die Entwicklung von konkurrierenden Freizeitinteressen. Als weitere Ursache für die Abnahme der Interessen in der Sekundarstufe I wird eine mangelnde Passung von Unterrichtsbedingungen und individuellen Bedürfnissen der Jugendlichen genannt. So wird davon ausgegangen, dass verschiedene nicht auf den Entwicklungsstand der Schülerinnen und Schüler abgestimmte Bedingungen des Unterrichts Ursache für die Abnahme individueller Interessen sein können. Als weitere Ursache für den Interessenabfall in der Sekundarstufe I kann ein Differenzierungsprozess innerhalb des akademischen Bereichs verantwortlich gemacht werden. In der Forschungsliteratur finden sich Hinweise darauf, dass sich im Verlauf der Sekundarstufe I akzentuierte individuelle Interessenstrukturen herausbilden. Das bedeutet, dass es zu einer Stabilisierung oder Zunahme spezifischer individueller Interessen in einigen wenigen Bereichen und zu einer gleichzeitigen Abnahme von Interessen auf den meisten anderen Gebieten kommt.

Im Rahmen dieser Arbeit werden alle drei Erklärungsansätze zur Abnahme individueller Interessen überprüft. Der Differenzierungshypothese kommt dabei insofern eine besondere Bedeutung zu, da ein auf die Abnahme der Interessen bezogener Differenzierungsprozess in der Forschung bisher nicht umfassend untersucht wurde. Anders als in der bisherigen Forschung zur Interessenentwicklung wird im Rahmen dieser Arbeit näher untersucht, durch welche Faktoren der vermutete Differenzierungsprozess beeinflusst wird. Es wird angenommen, dass eine Differenzierung fachspezifischer Interessen im Rahmen der Schule in erster Linie auf den Einfluss fachspezifischer Fähigkeitsselbstkonzepte zurückzuführen ist und durch inter- und intraindividuelle Vergleichsprozesse gesteuert wird.

In der Literatur wird oft angemerkt, dass die Abnahme durchschnittlicher fachspezifischer Interessen zu bedauern ist und dass diesem Trend mit allen Mitteln entgegengewirkt werden muss. Erweist sich der – neben anderen Ursachen – angenommene Differenzierungsprozess als eine wesentliche Grundlage der Abnahme individueller Interessen, stellt sich die Frage, ob der Prozess der Interessenabnahme als rein negativ zu bewerten ist. Handelt es sich um eine Differenzierung von Interessen, kann diese auch als entwicklungsadaptiv angesehen werden. Der Differenzierungsprozess kann eine wichtige Funktion für die Entwicklung von Jugendlichen haben, z.B. indem er Entscheidungen bei der Auswahl bestimmter Gebiete im schulischen und beruflichen Kontext erleichtert. Die sich in der Abnahme der Interessen widerspiegelnde Interessendifferenzierung kann so für eine berufliche Weichenstellung und die Zufriedenheit mit dem späteren Beruf entscheidend sein.

Zur Untersuchung der hier verfolgten Fragestellung stand der Datensatz der Längsschnittstudie *Bildungsprozesse und psychosoziale Entwicklung im Jugendalter* (*BIJU-Studie*) zur Verfügung, der es ermöglicht, den Verlauf der Entwicklung individueller Interessen in der Sekundarstufe I an einer großen Stichprobe längsschnittlich zu verfolgen. Bei der Studie handelt es sich um ein gemeinsames Forschungsprojekt des Max-Planck-Instituts für Bildungsforschung in Berlin und des Leibniz-Instituts für die Pädagogik der Naturwissenschaften (IPN) an der Universität Kiel (vgl. Baumert, Gruehn, Heyn, Köller & Schnabel, 2003; Baumert, Roeder, Gruehn, Heyn & Köller, 1996). Die verwendete Längsschnittkohorte umfasst drei Erhebungswellen der 7. Jahrgangsstufe im Schuljahr 1991/92 und eine vierte Erhebungswelle Ende der 10. Jahrgangsstufe im Schuljahr 1995. Die Stichprobe stammt aus vier verschiedenen Schulformen aus drei verschiedenen ost- und westdeutschen Bundesländern. Für die Analysen in der 7. Jahrgangsstufe standen Längsschnittdaten von 3787 Schülerinnen und Schülern zur Verfügung, für die Analysen von der 7. bis zur 10. Jahrgangsstufe Längsschnittdaten von 1587 Schülerinnen und Schülern. Die Studie eignet sich deshalb besonders gut für die Untersuchung der Fragestellung, da in ihr eine große Bandbreite entwicklungsrelevanter Konstrukte berücksichtigt wird, die es ermöglicht, längsschnittlich zu prüfen, welche Faktoren die Entwicklung individueller Interessen (sowohl auf der Individual- als auch auf der Ebene von Schulklassen) beeinflussen.

Mit einer groß angelegten Surveystudie ist immer auch eine Reihe von Schwierigkeiten verbunden, die im Rahmen dieser Arbeit diskutiert werden. Thematisiert werden einerseits Probleme, die sich auf die Erhebung der Stichprobe, insbesondere auch auf Stichprobenausfälle im Verlauf der Untersuchung beziehen. Andererseits werden Möglichkeiten und Grenzen des Forschungszugangs für die Überprüfung der entwicklungstheoretischen Hypothesen erörtert. In diesem Zusammenhang werden auch die damit verbundenen Konsequenzen für die Bewertung der wissenschaftlichen Beweiskraft der gewonnen Befunde in Bezug auf die Entwicklungshypothesen thematisiert.

# Theoretischer Hintergrund

Im Folgenden wird ein kurzer Überblick über die theoretischen Kapitel dieser Arbeit gegeben. Im ersten Kapitel werden Konzepte aus der Forschung zum Interesse und zur Lernmotivation vorgestellt. Im zweiten Kapitel werden Forschungsarbeiten vorgestellt, die sich mit den Bedingungen der Entwicklung von Interessen auseinandersetzen. Es werden dabei verschiedene Modelle der Entwicklung und Genese individueller Interessen dargestellt und die Rolle grundlegender psychologischer Bedürfnisse sowie die Bedeutung kognitiver Variablen – u.a. des Fähigkeitsselbstkonzepts – für die Interessengenese hervorgehoben. Anschließend wird ein Überblick über Studien zum Interessenabfall in der Sekundarstufe I gegeben und auf verschiedene Ursachenkomplexe hingewiesen, die in den folgenden Kapiteln näher ausgeführt werden. Im vierten Kapitel wird auf Forschungsarbeiten eingegangen, die entwicklungsbedingte außerschulische Faktoren für den Rückgang der Interessen in der Sekundarstufe I verantwortlich machen. Im fünften Kapitel werden Arbeiten präsentiert, die verschiedene Bedingungen in der schulischen Umgebung identifizieren, die sich negativ auf die Entwicklung von Interessen auswirken können. Im sechsten Kapitel wird vorgeschlagen, dass ein sich in der Adoleszenz vollziehender Prozess der Differenzierung individueller Interessen für die Abnahme der durchschnittlichen fachspezifischen Interessen verantwortlich sein kann.

## 1 Ansätze der Forschung zu Interesse und Motivation

In diesem Kapitel werden verschiedene Theorien zum Interesse dargestellt. Es erfolgt eine historische Einordnung des Interessenkonstrukts, und es werden drei Konzeptionen des Interesses beschrieben, die je unterschiedliche Aspekte betonen: die Interessentheorie der Münchener Gruppe (z.B. Krapp, 2003, 2007), die Interessenkonzeption von Todt (vgl. Todt & Schreiber, 1998) und das topologische Interesse der Kieler Gruppe (vgl. Hoffmann, Häußler & Lehrke, 1998). Das Interessenkonstrukt wird ferner zu Konzepten aus der Forschung zur Lernmotivation in Beziehung gesetzt – sowohl zur intrinsischen Motivation als auch zur Leistungsmotivation. Bei der intrinsischen Motivation werden die *Selbstbestimmungstheorie* von Deci und Ryan (2002) und die *Flow*-Theorie (Csikszentmihalyi, 1995) betont, bei den Ansätzen, die sich aus der Leistungsmotivationsforschung entwickelt haben, das Modell tätigkeitsspezifischer Vollzugsanreize von Heckhausen und Rheinberg (vgl. Rheinberg, 1998) und das erweiterte Erwartungs-Wert-Modell von Eccles (Eccles, 2005). Im letzten Abschnitt werden Unterschiede und Gemeinsamkeiten der Konzepte zusammengefasst.

## 1.1 Historische Entwicklung des Interessenkonstrukts

Historisch gesehen bildet das Interesse ein Vorläuferkonzept moderner Motivationsforschung. Zu Beginn des 20. Jahrhunderts tauchte das Konstrukt erstmals als Gegenstand psychologischer Theorien auf (vgl. Schiefele, 1996). Bedeutende frühe Interessentheorien stammen von Herbart (1806), Dewey (1913), Kerschensteiner (1922) und Lunk (1926; 1927). Mit dem Aufkommen des Behaviorismus in den dreißiger Jahren verschwand das Interesse als Konstrukt zunächst weitgehend aus der pädagogisch-psychologischen Diskussion und wurde lediglich in der persönlichkeitstheoretisch orientierten Berufspsychologie weitergeführt. Hier wurde Interesse als motivationale Disposition verstanden, z.B. als Vorliebe für ein bestimmtes Wissens- oder Tätigkeitsgebiet bzw. als überdauernde Einstellung (vgl. Holland, 1997). Todt (1978; vgl. Todt & Schreiber, 1998) war der erste, der die persönlichkeitstheoretische Interessentradition wieder mit unterrichts- und entwicklungspsychologischer Forschung verband. Auch er verstand Interesse zunächst nur als dispositionales Persönlichkeitsmerkmal bzw. als allgemeine überdauernde Handlungstendenz, die auf bestimmte Gegenstands- bzw. Tätigkeitsbereiche gerichtet ist. Eine Neufassung des Konstrukts erfolgte erst in den Arbeiten von H. Schiefele (1978; Schiefele, Haußer & Schneider, 1979), der an die ältere Tradition der Interessenkonzepte anknüpfte, um Lernveranlassungen in pädagogischen Kontexten zu erklären. Das neuere Interessenkonzept (vgl. Krapp, 1992a, 2002a, 2005) unterscheidet sich von den älteren Konzepten vor allem darin, dass das Interesse sowohl als überdauernd und allgemein als auch als vorübergehend und spezifisch aufgefasst wird.

Die neuere Interessentheorie wurde in erster Linie entwickelt, um einer Überbetonung der Leistungsmotivation als wichtigster Form der Lernmotivation entgegenzuwirken. Die Leistungsmotivationsforschung (z.B. Heckhausen, 1989; Heckhausen & Rheinberg, 1980; Rheinberg & Vollmeyer, 2000) geht davon aus, dass gelernt wird, um positive Folgen herbeizuführen oder negative Folgen zu vermeiden. Hoch lernmotiviert ist ein Schüler, der gute Noten positiv bewertet (Wert) und das Eintreffen seiner Noten als Folge seiner Lernanstrengungen für wahrscheinlich hält (Erwartung). Die Folgen liegen damit außerhalb der eigentlichen Lernhandlung und stehen in keiner unmittelbaren Beziehung zu ihr. Für H. Schiefele und seine Mitarbeiter (Schiefele, 1978; Schiefele et al., 1979) war dies pädagogisch unzureichend, da es implizierte, dass die ideale Motivation eines Schülers allein darin bestünde, unabhängig vom Fach hohe Leistungen zu erbringen. Kritisiert wurde besonders, dass der Gegenstand keine Rolle spiele (vgl. Rheinberg & Vollmeyer, 2000; Schiefele, 1996). Auch lautete ein Vorwurf, dass übersehen wurde, dass Schülerinnen und Schüler auch deshalb lernen, weil sie eine Präferenz für bestimmte Fächer entwickeln (vgl. auch Deci & Ryan, 1993, 2000b). Zudem entwickeln auch Schülerinnen und Schüler, die generell hoch leistungsmotiviert sind, nur für bestimmte Bereiche Interesse (Renninger, Ewen & Lasher, 2002). Aus heutiger Sicht ist es fast schon erstaunlich, dass zur Erklärung von Lernen (als

Kompetenzaufbau) Motivationstheorien herangezogen wurden, die sich eher mit Bedingungen befassten, die außerhalb des eigentlichen Lerngegenstands liegen (vgl. auch Prenzel, Lankes & Minsel, 2000).

Die von H. Schiefele initiierte Interessenforschung war zunächst vor allem theoretisch ausgerichtet. Später folgte eine zunehmende Anzahl empirischer Arbeiten, u.a. zur Persistenz und Selektivität von Interesse, zu positiven Effekten individueller Interessen auf die Lernsteuerung, die Verarbeitung des Lernstoffs und den Transfer von Gelerntem auf neue Situationen (zusf. Schiefele & Krapp, 1996) sowie zu Bedingungen und Prozessen der Entwicklung „intrinsischer motivationaler Orientierungen" im Kontext von Berufsschulen (s. Krapp, 2005; Krapp & Lewalter, 2001). Parallel zum Interessenkonzept der Münchener Gruppe entwickelte sich die Interessentheorie von Todt (z.B. Todt & Schreiber, 1998) sowie die Interessentheorie der Kieler Gruppe (z.B. Hoffmann et al., 1998). Beide Erweiterungen lehnen sich an das Interessekonstrukt der Münchener Gruppe an, betonen aber je unterschiedliche Aspekte. Im Folgenden werden zunächst die Konzeption des Interesses der Münchener Gruppe, anschließend die Konzeptionen von Todt und der Kieler Gruppe vorgestellt.

## 1.2 Konstrukte aus der Forschung zum Interesse

**Die Konzeption des Interesses der Münchener Gruppe.** Bei der Konzeption des Interesses der Münchener Gruppe (vgl. Krapp, 1992a, 2001, 2002a, 2005, 2007; Krapp, Hidi & Renninger, 1992; Krapp & Prenzel, 1992; Schiefele & Wild, 2000) wird – wie in allen neueren Konzeptionen des Interesses – Interesse in situationales und individuelles Interesse unterteilt. Situationales Interesse wird als ein einmaliger, situationsspezifischer motivationaler Zustand beschrieben, der durch die besonderen Anreizbedingungen einer Situation hervorgerufen wird (vgl. Hidi et al., 2004; Murphy & Alexander, 2000). Individuelles Interesse wird im Gegensatz dazu als habituelle Tendenz oder dispositionales Merkmal einer Person aufgefasst (Krapp, 2002b). Es wird dabei angenommen, dass individuelle fachbezogene Interessen langfristig bestehen und in unterschiedlichen Situationen zum Ausdruck kommen. Individuelles Interesse bezeichnet damit eine zeitlich relativ stabile Vorliebe für einen bestimmten Gegenstand. Situationales Interesse bzw. Interessantheit und individuelles bzw. persönliches Interesse bilden die beiden Komponenten des Interessenkonstrukts, wie sie in Abbildung 1.1 nach Krapp (1992a) dargestellt sind. Zwischen beiden Aspekten des Interesses besteht eine enge Wechselwirkung. So wirken beide während einer interessenorientierten Handlung auf den aktuellen psychischen Zustand einer Person. Auf der Seite des psychischen Zustands der Person werden situationales Interesse und aktualisiertes Interesse unterschieden. Der Unterschied zwischen beiden besteht darin, dass beim situationalen Interesse die äußeren Anreize ausschlaggebend für die Beschäftigung mit dem Gegenstand sind – d.h. die Interessantheit der Situation oder des Objekts (vgl. Hidi, 2000; Hidi & Anderson, 1992). Beim aktualisierten Interesse hingegen wird eher ein in der Persönlichkeitsstruktur verankertes, individuelles Interesse hervorgerufen. Das heißt, während der interessengeleiteten Handlung wird die latente Disposition (*trait*) zum aktualisierten Interesse (*state*), ohne dass externe Stimuli nötig wären.

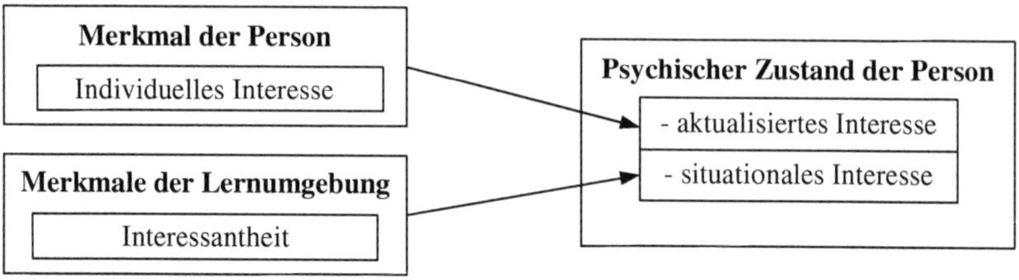


*Abbildung 1.1:* Struktur des Interessenkonstrukts nach Krapp (1992a)

Wie groß die Bedeutung der Interessantheit bzw. des situationalen Interesses für die Beschäftigung mit einem Gegenstand ist, hängt u.a. davon ab, ob bereits ein individuelles Interesse besteht (Krapp, 1992a). Ist das individuelle Interesse gering oder die Person gerade erst im Begriff, ein individuelles Interesse zu entwickeln, ist die Qualität der äußeren Anregung besonders wichtig. Sie kann die Person dazu veranlassen, ihre Aufmerksamkeit auf den Gegenstand zu richten und sich in der Folge über längere Zeit mit ihm zu beschäftigen (Hidi et al., 2004). Besteht hingegen bereits ein starkes individuelles Interesse, sind die situativen Bedingungen nicht mehr so entscheidend. Eine Person, die an einer Sache bereits interessiert ist, wird nach Möglichkeit Situationen aufsuchen, in der sie ihre Interessen verfolgen kann.

Die Beziehung zwischen situationalem und individuellem Interesse kann anhand von zwei Modellen verdeutlicht werden. Das erste Modell ist ein Modell zur Entwicklung bereichsspezifischer Expertise (s. Alexander, 1997, 2004). Im Modell wird die Entwicklung vom Novizen zum Experten anhand eines sequentiellen Zuwachses an Wissen und Interesse beschrieben. Dem in Abbildung 1.2 dargestellten Modell lässt sich entnehmen, dass sog. Novizen in einem Interessengebiet ein stärkeres situationales Interesse benötigen, um sich mit einem Gegenstand zu beschäftigen, da ihre bereichsspezifischen Kompetenzen sowie ihr individuelles Interesse am Gegenstand noch gering ausgeprägt sind. Experten dagegen weisen ein hohes Maß an fachspezifischer Kompetenz und individuellem Interesse auf. Daher ist situationsspezifisch hervorgerufenes Interesse für die Beschäftigung mit dem Gegenstand für sie nicht mehr so entscheidend wie für die Novizen. Das Modell wurde in einer Reihe empirischer Studien belegt (Alexander, Kulikowich & Jetton, 1994; Alexander, Jetton & Kulikowich, 1995; Alexander, Sperl, Buehl, Fives & Chiu, 2004; Jetton & Alexander, 2000; Lawless & Kulikowich, 2006; Murphy & Alexander, 2002).

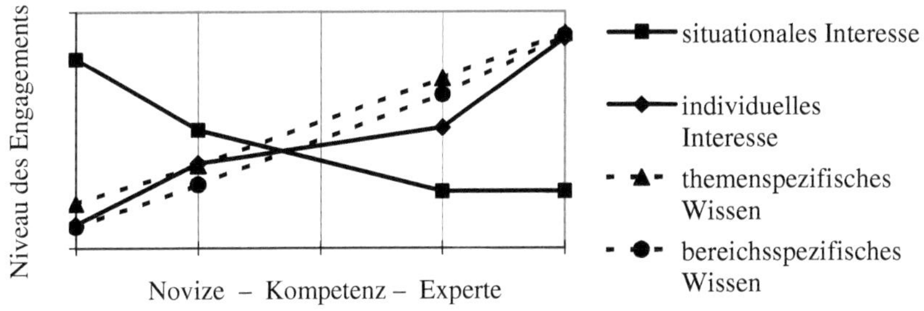


*Abbildung 1.2:* Modell zum bereichsspezifischen Lernen von Alexander, Jetton und Kulikowich (1995), das u.a. die Beziehung von situationalem und individuellem Interesse beschreibt

Das zweite Modell ist ein Modell von Hidi und Renninger (2006), in dem vier verschiedene Phasen der Entwicklung des Interesses unterschieden werden: (1) hervorgerufenes situationales Interesse (*triggered situational interest*), (2) aufrechterhaltenes situationales Interesse (*maintained situational interest*), (3) beginnendes individuelles Interesse (*emerging individual interest*) und (4) gut entwickeltes individuelles Interesse (*well-developed individual interest*). Auch in diesem Modell wird davon ausgegangen, dass die Unterstützung durch die Umwelt, die eine Person für die Entwicklung eines Interesses benötigt, von der Phase abhängt, in der sie sich befindet. Im Gegensatz zum Modell von Alexander (2004) wird aber hervorgehoben, dass es in jeder Phase – also auch in der Phase des gut entwickelten individuellen Interesses – wichtig ist, dass entsprechende Gelegenheiten für die Verfolgung der durch das Interesse hervorgerufenen Fragen gegeben sind. Fehlen solche Gelegenheiten, kann das Interesse zurückgehen oder sogar ganz verschwinden (Renninger, 2000; Renninger & Hidi, 2002; Renninger, Sansone & Smith, 2004). Situationales und individuelles Interesse werden im Folgenden näher beschrieben.

*Was zeichnet situationales Interesse aus?* Situationales Interesse hängt nicht von einer individuellen Präferenz für einen bestimmten Gegenstand ab (Hidi, 1990). Vielmehr führt die Interessantheit des Gegenstands in einer konkreten Situation dazu, dass sich das Individuum diesem zuwendet, weil er die Aufmerksamkeit auf sich zieht (Hidi, 2006; Hidi & Berndorff, 1998; Hidi et al., 2004). Von situationalem Interesse wird also dann gesprochen, wenn es um die anfängliche Zuwendung zu einem Sachverhalt geht (vgl. Schiefele, 2000). Diese kann anhalten und sich unter bestimmten Bedingungen zu einer Lernmotivation entwickeln (Renninger, 2000; Renninger & Hidi, 2002) oder nur vorübergehend sein (Hidi & Harackiewicz, 2000). Der Zustand der interessierten Aufmerksamkeit ist dem der Neugier sehr verwandt, da auch dieser durch situationsspezifische Reizbedingungen (*collative variables*) ausgelöst wird (vgl. Keller, Schneider & Henderson, 1994, zu Neugier und Exploration; vgl. Schiefele, 1996, zu Aufmerksamkeit und Aktivierung). Anders als bei der Neugier steht beim situationalen Interesse aber im Zentrum, dass dieses durch den Gegenstand selbst hervorgerufen wird (vgl. Schiefele, 2000).

Situationales Interesse wurde häufig anhand von Texten untersucht (vgl. Ainley et al., 2002; Hidi, 2001). Nach Schraw und Lehmann (2001) kann ein textbasiertes Interesse (text-based-interest, Hidi & Baird, 1986) durch *seductive details*, d.h. durch spannende, inhaltlich nicht bedeutsame Details (Garner, Brown, Sanders & Menke, 1992; Wade, 1992), durch *vividness*, z.B. durch Textsegmente mit neuartiger, überraschender Informationen (Iran-Nejad, 1987; Iran-Nejad & Cecil, 1992) und durch *coherence*, d.h. durch eine zusammenhängende und übersichtliche Darstellung (vgl. Kintsch, 1998) hervorgerufen werden. Einige Arbeiten untersuchen, wie situationales Interesse durch die Lernumgebung hervorgerufen werden kann. So können z.B. Schüler mit wenig Interesse an Mathematik durch eine interessant gestaltete Mathematik-Software dazu angeregt werden, sich mit mathematischen Fragen auseinander zu setzen (Renninger et al., 2004). Ferner gibt es eine Reihe von Studien, die sich mit Interesse hervorrufenden Unterrichtsstrategien beschäftigen (vgl. Cognition and Technology Group at Vanderbilt, 1997; Stark & Mandl, 2000). So wurden Einstiegsthematiken für den Unterricht entwickelt, die Elemente wie Neuheit, Überraschung und Widersprüchlichkeit, Abenteuer und persönliche Schicksale enthalten. Allerdings warnt H. Schiefele (2000) davor, bei einer allein auf Spannung oder Abwechslung beruhenden vorübergehenden Hinwendung zu einem Gegenstand von situationalem Interesse zu sprechen. Faktoren wie Überraschung oder Diskrepanzerlebnisse können nämlich auch hinderlich für das Lernen sein, zum Beispiel dann, wenn spannende, aber inhaltlich wenig bedeutsame Details (*seductive details*) die Aufmerksamkeit von wichtigen Inhalten ablenken. Auch ist hervorzuheben, dass eine Neugier weckende, interessante Aufbereitung des Lernstoffs allein noch nicht ausreicht, die Aufmerksamkeit über längere Zeit aufrecht zu erhalten oder längerfristiges Interesse zu wecken.

Um kontinuierlich Aufmerksamkeit zu erzeugen, müssen zu den Bedingungen, die Aufmerksamkeit hervorrufen, solche hinzukommen, die sie aufrechterhalten. Mitchell (1993) unterscheidet daher eine *catch*- und eine *hold*-Komponente des situationalen Interesses. Bei Hidi und Renninger (2006) wird in hervorgerufenes situationales Interesse (*triggered situational interest*) und aufrechterhaltenes situationales Interesse (*maintained situational interest*) unterteilt (vgl. auch Bergin, 1999; Harackiewicz, Barron, Tauer, Carter & Elliot, 2000; Harackiewicz, Barron, Tauer & Elliot, 2002; Hidi & Harackiewicz, 2000). Diese frühen Phasen der Interessenentwicklung sind nach Hidi und Renninger (2006) besonders durch eine Lenkung der Aufmerksamkeit und positive Gefühle gekennzeichnet.

Aus einer Reihe von Erfahrungen heraus, die situationales Interesse hervorrufen und aufrechterhalten, kann sich mit der Zeit – unter bestimmten Bedingungen – ein individuelles Interesse an einem bestimmten Sachgebiet herausbilden (Hidi et al., 2004; Krapp, 2005). Sind z.B. die Erfahrungen einer Person bei der Beschäftigung mit einem Gegenstandsbereich häufig positiv, ist sie eher bereit, sich auch in Zukunft mit diesem zu beschäftigen und entwickelt so mit der Zeit bestimmte Vorlieben für diesen Handlungs- und Wissensbereich. Auf diese Weise unterstützt situationales Interesse die Entwicklung von individuellem Interesse (vgl. Alexander, 2004; Krapp, 2002b; Lipstein & Renninger, 2006; Renninger & Hidi, 2002; Schraw & Lehman, 2001). Das individuelle Interesse äußert sich dabei – im Gegensatz zum situationalen Interesse – in einer stabilen Beziehung zwischen der Person und einem bestimmten Gegenstand.

*Wie lässt sich individuelles Interesse charakterisieren?* Die Beziehung zwischen Person und Gegenstand ist nach Krapp (1992a) eines der Hauptmerkmale des individuellen Interesses. Der Gegenstand des individuellen Interesses kann dabei sowohl ein bestimmtes Objekt als auch eine Idee oder Tätigkeit sein. Die Konzeption als Person-Gegenstands-Relation kann erklären, warum eine Person eine Tätigkeit in einem bestimmten Bereich ausführt und sich dann weiter mit diesem spezifischen Gegenstandsbereich auseinandersetzt (vgl. das Konzept der selective persistence von Prenzel, 1992). Die interessengeleitete Auseinandersetzung mit dem Gegenstand kann – so Krapp (1992a) – auch als zielorientierte Handlung beschrieben werden, die dann stattfindet, wenn eine Person frei über ihre Zeit verfügen kann. Die Inhalts- bzw. Gegenstandsspezifität des individuellen Interesses grenzt das Interessenkonstrukt damit von benachbarten theoretischen Konzepten wie Aufmerksamkeit, Aktivierung, Neugier und intrinsischer Motivation ab.

Die ursprünglich von H. Schiefele (1978; Schiefele et al., 1979) vertretene Interessentheorie unterschied eine emotionale (bzw. affektive), eine wertbezogene und eine kognitive Komponente des individuellen Interesses (s. auch Nenninger, 1992). Wie im Folgenden näher ausgeführt wird, bezog sich die emotionale Komponente eher auf die gefühlsmäßige Tönung des Gegenstandes und die auf ihn bezogenen Handlungen. Die wertbezogene Komponente bezeichnete die persönliche Bedeutsamkeit des Interessengegenstands. Die kognitive Komponente dagegen umfasste das über den Interessengegenstand erworbene Wissen. In der späteren Konzeption des Interesses der Münchener Gruppe wurde die kognitive Komponente nicht mehr als Teil des Interessenkonstrukts, sondern als abhängige Variable betrachtet. Anderen Forschern zufolge (Hidi & Renninger, 2006; Prenzel, 1992; Renninger, 2000) umfasst das Interesse dagegen auch interessenbezogene Wissensstrukturen. In der neueren Konzeption der Münchener Gruppe wird Interesse als ein bereichs- oder themenspezifisches motivationales Persönlichkeitsmerkmal definiert, das sich aus gefühlsbezogenen und gefühlsneutralen intrinsischen Valenzen (Werterelationen) bzw. Valenzüberzeugungen zusammensetzt

(Schiefele, 1996, 2001; Schiefele & Urhane, 2000). Die Definition des Interesses als Persönlichkeitsmerkmal nach U. Schiefele (1996) findet sich in Tabelle 1.1.

*Tabelle 1.1:* Interesse als Persönlichkeitsmerkmal nach U. Schiefele (1996)

| *gefühlsbezogene* intrinsische Valenzüberzeugungen | *gefühlsneutrale* intrinsische Valenzüberzeugungen |
|---|---|
| im Gedächtnis gespeicherte Verknüpfungen eines Gegenstands bzw. der auf ihn bezogenen Handlungen mit positiven Gefühlen, die nicht auf die Beziehung des Gegenstands zu anderen Sachverhalten zurückgeführt werden können. | im Gedächtnis gespeicherte Zuschreibungen im Sinne persönlicher Bedeutsamkeit zu einem Gegenstand, die nicht auf die Beziehung des Gegenstands zu anderen Sachverhalten zurückgeführt werden können. |

Von *gefühlsbezogenen Valenzen* spricht man, wenn Sachverhalte subjektiv mit bestimmten Gefühlen verbunden sind. Für das Interesse typische Gefühle sind z.B. Freude und Aktiviertheit. Die Person wird weder durch Angst noch durch innere oder äußere Zwänge beeinträchtigt und erlebt die Auseinandersetzung mit dem Gegenstand in der Summe als emotional befriedigend (Krapp, 2002b, 2005). Zur Beschreibung der emotionalen Komponente des Interesses wurden oft phänomenologisch gewonnene Beschreibungen herangezogen, z.B. (optimale) Aktivierung bzw. Spannungserleben (Berlyne, 1960), Lernfreude (Helmke, 1993) oder *Flow*-Erleben (Csikszentmihalyi, 1990, 1999). Von *Flow-Erleben* wird z.B. gesprochen, wenn eine Person ganz in der Beschäftigung mit dem Gegenstand aufgeht, vollkommen auf ihn konzentriert ist und alles andere um sich herum vergisst (Csikszentmihalyi, 1999).

Von *gefühlsneutralen Valenzen* ist die Rede, wenn einem Sachverhalt Attribute im Sinne einer persönlichen Bedeutsamkeit zugeschrieben werden („diese Sache ist sehr wichtig für mich"). Es wird postuliert, dass das Objekt des Interesses einen hohen Platz innerhalb der Wertehierarchie einer Person einnimmt und von persönlicher Bedeutung für die Person ist. Ein Gegenstand kann dabei aus verschiedenen Gründen für eine Person bedeutsam sein. Zum Beispiel kann er für die Entwicklung der eigenen Persönlichkeit als wichtig erachtet werden oder als wesentlicher Bestandteil zeitgemäßer Bildung oder als Beitrag zur Selbstverwirklichung angesehen werden. Dabei wird ein enger positiver Zusammenhang zwischen dem Erleben subjektiver Bedeutsamkeit und dem Ausmaß der Identifikation mit Objekten, Sachverhalten oder Themen des Interessengebiets angenommen (Krapp, 1999). Das Ausmaß persönlicher Bedeutsamkeit eines Gegenstands wird über die Position dieses Gegenstands im Selbstkonzept einer Person definiert. Je zentraler der Gegenstand des Interesses für die eigene Identität ist, desto größer ist seine persönliche Bedeutsamkeit (Krapp, 1992a). Entwickelt sich ein individuelles Interesse, identifiziert sich die Person mit den Interessengegenständen und integriert sie in zentrale Regionen des Selbstkonzepts (in sog. ich-nähere Bereiche der Persönlichkeit bzw. in den Kern des persönlichen Selbst, vgl. Krapp, 1998). Interessen werden so zu einem Bestandteil des individuellen Selbstbildes und bestimmen langfristig die Identität einer Person mit (Krapp, 1993, 2007). Dies verdeutlicht, dass die Intentionen oder Handlungsziele, die sich auf einen Gegenstand oder Gegenstandsbereich des Interesses beziehen, eng mit den im Selbstbild einer Person enthaltenen Einstellungen, Erwartungen und Werten sowie eigenen Wünschen und Zielen verbunden sind (Krapp, 1992a, 1999). Der enge Zusammenhang zwischen Interessen und dem Selbstkonzept wurde in empirischen Studien mehrfach belegt (vgl. Hannover, 1998; Rhee, Uleman, Lee & Roman, 1995). Die Wertkomponente des Interesses ist dabei aber nicht gleichzusetzen mit der Bewertungsdimension einer *Einstellung*. Eine Person kann gegenüber einem bestimmten Sachverhalt (z.B. Menschenrechtsverletzungen) eine eindeutig negative Einstellung besitzen und trotzdem (oder gerade deshalb) an der Auseinandersetzung mit dem Thema großes Interesse zeigen. Bei einer Einstellung geht es daher nicht um die persönliche Bedeutsamkeit eines Gegenstandes, sondern um eine allgemeine und überpersönliche Wertzuschreibung. Im Gegensatz zur Einstellung impliziert die Wertkomponente des Interesses eine höhere Bereitschaft zur aktiven Auseinandersetzung mit dem Gegenstand. Außerdem hat der Wertbezug des Interesses einen stärkeren Bezug zur eigenen Person, der sich darin äußert, dass die Person ihr Wissen um den Gegenstand als persönlich wichtig erlebt und ein Anliegen hat, mehr über den Gegenstand zu erfahren (Krapp, 1999).

Nach Krapp (2007) tritt Interesse auf, wenn beide Komponenten – gefühlsbezogene und wertbezogene Valenzen – erfahren werden. Studien zeigen, dass die gefühlsbezogenen und gefühlsneutralen Komponenten des individuellen Interesses hoch miteinander korreliert sind (z.B. Schiefele, 1990; Schiefele, Krapp & Schreyer, 1993; Schiefele, Krapp, Wild & Winteler, 1993). Obwohl die Komponenten empirisch kaum zu trennen sind (Köller, Baumert & Schnabel, 2001), ist ihre analytische Unterscheidung für Untersuchungszwecke sinnvoll (Eccles, Barber, Updegraff & O'Brian, 1998; Wigfield & Eccles, 1992). Verschiedene Interessen können sich durchaus darin unterscheiden, dass sie mehr auf dem Erleben von Gefühlen oder mehr auf der Zuschreibung persönlicher Bedeutsamkeit beruhen. So kann eine Person durchaus einem Gegenstand eine hohe persönliche Bedeutsamkeit zuschreiben, ohne die Auseinandersetzung mit diesem Gegenstand als besonders positiv zu erleben (Wigfield & Eccles, 1992).

Nach H. Schiefele und seinen Kollegen (Prenzel et al., 2000; Schiefele, 1996) sind Handlungen, die aus Interesse heraus vollzogen werden, intrinsisch motiviert und daher selbstintentional. Die Selbstintentionalität der Interessenhandlung bedeutet, dass die Anreize zur Auseinandersetzung mit dem Gegenstand im Gegenstand bzw. in der Handlung selbst liegen, wobei äußere Anreize (z.B. eine Belohnung), wenn überhaupt, nur eine untergeordnete Rolle spielen (Krapp, 1993; Prenzel, Krapp & Schiefele,

1986). Die Beschäftigung mit dem Thema ist also nicht instrumentell für das Erreichen von Handlungskonsequenzen bzw. anderen Zielen. Vielmehr sind die auf den Interessengegenstand bezogenen Handlungen und deren unmittelbare Ergebnisse selbst handlungsveranlassend (Prenzel et al., 2000). Interessenhandlungen sind damit gewissermaßen autotelisch (Csikszentmihalyi, 1999). Sie sind selbstbestimmt veranlasst und stehen mit dem (sich entwickelnden) Selbst in Übereinstimmung (Krapp, 1998).

Der intrinsische Charakter des Interesses bezieht sich dabei sowohl auf das emotionale Erleben während einer Lernhandlung als auch auf eine Wertzuschreibung. Hinsichtlich der *emotionalen Komponente* des Interesses bedeutete *intrinsisch*, dass die auf Interesse beruhende Handlung mit positiven Erlebensqualitäten bzw. Gefühlen verknüpft ist. So finden sich während einer Interessenhandlung Kennzeichen des *Flow*-Erlebens wie ein konzentriertes Aufgehen in der Beschäftigung mit dem Gegenstand, das die Person alles um sich herum vergessen lässt. In Bezug auf die *wertbezogene Komponente* bedeutete *intrinsisch*, dass sich die Person ganz mit den Inhalten oder Aufgaben, die in Beziehung zu ihrem Interesse stehen, identifiziert. Weil der Gegenstand einen Wert für die Person besitzt, wird sie – auch wenn die Tätigkeit anstrengend sein sollte – das Gefühl haben, genau das zu tun, was sie möchte. In diesem Sinne wurde die Interessenhandlung als selbstbestimmt bezeichnet.

In dem der Münchener Konzeption sehr ähnlichen Modell von Hidi und Renninger (2006) ist das individuelle Interesse ebenfalls durch positive Gefühle und durch eine Wertschätzung des Gegenstands gekennzeichnet. Darüber hinaus sehen sie – anders als die Münchener Gruppe – auch im zunehmenden Wissen über den Gegenstand ein Kennzeichen für individuelles Interesse, auch wenn sie einräumen, dass eine Person auch ein substantielles Wissen über bestimmte Inhalte haben kann ohne sich für diese Inhalte besonders zu interessieren (vgl. Renninger et al., 2002). Hidi und Renninger (2006) unterteilen das individuelle Interesse darüber hinaus noch einmal in beginnendes individuelles Interesse (*emerging individual interest*) und gut entwickeltes individuelles Interesse (*well-developed individual interest*). In der Phase des beginnenden individuellen Interesses schätzen Schülerinnen und Schüler die Gelegenheit, sich in mit diesem Interesse verbundenen Aufgaben zu engagieren und wählen diese, wenn ihnen die Möglichkeit hierzu geboten wird (Flowerday & Schraw, 2003; Katz, Kanat-Maymon & Assor, 2003). Es werden „Neugier-Fragen" über den Bereich des Interesses entwickelt (Renninger & Shumar, 2002). Beginnendes Interesse gilt als in der Regel „selbstgeneriert", auch wenn es immer noch einer gewissen externalen Unterstützung – z.B. in Form einer herausfordernden Umgebung – bedarf (Hidi & Renninger, 2006; Renninger & Shumar, 2004). Bei gut entwickeltem individuellen Interesse schätzen Schülerinnen und Schüler ebenfalls die Gelegenheit, sich in mit diesem Interesse verbundenen Aufgaben zu engagieren und wählen diese, wenn ihnen die Möglichkeit hierzu geboten wird. „Neugier-Fragen" werden generiert und es wird nach Antworten auf diese Fragen gesucht (Lipstein & Renninger, 2006). Beginnendes Interesse gilt als noch stärker „selbstgeneriert", auch wenn es durchaus von externaler Unterstützung profitiert (Hidi & Renninger, 2006; Renninger & Shumar, 2004). Allerdings wird ein Lernender mit einem gut entwickelten individuellen Interesse auch angesichts einer negativen Erfahrung und der daraus resultierenden Frustration sein Interesse weiterverfolgen (Ainley et al., 2002; Fink, 1998; Prenzel, 1992; Renninger & Hidi, 2002; Renninger & Lecrone, 1991).

Aus der Beschreibung der Interessentheorie der Münchener Gruppe wird deutlich, dass vor allem die Seite der Person näher spezifiziert wird. Eine genauere Bestimmung der Gegenstandsseite oder verschiedener Bereiche, die als Gelegenheitsstrukturen für die Entwicklung von Interessen fungieren können, fehlt dagegen weitgehend (vgl. Baumert & Köller, 1998). Da beim Interesse aber von einer Person-Gegenstands-Relation ausgegangen wird, ist auch die Gegenstandsseite von Bedeutung. Hidi und Renninger (2006) formulieren dies wie folgt: „Das Potential für Interesse liegt in der Person, aber der Inhalt und die Umgebung definieren die Richtung des Interesses und tragen so zu seiner Entwicklung bei. Auf diese Weise können sowohl andere Individuen, die Organisation der Umwelt als auch eigene Leistungen wie z.B. Selbstregulation die Entwicklung von Interesse unterstützen". Aufgrund der ebenfalls wichtigen Bedeutung der Gegenstandsseite habe sich andere Forscher vor allem auf die Beschreibung der Gegenstandsseite bzw. der Dimensionen des Interesses konzentriert. Todt (vgl. Todt & Schreiber, 1998) unternahm z.B. einen Versuch der Klassifikation verschiedener Bereiche, in denen sich Interessen entwickeln können. Er betonte dabei die Bereichsspezifität individueller Interessen und unterschied sie nach Gegenstandsbereichen (z.B. soziale, künstlerische etc.) sowie Lebensbereichen (z.B. Schule, Freizeit). Auf seine Konzeption des Interesses wird im Folgenden näher eingegangen.

**Das Konzept bereichsspezifischer Interessen nach Todt.** Die Auffassung von Todt (z.B. Todt & Schreiber, 1998) entspricht auf der Seite der Person weitgehend derjenigen der Münchener Konzeption. So fügte Todt seiner ursprünglichen Konzeption des Interesses als rein dispositionales Persönlichkeitsmerkmal (*trait*) das situationale Interesse (*state*) als Komponente des Interesses hinzu. Allerdings unterschied er die individuellen Interessen in allgemeine und spezifische Interessen. Der wesentliche Unterschied zur Münchener Konzeption besteht darüber hinaus darin, dass er angelehnt an das RIASEC-Modell von Holland ein mehrdimensionales heuristisches Modell verschiedener Interessensbereiche entwickelte. Nach dem RIASEC-Modell von Holland (1997; 1999; vgl. Low, Yoon, Roberts & Rounds, 2005) werden sechs spezifische Person- bzw. Umwelttypen unterschieden: Personen, die sich für die Beschäftigung mit Dingen und Objekten interessieren (handwerklich/*realistic*), Personen mit wissenschaftlichem Interesse, z.B. an Mathematik und Physik (forschend/*investigative*), Personen mit Interesse an kreativem, z.B. schriftstellerischem oder künstlerischem Ausdruck (künstlerisch/*artistic*), Personen mit Interesse an Menschen und sozialen Berufen (sozial/*social*), Personen mit unternehmerischen, d.h. auf ökonomischen Erwerb zielenden Interessen (unternehmerisch/*enterprising*), Personen mit Interesse an ausführenden Berufen in einer gut strukturierten Umgebung (ausführend/*conventional*). Das Modell von Todt, Drewes & Heils (1994, S. 92) ist in Abbildung 1.3 dargestellt.

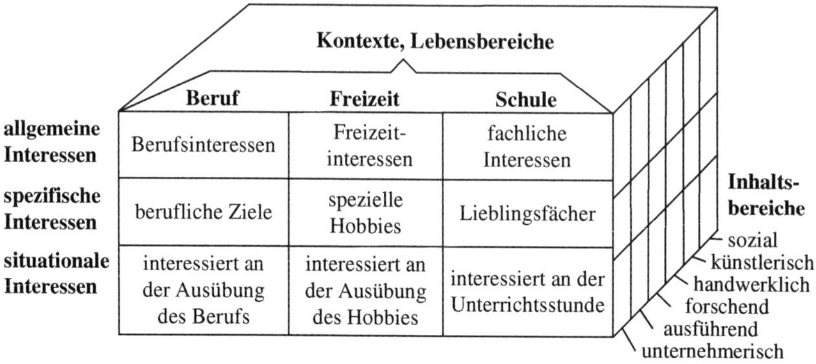


*Abbildung 1.3:* Interessenmodell nach Todt, Drewes und Heils (1994)

Dem Modell lässt sich entnehmen, dass sich das Interesse aus einer Kombination zwischen dem Interessenkonstrukt (allgemeines, spezifisches, situationales Interesse), dem Kontext bzw. Lebensbereich (Schule, Beruf, Freizeit) und dem Inhaltsbereich (sozial, künstlerisch etc.) ergibt. Todt postuliert dabei, dass die Interessen an spezifische Kontexte bzw. Lebensbereiche gebunden sind, die anhand der von Holland vorgenommenen Einteilung spezifiziert werden können. Auf diese Weise betont er, dass in verschiedenen Bereichen unterschiedliche Gelegenheiten zur Entwicklung von Interessen beitragen. Bei der Beschreibung des Modells wird im Folgenden zunächst auf die Unterscheidung zwischen allgemeinen und spezifischen individuellen Interessen eingegangen, dann auf die Entwicklung der Interessen in verschiedenen Lebensbereichen. Der Unterschied zwischen allgemeinen und spezifischen Interessen besteht nach Todt darin, dass es sich bei allgemeinen Interessen um relativ verallgemeinerte Handlungstendenzen handelt, die auf verschiedene Gegenstands- bzw. Tätigkeitsbereiche gerichtet sind und die sich in enger Wechselwirkung zur kognitiven Entwicklung und zur Entwicklung des Selbstbildes differenzieren. Nach Todt dienen allgemeine Interessen als Filter, vor deren Hintergrund konkrete Erfahrungen eingeordnet werden. So heißt es: „Allgemeine Interessen wirken ... als Filter bezüglich der Klassen von Tätigkeiten, auf die man sich einlassen sollte oder – bei entsprechenden Abneigungen – die man meiden sollte“ (Todt, 1995, S. 288). Ein allgemeines Interesse – z.B. ein globales naturwissenschaftliches Interesse oder ein generelles sprachliches Interesse – bezieht sich auf einen relativ großen Gegenstandsbereich. Spezifische Interessen dagegen sind auf bestimmte Gegenstände, Tätigkeiten oder Erlebnisse innerhalb eines bevorzugten allgemeinen Interessenbereichs bezogen. Sie entwickeln sich aufgrund konkreter Anregungen bzw. Gelegenheiten und wiederholten befriedigenden Handlungen mit diesen. Unter spezifischen Interessen wird z.B. das Interesse für ein spezifisches Fachgebiet oder ein Hobby verstanden. Spezifische Interessen bilden sich dabei in enger Wechselwirkung mit den allgemeinen Interessen heraus.

Wichtig für die Konzeption Todts ist vor allem die Möglichkeit, dass in verschiedenen Lebensbereichen unterschiedliche Interessen auftreten können. Als Lebensbereiche nennt Todt die Bereiche Freizeit, Beruf und Schule. Zum Beispiel kann sich ein allgemeines naturwissenschaftliches Interesse sowohl als schulisches oder berufliches Interesse an den Naturwissenschaften als auch als naturwissenschaftliches Freizeitinteresse äußern. In enger Wechselwirkung mit den allgemeinen Interessen kann sich z.B. ein spezifisches Interesse wie das Interesse an einem naturwissenschaftlichen Schulfach (z.B. Chemie), das Interesse an einem naturwissenschaftlichen Hobby (z.B. die Beschäftigung mit einem Chemiebaukasten) und/oder das Interesse an einem bestimmten naturwissenschaftlichen Beruf (z.B. Chemiker) herausbilden. Dies gilt ebenso für die anderen Person- bzw. Umweltorientierungen, wie z.B. für soziale, sprachlich-künstlerische oder praktisch-technische Interessen. Die Interessen in den Lebensbereichen Schule, Freizeit und Beruf müssen dabei nicht immer unmittelbar miteinander zusammenhängen. Dies hängt damit zusammen, dass die drei Lebensbereiche z.T. unterschiedlich konnotiert sind. Der schulische Bereich dient nach Todt (1995) eher dazu, etwas zu lernen und Neues zu erfahren und ist daher eher mit dem Wunsch nach Wissenserweiterung, Leistung und Erfolg verbunden. Der Freizeitbereich dient oft eher der Entspannung (Erholung, Ruhe, Ausgleich), der Freude, dem Vergnügen und dem Austausch mit Freunden, was einen geringeren Effekt auf Flow und einen stärkeren Effekt auf Glück/Zufriedenheit hatte (Rheinberg, Manig, Kliegl, Engeser & Vollmeyer, 2007). Zwar kann das Erleben von Erfolg auch im Freizeitbereich wichtig sein (vgl. Rheinberg, Noé & Pilch, 1991), aber im Beruf sind die Aktivitäten vergleichsweise häufiger auf die Erreichung von Zielen ausgerichtet, was einen starken positiven Effekt auf Flow, aber nicht auf Glück/Zufriedenheit hat (Rheinberg et al., 2007).

Mit seiner Konzeption des Interesses weist Todt (1995) vor allem darauf hin, dass mögliche Gelegenheitsstrukturen in verschiedenen Bereichen bei der Entwicklung von Interessen berücksichtigt werden sollten. Eine weitere Ergänzung der Münchener Konzeption des Interesses ergibt sich durch den Ansatz der Kieler Gruppe. In der Interessendefinition der Münchener Gruppe werden verschiedene Dimensionen des Interesses nicht explizit unterschieden, auch wenn angemerkt wird, dass Interesse sich sowohl auf einen Gegenstand, eine Idee oder eine Tätigkeit beziehen kann (vgl. Krapp, 1992a). Ergänzend versucht die Gruppe um Häußler und Hoffmann (z.B. Hoffmann et al., 1998) verschiedene Aspekte des Interessengegenstands zu unterscheiden – nämlich Inhalt, Tätigkeit und Kontext – und damit auf die Mehrdimensionalität des Konstrukts hinzuweisen. Wie Todt konzentriert sich auch die Kieler Gruppe auf die Gegenstandsseite des Interesses. Ihr Ansatz wird im Folgenden beschrieben.

**Das topologische Interessenkonstrukt der Kieler Gruppe.** Der Ansatz der Kieler Gruppe (Häußler, 1987; Häußler, Frey, Hoffman, Rost & Spada, 1988; Häußler & Hoffmann, 1998; Hoffmann et al., 1998; Hoffmann & Lehrke, 1986) weist – im Gegensatz zur Münchener Konzeption, die aus einer psychologischen bzw. motivationalen Forschungstradition stammt – einen eher pädagogischen und didaktischen Hintergrund auf. Auch die Kieler Gruppe verbindet ihren Ansatz mit dem psychologischen Interessenmodell der Münchener Gruppe. Sachinteresse wird dementsprechend sowohl als Disposition als auch als Zustand verstanden. Im Sinne des individuellen Interesses wird es als eine überdauernde Vorliebe eines Individuums für einen bestimmten Inhaltsbereich gesehen, im Sinne des situationalen Interesses als abhängig von situativen Bedingungen, wie dem Kontext oder bestimmten Handlungsmöglichkeiten. Individuelles Interesse in einem spezifischen Bereich wird somit auch hier als eine relativ stabile Disposition konzeptualisiert, die – aufgrund situativer Gegebenheiten – ein gewisses Maß an Veränderlichkeit zulässt.

Den Anlass für die Kieler Forschung gab eine Publikation von Gardner (1987), der an den meisten Interessenstudien kritisierte, dass diese wenig theoriegeleitet seien, dass sie Interesse häufig als eindimensionales Konstrukt erfassten, und dass sie unklar ließen, welche Komponenten des Interesses eigentlich mit einem Interessentest gemessen würden. Ausgangspunkt für das von der Kieler Gruppe entwickelte Interessenmodell war ein im Rahmen der Studie zur „Physikalischen Bildung für heute und morgen“ (Häußler, Frey, Hoffman, Rost & Spada, 1980) entwickeltes curriculares Modell physikalischer Bildung. Das Modell basierte auf einer sog. Delphi-Studie, in der Experten dazu befragt wurden, welche Themen, Kontexte und Tätigkeiten sie für die physikalische Bildung als wichtig erachteten. Das Modell enthielt (1) Aussagen über Gebiete, mit denen man sich im Zusammenhang mit Physik auseinander gesetzt haben sollte, (2) Aussagen über Situationen, Lebenskontexte und Erfahrungsgebiete, in denen physikalische Bildung sinnvoll ist und (3) Aussagen über die wünschenswerte Form des Umgangs mit physikalischer Bildung. Anhand dieser Aussagen wurde ein dreidimensionales Interessenmodell mit folgenden Dimensionen entwickelt: (1) Interesse am *Kontext*, in den ein bestimmter physikalischer Inhalt eingebettet ist (z.B. optische Geräte im Alltag), (2) Interesse an einem bestimmten physikalischen *Inhalt* (z.B. Optik), (3) Interesse an einer bestimmten *Tätigkeit*, auf die man sich im Zusammenhang mit diesem Inhalt einlassen kann (z.B. eine einfache Kamera herstellen). Eine Verbindung der drei Dimensionen sollte es ermöglichen, in jedem Item das Interessenobjekt präzise zu beschreiben. Das Modell wurde anhand einer Skala *Topologisches Interesse* an Physik operationalisiert. Mit dem mehrdimensionalen Interessenmodell trug die Kieler Gruppe dem Umstand Rechnung, dass die Reaktion einer Person auf die Frage, wie interessant für sie ein physikalisches Gebiet ist, davon beeinflusst wird, welche Tätigkeiten oder Kontexte mehr oder weniger zufällig von dieser Person assoziiert werden. So wird es von Bedeutung sein, ob eine Person bei „Stromkreis“ an das Berechnen der Stromstärke, an die Verdrahtung von Steckdosen oder an einen Versuch mit Batterie und Lampe denkt. Wie Untersuchungen der bivariaten Zusammenhänge zwischen den Variablen zeigen, ist das so operationalisierte Topologische Interesse substantiell mit dem Fachinteresse korreliert. So wurde exemplarisch für das 8. Schuljahr eine Korrelation von $r = .57$ nachgewiesen.

Anhand des dreidimensionalen Modells ließ sich prüfen, welche Dimensionen und Bereiche physikalischer Bildung Schülerinnen und Schülern als interessant empfinden. Auch ermöglichte das Modell, verschiedene Interessentypen zu unterscheiden. So wurden in Studien zum Sachinteresse Physik drei unterscheidbare Interessentypen gefunden (Langeheine, Häußler, Hoffmann, Rost & Sievers, 2001; Sievers, 1999; Rost, Sievers, Häußler, Hoffmann & Langeheine, 1999): (1) ein Schülertyp, der an einem breiten Spektrum von der mathematischen Physik bis hin zur Diskussion gesellschaftlicher Dimensionen der Physik interessiert ist (hauptsächlich Jungen), (2) ein Schülertyp, der sich in erster Linie für die Anwendungen der Physik im Kontext von Mensch und Natur interessiert und (3) ein Schülertyp, der vor allem an einer Diskussion der gesellschaftlichen Bedeutung der Physik interessiert ist und gleichzeitig Desinteresse an der „harten“ Physik zeigt (überwiegend Mädchen). Gräber (1992; 1998) hat das topographische Modell der Kieler Gruppe für das Fach Chemie adaptiert. Für die Studie „Bildungsprozesse und psychosoziale Entwicklung im Jugendalter“ (BIJU-Studie) des Max-Planck-Instituts für Bildungsforschung (vgl. Baumert et al., 2003; Baumert, Roeder, Gruehn, Heyn & Köller, 1996) wurde eine Adaptation für Biologie entwickelt.

Zusammenfassend lässt sich festhalten, dass das Interesse in allen Ansätzen als individuelles Interesse auf der einen Seite (bei Todt unterteilt in allgemeines und spezifisches Interesse) und situationales Interesse auf der anderen Seite definiert wird. Wichtigstes Charakteristikum des situationalen Interesses ist dabei, dass es durch externe Bedingungen bzw. Bedingungen des Gegenstands hervorgerufen wird. Wichtigstes Charakteristikum des individuellen Interesses ist, dass es eine *gefühlsbezogene Komponente* (Freude, Aktiviertheit) und eine *wertbezogene Komponente* (persönliche Bedeutsamkeit) umfasst und ihm ein *intrinsischer Charakter* zugesprochen wird. Von einigen Autoren wurde darüber hinaus die Gegenstandsseite näher beleuchtet. Bei Todt sind es verschiedene Gegenstandsbereiche (z.B. sozial, künstlerisch, unternehmerisch) kombiniert mit bestimmten Kontexten bzw. Lebensbereichen (z.B. Schule, Freizeit), bei der Kieler Gruppe sind es verschiedene Dimensionen (Gegenstand, Kontext, Tätigkeit), in denen sich Interesse äußern kann.

Diesen Konzeptionen des Interesses stehen Konstrukte aus der Lernmotivationsforschung gegenüber, auf die im nächsten Abschnitt näher eingegangen wird. Ansätze zur Lernmotivation weisen oft eine gewisse Nähe zum Interessenkonstrukt auf. Dies liegt daran, dass das Interesse aufgrund seines intrinsischen Charakters besonders mit dem Konstrukt der intrinsischen Motivation verwandt ist. So ist das Konzept des Interesses oft mit intrinsisch motiviertem und selbstbestimmtem Verhalten in Verbindung gebracht worden (Deci, 1992). Auch werden in einigen Motivationstheorien Personen als intrinsisch motiviert beschrieben, wenn sie frei das tun können, was sie interessiert (vgl. Deci & Ryan, 1993, 2000b). Im Folgenden wird das Interessenkonstrukt daher zu Theorien aus der Forschung zur Lernmotivation in Beziehung gesetzt.

## 1.3 Konstrukte aus der Forschung zur Lernmotivation

Im Zentrum der Forschung zur Lernmotivation steht die Frage nach den motivationalen Bedingungen des Lernens im schulischen und beruflichen Bereich (vgl. Pintrich & Schunk, 1996; Rheinberg, 1996, 2004a). Lernmotivation wird dabei allgemein als „Wunsch bzw. Absicht verstanden, bestimmte Inhalte oder Fertigkeiten zu lernen bzw. Wissen zu erwerben" (vgl. auch Rheinberg, 1986, 1989; Schiefele, 1996, S. 50). Anders als beim Interessenkonstrukt bleibt dabei zunächst offen, aus welchen Gründen bzw. mit welcher Zielsetzung eine Person lernen möchte. Die allgemeine Lernmotivation wird in der Regel in intrinsische und extrinsische Lernmotivation unterteilt (Sansone & Harackiewicz, 2000; Schiefele & Köller, 2001). Intrinsische Motivation ist durch einen von „innen" gesteuerten Lernantrieb, extrinsische Motivation durch äußerliche „externe" Anreizfaktoren gekennzeichnet (Krapp, 1999). Die Motivation, eine bestimmte Handlung auszuführen, kann sich somit auf verschiedene Aspekte und Konsequenzen der Handlung beziehen: sowohl auf das Interesse an einer Sache oder Tätigkeit (intrinsische Motivation) als auch auf die Ankündigung einer Prüfung (extrinsische Motivation). Von intrinsisch motiviertem Verhalten spricht man, wenn die Person aus eigenem Antrieb handelt (Rheinberg, 2004a) bzw. wenn die Freude in der Aktivität selbst liegt (Amabile, Hill, Hennessey & Tighe, 1994; Eccles, Wigfield & Schiefele, 1998). Beispiele für intrinsisch motiviertes Verhalten sind Explorations- oder Neugierverhalten und interessengeleitetes Lernen. Von extrinsisch motiviertem Verhalten spricht man, wenn die Gründe für die Handlung in bestimmten wünschenswerten Konsequenzen (z.B. sozialer Anerkennung) liegen. Beispiele für extrinsisch motiviertes Verhalten sind Lernhandlungen mit dem Ziel, gute Noten oder eine materielle Vergütung zu erhalten.

**Ansätze mit Schwerpunkt auf intrinsisch motiviertem Verhalten.** Bezüglich der intrinsischen Motivation werden zwei Formen unterschieden – eine gegenstandszentrierte und eine tätigkeitszentrierte Form (vgl. Pekrun, 1993; Schiefele, 1996; Schiefele & Urhane, 2000). Im ersten Fall führt die Person eine Lernhandlung aus, weil sie Interesse an einem bestimmten Gegenstand (z.B. Literatur) hat, im zweiten Fall, weil sie eine bestimmte Aktivität bzw. Handlung (z.B. Lesen) gerne ausführt (vgl. Krapp, 2002a). Die erste Form der intrinsischen Motivation wird stärker in den Interessentheorien, die zweite Form der intrinsischen Motivation stärker in der *Selbstbestimmungstheorie* und der *Flow-Theorie* vertreten. Die Theorie der Selbstbestimmung ist im Zusammenhang mit der hier verfolgten Fragestellung bedeutsam, da sie aufgrund ihrer

Annahmen zur Erklärung der Entwicklung von Interesse herangezogen werden kann. Im Folgenden werden das Motivationskonzept der Selbstbestimmungstheorie sowie das der intrinsischen Motivation zuzuordnende *Flow*-Erleben nach Csikszentmihalyi dargestellt.

**Motivation in der Selbstbestimmungstheorie von Deci und Ryan.** Auch in der *Selbstbestimmungstheorie (self-determination theory)* von Deci und Ryan (s. Deci, 1975, 1992; Deci & Ryan, 1991, 1993, 2000b, 2002; Ryan & Deci, 2000a) werden zwei verschiedene Arten von Motivation unterschieden: Motivation, die Aktivitäten zugrunde liegt, die von Personen freiwillig (d.h. selbstbestimmt) ausgeführt werden und Motivation, die Aktivitäten zugrunde liegt, die von Personen gezwungenermaßen (d.h. nicht selbstbestimmt) ausgeführt werden. Selbstbestimmtes Handeln beruht auf der Wertschätzung der Aktivität und erfolgt in Übereinstimmung mit persönlichen Zielen, das Verhalten erwächst aus einem integrierten Selbst. Bei selbstbestimmt motiviertem Verhalten liegt die persönliche Belohnung darin, die Aktivität selbst zu genießen. Nicht selbstbestimmtes Verhalten ist dagegen für eine Belohnung – Geld, Lob, Zeugnisnoten – instrumentell, also immer auch Mittel zum Zweck. Intrinsisch motiviertes Verhalten galt zunächst als Prototyp selbstbestimmten Verhaltens (Deci & Ryan, 1991), extrinsisch motiviertes Verhalten dagegen als nicht selbstbestimmt.

Ziel der Selbstbestimmungstheorie war es zunächst, Verhaltensweisen zu erklären, die weder einen direkten noch indirekten Bezug zu einer Belohnung hatten. Eine Person ist intrinsisch motiviert, wenn sie ohne instrumentelle Zielsetzung, aus Neugier oder Interesse handelt und wenn sie sich ganz mit den Inhalten oder Aufgaben identifiziert. Der Beweggrund für das Handeln ist häufig das Vergnügen, das die Aktivität bereitet, weil dabei Spannung oder Herausforderung erlebt wird. Aber auch bei anstrengenden Tätigkeiten hat die Person das Gefühl, genau das zu tun, was sie tun möchte und handelt in diesem Sinne selbstbestimmt. Es wurde angenommen, dass selbstbestimmtes Handeln Engagement, Ausdauer, Flexibilität und günstige Coping-Strategien bedingt und somit effektives Handeln ermöglichet (Miserandino, 1996; Reis, Sheldon, Gable, Roscoe & Ryan, 2000).

Neben einer Beschreibung und Erklärung intrinsisch motivierten Verhaltens befasste sich die Selbstbestimmungstheorie zunehmend aber auch mit unterschiedlich abgestuften Formen extrinsischer Motivation und integrierte diese in ihre Theorie. In neueren Arbeiten gelten intrinsisch und extrinsisch motiviertes Verhalten nicht mehr als völlig einander entgegengesetzt (Deci & Moller, 2005). Vielmehr wird davon ausgegangen, dass intrinsisch und extrinsisch motiviertes Verhalten auf einem Kontinuum mit unterschiedlichem Ausprägungsgrad an Selbstbestimmung liegen (z.B. Ryan & Deci, 2000a). Dabei wird betont, dass auch extrinsisch motiviertes Verhalten selbstbestimmt sein kann. Der Grad an Selbstbestimmung hängt von abgestuften Regulationsprozessen ab, mit denen eine Person extern vorgegebene Bedingungen internalisiert und in ihr Selbstbild integriert (Deci & Ryan, 1991; Ryan & Deci, 2000a). Auf einer ersten Stufe werden Verhaltensweisen ausgeführt, um extern vorgegebenen negativen Konsequenzen zu entgehen oder positive Konsequenzen zu erlangen, z.B. wird aus Angst vor Bestrafung gelernt (*externe Regulation*). Auf einer zweiten Stufe werden gesetzte Bedingungen übernommen und das Verhalten an Normen ausgerichtet, ohne dass dies als Teil des Selbst betrachtet wird, so wird z.B. aufgrund eines schlechten Gewissens gelernt (*Introjektion*). Auf einer dritten Stufe werden Handlungen durchgeführt, weil die Konsequenzen als persönlich wichtig erachtet werden, z.B. wird gelernt, weil der Person Schulnoten wichtig sind (*Identifikation*). Auf einer vierten Stufe schließlich werden extern gesetzte Aufgaben als integrativer Teil des Selbstbildes übernommen, es wird z.B. gelernt, weil dies als wichtiger Teil der Persönlichkeit angesehen wird (*Integration*). Dies zeigt, dass es ein Kontinuum von externaler Regulation bis zu intrinsischer Motivation gibt, die unterschiedliche Ausprägungen der Selbstbestimmung beschreibt. Nach Deci und Ryan (Ryan & Deci, 2000a) stellen identifizierte, integrierte und intrinsische Motivation Facetten selbstbestimmter Motivation dar. Ähnlich wie in der *Selbstbestimmungstheorie* von Deci und Ryan wird auch in der *Flow*-Theorie von Csikszentmihalyi freiwilliges, intrinsisch motiviertes Verhalten zu erklären versucht. Auf sein Konzept wird im Folgenden eingegangen.

**Flow-Erleben nach Csikszentmihalyi.** Csikszentmihalyi (1999; Csikszentmihalyi & Nakamura, 1989; Csikszentmihalyi & Schiefele, 1993) ging der Frage nach, welche Gründe Menschen dazu bringen, z.T. auch anstrengende Tätigkeiten freiwillig, mit großem Eifer und ohne jeden Anreiz von außen durchzuführen. Er kam zu dem Schluss, dass intrinsisch motivierte Tätigkeiten in der Regel mit einer ganz bestimmten Erlebensweise einhergehen, die er als *Flow-Erleben* bezeichnete. *Flow*-Erleben umfasst dabei folgende Komponenten: (1) das Verschmelzen von Handlung und Bewusstsein, (2) die Zentrierung der Aufmerksamkeit auf die aktuelle Tätigkeit, (3) Selbstvergessenheit und (4) das Ausüben von Kontrolle über Handlung und Umwelt. In verschiedenen Studien ließ sich belegen, dass die Elemente des Flow-Erlebens für die verschiedensten Tätigkeiten relativ gleichförmig waren (Csikszentmihalyi, 1988). Als wesentliche Bedingungen des *Flow*-Erlebens fand Csikszentmihalyi die Passung von Fähigkeit und Handlungsanforderung und die Eindeutigkeit der Handlungsstruktur (Csikszentmihalyi & Schiefele, 1993; vgl. auch Schiefele & Köller, 2001). *Flow*-Erleben tritt damit vornehmlich in Situationen auf, in denen sich eine Person als kompetent wahrnimmt, weil die Anforderungen den eigenen Fähigkeiten angemessen sind und eine eindeutige Handlungsstruktur vorliegt. Zudem wird davon ausgegangen, dass eine Person im Zustand des *Flow* in Übereinstimmung mit ihren Wünschen und Zielen (d.h. selbstbestimmt) handelt. Aufgrund der genannten Merkmale ist das *Flow*-Erleben ein Zustand, in dem die handelnde Person im höchsten Maße leistungsfähig ist, was auch erklärt, warum intrinsisch motiviertes Lernen oft zu qualitativ besseren Lernergebnissen führt (s. Csikszentmihalyi & Schiefele, 1993; Engeser, Rheinberg, Vollmeyer & Bischoff, 2005).

Es lässt sich festhalten, dass Ansätze, die ihren Schwerpunkt auf die Beschreibung und Erklärung intrinsisch motivierten Verhaltens gelegt haben, betonen, dass intrinsisch motiviertes Verhalten *selbstbestimmt* und durch *Flow*-Erleben (Zentrierung der Aufmerksamkeit, Selbstvergessenheit) gekennzeichnet ist. Hier wird die Nähe zum Interessenkonstrukt deutlich. So beschreiben Deci und Ryan (vgl. Deci & Ryan, 1993), dass das Verhalten von „interessierten" Personen durch Konzentration und Engagement charakterisiert ist.

**Ansätze mit Schwerpunkt auf extrinsisch motiviertem Verhalten.** Im Gegensatz zu den bisher genannten Ansätzen stehen theoretische Modelle, die sich auf die Beschreibung und Erklärung von *extrinsisch motiviertem Verhalten* konzentrieren. Als ein Spezialfall extrinsischer Motivation ist die Leistungsmotivation anzusehen. Leistungsmotivation wird als Motivation, „einen subjektiv verbindlichen Mengen- oder Gütegrad zu erreichen oder zu übertreffen" (Rheinberg, 1981, S. 227) definiert. Die Leistungsmotivation wird oft in Erwartungs-Wert-Modellen abgebildet. In den Modellen wird davon ausgegangen, dass eine (Lern-)Handlung durchgeführt wird, um ein bestimmtes Ergebnis zu erreichen, das an wertbezogene Folgen gekoppelt ist. So wird die Vorbereitung auf eine Prüfung damit erklärt, dass das Ergebnis der Prüfung die Aussicht auf einen guten Schulabschluss oder die Anerkennung der Eltern sichert. Die Person strebt somit Handlungsfolgen an, die außerhalb der eigentlichen Handlung liegen.

Die Kritik der Münchener Gruppe an der Leistungsmotivationsforschung sowie die Weiterentwicklung der Forschung zur intrinsischen Motivation führten dazu, dass bestehende Modelle zur Leistungsmotivation um intrinsische Aspekte erweitert wurden. Gegenstandsexternen Konsequenzen als Motivation schulischen Lernens wurden durch in der Ausführung einer Handlung liegende Anreize ergänzt. Auf diese Weise wurden intrinsischen Aspekte der Motivation oder des Interesses als wichtige Determinanten leistungsthematischen Handelns in bestehende Modelle integriert. Die anfängliche Überbetonung der Leistungsmotivation als wichtigster Form der Lernmotivation in den Erwartungs-Wert-Modellen wurde dadurch aufgehoben. Die beiden im Folgenden dargestellten Ansätze stellen Versuche dar, bestehende Erwartungs-Wert-Modelle der Leistungsmotivation um intrinsische Komponenten zu erweitern.

**Das Modell tätigkeitsspezifischer Anreize von Rheinberg.** Der aus der Tradition der Leistungsmotivationsforschung stammende Ansatz von Heckhausen und Rheinberg (1980; Rheinberg, 1998) stellt eine Erweiterung des Erwartungs-Wert-Modells von Heckhausen (1989; vgl. Heckhausen & Rheinberg, 1980) dar. Das erweiterte Modell ist in Abbildung 1.4 dargestellt. Nach dem ursprünglichen Modell führt eine Handlung zu einem Ergebnis, das mit zeitlich mehr oder weniger entfernten, wertbezogenen Folgen gekoppelt ist. Ob eine Handlung ausgeführt wird, hing allein von der Erwartungen der Person darüber ab, unter welchen Bedingungen (der Situation, des eigenen Handelns) ein Ergebnis eintritt und ob das Ergebnis eine positive oder negative Folge hat.

Entscheidend ist, dass die Handlungsveranlassung im ursprünglichen Modell als ausschließlich durch die Folgen bedingt (d.h. extrinsisch motiviert) angesehen wurde und der Handlung selbst keine „motivationale" Valenz zukam (vgl. Heckhausen, 1989). Damit wurde der Sachverhalt der intrinsischen Motivation ausgeklammert (vgl. Krapp, 1999; z.B. Prenzel, 1981; Rheinberg, 1998). Im erweiterten Motivationsmodell dagegen werden neben den konsequenzbezogenen Anreizen zusätzlich aktivitätsbezogene Anreize angenommen (Rheinberg, 1998, 2004a; Rheinberg, Vollmeyer & Engeser, 2003). Das Modell zeigt, dass sowohl *tätigkeitsspezifische Vollzugsanreize* (intrinsische Anreize) als auch *Anreize künftiger Umwelt- und Binnenzustände* (extrinsische Anreize) die Handlungsmotivation steuern.

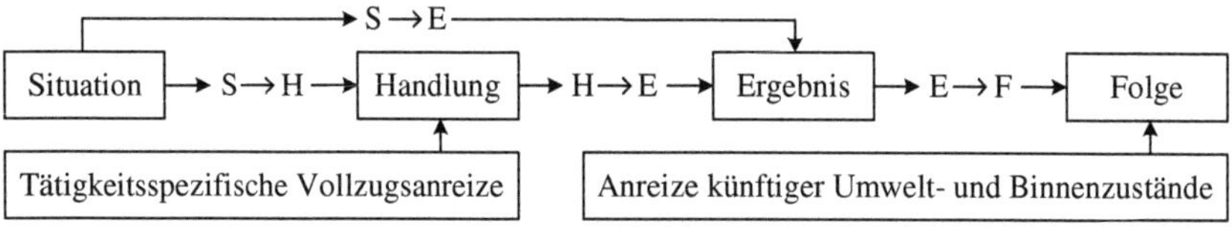


Anmerkung: S → E: Erwartung, inwiefern die gegenwärtige Situation ohne eigenes Handeln zum Ergebnis führt; H → E: Erwartung, inwiefern das eigene Handeln zum Ergebnis führt; S → H: Erwartung, inwiefern die Situation das eigene Handeln bei der Erreichung eines Ergebnisses fördert oder beeinträchtigt; E → F: Erwartung, inwiefern das Ergebnis eine positive oder negative Folge hat.

*Abbildung 1.4:* Erweitertes Motivationsmodell nach Rheinberg (1982)

Die Modellerweiterung wurde durch Studien gestützt, in denen Jugendliche und junge Erwachsene gefragt wurden, was bestimmte Freizeitaktivitäten für sie attraktiv macht (vgl. Rheinberg, 1993, 1995; Rheinberg & Vollmeyer, 2000). Neben leistungsbezogenen Anreizen fanden sich Anreize, die die Aktivität attraktiv oder freudvoll machen, u.a. Phänomene des *Flow*-Erlebens (Rheinberg, 2004a). Das erweiterte Modell zeichnet sich somit dadurch aus, dass bei einer Handlung extrinsische motivationale Komponenten, also alle Anreize, die aus den erwünschten Handlungsergebnissen oder den damit verknüpften Folgen resultieren, und intrinsische motivationale Komponenten, also die Freude an der Tätigkeit, zusammenwirken können. Ähnlich wie in diesem Modell bemüht sich auch das im Folgenden dargestellte erweiterte Erwartungs-Wert-Modell von Eccles darum, Komponenten der intrinsischen Motivation und der Bedeutsamkeit des Gegenstandes in ein bestehendes Erwartungs-Wert-Modell zu integrieren.

**Das erweiterte Erwartungs-Wert-Modell von Eccles.** Das ebenfalls aus der Tradition der Leistungsmotivationsforschung stammende erweiterte Erwartungs-Wert-Modell von Eccles (1983; Eccles, Barber et al., 1998; Eccles, 2005, 2007a; Meece, Wigfield & Eccles, 1990; Wigfield & Eccles, 1992, 2002a) wurde entwickelt, um leistungsbezogenes Verhalten vorherzusagen. Das Modell geht auf das klassische Erwartungs-Wert-Modell von Atkinson (1957) zurück. Eccles (1983; 1994; Wigfield & Eccles, 1992) kritisierte am Modell von Atkinson, dass nur die *Erwartungskomponente*, d.h. die Schwierigkeit einer Aufgabe in Abhängigkeit von den Fähigkeitseinschätzungen einer Person, in den Blick genommen wurde. Sie betonte, dass bei der Auswahl einer Aufgabe auch eine *Wertkomponente* bedeutsam sei, die sich in Interesse (*interest*), Wichtigkeit/Nützlichkeit (*importance/utility*) sowie die erwarteten Kosten (*cost*) unterteile. Sie begründete dies damit, dass sich eine Person – trotz eines hohen gegenstandsspezifischen Fähigkeitsselbstkonzepts – nicht mit einem Gegenstand beschäftigen wollen könnte, weil sie ihm einen geringen Wert beimißt oder weil dies mit zu hohen Kosten verbunden ist. Das Modell von Eccles (1998) ist in Abbildung 1.5 dargestellt.

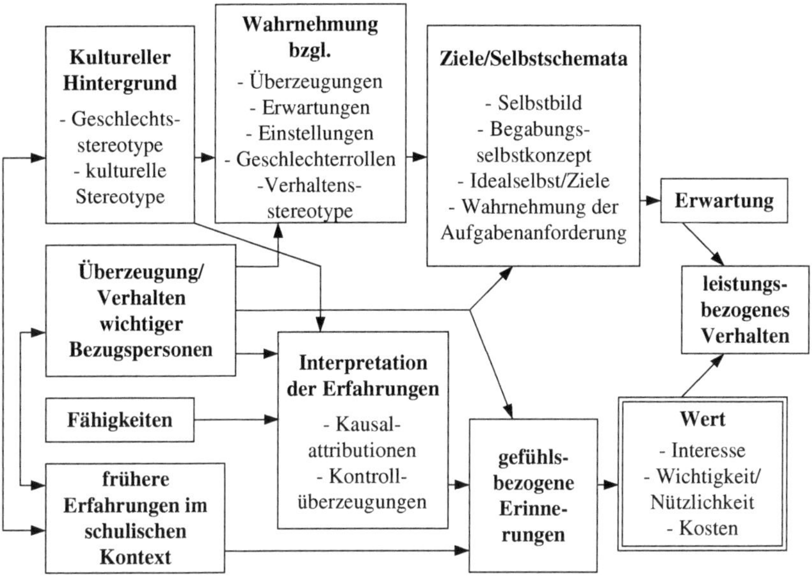


*Abbildung 1.5:* Erweitertes Erwartungs-Wert-Modell in Anlehnung an Eccles (1998)

Im von Eccles entwickelten Erwartungs-Wert-Modell wird leistungsbezogenes Verhalten durch eine Erwartungs- und eine Wertkomponente vorhergesagt. Die *Erwartungskomponente* bezieht sich auf die Überlegung, ob eine bevorstehende Aufgabe (erfolgreich) bewältigt werden kann. Die Einschätzung der Erfolgswahrscheinlichkeit ist dabei insbesondere durch das Selbstkonzept eigener Fähigkeit und die Einschätzungen der Schwierigkeit der Aufgabe bedingt (vgl. Eccles, Barber et al., 1998), wobei sich die Items, die das Fähigkeitsselbstkonzept und die Erwartung messen, empirisch nicht voneinander trennen lassen (vgl. Hodapp & Mißler, 1996; Wigfield & Eccles, 2000). Die Fähigkeitseinschätzung wiederum ist auf vorherige akademische Leistungen und deren Interpretationen, Beurteilungen durch wichtige Bezugspersonen und die Übernahme kultureller Werte und Normen zurückzuführen. Die *Wertkomponente* bezieht sich auf die Überlegung, ob die Aufgabe einen bestimmten Anreiz für die Person besitzt. Der Wert der Beschäftigung mit einem Gegenstand wird damit sowohl als Funktion von spezifischen Eigenschaften des Gegenstands als auch als Funktion von Bedürfnissen, Zielen und Werten der Person betrachtet (Eccles, 1994; Meece et al., 1990; Wigfield & Eccles, 1992). Nach Eccles (2005) gliedert sich die *Wertkomponente* in drei Unterkomponenten. Die erste Unterkomponente stellt die *affektive bzw. emotionale Komponente* des Interesses dar. Hierbei steht im Vordergrund, ob die Beschäftigung mit dem Gegenstand der Person Freude macht. Eine zweite Teilkomponente umfasst die *Wichtigkeit* und *Nützlichkeit*. Die Wahrscheinlichkeit, sich mit einem Gegenstand zu beschäftigen, steigt, wenn einem dieser Gegenstand *persönlich wichtig* ist oder wenn die Beschäftigung mit dem Gegenstand einen Nutzen für das Erreichen eines Zieles hat. Die dritte Teilkomponente stellt die Abwägung der *Kosten (cost)* dar, die mit der Beschäftigung mit einer Aufgabe verbunden sein können (z.B. Eccles, 2005; Eccles, Barber et al., 1998). Unter *Kosten* sind die negativen Folgen eines Engagements für eine Aufgabe zu verstehen. Diese können sowohl Emotionen sein, als auch der Aufwand, der nötig ist, um bei einer Aufgabe erfolgreich zu sein, oder die investierte Zeit, die für die Beschäftigung mit anderen Aktivitäten nicht mehr zur Verfügung steht. Die *Wertkomponente* wird bei Eccles durch persönliche Ziele, den sozialen Hintergrund (Eltern, Kultur, Normen etc.) sowie generelle Selbstschemata (u.a. Fähigkeitsselbstkonzepte) bestimmt. Im Gegensatz zu anderen Erwartungs-Wert-Modellen (vgl. Heckhausen, 1989; Pintrich & Schunk, 1996) werden somit bei Eccles situationsspezifische Erlebensqualitäten (*Interesse*) und persönliche Bedeutsamkeit (*Wichtigkeit*) einbezogen.

Es lässt sich festhalten, dass die meisten Modelle zur Lernmotivation dem Umstand Rechnung tragen, dass viele Lernhandlungen sowohl intrinsisch als auch extrinsisch motiviert sind. So modellieren z.B. beide Ansätze aus der Leistungsmotivationsforschung neben extrinsischen Komponenten auch intrinsische Aspekte als Anreize für Handlungen. Im Einzelfall mag dabei die Unterscheidung von intrinsisch und extrinsisch motivierten Handlungen schwierig sein (vgl. Schiefele & Köller, 2001). Zum Beispiel können bestimmte Handlungen durchgeführt werden, um andere interessengeleitete Handlungen zu ermöglichen. Das Lesen eines uninteressanten Mathematikbuchs kann z.B. dazu dienen, einen interessierenden physikalischen Sachverhalt besser zu verstehen. Auch kann sich eine Person mit einem ursprünglichen Interesse an Mathematik in der Folge intensiv mit Technologie beschäftigen, um eine mathematische Fragestellung weiter zu verfolgen (vgl. Renninger & Shumar, 2002, 2004). Auch neuere Forschung (vgl. Covington, 2000; Ryan & Deci, 2000a) belegt, dass menschliches Handeln oft intrinsisch *und* extrinsisch motiviert ist. So wurde in empirischen Studien nachgewiesen, dass intrinsische und extrinsische Motivation in Lernkontexten z.T. durchaus positiv miteinander korreliert sind (Amabile et al., 1994; Wild, 2000). Es ist daher davon auszugehen, dass Schülerinnen und Schüler sich sowohl aus Interesse am

Gegenstand und der Freude an einer bestimmten Tätigkeit mit fachspezifischen Inhalten auseinandersetzen, als auch aus der extrinsischen Motivation heraus, Prüfungen erfolgreich zu absolvieren. Einige Studien weisen zudem darauf hin, dass ein hohes Ausmaß an Leistungsmotivation das Erleben von intrinsischer Motivation zum Teil sogar begünstigt (s. Rheinberg, 2004a; Rheinberg & Vollmeyer, 2000). Auch an anderer Stelle wird argumentiert, dass eine Polarisierung von intrinsischer und extrinsischer Motivation wenig sinnvoll ist, weil beide Faktoren zusammengenommen helfen können, die Lernmotivation zu begünstigen (Hidi & Harackiewicz, 2000). Allerdings gibt es auch Hinweise darauf, dass unter bestimmten Bedingungen extrinsisch motivierte Anreize (regelmäßige Klassenarbeiten, Beurteilung durch die Lehrkraft) eine selbstbestimmte und interessengeleitete – und damit intrinsisch motivierte – Auseinandersetzung mit dem Unterrichtsstoff untergraben können (Deci, Koestner & Ryan, 1999a; Ryan & Deci, 2000a). Diese korrumpierende Auswirkung extrinsischer Anreize auf die intrinsische Motivation wird dabei in letzter Zeit wieder vermehrt kontrovers diskutiert (vgl. Cameron, Banko, Pierce & David, 2001; Cameron, Pierce & David, 1994, 1996; Deci et al., 1999a; Deci, Koestner & Ryan, 1999b; Eisenberger, Pierce & Cameron, 1999; Lepper, Henderlong & Gingras, 1999).

## 1.4 Vergleich der Konstrukte Interesse und Lernmotivation

Vergleicht man die Konstrukte aus der Lern- und Leistungsmotivationsforschung mit dem Interessenkonstrukt, so zeigt sich, dass in allen Konzepten das *Erleben* während einer Handlung als wichtiger Anreiz für die Ausführung einer Handlung hervorgehoben wird. In der Münchener Konzeption wird das Erleben durch die emotionale Komponente der auf einen Gegenstand bezogenen Interessenhandlung abgebildet. In den Konzepten der intrinsischen Motivation wird das Erleben bei einer Tätigkeit durch die bei der Beschäftigung mit einem Gegenstand auftretende Freude, evtl. sogar Selbstvergessenheit (*Flow*-Erleben), abgedeckt. In den Modellen der Lernmotivation, die ursprünglich rein extrinsische Anreize annahmen, wurde das Erleben als tätigkeitsspezifische Vollzugsanreize im Modell von Rheinberg und als affektive intrinsische Komponente (*interest or intrinsic value*) eingeführt.

Wie oben ausgeführt, wird für das Interessenkonstrukt der Münchener Gruppe neben der emotionalen Komponente (Freue bei der Beschäftigung mit dem Gegenstand) auch eine wertbezogene Komponente (persönliche Bedeutsamkeit des Gegenstands) angenommen und eine enge wechselseitige Verbindung zwischen beiden Komponenten postuliert. In der Motivationsforschung dagegen spielt die Komponente der *persönlichen Bedeutsamkeit des Gegenstands* kaum eine Rolle und wird explizit nur bei Eccles benannt. Eccles (vgl. Wigfield & Eccles, 1992) benutzt allerdings eine andere Einteilung als die Interessenkonzepte aus dem deutschsprachigen Raum. Wie in der angloamerikanischen Literatur üblich versteht sie unter *Interesse* nur den emotionalen (intrinsischen) Aspekt, also die Freude bei der Ausführung einer Tätigkeit (*interest value* bzw. *intrinsic value*). Den im Gegenstand selbst liegenden Wert, der durch die Wichtigkeit oder persönliche Bedeutsamkeit der Aufgabe für die Person (*attainment value*) bedingt ist, interpretiert sie dagegen als einen gesonderten, theoretisch nicht dem Interesse zugeordneten motivationalen Aspekt.

Der bedeutsamste Unterschied zwischen der Interessentheorie und den Theorien der Lern- und Leistungsmotivation ist aber, dass in ihnen nicht von einem *stabilen Person-Gegenstands-Bezug* ausgegangen wird, sondern die *momentane Handlungsveranlassung* erklärt wird. Die *Flow*-Theorie erklärt, warum aktuelle Handlungen gern ausgeführt werden, nicht aber welche Qualitäten den stabilen Bezug einer Person zu einem Gegenstand auszeichnen. Auch in der Selbstbestimmungstheorie geht es in erster Linie um den bei einer *Aktivität* mit einem Gegenstand auftretenden Affekt (z.B. Freude, Genuss), so dass auch hier der Bezug zwischen der Person und dem Gegenstand in den Hintergrund tritt (allerdings werden von einigen Autoren auch Formen habitueller intrinsischer Motivation beschrieben, z.B. Amabile et al., 1994; Amabile, Hill, Hennessey & Tighe, 1995). Auch im Modell tätigkeitsspezifischer Vollzugsanreize erklären die motivationalen Anreize nur eine momentane, rein in der Aktivität liegende Handlungsveranlassung, während ein überdauerndes Persönlichkeitsmerkmal, das den Handlungsvollzug erklärt, nicht angesprochen wird. Selbst in der erwartungs-werttheoretischen Perspektive von Eccles wird nichts darüber gesagt, ob es sich bei der Komponente der Wichtigkeit bzw. Bedeutsamkeit des Gegenstands um einen dauerhaften Wertbezug handelt.

Ein stabiler Bezug zwischen der Person und dem Gegenstand wird somit – im Gegensatz zum Interessenkonzept – in keiner der Theorien der Lernmotivation angenommen. Der Aspekt der intrinsischen Motivation wird vielmehr als gegenstandsunabhängig gesehen. Es wird vernachlässigt, dass neben den Anreizen einer spezifischen Situation im Verlauf der individuellen Entwicklung erworbene Interessen als Ursache für intrinsisch motivierte Handlungen angesehen werden können. Damit ist der Aspekt, dass Interessen – d.h. stabile Person-Gegenstands-Bezüge – dazu führen, dass bestimmte tätigkeitsspezifische Anreize gegenüber anderen präferiert werden, dass bestimmte positive Gefühle nur bei manchen Handlungen auftreten und dass die Beschäftigung mit bestimmten Gegenständen als besonders lohnenswert erscheint, in diesen Theorien weitgehend ausgeklammert.

# 2 Entwicklung individueller Interessen

Verschiedene Forschungsarbeiten haben sich mit der Entwicklung individueller Interessen befasst. Einige dieser Arbeiten beschreiben ganz allgemein Bedingungsfaktoren im Prozess der Interessengenese, andere Arbeiten beschäftigen sich speziell mit dem Phänomen der Abnahme individueller Interessen im Verlauf der Schulzeit. Im ersten Abschnitt werden zunächst Modelle der Interessengenese dargestellt. Ausgehend von der *Selbstbestimmungstheorie* von Deci und Ryan (2000b; 2002) wird dargelegt, dass sich ein persönliches Interesse entwickelt, wenn bestimmte psychologische Grundbedürfnisse während der Auseinandersetzung mit einem Gegenstand erfüllt werden. Anhand eines Modells von Barak (2001; Barak, Librowsky & Shiloh, 1989) wird anschließend die Bedeutung kognitiver Verarbeitungsmechanismen – u.a. des fachspezifischen Fähigkeitsselbstkonzepts – bei der Entstehung und Modifikation von Interesse aufgezeigt. Im zweiten Abschnitt werden dann Forschungsarbeiten vorgestellt, die die Abnahme des durchschnittlichen Interesses anhand von Interessenmittelwerten in verschiedenen akademischen Bereichen der Sekundarstufe I belegen. Besonders eingegangen wird dabei auf eine längsschnittlich angelegte Interessenstudie des Kieler Leibniz-Instituts (Hoffmann et al., 1998) und auf eine Längsschnittstudie von A.E. Gottfried, Fleming und A.W. Gottfried (2001). Abschließend werden verschiedene Ursachenkomplexe diskutiert, die die Interessenabnahme in der Sekundarstufe I beeinflussen können.

## 2.1 Forschung zur Genese individueller Interessen

**Aus der Selbstbestimmungstheorie abgeleitete Annahmen zur Entwicklung von Interesse.** Aus der Selbstbestimmungstheorie lassen sich Annahmen zur Genese und zum Verlust individueller Interessen ableiten (vgl. Krapp, 2002a, 2002b, 2005). In der *Selbstbestimmungstheorie* (Deci, 1998; Deci & Moller, 2005; Deci & Ryan, 2000a) wird ein universales Streben der Menschen nach Wachstum und Autonomie angenommen. Menschen haben demnach ein angeborenes Bedürfnis, sich neue Inhalte zu erschließen und diese in bereits erworbenes Wissen zu integrieren. Sie werden als aktiv Handelnde gesehen, die ihr Selbstbild durch die Integration neuer Erfahrungen differenzieren. Die Tendenz zu Wachstum und Selbstintegration wird als Streben nach Selbstbestimmung bezeichnet. Für die Entwicklung selbstbestimmten Handelns werden dem Individuum inhärente psychologische Grundbedürfnisse (*basic needs*) angenommen: das Bedürfnis nach Kompetenz, Selbstbestimmung (Autonomie) und sozialer Eingebundenheit. Diese Bedürfnisse sollen erklären, warum die Auseinandersetzung mit dem Gegenstand als emotional befriedigend erlebt wird und Individuen sich ohne jede äußere Veranlassung oder Verstärkung intensiv mit bestimmten Gegenständen auseinandersetzen.

Für die Entwicklung von individuellem Interesse lässt sich daraus folgende Annahme ableiten: Werden die genannten Grundbedürfnisse während der Auseinandersetzung mit einem Gegenstand häufig erfüllt, entwickelt sich langfristig persönliches Interesse; werden die Grundbedürfnisse dagegen häufig nicht erfüllt, reduziert sich langfristig das Interesse an einem Gegenstand. Das bedeutet auch, dass Kontextbedingungen (z.B. verschiedene Unterrichtsbedingungen), die die grundlegenden Bedürfnisse befriedigen, langfristig die Entwicklung von Interesse fördern und solche, die die grundlegenden Bedürfnisse nicht befriedigen, langfristig die Entwicklung von Interesse verhindern. Im Folgenden werden die Grundbedürfnisse beschrieben und Studien vorgestellt, die belegen können, dass die Befriedigung der drei Bedürfnisse zu günstigen motivationalen Entwicklungen führt. Zudem werden Unterrichtskontexte identifiziert, die die Befriedigung der drei Grundbedürfnisse unterstützen. Eine Übersicht über die Studien der Gruppe findet sich bei Deci und Ryan (2000b).

**Bedürfnis nach Autonomie bzw. Selbstbestimmung.** Das Bedürfnis nach Autonomie bzw. Selbstbestimmung umfasst den Wunsch, sich als eigenständig handelnd zu erleben, d.h. Ziele und Vorgehensweisen des eigenen Handelns selbst bestimmen zu können. Deci (1998) beschreibt dies wie folgt: „Autonomy refers to the desire to be self-initiating and to have a sense of acting in accord with one's own sense of self" (S. 152). Das Konzept knüpft an den *Origin-Pawn-Ansatz* von DeCharms (1979) an, der betont, dass Menschen die Wirksamkeit ihres eigenen Handelns erleben müssen, um sich als aktiv und autonom Handelnde (*origin*) und nicht als passive Schachfiguren (*pawn*) zu fühlen. Dies geschieht z.B., indem im Unterricht ein Klima hergestellt wird, das selbstbestimmtes und selbstwirksames Handeln ermöglicht (*origin climate*). Das Bedürfnis nach Autonomie tritt dabei in Abhängigkeit vom subjektiv wahrgenommenen Anforderungsniveau der Aufgabe auf und ist an Situationen gebunden, denen sich eine Person gewachsen fühlt (Lewalter & Schreyer, 2000). Autonomie heißt nicht, von allem unabhängig zu sein, sondern dort die Möglichkeit zu selbständigem Handeln zu haben, wo die Aufgabe zu bewältigen ist (situationsangemessene Autonomie, vgl. Krapp, 1998; vgl. auch Assor, Kaplan & Roth, 2002). Auch ist die wahrgenommene Autonomie eine wichtige Vorraussetzung für Kompetenzerleben, da sich eine Person die Bewältigung einer Aufgabe nur dann zuschreibt, wenn sie bis zu einem gewissen Grad selbständig bewältigt wurde (Lewalter, 2002).

Der Aspekt des Autonomieerlebens ist in der Forschung besonders gut untersucht, da dieses den Ausgangspunkt der Selbstbestimmungstheorie bildet (z.B. Deci & Ryan, 1993; Jones & Greene, 2003; Prenzel, Drechsel & Kramer, 2001; Prenzel, Kristen, Dengler, Ettle & Beer, 1996; Ryan & Deci, 2002). Schon frühe Studien der Gruppe um Deci und Ryan (Deci, Schwartz, Sheinman & Ryan, 1981; Deci, Nezlek & Sheinman, 1981; Grolnick & Ryan, 1986, 1987) haben belegt, dass Kinder, die sich in Lernkontexten befanden, die durch geringe Fremdkontrolle und eine aktive Beteiligung am Lernprozess gekennzeichnet waren, höhere Kompetenzeinschätzungen und mehr Interesse für die zu lernenden Inhalte zeigten als Kinder, die sich in Lernkontexten befanden, die eher kontrollierend waren und in denen sie sich eher als passiv und fremdgesteuert erlebten. Auch spätere Studien (z.B. Boggiano, Flink & Shields, 1993; Flink, Boggiano & Barrett, 1990) zum Einfluss von Lehrstilen auf die Motivation belegen, dass sich Schülerinnen und Schüler von Lehrkräften, die im Unterricht ihre Autonomie unterstützten, als kompetenter wahrnahmen und mehr intrinsische Motivation und Interesse zeigten als Schülerinnen und Schüler von Lehrkräften, die im Unterricht stark Kontrolle ausübten. Miserandino (1996) fand den gleichen positiven Effekt von im Unterricht wahrgenommener Selbstbestimmung auf Ausdauer, Neugier und Interesse bezüglich der Lernaufgaben bei überdurchschnittlich begabten Grundschulkindern.

Autonomieunterstützung bedeutet nicht nur die Abwesenheit von Fremdkontrolle oder Zwang. So zeigen neuere Studien, dass vielfältige Verhaltensweisen wie z.B. eine aktive Anleitung, eine klare Darstellung der Unterrichtsziele, die Steuerung der Interaktion der Schülerinnen und Schüler und Hinweise auf die Relevanz der Inhalte als autonomieunterstützend wahrgenommen werden und damit eine Auswirkung auf die Entwicklung von Interesse haben können. Eine Studie von Assor et al. (2002) zeigt z.B., dass *autonomieeinschränkendes Verhalten* wie die Unterdrückung von Kritik, das Unterbrechen von Schülerhandlungen sowie das Erzwingen von aus Schülersicht wenig bedeutsamen und uninteressanten Aktivitäten besonders mit negativen emotionalen Merkmalen korreliert war, während *autonomieunterstützendes Verhalten* wie die Hervorhebung der Relevanz der Inhalte, die Ermunterung von Kritik sowie das Bereitstellen von Wahlmöglichkeiten eher mit aktivem Lernverhalten und Interesse an den Lerninhalten verbunden war. Auch eine Studie von Weinert und Helmke (1995) zeigt, dass Kinder und Jugendliche in Klassen, die sich durch *autoritäre Kontrolle*, d.h. dominantes, die Handlungen einschränkendes und wenig Raum für Eigenverantwortlichkeit lassendes Verhalten der Lehrkraft auszeichneten, eine negativere Einstellung gegenüber dem Fach zeigten, während Kinder und Jugendliche in Klassen mit eher *unterstützender Kontrolle*, die sich durch eine individualisierte Anleitung und Hilfestellung auszeichnete, eine positivere Einstellung gegenüber dem Fach zeigten. Eine Studie von Skinner und Belmont (1993), in der die verschiedenen autonomieunterstützenden Aspekte, nämlich das Unterlassen von kontrollierendem Verhalten, Respekt gegenüber Meinungen und Gefühlen der Schüler, das Bereitstellen von Wahlmöglichkeiten, die Ermutigung der Schüler, ihren Interessen zu folgen und die Begründung der Notwendigkeit von Lernaktivitäten, zusammengefasst untersucht wurden, belegt, dass ein solch autonomieunterstützendes Verhalten einen positiven Effekt auf das emotionale Engagement von Schülern hatte. Die Arbeiten belegen somit, dass auch ein steuerndes Verhalten als autonomieunterstützend wahrgenommen werden kann und dadurch positive Effekte auf die Entwicklung von Interesse und Motivation haben kann.

Auch für die Einschränkung von Wahl- und Entscheidungsmöglichkeiten bzw. eine geringe Mitbestimmung wurden aufgrund der Beeinträchtigung von Autonomie ungünstige motivationale Konsequenzen gefunden (Schraw, Flowerday & Reisetter, 1998). Erhielten Personen dagegen Wahlmöglichkeiten und wurden ihre Sichtweise und ihre Gefühle akzeptiert, entwickelten sie vermehrt intrinsische Motivation und Interesse (zusf. Deci, 1992; vgl. Deci & Moller, 2005; Deci & Ryan, 1992; Grolnick & Ryan, 1989; Ryan & Stiller, 1991). Selbst die Art der Unterrichtsorganisation (Klassengespräch, Schülerarbeitsphasen), die einen unterschiedlichen Grad an Mitbestimmung ermöglichte, wirkte sich auf das Erleben von Autonomie aus. So fanden Seidel et al. (2002), dass sich Lernende mit längeren Stillarbeitszeiten in ihrer Autonomie stärker unterstützt fühlten.

Einige Studien wurden im Zusammenhang mit dem viel diskutierten *Korrumpierungseffekt von Belohnungen*, d.h. dem Effekt, dass das Interesse und die intrinsische Motivation abnehmen, wenn Personen für ein ursprünglich selbstbestimmtes Verhalten belohnt werden, durchgeführt. Die Gruppe um Deci (s. Deci, 1992; Deci & Moller, 2005; Deci & Ryan, 2000b) fand, dass extrinsische Anreize wie eine monetäre Belohnung, ein Preis für den besten Spieler, das Vermeiden von Bestrafung, Fristsetzungen (*deadlines*), aufgezwungene Ziele und Wettkampf intrinsische Motivation und Interesse verminderten. Auch eine Studie von Gottfried (1994), dass sich durch die Eltern gesetzte extrinsische motivationale Anreize negativ auf die intrinsische Motivation auswirkten. Weitere Studien (Cameron et al., 1994; Kohn, 1996; Deci & Ryan, 2000b; Ryan & Deci, 2002) zeigen dabei, dass ungünstige motivationale Konsequenzen vor allem dann auftreten, wenn eine Belohnung als Einschränkung der Autonomie wahrgenommen wird. Die Studien der Gruppe um Deci und Ryan (zusf. Deci, 1992) weisen in diesem Zusammenhang darauf hin, dass die *Wahrnehmung des Kontexts* für die Interpretation des Ereignisses wichtig ist. Die Effekte extrinsischer Anreize (z.B. Belohnungen) waren je nach sozialem Klima bzw. Kontext unterschiedlich (Ryan, 1982; Ryan, Mims & Koestner, 1983). In einem Kontext, in dem Autonomie unterstützt wurde, wurde eine Belohnung als Wertschätzung verstanden, in einem restriktiven Kontext als kontrollierend. Wie Koestner (1984) gezeigt hat, konnten allein schon kontrollierende Worte dazu führen, dass Kinder weniger intrinsisch motiviert sind und weniger Interesse entwickeln.

Die genannten Arbeiten weisen darauf hin, dass sich Interesse entwickelt, wenn die Autonomie der Schülerinnen und Schüler dadurch gefördert wird, dass sich ihnen die Möglichkeit für das Treffen eigener Entscheidungen sowie für die Ausführung selbstgewählter Handlungen bietet und der Unterricht durch wenig Fremdbestimmung, externen Druck und Reglementierungen, Drohungen und Einschränkungen gekennzeichnet ist, aber auch durch eine aktive Unterstützung in Form von angebotener Hilfestellung, individualisierter Anleitung oder klarer Hervorhebung der Relevanz und Ziele des Unterrichts.

**Bedürfnis nach sozialer Eingebundenheit.** Das Bedürfnis nach sozialer Eingebundenheit zielt auf den Umstand ab, dass Menschen befriedigende Sozialkontakte und soziale Geborgenheit suchen. Bei Deci (1998) heißt es: „Relatedness refers to the desire to feel connected to others, to experience love, or care for and be cared for by others" (S. 152). Damit besteht große Ähnlichkeit zum Konzept des Affiliationsbedürfnisses von Harlow (1958). Das Gefühl der sozialen Eingebundenheit ist durch das Vorhandensein von sicheren, warmen Beziehungen gekennzeichnet. Die Person hat das Gefühl, dass sie selbst und damit auch ihre Autonomie unterstützt und respektiert wird (Ryan & Powelson, 1991). Der Wunsch nach sozialer Eingebundenheit kann dazu führen, dass sich Menschen mit Tätigkeiten, Gegenständen, Wertorientierungen und Zielen der für sie wichtigen Personen identifizieren. Er bildet somit die Grundlage für die Bereitschaft, sich mit neuen, bislang wenig vertrauten Tätigkeits- oder Wissensgebieten auseinander zu setzen und dies als persönlich wichtig zu erleben (vgl. Ryan, Koestner & Deci, 1991). Dies erklärt, warum individuelle Interessen auch durch wichtige Personen (*significant others*) beeinflusst werden (vgl. Lewalter & Schreyer, 2000). Auch neuere Studien belegen, dass das Erleben sicherer Beziehungen eine Voraussetzung für die Entwicklung einer selbstbestimmten Auseinandersetzung mit Gegenständen ist, u.a. auch durch eine Internalisierung externer Anforderungen (vgl. Deci & Moller, 2005; Ryan & Deci, 2000a, 2000b).

Die Bedeutung der Beziehung zu Eltern und Lehrkräften für die Aufrechterhaltung des (situationalen) Interesses wurde besonders bei jüngeren Kindern nachgewiesen (z.B. Ryan & Lynch, 1989). So wurde belegt, dass Kinder ihre intrinsische Motivation bei der Auseinandersetzung mit Gegenständen verloren, wenn ihnen der gewünschte Umgang mit Erwachsenen versagt blieb. Einige Studien der Gruppe um Deci und Ryan (vgl. Deci & Ryan, 1992, 2000b), die Autonomieerleben und soziale Eingebundenheit gemeinsam untersuchten, zeigen, dass das elterliche Engagement und die Unterstützung von Autonomie bezüglich schulbezogener Aktivitäten (z.B. der Hausaufgaben) die intrinsische Motivation und das Interesse beeinflussten (Grolnick & Ryan, 1987, 1989). Einige Studien betonen die Bedeutung von Aspekten wie „Wärme", „Einfühlsamkeit" und „Fürsorglichkeit" in den Beziehungen zwischen Lehrkräften und Schülerinnen und Schülern für die allgemeine motivationale Entwicklung – wobei hier keine spezifischen Effekte auf das Interesse nachgewiesen wurden (vgl. Tausch, 1982). Auch für ein gutes Schul- und Klassenklima fanden sich eher allgemeine Effekte auf die emotional-motivationale Entwicklung – nämlich protektive Effekte bezüglich der Leistungsängstlichkeit (Gruehn, 2000), sowie positive Effekte für das generelle schulische Selbstkonzept und die Schulzufriedenheit (z.B. Eder, 2001). Die Studie von Skinner und Belmont (1993), die explizit das Interesse der Schülerinnen und Schüler einbezog, zeigt darüber hinaus, dass Schülerinnen und Schüler, die ihre Lehrkraft als engagiert, d.h. an ihren persönlichen Belangen interessiert, empathisch, zuverlässig und unterstützend wahrnahmen, deutlich positivere Emotionen, mehr Freude an den

Aktivitäten und mehr Interesse an den Unterrichtsinhalten erlebten als Schülerinnen und Schüler, deren Lehrkraft einen geringeren Grad an Engagement zeigte.

**Bedürfnis nach Kompetenz.** Mit dem Bedürfnis nach Kompetenz ist gemeint, dass es für Menschen von entscheidender Bedeutung ist, sich in Bezug auf Lern- oder Arbeitssituationen als handlungsfähig und kompetent zu erleben. Deci (1998) formuliert dies wie folgt: „Competence refers to the desire to feel efficacious, to have an effect on one's environment, and to be able to attain valued outcomes" (S. 152). Hiermit ist der Aspekt der *effectance* von White (1959) angesprochen sowie das Bedürfnis nach Selbstwirksamkeit (Bandura, 1977, 1986, 1989). Deci und Ryan (1985) leiten aus ihrer Selbstbestimmungstheorie einen Zusammenhang zwischen dem Kompetenzerleben und intrinsischer Motivation ab: „We would expect a close relationship between perceived competence and intrinsic motivation such that the more competent a person perceives him- or herself to be at some activity, the more intrinsically motivated he or she will be at that activity" (S. 58). Befunde empirischer Studien aus der Interessenforschung bestätigen den theoretisch postulierten Zusammenhang zwischen dem Erleben von Kompetenz und einem positiven motivationalen Entwicklungsverlauf (Krapp, 1992b, 1996; Lewalter & Schreyer, 2000; Miserandino, 1996; Prenzel & Drechsel, 1996; Prenzel et al., 2001; Wild & Krapp, 1996; Zimmerman, 2000). Die oben erwähnte Studie an überdurchschnittlich begabten Grundschulkindern von Miserandino (1996) zeigt, dass Kinder, die sich im Unterricht als kompetent wahrnahmen, mehr Neugier, Freude und Ausdauer bei den Lernaufgaben zeigten als Kinder, die sich als weniger kompetent wahrnahmen. Auch eine Studie von Prenzel et al. (2001) belegt hohe Zusammenhänge zwischen der wahrgenommenen Kompetenzunterstützung und dem Interesse bzw. der Interessiertheit am Lerngegenstand. Zwei wichtige Aspekte sollen hier hervorgehoben werden: die Rückmeldung von Kompetenz und die optimale Passung zwischen den Fähigkeiten einer Person und den gestellten Aufgaben.

Nach Deci und seinen Kollegen (Deci & Moller, 2005; Deci & Ryan, 1985; 2000b) kommt positiven Rückmeldungen über die eigenen Fähigkeiten und Erfolge, die einen wichtigen Aspekt für das Erleben von Kompetenz darstellen, besondere Bedeutung für die Entwicklung von intrinsischer Motivation und Interesse zu. Ein positives Feedback wird dabei allerdings nur dann als positiv erlebt, wenn die Person sich auch als Verursacher des Erfolgs wahrnimmt (Deci & Ryan, 2000b). Studien der Gruppe um Deci und Ryan, (zusf. Deci, 1992; Deci & Ryan, 2000b) zeigen, dass kompetenzfördernde Informationen intrinsische Motivation und Interesse fördern, während kompetenzmindernde Informationen intrinsische Motivation und Interesse untergraben. Morrone und Pintrich (2006) weisen darauf hin, dass eine bedeutsame Beurteilung sowie die Anerkennung und Wertschätzung der Leistungen von Schülerinnen und Schülern sich positiv auf die Entwicklung von Motivation auswirken. Entscheidend für die Entwicklung von Motivation und Interesse scheint die Art der Rückmeldung zu sein. Die Art der Rückmeldung wird im Konstrukt der *Bezugsnormorientierung* (Rheinberg, 1980,

2001a, 2001b, 2005; Rheinberg & Krug, 1993; siehe auch Köller, 2005; Lund, Rheinberg & Gladasch, 2001; Mischo & Rheinberg, 1995) erfasst. Das Konstrukt bezieht sich auf den Vergleichsmaßstab, mit dem die Lehrkraft den Leistungsstand und die Leistungsentwicklung des Schülers einschätzt. Es wird zwischen sozialer und individueller Bezugsnormorientierung unterschieden. Bei der sozialen Bezugsnormorientierung überwiegt der interindividuelle Vergleich mit dem Leistungsstand anderer Schüler. Bei der individuellen Bezugsnormorientierung orientiert sich die Lehrkraft an der intraindividuellen Entwicklung der einzelnen Schülerinnen und Schüler. Die Bedeutung der Anwendung verschiedener Bezugsnormen bei der Leistungsrückmeldung für die Entwicklung motivationaler Tendenzen wird in der Forschung vielfach belegt (Mischo & Rheinberg, 1995; vgl. die Übersichten in Möller & Köller, 1996; Pintrich & Schunk, 1996). So zeigen die Befunde, dass eine intraindividuelle Leistungsbewertung eher *Lernziele*, d.h. den Wunsch nach Kompetenzgewinn bei der Auseinandersetzung mit einem Gegenstand, und somit auch das Interesse an einem Gegenstand, fördert, während eine soziale Bezugsnormorientierung eher *Leistungsziele*, d.h. den Wunsch, im Vergleich zu anderen Personen besser abzuschneiden, fördert (Ames, 1992; Anderman, Eccles, Yoon et al., 2001; Anderman & Maehr, 1994; Anderman & Young, 1994; Church, Elliot & Gable, 2001; Köller, 2000).

Neben Rückmeldeprozessen kommt dem Erleben einer optimalen Passung zwischen den eigenen Fähigkeiten und den gestellten Aufgaben eine wichtige Bedeutung für die Entwicklung intrinsischer Motivation und Interesse zu (Deci & Moller, 2005; Deci & Ryan, 1985; 2000b). Ein individuell optimales Anforderungsniveau ist gegeben, wenn eine Person die Aufgabe als Herausforderung erlebt, weil sie sich gefordert, aber nicht überfordert fühlt. Subjektiv wahrgenommene Über- oder Unterforderung dagegen wirken sich negativ auf diese Erlebensqualität aus. Unterforderung führt aufgrund von Langeweile, Überforderung aufgrund von Inkompetenzerleben und Leistungsangst zu Desinteresse (Lewalter, Krapp, Schreyer & Wild, 1998; Lewalter & Schreyer, 2000). Befunde hierzu finden sich vor allem in Studien zum *Flow*-Erleben (vgl. Csikszentmihalyi & Schiefele, 1993; Schiefele & Köller, 2001). Turner et al. (1998) untersuchte, unter welchen Bedingungen Schülerinnen und Schüler während des Unterrichts *persönliches Engagement* erlebten. Dieses war definiert als erhöhte, konzentrierte Aufmerksamkeit mit deutlich positiver emotionaler Beteiligung und dem Wunsch, die Aktivität weiterzuführen. Schülerinnen und Schüler empfanden ein solches Engagement in Lernsituationen, in denen ihrer Meinung nach ihre Fähigkeiten und die wahrgenommene Schwierigkeit des Unterrichts einander entsprachen. Ein solcher Unterricht zeichnete sich durch eine Betonung des konzeptuellen Verstehens der Lerninhalte, eine selbständige Regulation der Lernprozesse, einen konstruktiven Umgang mit Fehlern und die Hervorhebung der Relevanz des Lernstoffs aus.

Auch eine *klare Strukturierung* kann Kompetenzerleben fördern. Wie die Studie von Skinner und Belmont (1993) belegt, hat die wahrgenommene *Strukturiertheit* (operationalisiert als Klarheit der Instruktionen, Vorhersagbarkeit des Verhaltens der Lehrkräfte, angemessene Hilfestellung, Anpassung der Unterrichtsmethoden) einen positiven Einfluss auf das *Engagement* der Schülerinnen und Schüler. Schülerinnen und Schüler, die eine stärkere Struktur im Unterricht wahrnahmen, zeigten vermehrte Lernaktivitäten und berichteten, dass diese von positiven Emotionen wie Enthusiasmus, Optimismus, Neugier und Interesse begleitet waren. Die Studie von Prenzel et al. (2001) an Auszubildenden zeigt, dass die wahrgenommene inhaltliche Relevanz des Lernstoffs sowie die Klarheit der Instruktion mit der wahrgenommenen Kompetenz und dem Interesse an den Lerninhalten zusammenhängen. Eine Studie von Seidel, Rimmele und Prenzel (2005) belegt, dass eine hohe Klarheit bezüglich der Ziele die selbstbestimmte Lernmotivation fördert.

Die Befunde zum Kompetenzerleben zeigen, dass eine positiv erlebte Bewertungsstruktur unter Betonung einer intraindividuellen Rückmeldung sowie die erlebte Herausforderung durch eine optimale Passung zwischen den eigenen Fähigkeiten und den gestellten Anforderungen Kompetenzerleben fördert. Dies ist sowohl durch ein kognitiv anspruchsvolles Unterrichtsgespräch, eine herausfordernde Aufgabenstellung und eine klare Strukturierung verwirklicht.

Einige Arbeiten untersuchen den Einfluss aller drei Grundbedürfnisse auf die Entwicklung von motivationalen Lernorientierungen im Berufsschulkontext (für einen Überblick s. Krapp, 2005; Krapp & Lewalter, 2001). In einer retrospektiven Interviewstudie an Berufsschülern (Lewalter et al., 1998) gaben mehr als 70 Prozent der Probanden Kompetenz, mehr als 65 Prozent soziale Eingebundenheit und mehr als 34 Prozent Autonomie als subjektiv wahrgenommenen Grund für die Entwicklung eines berufsspezifischen Interesses an (weitere retrospektive Interviewstudien s. Gisbert, 1998; Prenzel, Drechsel & Kramer, 1998). Anhand einer Fragebogenstudie untersuchte Wild (2000) z.B. die Bedeutung der Befriedigung der drei Grundbedürfnisse in der betrieblichen Lernumgebungen für die langfristige Entwicklung intrinsischer motivationaler Lernorientierungen (erfasst mit Items wie: „Ich lerne, weil ich mich für den Gegenstand interessiere") und extrinsischer motivationaler Lernorientierungen (erfasst mit Items wie: „Ich lerne, weil ich gute Noten bekommen möchte"). Er fand einen substantiellen Einfluss aller drei genannten Grundbedürfnisse auf die intrinsische motivationaler Lernorientierung sowie einen Einfluss von Kompetenz und sozialer Eingebundenheit auf die extrinsische motivationale Lernorientierung. Eine Untersuchung von Krapp und Wild (1998) mit der *Experience Sampling Method* (ESM), bei der Daten mit Hilfe eines signalgebenden und aufnehmenden Taschenrechners bzw. Kleincomputers in Alltagssituationen erhoben wurden, zeigen einen substantiellen Einfluss von Kompetenz und Autonomie auf die intrinsische motivationale Lernorientierung und einen substantiellen Einfluss der Autonomie auf die extrinsische motivationale Lernorientierung. Auf Basis dieser Daten ergaben für jedes Grundbedürfnis separat durchgeführte Pfadanalysen einen substantiellen Einfluss von Kompetenz und Autonomie auf die intrinsische Orientierung und für Pfadanalysen anhand eines Gesamtmodells, in das alle Grundbedürfnisse einbezogen wurden, einen Einfluss des Autonomieerlebens auf die intrinsische Orientierung. Auch eine Untersuchung an Berufsschülern von Minnaert, Boekaerts und de Brabander (2007) belegte den Einfluss der psychologischen Grundbedürfnisse nach Kompetenz, Autonomie und sozialer Eingebundenheit auf das Interesse an den Gegenständen.

Die vielfältigen Befunde im Zusammenhang mit der Selbstbestimmungstheorie belegen insgesamt die Bedeutung von regelmäßigen Kompetenzerfahrungen, selbstbestimmtem Verhalten und sozialer Wertschätzung für die Entwicklung von Interesse. Ähnlich wie die Selbstbestimmungstheorie beschäftigte sich auch Barak mit den Bedingungsfaktoren für die Entwicklung individueller Interessen. Sein Ansatz wird im Folgenden beschrieben.

**Der Einfluss kognitiver Variablen auf die Interessengenese im Modell von Barak.** Barak (1981; Barak, 2001; Barak et al., 1989; Barak, Shiloh & Haushner, 1992) betont die kognitive Verarbeitung der Bewältigung einer Aufgabe für die Genese individueller Interessen. Er definiert Interessen dabei als „Gefühle, die den Grad der Anziehung oder Ablehnung einer Aufgabe oder Aktivität widerspiegeln, und die ihre Ursache in den Gedanken der Person haben". Den Gefühlen der Anziehung oder Ablehnung liegen kognitive Prozesse zugrunde, in denen relevante Informationen verarbeitet werden. Die Inhalte der Gedanken basieren auf Annahmen, Überzeugungen, Wahrnehmungen, Erwartungen, Attributionen, Erinnerungen und kognitiven Schemata. Einen zentralen Faktor für die Entstehung eines individuellen Interesses sieht Barak (z.B. Barak, 1981, 2001) darin, dass bei der Ausführung einer bestimmten Aktivität Erfolg erlebt wird. Der Erfolg wird auf verschiedene Weise kognitiv verarbeitet. Er führt erstens dazu, dass die eigenen Fähigkeiten in Bezug auf eine Aufgabe wahrgenommen werden. Zweitens führt er dazu, dass (u.a. aufgrund der wahrgenommenen Fähigkeit) eine Erfolgserwartung bezüglich der Bewältigung einer ähnlichen Aufgabe aufgebaut wird. Und drittens führt er dazu, dass bestimmte Erwartungen über die bedürfnisbefriedigende Funktion der Tätigkeit oder des Gegenstands aufgebaut werden. Diese drei kognitiven Determinanten individueller Interessen werden im Folgenden beschrieben. Das Modell von Barak ist in Abbildung 2.1 dargestellt.

Die erste kognitive Determinante des individuellen Interesses ist die von der Person *wahrgenommene Fähigkeit*, eine Aufgabe auszuführen. Dieser Faktor bezieht sich darauf, wie die Person die Möglichkeit zur Bewältigung der Aufgabe einschätzt. Sie hängt zum einen davon ab, wie sie ihre eigenen Fähigkeiten einschätzt, zum anderen davon, wie sie die Anforderungen der Aufgabe einschätzt. Die Diskrepanz zwischen den beiden Elementen bestimmt den Grad an Überzeugung, die Aufgabe bewältigen zu können. Wichtig ist, dass dabei die *wahrgenommene Fähigkeit* nicht immer mit der *tatsächlichen Fähigkeit* übereinstimmen muss (Barak, 1981, 2001). Die zweite kognitive

Determinante des Interesses ist die Einschätzung der Person bezüglich ihres *Erfolgs* bei der Bewältigung einer Aufgabe, d.h. der *erwartete Erfolg*. Dieser Faktor hängt u.a. von der wahrgenommenen Fähigkeit ab, da die Fähigkeit eine notwendige Komponente des Erfolgs ist. Allerdings hängt er auch von externen Faktoren wie dem erwarteten Glück (z.B. bei Klassenarbeiten), nicht oder nur bedingt kontrollierbaren Gegebenheiten (z.B. bestimmte Unterrichtsbedingungen, konstruktive Zusammenarbeit oder destruktiver Wettstreit mit anderen Schülern) oder bestimmten Persönlichkeitszügen (z.B. Selbstvertrauen) ab. Die dritte kognitive Determinante individueller Interessen bezieht sich auf die *antizipierte Befriedigung* bei der Beschäftigung mit einer Aufgabe. Die wahrgenommene Fähigkeit bei einer Aufgabe kann, muss aber nicht ein wichtiger Faktor für das Erleben von Befriedigung bei der Auseinandersetzung mit einer Aufgabe sein. Es ist denkbar, dass sich eine Person bezüglich einer Aufgabe für relativ unfähig hält, sich von dieser aber trotzdem ein großes Maß an Befriedigung erwartet. Andererseits kann sich eine Person in Bezug auf eine Aufgabe für sehr fähig halten, dennoch aber wenig Befriedigung aus der Beschäftigung mit dieser erwarten. Der antizipierten Befriedigung können somit auch persönliche Dispositionen oder Bedürfnisse (z.B. nach Anerkennung), persönliche Werte, aber auch Geschlechts-, sozialen und beruflichen Stereotype zugrunde liegen.

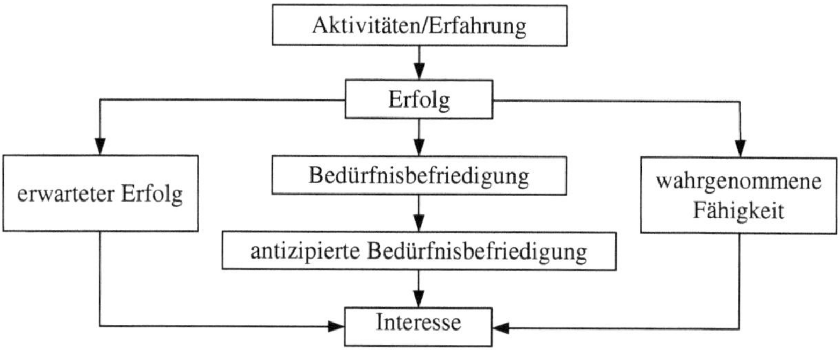


*Abbildung 2.1:* Modell der Entstehung von Interessen nach Barak (1981)

Das Modell von Barak zeigt, dass die Entwicklung von Interessen in erster Linie durch die kognitive Verarbeitung von Erfolg bei der Bewältigung einer Aufgabe bedingt ist. Das Erleben von Erfolg bei der Ausführung einer Aktivität führt zur Wahrnehmung der eigenen Fähigkeit, zum Aufbau einer Erfolgserwartung und zum Aufbau einer Erwartung über die Befriedigung eigener Bedürfnisse. Auf die Entwicklung individueller schulischer Interessen angewendet heißt dies, dass sich ein Interesse an einem Schulfach eher entwickelt, wenn die Ausführung von Tätigkeiten eine positive Wahrnehmung eigener Fähigkeiten vermittelt, wenn sich Erfolg bei ähnlichen Aufgaben erwarten lässt und wenn die Erledigung der Aufgabe bestimmte Bedürfnisse befriedigt.

Barak (1989) konnte in experimentellen Studien zeigen, dass die kognitiven Determinanten tatsächlich zu den individuellen Interessen einer Person in Beziehung stehen und intraindividuell vor allem die wahrgenommene Fähigkeit mit dem Interesse einer Person korreliert. Auch fanden sich Belege dafür, dass die *wahrgenommene* Fähigkeit für die Entwicklung individueller Interessen entscheidender ist als die *tatsächliche* Fähigkeit (Blau, 1991). In einer weiteren experimentellen Studie gelang es sogar, die Interessen von Vorschulkindern durch kognitive Restrukturierung jeweils einer der Determinanten zu modifizieren (Barak et al., 1992; Okev, 1993). Die Forschung von Barak zeigt also, dass neben der Leistung auch kognitive Determinanten nicht nur hoch mit den Interessen korreliert sind, sondern diese offenbar auch verändern können. Kognitive Prozesse, besonders die Wahrnehmung der eigenen Fähigkeit (aber auch Erwartungen, Überzeugungen und Stereotype), vermitteln offensichtlich zwischen der tatsächlichen Erfahrung und den Interessen.

**Vergleich der beiden Ansätze zur Interessengenese.** Der Ansatz von Deci und Ryan und der Ansatz von Barak stammen aus unterschiedlichen Forschungstraditionen und haben somit einen unterschiedlichen theoretischen Hintergrund: Der Ansatz von Deci und Ryan stammt aus der Forschung zur Lernmotivation der pädagogischen Psychologie, der von Barak aus der Berufsinteressenforschung der Organisationspsychologie. Dennoch sind beide Ansätze zur Erklärung der Genese von Interesse einander sehr ähnlich. So gehen beide Ansätze davon aus, dass es zu einer Entwicklung von Interesse kommt, wenn bestimmte Bedürfnisse befriedigt werden. Unterschiede bestehen vor allem in der Breite der Darstellung. Der Ansatz von Deci und Ryan ist theoretisch breiter angelegt, indem die Rolle von Kompetenzerleben, Selbstbestimmung und sozialer Eingebundenheit bei der Interessengenese betont wird. Der Ansatz von Barak konzentriert sich dagegen stärker auf das Erleben von Erfolg (das sich u.a. im Kompetenzerleben äußert) als Determinante der Interessengenese. Allerdings erwähnt auch Barak, dass noch andere Faktoren für die Interessengenese (u.a. auch Selbstbestimmung und soziale Eingebundenheit) relevant sind. Beide Ansätze gehen ebenfalls darauf ein, dass subjektive Wahrnehmungs- und Verarbeitungsprozesse für die Genese von Interesse von Bedeutung sind. Deci und Ryan weisen darauf hin, dass die *Wahrnehmung* des Kontexts für die Interpretation eines Ereignisses wichtig ist. Barak arbeitet heraus, dass vor allem die *wahrgenommene* Fähigkeit mit dem Interesse einer Person zusammenhängt. Nachdem nun Modelle der Interessengenese vorgestellt wurden, wird im Folgenden auf Studien eingegangen, die sich mit den Gründen für die Abnahme des Interesses im Verlauf der Sekundarstufe I beschäftigt haben.

## 2.2 Forschung zur Abnahme individueller Interessen

Nicht nur Forschungsarbeiten, die Modelle der Interessengenese entwickelt haben, sind für das Verständnis der Entwicklung individueller Interessen von Bedeutung, sondern auch Forschungsarbeiten, die sich mit dem Phänomen der Abnahme schulischer Interessen im Verlauf der Schulzeit befasst haben. In diesem Abschnitt wird daher ein Überblick über Studien gegeben, die die Reduktion fachspezifischer Interessen beschreiben und zu erklären versuchen.

Ein Abfall des durchschnittlichen Interesses am Unterricht und an schulischen Inhalten im Verlauf der Schulzeit wird der Tendenz nach bereits für die Grundschule berichtet. Dies zeigt die SCHOLASTIK-Studie (Schulorganisierte Lernangebote und Sozialisation von Talenten, Interessen und Kompetenzen, Helmke, 1993, 1997; Weinert & Helmke, 1997). Zwar wurde hier nicht explizit die Interessenentwicklung der Kinder verfolgt, jedoch erhielten sie kurze Skalen zur Einschätzung der Lernfreude, mit denen die affektive Tönung von Einstellungen zu verschiedenen Lerngegenständen und -aktivitäten erfasst wurde. Da die Skalen die Lernfreude an den Schulfächern Mathematik und Deutsch thematisieren, können sie auch als Indikatoren für schulfachbezogene Interessen interpretiert werden. Die Befunde zeigen, dass die Lernfreude in Mathematik und Deutsch über die Grundschulzeit hinweg schwach, aber fortlaufend abnimmt. Eine sehr viel deutlichere Abnahme des Interesses wird in zahlreichen Publikationen für den Bereich der Sekundarstufe I berichtet (s. Baumert & Köller, 1998; Köller, Baumert & Schnabel, 2000; Hoffmann et al., 1998; Krapp, 1996; Prenzel, 1998, Todt, 1990). Gardner (1987) stellte in einem Überblick über Studien zum Interessenverlauf aus zwanzig Ländern anlässlich eines Symposiums in Kiel fest, dass sich das Interesse an den naturwissenschaftlichen Fächern mit der Dauer des Schulbesuchs deutlich reduziert. Dieser negative Trend bezüglich der fachlichen Interessen wurde in einer Reihe deutscher Studien bestätigt (vgl. Häußler & Hoffmann, 1995; Hoffmann & Lehrke, 1986; Hoffmann et al., 1998; Rheinberg, 2004b; Rheinberg & Wendland, 2001). Auch Studien aus den USA (vgl. Gottfried et al., 2001; Simpson, 1987; Yager & Yager, 1985; Yager & Tamir, 1993) haben belegt, dass sowohl die fachspezifische intrinsische Motivation als auch die positive Einstellung gegenüber dem naturwissenschaftlichen Unterricht im Verlauf der Schulzeit immer mehr zurückgeht.

Bei dem Abwärtstrend in den mathematisch-naturwissenschaftlichen Fächern sind erhebliche Geschlechtsunterschiede zu verzeichnen. Schon auf dem Kieler Symposium wurde berichtet, dass Mädchen in der Mittelstufe ein deutlich geringeres Interesse an Mathematik, Physik und Chemie zeigen als Jungen (Gardner, 1987; Kubli, 1987), was in späteren Arbeiten vielfach bestätigt wurde (Baumert & Köller, 1998; Gräber, 1992; Hannover, 1991; Krapp, 1996, 1998). Auch zeigt sich, dass der Abwärtstrend in der Sekundarstufe I bei den Mädchen sehr viel stärker ausgeprägt ist als bei den Jungen. Besonders die Arbeiten der Kieler Gruppe (Häußler, 1987; Häußler & Hoffmann,

1995; Hoffmann et al., 1998; Hoffmann, Häußler & Peters-Haft, 1997; Hoffmann & Lehrke, 1986; Hoffmann, 2002) weisen eine deutliche Vergrößerung des Geschlechtsunterschieds im Interesse am Physikunterricht nach. Die Geschlechtsunterschiede zeigten sich darüber hinaus in ähnlicher Weise in einer Vielzahl von Arbeiten in anderen Ländern (z.B. Barinaga, 1994; Frazier-Kouassi, 1992). Nach Gardner (1987) zeigt sich in den naturwissenschaftlichen Fächern Physik und Chemie ein stärkerer Rückgang im Interesse als in vielen anderen schulischen Fächern. So ist „für viele Schüler in vielen Ländern ... Naturwissenschaft (*science*) ein Fach, dass anfänglich gemocht, dann aber unbeliebt wird, und das man später abwählt“ (Gardner, 1987, S. 15). Auch nach A.E. Gottfried et al. (2001) ist der Abfall fachlicher intrinsischer Motivation besonders in den mathematisch-naturwissenschaftlichen Fächern zu verzeichnen, nicht aber im gesellschaftswissenschaftlichen Fach Geschichte. Zusammenfassend stellte auch Krapp (1996) fest, dass von der negativen Entwicklung im Interesse manche Fächer nicht in so starkem Maße betroffen sind wie die „harten“ mathematisch-naturwissenschaftlichen Fächer. Der negative Trend zeigte sich nach Krapp (1996) in Biologie (vgl. Löwe, 1987) und der Fremdsprache Englisch (vgl. Reiss, 1980) nur in abgeschwächter Form. Demnach wird in den als „schwierig“ geltenden Disziplinen Physik, Chemie und Mathematik die negative Entwicklung von Interesse und intrinsischer Motivation als besonders stark eingeschätzt, als weniger stark hingegen in den als weniger „schwierig“ empfundenen verbalen oder human- und gesellschaftswissenschaftlichen Fächern. Auf zwei wichtige, in letzter Zeit erschienene Studien zur Interessenabnahme wird im Folgenden näher eingegangen.

**Die IPN Interessenstudie Physik.** Am Leibniz-Institut in Kiel wurde 1984 bis 1989 die Entwicklung des Interesses in Physik von der 5. bis 10. Jahrgangsstufe an 51 Schulklassen unterschiedlicher Schultypen und verschiedener Bundesländer längsschnittlich untersucht (vgl. Häußler & Hoffmann, 1995; Hoffmann et al., 1998; Hoffmann & Lehrke, 1986). Zum ersten Messzeitpunkt wurde eine zusätzliche Querschnitterhebung an 24 Klassen der 5. bis 10. Jahrgangsstufe, darüber hinaus eine jährliche Befragung von 24 Klassen der Jahrgangsstufe 9 durchgeführt. Das Interesse wurde zum einen als *Sachinteresse* an zwölf physikalischen Gebieten unter Berücksichtigung der Dimensionen Inhalt, Kontext und Tätigkeit, zum anderen als *Fachinteresse* an Physik erfragt. Verwendet wurde ein fünfstufiges Antwortformat. In Abbildung 2.2 ist der Verlauf der Mittelwerte des *Fach-* und *Sachinteresses* getrennt nach Jungen und Mädchen wiedergegeben. Aufgrund von Stichprobenausfällen sind in der Graphik die Ergebnisse von je zwei aufeinander folgenden Jahrgangsstufen umfassenden Teillängsschnitten wiedergegeben. Da vor allem weniger interessierte Jugendliche aus der Stichprobe heraus gefallen sind, finden sich leicht höhere Ausgangswerte in den Interessenmittelwerten des jeweils nachfolgenden Teillängsschnitts, was sich in den Differenzen zwischen den Interessenmittelwerten der Teillängsschnitte pro Messzeitpunkt widerspiegelt. Besonders stark fällt die Differenz zwischen den Teillängsschnitten für die Jungen zum Messzeitpunkt in der Jahrgangsstufe 9 aus.

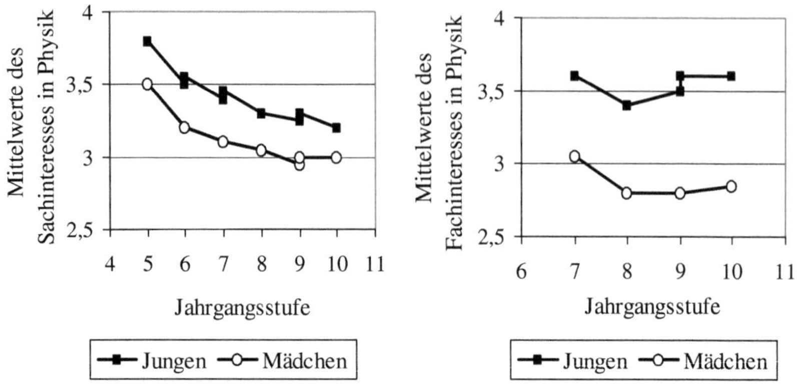


Anmerkung: Die Skalenwerte reichen von 1 bis 5. Von den Autoren wurden keine Angaben zu Standardfehlern oder Konfidenzintervallen gemacht.

*Abbildung 2.2:* Mittelwerte des Sachinteresses (linke Graphik) und des Fachinteresses (rechte Graphik) an Physik von der 5. bis 10. Jahrgangsstufe für Mädchen und Jungen getrennt (Hoffmann et al., 1998)

Die Ergebnisse der Kieler Studie bestätigen das in früheren Studien berichtete Absinken des Interesses im Verlauf der Sekundarstufe I sowie die starken Geschlechtsunterschiede im Interesse. Die Befunde dürften signifikant sein, obwohl diesbezügliche Angaben größtenteils fehlen. Abbildung 2.2 zeigt, dass (1) Jungen ein signifikant höheres *Fach-* und *Sachinteresse* an Physik haben als Mädchen, dass (2) der Rückgang des *Fach-* und *Sachinteresse* in der 7. Jahrgangsstufe am stärksten ausgeprägt ist und dass (3) im weiteren Verlauf für das *Sachinteresse* ein weiterer, wenn auch etwas weniger ausgeprägter Rückgang des Interesses zu beobachten ist, während die Veränderungen im *Fachinteresse* in den höheren Klassenstufen eher geringer ausfallen. Das *Sachinteresse* in der 5. Jahrgangsstufe beginnt auf relativ hohem Niveau und nimmt über die Zeit hinweg für beide Geschlechter gleichermaßen stetig ab. Beim *Fachinteresse* fällt die Differenz in den Interessenwerten zwischen den Geschlechtern deutlich stärker aus als beim *Sachinteresse*. So ist das *Fachinteresse* an Physik bei den Jungen relativ hoch, während es bei den Mädchen bereits zu Beginn der 7. Jahrgangsstufe deutlich niedriger ist. Auch nimmt – im Gegensatz zum *Sachinteresse* – die Geschlechterdifferenz beim *Fachinteresse* über die Zeit hinweg noch zu, da die Jungen das *Fachinteresse* weniger stark verlieren als die Mädchen. Dies wurde dahingehend interpretiert, dass der Physikunterricht den Interessen der Mädchen weniger entgegenkommt als den Interessen der Jungen (s. Häußler & Hoffmann, 1995; Hoffmann et al., 1998).

Die Unterschiede zwischen den Geschlechtern werden besonders deutlich, wenn man den in Abbildung 2.3 aufgeführten Prozentanteil der Schülerinnen und Schüler mit großem und sehr großem *Fachinteresse* betrachtet. Am Ende der Sekundarstufe I ist der Anteil von Jungen mit großem oder sehr großem *Fachinteresse* in Physik etwa dreimal so hoch wie der Anteil von Mädchen (vgl. Häußler & Hoffmann, 1995; Hoffmann et al., 1998). Um festzustellen, ob Physik tatsächlich die von Gardner (1987) berichtete Sonderrolle als vergleichsweise unbeliebtes Fach einnimmt, wurde das Interesse am Fach Physik mit dem Interesse an anderen Schulfächern verglichen (Hoffmann et al., 1998).

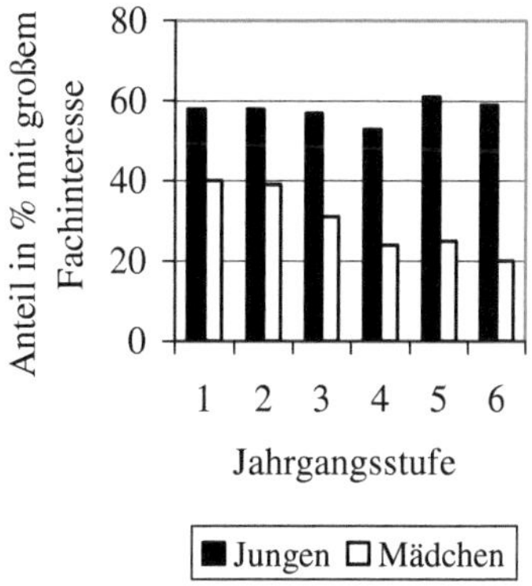


*Abbildung 2.3:* Schülerinnen und Schüler der 5. bis 10. Jahrgangsstufe mit großem und sehr großem Fachinteresse an Physik.

Die Jugendlichen wurden anhand eines direkten Vergleichs gefragt, wie interessant sie verschiedene Unterrichtsfächer finden. Die in Abbildung 2.4 aufgeführten Ergebnisse bestätigen die Beobachtung von Gardner (1987).

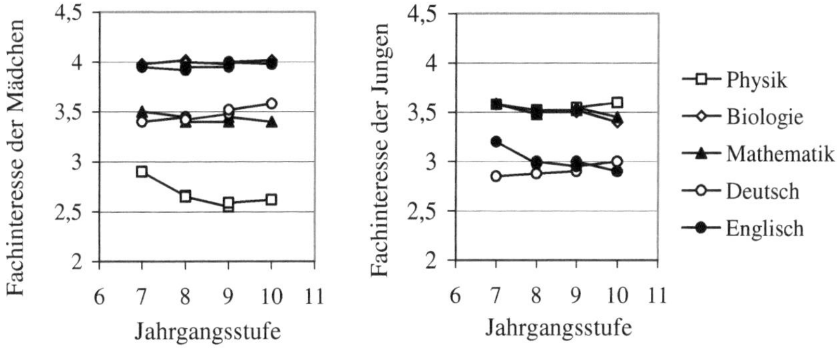


Anmerkung: Die Skalenwerte reichen von 1 bis 5. Von den Autoren wurden keine Angaben zu Standardfehlern oder Konfidenzintervallen gemacht.

*Abbildung 2.4:* Fachinteresse der Mädchen (linke Graphik) und der Jungen (rechte Graphik) an den Fächern Physik, Mathematik, Englisch, Biologie und Deutsch in der 7. bis 10. Jahrgangsstufe

Die Interessen an den Schulfächern fallen stark geschlechtsspezifisch aus Jungen beurteilen die naturwissenschaftlichen Fächer und Mathematik als vergleichsweise interessant, die sprachlichen Fächer dagegen als vergleichsweise uninteressant. Mädchen interessieren sich vor allem für Biologie und Englisch, gefolgt von Deutsch, Mathematik und an letzter Stelle Physik. Während also für Jungen Physik das interessanteste Fach darstellt, ist es für die Mädchen mit deutlichem Abstand das uninteressanteste Fach.

Ein weiteres wichtiges Ergebnis der Kieler Interessenstudie betrifft die Entwicklung des Physikinteresses bezüglich verschiedener Inhalte, Kontexte und Tätigkeiten. Das Interesse nahm z.B. nicht in allen physikalischen Gebieten gleichermaßen ab. So gab es auch Gebiete, in denen das Interesse stabil blieb oder über die Jahre hinweg sogar anstieg. Eine wichtige Rolle spielt dabei der Kontext, innerhalb dessen die physikalischen Themen behandelt werden. Wie Abbildung 2.5 zeigt, reagieren besonders Mädchen sensibel auf Veränderungen im Kontext (vgl. Häußler, 1987; Häußler & Hoffmann, 1995). Wurde im Unterricht über eine Pumpe gesprochen, die Erdöl fördert, sank das Interesse der Mädchen deutlich ab. Wurde hingegen über eine Pumpe gesprochen, die als künstliches Herz fungiert, blieb das Interesse der Mädchen konstant und stieg der Tendenz nach sogar leicht an. Das Interesse der Schüler und Schülerinnen stieg besonders dann an, wenn für sie die Anwendbarkeit oder gesellschaftliche Relevanz der Unterrichtsinhalte ersichtlich war. Offenbar ist es wichtig, dass physikalische Erkenntnisse nicht um ihrer selbst willen in Form von allgemeinen Regeln oder Gesetzen erworben werden, sondern dass ihre praktische Bedeutung hergestellt wird – z.B. zum menschlichen Körper, zur medizinischen Diagnostik oder Therapie.

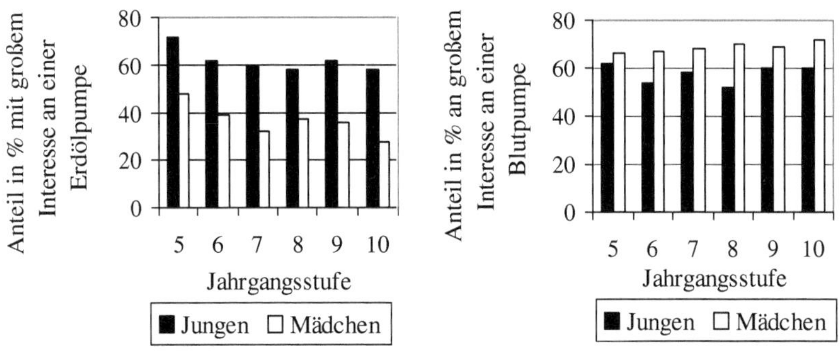


*Abbildung 2.5:* Interesse von Jungen und Mädchen am Herauspumpen von Erdöl (linke Graphik) und am Herz als Blutpumpe (rechte Graphik) nach Häußler und Hoffmann (1995)

Eine weitere wichtige Forschungsfrage der Kieler Studie bezog sich auf die Zusammenhänge des Sach- und Fachinteresses mit Persönlichkeitsmerkmalen, Merkmalen des häuslichen Umfeldes oder Merkmalen des Unterrichts (Häußler & Hoffmann, 1995; Hoffmann et al., 1998). Zur Aufklärung des *Sachinteresses* an Physik trug dabei am meisten die Bereitschaft bei, sich mit technischen Geräten bzw. Naturphänomenen zu beschäftigen. Der entscheidende das *Fachinteresse* beeinflussende Faktor war das Selbstvertrauen in die eigene Leistungsfähigkeit in Physik. Die Interessenunterschiede zwischen Mädchen und Jungen ließen sich fast vollständig auf dieses Merkmal zurückführen. Dagegen spielte weder die Bereitschaft, sich von technischen Geräten bzw. von Naturphänomenen faszinieren zu lassen noch das Sachinteresse eine große Rolle. Auch der erwartete allgemeine oder auf den eigenen Beruf bezogene Nutzen von Physik war an der Aufklärung des Fachinteresses kaum beteiligt. Das bedeutet, dass es für das Interesse der Schülerinnen und Schüler am Physikunterricht nicht ausreichte, wenn sie sich für physikalische Sachverhalte, Technik und Naturphänomene interessierten, auch nicht, wenn sie erwarteten, dass Physik – u.a. im Hinblick auf ihren zukünftigen Beruf – von Bedeutung sein könnte. So nahm das Interesse ab, obwohl die Bewertung der Nützlichkeit von Physik im Verlauf der Sekundarstufe I sowohl bei Jungen als auch bei Mädchen ständig anstieg (vgl. Hoffmann & Lehrke, 1986). Die Kieler Gruppe wertet dies dahingehend, dass Unterrichtsbedingungen den Interessenverlauf in der Sekundarstufe I beeinflussen und dass der derzeitig gegebene Physikunterricht die Interessen der Schülerinnen und Schüler kaum berücksichtigt. Eine andere Lesart wäre, dass die besondere „Schwierigkeit" des Fachs und die damit verbundenen geringeren Fähigkeitsselbstkonzepte der Schülerinnen und Schüler bei der Abnahme des Interesses bei weitem die größte Rolle spielen könnten.

Fasst man die Ergebnisse der Kieler Interessenstudie zum Physikunterricht zusammen, so ergibt sich folgendes Bild: Sowohl das *Sachinteresse* als auch das *Fachinteresse* an Physik nahm vor allem in der 7. Jahrgangsstufe für beide Geschlechter deutlich ab. Bei den Mädchen war das Interesse am Fach Physik schon zu Beginn der 7. Jahrgangsstufe deutlich niedriger als bei den Jungen, wobei es im Verlauf der Sekundarstufe I noch einmal stärker abfiel. Im Vergleich zu anderen Schulfächern war Physik bei den Jungen (zusammen mit Mathematik und Biologie) relativ beliebt, bei den Mädchen mit Abstand am unbeliebtesten. Es zeigte sich aber, dass für das mangelnde Interesse an Physik – besonders bei den Mädchen – auch der Kontext verantwortlich war. Interessant ist auch, dass das Fähigkeitsselbstkonzept den entscheidenden Beitrag zur Erklärung der Unterschiede im Interesse am Unterrichtsfach leistete. Im Folgenden wird auf eine weitere wichtige Studie eingegangen, die eine Abnahme im Interesse belegt.

**Die Studie von Gottfried et al.** A. E. Gottfried et al. (2001) untersuchten in einer Längsschnittstudie, die Teil der 1979 begonnenen *Fullerton Longitudinal Study* war, den Verlauf der schulische intrinsischen Motivation von der mittleren Grundschulzeit bis zum Ende der High School-Zeit in verschiedenen Schulfächern. Die Anzahl der untersuchten Kinder schwankte je nach Altersstufe zwischen 107 bis 112. Eingesetzt wurde der *Children's Academic Intrinsic Motivation Inventory* – CAIMI – (Gottfried, 1986, 1990; vgl. Gottfried et al., 1994; Gottfried, Fleming & Gottfried, 1998; Gottfried & Gottfried, 1996). Der CAIMI misst die Freude am Lernen, Aufgabenorientierung, Neugier, Ausdauer und das Lernen herausfordernder neuer Aufgaben in den Fachgebieten Naturwissenschaften (*Science*), Mathematik (*Math*), Lesen (*Reading*) und Gesellschaftswissenschaften (*Social Science*), sowie das generelle schulische Interesse. In der Version für die weiterführende Schule (CAIMI-HS) wurde Lesen durch das muttersprachliche Fach Englisch (*English*) und Gesellschaftswissenschaften durch Geschichte (*History*) ersetzt. Da sich die Erfassung der intrinsischen Motivation direkt auf die einzelnen Schulfächer bezieht, kann davon ausgegangen werden, dass mit der Skala das Interesse an diesen Fächern gemessen wird. Untersucht wurden die Stabilität interindividueller Unterschiede fachbezogener intrinsischer Motivation und die Veränderungen in der Höhe der Motivation der Gesamtgruppe. Abbildung 2.6 gibt zeigt die Ergebnisse zur Abnahme des Interesses in den verschiedenen Fächern.

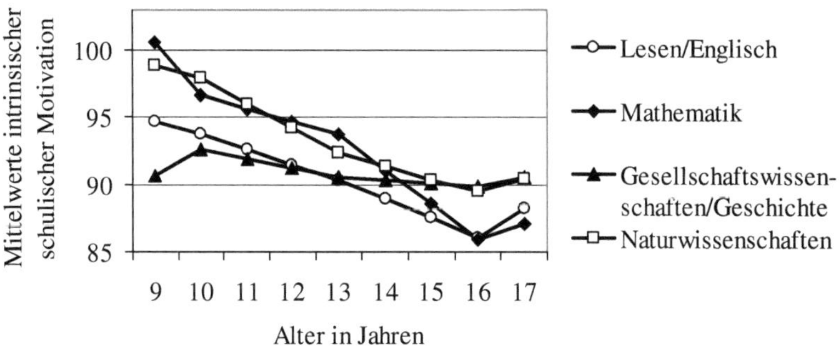


Anmerkung: Es wurden keine Angaben zu Standardfehlern oder Konfidenzintervallen gemacht.

*Abbildung 2.6:* Mittelwerte fachspezifischer intrinsischer Motivation nach A.E. Gottfried et al. (2001) für die verschiedenen Schulfächer Lesen/Englisch, Mathematik, Gesellschaftswissenschaften/Geschichte, Naturwissenschaften

Die Ergebnisse belegen, dass die fachspezifische intrinsische Motivation eine substantielle und in der Adoleszenz zunehmende Stabilität individueller Unterschiede aufweist und dass die anhand von Durchschnittswerten gemessene akademische intrinsische Motivation in den meisten der untersuchten Fächer von der mittleren Kindheit bis zur späten Adoleszenz abnimmt. Die Abnahme der Mittelwerte der schulischen Motivation in den verschiedenen Fachgebieten wurde mit einer multivariaten MANOVA mit einem *between-subject* Faktor Geschlecht (Mädchen, Jungen) und zwei *within-subject* Faktoren Alter (9, 10, 13, 16 und 17 Jahre) und Fachgebiet (Lesen bzw. Englisch, Mathematik, Gesellschaftswissenschaften bzw. Geschichte und Naturwissenschaften) untersucht. Weder als Haupteffekt noch als Interaktionseffekt zeigten sich Geschlechtsdifferenzen. Hingegen zeigten sowohl das Alter als auch das Fachgebiet signifikante Haupteffekte, wobei diese durch eine signifikante Interaktion zwischen Alter und Fachgebiet modifiziert wurden. Weil sie durch die Interaktion modifiziert wurden, zeigten sich weder das Alter allein noch das Fachgebiet allein als besonders bedeutsam. Dagegen ergaben sich signifikante Alterseffekte innerhalb der Fachgebiete für Lesen (bzw. Englisch), Mathematik und Naturwissenschaften. Eine Ausnahme bildeten nur die Sozialwissenschaften (bzw. Geschichte), die keine signifikanten Alterseffekte aufwiesen. Gottfried et al. (2001) berechneten zudem polynomische Kontraste. Statistisch signifikante lineare Trends, die eine signifikante Abnahme in der Motivation über die Jahre hinweg indizieren, zeigten sich beim Lesen (bzw. Englisch), in Mathematik und in den Naturwissenschaften. Zusätzlich zu den linearen Trends wurden ein geringer Prozentsatz der Varianz in den Bereichen Lesen (bzw. Englisch) und Naturwissenschaften auf eine kubische Komponente und im Bereich Mathematik auf eine quadratische Komponente zurückgeführt. Die in den Kontrasten abgebildete Varianz zeigt, dass die stärkste signifikante Abnahme der intrinsischen Motivation in Mathematik erfolgte, gefolgt von der signifikanten Abnahme der Motivation in den Naturwissenschaften und im Bereich Lesen (bzw. Englisch). Der kubische Trend beim Lesen und in den Naturwissenschaften wurde auf den leichten Anstieg der Motivation im Alter zwischen 16 und 17 Jahren zurückgeführt. In der Tat zeigte sich in allen Fachgebieten entweder ein Zurückkommen der Motivation mit 17 Jahren oder eine Stabilisierung der Werte. Der signifikante quadratische Trend in Mathematik war nach Gottfried et al. (2001) auf die Steilheit des Motivationsverlusts zurückzuführen, da die Motivation in Mathematik zu Beginn von allen Fachgebieten am höchsten war und dann auf das Niveau der anderen Fachbereiche fiel.

Die Studie von Gottfried et al. (2001) zeigt, dass die fachspezifische schulische intrinsische Motivation im Alter von 9 bis 17 Jahren abnimmt und der Abfall durch spezifische Fachgebiete moderiert wird. Der größte Abfall ist in der Mathematik zu beobachten, gefolgt von den Naturwissenschaften und Englisch, wohingegen keine Abnahme in den Sozialwissenschaften (Geschichte) zu verzeichnen ist. Die Abnahme der akademischen intrinsischen Motivation scheint mit einem Alter von 16 Jahren aufzuhören, da sich im Alter zwischen 16 und 17 Jahren keine weitere Abnahme und in einigen Fällen sogar eine leichte Zunahme an Motivation zeigte.

Sowohl die Befunde der Kieler Interessestudie als auch die Befunde von Gottfried et al. (2001) legen die Frage nahe, warum einige Fachgebiete einen größeren Abfall der intrinsischen Motivation zu verzeichnen haben als andere. Die Studien lassen vermuten, dass verschiedene Faktoren für den Abfall der Interessen verantwortlich sind. Der Frage, welche Faktoren für den die Interessenabnahme in der Sekundarstufe I verantwortlich sein können, wird im Folgenden nachgegangen.

## 2.3 Erklärungsansätze für die Abnahme schulischer Interessen

Sowohl die angeführten Studien zur Abnahme der Interessen (Hoffmann et al., 1998; Gottfried et al., 2001) als auch verschiedene andere Studien (z.B. Yager & Tamir, 1993; Wigfield, Eccles, Yoon et al., 1997) haben versucht, Faktoren zu identifizieren, die den Rückgang des Interesses in der Sekundarstufe I beeinflussen. Aus der Forschungsliteratur lassen sich drei unterschiedliche Arten von Erklärungsansätzen ableiten, für die es jeweils empirische Evidenz gibt. Dies ist (1) ein Erklärungsansatz, der in entwicklungsbedingten Veränderungen eine Ursache für die Abnahme individueller Interessen sieht, (2) ein Erklärungsansatz, der im schulischen Umfeld – z.T. in Wechselwirkung mit entwicklungsbedingten Veränderungen – eine Ursache für den Interessenverlauf sieht und (3) ein in dieser Arbeit entwickelter Ansatz, der von einer Differenzierung und Kompartementalisierung fachspezifischer individueller Interessen ausgeht, bei dem fachspezifischen Fähigkeitsselbstkonzepten sowie inter- und intraindividuellen Vergleichsprozessen eine entscheidende Rolle zukommt. Die drei Erklärungsansätze werden im Folgenden kurz aufgeführt, um in den nachfolgenden Kapiteln eingehender behandelt zu werden.

*(1) Erklärungsansatz, der in entwicklungsbedingten Veränderungen einen wichtigen Einflussfaktor für die Abnahme durchschnittlicher fachspezifischer Interessen sieht.* In der entwicklungspsychologischen Forschung hat das Zusammentreffen des Interessenabfalls mit dem Eintritt in die Pubertät dazu Anlass gegeben, entwicklungsbedingte Veränderungen als wichtige Ursache des Interessenabfalls in der Sekundarstufe I anzunehmen (z.B. Harter, 1990b; Wigfield et al., 1997). Da die Abnahme der intrinsischen Motivation bzw. des Interesses im Verlauf der Schulzeit kein singuläres Phänomen darstellt, sondern auch andere schulbezogene Einstellungen und Leistungsmotivationen von dem negativen Trend betroffen sind, wurde vermutet, dass die Veränderungen z.T. als entwicklungsbedingtes bzw. ontogenetisches Problem aufgefasst werden können (vgl. Anderman & Maehr, 1994; Eccles, Wigfield et al., 1998; Wigfield et al., 1997). Im Zuge der Herausbildung einer eigenen Identität müssen eine Reihe von Entwicklungsaufgaben bewältigt werden, die sich auch auf die Entwicklung fachspezifischer Interessen auswirken können. Für die Interessenentwicklung bedeutsame Veränderungen finden sich in verschiedenen Bereichen: (1) In der Adoleszenz entwickeln sich mit zunehmenden kognitiven Fähigkeiten auch differenziertere, facettenreichere Fähigkeitsselbstkonzepte, die zugleich aber kontinuierlich sinken. Es stellt sich somit die Frage, inwieweit die Veränderung der Fähigkeitsselbstkonzepte einen Einfluss auf die Interessenentwicklung hat. (2) Im Zuge der Identitätsentwicklung verstärken sich die Geschlechtsrollenvorstellungen. Da sich Selbstdefinitionen nach außen hin in Interessen manifestieren, stellt sich die Frage, inwieweit sich die veränderten Geschlechtsrollenvorstellungen auf die Interessenentwicklung auswirken. (3) Im Jugendalter verändern sich auch die sozialen Beziehungen: Eltern werden als Bezugspersonen weniger wichtig, die Bedeutung anderer Jugendlicher steigt an. Da signifikante Andere die

Entwicklung von Interessen beeinflussen können, stellt sich die Frage, inwieweit sich die Veränderung in den sozialen Beziehungen auf die fachspezifischen schulischen Interessen auswirkt. (4) In der Adoleszenz bilden sich zunehmend mehr konkurrierende Interessen heraus, was sich in einer Ausweitung der Freizeitinteressen Jugendlicher widerspiegelt. Geht man davon aus, dass die einem Individuum zur Verfügung stehenden Ressourcen begrenzt sind, stellt sich die Frage, inwieweit die Entwicklung von Freizeitinteressen mit Interessen an schulischen Inhalten konkurriert.

*(2) Erklärungsansatz, der im schulischen Umfeld – u.a. in Wechselwirkung mit entwicklungsbedingten Veränderungen – einen wichtigen Einflussfaktor für die Abnahme durchschnittlicher fachspezifischer Interessen sieht.* In der pädagogisch-psychologischen Forschung werden häufig Faktoren der schulischen Umgebung als wichtige Ursache für die negative Entwicklung der Interessen hervorgehoben. Neben Unterrichtskonzeptionen wie dem lehrergesteuerten, konstruktivistischen und schülerorientierten Unterricht wurden oft einzelne Unterrichtsaspekte in ihrer Wirkung auf die Entwicklung von Motivation und Interesse untersucht: die Strukturierung des Unterrichts, die Angemessenheit der (Leistungs-)Anforderung, eine Individualisierung der Aufgabenstellung, eine intraindividuelle Bezugsnorm bei Rückmeldungen, eine Aktivierung selbständigen Denkens, Mitbestimmungsmöglichkeiten der Lernenden und eine Sozialorientierung der Lehrkraft. Neuere Forschungsarbeiten aus den USA (vgl. Eccles & Midgley, 1989; Roeser, Eccles & Sameroff, 2000; Wigfield, Eccles & Pintrich, 1996) führen den Rückgang der Interessen in der Adoleszenz vor allem auf eine mangelnde Passung zwischen verschiedenen Unterrichtsbedingungen und den (sich z.T. verändernden) Bedürfnissen der Schülerinnen und Schüler nach Kompetenzerfahrung, Selbstbestimmung und sozialer Eingebundenheit zurück: (1) Eine Abnahme individualisierter Unterrichtsmethoden und individualisierter anspruchsvoller Aufgabenstellungen sowie eine Abnahme der intraindividuellen Bezugsnormorientierung der Lehrkraft bei Rückmeldeprozessen zugunsten einer sozialen Bezugsnormorientierung und stärkeren Leistungsgruppierung steht dem Bedürfnis nach Kompetenzerfahrung entgegen. (2) Eine Einschränkung der Beteiligung an der Auswahl der Lerninhalte sowie eine zunehmend kontrollierende und durch extrinsische Anreize charakterisierte Schulumgebung steht dem vermehrten Bedürfnis nach Selbstbestimmung entgegen. (3) Eine durch das Unterrichten von Fachlehrern zunehmend weniger persönliche Lehrer-Schüler-Beziehung steht dem Bedürfnis nach sozialer Einbindung auch außerhalb des Elternhauses entgegen. Für jeden dieser Unterrichtsaspekte stellt sich aufgrund der mangelnden Passung mit den Bedürfnissen die Frage, inwieweit er sich auf die Entwicklung fachlicher Interessen auswirkt. Hinzu kommt Forschung, die die Abnahme des Interesses in den mathematisch-naturwissenschaftlichen Fächern in fachspezifischen Bedingungen begründet sieht (Gottfried et al., 2001; Hoffmann et al., 1998): zum einen in der „Schwierigkeit" der Fächer, die es den Jugendlichen weniger erlaubt, selbstbestimmt zu lernen und ein positives Fähigkeitsselbstkonzept aufzubauen (Gottfried et al., 2001), zum anderen in der geringeren Anknüpfung an alltägliche Er-

fahrungen der Jugendlichen sowie in der geringeren Vermittelbarkeit der Anwendbarkeit und Relevanz der Inhalte (z.B. Hoffmann et al., 1998; Yager & Tamir, 1993).

*(3) Erklärungsansatz, der in einer – durch fachspezifische Fähigkeitsselbstkonzepte und inter- und intraindividuellen Vergleichsprozesse gesteuerten – Differenzierung individueller Interessen einen wichtigen Einflussfaktor für die Abnahme durchschnittlicher fachspezifischer Interessen sieht.* Ein dritter Erklärungsansatz für die Abnahme der Interessen in der Sekundarstufe I bezieht sich auf die Annahme, dass es in der Sekundarstufe I zunehmend zu einer Differenzierung der individuellen Interessen und zu einer Herausbildung verschiedener Interessenbereiche kommt. Bei dieser Annahme wird auf theoretische Überlegungen von Todt (1995; Todt & Schreiber, 1998) und Krapp (1998) zurückgegriffen. Todt (1995; Todt & Schreiber, 1998) weist darauf hin, dass sich Interessen im Verlauf des Lebens durch Ausblenden bestimmter Bereiche aus einer universellen Interessiertheit heraus bilden und zu einer differenzierteren Interessenstruktur führen. Krapp (1998) merkt an, dass persönliche Interessen als Person-Gegenstands-Relation überhaupt erst im Jugendalter erkennbar werden. Dem Jugendalter kommt dabei insofern eine besondere Bedeutung zu, als Interessen in dieser Zeit vermehrt mit dem eigenen Selbstbild in Einklang gebracht werden. So wird das Interesse an Inhalten, die mit dem eigenen Selbstbild und dem eigenen Lebensentwurf übereinstimmen, akzentuiert, das Interesse an Gebieten, die mit dem Selbstkonzept nicht zu vereinbaren sind, reduziert. Im Prozess der Herausbildung fachlicher schulischer Interessen wird dem fachspezifischen Fähigkeitsselbstkonzept sowie inter- und intraindividuellen Vergleichsprozessen eine besondere Rolle zugesprochen. Es ist anzunehmen, dass das Interesse in vielen Bereichen aufgrund einer Differenzierung individueller fachspezifischer Interessen abnimmt. Daher ist möglicherweise der Differenzierungsprozess für die Abnahme der *durchschnittlichen* fachspezifischen Interessen während der Schulzeit verantwortlich.

Die folgenden Kapitel beschäftigen sich mit den drei verschiedenen Erklärungsansätzen. Auf Forschung, die Belege für entwicklungsbedingte Ursachen des Interessenabfalls anführen, wird in Kapitel 3 eingegangen. Forschung, die sich mit schulischen Ursachen der Interessenabnahme bzw. einer mangelnden Passung zwischen der schulischen Umwelt und den veränderten Bedürfnissen Jugendlicher beschäftigt, wird in Kapitel 4 besprochen. Forschung, die eine Differenzierung und Kompartementalisierung individueller Interessen als Ursache für den Interessenabfall nahe legt, wird in Kapitel 5 dargestellt.

# 3 Entwicklungspsychologischer Erklärungsansatz

In diesem Kapitel wird ein entwicklungspsychologischer Erklärungsansatz für die Abnahme der Interessen vorgestellt. Es werden Veränderungen in der Adoleszenz beschrieben, die einen Einfluss auf die Entwicklung der schulischen Interessen nehmen können. Im ersten Abschnitt wird ein Überblick über die Veränderungen im Jugendalter bzw. über die von den Jugendlichen in dieser Zeit zu bewältigenden Entwicklungsaufgaben gegeben. In den darauf folgenden Abschnitten wird auf die verschiedene Veränderungen eingegangen, die für die Entwicklung individueller Interessen bedeutsam sein können: In Abschnitt 3.2 wird argumentiert, dass es in der Adoleszenz – im Zuge einer Verunsicherung bezüglich der eigenen Fähigkeiten – zu einer Abnahme fachspezifischer Fähigkeitsselbstkonzepte kommt, die sich negativ auf die Entwicklung fachlicher Interessen auswirkt. In Abschnitt 3.3 wird ausgeführt, dass die Entwicklung einer geschlechtlichen Identität und die damit einhergehende Aneignung eines gesellschaftlich als männlich/weiblich anerkannten Verhaltens zu einer Anpassung der Interessen an Rollenvorstellungen führt, indem nicht zur eigenen Geschlechtsrolle passenden Interessen abnehmen. In Abschnitt 3.4 wird dargelegt, dass eine Verschiebung in den sozialen Beziehungen – durch die Intensivierung der Beziehungen zu Gleichaltrigen, die Aufnahme intimer Beziehungen zu einem Partner und die zunehmende Ablösung und vermehrte Unabhängigkeit vom Elternhaus – einen Einfluss auf die Abnahme schulischer Interessen zugunsten des Interesses an sozialen Aktivitäten mit Gleichaltrigen haben. In Abschnitt 3.5 wird beschrieben, dass eine Verschiebung der Interessen zugunsten von Freizeitinteressen stattfindet, so dass die verstärkte Entwicklung von anderen (Freizeit-)Interessen im Sinne einer Konkurrenz zu schulischen Interessen eine Abnahme schulischer Interessen begünstigt.

## 3.1 Entwicklungsaufgaben im Jugendalter

Jugendliche werden in der frühen Adoleszenz mit einer Reihe von Veränderungen konfrontiert (z.B. Flammer & Alsaker, 2002; Lerner, Entwistle & Hauser, 1994; Mussen, Conger, Kagan & Huston, 1996; Oerter & Montada, 1995; Wigfield et al., 1997), die eine enorme Auswirkung auf ihre weitere Entwicklung haben, und die auch auf die Entwicklung fachspezifischer individueller Interessen beeinflussen können. In der Literatur wird oft beschrieben, dass das Jugendalter eine Reihe negativer Veränderungen mit sich bringt (Eccles & Midgley, 1989; Eccles, Midgley, Wigfield et al., 1993; Wigfield et al., 1997). So verschlechtern sich die Schulleistungen (Roderick, 1992; Simmons & Blyth, 1987). Bei der Prüfungsangst (Wigfield & Eccles, 1989), der gelernten Hilflosigkeit nach Misserfolg (Rholes, Blackwell, Jordan & Walters, 1980), der Ich-Orientierung (Nicholls, 1990) oder beim Schulabbruch (Vallerand, Fortier & Guay, 1997) ist ein Anstieg zu verzeichnen. Es kommt zu einer Abnahme und geringeren Stabilität des generellen Selbstwertgefühls (Eccles, Wigfield, Flanagan et al., 1989;

Wigfield, Eccles, Mac Iver, Reuman & Midgley, 1991), es wird ein Rückgang des allgemeinen Selbstkonzepts sowie spezifischer Selbstkonzepte berichtet (Eccles, Midgley & Adler, 1984), und nicht zuletzt nimmt die intrinsische Lern- und Leistungsmotivation ab (Gottfried et al., 2001; Köller, Baumert et al., 2000; Wigfield & Eccles, 2002b). Die negativen Veränderungen wurden dabei oft mit der Entwicklung in der Adoleszenz in Verbindung gebracht. Um sich ein umfassendes Bild über die für die Interessenentwicklung bedeutsamen Veränderungen zu machen, wird im Folgenden auf die Entwicklung im Jugendalter eingegangen.

Den Anstoß für die Veränderungen in der Adoleszenz gibt die körperliche Entwicklung. Im Zuge hormoneller Veränderungen kommt es in der frühen Adoleszenz zu vermehrtem Wachstum und – bei den Mädchen ca. 18 Monate früher als bei den Jungen – zur Entwicklung sekundärer Geschlechtsmerkmale (für einen Überblick s. Brooks-Gunn & Reiter, 1990; Buchanan, Eccles & Becker, 1992; Paikoff & Brooks-Gunn, 1990). Die körperlichen Veränderungen wirken sich indirekt auch auf das Verhalten aus, u.a. über eine Veränderung der sozialen Erfahrungen (vgl. Buchanan, 1989; Buchanan et al., 1992; Paikoff & Brooks-Gunn, 1990). Dies zeigt sich u.a. auch daran, dass Schülerinnen und Schüler ein geringes Selbstwertgefühl, geringere schulische Motivation und weniger schulisches Interesse entwickelten, wenn die Entwicklung nicht synchron mit der Entwicklung ihrer Altersgruppe verlief (vgl. Petersen, 1988; Simmons & Blyth, 1987).

Die Entwicklung fachspezifischer Interessen kann in einem engen Zusammenhang mit der Herausbildung einer eigenen Identität in der Adoleszenz und den im Jugendalter anstehenden Entwicklungsaufgaben gesehen werden. Erikson (1950; 1959; 1988) und später auch Marcia (1980; 1994) sahen die Hauptentwicklungsaufgabe Jugendlicher dabei darin, *Identität* zu gewinnen und das Ich gegen *Identitätsdiffusion* zu verteidigen. Jugendliche befinden sich zunächst in einem Stadium der *Identitätsdiffusion*, in dem die Identität nicht festgelegt ist. Dieses wird von einem *Moratorium* abgelöst, in dem aktiv nach einer eigenen Identität gesucht wird. Das Moratorium mündet schließlich in die *Identitätserreichung*, das Stadium einer stabilen Identität. Wird die Identität von den Eltern ohne Moratorium fraglos übernommen, spricht Marcia (1980; 1994) von *Foreclosure*. Dass sich im Verlauf der Adoleszenz bei den meisten Jugendlichen eine stabile Identität herausbildet, zeigen auch Forschungsergebnisse, die belegen, dass mit zunehmendem Alter der Prozentsatz derer, die sich im Status der Identitätsdiffusion befinden, sinkt und der Prozentsatz derer, die den Status der Identität erreicht haben, steigt (Waterman, 1982, 1999). Nach Harter (1990b; 1999) sind wichtige Aufgaben im Zusammenhang mit der Identitätsfindung die Selbstdefinition (wer und was man ist), die Auswahl möglicher Selbste (wie man sein und was man werden möchte) und die Integration dieser in eine kohärente Selbsttheorie. Der Prozess der Identitätsgewinnung beeinflusst auch die Entwicklung von Interessen. Individuelle Interessen machen einen wesentlichen Teil des Selbstbildes einer Person aus und werden durch die Identität einer Person mitbestimmt. Umgekehrt definieren sich Personen auch über ihre individuellen Interessen. Über individuelle Interessen teilt sich die Selbstdefinition einer Person anderen Personen mit. Aus dem Streben nach einem integrierten Selbst und einer gefestigten Identität werden Interessen, die mit dem eigenen Selbstbild übereinstimmen und daher als passend erlebt werden, beibehalten und akzentuiert, Interessen, die mit dem eigenen Selbstbild nicht oder weniger gut übereinstimmen und daher als unpassend erlebt werden, aufgegeben. Eine gelungene Identitätsentwicklung führt zu einem klaren, gefestigten und internalisierten Gefühl des eigenen Selbst (z.B. Harter, 1990b) und damit verbunden zu klar definierten Interessenschwerpunkten.

Nach Erikson (1950; 1959; 1988) liegt ein Hauptfokus der Identitätsbildung auf der Übernahme sozialer Rollen: der Geschlechtsrolle, der mit der Vorstellung über eigene Fähigkeiten verknüpften Auswahl des zukünftigen Berufs sowie der Auseinandersetzung mit religiösen, moralischen und politischen Überzeugungen (vgl. auch Harter, 1990b). Individuelle Interessen werden entsprechend an die sozialen Rollen angepasst: an Geschlechtsrollenvorstellungen, an fachliche Fähigkeitsselbstkonzepte und – wenn auch indirekter – an generelle Überzeugungen. Allerdings ist die soziale Identität nicht mehr in dem Maße wie in der Vergangenheit normativ durch Familie, Gemeinschaft und kulturelle Werte vorgegeben. Daher müssen sich Jugendliche ihre persönlichen und beruflichen Identitäten – und damit auch die Bereiche ihres Interesses – aus einer größeren Anzahl von Möglichkeiten auswählen. Eine weitere wichtige Rolle bei der Findung einer sozialen Identität und der damit verbundenen Ausrichtung der Interessen spielt auch der Aufbau von Beziehungen zu Gleichaltrigen und die zunehmende Ablösung von den Eltern (vgl. die Theorie der sozialen Identität, Hogg, 2003; Tajfel, 1982; Tajfel & Turner, 1986). Die vermehrte Zuwendung zur Gruppe der Gleichaltrigen und die Ausweitung der Interessen auf Tätigkeiten außerhalb des Elternhauses bilden wichtige Schritte bei der Ablösung von den Eltern und dem Übergang in die Selbständigkeit.

Die beschriebenen Veränderungen im Jugendalter werden häufig als eine Reihe verschiedener Anforderungen im Sinne von zu bewältigenden Entwicklungsaufgaben konzeptualisiert (Crockett, Petersen, Graber & Schulenberg, 1989; Dreher & Dreher, 1985a, 1985b, 1991; Graber, Petersen & Brooks-Gunn, 1996; Lerner, 2002). Bezüglich verschiedener Entwicklungsaufgaben wird in dieser Arbeit ein Einfluss auf die Interessenentwicklung vermutet. Im Folgenden wird daher kurz auf das Konzept der Entwicklungsaufgabe eingegangen, um anschließend darzulegen, wie diese die Entwicklung von Interessen beeinflussen können. Das Konzept der Entwicklungsaufgabe geht auf die psychosoziale Entwicklungstheorie von Erikson (1950; 1959) zurück und wurde von Havighurst (1953; 1956; 1982) aufgegriffen. Havighurst definierte Entwicklungsaufgaben als Aufgaben, die sich dem Individuum in einer bestimmten Lebensspanne stellen. Die erfolgreiche Bewältigung einer Entwicklungsaufgabe stellt einen guten Ausgangspunkt für den Erfolg in späteren Phasen dar und wirkt sich positiv auf die Auseinandersetzung mit anderen Entwicklungsaufgaben aus. Die nicht erfolgreiche Bewältigung einer Entwicklungsaufgabe führt dagegen zu Unzufriedenheit und zu Schwierigkeiten bei anderen oder späteren Aufgaben. Die Entwicklungsaufgaben des Jugendalters stellen ein Bindeglied zwischen den Entwicklungsaufgaben der Kindheit und des Erwachsenenalters dar, wobei von einer engen Interdependenz und einer besonders hohen Komplexität der Aufgaben im Jugendalter ausgegangen wird. In der Regel bewältigen Jugendliche die Entwicklungsaufgaben der Adoleszenz relativ gut (vgl. Brooks-Gunn & Reiter, 1990; Dornbusch, Petersen & Hetherington, 1991; Silbereisen & Todt, 1994). Allerdings kann eine mangelhafte Bewältigung der Anforderungen Auslöser für Krisen sein (vgl. Wigfield et al., 1996).

Zu den Entwicklungsaufgaben bezüglich des Selbstkonzepts/Idealselbstes gehören:

- die Entwicklung von Vorstellungen über die eigenen Fähigkeiten und Fertigkeiten (Fähigkeitsselbstkonzept)
- die Entwicklung einer Vorstellung über das eigene männliche/weibliche Aussehen (Körperselbstkonzept) und die Akzeptanz des veränderten Körpers
- die Entwicklung von Vorstellungen über gesellschaftlich als männlich/weiblich anerkanntes Verhalten (Geschlechtsrollenvorstellungen)
- die Entwicklung einer beruflichen Orientierung und persönlichen Zukunftsperspektive (sowie die Planung und Ansteuerung erreichbare Ziele)
- die Ausbildung eigener religiöser, moralischer und politischer Wertvorstellungen

Zu den Entwicklungsaufgaben bezüglich sozialer Beziehungen gehören:

- der Aufbau von Beziehungen zu Gleichaltrigen, der Ausbau eines Freundeskreises
- die Anbahnung und Aufnahme intimer Beziehungen zu einem Partner
- die Ablösung und zunehmende Unabhängigkeit vom Elternhaus

Auf die Entwicklungsaufgaben, die eine besondere Bedeutung für die Entwicklung individueller fachlicher Interessen haben können, soll in den folgenden Abschnitten eingegangen werden: die Entwicklung fachspezifischer Fähigkeitsselbstkonzepte, die sich verstärkende geschlechtsspezifische Identität, die Veränderung der sozialen Beziehungen (die Ablösung von den Eltern und die zunehmende Bedeutung Gleichaltriger) und die sich verändernden, mit schulischen Interessen konkurrierenden Freizeitinteressen.

## 3.2 Veränderung fachspezifischer Fähigkeitsselbstkonzepte

In diesem Abschnitt wird auf die Entwicklung des Selbstkonzepts, besonders die Entwicklung fachspezifischer Fähigkeitsselbstkonzepte eingegangen, denen – wie ausgeführt werden soll – bei der Entwicklung schulischer Interessen eine besondere Rolle zukommen dürfte. Im Folgenden werden zunächst das generelle Selbstkonzept sowie das fachspezifische Fähigkeitsselbstkonzept definiert, dann werden Veränderungen fachspezifischer Fähigkeitsselbstkonzepte in der Adoleszenz aufgeführt und ein möglicher Bezug zur Entwicklung individueller Interessen hergestellt, und abschließend wird auf geschlechtsspezifische Aspekte bei der Differenzierung des Selbstkonzepts und ihr Zusammenhang mit der Entwicklung von Interessen eingegangen.

**Ein hierarchisches Modell des Selbstkonzepts.** Das *Selbstkonzept* wird definiert als organisiertes Wissen über die eigene Person (vgl. Markus & Wurf, 1987) und setzt sich aus bestimmten, voneinander abgrenzbaren Komponenten zusammen (s. Harter, 1990b, 1990a; Wigfield & Karpathian, 1991). In der pädagogisch-psychologischen Forschung war die Arbeit von Shavelson, Hubner und Stanton (1976) für die Konzeption des Selbstkonzepts grundlegend. Shavelson et al. (1976; vgl. Marsh & Shavelson, 1985; Marsh, 1990c) postulierten eine hierarchische Struktur des Selbstkonzepts mit zunehmender Stabilität über die Hierarchiestufen. Das Selbstkonzept besteht demzufolge aus vielfältigen, hierarchisch angeordneten Selbstkonzeptfacetten mit einem relativ stabilen generellen Selbstkonzept an der Spitze und darunter angeordneten weniger stabilen spezifischen Facetten (z.B. schulbezogenen Fähigkeiten, physischen Fähigkeiten, physischem Aussehen, Selbstkonzept bezüglich der Beziehungen zu Gleichaltrigen und Selbstkonzept bezüglich der Beziehungen zu den Eltern). Diese Selbstkonzeptfacetten lassen sich wiederum in weitere, verhaltensnähere Aspekte aufteilen. Neben dem sozialen, emotionalen und physischen Selbstkonzept stellt eine der Facetten das *schulische Selbstkonzept* dar.

Das *schulische Selbstkonzept* beschreibt die kognitiv repräsentierte generalisierte Selbsteinschätzung der eigenen schulischen Fähigkeiten (s. Köller, 2000; Möller & Köller, 2004). Diese lässt sich in weitere fachspezifische Fähigkeitsselbstkonzepte einteilen, die aufgrund von Kompetenzerfahrungen in den einzelnen Schul- oder Studienfächern erworben werden und durch Urteile *signifikanter Anderer*, konkreter Rückmeldungen und Kausalattributionen beeinflusst sind (Shavelson et al., 1976). In der ursprünglichen Konzeption von Shavelson et al. (1976) wird von substantiellen Interkorrelationen der fachspezifischen Fähigkeitsselbstkonzepte ausgegangen, wobei die gemeinsame Varianz auf das allgemeine akademische Selbstkonzept zurückgeführt wurde. Eine Modifikation erfuhr die Konzeption durch die empirische Forschung von Marsh und seinen Kollegen (Marsh, 1987b, 1993; Marsh & Shavelson, 1985; Marsh, Byrne & Shavelson, 1988). Anhand konfirmatorischer Faktorenanalysen (z.B. Marsh, Byrne et al., 1988) konnten sie zeigen, dass sich das akademische Selbstkonzept in zwei deutlich voneinander unterscheidbare Facetten unterteilen ließ. Statt eines einzigen akademischen Selbstkonzepts fanden sie ein *mathematisches* und ein *verbales Selbstkonzept.* Unter diese lassen sich die spezifischen Fähigkeitsselbstkonzepte einzelner Schulfächer subsumieren (vgl. Abbildung 3.1).

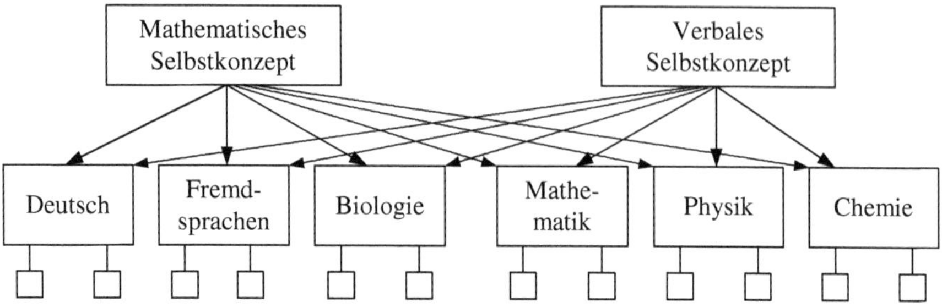


*Abbildung 3.1:* Modifiziertes Selbstkonzeptmodell nach Marsh et al. (1988)

**Entwicklung des Selbstkonzepts in der Adoleszenz.** In der Forschung gibt es eine große Menge an Literatur, die sich mit der Entwicklung des Selbstkonzepts befasst (Harter, 1990b, 1992b, 1998; Jacobs, Lanza, Osgood, Eccles & Wigfield, 2002; Marsh, 1989a; Marsh, Craven & Debus, 1991; Marsh, Craven & Debus, 1998; Marsh, Debus & Bornhold, 2005; Watt, 2004; Wigfield, 1994; Wigfield & Eccles, 1992). Für die Adoleszenz werden dabei eine Reihe von Veränderungen im Selbstkonzept berichtet. Das Selbstkonzept nimmt vom Kindesalter über die Adoleszenz hinweg ab, kommt dann zum Stillstand und steigt im frühen Erwachsenenalter wieder an (Marsh, 1989a, 1993, 1990a; , s. auch Crain, 1996; Jacobs et al., 2002; Marsh & Craven, 1997; Wigfield et al., 1997). Die Studie von Marsh (1990a) zeigt dabei, dass nicht nur die Werte für das generelle Selbstkonzept, sondern auch die für die bereichsspezifischen Selbstkonzepte einschließlich des mathematischen und verbalen schulischen Selbstkonzepts mit Beginn der Adoleszenz deutlich absinken, dieser Trend sich in der 8. und 9. Jahrgangsstufe fortsetzt und erst in der späten Adoleszenz bzw. im frühen Erwachsenenalter wieder ein deutlicher Anstieg dieser Selbstkonzepte zu verzeichnen ist.

Das Selbstkonzept erfährt zudem mit zunehmendem Alter eine stärkere Differenzierung. Schon Shavelson et al. (1976) postulierten eine altersabhängige Zunahme an unterschiedlichen Facetten. Auch andere Studien belegen die fachspezifische Differenzierung des Selbstkonzepts im Jugendalter (Eccles, Wigfield, Harold & Blumenfeld, 1993; Harter, 1985). Marsh et al. (Marsh, 1989a; Marsh, Craven et al., 1991; Marsh & Ayotte, 2003) fand z.B. klare Belege für eine Zunahme der Differenzierung zwischen den Selbstkonzeptbereichen im Alter von 12 Jahren, nicht mehr dagegen bei ältern Kindern (Marsh, 1989a). Die für die Ausdifferenzierung des Selbstkonzepts erforderlichen kognitiven Prozesse entwickeln sich in der frühen Adoleszenz. So nimmt die Fähigkeit Jugendlicher zu, differenziert und abstrakt zu denken (vgl. Byrnes, 1988; Keating, 1990). Das Verständnis des eigenen Selbst wird differenzierter, indem einerseits mehr Facetten der Selbstbeschreibung entwickelt werden, andererseits die Selbstbeschreibung abstrakter wird und verschiedene Facetten des Selbstkonzepts integriert werden (Harter, 1990b). Harter (1985; 1990b) fand z.B. bei Jugendlichen deutlich mehr spezifische Bereiche des Selbstkonzepts als bei Kindern. Auch die Studien von Marsh und seinen Kollegen (s. Marsh, 1990c; Marsh & Ayotte, 2003; Marsh & Craven, 1997; Marsh, Craven et al., 1991; Marsh & Hattie, 1996) belegen, dass sich das Selbstkonzept immer stärker differenziert und die einzelnen Komponenten zunehmend unabhängiger voneinander werden. Zwar sind schon kleine Kinder in der Lage, zwischen verschiedenen Selbstkonzeptbereichen zu unterscheiden, allerdings zeigten sich bei Kindern deutlich weniger spezifische Domänen als bei Jugendlichen. Die Items verschiedener Bereiche bildeten bei Kindergartenkindern und Erstklässlern daher zwar einen separaten Faktor, die Korrelationen zwischen den einzelnen Facetten des Selbstkonzepts waren aber relativ hoch. Auch in der mittleren Kindheit und im frühen Jugendalter war das Selbstkonzept noch stark hierarchisch organisiert (z.B. Marsh, 1990c; Marsh & Hocevar, 1985; Marsh & Shavelson, 1985), und erst in der mittleren Adoleszenz nahmen die Korrelationen zwischen den einzelnen Facetten des Selbstkonzepts deutlich ab (z.B. Marsh & Ayotte, 2003; Marsh & Shavelson, 1985).

**Einfluss der Veränderungen im Fähigkeitsselbstkonzept auf die Interessenentwicklung.** Es finden sich in der Literatur eine Reihe von Belegen dafür, dass fachspezifische Fähigkeitsselbstkonzepte Interessen beeinflussen. Theoretische Überlegungen aus unterschiedlichen Forschungstraditionen legen einen Einfluss des Selbstkonzepts auf das Interesse nahe (Deci & Ryan, 1985, 2000b; Hoffmann et al., 1998; Krapp, 2000, 2005; Wigfield & Eccles, 2002a). In längsschnittlichen Studien in der natürlichen Schulumgebung konnte der theoretisch postulierte Einfluss des Fähigkeitsselbstkonzepts auf das Interesse zudem nachgewiesen werden (vgl. Marsh, Trautwein, Lüdtke, Köller & Baumert, 2005; Tracey, 2002). Die Untersuchungen legen die Vermutung nahe, dass schulische fachspezifische Fähigkeitsselbstkonzepte eine entscheidende Rolle bei der Entwicklung von fachlichen Interessen spielen. Nehmen nun, wie oben dargelegt, die fachspezifischen Fähigkeitsselbstkonzepte in der Adoleszenz ab, müsste sich dies entsprechend negativ auch auf das Interesse an den entsprechenden Fächern niederschlagen. Ein solcher Effekt ließe sich differentiell nachweisen, wenn bei Schülerinnen und Schülern, bei denen das Fähigkeitsselbstkonzept stärker abnimmt, das Interesse ebenfalls deutlicher abnimmt.

**Geschlechtsspezifische Differenzierung des Selbstkonzepts.** In der Forschung wird vielfach auf eine geschlechtsspezifische Differenzierung des Selbstkonzepts hingewiesen. Gleich bleibend über frühe, mittlere und späte Adoleszenz sowie das frühe Erwachsenenalter berichten männliche Personen über ein höheres Selbstkonzept bezüglich der physische Fähigkeiten, ein höheres Selbstkonzept bezüglich der körperlichen Erscheinung und ein höheres mathematisches Selbstkonzept, wohingegen weibliche Personen ein höheres Selbstkonzept im verbalen und generellen schulischen Bereich berichten (Jacobs et al., 2002; Marsh, 1989a; Crain, 1996; Wigfield et al., 1997). Auch in der PISA-Studie werden signifikante Unterschiede im muttersprachlichen Selbstkonzept zugunsten der Mädchen und im mathematischen Selbstkonzept zugunsten der Jungen festgestellt (Artelt, Demmrich & Baumert, 2001; Stanat & Kunter, 2001). Auch verschiedene andere Studien belegen, dass Mädchen – besonders im mathematisch-naturwissenschaftlichen Bereich – weniger Vertrauen in die eigenen Fähigkeiten haben (Hannover, 1998, 2000; Wigfield et al., 2002; Wigfield & Eccles, 2002a). Hierbei fanden sich z.T. etwas größere Unterschiede im Physik-Selbstkonzept als im Mathematikselbstkonzept (Hannover & Kessels, 2002; Köller & Klieme, 2000). Allerdings haben sich einigen Studien (z.B. Hyde, Fennema, Ryan & Frost, 1990) zufolge in den letzten Jahren die Unterschiede zwischen Mädchen und Jungen auch im mathematischen Bereich verringert. Hannover (1991; 1992b; Hannover & Bettge, 1993; Hannover, Scholz & Laabs, 1992) fand, dass Mädchen ihre Kompetenz in typisch männlichen Schulfächern – auch nach Kontrolle der Note – als niedriger einschätzten als Jungen. Eccles und ihre Kollegen (Eccles & Midgley, 1989; Wigfield et al., 1991) zeigten, dass Jungen sich bezüglich der Fächer Sport und Mathematik als deutlich kompetenter erlebten als Mädchen, während sich Mädchen in Englisch für kompetenter hielten. Auch eine neuere Studie von Schilling, Sparfeldt und Rost (2006) fand die erwarteten geschlechtsspezifischen Unterschiede im Selbstkonzept bezüglich der Fächer Physik und Mathematik zugunsten der Jungen und bezüglich der Fächer Deutsch und Englisch zugunsten der Mädchen. Während allerdings der Geschlechtseffekt zugunsten der Jungen in Physik sehr hoch ausfiel, war er in Biologie praktisch vernachlässigbar. Es lässt sich somit nicht von einer bestimmten verbalen oder mathematisch-naturwissenschaftlichen Facette auf eine andere generalisieren. In einer Replikation der Befunde von Rost und Sparfeldt (2002) schätzten sich Jungen im Mittel zudem in Geschichte als kompetenter ein als Mädchen, was gegen eine eindeutige Zuordnung von Geschichte zum „verbalen" Bereich spricht.

Die Geschlechtsdifferenzen sind nur z.T. auf Unterschiede in den Leistungen zurückzuführen. So zeigen Schulleistungsstudien wie die *Third International Science and Mathematics Study* (TIMMS, Baumert, Bos & Lehmann, 2000; vgl. Mullis, Martin, Fierros, Goldberg & Stemler, 2000; Köller & Klieme, 2000) sowie das *Programme for International Student Assessment* (PISA Baumert, Klieme, Neubrandt et al., 2001; Prenzel, Baumert, Blum et al., 2004) im mathematisch-naturwissenschaftlichen Bereich zwar durchaus Leistungsunterschiede zwischen Jungen und Mädchen, allerdings basieren die Geschlechtsdifferenzen im Selbstkonzept nicht allein auf tatsächlichen Leistungsunterschieden. Linn und Hyde (1989) fanden z.B. in einer Metaanalyse amerikanischer Forschungsarbeiten, dass die Geschlechtsunterschiede in der Selbstwahrnehmung – trotz real abnehmender Unterschiede bezüglich der naturwissenschaftlichen Leistungen – bestehen blieben. Geschlechtsspezifischen Unterschiede in der Faktorenstruktur wurden nicht nachgewiesen, vielmehr belegt Marsh (1993), dass das Modell geschlechtsinvariant ist, was sich auch über die Zeit hinweg nicht veränderte.

Im Gegensatz zur vielfach postulierten Hypothese einer Intensivierung von Geschlechtsdifferenzen nahmen diese mit zunehmendem Alter nicht substanziell zu. In der Studie von Marsh (1989a; Marsh, 1993) veränderten sich die Geschlechtsunterschiede mit zunehmendem Alter nicht, d.h. sie wurden auch in der Adoleszenz nicht größer. In einer längsschnittlichen Untersuchung von Jacobs et al. (2002) fanden sich zwar geschlechtsstereotype Unterschiede und eine altersspezifische Abnahme des Selbstkonzepts, aber keine alterspezifischen Veränderungen in den Geschlechtsdifferenzen. In einer Forschungsarbeit fand auch Watt (2004; s. auch Jacobs et al., 2002) bezüglich der Geschlechtsdifferenzen in Mathematik zugunsten der Jungen und der Geschlechtsdifferenzen in Englisch zugunsten der Mädchen weder Belege für die Hypothese der Geschlechtsintensivierung noch Belege für die Konvergenzhypothese.

**Einfluss der geschlechtsspezifischen Differenzierung auf die Interessenentwicklung.** Legt man die Annahme zugrunde, dass fachspezifische Fähigkeitsselbstkonzepte die Interessen beeinflussen, dürfte ein Teil der Unterschiede in der Entwicklung der fachlichen Interessen von Mädchen und Jungen auch mit der oben dargelegten unterschiedlichen Ausprägung der Fähigkeitsselbstkonzepte in verschiedenen Fächern zusammenhängen. Die berichteten geringeren Fähigkeitsselbstkonzepte der Mädchen im mathematisch-naturwissenschaftlichen Bereich sowie der Jungen im verbalen Bereich müssten sich in einem geringeren geschlechtsspezifischen Interesse an den entsprechenden Bereichen niederschlagen. Da die Geschlechtsunterschiede im Fähigkeitsselbstkonzept sich in der Adoleszenz nicht vergrößern (Marsh, 1989a), muss aber für die aufgrund der Hinweise aus der Literatur angenommene Verstärkung der Unterschiede bezüglich der fachlichen Interessen von Jungen und Mädchen eine andere Ursache angenommen werden.

## 3.3 Veränderung von Geschlechtsrollenvorstellungen

Geschlechtsrollenvorstellungen kommt im Rahmen der Identitätsfindung der Adoleszenz eine wichtige Rolle für die Veränderung individueller Interessen zu. Geht man davon aus, dass individuelle Interessen einen Teil des Selbstbildes darstellen, durch die Identität einer Person mitbestimmt werden und Selbstdefinitionen anderen über individuelle Interesse mitgeteilt werden, ist anzunehmen, dass sich verändernde Geschlechtsrollenvorstellungen auf die individuellen Interessen auswirken. In diesem Abschnitt wird daher argumentiert, dass eine für die Adoleszenz angenommene Verstärkung von weiblichen und männlichen Rollenvorstellungen einen Einfluss auf die Entwicklung individueller Interessen hat. Im Folgenden werden die Entwicklung von Geschlechtsrollenvorstellungen und die Entwicklung geschlechtsspezifischer Differenzen im Interesse zunächst kurz zusammengefasst. Anschließend werden mögliche Zusammenhänge zwischen der Entwicklung von Geschlechtsrollenvorstellungen und der Entwicklung individueller Interessen aufgezeigt.

**Entwicklung geschlechtsspezifischer Selbstdefinitionen und Interessen.** Eine geschlechtsspezifische Differenzierung in Selbstdefinitionen und Interessen zeigen sich schon in der Kindheit (vgl. Hannover, 1998). Kinder entwickeln Wissen über das Geschlecht (Biernat, 1991; O'Brien, Peyton, Mistry et al., 2000), nehmen entsprechende Selbstdefinitionen vor (Fagot, Rodgers & Leinbach, 2000), beschreiben sich mit geschlechtsspezifischen Persönlichkeitszügen (Huston, 1987) und wissen, welche Berufe als typisch weiblich bzw. typisch männlich gelten (Gottfredson, 1981). Zugleich zeigen sie deutlich geschlechtsspezifische Interessen (Huston, 1987), wählen typisch männliches bzw. weibliches Spielzeug und übernehmen in Rollenspielen geschlechtsspezifischer Rollen (vgl. Maccoby, 2002). Ebenso zeigen sich bei den fachlichen Interessen im schulischen Bereich vor der Pubertät schon deutliche geschlechtsspezifische Differenzen. So belegen Forschungsarbeiten, dass Jungen schon in der Grundschule eine positivere Einstellung gegenüber den Naturwissenschaften aufweisen, Mädchen eine positivere Einstellung gegenüber Biologie und Humanwissenschaften (Friedler & Tamir, 1990; Gardner, 1987; Krapp, 1996; Sparfeldt, Rost & Schilling, 2004). Jungen mögen Sport und Naturwissenschaften und Mathematik lieber und finden diese wichtiger, Mädchen soziale Aktivitäten und Englisch (Eccles, Wigfield et al., 1998; Wigfield et al., 1991). Eine Reihe von Studien zeigen, dass Mädchen bereits zu Beginn der Sekundarstufe I ein deutlich geringeres Interesse an Mathematik, Physik und Chemie aufweisen (vgl. Baumert & Köller, 1998; Gräber, 1992; Häußler, 1987; Hoffmann & Lehrke, 1986; Krapp, 1996, 1998). Die Studien belegen aber auch, dass das Interesse an diesen Fächern besonders in der Mittelstufe weiter abnimmt (vgl. Hoffmann et al., 1997; Kubli, 1987). Bezüglich der Lesekompetenz fünfzehnjähriger Schülerinnen konnte Leistungsunterschiede zugunsten der Mädchen zu einem erheblichen Teil auf Differenzen im Leseinteresse zurückgeführt werden (Stanat & Kunter, 2002). Die Geschlechtseffekte zeigen sich auch in geschlechtsspezifischen Kurswahlen, wobei die geschlechtsspezifische Differenzierung verstärkt wird, wenn die Kurswahl eher auf bereichsspezifischen Selbstkonzepten und Interessen (wie in Deutschland) und weniger auf den tatsächlichen Leistungen (wie in den USA) beruht (Nagy, Garrett, Trautwein et al., 2008).

**Intensivierung der Geschlechtsrolle in der Adoleszenz.** Im Folgenden wird dargelegt, dass der verstärkte Abwärtstrend auf intensivierte Geschlechtsrollenvorstellungen in der Pubertät zurückzuführen sein kann. Die verstärkte Entwicklung der eigenen Geschlechtsrolle wird als wichtige Anforderung in der frühen Adoleszenz angesehen (Hannover, 1992b, 1997, 1998, 2000). Im Zuge der körperlichen Veränderungen in der Pubertät entwickelt sich ein vermehrtes Bewusstsein der weiblichen und männlichen Identität. Dies spiegelt sich in den Verhaltensweisen Jugendlicher wider: Jugendliche verhalten sich mit Beginn der Pubertät mehr gemäß den Geschlechtsrollenstereotypen (Eccles, 1987; Eccles, Freedman-Doan, Frome, Jacobs & Yoon, 2000). Hill und Lynch (1983) haben dieses Phänomen als *Intensivierung der Geschlechtsrolle* bezeichnet. Es stellt sich daher die Frage, wie die Intensivierung der Geschlechtsrolle mit der Entwicklung von Interessen in der Adoleszenz zusammenhängt.

**Der Einfluss intensivierter Geschlechtsrollenvorstellungen auf die Interessenentwicklung.** Krapp (2000) beschreibt, dass in der Adoleszenz ein Selbstkonzept aufgebaut wird, das zur eigenen Sichtweise einer wünschenswerten und zweifelsfreien Geschlechtsrolle passt. Als Konsequenz hieraus werden in der frühen Adoleszenz bereits existierende Interessen unter dem Aspekt einer Passung zu einer wünschenswerten und zweifelsfreien Geschlechtsrolle neu bewertet und eliminiert, wenn sie nicht mit den Geschlechterstereotypen übereinstimmen (Gottfredson & Lapan, 1997; Krapp, 2000). Auch Studien von Hannover (1998; 2000) betonen, dass geschlechtsrollenkonformes Verhalten im frühen Jugendalter als Möglichkeit zur Selbstdefinition bedeutsam wird. Nach Hannover (1998) entwickeln Personen u.a. bestimmte Interessen, um zu definieren, wer sie sind, und um ein Gefühl für sich selbst zu bekommen. Auch teilen Personen durch die Entwicklung bestimmter Interessen anderen ihre Selbstdefinitionen mit und festigen dadurch das eigene soziale Selbstbild. Veränderungen in den geschlechtsbezogenen Interessen in der Pubertät können nach Hannover daher z.T. auf Veränderungen in den Selbstdefinitionen zurückzuführen sein. So kann sich die *Intensivierung der Geschlechtsrolle* auf das Interesse an verschiedenen Gegenständen und Aktivitäten auswirken (Hannover, 1998). Zum Beispiel können Jugendliche weniger positive Einstellungen gegenüber Aktivitäten entwickeln, die dem eigenen Geschlecht nicht angemessen erscheinen und auch weniger an solchen Aktivitäten teilnehmen. Eine Studie von Hannover und ihren Mitarbeitern (vgl. Kessels, Rau & Hannover, 2006) zeigt, dass das Fach Physik mit dem Begriff „männlich" assoziiert ist. Empfinden Schülerinnen daher Physik nicht als adäquate Beschäftigung, weil dieses mit ihrer Geschlechtsrolle kollidiert, werden sie das Interesse verlieren und das Fach bei der ersten sich bietenden Gelegenheit abwählen, selbst dann, wenn sie in Physik gute Leistungen erbringen. Umgekehrt wählen Schülerinnen und Schüler zwar einen Leistungskurs in einem Fach, in dem sie ein hohes fachspezifisches Fähigkeitsselbstkonzept besitzen, der Effekt ist aber über eine erhöhte „Selbstnähe" vermittelt – d.h. über das Ausmaß, in dem eine Person glaubt, über ein konkretes Objekt oder ein abstraktes Konzept (wie z. B. ein Schulfach) die eigene Person definieren und nach außen darstellen zu können (Kessels & Hannover, 2004). Auch Eccles (2007b) argumentiert, dass die Unterrepräsentation von Mädchen im mathematisch-naturwissenschaftlichen Bereich zustande kommt, weil diese geschlechtsstereotype Vorstellungen bezüglich des mathematisch-naturwissenschaftlichen Bereichs haben, die nicht mit ihren persönlichen Werten und ihrer Selbstdefinition übereinstimmen. Die Distanzierung von mit der eigenen Geschlechtsrolle kollidierenden Bereichen könnte erklären, warum ihr Interesse in Schulfächern stärker abnimmt, die als typisch männlich gelten – also an mathematisch-naturwissenschaftlichen Fächern (Hoffmann, Häußler, Bünder, Nentwig & Peters-Haft, 1995; Hoffmann & Häußler, 1998). Ein weiterer Hinweis darauf, dass stärkere männlichen und weiblichen Geschlechtsrollen in der Adoleszenz einen Einfluss auf die

Entwicklung der Interessen nehmen können, findet sich in Studien von Hannover. Hannover und ihre Mitarbeiter (Hannover, 1998; Hannover & Kessels, 2002; Hoffmann et al., 1995; Hoffmann & Häußler, 1998; Hoffmann et al., 1997; Kinnear, Treagust & Rennie, 1991) fanden, dass der Rückgang des Interesses in mathematisch-naturwissenschaftlichen Fächern mit Beginn der Pubertät für Frauen in koedukativen Klassen stärker ausfiel als in monoedukativen Klassen. Hannover (1998) erklärte dies damit, dass in koedukativen Klassen die Selbstdefinition der Mädchen als Frau eher in den Vordergrund tritt. In weiteren Studien konnte Hannover (1992b; 1997) nachweisen, dass das Interesse an traditionell männlichen Fächern wie der Mathematik und Physik um so geringer war, je wichtiger den Mädchen ihre Selbstdefinition als Frau war. Eine Möglichkeit, die neu erworbene Selbstdefinition als Frau zu kommunizieren, war es also, sich nicht mehr für Schulfächer zu interessieren, die als typisch männlich gelten. Dass es dabei nicht nur um bestimmte Schulfächer geht, sondern auch um die einzelnen Inhalte, zeigt die Studie von Häußler und Hoffmann (1995). In dieser Studie hing die Interessenabnahme vor allem davon ab, ob die fachlichen Inhalte zu Themen in Beziehung standen, die die Schülerinnen in Bezug auf ihre weibliche Geschlechtsrolle als interessant ansahen. Dies schlug sich darin nieder, dass das Interesse an Physik deutlich anstieg, wenn der Physiklehrplan an die geschlechtsspezifischen Interessen der Mädchen angepasst wurde. Smith, Sansone und White (2007) weisen darauf hin, dass fachspezifisches Interesse durch das Wissen um geschlechtsspezifische Stereotype bezüglich fachspezifischer Fähigkeiten beeinflusst werden kann. Geschlechtsspezifische Stereotype bezüglich der Fähigkeiten in mathematisch-naturwissenschaftlicher Fächer führten z.B. dazu, dass Mädchen – auch bei hohen Leistungen – weniger Interesse an diesen Fächern entwickelten.

## 3.4 Veränderung sozialer Beziehungen

Soziale Beziehungen stellen einen wichtigen Einflussfaktor bei der Entwicklung individueller Interessen dar (vgl. Ryan & Powelson, 1991). Ein Wandel in den sozialen Beziehungen im Jugendalter kann sich daher auf die Entwicklung schulischer Interessen auswirken. Ein wichtiger Unterschied zwischen Kindern und Jugendlichen besteht darin, dass die sozialen Beziehungen (Freundschaften, Cliquen) außerhalb der Familie für Jugendliche wichtiger werden, während die Beziehung zu den Eltern weniger intensiv wird. Die Interessen Jugendlicher dürften daher vermehrt durch andere Jugendliche und weniger durch die Anregungen der Eltern geprägt sein. Im Folgenden wird sowohl auf die Beziehungen zu Gleichaltrigen als auch auf die Beziehungen zu den Eltern eingegangen und ein möglicher Einfluss der Veränderungen in den sozialen Beziehungen auf die Interessenentwicklung aufgezeigt.

**Entwicklung der Beziehung zu Gleichaltrigen.** Im Jugendalter kommt der Entwicklung und dem Ausbau von Freundschaften und den sich anbahnenden Beziehungen zum anderen Geschlecht eine herausragende Bedeutung zu. Freundschaften sind zunehmend mehr durch den Wunsch nach Intimität und Gedankenaustausch gekennzeichnet und intensivieren sich daher im Jugendalter (Berndt & Perry, 1990; Damon & Hart, 1988; Savin-Williams & Berndt, 1990). Auch der Beziehung zum anderen Geschlecht kommt eine bedeutsame Rolle in der Adoleszenz zu (Collins, 2003). Während in der Grundschule noch gleichgeschlechtliche Beziehungen vorherrschen, kommt es in der frühen Adoleszenz zu ersten gegengeschlechtlichen Interaktionen. Jungen und Mädchen sind sich in diesem Alter zudem bewusst, dass sie bald anfangen werden, miteinander auszugehen. In der Schule äußert sich dies oft in gegenseitigen Neckereien und Rangeleien und darin, dass die Aufmerksamkeit deutlich auf das andere Geschlecht gerichtet ist. Dabei ebnen Freundschaftsbeziehungen unter Gleichaltrigen z.T. den Weg für die Aufnahme intimer Beziehungen mit andersgeschlechtlichen Freunden und sind mit der Entwicklung von Vorstellungen über zukünftige Partner verbunden (Dreher & Dreher, 1985a). In mehreren Studien (Hartup, 1992, 1999; Eccles et al., 1989; Wigfield et al., 1991) zeigte sich, dass Jugendliche – neben der Auseinandersetzung mit sich selbst und den eigenen beruflichen Zielen – die Auseinandersetzung mit Gleichaltrigen, sei sie nun auf gleichgeschlechtliche Freundschaften oder auf gegengeschlechtlicher Partnerschaften gerichtet, als besonders wichtig empfinden. Darüber hinaus zeigen die Arbeiten, dass Jugendliche soziale Aktivitäten mit Gleichaltrigen allen anderen Aktivitäten – auch schulischen Aktivitäten – vorziehen (Eccles et al., 1989; Wigfield et al., 1991). Die zunehmende Bedeutung sozialer Aktivitäten, könnte im Sinne einer Verschiebung der Interessen auf soziale Aktivitäten einen negativen Einfluss auf die Entwicklung schulischer Interessen haben.

Eine Verschiebung der Interessen dürfte auch durch die vermehrte Bedeutung der Rückmeldung durch andere Jugendliche im Rahmen der Entwicklung einer sozialen Identität gegeben sein (vgl. die Theorie der sozialen Identität, Hogg, 2003; Tajfel, 1982; Tajfel & Turner, 1986). Die soziale Anerkennung durch andere wird im Jugendalter zunehmend wichtiger (vgl. Harter, 1990a, 1992a), und Gleichaltrige werden zu wichtigen Quellen der Rückmeldung (vgl. Jerusalem & Schwarzer, 1991). Aufgrund der Verunsicherung im Selbstbild hängen die Selbstbeurteilungen in der Adoleszenz stark von sozialen Vergleichen, normativen Standards und den Wünschen und Meinungen anderer Jugendlicher ab (Damon & Hart, 1988). So spielen Gleichaltrige eine große Rolle, was Werte und Vorgaben anbelangt. Jugendliche finden sich oft in Gruppen zusammen, da es ihnen durch die Gruppenzugehörigkeit leichter fällt, ein Gefühl der eigenen sozialen Identität zu erlangen (s. Brown, 1990). Sie übernehmen Normen und Standards der Gruppe, bevor sich im Verlauf der Entwicklung persönliche Überzeugungen und internalisierte Standards herausbilden. Die starke Konformität von Jugendlichen mag daran liegen, dass Individuen, die sich in ihrer eigenen Identität verunsichert fühlen, eher dazu neigen, sich anderen anzupassen (s. Hartup & Laursen, 1991). Die Identifikation mit Gleichaltrigen und Konformitätsstereotypen helfen dem Aufbau der eigenen sozialen Identität. Die noch nicht stabile soziale Identität wird innerhalb der sozialen Bezugsgruppe durch gemeinsame Überzeugungen und gemeinsame Symbole (z.B. Kleidung, Auftreten, Idole) und nach außen hin durch Abgrenzungsprozesse gefestigt (vgl. Hogg, 2003; Tajfel, 1982; Tajfel & Turner, 1986). So geben Jugendliche an, dass ihre Freunde ähnliche Charakterzüge, Werte und Interessen haben (s. Berndt & Perry, 1990; Savin-Williams & Berndt, 1990). Durch das Bedürfnis, die eigene soziale Identität über gemeinsame Vorstellungen, Werte und Interessen zu festigen kann es auch zu einer Verschiebung von Interessen kommen, die sich in einer Abnahme schulischer Interessen ausdrückt. Allerdings belegt eine Studie von Leven (2000), dass für die Entwicklung von Freundschaften im schulischen Kontext – entgegen der berichteten Selbsteinschätzung Jugendlicher – gemeinsame Interessen, Vorstellungen und Werte eine weitaus geringere Rolle spielten als ein ähnlich ausgeprägtes Leistungsniveau. Leven (2000) führt dies darauf zurück, dass im schulischen Kontext Freundschaften zwischen Personen mit einer starken Leistungsdiskrepanz als belastend erlebt werden, da der soziale Vergleich mit einem leistungsstärkeren Freund hohe psychische Kosten hat (vgl. auch Tesser, 1988). Die Ergebnisse der Arbeit von Leven (2000) schließen aber nicht aus, dass sich die Interessen insgesamt zuungunsten schulischer Interessen verschieben, weil schulische Interessen mit den durch die normativen Standards der Gruppe vorgegebenen Interessen Jugendlicher kollidieren.

**Entwicklung der Beziehung zu den Eltern.** Einen Einfluss auf die Entwicklung schulischer Interessen kann – wie dargelegt werden soll – auch die sich verändernde Beziehung zu den Eltern haben. Im Verlauf des Jugendalters wandelt sich die Beziehung der Jugendlichen zu den Eltern. Jugendliche streben nach größerer Unabhängigkeit. Sie interagieren weniger mit ihren Eltern und unternehmen außerhalb des Hauses weniger mit ihnen, da es ihnen meist peinlich ist, sich mit den Eltern vor Gleichaltrigen zu zeigen (Collins, 1990). Zudem stellen Jugendliche die Regeln der Familie eher in Frage als Kinder, was dazu führt, dass Eltern mit Jugendlichen häufiger Konflikte haben als mit jüngeren Kindern. Die Konflikte drehen sich oft um Dinge, die von Gleichaltrigen beeinflusst werden, wie Kleidung, Aussehen, Haushaltspflichten und Ausgehzeiten (Collins, 1990; Paikoff & Brooks-Gunn, 1990). Die Distanzierung erleichtert die Ablösung von den Eltern und ermöglicht den Jugendlichen so eine größere Selbständigkeit (Collins, 1990). Im Zuge vermehrter Selbständigkeit entwickeln Jugendliche auch zunehmend eigener Kompetenzen und Interessen (Collins, 1990). So nimmt der Einfluss der Eltern bezüglich der Ausrichtung schulischer Interessen ab. Ein indirekter Hinweis hierauf findet sich in einer im Rahmen der *Dritten internationale Mathematik- und Naturwissenschaftsstudie* (TIMSS/III, vgl. Baumert, Bos et al., 2000) durchgeführten Studie, die belegt, dass die Bildungsausrichtungen Jugendlicher von den Eltern kaum beeinflusst werden: So spielte das Ansehen eines Fachs im Elternhaus bei der Wahl von Leistungskursen in der gymnasialen Oberstufe für das Fach Mathematik eine untergeordnete und für das Fach Physik überhaupt keine Rolle. Bedeutsam für die Entwicklung schulischer Interessen dürfte in diesem Zusammenhang auch die Tatsache sein, dass der Einfluss der Eltern bezüglich der Schule generell abnimmt (Eccles & Harold, 1993; Epstein, 1991). So wird z.B. das tägliche Verhalten in der Schule entscheidend von Gleichaltrigen bestimmt: wie viel Zeit Jugendliche mit ihren Hausaufgaben verbringen, ob sie gern zur Schule gehen und wie sie sich im Klassenraum verhalten (Hartup, 1983). Es liegt daher die Vermutung nahe, dass durch die stärkere Ablösung von den Eltern das Interesse an schulischen Inhalten generell sinkt, da die Eltern auch diesbezüglich weniger Einfluss nehmen.

Andererseits wird in der rezenten Forschung betont, dass sich eine gelungene Ablösung nicht nur im Aufbau und Ausbau der eigenen Individualität, sondern auch in der fortgesetzten Verbundenheit mit den Eltern zeigt (z.B. Grotevant & Cooper, 1998). So spielen Erwartungen und Bewertungen der Eltern insgesamt noch eine große Rolle (z.B. Buchanan et al., 1992, Collins, 1990; Dornbusch et al., 1991). Jugendliche stimmen mit ihren Eltern bezüglich der Wertvorstellungen, zum Beispiel bezüglich der generellen Bedeutung von Bildung, politischen Überzeugungen und religiösen Fragen eher überein (s. Hartup, 1983). Eltern und ihre Kinder teilen die Vorstellung darüber, welches Prestigeniveau Berufe haben, die für die Jugendlichen in Frage kommen (Gottfredson, 1981). Aus diesem Grund muss die Frage nach einem Einfluss sich verändernder Beziehungen zu den Eltern differenzierter betrachtet werden. Hierfür soll auf Forschung zu verschiedenen Erziehungsstilen zurückgegriffen werden.

Untersuchungen belegen, dass die Entwicklung von Heranwachsenden stark durch das häusliche Umfeld und den Erziehungsstil beeinflusst wird. Ein Studie von Gottfried (1998) zeigt, dass ein häusliches Umfeld, in dem Lerngelegenheiten und -aktivitäten betont werden, einen positiven Einfluss auf die akademische intrinsische Motivation hat. Ähnliche Befunde ergaben sich für den Erziehungsstil. Sowohl ein autoritärer Erziehungsstil, der durch strenge, nicht diskutierbare Regeln gekennzeichnet war als auch ein permissiver Erziehungsstil, bei dem die Kinder nur unregelmäßig diszipliniert wurden, begünstigten eine eher negative schulische Entwicklung (Baumrind, 1991). Auch Jugendliche, deren Eltern wenig Verständnis für sie zeigten, waren in der Schule weniger engagiert und erhielten schlechtere Schulnoten (Chen & Dornbusch, 1998). Ein unterstützender Erziehungsstil hingegen, in dem zwar Regeln und Struktur vorgegeben wurden, diese aber in einer akzeptierenden und warmherzigen Atmosphäre diskutiert wurden, begünstigte dagegen eine positive schulische Entwicklung (Baumrind, 1991). Solche Jugendliche waren in der Schule stärker engagiert und erhielten bessere Schulnoten. Insofern liegt es nahe, anzunehmen, dass auch die Art der Interaktion zwischen Eltern und ihren Kindern die allgemeine Entwicklung schulischer Interessen beeinflussen dürfte. Generell mag durch die vermehrte Ablösung der Einfluss der Eltern auf die Entwicklung der schulischen Interessen sinken. Besteht aber eine Verbundenheit zwischen Eltern und Jugendlichen fort und ist der Erziehungsstil unterstützend, dürfte sich dies positiv auf die Entwicklung schulischer Interessen auswirken.

## 3.5 Veränderung von Freizeitinteressen

Eine weitere wichtige Ursache für die Abnahme schulischer Interessen könnte in der Entwicklung von mit schulischen Inhalten konkurrierenden Freizeitaktivitäten gesehen werden (z.B. Fend, 1991; Wigfield & Eccles, 1992). Im Folgenden soll daher zunächst auf die Entwicklung von Freizeitinteressen in der Adoleszenz und anschließend auf mögliche Zusammenhänge mit der Entwicklung von Interessen im schulischen Bereich eingegangen werden.

Die Ablösung vom Elternhaus und die vermehrte Bedeutung Gleichaltriger äußern sich auch in der Gestaltung freier Zeit. So sind Jugendliche in der frühen Adoleszenz stärker in Freizeitaktivitäten im außerfamiliären Bereich engagiert als Kinder (Fend, 1991). Freizeitaktivitäten spielen eine Rolle für das Zusammenkommen mit anderen Jugendlichen, aber auch für die Festigung der eigenen Identität (Barber, Stone & Eccles, 2005; Barber, Stone, Hunt & Eccles, 2005; Eccles, Barber, Stone & Hunt, 2003). In außerschulischen Interessen und Aktivitäten spiegelt sich die Person wider, die man zu sein glaubt oder die man sein möchte. Jugendliche tauschen sich über ihre Freizeitinteressen mit anderen aus und definieren sich über diese (vgl. Hannover, 1991, 1992a, 1998). Freizeitinteressen – das Interesse an Musikrichtungen, an Sportarten, an politischen Gruppen – bieten aufgrund der hohen Freiheitsgrade in besonderem Maße die Möglichkeit zur Selbstfindung bzw. Selbstdefinition und bekommen daher im Jugendalter eine zunehmende Bedeutung (Mummendey, Klink, Mielke, Wenzel & Blanz, 1999; Tajfel, 1982; Tajfel & Turner, 1986).

In mehreren Studien wurden die Freizeitaktivitäten von Jugendlichen untersucht (Bonfadelli, Darkow, Eckhard et al., 1986; Fend, 1991; Jugendwerk der Deutschen Shell, 1985, 2000, 2002, 2006). Besonders interessant sind Ergebnisse einer Längsschnittstudie von Fend (1991) an Dreizehn- bis Sechzehnjährigen sowie die Ergebnisse der Studie des Jugendwerks der Deutschen Shell (2002), da beide Studien in der Zeitraum der BIJU-Studie fallen. Fend (1991) erfasste die Veränderung in den Freizeitinteressen anhand der Zu- und Abnahme bestimmter Freizeitaktivitäten, Tätigkeiten mit Freunden, Verantwortlichkeiten und formellen Einbindungen in Jugendgruppen. Dabei zeigte sich, dass kindliche Freizeitmuster wie die Beschäftigung mit Haustieren, Malen usw. zurückgingen und Aktivitäten, bei denen Kontakt zu Gleichaltrigen hergestellt werden konnte, zunahmen. Ungefähr die Hälfte der Jugendlichen war in einem Turn- oder Sportverein, ein Drittel war Mitglied von nicht näher erfassten Gruppen und ca. 15 Prozent gehörten einer kirchlichen und zwei Prozent einer politischen Jugendgruppe an. Die Studie des Jugendwerks der Deutschen Shell (2002) kommt diesbezüglich zu ähnlichen Ergebnissen. Eigene, jugendbezogene Interessen und sinnvolle Freizeitbeschäftigungen standen im Vordergrund. Viele Jugendliche sind in ihrem näheren und weiteren Lebensumfeld gesellschaftlich aktiv. Auch in der Shell-Studie fanden Vereine (z.B. Turn- oder Sportvereine), Bildungseinrichtungen und selbst organisierte

Gruppen deutlich mehr Zuspruch als Bürgerinitiativen, Hilfsorganisationen (z.B. Greenpeace, Amnesty International), Parteien und Gewerkschaften. Dabei setzten sich die Heranwachsenden durchaus für andere Menschen oder den Umwelt- und Tierschutz ein, und 57 Prozent der Jugendlichen war 1991, zum Zeitpunkt des Beginns der BIJU-Studie, politisch interessiert. In der Shell-Studie wurden bezüglich der gesellschaftlichen Aktivitäten auch geschlechtsspezifische Akzentuierungen aufgeführt. Weibliche Jugendliche waren ökologisch und in sozialen Feldern stärker aktiv. Sie kümmerten sich vermehrt um den Umwelt- und Tierschutz sowie um Menschen in armen Ländern. Männliche Jugendliche waren vermehrt für ein besseres Zusammenleben und für Ordnung und Sicherheit im Wohnort aktiv. Insgesamt waren 35 Prozent der Jugendlichen regelmäßig gesellschaftlich aktiv, 41 Prozent gelegentlich und nur 24 Prozent überhaupt nicht. Nach Fend (1991) kommt als wichtige Aktivität in der Freizeit hinzu, dass Jugendliche in der Adoleszenz eigenes Geld zu verdienen, weil sie ein Bedürfnis nach größerer Unabhängigkeit haben und Konsumbedürfnisse auftreten, die nicht von den Eltern bezahlt werden (wie z.B. Aufwendungen für Hobbys, Kauf von CDs, Handy, Kleidung, Besuch von Diskotheken, Alkoholkonsum, Rauchen, Computerspiele etc.). Die Gespräche mit Gleichaltrigen handelten demnach neben eigenen Erlebnissen, schulischen Themen, Problemen und Schwierigkeiten, Liebe und Sexualität, auch von Markenkleidung und Mode (Fend, 1991). Auch die Shell-Studie weist darauf hin, das besonders „Markenkleidung tragen“ und moderne Technik (Internet, Handy etc.) von Interesse waren, wobei besonders das Internet eine neue Form der Freizeitbeschäftigung und gesellschaftlichen Teilhabe Jugendlicher darstellt. Unübersehbar ist auch die große Bedeutung, die Musik in dieser Lebensphase hat. So verbrachten Jugendliche viel Zeit damit, zu Hause Musik zu hören (Fend, 1991). Auch Fernsehen und das Lesen von Büchern und Illustrieren waren wichtige Beschäftigungen. Eine Studie von H. Schiefele und Stocker (1990) zeigt dabei, dass auch die Freizeitlektüre von Mädchen und Jungen der Sekundarstufe I stark geschlechtsspezifisch ausfiel. Jungen bevorzugten weitaus mehr Bücher mit naturwissenschaftlichen und technischen Themen, Mädchen hingegen lasen mehr Zeitschriften und Bücher über geschichtliche und gesellschaftliche Themen, fremde Länder und Reisen. In der Studie von Fend (Fend, 1991) gaben viele Jugendliche auch an, dass sie einfach ihren Gedanken nachhängen. Tätigkeiten wie Malen, klassische Musik hören oder auf einem Musikinstrument üben und Tagebuch schreiben waren dagegen vergleichsweise selten zu beobachten (Fend, 1991). Das Gesamtbild der bisherigen Forschung ergibt eine Fülle von Tätigkeiten, mit denen sich Jugendliche in ihrer Freizeit beschäftigen.

Eine Reihe von Forschungsarbeiten der Gruppe um Eccles hat sich mit dem Einfluss organisierter außercurricularer Aktivitäten auf verschiedene Entwicklungsvariablen befasst. Die Studien fanden positive Auswirkungen einer Teilnahme an verschiedenen organisierten außercurricularen Aktivitäten auf unterschiedliche Aspekte der Entwicklung Jugendlicher: Die Teilnahme an einem breiten Spektrum außercurricularer Aktivitäten bedingte ein geringeres Maß an Depressivität und ein höheres Selbstwertgefühl; sie führte zu einem stärkeren Gefühl der Zugehörigkeit zur eigenen Schule und hatte einen positiven Effekt auf Schulnoten und den angestrebten Bildungsabschluss; sie war mit einem geringeren Maß an Problem- und Risikoverhaltensweisen verbunden und führte sogar noch nach dem Schulabschluss zu einem vermehrten sozialen Engagement (Barber, Stone & Eccles, 2005; Barber, Stone, Hunt et al., 2005; Bartko & Eccles, 2003; Eccles et al., 2003; Fredricks & Eccles, 2005, 2006a, 2006b; Mahoney, Larson, Eccles & Lord, 2005). Bisher gibt es kaum Forschung, die den relativen Effekt außercurricularer und curricularer Aktivitäten untersucht (vgl. Fredricks & Eccles, 2006b). Untersuchungen (z.B. Larson, 2000; Larson & Kleiber, 1993), die die Erfahrungen von Jugendlichen im außercurricularen und curricularen Kontext mit der *Experience Sampling Method (ESM)* untersucht haben, fanden, dass Jugendliche im curricularen Kontext ein vergleichsweise geringeres Maß an intrinsischer Motivation und ein größeres Maß an Langeweile zeigten während sie bei organisierten freiwilligen Aktivitäten eine höheres Maß an intrinsischer Motivation und ein höheres Maß an Herausforderung zeigten. Bisher fehlen auch Untersuchungen zum Einfluss des Interesses an außerschulischen Aktivitäten auf die Entwicklung fachspezifischer schulischer Interessen. Eine plausible Vermutung wäre, dass mit dem Anstieg der Bedeutung von außerschulischen Aktivitäten im Jugendalter das Interesse an schulischen Inhalten in den Hintergrund tritt.

## 3.6 Zusammenfassung der entwicklungspsychologischen Ursachen

In diesem Kapitel wurden Aspekte der Entwicklung im Jugendalter aufgeführt, die die Abnahme des Interesses in der Sekundarstufe I erklären können. Da der Rückgang schulischer Interessen in der frühen Adoleszenz besonders stark ausgeprägt ist, wurde die Ursache für diesen oft mit der pubertären Entwicklung in Verbindung gebracht. Jugendliche beschäftigen sich in dieser Zeit intensiv mit den für die Adoleszenz typischen Fragen: der Suche nach einer eigenen Identität, der Auseinandersetzung mit Gleichaltrigen und dem anderen Geschlecht, der Ablösung von den Eltern und dem Streben nach größerer Unabhängigkeit (Fend, 1997; Mussen et al., 1996; Oerter & Montada, 1995; Wigfield et al., 1996). Diese Veränderungen – so die durch die Literatur nahe gelegte Annahme – können sich negativ auf die Entwicklung schulischer Interessen auswirken. In der Forschungsliteratur ist vielfach belegt, dass sich das allgemeine Selbstkonzept inklusive fachspezifischer Fähigkeitsselbstkonzepte im Jugendalter verändert: Einerseits erfahren fachspezifische Fähigkeitsselbstkonzepte es eine stärkere Differenzierung, andererseits nehmen fachspezifische Fähigkeitsselbstkonzepte im Jugendalter deutlich ab. Geht man davon aus, dass individuellen Interessen im schulischen Kontext an den eigenen Fähigkeiten orientiert werden (vgl. Baumert, Schnabel & Lehrke, 1998; Todt & Schreiber, 1998), liegt die Vermutung nahe, dass eine Abnahme fachspezifischer Fähigkeitsselbstkonzepte auch eine Abnahme fachspezifischer Interessen mit sich bringen kann. Ferner fanden sich Belege dafür, dass es im

Zuge der Entwicklung der eigenen Identität zu einem intensivierten Geschlechtsrollenverhalten kommen kann. Dieses kann dazu führen, dass Interessen vermehrt geschlechtsspezifisch ausgerichtet werden (vgl. Eccles, 1987; Hannover, 1992b, 1997; Hill & Lynch, 1983). In der Forschungsliteratur ist zudem vielfach belegt, dass es in der Adoleszenz eine Verschiebung der sozialen Beziehungen kommt, die schulische Entwicklung beeinflussen könnte. Die Ablösung vom Elternhaus (z.B. Eccles & Harold, 1993) und die zunehmende Bedeutung Gleichaltriger (z.B. Berndt & Perry, 1990) können dazu führen, dass der zentrale Stellenwert der Schule – und so möglicherweise auch die Bedeutung schulischer Interessen – für die Jugendlichen abnimmt. Hierbei dürfte – wie aufgezeigt wurde – auch die Art der Beziehung zu den Eltern und deren Erziehungsstil eine entscheidende Rolle spielen. Die Forschungsliteratur legt zudem nahe, dass eine weitere wichtige Ursache für die Abnahme schulischer Interessen in der Entwicklung von mit schulischen Inhalten konkurrierenden Freizeitaktivitäten gesehen werden kann (z.B. Eccles, 1987; Fend, 1991; Wigfield & Eccles, 1992).

# 4 Unterrichtspsychologischer Erklärungsansatz

Die Abnahme des Interesses im Verlauf der Sekundarstufe I wird in der pädagogisch-psychologischen Forschungsliteratur nicht nur als Charakteristikum des spezifischen Entwicklungsabschnitts der Adoleszenz gesehen, sondern auch als Folge der Unterrichts- und Schulumgebung. In diesem Kapitel werden Forschungsergebnisse vorgestellt, die sich mit den schulischen Bedingungen der Interessenentwicklung beschäftigen. Im ersten Abschnitt werden verschiedene Konstrukte aus der Forschung zur Unterrichtsqualität dargestellt. In Abschnitt 4.2 werden spezifische Unterrichtsbedingungen identifiziert, die über den Grad an Befriedigung der in der Selbstbestimmungstheorie postulierten Grundbedürfnisse nach Kompetenz, Selbstbestimmung und sozialer Eingebundenheit die Entwicklung fachlicher Interessen beeinflussen können. In Abschnitt 4.3 wird anhand von Forschungsergebnissen im Rahmen des *Developmental Stage/Environment Fit Models* von Eccles gezeigt, dass eine Abnahme schulischer Interessen im frühen Jugendalter darauf zurückzuführen sein kann, dass die Bedingungen der schulischen Umgebung nicht mehr den veränderten Bedürfnissen Jugendlicher entsprechen. In Abschnitt 4.4 wird Forschung besprochen, die darüber hinaus fachspezifische Gründe für eine stärkere Interessenabnahme in bestimmten Fächern (insbesondere im mathematisch-naturwissenschaftlichen Bereich) anführt. Damit zusammenhängend werden schulbezogene Konzepte zur Förderung des Interesses vorgestellt, für die nachgewiesen wurde, dass sie dem Interessenabfall in diesen Fächern entgegenwirken. Der letzte Abschnitt gibt einen zusammenfassenden Überblick über die möglichen unterrichtsbedingten Gründe für die Interessenabnahme.

## 4.1 Konzepte aus der Unterrichtsforschung

Die neuere Unterrichtsforschung geht davon aus, dass neben kognitiven und motivationalen Eingangsvoraussetzungen der Lernenden auch der *Gestaltung des Unterrichts* eine wichtige Bedeutung für die Motivationsentwicklung zukommt (Ditton, 2002; Einsiedler, 1997; Helmke & Schrader, 2006; Helmke & Weinert, 1997; Helmke, 2003; Weinert, 2001b). Im Folgenden werden daher zunächst verschiedene Unterrichtsansätze – lehrergesteuerter, konstruktivistischer und offener Unterricht – und anschließend – da dies ein eher grobes Raster darstellt – einzelne Elemente des Unterrichts vorgestellt (für eine detaillierte Darstellung s. Kunter, 2005). Die einzelnen Unterrichtsmerkmale werden dabei unter dem Aspekt betrachtet, inwieweit sie die in der Selbstbestimmungstheorie postulierten Grundbedürfnisse nach Kompetenz, Selbstbestimmung und sozialer Eingebundenheit befriedigen und auf diese Weise zur Entwicklung von Interesse beitragen. Beachtet wird dabei, dass die *Wahrnehmung* durch die Schülerinnen und Schüler eine entscheidende Mediatorvariable zwischen verschiedenen Aspekten der Gestaltung des Unterrichts und den motivationalen Entwicklungsergebnissen darstellt (Helmke, Schneider & Weinert, 1986; vgl. auch Helmke, 2003).

**Lehrergesteuerter Unterricht.** Ein in der Unterrichtsforschung vielfach untersuchter Unterrichtsaspekt ist die effektive Klassenführung (*effective classroom management*). Der Begriff bezeichnet die Fähigkeit des Lehrers, den Unterricht zügig, gut organisiert und ohne große Disziplinprobleme durchzuführen. Eine effektive Klassenführung zielt auf eine *effektive Zeitnutzung*, die gemeinhin als eine wichtige Determinante für eine positive Leistungsentwicklung angesehen wird (für Übersichten s. Ditton, 2002; Einsiedler, 1997; Helmke, 2003; Walberg & Paik, 2000). Die Zeit, die mit den Unterrichtsaufgaben verbracht wird, ist dabei eine notwendige, nicht aber hinreichende Bedingung für eine günstige Lernentwicklung (Klieme, Schümer & Knoll, 2001). Prototyp einer effektiven Klassenführung ist das Konzept der *Direkten Instruktion* (Rosenshine & Stevens, 1986; vgl. Grell, 2000; Helmke, 1999). Es handelt sich hierbei um einen *lehrergesteuerten Unterricht*, in dem die Lehrkraft die zu erlernenden Inhalte und die zu bearbeitenden Aufgaben vorgibt. In der Regel werden dabei zu Beginn jeder Unterrichtsstunde vorangegangene Unterrichtsinhalte kurz zusammengefasst, damit die Schülerinnen und Schüler neue Inhalte mit bereits Gelerntem verknüpfen können. Neuer Unterrichtsstoff wird in kleinen Schritten und gut strukturiert vom Lehrer präsentiert, um das Verständnis der Unterrichtsinhalte zu erleichtern. Anschließend stellt die Lehrkraft Aufgaben, die von den Schülerinnen und Schülern zu beantworten sind. Für eine effektive Klassenführung wurden positive Effekte auf Leistungsvariablen nachgewiesen (z.B. Kunter & Baumert, 2006a). Andererseits kann eine solche Vorstrukturierung eine eher passive Lernhaltung und ein wenig selbständiges Lernen zur Folge haben (s. Grell, 2000; Helmke, 1999). Auch wurde an dieser Unterrichtsform häufig kritisiert, dass sich aufgrund der starken Steuerung und Kontrolle negative Effekte auf intrinsische Motivation und Interesse ergeben können (z.B. Flowerday & Schraw, 2000; vgl. Grell, 2000; Helmke, 1999).

**Konstruktivistischer Unterricht.** Konstruktivistische Ansätze zielen darauf, Lerngelegenheiten zu schaffen, die eine aktive Auseinandersetzung mit Lerninhalten ermöglichen (Gerstenmaier & Mandl, 1995; Greeno, Collins & Resnick, 1996; Greeno & the Middle School Mathematics Through Applications Project Group, 1998; Grouws & Cebulla, 2000; Yager, 1995). In konstruktivistischen Theorien wird angenommen, dass die Auseinandersetzung mit Lerninhalten individuell geprägt ist. Der gleiche Sachverhalt wird unterschiedlich wahrgenommen, weil individuelle Vorstellungen und Konzepte oder Erfahrungen die Grundlage für den Aufbau weiteren Wissens darstellen (Cobb & Bowers, 1999; Collins, Greeno & Resnick, 2001). Konstruktivistische Ansätze wurden durch situative Lerntheorien beeinflusst (z.B. Clancey, 1993; Cobb & Bowers, 1999; Greeno, Smith & Moore, 1992; Lave, 1997; Resnick, 1994). Diese besagen, dass Gelerntes kontextspezifisch, d.h. in einer konkreten Situation verankert ist. Erworbenes Wissen wird oft besser auf andere Bereiche oder Alltagssituationen übertragen, wenn die Instruktion in einen entsprechenden Kontext eingebunden ist (vgl. Anderson, Reder & Simon, 1996). Für das Lernen wurde daher die Anknüpfung der Inhalte an Alltagserfahrungen sowie die soziale Einbettung des Lernens als wichtig erachtet. Gelernt wird durch eine individuell geprägte kognitive Auseinandersetzung mit Gegenständen in der Interaktion mit anderen Personen. Sowohl dem Vorwissen zu Themenbereichen und intuitiven Vorstellungen der Schülerinnen und Schüler als auch dem sozialen Umfeld wird damit ein deutlicher Einfluss auf das Lernen zugesprochen. In einem konstruktivistisch gestalteten Unterricht wird daher an Vorwissen angeknüpft und explorativ nach Lösungen gesucht (Hiebert, Carpenter, Fennema et al., 1996; Niemi, 1996). Irrtümer werden nicht als Fehler, sondern als Gelegenheit gewertet, durch den entstehenden kognitiven Konflikt zu einer Umstrukturierung im Sinne einer Veränderung und Erweiterung von Konzepten (*conceptual change* bzw. *conceptual growth*) zu gelangen (Cobb, 1994; Cobb & Bowers, 1999; Duit & Treagust, 1995; Duit & Häußler, 1997). Alltagsnahe Aufgaben sollen die Relevanz der Lerninhalte vermitteln (vgl. Assor et al., 2002; Pintrich, Marx & Boyle, 1993) und so eine tiefer gehende Auseinandersetzung mit den Inhalten anregen (z.B. Greeno et al., 1996; Prenzel et al., 2001; Stark & Mandl, 2000). Die Schülerinnen und Schüler werden dabei ermutigt, sich über die Bedeutung und Interpretation von Phänomenen auszutauschen, wodurch ihnen eine starke Eigenbeteiligung zugebilligt wird (Cobb & Bowers, 1999; Duit & Treagust, 1995; Gerstenmaier & Mandl, 1995; Slavin, 1994).

In zahlreichen Studien wurde belegt, dass sich konstruktivistische Unterrichtselemente positiv auf die Leistungsentwicklung auswirken (Laboruntersuchungen und Unterrichtsexperimente: s. Bransford & the Cognition and Technology Group at Vanderbilt, 1994; Cognition and Technology Group at Vanderbilt, 1992; Greeno & the Middle School Mathematics Through Applications Project Group, 1998; Hickey, Moore & Pellegrino, 2001; vgl. Gerstenmaier & Mandl, 1995; Widodo, Duit & Müller, 2002; Studien im Schulalltag, s. Baumert & Köller, 2000; Baumert, Lehmann, Lehrke et al., 1997; Gruehn, 2000; Klieme, Knoll & Schümer, 1999; Stigler, Gonzales, Kawanaka, Knoll & Serrano, 1999). An dem stark kognitiv ausgerichteten Ansatz wurde aber kritisiert, dass die Bedeutung motivationaler Prozesse vernachlässigt werde (Pintrich et al., 1993) und in der Unterrichtspraxis konkrete motivationsfördernde Maßnahmen selten zu finden sind (s. Stark, Gruber & Mandel, 1998). Andererseits wurde argumentiert, dass durch die Verwendung alltagsnaher und für die Lernenden unmittelbar relevanter Aufgaben eine ausreichende Motivationsgrundlage für eine Auseinandersetzung mit den Lerninhalten besteht und so Neugier, Interesse und eine positive Einstellung zum Lerninhalt gefördert werden (z.B. Prenzel et al., 2001). Die Unterstützung eines verständnisorientierten Umgangs mit den Lerninhalten im konstruktivistischen Unterrichtsansatz scheint in der Tat eine positive Motivationsentwicklung zu begünstigen.

**Schülerorientierter Unterricht.** Als Gegenentwurf zum lehrergesteuerten Unterricht, der sich durch eine starke Steuerung und Kontrolle durch die Lehrkraft auszeichnet, wurden verschiedene Formen des schülerorientierten oder offenen Unterrichts entwickelt. Der schülerorientierte Unterricht basiert auf reformpädagogischen Konzepten (Ewey, Montessori, Freinet). Das Hauptanliegen des schülerorientierten Ansatzes liegt darin, die „Selbsttätigkeit des Kindes“ (Montessori), d.h. die aktive Rolle von Lernenden, zu unterstützen und den Lernenden möglichst viel Eigenverantwortlichkeit für den Lernprozess zu geben. Betont wird die Bedeutung von Freiräumen und Wahlfreiheiten für den eigenverantwortlichen Umgang mit Lernmaterialien. Die Gestaltung der Unterrichtsabläufe erfolgt weitgehend offen: Es werden ansprechende Lernmaterialien zur Verfügung gestellt; Lernziele werden individuell vereinbart; die Lernenden erhalten Möglichkeiten zur Mitgestaltung; die Lehrkräfte nehmen eine eher unterstützende Funktion ein (vgl. Hofmann, Reichert & Ricken, 1998; Thibadeau, 2001). Die Bandbreite schülerorientierten Unterrichts ist groß: Eine völlig offene Unterrichtsgestaltung findet sich vornehmlich in Schulen mit Reformansätzen (vgl. Kleinespel, 1998; Köller & Trautwein, 2003; Wischer, 2002). Daneben werden verschiedene *kooperative Lernformen* verwendet, denen gemeinsam ist, dass Aufgaben in Kleingruppen bearbeitet werden (Übersichten bei Hertz-Lazarowitz & Miller, 1992; Kagan, 1994; Slavin, 1996). In der gängigen Unterrichtspraxis findet sich häufig aber auch ein kurzfristiger Einsatz schülerorientierter Maßnahmen in Form von Gruppen- und Projektarbeit, entdeckendem Lernen oder Freiarbeit (Wiechmann, 2000). Allen Konzepten gemeinsam ist, dass durch „Selbsttätigkeit“ und Eigenverantwortlichkeit selbststützende Kognitionen (Selbstkonzept eigener Fähigkeiten, Selbstwirksamkeitserwartungen), Neugier, Lernfreude und Interesse gefördert werden sollen. Im Gegensatz zu den beiden anderen Ansätzen zielen diese Unterrichtskonzepte damit explizit auf eine Förderung motivationaler Faktoren (van Dick, 1991; Lipowsky, 2002; Thibadeau, 2001).

Günstige Auswirkung des offenen Unterrichts auf motivationale Merkmale wurden vor allem für die aktive Rolle der Lernenden, das Angebot stimulierender Materialien, die Formen individualisierter Instruktion sowie die Anwendung von intraindividuellen Bewertungsformen nachgewiesen (s. die Metaanalyse von Giaconia & Hedges, 1982). Häufig kritisiert dagegen wurde, dass der schülerorientierte Unterricht sich zwar günstig auf motivationale Bereiche auswirke, zum Leistungszuwachs aber eher wenig beitrage (vgl. Giaconia & Hedges, 1982). Ein Grund hierfür wurde oft darin gesehen, dass die effizient genutzte Unterrichtszeit im schülerorientierten Unterricht geringer ist als im lehrergesteuerten Unterricht: Aufgrund der selbständigen und unstrukturierten Exploration der Lernenden wird deutlich mehr Zeit für die Vermittelung von Lerninhalten benötigt, so dass die Durchführung schülerorientierter Lernmethoden häufig auf Kosten der vermittelten Menge des Unterrichtsstoffs geht (Fölsch, 1996). Auch wurde kritisiert, dass die selbständige Auseinandersetzung mit den Lerninhalten keine Kontrolle über die erlernten Unterrichtsinhalte ermöglicht, weil Aufgaben unter Umständen falsch oder nur oberflächlich bearbeitet werden, so dass ein gemeinsames Lernniveau nicht gesichert ist (vgl. Boenicke, 2000; Fölsch, 1996). Andererseits konnten in der Forschung zu *kooperativen Lernformen* positive Effekte sowohl auf die Leistungs- als auch auf die Motivationsentwicklung nachgewiesen werden. Bezüglich der Leistungsentwicklung zeigten sich solche Effekte für das konzeptuelle Verständnis von Inhalten, Problemlösekompetenzen und den Einsatz von Tiefenverarbeitungsstrategien

(King & Rosenshine, 1993; Meloth & Deering, 1994; Mevarech, 1999; O'Donnell & King, 1999; Qin, Johnson & Johnson, 1995). Bezüglich der motivationalen Variablen zeigten sich solche Effekte für Kontrollüberzeugungen, Emotionen, intrinsische Motivation und die Einstellung zum Thema (z.B. Battistich, Solomon & Delucchi, 1993; Johnson & Johnson, 1995; Lou, Abrami, Spence & Poulsen, 1996; McInerney, McInerney & Marsh, 1997). Folgende Elemente waren für die kognitive und motivationale Entwicklung bedeutsam: die erlebte Kohäsion (Cohen, 1994b, 1994a), der Wettbewerbscharakter (Slavin, 1996), das Erleben kognitiver Konflikte und die vertiefte Elaboration durch die Interaktion mit anderen Lernenden (Dillenbourg, Baker, Blaye & O'Malley, 1996; Gräsel & Gruber, 2000; Johnson & Johnson, 1994; Renkl, 1997), eine klare Arbeitsanleitung und klare Regeln, die Vorgabe komplexer, nur in Zusammenarbeit zu lösender Aufgaben und die Sicherung einer Beteiligung aller Lernenden bei der Rollenverteilung (vgl. Cohen, 1994b; Gräsel & Gruber, 2000), die Förderung sozialer Fertigkeiten der Gruppenmitglieder und die Verbesserung dieser durch intraindividuelles Feedback (Archer-Kath, Johnson & Johnson, 1994; Gillies & Ashman, 1998; Johnson & Johnson, 1994). Fasst man die Ergebnisse zu den Wirkmechanismen des schülerorientierten Unterrichts zusammen, zeigt sich das aktive Engagement der Lernenden als wichtigster Wirkfaktor zur Vermittlung günstiger kognitiver und motivationaler Ergebnisse. Das Engagement wird dabei in erster Linie durch eine sinnvolle Strukturierung der Lernsituation und die Darbietung gehaltvoller Aufgaben gewährleistet. Schülerorientierung bedeutet somit nicht die Abwesenheit von Struktur bzw. einen *Laissez-Faire*-Stil, sondern die Unterstützung individueller Lernprozesse.

**Fazit zu den Unterrichtskonzepten.** Die drei beschriebenen Unterrichtsansätze können als Prototypen bestimmter Unterrichtsmodelle angesehen werden, denen je unterschiedliche Ziele zugrunde liegen. Das Hauptanliegen *lehrergesteuerten Unterrichts* ist die Lernzeitnutzung. Der zentrale Ansatzpunkt der *konstruktivistischen Unterrichtsansätze* ist das Bereitstellen von Lernsituationen, die über eine aktive kognitive Auseinandersetzung zu einer Veränderung von Konzepten führen. Das Kernziel des *offenen Unterrichts* besteht darin, durch eine möglichst freie Auseinandersetzung mit den Unterrichtsinhalten eine positive motivationale Entwicklung zu erreichen. In der Forschung wird oft davon ausgegangen, dass die Unterrichtsansätze entweder einen positiven Effekt auf Leistungszuwächse oder aber auf motivationale Ziele wie Lernfreude und Interesse haben. Auch werden die unterschiedlichen Ansätze oft als einander entgegengesetzt betrachtet: Die effektive Klassenführung wird häufig als autoritäres Verfahren angesehen, das mit dem Auswendiglernen von Faktenwissen verbunden ist; der offene Unterricht wird dagegen oft als unstrukturierter Freiraum angesehen, in dem zeitaufwändige und inhaltlich wenig bedeutsame Aktivitäten durchgeführt werden. Bei genauerer Betrachtung zeigt sich aber, dass die verschiedenen Unterrichtskonzeptionen ein zu grobes Raster darstellen, um wirksame Unterrichtsaspekte zu erfassen. So weist Kunter (2005) darauf hin, dass die Charakterisierung der einzelnen Unterrichtskonzepte für die Wirksamkeit der Ansätze nicht entscheidend ist, da einzelne Unterrichtselemente unabhängig von unterschiedlichen Unterrichtskonzeptionen variieren. Nach Kunter (2005) stellen daher die einzelnen Unterrichtselemente die zentralen Wirkfaktoren für kognitive und motivational-emotionale Prozesse dar. So ist z.B. eine klare Strukturierung eine entscheidende Bedingung für die Wirksamkeit sowohl im Leistungs- als auch Motivationsbereich. Die oben beschriebenen Unterrichtsansätze sollten daher eher als distale Angebote gesehen werden, aus denen sich nicht zwangsläufig bestimmte Lern- oder Entwicklungsprozesse ergeben (vgl. Helmke, 2003, 2006). Der Fokus der folgenden Darstellung liegt daher nicht darauf, wie sich verschiedene Unterrichtskonzeptionen in ihrer Gesamtheit auf die Entwicklung von fachlichem Interesse auswirken, sondern darauf, welche Wirkung einzelne Unterrichtselemente auf die Interessenentwicklung zeigen.

## 4.2 Unterrichtsmerkmale und ihre Auswirkungen auf Interesse

In diesem Abschnitt werden einzelne Unterrichtselemente vorgestellt, die einen Einfluss auf die schulische Interessenentwicklung haben können. Bei der Darstellung der Unterrichtselemente wird jeweils ein Bezug zu den von Deci und Ryan angenommenen Grundbedürfnisse nach Kompetenz, Selbstbestimmung und sozialer Eingebundenheit hergestellt, da von diesen eine vermittelnde Rolle auf die Interessenentwicklung angenommen wird. Anschließend wird jeweils kurz darauf eingegangen, ob und in welcher Weise die einzelnen Unterrichtselemente in den oben beschriebenen Unterrichtskonzepten vorkommen.

**Strukturierung der Unterrichtsinhalte.** Die oben besprochene Forschung zur Selbstbestimmungstheorie belegt, dass dem Zutrauen in die eigenen Fähigkeiten und den Erfahrungen eigener Kompetenz eine entscheidende Rolle bei der Entwicklung fachlicher Interessen zukommt. Kompetenzerleben setzt voraus, dass eine klare *Handlungsstruktur* gegeben ist. Die Bedeutung einer klaren Strukturierung für die Entwicklung von Kompetenzerleben wird in vielen Forschungsarbeiten belegt. Wahlberg und Paik (2000) weisen z.B. darauf hin, dass Lernumgebungen, die Kompetenzen fördern, meist durch eine klare *Strukturierung* gekennzeichnet sind. Durch die Strukturierung wird eine Arbeitsatmosphäre geschaffen, die eine Auseinandersetzung mit Lerngegenständen ermöglicht – eine wichtige Voraussetzung für die Entwicklung von Interesse. Verschiedene Studien belegen, dass der Grad an Strukturierung eine Auswirkung auf die motivationale Entwicklung hat. So ist die Motivation zur Auseinandersetzung mit Unterrichtsinhalten in einer völlig unstrukturierten, durch ständige Störungen gekennzeichneten Umgebung gering (Pintrich & Schunk, 1996), während Schülerinnen und Schüler, die eine stärkere *Struktur* im Unterricht wahrnahmen, auch mehr Interesse an den Inhalten zeigten (Skinner & Belmont, 1993).

Eine klare *Strukturierung* des Unterrichts kann bei verschiedenen Unterrichtsansätzen gegeben sein. Maßnahmen klar strukturierter Präsentation finden sich in erster Linie im Rahmen einer *effektiven Unterrichtsführung* wie dem Konzept der *Direkten Instruktion* (Rosenshine & Stevens, 1986; vgl. Grell, 2000; Helmke, 1999). Die klare Strukturierung fördert das Erlernen neuer Inhalte und die erfolgreiche Bewältigung von Aufgaben und damit den Erwerb von Kompetenzen (vgl. Creemers, 1994; Helmke & Weinert, 1997; Schunk, 1991b, 1991a; Wang, Haertel & Walberg, 1993; Weinert, 1996). Helmke und Schrader (Helmke & Schrader, 1990) wiesen nach, dass sich die Klarheit und Verständlichkeit der Darstellung nicht nur günstig auf kognitive Ziele, sondern auch auf die Einstellung gegenüber dem Fach auswirkte. Allerdings wurde häufig auch eine negative Auswirkung eines durch die Lehrkraft strukturierten Unterrichts für die motivationale Entwicklung und die Entwicklung von Lernfreude und Interesse angenommen (vgl. Grell, 2000; Helmke, 1999). Ein strukturiertes Vorgehen durch die Lehrkraft geht nämlich oft mit einem hohen Maß an Steuerung und Kontrolle einher, und bietet so wenig Möglichkeiten für intrinsisch motiviertes Handeln (vgl. Grell, 2000; Weinert & Helmke, 1995). Eine strukturelle Unterstützung muss aber eine autonome Steuerung des Verhaltens nicht ausschließen. Inwieweit eine Strukturierung durch die Lehrkraft als unterstützend oder beeinträchtigend wahrgenommen wird, dürfte von weiteren Kontextbedingungen abhängen, z.B. davon, inwieweit der Unterricht insgesamt als kontrollierend oder autonomieunterstützend wahrgenommen wird (vgl. Assor et al., 2002; Deci, 1992; Weinert & Helmke, 1995) oder davon, inwieweit die Relevanz der Inhalte verdeutlicht werden kann (vgl. Assor et al., 2002; Pintrich et al., 1993). Auch im *schülerorientierten Unterricht* fördert eine klare Strukturierung das Kompetenzerleben. Ein Unterricht, in dem ohne jegliche extern vorgegebene Struktur und ohne Anleitung oder Hilfestellung für Lernhandlungen Freiraum gewährt wird, wirkt nicht kompetenzfördernd und führt somit auch nicht zu positiveren Emotionen und höherem Interesse (Reeve, Bolt & Cai, 1999; Reeve, 2002). Die Gewährung von Freiräumen, die eine individuelle Bearbeitung von Aufgaben ermöglichen, bedeutet aber nicht notwendigerweise weniger Struktur. So kann der Unterricht auch gut strukturiert sein, wenn Lernpläne und Ziele individuell vereinbart werden und eine klare Hilfestellung bei der Durchführung dieser Ziele erfolgt (vgl. Boenicke, 2000; Thibadeau, 2001). Auch bei *kooperativen Lernformen* zeigen sich Strukturierungsmaßnahmen wie eine deutliche Arbeitsanleitung sowie eine klare Rollenverteilung kompetenzstützend (vgl. Cohen, 1994b; Gräsel & Gruber, 2000). Das gleiche gilt für Lernprozesse im *konstruktivistischen Unterricht*, in dem zwar die Schülerinnen und Schüler aufbauend auf ihrem Vorwissen selbständig wissenschaftliche Konzepte erarbeiten, die Lehrkraft aber die Rolle eines strukturierenden Moderators der Lernprozesse übernimmt (Reusser, 1999, 2001). Unterstützende strukturierende Maßnahmen ermöglichen den Schülerinnen und Schülern einen selbstbestimmten Umgang mit Lernmaterialien und fördern so den Kompetenzgewinn und die Entwicklung von Interesse.

**Angemessenheit der (Leistungs-)Anforderung.** Aus der Forschung zur Selbstbestimmungstheorie und zum *Flow*-Erleben lässt sich ein weiterer wichtiger Aspekt des Kompetenzerlebens ableiten, der zur Entwicklung von fachlichem Interesse beiträgt, nämlich die Angemessenheit der Anforderungen (vgl. Csikszentmihalyi & Schiefele, 1993; vgl. auch Schiefele & Köller, 2001). In der Flow-Theorie wird postuliert, dass Anforderungen als angemessen erlebt werden, wenn eine *Passung von Fähigkeiten und Handlungsanforderung* vorliegt, und dass diese entscheidend für intrinsisch motiviertes Verhalten und die Entwicklung von Interesse ist. Eine Angemessenheit der Anforderungen zeigt sich u.a. in einem *angemessenen Unterrichtstempo* (*Pacing*), also daran, dass der Unterrichtsstoff so durchgenommen wird, dass die Schülerinnen und Schüler jeweils etwas Neues lernen, ohne dabei unter- oder überfordert zu werden. Durch ein angemessenes Unterrichtstempo kommt es zu einer optimalen Passung von Fähigkeiten und Handlungsanforderung, die Kompetenzerleben ermöglicht. Bei zu niedrigem Unterrichtstempo entsteht dagegen Langeweile, bei zu hohem Unterrichtstempo Angst (vgl. Rosenshine & Meister, 1994). Unangemessene und zu hohe Anforderungen können sich auch in einem subjektiv empfundenen *Leistungsdruck* widerspiegeln, z.B. wenn die gestellten Aufgaben nur schwer zu bewältigen sind und die Schülerinnen und Schüler im Unterricht kaum mitkommen. Leistungsdruck führt zu Gefühlen von Überforderung und Leistungsinsuffizienz. Das Erleben verminderter Leistungsfähigkeit wiederum bedingt, dass die Lernfreude und das Interesse an diesen Fächern abnimmt (vgl. Helmke, 1983; Hembree, 1988). Eine positive Auswirkung angemessener Anforderungen auf die Entwicklung von Interesse wurde in mehrere Studien nachgewiesen. So zeigt die Studie von Turner et al. (1998), dass Schülerinnen und Schüler in Lernsituationen, in denen ihrer Meinung nach ihre Fähigkeiten und die wahrgenommene Schwierigkeit des Unterrichts einander entsprachen, eine positive emotionale Beteiligung zeigten und den Wunsch hatten, die Aktivität weiterzuführen. In der Studie von Skinner und Belmont (1993) konnte ferner nachgewiesen werden, dass dem Fähigkeitsniveau der Schülerinnen und Schüler angepasste Unterrichtsmethoden einen positiven Einfluss auf das Interesse an den Inhalten hatten. Die oben erwähnte Studie von Helmke und Schrader (1990) zeigt darüber hinaus, dass die Tendenz der Lehrkraft, Verzögerungen des Unterrichtstempos zu tolerieren (wenig Tempodruck auszuüben) und den Schülern nach Fragen Zeit zum Überlegen zu lassen (wenig Leistungsdruck auszuüben), ein entscheidender Faktor für eine positive Einstellung der Schülerinnen und Schüler gegenüber dem Fach war.

Die wahrgenommene Angemessenheit der Anforderung ist prinzipiell nicht von einer speziellen Konzeption des Unterrichts abhängig (vgl. Kunter, 2005; Kunter & Stanat, 2002). Dem lehrergeleiteten Unterricht werden aufgrund des strukturierten und effektiven Vorgehens in der Regel ein höheres Unterrichtstempo und vermehrte Leistungsanforderungen zugesprochen, wodurch eher Leistungsdruck entstehen kann. Auch wird angenommen, dass Schülerinnen und Schüler aufgrund der autoritären Rollenverteilung mehr aufgrund von Leistungsdruck und weniger aufgrund von intrinsischer

Motivation lernen. Vom schülerorientierten Unterricht dagegen wird angenommen, dass in ihm durch den Freiraum für die individuelle Bearbeitung von Aufgaben weniger Leistungsdruck ausgeübt wird, dagegen aber aufgrund der verwendeten Lernmethoden viel Zeit benötigt wird, die dann bei der Bearbeitung von Inhalten fehlt. Insofern wird angenommen, dass hier das Tempo, mit dem die Inhalte vermittelt werden, und damit auch die Leistungsanforderungen häufig eher gering sind (Fölsch, 1996).

**Individualisierung der Aufgabenstellung.** Eine optimale Passung zwischen den Fähigkeiten der Lernenden und den Aufgabenstellungen strebt auch die Methode des *Adaptiven* bzw. *Individualisierten Unterrichtens* an. Eine individualisierte Unterrichtsgestaltung orientiert die Anforderungen am je individuellen Leistungsstand der Lernenden (vgl. Corno & Snow, 2001; Snow, Corno & Jackson, 1996). Die Individualisierung zeigt sich u.a. in der Verwendung binnendifferenzierender Maßnahmen, d.h. die Lehrkraft stellt entweder dem Einzelnen oder auch Gruppen innerhalb einer Klasse unterschiedlich schwere Aufgaben. Neben einer Anpassung an den Leistungsstand können auch individuelle Unterschiede im Lernstil berücksichtigt werden (Wang, 1991; Wang & Walberg, 1983). Die Methode geht auf Studien über die Wechselwirkung zwischen Unterrichts- und Schülermerkmalen (Aptitude-Treatment-Interaction-Modell, ATI, vgl. Corno & Snow, 2001; Snow et al., 1996) zurück. Da jeder Lernende entsprechend den eigenen Fähigkeiten gefördert wird, ist zu erwarten, dass diese Vorgehensweise das Selbstkonzept eigener Fähigkeiten, die Selbstwirksamkeit und – darüber vermittelt – auch ihre fachspezifischen Interessen fördert. So belegt die Metaanalyse von Giaconia und Hedges (1982) die positive Wirkung einer individualisierten Instruktion auf ein positives Selbstkonzept und eine positive Einstellung gegenüber der Schule. Auch die bereits erwähnte Studie von Helmke und Schrader (1990) zeigt, dass sich die mit dem Konstrukt „Adaptivität" erfasste Anpassung der Unterrichtsinhalte und der Schwierigkeit der Anforderungen an die unterschiedlichen Schülervoraussetzungen sowie eine individuelle fachliche Hilfestellung positiv auf die Einstellung gegenüber dem Fach auswirkten. Anzumerken ist, dass durch eine Individualisierung im Unterricht allerdings auch die Leistungsunterschiede in der Klasse sowohl deutlich gemacht als auch – über einen längeren Zeitraum hinweg – erhöht werden können. Dies kann bei den weniger leistungsstarken Schülern – über soziale Vergleiche der fachlichen Fähigkeiten der Schülerinnen und Schüler untereinander – zu einem geringeren fachlichen Fähigkeitsselbstkonzept und – darüber vermittelt – auch zu einem geringeren fachspezifischen Interesse führen. Durch eine Kombination individualisierter Lernangebote mit direkter Instruktion, kooperativem Lernen und tutorieller Lernunterstützung kann eine Harmonisierung zwischen individuellen Differenzen im adaptiven Unterricht erfolgen (vgl. Helmke & Weinert, 1997).

Formen adaptiven bzw. individualisierten Unterrichts sind im *lehrergeleiteten Unterricht* eher selten, im schülerorientierten und konstruktivistischen Unterricht eher häufiger anzutreffen. Im *schülerorientierten Unterricht* an Reformschulen wird die Bearbeitung von verschiedenem Material mit der Lehrkraft individuell vereinbart und eine auf die Lernenden abgestimmte Hilfestellung angeboten (vgl. Hofmann et al., 1998; Kleinespel, 1998; Köller & Trautwein, 2003; Thibadeau, 2001; Wischer, 2002). Auch die Metaanalyse von Giaconia und Hedges (1982) belegt, dass die individualisierte Instruktion eines der motivationsfördernden Elemente des schülerorientierten Unterrichts ist. Im *konstruktivistischen Unterricht* kommt es zu einer Individualisierung, da davon ausgegangen wird, dass die kognitive Auseinandersetzung mit Gegenständen individuell erfolgt. Daher wird an die individuellen Vorstellungen der Schülerinnen und Schüler angeknüpft, um zu einer Erweiterung dieser Vorstellungen zu gelangen.

**Intraindividuelle Bezugsnorm bei der Rückmeldung.** Wie im Zusammenhang mit den Arbeiten von Barak (1981; Barak, 2001) dargelegt, kommt vor allem der *wahrgenommenen* Fähigkeit, die nicht immer mit der *tatsächlichen* Fähigkeit übereinstimmen muss, eine vermittelnde Funktion zwischen dem Lernen und der Entwicklung von Interesse zu. Einige Unterrichtsansätze zielen nun direkt darauf ab, das Selbstkonzept eigener Fähigkeiten und die Selbstwirksamkeit zu fördern. Überlegungen zur Förderung des Selbstkonzepts und der Selbstwirksamkeit gehen in der Regel auf den *Origin-Pawn-Ansatz* und auf die *Selbstbestimmungstheorie* zurück. Nach Deci und Ryan (1985; 2000b) kommt positiven Rückmeldeprozessen und den daraus resultierenden Kompetenz- bzw. Fähigkeitseinschätzungen eine besondere Bedeutung für die Entwicklung von intrinsischer Motivation und Interesse zu. Die Art der Rückmeldung ist dabei entscheidend dafür, ob sie das Erleben von Kompetenz unterstützt und sich positiv auf die intrinsische Motivation und das Interesse auswirkt. Bei eine *sozialen Bezugsnormorientierung* der Lehrkraft werden Schülerinnen und Schüler bezüglich ihrer Fähigkeiten miteinander verglichen, indem ihre Leistungsposition innerhalb der Schulklasse deutlich gemacht wird. Ein solcher interindividueller Vergleich verstärkt die Leistungskonkurrenz zwischen den Schülern eher und führt dazu, dass sich schwächere Schülerinnen und Schüler als inkompetent erfahren und somit das Interesse am Gegenstand verlieren. Bei einer *intraindividuellen Bezugsnormorientierung* der Lehrkraft werden – unabhängig von der Leistungsposition einer Schülerinnen oder eines Schülers in der Klasse – individuelle Verbesserungen und damit der Erfolg selbstbestimmter Anstrengung rückgemeldet. Ein solcher intraindividueller Vergleichsmaßstab verstärkt Kompetenzgefühle (vgl. Mischo & Rheinberg, 1995). Ein wichtiges Mittel zur Förderung des Selbstkonzepts eigener Fähigkeiten bzw. der Selbstwirksamkeit wird somit in einer intraindividuellen Rückmeldung über den Kompetenzerwerb gesehen. Verschiedene Studien belegen die Bedeutung der Leistungsrückmeldung für die motivationale Entwicklung (Mischo & Rheinberg, 1995; vgl. die Übersichten in Möller & Köller, 1996; Pintrich & Schunk, 1996). Danach wird durch eine individuelle Bezugsnormorientierung besonders die Selbstwirksamkeit bzw. das Selbstkonzept eigener Fähigkeiten gefördert (Lüdtke & Köller, 2002). Dies wiederum sollte einen positiven Effekt auf das Interesse haben. Eine individuelle Bezugsnormorientierung dürfte sich zusätzlich positiv auf das Gefühl von sozialer Eingebundenheit auswirkten, da es die Konkurrenz zwischen den Schülern eher vermindert als verstärkt.

Eine intraindividuelle Rückmeldepraxis kann prinzipiell in verschiedenen Unterrichtskontexten auftreten. So bietet ein lehrergeleiteter Unterricht genauso Gelegenheit für eine intraindividuelle Rückmeldung wie ein schülerorientierter oder konstruktivistischer Unterricht. Im lehrergeleiteten Unterricht ist eine intraindividuelle Rückmeldepraxis allerdings eher selten (Brophy, 1999; Rosenshine & Meister, 1994; Walberg & Paik, 2000). Im schülerorientierten Unterricht dagegen treten intraindividuelle Rückmeldungen häufiger auf (vgl. die Metaanalyse von Giaconia & Hedges, 1982). Auch im konstruktivistischen Unterricht bietet die diskursive Form der Unterrichtsgestaltung, bei der über Lösungsansätze diskutiert und die Bedeutung von Konzepten verhandelt wird, eine gute Möglichkeit zur intraindividuellen Rückmeldung über Kompetenzen und Lernfortschritte.

**Aktivierung selbständigen Denkens.** Aus der Selbstbestimmungstheorie lässt sich ferner ableiten, dass sich Interesse entwickelt, wenn sich Personen bei der Bewältigung einer Aufgabe als selbstbestimmt erleben – unter der Bedingung, dass die Aufgabe für sie lösbar erscheint (vgl. den Begriff der situationsangemessenen Autonomie Krapp, 1998). Unterrichtsmethoden, die eine aktive Auseinandersetzung mit den Unterrichtsinhalten anregen, gehen meist auf die oben beschriebenen konstruktivistischen Lerntheorien zurück. Explizit auf eine *kognitive Aktivierung* von Schülerinnen und Schülern zielt das *sokratische Vorgehen* (vgl. Wagenschein, 1989). Hierbei werden die Lernenden ermutigt, Annahmen über (Alltags-)Phänomene zu entwickeln und die Lösung von Problemen selbständig zu erarbeiten, wobei die Lehrkraft sie darin unterstützt, eventuelle Widersprüche in ihren Gedankengängen zu erkennen, selbständig zu revidieren und für die weitere Auseinandersetzung zu nutzen. Die Schülerinnen und Schüler können ihre Lernprozesse auf diese Weise selbst regulieren. Ein solches Vorgehen wirkt sich sowohl auf das Autonomie- als auch auf das Kompetenzerleben der Lernenden positiv aus. Indem die Schülerinnen und Schüler eigene Lösungswege suchen, Informationen beisteuern und ihre Sichtweise anerkannt wird, erleben sie sich als selbstbestimmt und kompetent. In mehreren Studien wurde eine kompetenz- und motivationsfördernde Wirkung einer kognitiven Aktivierung nachgewiesen. So belegt die Studie von Turner et al. (1998), dass eine Betonung des konzeptuellen Verstehens der Lerninhalte, eine selbständige Regulation der Lernprozesse und ein konstruktiver Umgang mit Fehlern als herausfordernd erlebt wurden. Baumert und Köller (2000) sowie Seidel (2003) fanden eine kompetenzfördernde Wirkung für Unterrichtsstrategien, bei denen die Schülerinnen und Schüler zum Herstellen von Zusammenhängen zwischen Konzepten aufgefordert wurden. In der Studie von Gruehn (2000) wurde ein solch kompetenzfördernder Einfluss für einen konstruktiven Umgang mit Fehlern nachgewiesen. In der Metaanalyse von Giaconia und Hedge (1982) zeigte sich, dass sich die aktive Rolle der Lernenden positiv auf die Einstellung gegenüber der Schule auswirkte. Dadurch, dass sich die Schülerinnen und Schüler aufgrund des eigenständigen Erarbeitens von Bedeutung als selbstbestimmt und kompetent erfahren (vgl. Brown & Campione, 1996), entwickeln sie Interesse an den Inhalten (Klieme & Clausen, 1999). Eine Studie von Prenzel und Seidel (2003) weist darauf hin, dass konstruktivistische Unterrichtsbedingungen ein motiviertes Lernen aus Fehlern ermöglichen. Ein durch eine starke Engführung gekennzeichnetes Klassengespräch, das wenig auf eine kognitive Aktivierung zielt und in dem wenig konstruktiv mit Fehlern umgegangen wird, wirkt sich dagegen negativ auf Formen selbstbestimmter Lernmotivation aus (Mayer, Seidel & Prenzel, 2006; Seidel, Rimmele & Prenzel, 2003).

Eine explizite Umsetzung konstruktivistischer Elemente ist im lehrergeleiteten Unterricht selten zu beobachten (Gerstenmaier & Mandl, 1995; Widodo et al., 2002). Insgesamt werden im regulären Unterricht kaum Aufgaben gestellt, die die Schülerinnen und Schüler zu einem selbstentdeckenden Lernen aktivieren (vgl. Baumert et al., 1997; Klieme et al., 2001; Knoll, 2003). Auch in der Gruppenarbeit kommen offenbar wenig Aufgaben vor, die ein eigenständiges Denken anregen (Haag, 1999; Lipowsky, 2002). Dennoch finden sich im Unterricht einzelne Elemente einer kognitiven Aktivierung. Dies zeigen sowohl die TIMSS-Video-Studie (Baumert et al., 1997; Klieme et al., 1999; Stigler et al., 1999) als auch die Studien von Baumert und Köller (2000) sowie Gruehn (2000). Im erfolgreichen schülerorientierten Unterricht waren die aktive Rolle der Lernenden und das Angebot stimulierender Materialien für eine günstige Auswirkung auf die motivationalen Merkmale der Lernenden verantwortlich (vgl. die Metaanalyse von Giaconia & Hedges, 1982). Die Anregung eines aktiven und eigenständigen kognitiven Engagements der Schülerinnen und Schüler ist somit unabhängig von der Unterrichtsform ein wichtiger Wirkfaktor zur Vermittlung günstiger motivationaler Ergebnisse (vgl. auch Kunter & Stanat, 2002).

**Mitbestimmung bei Lerninhalten und Lernprozessen.** Im *Origin-Pawn-Ansatz* sowie in der Selbstbestimmungstheorie wird betont, dass es für die Entwicklung von intrinsischer Motivation und Interesse wichtig ist, sich selbst als eigenständig handelnd zu erleben und Ziele und Vorgehensweisen des eigenen Handelns selbst zu bestimmen. Das Bedürfnis nach Selbstbestimmung und Autonomie ist verwirklicht, wenn sich eine Person freiwillig mit einer Sache beschäftigen kann, d.h. wählen kann, mit welchen Inhalten sie sich beschäftigt. Ein entscheidender Aspekt der Förderung von Interesse ist somit die Möglichkeit, selbstbestimmt die zu bearbeitenden Aufgaben *auszuwählen*. Die Teilnahme der Schülerinnen und Schüler an der Unterrichtsgestaltung und der Auswahl der Unterrichtsinhalte wird mit dem Konstrukt der *Schülermitbestimmung* erfasst. Durch die Möglichkeit, die Inhalte, mit denen sie sich auseinandersetzen wollen, selbst zu bestimmen, werden die Schülerinnen und Schüler zum selbst- und mitverantwortlichen Lernen angeleitet. Es wird erwartet, dass sie auf diese Weise mehr Kreativität, ein positiveres Selbstkonzept, eine höhere Selbstwirksamkeitserwartung und mehr Eigenverantwortlichkeit entwickeln (vgl. u.a. auch Weinert, 1998a). Dass sich eine Mitbestimmung bei der Auswahl von Unterrichtsinhalten positiv auf Motivation und Interesse am Fach auswirkt, zeigt die Forschung der Gruppe um Deci und Ryan (für einen Überblick s. Deci & Ryan, 2000b). Personen, die Wahlmöglichkeiten erhielten, entwickelten vermehrt intrinsische Motivation und Interesse, während Personen, deren Wahl- und Entscheidungsmöglichkeiten eingeschränkt wurden, sich in ihrer Autonomie beeinträchtigt fühlten und weniger Motivation und Interesse aufwiesen (Assor et al., 2002; Schraw et al., 1998; Skinner & Belmont, 1993; Weinert & Helmke, 1995). Dabei stellte sich als wichtig heraus, dass den Schülerinnen und Schülern nicht nur oberflächlich Entscheidungen und Wahlmöglichkeiten zugebilligt werden, sondern dass die Wahl zwischen echten Alternativen stattfindet. Handelt es sich dagegen um Pseudo-Entscheidungen (pseudo decisions, Schraw et al., 1998; bzw. mock participation, Bloome, Puro & Theodorou, 1989), nahmen die Schülerinnen und Schüler die Eigeninitiative nicht als Selbstbestimmung wahr.

Eine Betonung von Wahlmöglichkeiten ist besonders im schülerorientierten Unterricht verwirklicht. Ein wesentlicher Aspekt des offenen Unterrichts ist, dass die Schülerinnen und Schüler in Absprache mit der Lehrkraft das Material, mit dem sie sich beschäftigen wollen, auswählen können (vgl. Hofmann et al., 1998; Kleinespel, 1998; Köller & Trautwein, 2003; Thibadeau, 2001; Wischer, 2002). Die Wahlfreiheit unterstützende Maßnahmen finden sich aber auch im herkömmlichen Unterricht z.B. in Form von Projektarbeit, entdeckendem Lernen und Freiarbeitsphasen (Wiechmann, 2000). Im konstruktivistischen Unterricht sind Wahlmöglichkeiten in der Regel weniger durch eine Auswahl von Inhalten als vielmehr dadurch gegeben, dass die Lernenden ihr eigenes Vorgehen bei der Lösung von Problemen wählen.

**Sozialorientierung der Lehrkraft.** Die *Selbstbestimmungstheorie* legt nahe, dass auch die soziale Einbindung dazu beitragen kann, dass sich Interesse an einem Gegenstand entwickelt. Wichtig für die Entwicklung von Interesse sind Beziehungen, die durch gegenseitige Wertschätzung und Respekt gekennzeichnet sind. Soziale Einbindung ist dabei vor allem dann bedeutsam, wenn sich Schülerinnen und Schüler mit neuen Tätigkeits- oder Wissensgebieten auseinandersetzen sollen (vgl. Ryan et al., 1991; Ryan & Deci, 2000a). Im Unterricht kann die soziale Einbindung sowohl die Lehrer-Schüler-Interaktion als auch die Schüler-Schüler-Interaktion betreffen. Die Qualität der Lehrer-Schüler-Beziehung wird sowohl in einer diagnostischen Kompetenz der Lehrkraft im Sozialbereich als auch in einer Sozialorientierung der Lehrkraft abgebildet. Die *diagnostische Kompetenz der Lehrkraft im Sozialbereich* beinhaltet, dass die Lehrkraft die Sorgen und Nöte der Schülerinnen und Schüler erkennt, z.B. sieht, wenn diese Probleme haben oder ein Streit stattfindet. Eine *Sozialorientierung der Lehrkraft* bedeutet, dass die Lehrkraft eine wertschätzende und zugewandte, an den persönlichen Wünschen und Bedürfnissen der Schülerinnen und Schüler interessierte Einstellung zeigt und sich für die Schülerinnen und Schüler und deren Fragen Zeit nimmt. Die oben erwähnte Studie von Skinner und Belmont (1993) belegt, dass

Schülerinnen und Schüler, die ihre Lehrkräfte als an ihren persönlichen Belangen interessiert, empathisch, zuverlässig und unterstützend wahrnahmen, deutlich positivere Emotionen, mehr Freude an den Aktivitäten und mehr Interesse an den Unterrichtsinhalten erlebten als Schülerinnen und Schüler, bei deren Lehrkräften dies nicht der Fall war. Ein weiterer Aspekt der sozialen Einbindung betrifft die Interaktion der Schülerinnen und Schüler untereinander. Das allgemeine Schul- und Klassenklima dürfte eher fachunabhängige Effekte auf die emotional-motivationale Entwicklung haben, wie z.B. auf die Leistungsängstlichkeit (Gruehn, 2000), auf das generelle schulische Selbstkonzept und auf die Schulzufriedenheit (z.B. Eder, 2001).

In der Unterrichtspraxis finden sich Aspekte der Schüler- und Sozialorientierung der Lehrkraft sowie der Kooperationsfähigkeit und gegenseitige Wertschätzung der Schülerinnen und Schüler besonders häufig im *schülerorientierten Unterricht*. Hier sind Maßnahmen wie Gruppenarbeit oder verschiedene kooperative Lernformen vergleichsweise häufig. Für *kooperative Lernformen* wurde ein direkter positiver Effekt auf das fachspezifische Interesse nachgewiesen (z.B. Battistich et al., 1993; Johnson & Johnson, 1995; Lou et al., 1996). Neben der erlebten Kohäsion (vgl. Cohen, 1994a, 1994b) stellten sich auch das gegenseitige Erklären und die Interaktion mit anderen Lernenden als motivationsfördernde Prozesse heraus (Dillenbourg et al., 1996; Gräsel & Gruber, 2000; Johnson & Johnson, 1994; Renkl, 1997). Wichtig war dabei, dass eine Rollenverteilung die Beteiligung aller Gruppenmitglieder gewährleistete (vgl. Cohen, 1994b; Gräsel & Gruber, 2000; Slavin, 1996) und die sozialen Fertigkeiten der Gruppenmitglieder z.B. durch intraindividuelles Feedback gefördert wurden (Archer-Kath et al., 1994; Gillies & Ashman, 1998; Johnson & Johnson, 1994). Auch im *konstruktivistischen Unterricht* wird eine Einbettung des Lernens in einen sozialen Kontext betont. Indem der Prozess der Wissenskonstruktion durch den Diskurs der Schülerinnen und Schüler über die Interpretation von Phänomenen stattfindet und die Sichtweise der Schülerinnen und Schüler respektiert wird, werden respektvolle Beziehungen unterstützt. Auch ein lehrergeleiteter Unterricht schließt eine soziale Kompetenz und Sozialorientierung der Lehrkraft nicht aus, auch wenn solche Aspekte durch die Fokussierung auf die Vermittelung von Wissen nicht explizit zum didaktischen Konzept des lehrergeleiteten Unterrichts gehören (vgl. Wiechmann, 2000).

**Zusammenfassung der Befunde.** Aus der *Selbstbestimmungstheorie* wurde abgeleitet, dass Unterrichtsbedingungen, die Kompetenzerleben, Selbstbestimmung und soziale Eingebundenheit fördern, eher dazu führen, dass sich Interesse entwickelt. Ausgehend von den drei Grundbedürfnissen konnten Unterrichtsbedingungen identifiziert werden, die für die Entwicklung von Interesse förderlich sein können. Ein positives Kompetenzerleben dürfte besonders durch eine klare Strukturierung, die eine deutliche Handlungsstruktur vorgibt, und durch eine angemessene Leistungsanforderung, die sich in einem angemessenen Unterrichtstempo und einem geringen Leistungsdruck zeigt, gefördert werden. Das Selbstkonzept und die Selbstwirksamkeit dürften darüber hinaus durch eine am individuellen Leistungsstand orientierte adaptive Unterrichtsinstruktion und einen intraindividuellen Bewertungsmaßstab gefördert werden. Eine kognitiv anspruchsvolle, selbständiges Denken anregende Art der Gesprächsführung dürfte Kompetenz- und Autonomieerleben fördern. Autonomiefördernde Aspekte wie das Bereitstellen von Freiräumen, die sich z.B. in einem gewissen Grad an Mitbestimmung äußern, dürften ebenfalls für die Entwicklung von Interesse bedeutsam sein. Und nicht zuletzt dürften auch Elemente der sozialen Einbindung – wie die diagnostische Kompetenz oder Sozialorientierung der Lehrkraft – für die Entwicklung von Interesse förderlich sein. Die positive Wirkung dieser Unterrichtselemente ist dabei nicht an einen bestimmten Alters- und Entwicklungsstand gebunden. Wie im Folgenden dargelegt wird, gibt es aber Hinweise darauf, dass bestimmte Unterrichtsbedingungen im Jugendalter zu einer vermehrten Abnahme des Interesses führen, weil sie den sich verändernden Bedürfnissen der Jugendlichen nicht gerecht werden.

## 4.3 Fehlende Passung von Unterricht und Schülerbedürfnissen

Der Unterricht wird von vielen Jugendlichen als relativ fremdbestimmte Umgebung wahrgenommen, in der sie kaum ihren Bedürfnissen entsprechend handeln können (Oerter, 1995). Auf diesen Umstand wird daher oft auch die mangelnde Motivation und das fehlende Interesse von Jugendlichen zurück geführt (vgl. Anderman & Maehr, 1994; Eccles, Midgley et al., 1993; Wigfield et al., 1996; Wild, Hofer & Pekrun, 2001). Ein Modell, mit dem die ungünstige motivationale Entwicklung erklärt werden kann, stellt das *Developmental Stage/Environment Fit Model* von Eccles und ihren Mitarbeitern (zusf. Eccles & Midgley, 1989; Eccles, Midgley et al., 1993; Roeser et al., 2000) dar. Der Erklärungsansatz wurde durch Studien von Simmons und Blyth (1987; Blyth, Simmons & Carlton-Ford, 1983) angeregt, die die negative motivationale Entwicklung in der frühen Adoleszenz auf das Zusammentreffen der pubertären Entwicklung mit dem Wechsel auf die weiterführende Schule zurückführten. Ausgehend von diesen Forschungsarbeiten postulierte die Gruppe um Eccles, dass es zu negativen Entwicklungen kommt, wenn die schulischen Anforderungen nicht auf die veränderten Bedürfnisse Jugendlicher passen und die Art, wie der Unterricht abgehalten wird, keine angemessene Entwicklungsumwelt für Jugendliche darstellt.

Den theoretischen Rahmen für das *Developmental Stage/Environment Fit Model* bildete die Theorie der Passung zwischen Person und Umwelt (z.B. Hunt, 1975; Lewin, 1935). Nach dieser Theorie hängen Verhalten, Motivation und psychische Gesundheit von der Passung zwischen den Merkmalen des Individuums und den Merkmalen ihrer sozialen Umgebung ab. Befinden sich Individuen in einer Umgebung, die nicht ihren Bedürfnissen entspricht, so sind negative motivationale Konsequenzen die Folge. Schon früh wurde eine entwicklungspsychologische Perspektive der Passung zwischen Schülerinnen und Schülern und schulischer Umgebung betont. So vertrat Hunt (1975) die Ansicht, dass Lehrkräfte ein an den jeweils aktuellen Entwicklungsstand angepasstes optimales Maß an Struktur und herausfordernder Umgebung bereitstellen müssen, um die Entwicklung von Schülerinnen und Schülern zu unterstützen. Er postulierte, dass für verschiedene Altersgruppen verschiedene Arten von pädagogischen Umwelten benötigt werden, um den sich verändernden Bedürfnissen gerecht zu werden. Verläuft die persönliche Entwicklung mit der Entwicklung in der schulischen Umgebung synchron, d.h. reagiert die Umwelt auf die veränderten Bedürfnisse der Individuen, sind positive motivationale Konsequenzen zu erwarten, sind die beiden Verläufe nicht synchron sind negative Konsequenzen zu erwarten.

Eccles und Midgley (1989) griffen die Idee der Passung zwischen Person und Umwelt auf, um den Rückgang von schulischer Motivation im Jugendalter zu erklären. Sie belegen, dass es im Verlauf des Jugendalters zu einer zunehmend schlechteren Passung zwischen den sich verändernden Bedürfnissen der Jugendlichen und den Gelegenheiten, diese Bedürfnisse in der schulischen Umgebung zu befriedigen, kommt. Nach Eccles werden im Jugendalter besonders die Bedürfnisse nach Kompetenz, Selbstbestimmung und sozialer Eingebundenheit im schulischen Kontext nicht befriedigt (vgl. Eccles, 2007a). Ausgehend von der Annahme, dass die Befriedigung dieser drei Grundbedürfnisse die Entwicklung individueller Interessen beeinflusst, wird postuliert, dass eine mangelnde Passung zwischen den Grundbedürfnissen und den schulischen Bedingungen zu einer Abnahme des Interesses führt. Im Folgenden wird auf Forschung eingegangen, die den Mangel an Befriedigung dieser Grundbedürfnisse im Unterricht untersucht hat.

**Mangelnde Selbstbestimmung.** Eine wichtige Ursache für die Abnahme der schulischen Motivation wird von der Gruppe um Eccles sowie auch von anderen Autoren (z.B. Deci, 1998; Gottfried, 1990, 1998; Lepper, Sethi, Dialdin & Drake, 1997) in einem Mangel an wahrgenommener Selbstbestimmung gesehen. Klassen der Sekundarstufe zeichnen sich im Vergleich zu Grundschulklassen trotz der zunehmenden Reife der Jugendlichen durch eine stärkere Betonung von Kontrolle und Disziplin und weniger Gelegenheiten für Entscheidungen, Auswahl und Selbstkontrolle aus (z.B. Midgley & Feldlaufer, 1987; Midgley, Feldlaufer & Eccles, 1989, 1988). So fanden Midgley et al. (1989), dass Grundschullehrkräfte in Mathematik weniger kontrollierend und disziplinierend auftraten als die Lehrkräfte derselben Schülerinnen und Schüler ein Jahr später. Auch Lepper et al. (1997) zeigen, dass die Schulumgebung von den Schülern als zunehmend kontrollierender empfunden wird. Ähnliche Unterschiede zeigten sich bei der Mitbestimmung durch die Schüler. Zum Beispiel fanden Midgley und Feldlaufer (1987), dass Schülerinnen und Schüler und ihre Lehrkräfte im ersten Jahr der weiterführenden Schule über weniger Gelegenheiten zur Teilnahme an Entscheidungen berichteten als dieselben Schülerinnen und Schüler und ihre Lehrkräfte in der Grundschule ein Jahr zuvor. Midgley und Feldlaufer (1987) erhoben in ihrer Studie zusätzlich die Diskrepanz zwischen dem Wunsch der Jugendlichen, an Entscheidungen teilzunehmen und ihrer Wahrnehmung der Gelegenheiten für solche Entscheidungen. Sie fanden bei Jugendlichen im ersten Jahr der weiterführenden Schule eine größere Diskrepanz als im letzten Grundschuljahr. Die Passung zwischen dem Wunsch der Jugendlichen nach mehr Autonomie und der Wahrnehmung des Ausmaßes an möglicher Mitbestimmung in der Schule hatte also abgenommen. Eine Wechselwirkung zwischen dem vermehrten Wunsch nach Selbstbestimmung und den in der schulischen Umgebung wahrgenommenen Gelegenheiten zeigt auch eine Studie von Miller (1996). So wünschten sich körperlich weiter entwickelte Schülerinnen mehr Einfluss bei Entscheidungen und sahen gleichzeitig geringere Möglichkeiten zur Beteiligung an Entscheidungen als weniger weit entwickelte Schülerinnen. Auch nahmen die stärker entwickelten Mädchen eine Abnahme der Möglichkeiten zur Beteiligung an Entscheidungen im Verlauf des Schuljahrs wahr, während die weniger weit entwickelten Mädchen eine Zunahme wahrnahmen. Dies ist nach Eccles und Midgley (1989) u.a. darauf zurückzuführen, dass weiter entwickelte Schülerinnen dasselbe Maß an Kontrolle als kontrollierender empfinden als weniger weit entwickelte Mädchen, was zeigt, dass die Passung zwischen dem Wunsch und der Wahrnehmung von Gelegenheiten zur Selbstbestimmung offenbar von der pubertären Entwicklung abhängt. Eine Längsschnittuntersuchung von Mac Iver und Reuman (1988) zeigte darüber hinaus, dass sich die zunehmende Diskrepanz zwischen Wunsch und Wirklichkeit tatsächlich negativ auf die intrinsische Motivation und das Interesse auswirkt. Jugendliche, die bezüglich ihres gewünschten Maßes an Mitsprache bei Entscheidungsprozessen die stärksten Einschränkungen erfuhren, zeigten die stärkste Abnahme intrinsischer Motivation.

**Mangelnde soziale Einbindung**. Eine weitere wichtige Ursache für den Abfall der schulischen Motivation und des fachlichen Interesses sieht die Gruppe um Eccles in der weniger positiven Lehrer-Schüler-Beziehung. So ist der Unterricht in der Sekundarstufe durch weniger persönliche und weniger positive Lehrer-Schüler-Beziehungen gekennzeichnet als der Unterricht in der Grundschule. Feldlaufer, Midgley und Eccles (1988) zeigen, dass sowohl Schülerinnen und Schüler als auch Beobachter die Lehrkräfte der weiterführenden Schule als weniger freundlich und weniger unterstützend einschätzten als die Lehrkräfte derselben Kinder ein Jahr zuvor. Auch berichteten Lehrkräfte der weiterführenden Schule, dass sie den Schülerinnen und Schülern weniger vertrauten als Grundschullehrkräfte (Midgley et al., 1988). Das Verhältnis zwischen Lehrkräften und Schülerinnen und Schülern wiederum hatte einen Einfluss auf die Lernmotivation und die Einstellung gegenüber der Schule (z.B. Fraser & Fisher, 1982). Midgley et al. (1989) wiesen zudem nach, dass ein Wechsel in eine weniger unterstützende Klassensituation einen negativen Einfluss auf das Interesse und die Wertschätzung des Fachs hatte, während ein Wechsel in eine Klasse mit einer stärker unterstützenden Lehrkraft einen Anstieg der Bewertung des Fachs zur Folge hatte. Diese Unterschiede waren bei den leistungsschwachen Kindern besonders ausgeprägt.

**Mangelnde Kompetenzerfahrung.** Eine weitere wichtige Ursache für die negative Entwicklung von schulischer Motivation und fachspezifischem Interesse wird von der Gruppe um Eccles im Rückgang wahrgenommener Kompetenz gesehen. Schülerinnen und Schüler erleben sich in der weiterführenden Schule z.T. als weniger kompetent als in der Grundschule. Einer der Gründe hierfür wird von Wigfield et al. (1996) darin gesehen, dass die schulischen Inhalte in der weiterführenden Schule zunächst weniger kognitive Fähigkeiten erfordern als die im letzten Jahr der Grundschule. Die kognitiven Anforderungen nehmen nach dem Schulwechsel eher ab als zu. Nur ein sehr geringer Prozentsatz der Aufgaben erfordert ein höheres Niveau an Kreativität und Ausdrucksfähigkeit. Auch Unterrichtspraktiken wie das Unterrichten der ganzen Klasse mit gleichen Textbüchern, Aufgabenstellungen und Hausaufgaben nehmen im Gegensatz zur Anleitung in kleinen Gruppen oder einer eher individualisierten Form des Unterrichts in der weiterführenden Schule deutlich zu (Eccles & Midgley, 1989; Feldlaufer et al., 1988). Es kommt hinzu, dass in weiterführenden Schulen eine stärkere Gruppierung nach Leistung bzw. Fähigkeit in unterschiedlichen Klassen bzw. Schulformen vorgenommen wird (vgl. Jerusalem & Schwarzer, 1991; Köller, Schnabel & Baumert, 2000; Köller & Baumert, 2001). Diese Fähigkeitsgruppierungen verstärken soziale Vergleiche, die Sorge um die Bewertung der eigenen Leistung und das Konkurrenzdenken (1996). Im deutschsprachigen Raum zeigen besonders die Arbeiten von Jerusalem und Schwarzer (z.B. Jerusalem & Schwarzer, 1991; im Überblick Wagner, 1999), dass es beim Übergang von der Grundschule zur weiterführenden Schule zu einem Bezugsgruppenwechsel kommt und dass dieser zu einer Verschiebung der individuellen Leistungsrangplätze führt, die sich auf das Selbstkonzept der Schülerinnen und Schüler auswirkt. Studien von Köller und seinen Kollegen (Köller & Baumert, 2001; Köller, Baumert et al., 2000; vgl. auch Lüdtke & Köller, 2002) weisen auf mögliche psychologische Kosten der Fähigkeitsgruppierung in der weiterführenden Schule hin. Schülerinnen und Schüler werden sich zudem zunehmend stärker bewusst, dass Noten versetzungsrelevant sind und die spätere Studienwahl bzw. den beruflichen Werdegang bestimmen. Einige Autoren vermuten in diesem Zusammenhang akkumulierte Effekte extrinsischer Anreize (vgl. Deci, 1992, 1998). Auch vermehrt die Gruppierung nach Leistung und die zunehmende Relevanz der Noten die Wahrscheinlichkeit, dass Lehrkräfte statt einer individuellen Bezugsnorm normative Notenkriterien und öffentliche Formen der Bewertung benutzen. Dies wiederum wirkt sich negativ auf die Selbstwahrnehmung und in der Folge negativ auf die Motivation der Jugendlichen aus (vgl. Eccles & Midgley, 1989). In dem Maße, in dem sich die Lehrkräfte der Sekundarstufe I an sozialen Vergleichen orientieren, zeigen sie höhere Standards bei der Einschätzung der Kompetenz und der Benotung von Leistung (s. Eccles & Midgley, 1989). Dies führt bei vielen Schülern zu einer Verschlechterung der Noten, die nicht auf eine Abnahme der Leistungen in standardisierten Leistungstests zurückzuführen ist (s. Roderick, 1992). Die Verschlechterung der Noten trotz niedrigerer kognitiver Anforderungen und gleich bleibender Leistungen in Tests hat einen negativen Einfluss auf das Fähigkeitsselbstkonzept und das Selbstvertrauen der Jugendlichen in ihre eigene Leistungsfähigkeit (Roderick, 1992). Auch die mit dem abnehmenden Fähigkeitsselbstkonzept zusammenhängende zunehmende Leistungsangst wird dabei für den Interessenabfall mitverantwortlich gemacht (Gottfried, 1985, 1990, 1998; Gottfried et al., 2001).

Mit ihrem *Developmental Stage/Environment Fit Model* bietet die Gruppe um Eccles somit einen relativ umfassenden Erklärungsansatz für die fachübergreifende Abnahme des Interesses in der Sekundarstufe I an. Für verschiedene Bereiche konnte ein Mangel an Passung zwischen den Bedürfnissen der Jugendlichen und ihrer Befriedigung in der schulischen Umgebung nachgewiesen werden: Dem Bedürfnis, sich als kompetent zu erleben, stehen verstärkte soziale Vergleiche und höhere normative Standards entgegen. Dem Wunsch nach mehr Selbstbestimmung und Beteiligung an Entscheidungen steht ein z.T. verstärktes Ausmaß an Kontrolle gegenüber. Dem Bedürfnis nach sozialer Eingebundenheit steht eine weniger persönliche und durch weniger Vertrauen gekennzeichnete Lehrer-Schüler-Beziehung gegenüber. Wie in Kapitel 2 deutlich wurde, ist die Abnahme des Interesses in einigen Fächern – nämlich den mathematisch-naturwissenschaftlichen – besonders gravierend. In der Forschung wurde daher nach spezifischen Unterrichtsbedingungen gesucht, die den besonders deutlichen Interessenabfall in den mathematisch-naturwissenschaftlichen Fächern erklären. Diese werden im folgenden Abschnitt besprochen.

## 4.4 Fachspezifische Bedingungen der Interessenabnahme

Der unterschiedliche Verlauf des Interesses in verschiedenen Fachgebieten und insbesondere die vielfach berichtete stärkere Abnahme des Interesses in den mathematisch-naturwissenschaftlichen Fächern wird darauf zurückgeführt, dass einige Bedingungen, die für den negativen Trend der intrinsischen Motivation und des Interesses verantwortlich sind, auf die mathematisch-naturwissenschaftlichen Fächer stärker zutreffen als auf die sprachlichen oder humanwissenschaftlichen Fächer (Gottfried et al., 2001). In der Forschung werden hierfür mehrere Gründe angegeben: Zum einen handelt es sich dabei um fachimmanente Aspekte wie die größere Schwierigkeit dieser Fächer, zum anderen um die Art und Weise der Unterrichtsgestaltung in diesen Fächern. Genannt werden hier die mangelnde Anknüpfung der Inhalte an Alltagserfahrungen und Interessen der Schüler, die aus Schülersicht fehlende Relevanz der Inhalte, die mangelnde Möglichkeit zur Selbstverwirklichung und die fehlende soziale Interaktion (vgl. Gardner, 1987; Gottfried et al., 2001; Häußler & Hoffmann, 1995; Hoffmann et al., 1998). Diese Aspekte werden im Folgenden näher beleuchtet.

**Größere Schwierigkeit mathematisch-naturwissenschaftlicher Fächer.** Ein häufig genannter Grund für den stärkeren Abwärtstrend in den mathematisch-naturwissenschaftlichen Fächern ist die *Schwierigkeit* dieser Fächer (z.B. Gottfried et al., 2001;

Häußler & Hoffmann, 1995; Hoffmann et al., 1998). Verschiedene Studien belegen z.B., dass die mathematisch-naturwissenschaftlichen Fächer von Schülern im Vergleich zu anderen Fächern als besonders schwierig eingeschätzt werden (Gardner, 1987; Gottfried et al., 2001; Hannover & Kessels, 2003; Hoffmann et al., 1998; Kessels & Hannover, 2002; Kessels et al., 2006). Dies führt dazu, dass Schülerinnen und Schüler ihre Fähigkeit, ein mathematisch-naturwissenschaftliches Fach zu bewältigen, im Vergleich zu anderen Fachgebieten als geringer einschätzen und daher auch geringere Erfolgserwartungen aufweisen (Grouws & Lembke, 1996). Verschiedene Studien weisen zudem darauf hin, dass besonders Mädchen in diesen Fächern weniger Vertrauen in die eigenen Fähigkeiten haben und ihre Kompetenz als deutlich geringer einschätzen als Jungen (Hannover, 1991, 1992a; Hannover et al., 1992; Hannover & Bettge, 1993; Hannover, 1998, 2000; Häußler & Hoffmann, 1995; Köller & Klieme, 2000; Middleton & Spanias, 1999; Mullis et al., 2000; Wigfield et al., 1991; Wigfield & Eccles, 2002a; Wigfield et al., 2002). Mit dem mangelnden Vertrauen in die eigenen fachspezifischen Fähigkeiten wird daher sowohl die generell stärkere Interessenabnahme in den mathematisch-naturwissenschaftlichen Fächern als auch die besonders starke Abnahme des Interesses der Mädchen in diesen Fächern erklärt.

**Geringe Möglichkeiten der Selbstbestimmung, Selbstverwirklichung und sozialen Interaktion.** Mit der Schwierigkeit der Fächer hängt zusammen, dass das mathematisch-naturwissenschaftliche Curriculum weniger Selbstbestimmung zu erlauben scheint als das Curriculum anderer Fächer. So wurde belegt, dass sich Schülerinnen und Schüler eher für fähig halten, die Inhalte gesellschaftswissenschaftlicher Fächer selbständig zu lernen als die Inhalte des Fachs Mathematik (Stodolsky, Salk & Glaessner, 1991). Zudem wurde festgestellt, dass Mathematiklehrkräfte weniger Autonomie bezüglich der Kursinhalte wahrnahmen als Lehrkräfte gesellschaftswissenschaftlicher Fächer (Stodolsky & Grossman, 1995). Dies bedingt u.a., dass in den mathematisch-naturwissenschaftlichen Fächern eher lehrerzentrierte Unterrichtsformen angewandt werden, während in den gesellschaftswissenschaftlichen Fächern auch auf andere Unterrichtsmethoden zurückgegriffen wird. Die Befunde der TIMSS-Video-Studie zeigen, dass im Mathematikunterricht das fragend-entwickelnde Unterrichtsgespräch vorherrscht, in dem im scheinbaren Dialog Fertigkeiten und Routinen erklärt und geübt werden (Baumert, 2002; Baumert et al., 1997; Klieme et al., 2001; Knoll, 2003). Schülerinnen und Schüler erfahren damit in der Regel in den mathematisch-naturwissenschaftlichen Fächern eine geringere Selbständigkeit als in den gesellschaftswissenschaftlichen Fächern (Gottfried et al., 2001) und erhalten kaum Möglichkeiten zur Selbstbestimmung (Hannover & Kessels, 2003; Kessels & Hannover, 2002; Kessels et al., 2006). Auch Boaler (1999) fand, dass der Mathematikunterricht in der Sekundarstufe I wenig abwechslungsreich, von der Reproduktion von Routinen geprägt war und wenig Raum für soziale Interaktion ließ. Neben dem geringeren Vertrauen in die eigenen fachspezifischen Fähigkeiten kommt also die geringere Selbständigkeit beim Lernen, die geringe Selbstverwirklichung und die eingeschränkte Möglichkeit zur sozialen

Interaktion als Grund für die besonders starke Abnahme des Interesses in den mathematisch-naturwissenschaftlichen Fächern in Frage (vgl. Gottfried et al., 2001).

**Fehlende Anknüpfung an Alltagserfahrungen und Interessen, mangelnde Relevanz der Inhalte.** Ein weiterer wichtiger Grund für die besonders starke Abnahme des Interesses in den mathematisch-naturwissenschaftlichen Fächern wird in der mangelnden Anknüpfung an Alltagserfahrungen und der nicht unmittelbar ersichtlichen Relevanz der Inhalte dieser Fächer für die Schülerinnen und Schüler gesehen. Anknüpfend an konstruktivistische und situative Lerntheorien wird betont, dass sich fachliches Interesse eher entwickelt, wenn sich die Unterrichtsinhalte auf die Interessensgebiete von Jugendlichen beziehen oder die Bedeutung der Inhalte herausgestellt wird (Häußler & Hoffmann, 1995; Hoffmann, 2002; Stipek, 1996; Yager & Tamir, 1993). Verschieden Autoren kritisieren dementsprechend, dass besonders im mathematisch-naturwissenschaftlichen Unterricht oft zu wenig an die alltäglichen Erfahrungen, Vorstellungen und Interessen der Lernenden angeknüpft und zu selten die Anwendbarkeit und Relevanz der Unterrichtsinhalte hervorgehoben wird (Häußler & Hoffmann, 1995; Hoffmann et al., 1998; Hoffmann, 2002; Yager & Tamir, 1993). Eine retrospektive Studie an Erwachsenen von Quilter und Harper (1988) kritisierte z.B. die fehlende Relevanz mathematischer Inhalte sowie die kaum auf Verstehensprozesse abzielende Art der Vermittlung im Mathematikunterricht. Auch bei den Videoanalysen des Mathematikunterrichts in der Studie von Kunter (2005) war eine Hervorhebung der Relevanz und Anwendbarkeit der Lerninhalte extrem selten zu beobachten. So wurde z.B. die Möglichkeit, Mathematik zur Lösung authentischer Probleme heranzuziehen, fast gar nicht angesprochen. Ergebnisse der am Kieler Leibniz-Institut durchgeführten Interessenstudie (vgl. Häußler & Hoffmann, 1995; Hoffmann et al., 1998) zeigen ebenfalls, dass der Unterricht im Fach Physik sich kaum an den Interessen der Lernenden orientiert. So waren aus der Sicht der Schülerinnen und Schüler – insbesondere der Schülerinnen – im Physikunterricht für sie weniger interessante Themen wie die exakte Berechnung physikalischer Größen überrepräsentiert. Unterrepräsentiert hingegen waren stark interessierende Themen wie die Relevanz der Inhalte für physikalisch/technische Berufe oder Fragen zum Nutzen und (Umwelt-)Risiko technischer Anwendungen. Neuere Studien im Rahmen des Kieler Leibniz-Institut durchgeführte Studien beschäftigen sich daher vermehrt mit der Frage, in welchen Kontexten naturwissenschaftliche Inhalte für Jugendliche interessant sind (Bayrhuber, Bögeholz, Elster et al., 2007; Duit & Mikelskis-Seifert, 2007; Elster, 2006, 2007a, 2007b, 2007c, 2007d; Mikelskis-Seifert & Duit, 2007; Nentwig, Demuth, Parchmann, Gräsel & Ralle, 2007).

## 4.5 Modellversuche zur Förderung von Interesse

Vor dem Hintergrund der oben genannten Forschung wurden Modellversuche durchgeführt, die erstens auf die besondere Schwierigkeit dieser Fächer bzw. das geringere

Fähigkeitsselbstkonzept der Lernenden und zweitens auf die geringere Orientierung am Alltagsverständnis und den Interessen der Lernenden eingegangen sind. In beiden Modellversuchen wurde die Anwendbarkeit und Relevanz naturwissenschaftlicher Konzepte betont und der Unterrichtskontext dem Alltagskontext angenähert (Hoffmann et al., 1998; Yager & Tamir, 1993). Den Schülerinnen und Schülern wurde die Entscheidung über die zu behandelnden Themen und die Vorgehensweise beim Verfolgen der Fragestellung übertragen. Die Annahme war, dass ein solcher Unterricht sowohl ein tieferes fachspezifisches Verständnis als auch eine positivere Einstellung gegenüber den mathematisch-naturwissenschaftlichen Fächern und damit ein vermehrtes Interesse an diesen fördere. Im Folgenden wird zunächst auf einen am Kieler Leibniz-Institut durchgeführten Modellversuch eingegangen, dann auf die von der Gruppe um Yager und Tamir durchgeführten Unterrichtsversuche. Die Unterrichtsversuche zeigen, dass es durchaus möglich ist, dem Interessenabfall in den mathematisch-naturwissenschaftlichen Fächern entgegenzuwirken.

**Modellversuch des Kieler Leibniz-Instituts.** In dem am Kieler Leibniz-Institut durchgeführten Modellversuch (Häußler & Hoffmann, 1995; vgl. Hoffmann, 2002) wurde ein dort entwickeltes Unterrichtskonzept mit einem traditionellen Unterricht in einer Reihe von Klassen der 7. und 9. Jahrgangsstufe verglichen (vgl. Faißt, Häußler, Hergeröder et al., 1994). Das auf die Physikleistungen bezogene Selbstvertrauen der Schülerinnen und Schüler (besonders der Schülerinnen) wurde durch den Abbau von Vorurteilen bei den Lehrkräften und dem Unterrichten in monoedukativen Halbklassen gestärkt. An die Schülerinteressen wurde durch die Herstellung von Alltagsbezügen und das Eingehen auf für beide Geschlechter zugängliche außerschulische Erfahrungen sowie die Betonung der Relevanz, Anwendbarkeit und des Nutzens der Inhalte angeknüpft. Der Modellunterricht wirkte sich sowohl auf die Lernleistungen als auch auf motivationale Kriterien positiv aus. Nach einiger Zeit zeigten sich deutliche Wissensunterschiede zwischen den Gruppen, da die Schülerinnen und Schüler in den Modellklassen durch Transferleistungen noch an Wissen zulegten, während die Schülerinnen und Schüler in den Kontrollklassen ihr Wissen eher wieder verloren. Auch war das Fähigkeitsselbstkonzept der Mädchen aus den Modellversuchsklassen am Ende des Schuljahres in Physik ebenso hoch wie in anderen Fächern, während sich die Mädchen aus den Kontrollklassen in Physik deutlich weniger zutrauten als in anderen Fächern. Das Interesse der Mädchen war zu Beginn der Unterrichtseinheit in beiden Unterrichtsformen deutlich niedriger als das der Jungen, stieg aber in den Modellklassen über die Unterrichtseinheiten hinweg auf ein den Jungen vergleichbares Niveau an. In den Kontrollklassen ging die Schere zwischen Jungen und Mädchen dagegen immer weiter auseinander, und das, obwohl hier auch die Jungen einen starken Interesseneinbruch erlebten. Insgesamt hat also der Unterricht in den Modellklassen im Vergleich zu den Kontrollklassen sowohl zu einem langfristigeren Wissenszuwachs geführt als auch das physikbezogene Selbstvertrauen und das Interesse (besonders der Mädchen) an Physik gefördert. Die Einbettung der physikalischen Inhalte in Kontexte aus den

Erfahrungsbereichen der Jugendlichen hat das Interesse am Unterricht – insbesondere bei den Mädchen – erhöht. Das zeigt, dass dem Interessenabfall von Schülerinnen und Schülern der Sekundarstufe I durch die Einbettung physikalischer Erkenntnisse in interessierende Kontexte und die Betonung des Anwendungsbezugs und des lebenspraktischen Nutzens entgegengewirkt werden kann.

**Modellversuche des STS-Ansatzes.** Eine Forschergruppe aus den USA, die es sich zum Ziel gesetzt hat, Naturwissenschaft, technisches Wissen und gesellschaftliche Probleme zusammen zu bringen, führte mehrere Modellversuche zur Verbesserung des naturwissenschaftlichen Unterrichts durch (zum Science-Technology-Society-Ansatz bzw. STS-Ansatz, vgl. Blunck & Yager, 1990; Yager & Tamir, 1993). In den Modellversuchen wurde der STS-Ansatz mit dem traditionellen Unterricht verglichen (Yager & Tamir, 1993; vgl. auch Yager, 1991; Yager, Tamir & Huang, 1992). Den Ausgangspunkt der Unterrichtsinstruktion im STS-Ansatz bildete ein Alltagsproblem, das – unter Rückgriff auf eigene Erfahrungen, verschiedene Informationsquellen und eigene Untersuchungen – von der Gruppe gemeinsam gelöst wurde. In der Kontrollgruppe dagegen wurde das Wissen nach einem vorgegebenen Curriculum durch die Lehrkraft – meist im Frontalunterricht und anhand von Lehrbüchern – vermittelt. Als Kriterien zur Beurteilung des Unterrichtsansatzes wurden herangezogen: fachspezifisches Wissen (*Concept Domain*), ein Verständnis für die ablaufenden Prozesse (*Process Domain*), die Anwendung des Gelernten im Alltag (*Application Domain*), die Fähigkeit, Probleme zu lösen und kreativ zu sein (*Creativity Domain*) sowie eine positive Einstellung gegenüber dem Fach (*Attitude Domain*) (vgl. Yager & McCormack, 1989). In einer auf diese Weise durchgeführten Vergleichsstudie von Yager, Tamir und Mackinnu (1993) an Schülern der 4. bis 9. Jahrgangsstufe schnitten beide Ansätze bezüglich des fachspezifischen Wissens bzw. der naturwissenschaftlichen Konzepte vergleichbar gut ab, der STS-Ansatz erwies sich aber bezüglich aller anderen Kriterien als deutlich überlegen. Der größte Unterschied zeigte sich im Bereich der Anwendung naturwissenschaftlicher Konzepte, gefolgt vom Bereich des naturwissenschaftlichen Vorgehens und dem Bereich der Kreativität. Ein substantieller Unterschied (1.6 Standardabweichungen) ergab sich auch in der Einstellung gegenüber den Naturwissenschaften bzw. dem Interesse am naturwissenschaftlichen Unterricht. Wurden STS-Methoden angewandt, war die positive Veränderung in der Einstellung gegenüber den Naturwissenschaften dreimal so groß. Der STS-Ansatz wirkte dabei besonders der Abnahme des naturwissenschaftlichen Interesses bei den Mädchen entgegen. Interessant ist auch, dass zwar leistungsstärkere Schülerinnen und Schüler insgesamt mehr vom STS-Unterricht profitierten als leistungsschwächere Schülerinnen und Schüler, aber auch leistungsschwächere Schülerinnen und Schüler eine deutlich positivere Einstellung gegenüber den Naturwissenschaften entwickelten.

Zusammenfassend lässt sich sagen, dass Interesse am mathematisch-naturwissenschaftlichen Unterricht gefördert wird, wenn das Selbstvertrauen der Schülerinnen und

Schüler in ihre Fähigkeiten gestärkt wird, wenn der Unterricht an ihrem Alltagsverständnis orientiert ist und wenn die Bedeutung der Inhalte betont wird (vgl. Häußler & Hoffmann, 1995; Hoffmann, 2002; Yager & Tamir, 1993). In beiden Modellversuchen konnte auf diese Weise einer Abnahme des Interesses entgegengewirkt werden. Verschiedene Unterrichtsaspekte dürften dabei zusammengewirkt haben. Indem die Lernenden Fragestellungen entwickeln und Hypothesen prüfen, um Probleme zu lösen, wird Kompetenz- und Autonomieerleben ermöglicht. Indem sie Entscheidungen über die zu behandelnden Themen und das eigene Vorgehen fällen, handeln sie selbstbestimmt. Indem sie die gestellten Aufgaben in Gruppenarbeit diskutieren, sind sie sozial eingebunden. Das durch den Modellansatz geförderte Kompetenzerleben, die vermehrte Selbstbestimmung und die soziale Eingebundenheit in die Gruppe dürften gemeinsam dafür sorgen, dass sich die Einstellung gegenüber den Naturwissenschaften verbessert und die Schülerinnen und Schüler motiviert werden, sich mit dem Gegenstand auseinander zu setzen (Deci, 1992, 1998; Deci & Ryan, 1993). Da die einzelnen Aspekte in den Modellversuchen nicht isoliert angewandt wurden, kann keine Aussage darüber gemacht werden, welche Elemente die ausschlaggebende Rolle bei der Entwicklung des Interesses gespielt haben.

## 4.6 Zusammenfassung der unterrichtspsychologischer Ursachen

In diesem Kapitel wurden Aspekte der Unterrichtsgestaltung angeführt, die die Abnahme des Interesses in der Sekundarstufe I erklären können. Aus der Selbstbestimmungstheorie wurden Unterrichtsmerkmale abgeleitet, für die ein positiver Einfluss auf die Entwicklung von Interesse angenommen wird: Klarheit und Strukturiertheit des Unterrichts, ein angemessenes Unterrichtstempo (*Pacing*) und ein niedriger Leistungsdruck sollten das Interesse fördern, weil sie Gelegenheiten zur Kompetenzerfahrung sorgen. Individualisierte Unterrichtsstrategien und eine individuelle Bezugsnormorientierung sollten sich positiv auf die Entwicklung von Interesse auswirken, weil sie eine Steigerung des Selbstkonzepts bewirken. Eine kognitive Aktivierung eigenständiger Denkprozesse durch sokratisches Vorgehen sollte einen positive Effekt auf das Interesse haben, weil sie Kompetenz- und Autonomieerfahrung ermöglicht. Möglichkeiten der Mitbestimmung sollten einen positiven Einfluss haben, weil sie die Selbstbestimmung unterstützen und eine Schüler- und Sozialorientierung der Lehrkraft sollte einen positiven Einfluss haben, weil sie die soziale Eingebundenheit fördert.

Nach Eccles und ihren Mitarbeitern (z.B. Wigfield et al., 1996) kommt es im Jugendalter zu einer entwicklungsbedingten mangelnden Passung zwischen den Bedürfnissen der Jungendlichen und der schulischen Umwelt (*developmental mismatch*), die sich ungünstig auf die motivationale Entwicklung auswirkt: Zu einem Zeitpunkt, in dem die Fähigkeit steigt, komplexere kognitive Strategien zu benutzen, werden im Unterricht Aufgaben mit niedrigeren kognitiven Anforderungen gestellt. Die gesteigerte

Selbstwahrnehmung und Verunsicherung im Selbstkonzept wird in der schulischen Umgebung der weiterführenden Schule durch die Hervorhebung von Fähigkeitsselbsteinschätzung sowie Wettstreit und sozialen Vergleichen verstärkt. Dem zunehmenden Bedürfnis nach selbständigen Entscheidungen steht eine Einschränkung der Beteiligung an Entscheidungen und der Auswahl der Lerninhalte entgegen. Zu einem Zeitpunkt, zu dem für Jugendliche soziale Beziehungen außerhalb der Familie wichtiger werden, ist die Lehrer-Schüler-Beziehung durch den Einsatz von Fachlehrkräften eher distanziert. In der frühen Adoleszenz ist die Passung zwischen den Bedürfnissen der Jugendlichen und der Klassenumgebung besonders schlecht, wodurch die Bedürfnisse nach Kompetenz, Autonomie und sozialer Eingebundenheit Jungendlicher besonders unzureichend befriedigt werden. Dies könnte erklären, warum es in der in der Sekundarstufe I zu einer Abnahme der intrinsischen Motivation und des Interesses kommt.

Anhand von Unterrichtsversuchen konnte gezeigt werden, dass eine Abnahme des Interesses nicht zwingend ist. So belegen die Modellversuche, dass die Abnahme des Interesses am mathematisch-naturwissenschaftlichen Unterricht durch verschiedene Maßnahmen abgefedert werden kann: durch eine Stärkung des Selbstkonzepts fachspezifischer Fähigkeiten, durch die Einbettung der Inhalte in alltagsnahe für die Lernenden interessante Kontexte und durch Betonung ihrer Anwendbarkeit (vgl. Häußler & Hoffmann, 1995; Hoffmann, 2002; Yager & Tamir, 1993). Die Modellversuche haben auch deutlich gemacht, dass das Interesse der Mädchen, das in der Sekundarstufe I einer besonders deutlichen Abnahme unterliegt, mit Hilfe der vorgenommenen Unterrichtsmaßnahmen verbessert werden kann. Es kann somit als belegt gelten, dass es möglich ist, dem Interessenabfall in der Sekundarstufe I durch entsprechende Maßnahmen entgegenzuwirken.

# 5 Erklärung durch eine Differenzierung der Interessen

Neben den bisher aufgeführten Erklärungsansätzen, die die Ursache für den Interessenabfall in der Sekundarstufe I einerseits in entwicklungsbedingten Veränderungen außerhalb der Schule, andererseits in den spezifischen Bedingungen des schulischen Umfelds sehen, wird in dieser Arbeit ein weiterer Erklärungsansatz vorgeschlagen, der die Abnahme schulischer Interessen auf eine Differenzierung der Interessen zurückführt. In Abschnitt 5.1 wird zunächst ein Modell von Todt und Schreiber (1998) vorgestellt, das eine Differenzierung individueller Interessen im Verlauf der Kindheit und Adoleszenz vorschlägt. In Abschnitt 5.2 wird mit dem Bezugsrahmenmodell (*internal/external frame of reference model*) von Marsh ein Erklärungsmodell zur Genese von Fähigkeitsselbstkonzepten beschrieben, das inter- und intraindividuelle Vergleichsprozesse für die Genese der Fähigkeitsselbstkonzepte verantwortlich macht. In Abschnitt 5.3 wird das *internal/external frame of reference model* von Marsh generalisiert und zur Erklärung der Differenzierung individueller Interessen herangezogen. Zunächst wird dabei Forschung präsentiert, die belegt, dass bei der Genese differenzierter Interessen im schulischen Kontext fachspezifischen Fähigkeitsselbstkonzepten eine wichtige Rolle zukommt. Anschließend wird argumentiert, dass Fähigkeitsselbstkonzepte den Prozess der Differenzierung individueller schulischer Interessen über interindividuelle und intraindividuelle Vergleichsprozesse steuern.

## 5.1 Das Modell der Interessendifferenzierung von Todt

In der Forschungsliteratur findet sich ein Modell von Todt (1978; 1995; Todt & Schreiber, 1998), das die Entwicklung individueller Interessen im Verlauf des Lebens als ein Prozess der Herausbildung differenzierter Interessenstrukturen begreift und das zeigt, dass sich Interessen zunehmend auf einige wenige Bereiche konzentrieren. Todt (1978; 1995; Todt & Schreiber, 1998) betrachtet die Entwicklung von Interessen im Rahmen der Persönlichkeitsentwicklung und schlägt eine Stufenfolge der Entwicklung vor. Dabei greift er auf Theorien von Travers (1978), Kohlberg (1967), Gottfredson (1981) und Barnett (1975) zurück. Abbildung 5.1 zeigt das Modell der Interessenentwicklung nach Todt und Schreiber (1998).

Aus Abbildung 5.1 geht hervor, dass die Entwicklung der Interessen von einem eher *universellen Interesse* bzw. allgemeiner Neugier in der Kindheit hin zu immer *differenzierteren*, individualisierten Interessen verläuft. Die Entwicklung der Interessen vollzieht sich dabei in enger Wechselwirkung mit der kognitiven Entwicklung und der Entwicklung des Selbstbildes. Im Verlauf der Entwicklung werden die Interessen auf die eigene Geschlechtsidentität, die angestrebte soziale und berufliche Position und das Bild, das ein Jugendlicher von seinen eigenen Fähigkeiten und der eigenen Person hat, abgestimmt. Die Ausrichtung der Interessen beginnt mit einer bestimmten Altersstufe und setzt sich dann kontinuierlich fort, was in den Pfeilen in Abbildung 5.1 ausgedrückt ist. Am Ende der Adoleszenz mündet der Prozess der Interessenentwicklung in eine differenzierte Struktur individueller Interessen, die deutliche Unterschiede zwischen Individuen aufweist. Im Folgenden wird darauf eingegangen, wie sich die Entwicklung individueller Interessen im Einzelnen vollzieht.

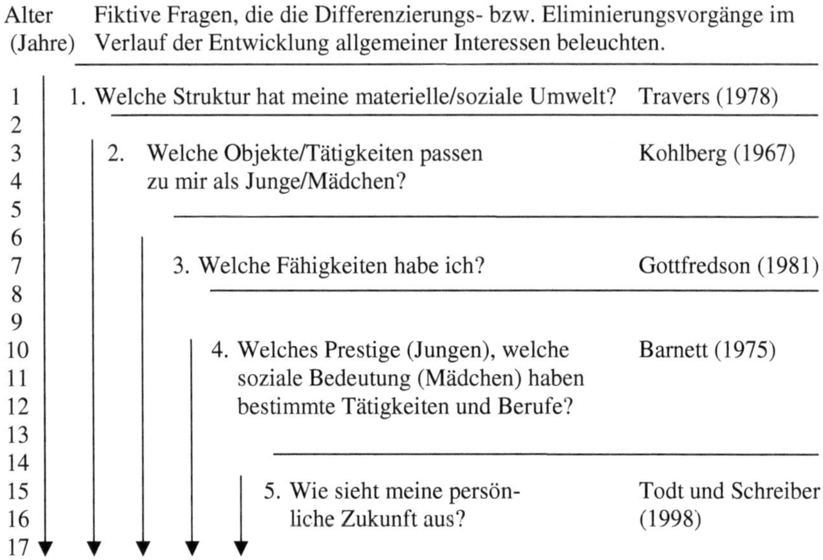
Alter (Jahre)
Fiktive Fragen, die die Differenzierungs- bzw. Eliminierungsvorgänge im Verlauf der Entwicklung allgemeiner Interessen beleuchten.
1 2 3 4 5 6 7 8 9 10 11 12 13 14 15 16 17
1. Welche Struktur hat meine materielle/soziale Umwelt?
Travers (1978)
2. Welche Objekte/Tätigkeiten passen zu mir als Junge/Mädchen?
Kohlberg (1967)
3. Welche Fähigkeiten habe ich?
Gottfredson (1981)
4. Welches Prestige (Jungen), welche soziale Bedeutung (Mädchen) haben bestimmte Tätigkeiten und Berufe?
Barnett (1975)
5. Wie sieht meine persönliche Zukunft aus?
Todt und Schreiber (1998)

*Abbildung 5.1:* Modell der Entwicklung der Interessen nach Todt und Schreiber (1998)

In der Kindheit stehen *universelle Interessen* im Vordergrund. Travers (1978) postulierte in Anlehnung an Inhelder und Piaget (1958), dass Kleinkinder ein überdauerndes und grundlegendes Interesse an der Natur physikalischer Phänomene und an ihrer sozialen Umwelt haben, das wiederum in engem Zusammenhang mit ihrem Bedürfnis steht, die Welt um sich herum zu erkunden. Das Interesse richtet sich dabei auf die in Abbildung 5.1 exemplarisch aufgeführte Frage: „Welche Struktur hat meine materielle und soziale Umgebung?“ Das universelle Interesse spielt nach Travers (1978) eine wichtige Rolle für die intellektuelle Entwicklung, da das Interesse an Dingen bzw. Aktivitäten Kindern hilft, sich der Welt anzupassen. Kinder interessieren sich für alle sie umgebenden Gegenstände und schenken ihnen Aufmerksamkeit. Das heißt aber auch, dass alle Kinder ähnliche generelle Interessen haben und noch keine ausgeprägten individuellen Interessen bestehen. Weil das Interesse nur so lange bestehen bleibt, bis ein Kind einen Gegenstand oder Sachverhalt verstanden hat, sind universelle Interessen wenig stabil (vgl. Fink, 1992; Krapp & Fink, 1992; Renninger, 1989, 1990; Renninger & Lecrone, 1991; Renninger, 1998).

Mit ca. zwei bis drei Jahren kommt es zu einer ersten *geschlechtsspezifischen Differenzierung der Interessen* (vgl. Fivush, 1998; Hannover, 1998; Todt, 2000; Todt & Schreiber, 1998; Wigfield & Eccles, 1992). Hier zentriert sich das Interesse auf die in Abbildung 5.1 exemplarisch aufgeführte Frage: „Welche Objekte und Fähigkeiten passen zu mir als Junge oder Mädchen?“ Kinder lernen in diesem Alter zwischen Frauen und Männern zu unterscheiden und entwickeln daraufhin ein immer differenzierteres Wissen über das Geschlecht (Biernat, 1991; O'Brien et al., 2000). In der Folge nehmen sie entsprechende Selbstdefinitionen vor, die von diesem Zeitpunkt an zunehmend komplexer werden (Fagot et al., 2000). Mit ca. vier Jahren kennen Kinder geschlechtstypische Persönlichkeitszüge. So beschreiben sich Mädchen im Alter von vier Jahren mit typisch weiblichen, Jungen mit typisch männlichen Persönlichkeitszügen (Huston, 1987). Im Alter von fünf Jahren wissen Jungen und Mädchen, welche Berufe als typisch weiblich und als typisch männlich angesehen werden (Gottfredson, 1981; Huston, 1987). Auch zeigen Mädchen und Jungen in diesem Alter deutlich geschlechtsspezifische Interessen (Huston, 1987) und sind besonders an geschlechtstypischem Spielzeug interessiert: Jungen vermehrt an Autos, Maschinen und körperliche Kraft erfordernden Aktivitäten, Mädchen an Puppen, Haushaltstätigkeiten und sozialen Aktivitäten. Zudem neigen Kinder in Rollenspielen dazu, geschlechtsspezifische Rollen einzunehmen (vgl. Maccoby, 2002) und Tätigkeiten geschlechtsbezogen zu bewerten (z.B. Trautner, 1995). Die im Kindergarten und in der ersten Klasse zu beobachtenden Geschlechtsstereotype werden mit zunehmender individualisierter Information dann wieder flexibler (vgl. Biernat, 1991; Trautner, Helbing, Sahm & Lohaus, 1988).

Nach Todt und Schreiber (1998) lernen Kinder ab etwa sieben Jahren, ihre eigenen Fähigkeiten über die Rückmeldung in der Schule einzuschätzen, und passen ihre Interessen immer stärker an die eigenen Fähigkeiten an. Die Interessen orientieren sich an der in Abbildung 5.1 exemplarisch aufgeführten Frage: „Welche Fähigkeiten habe ich?“. Todt und Schreiber (1998) beschreiben, dass der Zusammenhang zwischen Interessen und Kompetenzwahrnehmung mit zunehmendem Alter ansteigt und dass am Ende der Adoleszenz die Beziehung zwischen bereichsbezogenen Interessen und dem Fähigkeitsselbstbild sehr eng ist. Die Rückmeldung über die eigenen Fähigkeiten erfolgt dabei zum einen durch die Lehrkräfte. Zum anderen gelangen Schülerinnen und Schüler durch Vergleiche mit anderen Schülern zu einer Einschätzung der eigenen Leistungsposition (z.B. Schwarzer, Lange & Jerusalem, 1982b; Jerusalem & Schwarzer, 1991) sowie durch Vergleiche ihrer Leistungen in verschiedenen Fächern zu differenzierten fachspezifischen Fähigkeitsselbstkonzepten (z.B. Marsh, 1990a; Marsh & Hau, 2004). Über die Fähigkeitsselbstkonzepte vermittelt bauen Schulkinder dann Interessen an den entsprechenden Fächern auf. Auf diese Zusammenhänge wird in den folgenden Abschnitten detailliert eingegangen, da sie für die Entwicklung fachspezifischer schulischer Interessen als entscheidend angesehen werden.

Ungefähr ab einem Alter von zehn Jahren entwickeln Jugendliche Vorstellungen über ihre aktuelle und zukünftige Position in der Gesellschaft (vgl. Todt & Schreiber, 1998). Dies ist in der in Abbildung 5.1 exemplarisch aufgeführten Frage ausgedrückt: „Welches Prestige bzw. welche soziale Bedeutung haben bestimmte Tätigkeiten und Berufe?" Jungen wissen bereits mit neun Jahren recht gut, welches Prestige bestimmten Tätigkeiten zukommt, wobei die Beziehung zwischen der Einschätzung des Prestiges bestimmter Berufe und den Berufsinteressen im Verlauf der Jahre noch zunimmt (Barnett, 1975; Gottfredson, 1981; Gottfredson & Lapan, 1997). Bei Mädchen steht nach Todt (1995; Todt & Schreiber, 1998) eher die soziale Bedeutung von Berufen im Vordergrund. Die Vorstellung vom Prestige und der sozialen Bedeutung in Frage kommender Berufe legt nach Gottfredson (1981; Gottfredson & Lapan, 1997) das eigene Anspruchsniveau fest und beeinflusst damit indirekt die Entwicklung der individuellen Interessen. Die Auseinandersetzung mit beruflichen Fragen beginnt bereits in der mittleren Adoleszenz, d.h. Mitte bis Ende der Sekundarstufe I (vgl. Waterman, 1982), wobei die Beschäftigung mit der Berufswahl besonders mit dem Übergang in die 10. Jahrgangsstufe in den Vordergrund rückt (vgl. Dreher & Dreher, 1985a). Die Notwendigkeit, eine Entscheidung über den weiteren beruflichen Lebensweg zu fällen, ist hier bereits sehr präsent. Im Zusammenhang mit dem Übergang von der Sekundarstufe I in die Berufsausbildung oder die gymnasiale Oberstufe und den damit anstehenden Entscheidungen kommt der Akzentuierung individueller Interessen eine vermehrte Bedeutung zu.

Ein weiterer Schritt in der Differenzierung existierender Interessen ist in Abbildung 5.1 durch die Frage repräsentiert: „Wie sieht meine persönliche Zukunft aus?" In der Adoleszenz beginnen Jugendliche, ihre persönliche Identität zu erforschen (vgl. Harter, 1990b). Das Selbstbild wird stärker an inneren Maßstäben und eigenen Bedürfnissen orientiert. Jugendliche werden sich ihrer Interessen stärker bewusst und streben danach, diese in ein kohärentes Selbstbild zu integrieren und ein klar definiertes und „sichtbares" Selbstkonzept aufzubauen. Dies führt dazu, dass Interessen, die mit der eigenen sozialen Identität und dem eigenen Lebensentwurf übereinstimmen, akzentuiert werden, und Interessen, die nicht mit dem Selbstbild zu vereinbaren sind, ausgeschlossen werden. Durch die enge Verbindung mit der eigenen Persönlichkeit sind individuelle Interessen in diesem Alter durch ein hohes Maß an Stabilität und durch eine stark differenzierte Struktur gekennzeichnet (vgl. Zarrella & Schuerger, 1990).

Zusammenfassend lässt sich sagen, dass sich individuelle Interessen durch Ausblenden bestimmter Bereiche aus einer eher universellen Interessiertheit bzw. Neugierhaltung heraus bilden und zu einer differenzierteren Interessenstruktur führen. Während des Prozesses der Differenzierung besteht die Notwendigkeit der Integration der verschiedenen Interessen in ein kohärentes Selbstbild bzw. Selbstkonzept. Mit der zunehmenden Differenzierung und Integration wird die Bandbreite möglicher Interessen begrenzt: durch Vorstellungen von der eigenen Geschlechtsrolle, durch Vorstellungen von den eigenen Fähigkeiten, durch Vorstellungen von der zukünftigen gesellschaftlichen Rolle und durch die Frage nach der eigenen persönlichen Zukunft. Mit jedem neuen Element, das in das Selbstkonzept aufgenommen wird, werden die individuellen Interessen einer Person akzentuierter und zugleich eingeschränkter. Auf diese Weise bilden sich zunehmend zusammenhängende Bereiche des Interesses heraus.

Nach dem Modell der Interessenentwicklung von Todt ist ein Teil der Differenzierung individueller Interessen darüber gesteuert, dass individuelle Interessen ab dem Schuleintritt zunehmend an den eigenen Begabungs- bzw. Fähigkeitsselbstkonzepten ausgerichtet werden. Für die Entwicklung fachspezifischer Interessen im schulischen Kontext dürfte das Fähigkeitsselbstkonzept daher von entscheidender Bedeutung sein. Im folgenden Abschnitt wird ein Modell vorgestellt, das die Genese fachspezifischer Fähigkeitsselbstkonzepte steuert. Dieses Modell soll anschließend auf die Entwicklung von Interessen übertragen werden.

## 5.2 Das I/E-Modell zur Genese von Fähigkeitsselbstkonzepten

Ein in der pädagogisch-psychologischen Literatur bedeutsamer Erklärungsansatz zur Genese von schulischen Fähigkeitsselbstkonzepten ist das Bezugsrahmenmodell (*internal/external frame of reference model* bzw. *I/E-Modell*) von Marsh (1986; 1990a; Marsh, Byrne et al., 1988; Marsh & Hau, 2004). Anhand dieses Modells lässt sich zeigen, dass zwei verschiedene Bezugsrahmen bei der Genese von Fähigkeitsselbstkonzepten zusammenwirken:

- Schülerinnen und Schüler führen *interindividuelle Vergleiche* durch (*external frame of reference*). Sie vergleichen die Noten, die sie in einem Fach erhalten, damit, wie andere Schülerinnen und Schüler in der Klasse abgeschnitten haben (*sozialer Vergleich*). Sie fühlen sich in einem Fach kompetent, wenn sie hierin besser abschneiden als andere Schülerinnen und Schüler.

- Schülerinnen und Schüler führen *intraindividuelle Vergleiche* durch (*internal frame of reference*). Sie vergleichen ihre Leistungen oder Fähigkeiten in einem Schulfach mit früheren Leistungen bzw. Fähigkeiten (*temporaler Vergleich*) oder mit Leistungen und Fähigkeiten in einem anderen Schulfach (*dimensionaler Vergleich*). Beim temporalen Vergleich fühlen sie sich in einem Fach kompetent, wenn sie hierin bessere Leistungen als zuvor erbringen. Beim dimensionalen Vergleich fühlen sie sich in einem Fach kompetent, wenn sie hierin bessere Leistungen erbringen als in einem anderen Fach.

Es gibt eine Reihe von Forschungsliteratur zum *internal/external frame of reference model*, die die Rolle interindividueller sozialer und intraindividueller dimensionaler

Vergleiche bei der Genese von Fähigkeitsselbstkonzepten belegt (vgl. Dickhäuser, 2006; Streblow, 2004). Im Folgenden soll zunächst auf Forschung eingegangen werden, die die Rolle sozialer Vergleiche bei der Genese von Fähigkeitsselbstkonzepten nachweist, anschließend auf Forschung, die die Rolle dimensionaler Vergleiche bei der Genese von Fähigkeitsselbstkonzepten belegt.

**Die Rolle sozialer Vergleiche bei der Genese von Fähigkeitsselbstkonzepten.** Schon Shavelson, Hubner und Stanton (Shavelson et al., 1976; vgl. Marsh & Shavelson, 1985) definierten Fähigkeitsselbstkonzepte als generalisierte selbstbezogene Fähigkeitskognitionen, die auf konkreter Leistungsrückmeldung und den durch sie ausgelösten Kausalattributionen und sozialen Vergleichen beruhen. In nachfolgender Forschung untersuchten Marsh und seinen Kollegen die Rolle sozialer Vergleichsprozesse bei der Entwicklung des Selbstkonzepts eingehender. Unter Bezug auf Festingers (1954) Theorie sozialer Vergleichsprozesse postulierte Marsh (1987a), dass Schülerinnen und Schüler durch den Vergleich ihrer eigenen Leistungen mit den Leistungen ihrer Mitschülerinnen und Mitschüler zu Selbsteinschätzungen über den Ausprägungsgrad ihrer eigenen Fähigkeiten kommen. Aus diesem Grund stellt die Schulklasse eine wichtige Bezugsgruppe für leistungsbezogene Selbstbewertungen dar. In seinen Arbeiten zum *big-fish-little-pond effect* legte Marsh (vgl. Marsh, 2005) darüber hinaus dar, dass ein Schüler in einer leistungsstarken Klasse/Schule viele Gelegenheiten für Aufwärtsvergleiche hat, die negative Konsequenzen für das schulische Selbstkonzept haben. Ist derselbe Schüler in einer leistungsschwächeren Klasse/Schule, nehmen dagegen die Gelegenheiten zu Abwärtsvergleichen mit günstigen Konsequenzen für die selbst eingeschätzten Fähigkeiten zu. Deshalb entwickelt ein Schüler (*big fish*) in einer schwächeren Schule (*little pond*) eine höhere Wahrnehmung eigener Fähigkeiten als der entsprechende Schüler (*little fish*) in der leistungsstärkeren Schule (*big pond*) (vgl. Köller, Trautwein, Lüdtke & Baumert, 2006; Marsh, Trautwein, Lüdtke, Baumert & Köller, im Druck; Trautwein & Baeriswyl, 2007).

Im deutschen Schulsystem ließ sich die Rolle der Leistungsstärke der Mitschüler für das individuelle Fähigkeitsselbstkonzept besonders anhand von Schulformvergleichen verdeutlichen (s. Jerusalem, 1984; Jerusalem & Schwarzer, 1991; Schwarzer & Jerusalem, 1982; im Überblick Wagner, 1999). Schwarzer, Lange und Jerusalem (1982a) untersuchten die Entwicklung des Selbstkonzepts beim Übergang von der Grundschule in den gegliederten Sekundarbereich. Unmittelbar nach dem Übertritt in die Sekundarstufe I liegt das Selbstkonzept der Gymnasiasten noch signifikant höher als das der Hauptschüler. Bereits im Laufe des ersten Schulhalbjahres in der Sekundarstufe I kommt es jedoch zu einer deutlichen Angleichung der mittleren Selbstkonzepte auf dem Gymnasium und der Hauptschule. Dies kann als Beleg dafür angesehen werden, dass beim Übergang von der Grund- zur weiterführenden Schule das Fähigkeitsselbstkonzept bei leistungsschwachen Schülerinnen und Schülern ansteigt, weil der Leistungsvergleich mit deutlich besseren Schülern entfällt, während es bei leistungsstarken

Schülerinnen und Schülern absinkt, da sie sich im Gymnasium mit vielen ebenbürtigen oder besseren Schülern vergleichen. Effekte des sozialen Bezugsrahmens zeigen sich darüber hinaus in einem direkten Einfluss der auf Schulebene aggregierten Schulleistung (bei Kontrolle der individuellen Leistung und der Schulform bzw. Kurszugehörigkeit) auf das fachspezifische Fähigkeitsselbstkonzept. So konnten – unter Konstanthaltung des Einflusses der individuellen Leistung – negative Regressions- oder Pfadkoeffizienten der über die Schüler gemittelten Klassen- oder Schulleistungen auf das individuelle Fähigkeitsselbstkonzept nachgewiesen werden (Köller & Baumert, 2001; Köller, Schnabel et al., 2000; vgl. auch Lüdtke & Köller, 2002; Trautwein, Lüdtke, Marsh, Köller & Baumert, 2006). Bei Konstanthaltung der individuellen Leistungsfähigkeit entwickelte sich das Selbstkonzept von Schülerinnen und Schülern in leistungsstarken Schulen zudem ungünstiger als in leistungsschwachen Schulen (Köller & Baumert, 2001; Köller et al., 2006) – wobei die negativen Effekte leistungsstarker Schulen auf das Selbstkonzept sogar noch nach Schulabschluss nachgewiesen werden konnten (Marsh, Trautwein, Lüdtke, Baumert & Köller, 2007). Dass der Effekt nicht durch die Verarbeitung der schlechteren Schulnoten, die Schülerinnen und Schüler an leistungsstärkeren Schulen erhalten, zustande kommt (vgl. McFarland & Buehler, 1995; vgl. Trautwein & Lüdtke, 2005), belegen Arbeiten, die zeigen, dass der Effekt auch nach Berücksichtigung der Note nachweisbar bleibt (vgl. Köller et al., 2006; Lüdtke, Köller, Artelt, Stanat & Baumert, 2002; Marsh, 1987a).

Es sei an dieser Stelle darauf hingewiesen, dass die Mitgliedschaft in einer leistungsstarken Bezugsgruppe auch förderliche Effekte auf das schulische Selbstkonzept im Sinne eines *basking-in-reflected-glory* (sich „sonnen" in den Erfolgen der eigenen Gruppe) haben kann (Köller, Schnabel et al., 2000; Köller et al., 2006; Marsh, Köller & Baumert, 2001; Marsh, Kong & Hau, 2000; Trautwein, Köller, Lüdtke & Baumert, 2005). Den negativen Effekten sozialer Vergleiche in leistungsstarken Gruppen (*Kontrasteffekte*) stehen somit positive Effekte gegenüber, die von der Überzeugung herrühren, einer besonderen Gruppe anzugehören und daher über besondere Fähigkeiten zu verfügen (*Assimilationseffekte*). Allerdings spielen die Assimilationseffekte insgesamt eher eine geringe Rolle (Trautwein et al., 2006). Im negativen Regressionsgewicht der auf Schulebene aggregierten Leistung auf das schulische Selbstkonzept dürfte sich somit der Nettoeffekt aus einem Kontrasteffet (als Folge sozialer Aufwärtsvergleiche in leistungsstärkeren Schulen) und einem Assimilationseffekt (als Folge der Zugehörigkeit zu einer ausgewählten Gruppe) widerspiegeln (für empirische Belege s. Marsh, Kong et al., 2000; Köller, Schnabel et al., 2000). Insgesamt belegen die Befunde die Rolle sozialer Vergleiche bei der Entwicklung schulischer Selbstkonzepte. Insbesondere die längsschnittlichen Studien bestätigen die Effekte eines Vergleichs mit den Leistungen der Mitschülerinnen und Mitschüler auf das Fähigkeitsselbstkonzept. Über soziale Vergleiche hinaus spielen für die Entwicklung fachspezifischer Fähigkeitsselbstkonzepte aber auch – wie im Folgenden aufgezeigt werden soll – dimensionale Vergleiche eine Rolle.

**Die Rolle dimensionaler Vergleiche bei der Genese von Fähigkeitsselbstkonzepten.** In faktorenanalytischen Arbeiten fanden Marsh und seine Kollegen (Marsh, 1986; im Überblick Marsh, 1990c), dass sich das mathematische und verbale Selbstkonzept – trotz hoher positiver Korrelationen zwischen den Leistungen – weitgehend voneinander unabhängig zeigen. Dieser Befund ließ sich mit sozialen Vergleichsprozessen nicht erklären. Marsh und seine Kollegen (z.B. Marsh, Walker & Debus, 1991; Marsh & Hau, 2004) nahmen daher an, dass Schülerinnen und Schüler nicht nur die Möglichkeit haben, durch soziale Vergleiche an Information über ihre eigenen Kompetenzen zu gelangen, sondern auch über intraindividuelle bzw. dimensionale Vergleiche. Schülerinnen und Schüler vergleichen ihre Fähigkeiten in einem Schulfach mit ihren Fähigkeiten in einem anderen Schulfach und fühlen sich im einen Schulfach kompetent, wenn sie im anderen Schulfach schlechter abschneiden. Vergleicht ein Schüler seine Leistung in einem Fach mit einer wesentlich besseren Leistung in einem zweiten Fach, werden die Selbsteinschätzungen in beiden Fächern deutlich unterschiedlich ausfallen und es entsteht ein *Kontrasteffekt* (vgl. Möller & Köller, 2004; Mussweiler, 2003). Der internale Bezugsrahmen kann daher die niedrigen Korrelationen zwischen den verbalen und mathematischen Selbstkonzepten erklären. Neben dem Befund, dass die Korrelationen zwischen mathematischen und verbalen Selbstkonzepten auch dann nahe Null lagen, wenn die Leistungen in den entsprechenden Fächern positiv korreliert waren, wird ein weiteres Befundmuster zur Verdeutlichung des Bezugsrahmeneffekts herangezogen: nämlich negative Regressions- oder Pfadkoeffizienten von Leistungsindikatoren in einem Fach auf das Selbstkonzept in einem anderen Fach (z.B. Faber, 1992; Köller, Klemmert, Möller & Baumert, 1999; Marsh, 1990a; Möller, Streblow, Pohlmann & Köller, 2006; Skaalvik & Rankin, 1995; Tay, Licht & Tate, 1995).

**Das Bezugsrahmenmodell zur Genese von Fähigkeitsselbstkonzepten.** Abgeleitet aus den Befunden entwickelten Marsh und seine Kollegen das in Abbildung 5.2 für das mathematische und verbale Selbstkonzept dargestellte Bezugsrahmenmodell.

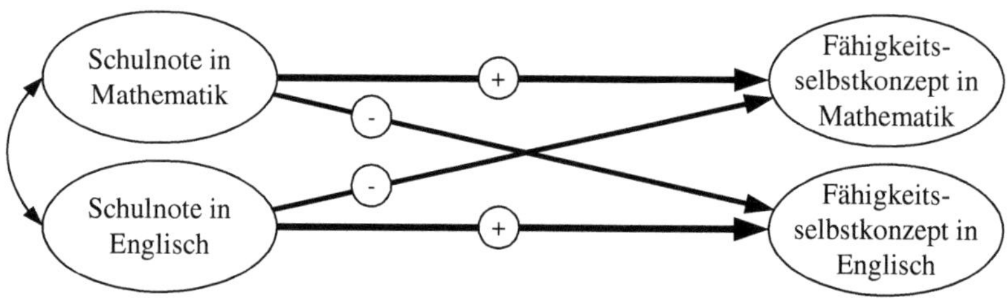


*Abbildung 5.2:* Bezugsrahmenmodell für Note und Fähigkeitsselbstkonzept in Mathematik und Englisch nach Marsh, Walker und Debus (1991)

Gemäß dem Bezugsrahmenmodell sollen (1) höhere in Form von Schulnoten rückgemeldete verbale Fähigkeiten aufgrund interindividueller Vergleiche mit den Leistungen von Klassenkameraden im verbalen Bereich zu einem höheren verbalen Selbstkonzept führen, und (2) höhere verbale Fähigkeiten – aufgrund intraindividueller Vergleiche mit den in Form von Schulnoten rückgemeldeten eigenen geringeren Fähigkeiten in Mathematik – zu einem geringeren mathematischen Selbstkonzept führen (vgl. Marsh, Walker et al., 1991). Das gleiche gilt umgekehrt für den mathematischen Bereich. In der Abbildung gibt das Pluszeichen zwischen der Schulnote und dem Fähigkeitsselbstkonzept im selben Fach den aufgrund der Befundlage zu erwartenden positiven Effekt an, während das Minuszeichen der *cross-lagged*-Pfade zwischen der Schulnote in einem Fach und dem Fähigkeitsselbstkonzept im anderen Fach den aufgrund der Befundlage zu erwartenden negativen Effekt angibt. In der Regel sind die positiven Effekte der Leistungsindikatoren auf die Fähigkeitsselbstkonzepte stärker als die negativen Einflüsse auf die Selbstkonzepte im anderen Schulfach.

Die Effekte sozialer und dimensionaler Vergleiche lassen sich noch einmal anhand einer von Möller und Köller (2004) unternommenen Sekundäranalyse von Daten der Dritten Internationalen Mathematik- und Naturwissenschaftsstudie TIMSS (vgl. Köller, 2004) verdeutlichen. Abbildung 5.3 zeigt die Höhe des Fähigkeitsselbstkonzepts in Mathematik in Abhängigkeit von der Mathematiknote, und zwar getrennt für Schülerinnen und Schüler mit den Deutschnoten 1/2 und 4/5.

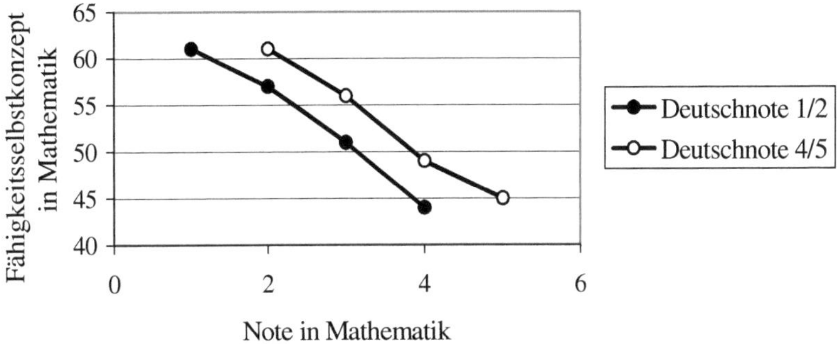


*Abbildung 5.3:* Zusammenhang zwischen Mathematiknoten und mathematischem Selbstkonzept (in *t*-Werten) in Abhängigkeit von der Deutschnote in einer Sekundäranalyse der TIMSS-Daten an 1859 Schülerinnen und Schülern der 7. Jahrgangsstufe von Möller und Köller (2004)

Das mathematische Selbstkonzept sinkt mit schlechterer Mathematiknote aufgrund von sozialen Vergleichen mit Mitschülern. Bei den Mathematiknoten, für die in beiden Gruppen hinreichend große Fallzahlen vorlagen (Noten 2, 3 und 4) ergaben sich in Abhängigkeit von der Deutschnote deutliche Unterschiede in der Höhe des Fähigkeitsselbstkonzepts in Mathematik. Schülerinnen und Schüler mit der Mathematiknote 3 und einer schlechteren Deutschnote lagen in ihrem mathematischen Selbstkonzept mehr als eine halbe Standardabweichung über Schülerinnen und Schülern mit der gleicher Mathematiknote, aber einer besseren Deutschnote. Der dimensionale Vergleich der eigenen Leistungen in beiden Schulfächer führte somit zu unterschiedlichen Selbsteinschätzungen und verringerte die Korrelation zwischen mathematischem und verbalem Selbstkonzept.

**Ergebnisse empirischer Feldstudien zum Bezugsrahmenmodell.** Möller und Köller (2004) geben einen tabellarischen Überblick über 34 voneinander unabhängige Studien, in denen das typische Befundmuster des I/E-Modells gezeigt werden konnte. In dem von ihnen gegebenen Überblick sind neben der Größe der Stichprobe, dem untersuchten Schuljahr, dem Herkunftsland und der Art der Erfassung fachbezogener Leistungen und Selbstkonzepte vor allem die Zusammenhänge zwischen den Leistungen und Selbstkonzepten angegeben. Mit Ausnahme einer Studie an Hochbegabten von Plucker und Stocking (2001) sind die Korrelationen zwischen den Leistungen im verbalen und mathematischen Bereich in allen Studien deutlich positiv ($r$ = .31 bis $r$ = .94, *Md* = .63). Mit Ausnahme von Studien, in denen eher die Selbstwirksamkeit erfasst wurde (Bong, 1998; Skaalvik & Rankin, 1990, 1992), sind die Selbstkonzepte niedriger korreliert als die Leistungsmaße und schwanken – mit Ausnahme der Korrelationen in einer Untersuchung von Abu-Hilal (2000) – zwischen $r$ = -.13 und $r$ = .22 (*Md* = .10). Wie eine Metaanalyse der Autoren belegt, erwiesen sich die Korrelationen zwischen den Leistungen bzw. den Selbstkonzepten als heterogen zwischen den Studien, was die Vermutung nahe legt, dass möglicherweise Moderatoren existieren, die diese Zusammenhänge systematisch beeinflussen. Die Beziehung zwischen den Leistungen und Selbstkonzepten im selben Fach sind durchweg positiv und substantiell (zwischen $r$ = .19 und $r$ = 1.0; für Mathematik *Md* = .47, für die Muttersprache *Md* = .39). Von 86 in Studien referierten Pfaden der Leistungsindikatoren in einem Fach auf das Fähigkeitsselbstkonzept im anderen Fach sind 84 negativ, und der Großteil weicht signifikant von Null ab.

Für den Nachweis des I/E-Effekts von besonderer Bedeutung sind die längsschnittlich angelegten Studien, die Effekte von Leistungsindikatoren auf die Veränderung von akademischen Selbstkonzepten nachweisen (Köller et al., 1999; Marsh, Kong & Hau, 2001; Marsh & Yeung, 1998; Möller & Köller, 2001b). So fanden Marsh und Yeung (1998), dass Mathematik- und Englischnoten zu einem vorherigen Zeitpunkt die erwarteten positiven Effekte auf das akademische Selbstkonzept im entsprechenden Fach und die erwarteten negative Effekte auf das akademische Selbstkonzept im anderen Fach zum nachfolgenden Zeitpunkt hatten. Nach Köller et al. (1999) zeigte sich der I/E-Effekt auch, wenn zusätzlich die Stabilitäten der Selbstkonzeptvariablen kontrolliert wurden. Die engeren Zusammenhänge zwischen den Leistungsmaßen im Vergleich zu den Selbstkonzeptmaßen ließen sich dabei nicht über höhere Reliabilitäten der Leistungsmaße erklären, da beide ähnlich hoch ausfielen. Von den Autoren durchgeführte Mehrebenenanalysen belegten zudem die Unabhängigkeit der Effekte von Kontextvariablen (Klassen, Schulen, Schulformen).

In experimentellen Studien konnte ferner direkt nachgewiesen werden, dass die Vergleichsinformationen die beschriebenen Effekte erzeugen. Möller und Köller (2001a) gaben Probanden jeweils dimensionale und/oder soziale Rückmeldungen nach der Bearbeitung von Aufgaben aus dem mathematisch-räumlichen und verbalen Bereich. Unabhängig von ihrem tatsächlichen Ergebnis gelangten die Probanden zu niedrigeren Fähigkeitseinschätzungen, wenn sie in einer Aufgabe schlechter als in einer zweiten Aufgabe aus einem anderen Bereich abschnitten. Die Effekte traten auch auf, wenn neben der dimensionalen auch eine soziale Vergleichsinformation gegeben wurde. Die Rückmeldung von Erfolg/Misserfolg in einem Bereich hatte dabei interessanterweise selbst dann eine kontrastierende Wirkung auf das Selbstkonzept im anderen Bereich, wenn keine Aufgabe aus dem zweiten Bereich bearbeitet worden war. Ebenso fanden auch Dickhäuser, Seidler und Kölzer (2005) in zwei von ihnen durchgeführten experimentellen Studien mit fingierter Leistungsrückmeldung Effekte dimensionaler Vergleichsinformation auf Fähigkeitsselbstkonzepte. Bisher nicht abschließend geklärt ist, ob der Effekt dimensionaler Vergleiche vermehrt auf die Aufwertung des Selbstkonzepts in der besseren Domäne oder vermehrt auf die Abwertung in der schwächeren Domäne zurückzuführen ist (Dickhäuser et al., 2005; Möller & Köller, 2001a; Pohlmann, Möller & Streblow, 2006).

Die Gültigkeit des I/E-Modells konnte zudem relativ universell nachgewiesen werden. Das Modell gilt für alle untersuchten Altersgruppen von Grundschülern (Faber, 1992) bis jungen Erwachsenen (Marsh, 1990b). Die Korrelationen der fachspezifischen Selbstkonzepte nahmen dabei mit steigendem Alter ab, was bedeutet, dass bei älteren Schülerinnen und Schülern von einem weiter differenzierten Fähigkeitsselbstkonzept ausgegangen werden kann (Skaalvik & Valas, 1999). Es konnte nachgewiesen werden, dass das Modell für Mädchen wie Jungen gleichermaßen gilt – womit zugleich die Annahme widerlegt ist, dass die Nullkorrelation zwischen verbalem und mathematischem Selbstkonzept in der simultanen Analyse der Selbsteinschätzungen von Mädchen und Jungen begründet sein könnten (vgl. Marsh, Trautwein et al., 2005; Möller & Köller, 2004). Der Effekt ließ sich bei unterschiedlich leistungsstarken Kindern nachweisen. Sowohl Hochbegabte (Mui, Yeung, Low & Jin, 2000; Williams & Montgomery, 1995; Plucker & Stocking, 2001) als auch Lernbehinderte (Möller, Streblow & Pohlmann, 2002) wiesen gleichermaßen differenzierte Selbstkonzepte auf und erlebten sich somit nicht in allen Fächern als gleich leistungsstark bzw. gleich leistungsschwach. Das I/E-Modell kann zudem mehr als zwei Leistungsbereiche umfassen. So fand man bei Hongkong-Chinesen drei unabhängige Selbstkonzeptkomponenten – ein mathematisches Selbstkonzept und je ein Selbstkonzept für Chinesisch und Englisch (Marsh, Kong et al., 2001; s. auch Yeung, Lee & Wong, 2001).

Bestimmte Bedingungen unterstützen oder verstärken dimensionale Vergleiche. Die Effekte dimensionaler Vergleiche wurden verstärkt, wenn die Rückgabe von Klassenarbeiten in zwei unterschiedlichen Fachgebieten etwa zeitgleich erfolgte oder wenn Zeugnisse vergeben wurden (Möller & Köller, 2001b), wenn Schülerinnen und Schüler explizit zum Ziehen dimensionaler Vergleiche aufgefordert wurden (Bong, 1998; Möller & Köller, 1998), wenn sich ihre Leistungen in den untersuchten Bereichen stark unterschieden (Skaalvik & Rankin, 1990) oder wenn sie selbst der Meinung waren, mathematische und verbale Leistungen seien nicht oder negativ korreliert (Möller, Pohlmann, Streblow & Kaufmann, 2002). Unter anderen Bedingungen traten die typischen I/E-Effekte dagegen weniger oder gar nicht auf. So traten keine deutlichen Kontrasteffekte auf, wenn Schülerinnen und Schüler in beiden Fächern gleich gute Leistungen erbrachten (Rost, Dickhäuser, Sparfeldt & Schilling, 2004; Rost, Sparfeldt, Dickhäuser & Schilling, 2005). Das typische I/E-Muster trat ebenfalls nicht auf, wenn sehr ähnliche Fachgebiete untersucht wurden. So fanden sich zwischen den Fächern Mathematik und Physik positive Effekte der Fachleistungen in einem Fach auf das Selbstkonzept im anderen Fach (Möller et al., 2006; Schilling, Sparfeldt & Rost, 2004). Diese *Assimilationseffekte* zwischen zwei innerhalb eines Bereichs liegenden Fächern wurden von Möller et al. (2006) damit erklärt, dass eine gute Leistung in dem einen mathematisch-naturwissenschaftlichen Fach Fähigkeiten voraussetzt, die auch im anderen mathematisch-naturwissenschaftlichen Fach genutzt werden können (vgl. Möller & Köller, 2004; Mussweiler, 2003). Für die Fächer Englisch und Deutsch innerhalb des verbalen Bereichs galt dies nur sehr abgeschwächt (Möller et al., 2006), da sich – anders als im mathematisch-physikalischen Bereich – keine ausgeprägten Assimilationseffekte fanden (Dickhäuser, 2003; Schilling et al., 2004). Auch in Bezug auf Biologie und Geschichte, bei denen man über die Domänenzugehörigkeit unterschiedlicher Meinung sein kann, ließen sich keine eindeutigen I/E-Effekte nachweisen (Schilling et al., 2004). Die Ergebnisse belegen damit einen I/E-Effekt vor allem zwischen deutlich verschiedenen Domänen, während Effekte der Leistung auf das Selbstkonzept innerhalb einer Domäne nicht negativ ausfielen. Interessanterweise zeigten sich I/E-Effekte auch nicht bei Fremdeinschätzungen, z.B. wenn Lehrkräfte oder Mitschüler die Fähigkeitsselbstkonzepte von Schülern einschätzten (Marsh, Smith & Barnes, 1984; Marsh, Smith, Barnes & Butler, 1983).

Insgesamt belegen die Befunde, dass sich das Bezugsrahmenmodell mit verschiedenen Messinstrumenten in verschiedenen Ländern bei Schülerinnen und Schülern unterschiedlicher Altersgruppen replizieren lässt. Insbesondere die längsschnittlichen und die experimentellen Arbeiten bestätigen die negativen Effekte der Leistung in einem Fachbereich auf das Selbstkonzept in einem zweiten Fachbereich. Es kann als somit hinreichend belegt gelten, dass die dimensionalen Vergleiche das Zusammenhangmuster zwischen Leistungen und akademischen Selbstkonzepten im verbalen und mathematischen Bereich erklären.

## 5.3 Das I/E-Modell zur Genese fachspezifischer Interessen

Die Forschung von Marsh zeigt, dass die Kompetenzwahrnehmung durch Feedbackprozesse gesteuert wird. Wie dargelegt wurde, spielt dabei sowohl der Vergleich der eigenen Leistung mit der Leistung von Mitschülerinnen und Mitschülern (*external frame of reference*) als auch der Vergleich der eigenen Leistung in einem Fach mit den eigenen Leistungen in anderen Fächern (*internal frame of reference*) eine Rolle. Die Vergleichsprozesse führen dazu, dass Schülerinnen und Schüler ein differenziertes stabiles Fähigkeitsprofil entwickeln. Folgt man der auf der Basis theoretischer Überlegungen und empirischer Forschung geäußerten Annahme, dass es im Verlauf der Entwicklung zu einer Differenzierung schulischer Interessen kommt (vgl. Krapp, 2000; Todt & Schreiber, 1998), liegt die Vermutung nahe, dass dic verschiedenen Bezugsrahmen auch bei der Differenzierung der Interessen eine Rolle spielen könnten:

- Schülerinnen und Schüler werden ihre Fähigkeiten bezüglich eines Schulfachs mit den Fähigkeiten anderer Schülerinnen und Schülern vergleichen (*external frame of reference*). Sie sind an einem Fach interessiert, wenn sie merken, dass sie im Vergleich zu anderen Lernenden höhere fachspezifische Fähigkeiten besitzen. Sie verlieren das Interesse, wenn sie merken, dass sie im Vergleich zu anderen Lernenden geringere Fähigkeiten besitzen.

- Schülerinnen und Schüler werden ihre Fähigkeiten in einem Fach mit ihren Fähigkeiten in einem anderen Fach vergleichen (*internal frame of reference*). Sie werden sich für ein Schulfach vermehrt interessieren, wenn sie sich in diesem Fach kompetenter fühlen als in einem anderen Fach. Ihr Interesse an diesem Schulfach wird dagegen abnehmen, wenn sie in diesem Schulfach geringere Fähigkeiten besitzen als in einem anderen Fach.

Um die Annahme einer Bedeutung der Vergleichsprozesse bei der Interessenentwicklung zu stützen, wird im Folgenden einerseits auf Forschung eingegangen, die einen engen Zusammenhang zwischen dem Selbstkonzept und den Interessen postuliert, andererseits auf Forschung, die die mögliche Rolle sozialer und dimensionaler Vergleiche bei der Genese fachlicher Interessen darlegt.

**Empirische Studien zum Zusammenhang zwischen Leistung/Fähigkeitsselbstkonzept und Interesse.** Marsh, Trautwein, Lüdtke, Köller und Baumert (2005) führen eine Reihe von Studien zur Beziehung zwischen Leistung, Noten, Selbstkonzept und Interesse auf. Betrachtet man die Literatur zum Zusammenhang zwischen Leistung/Fähigkeitsselbstkonzept und Interesse, fällt auf, dass die Studien relativ heterogen sind, da jeweils verschiedene Konstrukte untersucht und z.T. unterschiedliche kausale Beziehungsmuster angenommen werden. Dabei überrascht vor allem, dass es wenig Forschung gibt, die sowohl Selbstkonzepte als auch Interessen in längsschnittliche

Strukturgleichungsmodelle einbezieht, um einen Effekt des Selbstkonzepts auf das Interesse (oder einen wechselseitigen Effekt von Selbstkonzept und Interesse) zu untersuchen (vgl. Marsh, Trautwein et al., 2005). Im Folgenden werden Studien aufgeführt, die den Zusammenhang zwischen der fachlichen Leistung bzw. dem fachspezifischen Fähigkeitsselbstkonzept und dem fachspezifischen Interesse aufzeigen. Studien zum Zusammenhang von Leistung und Interesse werden mit aufgeführt, da es Hinweise darauf gibt, dass der Effekt der Leistung auf das Interesse durch das schulische Selbstkonzept mediiert ist (vgl. Baumert et al., 1998; Köller et al., 2006).

Eine Reihe von Forschungsarbeiten aus dem experimentellen Bereich belegt eine enge Beziehung zwischen der Leistung und dem Interesse (Alexander et al., 1995; Alexander, Kulikowich & Schulze, 1994; Alexander, 2004; Garner, Alexander, Gillingham, Kulikowich & Brown, 1991; Renninger, Hidi & Krapp, 1992; Schiefele, 1996; Tobias, 1994). Auch in der natürlichen Schulumgebung durchgeführte korrelative Studien belegen den engen Zusammenhang zwischen der Leistung und dem Interesse. Eine Metaanalyse von U. Schiefele, Krapp und Winteler (1992) über Querschnittstudien berichtet signifikante Korrelationen von $r = .30$ zwischen der Leistung und dem Interesse in der schulischen Umgebung. Diese Relation war allerdings über verschiedene Schulfächer und Leistungsindikatoren heterogen. In die gleiche Richtung weist eine Arbeit von Marsh, Craven und Debus (2000), die den Zusammenhang zwischen Fähigkeitsselbstkonzepten und der affektiven Komponente des Interesses untersuchte. Die Arbeit zeigt, dass die kognitive und die affektive Selbstwahrnehmung hoch miteinander korreliert waren. Da es sich bei den Studien um auf Korrelationen basierende Querschnittsstudien handelte, konstatierte Schiefele (1998), dass sich aus diesen Forschungsarbeiten kaum kausale Schlussfolgerungen ziehen lassen. Die Ergebnisse dieser Studien zeigen somit nicht, ob das Interesse die nachfolgende Leistung bzw. das nachfolgende Selbstkonzept oder die Leistung das nachfolgende Interesse bzw. das nachfolgende Selbstkonzept beeinflusst oder ob sich die Konstrukte wechselseitig vorhersagen. In der Forschungsliteratur findet sich sowohl die Annahme eines Einflusses von der Leistung bzw. dem Selbstkonzept auf das Interesse als auch die umgekehrte Annahme eines Einflusses vom Interesse auf die Leistung bzw. das Selbstkonzept sowie in weiteren Studien die Annahme wechselseitiger Effekte.

Eine Reihe von Autoren aus unterschiedlichen Forschungstraditionen haben vorgeschlagen, dass die Leistung bzw. das schulische Selbstkonzept das Interesse beeinflusst (vgl. Köller et al., 2001; Krapp, 2000; Marsh, Trautwein et al., 2005). Aus der Selbstkonzeptforschung stammende experimentelle Studien wiesen schon früh einen Einfluss von Erfolg/Misserfolg bei der Bearbeitung einer Aufgabe auf fachliche Interessen nach. Hackett und Campbell (1987) fanden, dass studentische Versuchspersonen, die bei einer bestimmten Aufgabe Misserfolg hatten, anschließend im Vergleich zur Erfolgsgruppe geringere Selbstwirksamkeitsüberzeugungen und ein niedrigeres aufgabenspezifisches Interesse aufwiesen. Sjöberg (1984) zeigte, dass studentische

Erfolge in naturwissenschaftlichen und technologischen Fächern das Interesse an diesen Fächern förderten. Auch eine Studie von Lopez, Lent, Brown und Gore (1997) belegt, dass wahrgenommene Kompetenzen dem Interesse vorausgehen. Hierzu passt auch ein Befund von Sparfeldt (2006), demzufolge Hochbegabte ein höheres akademisch-intellektuelles Interesse zeigen. In ihrem theoretischen Modell der Selbstkonzeptentwicklung postulierte auch Harter (1992b; 1998), dass Schülerinnen und Schüler mehr intrinsische Motivation in Bereichen aufweisen, in denen sie sich kompetent fühlen. Da ihre Überlegungen allerdings auf Querschnittsdaten beruhen, können sie den angenommenen kausalen Einfluss von Kompetenzwahrnehmungen auf das Interesse nicht hinreichend belegen.

Auch in den Interessentheorien wird ein Einfluss des Selbstkonzepts auf das Interesse postuliert (Krapp, 2000). Todt (1998) nahm in seinem Modell zur Genese von Interesse an, dass Schülerinnen und Schüler ihr Interesse – vermittelt über die Rückmeldungen in der Schule – immer stärker an ihre Fähigkeiten anpassen. Er bezog sich dabei u.a. auf Studien, die einen engen Zusammenhang zwischen der Kompetenzwahrnehmung und dem Interesse am Ende der Adoleszenz nachwiesen (z.B. Tracey & Ward, 1998). Auch seine Überlegungen gründen sich damit in erster Linie auf Korrelationsstudien, die nicht als hinreichender Beleg für den kausalen Effekt angesehen werden können. Die Forschung zum Interesse der Kieler Gruppe (Hoffmann et al., 1998) identifizierte das Selbstvertrauen in die eigene Leistungsfähigkeit im Fach Physik als entscheidenden Einflussfaktor für das physikalische *Fachinteresse* von Schülerinnen und Schülern der Sekundarstufe I. Ihre Untersuchungen weisen darauf hin, dass schulische fachspezifische Fähigkeitsselbstkonzepte eine entscheidende Rolle bei der Entwicklung von fachlichen Interessen spielen.

In seinem aus der persönlichkeitstheoretischen Berufspsychologie stammenden Modell zur Genese von Interesse postulierte auch Barak (1989; 2001), dass die Entwicklung von Interesse in erster Linie durch die kognitive Verarbeitung von Erfolg bei der Bewältigung einer Aufgabe bedingt ist, vermittelt über die Wahrnehmung der eigenen Fähigkeit, den Aufbau einer Erfolgserwartung und den Aufbau einer Erwartung über die Befriedigung eigener Bedürfnisse. In anschließenden experimentellen Studien wies Barak (1989) nach, dass intraindividuell vor allem die wahrgenommene Fähigkeit mit dem Interesse einer Person korreliert und dass sich die Interessen von Vorschulkindern u.a. durch eine kognitive Restrukturierung der wahrgenommenen Fähigkeit modifizieren lassen (Barak et al., 1992; Okev, 1993).

In der Forschung zur Entwicklung intrinsischer Lernmotivation finden sich ähnliche Annahmen. Im Rahmen der Selbstbestimmungstheorie nahmen Deci und Ryan (1985; 2000a) an, dass eine stärkere Wahrnehmung der Kompetenz zu einem stärkeren Niveau intrinsischer Motivation führt. Studien der Münchener Gruppe griffen die im Rahmen der Selbstbestimmungstheorie formulierte Annahme auf und wiesen den theoretisch postulierten Zusammenhang zwischen dem Erleben von Kompetenz und einem positiven motivationalen Entwicklungsverlauf im Berufsschulkontext empirisch nach. Mit verschiedenen Messinstrumenten belegten sie den Einfluss von Kompetenzwahrnehmungen auf die Entwicklung von intrinsischer motivationaler Lernorientierung bei Berufsschülern (vgl. Krapp, 2005; Krapp & Lewalter, 2001; Krapp & Wild, 1998; Lewalter et al., 1998; Wild, 2000).

Besonders ausführlich beschäftigte sich die auf dem Erwartungs-Wert-Modell basierende Forschung von Eccles und ihren Kollegen (Eccles, 1983; Eccles, Barber et al., 1998; Wigfield & Eccles, 1992, 2002a) mit dem Zusammenhang von Leistung, wahrgenommener Kompetenz und Interesse. In ihrem ursprünglichen Erwartungs-Wert-Modell postulierte Eccles (1983) keine Verbindung zwischen der Erwartung von Erfolg und dem Wert der Aufgabe (einschließlich des Interesses an ihr). Sie nahm jedoch an, dass das schulische Selbstkonzept beide – die Erwartungen von Erfolg bei der Bewältigung einer Aufgabe und den Wert der Aufgabe – direkt beeinflusst. Darüber hinaus wurde angenommen, dass das schulische Selbstkonzept leistungsbezogene Wahlen indirekt – vermittelt durch den Einfluss auf Erfolgserwartungen und Aufgabenwert – beeinflusst. Nachdem nachfolgende Forschung (Eccles & Wigfield, 1995; Wigfield & Eccles, 2002a) gezeigt hatte, dass das akademische Selbstkonzept und die Erwartungen von Erfolg empirisch nicht voneinander zu trennen waren, wurde postuliert, dass das Selbstkonzept einen kausalen Effekt sowohl auf die Leistung als auch auf das schulische Interesse hat. Gleichermaßen wurden auch Effekte angenommen, bei denen die vorangegangene Leistung das nachfolgende Selbstkonzept und Interesse (mediiert u.a. durch andere Konstrukte wie z.B. Kausalattributionen) beeinflusst. Umgekehrt wurde zwar erwartet, dass das schulische Interesse einen Effekt auf die schulische Leistung hat, ein direkter Effekt des Interesses auf das Selbstkonzept wurde aber nicht vermutet.

In auf der Erwartungs-Wert-Theorie basierender empirischer Forschung zeigen Eccles und ihre Kollegen (Eccles, 1983; Wigfield, 1994; Wigfield et al., 1997), dass Korrelationen zwischen der wahrgenommenen Kompetenz und dem Interesse selbst bei sehr kleinen Kindern nachgewiesen werden konnten und die Größe dieser Beziehung während der frühen Schuljahre mit zunehmendem Alter anstieg. Obwohl die wahrgenommene Kompetenz in Beziehung zu verschiedenen Wertkonstrukten im Erwartungs-Wert-Modell stand, war die Beziehung zum Interesse durchgängig am stärksten (Wigfield & Eccles, 2002a). Anhand einer Mehrkohortenlängsschnitt-Studie von der 2. bis 6. Jahrgangsstufe untersuchten Wigfield et al. (Wigfield et al., 1997; s. auch Wigfield & Eccles, 2002a) verschiedene Alterskohorten der Grundschule und fanden substantielle Korrelationen zwischen der Selbsteinschätzungen eigener Kompetenzen und dem Interesse, wobei in einem Zeitraum von drei Jahren sowohl die Kompetenzerwartungen als auch das Interesse an verschiedenen Fächern abnahmen. Die Autoren untersuchten dabei auch die Muster in den Beziehungen zwischen Kompetenz und

Interesse. Während die Kompetenzwahrnehmungen untereinander und auch die Einschätzung des Interesses untereinander über die Zeit hinweg eng miteinander verbunden waren, fanden sich nur einige wenige Verbindungen, die beide Konstrukte über die Zeit hinweg *miteinander* verbanden. Dort, wo diese Verbindungen auftauchten, tendierten sie dazu, von der vorangegangenen Kompetenzwahrnehmung auf das nachfolgende Interesse zu gehen, und auf diese Weise die Erwartungs-Wert-Vorhersagen zu unterstützen. Für längsschnittliche Wachstumskurven von Schülerinnen und Schülern der 1. bis 12. Jahrgangsstufe fanden auch Jacobs et al. (2002) für verschiedene Bereiche und verschiedene Altersstufen positive Beziehungen zwischen Kompetenzüberzeugungen und Aufgabenwerten. In Übereinstimmung mit der Annahme der Erwartungs-Wert-Theorie, dass die Kompetenz den Wert einer Aufgabe beeinflusst, wurde ein Großteil der Varianz im Wert der Aufgabe durch Kompetenzwahrnehmungen erklärt. Effekte zwischen den beiden Konstrukten über die Zeit hinweg wurden aber nicht untersucht, so dass Jacobs et al. (2002) vorschlugen, in weiterer längsschnittlicher Forschung simultan Kompetenzüberzeugungen und Aufgabenwert zu berücksichtigen. Eine Studie von Denissen, Zarrett und Eccles (2007) untersuchte die längsschnittliche Entwicklung der intraindividuellen Zusammenhänge zwischen Leistung, Selbstkonzept und Interesse von der 1. bis 12. Jahrgangsstufe. Es zeigten sich in allen Bereichen positive Zusammenhänge, wobei die Zusammenhänge über die Zeit hinweg zunahmen. Schülerinnen und Schüler fühlten sich in den Bereichen kompetent und interessiert, in denen sie gute Leistungen aufwiesen, und sie zeigten Interesse an Bereichen, in denen sie ihre persönlichen Stärken wahrnahmen. Die Zusammenhänge fielen dabei für das Selbstkonzept und das Interesse höher aus als für die Leistung und das Interesse. Ausgehend von den Annahmen der Erwartungs-Wert-Theorie wiesen Köller, Daniels, Schnabel und Baumert (2000) in längsschnittlichen Analysen darüber hinaus nach, dass die Effekte der Leistung auf das fachbezogene Interesse über das jeweilige Selbstkonzept vermittelt waren.

Auch der umgekehrte Effekt vom Interesse auf die Leistung bzw. das Selbstkonzept wurde von einigen Autoren vermutet (vgl. Schiefele, 1996; Schiefele et al., 1992; Baumert et al., 1998; Köller et al., 2001; Marsh & Craven, 2005; Marsh, Trautwein et al., 2005). In experimentellen Studien hat Schiefele (1996; 1992) nachgewiesen, dass Interesse ein signifikanter Prädiktor für nachfolgende Leistungen war, mediiert z.B. durch Aktivierung; d.h. Interesse vermehrte die Aktivierung, was wiederum zu höherer Leistung führte. In der natürlichen Schulumgebung konnte der Effekt des Interesses auf die Leistung bzw. das Selbstkonzept nur in den späteren Schuljahren bestätigt werden. In einer Untersuchung an Grundschulkindern fanden Bouffard, Marcoux, Vezeau und Bordeleau (2003) zwar, dass das Selbstkonzept in jedem Schuljahr konsistent mit der Leistung im Lesen und in Mathematik verbunden war, die intrinsische Motivation aber nicht zur Vorhersage der Leistung beitrug. Einige am Max-Planck-Institut durchgeführte längsschnittliche Studien (Baumert et al., 1998; Köller, Baumert et al., 2000; Köller et al., 2001) untersuchten ebenfalls die Frage, ob das Interesse am Schulfach für das Lernen im Sekundarschulbereich eine Rolle spielt, und analysierten hierfür den Zusammenhang zwischen Leistung und Interesse im Fach Mathematik. Ausgangspunkt der Untersuchung war die Überlegung, dass die Rolle des Interesses an Mathematik besonders relevant sein könne, da Mathematik als schwieriges Fach eingestuft wird und motivationale Faktoren daher wichtig sein könnten, um die mathematische Leistung zu fördern. Die zunächst durchgeführten Studien von Baumert et al. (1998; Köller, Baumert et al., 2000) untersuchten die Beziehung von Leistung und Interesse innerhalb eines Schuljahrs an Schülerinnen und Schülern im Alter von 13 und 14 Jahren. In Pfadanalysen konnte ein signifikanter Effekt von der Testleistung in Mathematik (als Indikator für Wissen) auf das Mathematikinteresse nachgewiesen werden. Der vermutete umgekehrte Effekt des Mathematikinteresses auf die Testleistung in Mathematik lag aber nahe bei Null. Bei Verwendung der Schulnote änderte sich das Bild etwas: Die Koeffizienten der Pfade zwischen Note und Interesse fielen insgesamt höher aus und der Effekt des Interesses auf die Note wurde signifikant, vermutlich weil die Lehrkräfte auch das Interesse an einem Fach positiv bewerteten. Die Autoren spekulierten, dass der stark strukturierte Kontext der Mittelstufe dafür verantwortlich sein könne, dass sich nur ein Einfluss der Leistung auf das Interesse, nicht aber ein umgekehrter Effekt des Interesses auf die Leistung zeigt. In einer weiteren längsschnittlichen Studie von Köller, Baumert und Schnabel (2001), die die Sekundarschuljahre der 7., 10. und 12. Jahrgangsstufe abdeckte, hatte die Mathematikleistung in der 7. Jahrgangsstufe einen – über das Selbstkonzept vermittelten – Effekt auf das Interesse in der 10. Jahrgangsstufe, während das Mathematikinteresse in der 7. Jahrgangsstufe keinen direkten Effekt auf die Leistung in der 10. Jahrgangsstufe hatte. Jedoch hatte das Interesse einen Effekt auf die Kurswahl, die wiederum einen Effekt auf die Leistung in der 12. Jahrgangsstufe hatte. Das Interesse in der 10. Jahrgangsstufe hatte darüber hinaus auch einen direkten Effekt auf die Leistungen in der 12. Jahrgangsstufe. Die Autoren zogen daraus den Schluss, dass das Interesse in späteren Schuljahren wichtiger wird, wenn die Lernumgebung nicht mehr so hoch strukturiert ist und die intrinsische Motivation einen bedeutsame Rolle für das schulische Wahlverhalten spielt. Die Ergebnisse stimmen mit Wigfields (1994; Wigfield & Eccles, 2002a) Schlussfolgerung überein, dass die vorangegangene Kompetenzwahrnehmung einen guten Prädiktor für nachfolgende Leistung darstellt, während der Wert einer Aufgabe (inklusive des Interesses) einen besseren Prädiktor für Kurswahlentscheidungen darstellt.

Für Fähigkeitsselbstkonzept und Interesse wurden in einigen Studien auch wechselseitige Effekte vermutet. Eine neuere längsschnittliche Studie von Marsh et al. (2005) untersuchte reziproke Effekte von Testleistung, Note, Selbstkonzept und Interesse in einem längsschnittlichen Design für Mathematik an einer Stichprobe der 7. Jahrgangsstufe der BIJU-Studie (vgl. Baumert, Roeder, Gruehn, Heyn & Köller, 1996; Baumert et al., 2003) und einer Stichprobe der 7. und 8. Jahrgangsstufe der TIMSS/III-Studie (vgl. Baumert, Bos et al., 2000). Die Autoren wiesen wechselseitige Effekte zwischen der Mathematikleistung und dem mathematischen Selbstkonzept sowie einen Effekt des vorangegangenen Selbstkonzepts auf das nachfolgende Interesse nach, wohingegen der ebenfalls vermutete Effekt des vorangegangenen Interesses auf das nachfolgende Selbstkonzept marginal war. In der BIJU-Stichprobe erreichte der Pfad vom Interesse auf das nachfolgende Selbstkonzept in einem Gesamtmodell, in dem alle anderen Konstrukte (Testleistung, Note, Interesse zum ersten Messzeitpunkt) einbezogen wurden mit $\beta = .04$ nur knapp das Signifikanzniveau, während er in separaten Analysen, in denen nur Selbstkonzept und das Interesse einbezogen wurden, knapp nicht mehr signifikant wurde. In der TIMSS-Stichprobe wurde der Effekt sowohl im Gesamtmodell als auch in den separaten Analysen signifikant. Die Studie zeigt, dass sich zwar neben dem Einfluss des Fähigkeitsselbstkonzepts auf das Interesse auch ein umgekehrter Einfluss vom Interesse auf das Fähigkeitsselbstkonzept zeigt, der Einfluss des Selbstkonzepts auf das Interesse aber konsistenter nachgewiesen werden konnte als der umgekehrte Effekt des Interesses auf das Selbstkonzept.

Einen wechselseitigen Einfluss zwischen Fähigkeitsselbstkonzepten und Interessen wurde auch in Studien untersucht, die eher der persönlichkeitstheoretisch orientierten Berufspsychologie zuzuordnen sind und daher andere Messinstrumente verwenden (Tracey & Ward, 1998; Tracey, 2002). Tracey (2002) untersuchte zudem den wechselseitigen Einfluss von Kompetenzeinschätzungen und Interessen über ein Jahr anhand von zwei längsschnittlich angelegten Stichproben von 126 Schülerinnen und Schülern einer 5. Klasse und 221 Schülerinnen und Schülern einer 7. Klasse. Die Kompetenzeinschätzung und die Einschätzung des Interesses erfolgte anhand der Skalen *Realistic*, *Investigative*, *Artistic*, *Social*, *Enterprising*, and *Conventional* von Holland (1997) im *Inventory of Children's Activities – Revised.* Die Ergebnisse der Strukturgleichungsanalysen zeigen, dass sich Struktur und Niveau von Kompetenz- und Interesseneinschätzung über die Zeit hinweg änderten. Die Struktur bildete sich über die Zeit hinweg stärker heraus, besonders innerhalb der 8. Jahrgangsstufe. Die Gruppenmittelwerte der Kompetenzeinschätzung und des Interesses nahmen über die Zeit hinweg ab. Die Ergebnisse zeigen darüber hinaus, dass die Einschätzung von Kompetenz und Interesse sich über die Zeit hinweg wechselseitig vorhersagte. Auch diese Studie belegt somit eine wechselseitige Beziehung zwischen Selbstkonzept und Interesse.

Es lässt sich festhalten, dass sich in der Forschungsliteratur eine Reihe von Belegen dafür findet, dass fachspezifische Fähigkeitsselbstkonzepte die Entwicklung von Interessen beeinflussen. Gut belegt sind deutliche Korrelationen zwischen wahrgenommenen Kompetenzen und dem Interesse (z.B. Tracey & Ward, 1998; Wigfield et al., 1997). Vielfach belegt ist auch eine kausale Beziehung zwischen der *Leistung* in einem Fach und dem Interesse (z.B. Baumert et al., 1998; Köller, Baumert et al., 2000; Köller et al., 2001), wobei vermutet wurde, dass der Effekt der Leistung auf das Interesse über das Selbstkonzept mediiert sein könnte (z.B. Baumert et al., 1998). Eine Reihe theoretischer Überlegungen und empirischer Forschungsarbeiten aus unterschiedlichen Forschungstraditionen legt darüber hinaus einen Einfluss des Selbstkonzepts auf das Interesse nahe (Deci & Ryan, 1985, 2000b; Hoffmann et al., 1998; Krapp, 2000, 2005; Wigfield & Eccles, 2002a). Der theoretisch postulierte kausale Zusammenhang zwischen dem Fähigkeitsselbstkonzept und dem Interesse konnte einerseits in empirischen Studien (z.B. Lopez et al., 1997), andererseits in längsschnittlichen Studien in der schulischen Umgebung (z.B. Jacobs et al., 2002; Marsh, Trautwein et al., 2005; Wigfield & Eccles, 2002a) nachgewiesen werden. Ein umgekehrter Effekt vom Interesse auf die Leistung wurde eher für die späteren Schuljahre nachgewiesen (Baumert et al., 1998; Köller, Baumert et al., 2000; Köller et al., 2001). Ein umgekehrter Effekt vom Interesse auf das Selbstkonzept wurde zwar nachgewiesen, fand sich aber weniger durchgängig (s. Marsh, Trautwein et al., 2005; Tracey, 2002). Übereinstimmend legen die empirischen Studien nahe, dass Rückmeldeprozesse über schulische Leistungen und die daraus erwachsenden Kompetenzwahrnehmungen bzw. Fähigkeitsselbstkonzepte für die Entwicklung fachspezifischer Interessen im schulischen Kontext von Bedeutung sind. Im Folgenden soll auf die vermutete Rolle sozialer und dimensionaler Vergleiche bei der Entwicklung der Interessen eingegangen werden.

**Die Rolle sozialer Vergleiche bei der Genese von fachlichen Interessen.** Nicht nur bei der Genese von Fähigkeitsselbstkonzepten, auch bei der Genese von fachlichen Interessen können soziale Vergleiche eine wichtige Rolle spielen. Durch soziale Vergleiche – d.h. den Vergleich eigener Fähigkeiten mit den Fähigkeiten der Mitschülerinnen und Mitschüler – lernen Schülerinnen und Schüler ihre eigenen fachlichen Stärken und Schwächen herauszufinden, so dass sich über die Zeit hinweg generalisierte Fähigkeitskognitionen herausbilden. Fachliche Interessen werden – besonders ab dem Schuleintritt – durch fachspezifische Fähigkeitskognitionen beeinflusst (vgl. Todt & Schreiber, 1998). Als Hinweise auf diesen Effekt können einerseits die deutlichen positiven Korrelationen zwischen Fähigkeitsselbstkonzept- und Interessemaßen innerhalb eines Fachs (z.B. Wigfield et al., 1997), andererseits die positiven Regressions- bzw. Pfadkomponenten vom Fähigkeitsselbstkonzept auf das Interesse in längsschnittlichen Studien (Jacobs et al., 2002; Marsh, Trautwein et al., 2005; Wigfield & Eccles, 2002a) gelten. So bauen Schülerinnen und Schüler – über fachspezifische Fähigkeitsselbstkonzepte vermittelt – ein Interesse an einem entsprechenden Schulfach auf. Das Feedback über ihre fachspezifischen Fähigkeiten hilft ihnen, stabile fachliche Interessen in den Fächern zu entwickeln, in denen sie ein entsprechend hohes Fähigkeitsselbstkonzept besitzen. Ähnlich wie beim Nachweis von Effekten des sozialen Bezugsrahmens in der Selbstkonzeptforschung kann ein direkter Nachweis von Effekten des sozialen Bezugsrahmens auf das Interesse im schulischen Kontext darin bestehen, einen Einfluss der auf Schulebene aggregierten Schulleistung (bei Kontrolle der individuellen Leistung und der Schulform bzw. Kurszugehörigkeit) auf das Interesse zu belegen. So konnten Analysen von Köller et al. (2000; vgl. auch Köller et al., 2006) negative Effekte der auf Schulebene aggregierten Leistung auf das Interesse nachweisen, die vollständig durch das entsprechende Fähigkeitsselbstkonzept mediiert waren.

Der gleiche – über Fähigkeitsselbstkonzepte und Interesse vermittelte – Effekt zeigte sich übrigens auch für die Wahl von Leistungskursen, wobei die Zugehörigkeit zum Leistungskurs – im Sinne eines *basking-in-reflected-glory* Effekts – wiederum auch einen Interesse fördernden Effekt hatte (Köller et al., 2006). Auch wenn weitere Studien zum direkten Nachweis der Wirksamkeit sozialer Vergleiche bei der Genese des Interesses bisher fehlen, können die bisherigen Studien als deutlicher Hinweis auf diesen Zusammenhang gesehen werden. Im Folgenden soll darüber hinaus auf Studien zur Rolle dimensionaler Vergleiche bei der Interessengenese eingegangen werden.

**Die Rolle dimensionaler Vergleiche bei der Genese von fachlichen Interessen.** Studien, die sich mit der Domänenspezifität emotionaler oder motivationaler Variablen oder mit dem Einfluss dimensionaler Vergleiche auf emotionale und motivationale Variablen befassen, sind selten. Auch wenn für einige Bereiche wie Selbstwirksamkeitsüberzeugungen, Zielorientierungen und Wertschätzung von Aufgaben (*task-value*) in letzter Zeit eine hohe Domänenspezifität postuliert wurde (Bong, 2001), steht wie Pekrun und Hoffmann (1999) anmerken, eine detaillierte Analyse der Domänenspezifität lern- und leistungsbezogener Emotionen noch aus. So gibt es auch nur einige wenige Studien, die sich mit der Rolle dimensionaler Vergleiche auf affektive Variablen beschäftigen. Die Ergebnisse weisen aber auf den vermuteten negativen Einfluss dimensionaler Vergleiche auf emotionale und motivationale Variablen hin. Skaalvik und Rankin (1995) fanden einen stark positiven Zusammenhang zwischen der akademischen Leistung mit Anstrengung, Schulangst und intrinsischer Motivation in der entsprechenden Domäne und schwach negative Zusammenhänge mit den entsprechenden Variablen in dem anderen Leistungsbereich. Eine experimentelle Studie von Möller und Köller (2001a), die affektive Konsequenzen dimensionaler Vergleiche untersuchte, zeigt, dass für die Zufriedenheit mit der eigenen Leistung („Wie zufrieden bin ich mit meiner Leistung in Mathematik?") ebenfalls die im I/E-Modell dargestellten Annahmen gelten. In der Studie von Möller (2001a) waren die Probanden mit ihrer Leistung zufriedener, wenn sie in einer Aufgabe besser als in einer anderen Aufgabe abschnitten (s. auch Möller, 2000). Interessant war dabei, dass sich die negativen Effekte von dimensionalen Aufwärtsvergleichen stärker auf das Fähigkeitsselbstkonzept auswirkten, während sich positive Effekte nach Abwärtsvergleichen eher bei emotionalen Variablen (Stolz etc.) zeigten. Einen direkten Nachweis von I/E-Effekten auf das Interesse lieferten Köller, Daniels und Baumert (2000). Sie fanden positive, über die fachlichen Selbstkonzepte vermittelte Effekte der Leistungen in Mathematik und Englisch auf das entsprechende Interesse an diesen Fächern, hingegen negative Effekte der Leistungen dieser Fächer – wiederum vermittelt über die fachlichen Selbstkonzepte – auf das Interesse am jeweils anderen Fach. Die Autoren analysierten darüber hinaus die Kurswahlen von Schülerinnen und Schülern. Sie wiesen nach, dass die Entscheidung, in der gymnasialen Oberstufe einen Leistungskurs in Mathematik oder Englisch zu belegen, nicht nur durch gute Noten, hohe Selbstkonzepte und Interessen im entsprechenden Fach beeinflusst waren, sondern auch – als Effekt dimensionaler Vergleche – durch den negativen Einfluss von Noten, hohen Selbstkonzepten und dem Interesse am jeweils anderen Fach. Auch wenn Studien zum direkten Nachweis der Wirksamkeit dimensionaler Vergleiche bei der Genese des Interesses bisher selten sind, können auch hier die bisherigen Studien als deutlicher Hinweis auf einen solchen Zusammenhang gewertet werden.

**Die Rolle des Bezugsrahmenmodells bei der Genese von Interessen.** Abgleitet aus den Forschungsbefunden wird in dieser Arbeit argumentiert, dass ein hohes Selbstkonzept in Mathematik – aufgrund interindividueller Vergleiche mit den Fähigkeiten anderer Schülerinnen und Schüler – zu einem höheren Interesse an Mathematik und – aufgrund intraindividueller Vergleiche der eigenen Fähigkeiten in beiden Fachbereichen – zu einem geringeren Interesse an Englisch führt. Das gleiche gilt natürlich auch umgekehrt: Ein hohes Selbstkonzept in Englisch führt – aufgrund interindividueller Vergleiche mit den Fähigkeiten von anderen Schülerinnen und Schülern – zu einem höheren Interesse an Englisch und – aufgrund intraindividueller Vergleiche der eigenen Fähigkeiten in beiden Fachbereichen – zu einem geringeren Interesse an Mathematik. In Abbildung 5.3 ist das in dieser Arbeit angenommene Modell zur Wirkung inter- und intraindividueller Vergleichsprozesse bei der Differenzierung der Interessen in der Sekundarstufe I dargestellt. Ähnlich wie beim Einfluss von Leistungsergebnissen auf die Fähigkeitsselbstkonzepte dürften dabei die positiven Effekte der Fähigkeitsselbstkonzepte auf das Interesse stärker sein, als die negativen Einflüsse auf das Interesse am anderen Schulfach.

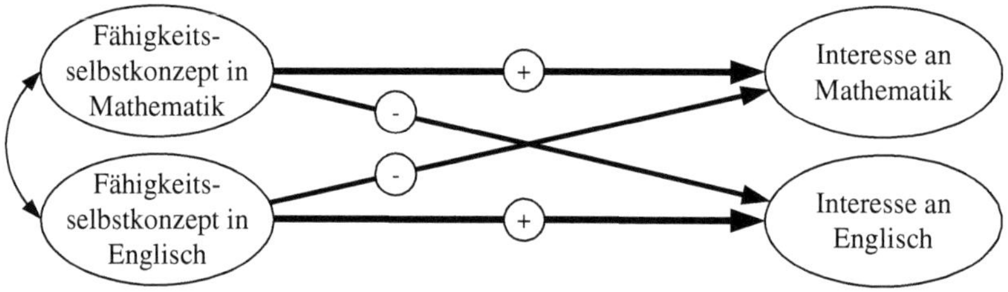


*Abbildung 5.4:* Modell zur Erklärung der Differenzierung individueller Interessen aufgrund von inter- und intraindividuellen Vergleichsprozessen für die Fächer Mathematik und Englisch

Die Effekte dimensionaler Vergleiche dürften zur Differenzierung der Interessen beitragen. Vergleicht ein Schüler bzw. eine Schülerin seine bzw. ihre Fähigkeiten in einem Fach mit wesentlich besseren Fähigkeiten in einem zweiten Fach, sollte das Interesse an beiden Fächern deutlich unterschiedlich ausfallen und ein *Kontrasteffekt* entstehen. Der internale Bezugsrahmen würde damit zu niedrigen Korrelationen zwischen den verbalen und mathematischen Interessen führen. Auf diese Weise dürften intraindividuelle Vergleichsprozesse dafür verantwortlich sein, dass sich im Verlauf der Zeit eine differenziertere Interessenstruktur herausbildet und am Ende der Adoleszenz deutliche Unterschiede in der Interessenstruktur zwischen verschiedenen Individuen zu erkennen sind.

Eine notwendige Folge dimensionaler Vergleiche, also des negativen Einflusses des Fähigkeitsselbstkonzeptes in einem Schulfach auf das Interesse am anderen Schulfach, ist nicht nur eine zunehmende Differenzierung individueller Interessen, sondern auch eine Abnahme fachspezifischer Interessen in vielen Bereichen. Wenn das individuelle Interesse von Schülerinnen oder Schülern als Folge des Differenzierungsprozesses in einigen Fächern bestehen bleibt oder zunimmt, in den meisten anderen Fächern aber abnimmt, führt dieser Prozess notwendigerweise auch zu einer Abnahme des *durchschnittlichen* Interesses aller Schülerinnen und Schüler innerhalb der Sekundarstufe I. Damit kann eine über inter- und intraindividuelle Vergleichsprozesse gesteuerte Differenzierung der Interessen als wichtige Ursache des Interessenabfalls in der Sekundarstufe I gesehen werden.

## 5.4 Zusammenfassung des Ansatzes zur Interessendifferenzierung

In diesem Kapitel wurde dargelegt, dass Schülerinnen und Schüler im Verlauf der Sekundarstufe I eine immer differenziertere Interessenstruktur ausbilden. Folgt man dem Interessenmodell von Todt (1995; Todt & Schreiber, 1998), bilden sich aus einer eher universellen Interessiertheit heraus zunehmend zusammenhängende Bereiche des Interesses. Dieser Prozess vollzieht sich dadurch, dass die Interessen zunehmend stärker am Selbstkonzept einer Person ausgerichtet und daher stärker eingegrenzt werden: durch Geschlechtsrollenvorstellungen, durch die Wahrnehmung eigener Begabungen und Fähigkeiten und durch Vorstellungen von der zukünftigen gesellschaftlichen Rolle und persönlichen Zukunft. Todt (1995; Todt & Schreiber, 1998) zufolge werden die Interessen in der schulischen Umgebung vor allem an Begabungs- bzw. Fähigkeitsselbstkonzepten ausgerichtet. Der Einfluss vom Fähigkeitsselbstkonzept auf das Interesse wurde vielfach belegt (z.B. Jacobs et al., 2002; Marsh, Trautwein et al., 2005; Wigfield & Eccles, 2002a). Wie anhand des *internal/external frame of reference model* von Marsh (1986; 1990a; Marsh & Hau, 2004) gezeigt werden konnte, sind bei der Genese von Fähigkeitsselbstkonzepten zwei Bezugsrahmen beteiligt: der externale Bezugsrahmen, der besagt, dass Schülerinnen und Schüler *interindividuelle bzw. soziale Vergleiche* durchführen, indem sie ihre Leistungen in einem Fach mit den Leistungen anderer Schülerinnen und Schüler in diesem Fach vergleichen, und der internale Bezugsrahmen, der besagt, dass Schülerinnen und Schüler *intraindividuelle bzw. dimensionale Vergleiche* durchführen, bei denen sie ihre Leistungen oder Fähigkeiten in einem Schulfach mit früheren Leistungen bzw. Fähigkeiten oder mit Leistungen und Fähigkeiten in einem anderen Schulfach vergleichen. Die Rolle sozialer und dimensionaler Vergleiche für die Genese von Fähigkeitsselbstkonzepten wurde in einer großen

Anzahl von Studien nachgewiesen (vgl. Möller & Köller, 2004). Die Annahme einer Differenzierung schulischer Interessen im Verlauf der Entwicklung (Todt & Schreiber, 1998) legt die Vermutung nahe, dass in diesem Entwicklungsprozess die verschiedenen Bezugsrahmen eine Rolle spielen könnten und dass sich das *internal/external frame of reference model* auf die Interessenentwicklung übertragen lässt. Schülerinnen und Schüler werden aufgrund *interindividueller bzw. sozialer Vergleiche* ein stärkeres Interesse an einem Fach entwickeln, wenn sie in diesem Fach – im Vergleich zu ihren Mitschülerinnen und Mitschülern – höhere fachspezifische Fähigkeiten besitzen, und sie werden aufgrund *intraindividueller bzw. dimensionaler Vergleiche* ein stärkeres Interesse an einem Fach entwickeln, wenn sie in diesem Fach – im Vergleich zu anderen Fächern – höhere fachspezifische Fähigkeiten besitzen. In der Forschungsliteratur konnten einige Hinweise darauf gefunden werden, dass soziale und dimensionale Vergleiche auch bei der Interessenentwicklung eine Rolle spielen (Köller, Daniels & Baumert, 2000; Köller, Schnabel et al., 2000; Skaalvik & Rankin, 1995). Wie aufgezeigt werden konnte, haben dimensionale Vergleiche zur Folge, dass die Pfadkoeffizienten vom Fähigkeitsselbstkonzept in einem Schulfach auf das Interesse in einem anderen Schulfach abnehmen, und es somit zu einer Abnahme des Interesses in vielen Fächern kommt, die über das Maß hinausgeht, das durch geringere Fähigkeiten in diesen Fächern bedingt ist. Wie dargelegt wurde, müsste dies notwendigerweise nicht nur eine Abnahme der Zusammenhänge im Interesse der einzelnen Fachbereiche zur Folge haben, sondern auch eine Abnahme der durchschnittlichen Interessen aller Schülerinnen und Schüler in der Sekundarstufe I. Möglicherweise kann – unter einer längerfristigen entwicklungspsychologischen Perspektive betrachtet – die mit der Differenzierung einhergehende Konzentration der Interessen auf zunehmend engere Bereiche als Bündelung motivationaler Ressourcen verstanden werden, die den Schülerinnen und Schülern dabei hilft, Entwicklungsziele in Form von schulischen und beruflichen Wahlen zu bewältigen.

# 6 Präzisierung der Fragestellung und Hypothesen

Im Folgenden werden die Fragestellungen für diese Arbeit aus den theoretischen Überlegungen und vorliegenden Forschungsbefunden abgeleitet. Dabei werden zunächst Hypothesen zum Verlauf der schulischen fachspezifischen Interessen in der Sekundarstufe I gebildet. Anschließend werden Hypothesen zu möglichen Determinanten der Entwicklung individueller fachspezifischer Interessen in der Sekundarstufe I entwickelt. Hierbei werden verschiedene in der Forschungsliteratur diskutierte und z.T. miteinander in Konkurrenz stehende Ansätze in den Blick genommen, die jeweils einen Beitrag zur Erklärung der Interessenentwicklung in der Sekundarstufe I liefern. Der erste Ansatz betont die entwicklungsbedingten Veränderungen in der Pubertät als wichtige Ursache für die Interessenentwicklung. Im zweiten Ansatz werden bestimmte Bedingungen des Unterrichts in ihrer Wechselwirkung mit den veränderten Bedürfnissen Jugendlicher hervorgehoben. Der dritte Ansatz betont, dass die Interessenentwicklung in der Sekundarstufe I durch eine Differenzierung individueller fachspezifischer Interessen beeinflusst wird, die in einer Kompartementalisierung verschiedener Interessenbereiche mündet. Es sei dabei betont, dass die verschiedenen Erklärungsansätze sich nicht gegenseitig ausschließen, sondern ergänzen und so ein umfassendes Bild von der Entwicklung schulischer Interessen geben.

## 6.1 Entwicklung schulischer Interessen in der Sekundarstufe I

Empirische Forschungsarbeiten, die sich mit der Abnahme des Interesses bzw. der intrinsischen Motivation in der Sekundarstufe I beschäftigt haben, haben dokumentiert, dass das Sach- und Fachinteresse in der Sekundarstufe I in den meisten Schulfächern abnimmt, wobei sowohl fach- als auch geschlechtsspezifische Unterschiede berichtet werden (vgl. Gottfried et al., 2001; Hoffmann et al., 1998). So gilt als belegt, dass Schülerinnen und Schüler an einigen Fächern (z.B. Physik) deutlich weniger interessiert sind als an anderen und auch der Abfall der fachspezifischen Motivation je nach Fachgebiet unterschiedlich verläuft. Mathematisch-naturwissenschaftliche Fächer sind dabei stärker betroffen als sprachliche oder gar gesellschaftswissenschaftliche Fächer (Gardner, 1987; Gottfried et al., 2001; Hoffmann et al., 1998). Viele Forschungsarbeiten belegen zudem, dass bereits zu Beginn der Adoleszenz deutliche Unterschiede in den Interessen von Jungen und Mädchen bestehen: dass verbale und humanwissenschaftliche Fächer eher von Mädchen bevorzugt werden, mathematisch-naturwissenschaftliche Fächer eher von Jungen und dass die Unterschiede im Verlauf der Sekundarstufe eher noch zunehmen (vgl. z.B. Baumert & Köller, 1998; Gräber, 1992; Hoffmann et al., 1998; Hoffmann & Häußler, 1998). Die geschlechtsspezifischen Unterschiede sind dabei in den mathematisch-naturwissenschaftlichen Fächern besonders ausgeprägt, während sie sich in den verbalen und humanwissenschaftlichen Fächern in den letzen Jahren eher nivelliert haben (Hoffmann et al., 1997).

In Übereinstimmung mit diesen Forschungsergebnissen wird angenommen, dass schulische Interessen in der Sekundarstufe I relativ fächerübergreifend abnehmen. Dabei dürfte die Abnahme der Interessen durch fachspezifische Gegebenheiten moderiert werden, die dazu führen, dass das Interesse in den mathematisch-naturwissenschaftlichen Fächern stärker abnimmt als in den sprachlichen und humanwissenschaftlichen Fächern. Auch dürften sich Unterschiede in der Interessenentwicklung von Jungen und Mädchen zeigen. So wird angenommen, dass Jungen und Mädchen sich in ihrem Interesse bereits zu Beginn der Sekundarstufe I deutlich unterscheiden. Jungen haben mehr Interesse an den mathematisch-naturwissenschaftlichen Fächern, Mädchen haben mehr Interesse an den verbalen und humanwissenschaftlichen Fächern. Der Interessenunterschied dürfte in den mathematisch-naturwissenschaftlichen Fächern besonders ausgeprägt sein. Aufgrund der oben beschriebenen Forschungslage wird davon ausgegangen, dass sich die Unterschiede im Interesse im Verlauf der Sekundarstufe I noch verstärken. Die entsprechenden Hypothesen lauten:

$H_{1.1}$ In der Sekundarstufe I kommt es zu einer Abnahme schulischer Interessen, die sich in einem relativ fächerübergreifenden Absinken der Gruppenmittelwerte in den Interessen der Schülerinnen und Schüler zeigt.

$H_{1.2}$ Die Abnahme der fachlichen Interessen wird durch fachspezifische Gegebenheiten moderiert. Sie ist in den mathematisch-naturwissenschaftlichen Fächern stärker ausgeprägt als in den sprachlichen und humanwissenschaftlichen Fächern.

$H_{1.3}$ Es zeigen sich geschlechtsspezifische Unterschiede in der Interessenentwicklung. Bereits zu Beginn der Adoleszenz bestehen deutliche Unterschiede zwischen Mädchen und Jungen in dem Sinne, dass Jungen mehr Interesse an mathematisch-naturwissenschaftlichen Fächern und Mädchen (wenn auch weniger ausgeprägt) mehr Interesse an verbalen und humanwissenschaftlichen Fächern zeigen. Im Verlauf der Sekundarstufe I nehmen die Geschlechtsunterschiede noch zu.

Wie im Theorieteil dargelegt wurde, wird der in der Forschung berichtete Interessenabfall in der Sekundarstufe I in der Forschungsliteratur durch verschiedene Prozesse erklärt. Die Abnahme der Interessen wird erstens als Folge außerhalb des schulischen Kontexts liegender entwicklungsbedingter Veränderungen in der Pubertät gesehen (Wigfield et al., 1997). Zweitens wird die Abnahme der Interessen auf bestimmte Unterrichtsbedingungen zurückgeführt, die sich als solche oder in Wechselwirkung mit den veränderten Bedürfnissen der Jugendlichen in der Adoleszenz negativ auf das Interesse an schulischen Inhalten auswirken (Eccles & Midgley, 1989; Wigfield et al., 1996). Drittens schließlich kann – abgeleitet aus dem Interessenmodell von Todt (z.B. Todt, 1995) – der Rückgang der Interessen als Folge einer Differenzierung individueller Interessen interpretiert werden, die sich im schulischen Kontext vor allem anhand von Fähigkeitsselbstkonzepten vollzieht. Auf die verschiedenen Erklärungsansätze und die aus ihnen ableitbaren Hypothesen wird im Folgenden eingegangen.

## 6.2 Der Einfluss entwicklungsbedingter Veränderungen

In der Forschungsliteratur finden sich Hinweise darauf, dass die Entwicklung im Jugendalter durch allgemeine Entwicklungsprozesse beeinflusst wird (Eccles & Midgley, 1989; Wigfield et al., 1997). Jugendliche sind in der frühen Adoleszenz mit einer Reihe von entwicklungsbedingten Veränderungen konfrontiert, die – der Forschungsliteratur zufolge – dazu führen können, dass das Interesse an den schulischen Inhalten abnimmt. Verschiedene in der Literatur diskutierte entwicklungsbedingte Einflussfaktoren werden in den folgenden Abschnitten diskutiert: So wird nahe gelegt, dass die in der frühen Adoleszenz zu beobachtende generelle Abnahme des Selbstkonzepts fachspezifischer Fähigkeiten dazu beiträgt, dass das Interesse an schulischen Gegenständen abnimmt. Ebenfalls wird sich herausbildenden geschlechtsspezifischen Vorstellungen eine Bedeutung für die Abnahme der Interessen zugesprochen, da fachspezifische Interessen, die mit der eigenen Geschlechtsrollenvorstellung als unvereinbar angesehen werden, abnehmen. Ein weiterer wichtiger Einfluss auf die Abnahme schulischer Interessen in der frühen Adoleszenz wird für die sich verändernden sozialen Beziehungen im Jugendalter vermutet – die Ablösung von den Eltern und die Ausweitung der Beziehungen zu Gleichaltrigen (Freundschaften, Cliquen, Partnerschaften). Auch für mit schulischen Interessen konkurrierende Freizeitinteressen wird ein Einfluss auf den Interessenabfall angenommen. Im Folgenden werden die Hypothesen zu diesen Einflussfaktoren detaillierter beschrieben.

**Der Einfluss fachspezifischer Fähigkeitsselbstkonzepte auf individuelle Interessen.** Die Abnahme schulischer Interessen zu Beginn der Adoleszenz kann durch eine Veränderung des Fähigkeitsselbstkonzepts bedingt sein. Die Entwicklung kognitiver Fähigkeiten in der frühen Adoleszenz führt unter anderem zu einer Verunsicherung bezüglich fachspezifischer Selbstkonzepte (vgl. Harter, 1990c). Auch die schulischen Bedingungen – die zunehmende Gruppierung nach Leistung, die vermehrte Relevanz der Noten und die damit einhergehenden sozialen Vergleiche – führen in vielen Fächern zu einer Verunsicherung oder Abnahme fachspezifischer Selbstkonzepte. Die Forschung (vgl. Jacobs et al., 2002; Marsh, Trautwein et al., 2005) zeigt, dass sowohl das generelle Selbstkonzept als auch die bereichsspezifischen Selbstkonzepte einschließlich des mathematischen und verbalen akademischen Fähigkeitsselbstkonzepts mit Beginn der Adoleszenz deutlich absinken. Dieser Trend setzt sich bis in die 8. und 9. Jahrgangsstufe fort, bis in der späten Adoleszenz bzw. im frühen Erwachsenenalter wieder ein klarer und konsistenter Anstieg des Selbstkonzepts zu verzeichnen ist. Die Abnahme der bereichsspezifischen Fähigkeitsselbstkonzepte kann im schulischen Rahmen für die Abnahme der Interessen in der Sekundarstufe verantwortlich sein. Daraus ergeben sich folgende Hypothesen:

$H_{2.1}$ In der Sekundarstufe I kommt es zu einem Rückgang der fachspezifischen Fähigkeitsselbstkonzepte von Schülerinnen und Schülern, der sich in einer Abnahme der Gruppenmittelwerte fachspezifischer Fähigkeitsselbstkonzepte zeigt.

$H_{2.2}$ Je geringer fachspezifische Fähigkeitsselbstkonzepte von Schülerinnen und Schülern sind, desto geringer sind auch ihre fachlichen Interessen und desto eher verlieren sie das Interesse an schulischen Inhalten.

**Der Einfluss von Geschlechtsrollenvorstellungen auf individuelle Interessen.** In der frühen Adoleszenz kann auch die Herausbildung einer geschlechtlichen Identität einen Einfluss auf die Interessenentwicklung nehmen: das Heranreifen zum Mann bzw. zur Frau und die damit einhergehenden zunehmend nach dem Geschlecht differenzierteren Verhaltensmuster. Daher können zu Beginn der Pubertät Geschlechtsrollenvorstellungen eine wichtige Rolle für die Interessenentwicklung spielen. Die Theorie von Hill und Lynch (1983) zur *Intensivierung der Geschlechtsrolle* sowie die Forschung von Hannover (1998) haben belegt, dass geschlechtsrollenkonformes Verhalten in der frühen Adoleszenz besonders wichtig wird. Die *Intensivierung der Geschlechtsrolle* führt möglicherweise zu einer Verstärkung geschlechtskonformer Interessen. Die Zunahme des geschlechtsrollenkonformen Verhaltens ist dabei besonders für Mädchen bezüglich ihres abnehmendem Interesses an den mathematisch-naturwissenschaftlichen Fächern im Zusammenhang mit ihrer Selbstdefinition als Frau nachgewiesen (vgl. Hannover, 1991, 1992a, 1998). Es ist aber anzunehmen, dass Jungen ihre Interessen ebenfalls geschlechtsspezifisch ausrichten. Insgesamt soll daher davon ausgegangen werden, dass stärker ausgeprägte geschlechtsstereotype Vorstellungen dazu führen, dass das Interesse in Bereichen, die nicht mit der eigenen Geschlechtsrolle übereinstimmen, stärker verloren geht. Die Annahme lautet:

$H_{2.3}$ Die Interessen werden in der Sekundarstufe I zunehmend an Geschlechtsstereotypen ausgerichtet. Stärkere geschlechtsstereotype Vorstellungen führen dazu, dass Mädchen ein geringeres Interesse an mathematisch-naturwissenschaftlichen Fächern haben und das Interesse an diesen Fächern vermehrt verlieren und dass Jungen ein geringeres Interesse an sprachlich-humanwissenschaftlichen Fächern haben und das Interesse an diesen Fächern vermehrt verlieren.

**Der Einfluss anstehender Entwicklungsaufgaben auf individuelle Interessen.** Die im Theorieteil beschriebenen Veränderungen im Jugendalter werden häufig als eine Reihe verschiedener Anforderungen im Sinne von zu bewältigenden Entwicklungsaufgaben konzeptualisiert (Crockett et al., 1989; Dreher & Dreher, 1985a, 1985b, 1991; Graber et al., 1996; Lerner, 2002). Zu den Entwicklungsaufgaben im Jugendalter zählen die Akzeptanz der Veränderungen des Körpers und des eigenen Aussehens, die Aneignung eines gesellschaftlich als männlich/weiblich anerkanntem Verhaltens, die Entwicklung von Vorstellungen über sich selbst (Selbstkonzept/Idealselbst), die Ablösung und Unabhängigkeit vom Elternhaus, der Aufbau eines Freundeskreises, Beziehungen zu Gleichaltrigen, die Aufnahme partnerschaftlicher Beziehungen, die Entwicklung beruflicher Vorstellungen und die Entwicklung einer Zukunftsperspektive bzw. die Vorstellung über erreichbare Ziele und die Entwicklung einer Weltanschauung. Die Komplexität der Anforderungen ist dabei im Jugendalter besonders hoch. In der Zeit der Auseinandersetzung mit diesen Fragen dürften schulische Interessen in den Hintergrund treten. Für Jugendliche, die mit der Bewältigung der Entwicklungsaufgaben in der Adoleszenz beschäftigt sind, wird angenommen, dass das Interesse an schulischen Inhalten darunter leidet und abnimmt. Die Hypothese lautet:

$H_{2.4}$ Je mehr Jugendliche mit den Entwicklungsaufgaben der Adoleszenz beschäftigt sind, desto geringer sind ihre fachspezifischen Interessen und desto eher verlieren sie das Interesse an schulischen Inhalten

**Der Einfluss sozialer Beziehungen auf individuelle Interessen.** In der Adoleszenz wird die Beziehung zwischen Jugendlichen und ihren Eltern distanzierter, was die Ablösung von den Eltern erleichtert und es den Jugendlichen ermöglicht, größere Selbständigkeit zu erlangen und eigene Kompetenzen und Interessen zu entwickeln (Collins, 1990). Da das Engagement der Eltern aber ein wichtiger Faktor sowohl für die Leistungen wie auch für die Bedeutung der Schule ist (s. Eccles & Harold, 1993; Epstein, 1991), kann das Interesse der Schülerinnen und Schüler an schulischen Inhalten mit der zunehmenden Ablösung von den Eltern zurückgehen. So zeigt die Forschung, dass der Einfluss der Eltern in der Adoleszenz bezüglich der Schule abnimmt (s. Eccles & Harold, 1993; Epstein, 1991) und bei der Ausbildung individueller Interessen gering ist (vgl. Baumert, Bos et al., 2000). Da der Prozess der Ablösung nicht immer mit einer Distanzierung der Beziehungen zwischen den Eltern und ihren Kindern einhergeht, sondern z.T. eine gewisse Verbundenheit bestehen bleibt (Grotevant & Cooper, 1998), sind differenzielle Effekte zu erwarten. Von entscheidender Bedeutung dürfte dabei ein unterstützender Erziehungsstil der Eltern sein. Ein unterstützender Erziehungsstil begünstigt eine positive Entwicklung bei Jugendlichen sowohl bezüglich der Schulnoten als auch bezüglich des schulischen Engagements (vgl. Baumrind, 1991). Es wird daher angenommen, dass Jugendliche, deren Verhältnis zu den Eltern durch Gespräche über ihre Belange und gegenseitiges Vertrauen gekennzeichnet ist, die schulischen Interessen in der Sekundarstufe I weniger verlieren als Jugendliche, bei denen dies nicht der Fall ist. Die Forschungsliteratur zeigt zudem, dass die Erwartungen und Bewertungen der Eltern bezüglich der Bedeutung schulischer Bildung und bezüglich langfristiger Bildungsaspirationen eine Rolle spielen (z.B. Collins, 1990; Dornbusch et al., 1991). Daher wird erwartet, dass das Interesse von Jugendlichen, deren Eltern mit ihren Schulleistungen zufrieden sind, weniger verloren geht als von Jugendlichen, deren Eltern nicht mit ihren Schulleistungen zufrieden sind und diesbezüglich häufige Auseinandersetzungen mit den Jugendlichen haben. Zusammenfassend lassen sich folgende Annahmen für die Beziehung zu den Eltern formulieren:

$H_{2.5}$ Je weiter sich Jugendliche in der frühen Adoleszenz von ihren Eltern abgelöst haben, je weniger sie mit ihnen kommunizieren und je geringer das Vertrauensverhältnis ist, desto weniger Interesse werden sie an schulischen Inhalten haben und desto eher werden sie das Interesse an den schulischen Inhalten verlieren.

$H_{2.6}$ Je unzufriedener die Eltern mit den Schulleistungen der Jugendlichen sind und je häufiger Auseinandersetzungen aufgrund der Leistungen stattfinden, desto weniger Interesse werden die Jugendlichen an schulischen Inhalten haben und desto mehr werden sie das Interesse an schulischen Inhalten verlieren.

Mit der zunehmenden Ablösung von den Eltern werden auch die Beziehungen zu den Gleichaltrigen wichtiger, so dass Freundschaften sowie die soziale Anerkennung durch Gleichaltrige und die Zugehörigkeit zu einer Clique bzw. Gruppe enorm an Bedeutung gewinnen (Brown, 1990; Eder, 1985). Die Gruppe der Gleichaltrigen stellt nicht nur eine wichtige Quelle der Rückmeldung und Hilfe bei der Festigung der eigenen sozialen Identität dar, sondern bestimmt Werte und normative Vorgaben sowie das tägliche Verhalten in der Schule mit (Brown, 1990; Damon & Hart, 1988; Harter, 1990a). Aufgrund der enormen Bedeutung von Gleichaltrigen in dieser Zeit ist das Interesse Jugendlicher weniger auf schulische Aktivitäten gerichtet als vielmehr auf eine Reihe von Aktivitäten, die der Kontaktaufnahme mit anderen Jugendlichen dienen (Wigfield et al., 1991). Es wird daher angenommen, dass Jugendliche, denen Beziehungen zu anderen Jugendlichen besonders wichtig sind und die sich viel mit anderen Jugendlichen treffen, ein geringeres Interesse an schulischen Inhalten aufweisen als Jugendliche, bei denen das nicht der Fall ist. Das gleiche gilt auch für gegengeschlechtliche Kontakte. In der frühen Adoleszenz werden diese ebenfalls wichtiger. Dies zeigt sich u.a. auch darin, dass – auch wenn noch keine Partnerschaft eingegangen wurde – häufig der Wunsch nach einer solchen besteht (Schofield, 1980). Die vermehrte Beschäftigung mit dem anderen Geschlecht dürfte von schulischen Inhalten ablenken und sich daher negativ auf das Interesse an schulischen Inhalten auswirken. Die daraus abgeleiteten Hypothesen lauten:

$H_{2.7}$ Das Interesse an schulischen Inhalten wird in der frühen Adoleszenz desto geringer sein und desto stärker abnehmen, je wichtiger die Beziehung zu Gleichaltrigen ist und je mehr die Jugendlichen sich mit anderen Gleichaltrigen treffen.

$H_{2.8}$ Das Interesse an schulischen Inhalten wird in der frühen Adoleszenz desto geringer sein und desto stärker abnehmen, je wichtiger für die Jugendlichen eine Partnerschaft oder der Wunsch nach einer solchen ist.

**Der Einfluss von Freizeitaktivitäten auf die Interessen.** In der Literatur wird darauf hingewiesen, dass Jugendliche sich vermehrt in Freizeitaktivitäten engagieren und diese mit dem Interesse an schulischen Inhalten konkurrieren können (vgl. Fend, 1991; Silbereisen & Todt, 1994). Mit den fachspezifischen schulischen Interessen konkurrierende Freizeitinteressen können z.B. das Interesse an der Beschäftigung mit Politik/Wirtschaft, Sozialpflege/Erziehung, Kunst und Musik sein. Das im Jugendalter zunehmende Interesse an solchen Freizeitaktivitäten kann das Interesse an schulischen Inhalten vermindern. Daraus ergibt sich folgende Hypothese für den Einfluss der Freizeitinteressen auf das schulische Interesse und die Entwicklung schulischer Interessen:

$H_{2.9}$ Das Interesse an schulischen Inhalten wird in der frühen Adoleszenz desto geringer sein und desto mehr abnehmen, je mehr Jugendliche in mit schulischen Inhalten konkurrierenden Freizeitaktivitäten engagiert sind.

## 6.3 Der Einfluss von Unterrichtsbedingungen

Als wichtige Ursache der Interessenabnahme in der Sekundarstufe I wurden in der Forschung neben entwicklungsbedingten Veränderungen auch Bedingungen des Unterrichts genannt. Verschiedene Forschungsarbeiten weisen darauf hin, dass Unterrichtsmethoden, die es den Schülerinnen und Schülern ermöglichen, sich als kompetent wahrzunehmen, selbstbestimmt zu handeln und sozial eingebunden zu fühlen, besonders geeignet sind, ihr Interesse zu wecken (Deci & Ryan, 2000b). Diese Forschungsarbeiten widersprechen nicht dem erstgenannten Ansatz, sondern sind vielmehr als eine Ergänzung dieses Ansatzes zu sehen. Dafür spricht auch, dass verschiedene Forschungsarbeiten (vgl. Eccles & Midgley, 1989; Roeser et al., 2000; Wigfield et al., 1996) gezeigt haben, dass die oben genannten Unterrichtsbedingungen in der Adoleszenz eine besonders starke Auswirkung auf die Interessen haben können, da es hier zu einer mangelnden Passung zwischen den sich (entwicklungsbedingt) verändernden Bedürfnissen der Jugendlichen und den Bedingungen des Unterrichts kommt (*developmental mismatch*). In diesem Sinne wurden Aspekte der schulischen Umgebung identifiziert, die sich in der frühen Adoleszenz (in Wechselwirkung mit entwicklungsbedingten Veränderungen) auf die Entwicklung der fachspezifischen schulischen Interessen auswirken dürften.

**Unterrichtsmerkmale, die Kompetenzerleben ermöglichen oder verhindern.** Positiv auf die fachlichen Interessen dürften sich Verfahren auswirken, die angesichts der Verunsicherung in der Selbstwahrnehmung von Jugendlichen eine positive Kompetenzerfahrung ermöglichen und somit stabilisierend wirken (Roeser et al., 2000; Wigfield et al., 1996). Der Forschung zur *Flow*- und Selbstbestimmungstheorie (vgl. Csikszentmihalyi, 1995; Deci & Ryan, 2002) sowie weiteren Forschungsarbeiten (vgl. Helmke & Schrader, 1990) ließ sich entnehmen, dass sich fachliches Interesse vor allem dann entwickelt, wenn die Anforderung bei der Auseinandersetzung mit einem Gegenstand den Fähigkeiten einer Person angemessen ist. So wird angenommen, dass ein *klarer und gut strukturierter Unterricht,* durch den die Schülerinnen und Schüler in die Lage versetzt werden, die Unterrichtsinhalte zu verstehen, als kompetenzstützend wahrgenommen wird. Ebenfalls Kompetenzerfahrung ermöglichen dürfte ein *angemessenes Unterrichtstempo (Pacing),* das die Lernenden beim Voranschreiten im Unterrichtsstoff weder unter- noch überfordert (vgl. Helmke & Schrader, 1990; Rosenshine & Meister, 1994). Dagegen wird ein zu *hoher Leistungsdruck,* der entsteht, wenn Schülerinnen und Schüler im Unterricht kaum mitkommen, ihnen (verstärkt durch die allgemeine Verunsicherung des Selbstkonzepts) ein Gefühl der Inkompetenz und Leistungsangst vermitteln und so ihr fachspezifisches Interesse und die Interessenentwicklung negativ beeinflussen (vgl. Helmke, 1983; Helmke & Schrader, 1990).

$H_{3.1}$ Ein *klarer und gut strukturierter Unterricht,* der es ermöglicht, die Unterrichtsinhalte zu verstehen, wirkt sich – da er Kompetenzerfahrungen unterstützt – positiv auf das fachspezifische Interesse und die Interessenentwicklung aus.

$H_{3.2}$ Ein *angemessenes Unterrichtstempo (Pacing),* das beim Voranschreiten im Unterrichtsstoff weder unter- noch überfordert, wirkt sich – da es die Erfahrung von Kompetenz ermöglicht – positiv auf das fachspezifische Interesse und die Interessenentwicklung aus.

$H_{3.3}$ Ein zu *hoher Leistungsdruck,* der entsteht, wenn Schülerinnen und Schüler im Unterricht kaum mitkommen, wirkt sich – weil er ihnen Inkompetenz vermittelt – negativ auf das fachliche Interesse und die Interessenentwicklung aus.

**Unterrichtsmerkmale, die das Selbstkonzept eigener Fähigkeiten stützen.** Ein *individualisierte Unterricht* bemüht sich, die Anforderungen am jeweils individuellen Leistungsstand der Schülerinnen und Schüler zu orientieren, indem sie einzelnen Personen oder einzelnen Gruppen unterschiedlich schwere Aufgaben stellt und z.T. sogar Unterschiede im Lernstil berücksichtigt (vgl. Corno & Snow, 2001; Snow et al., 1996; Wang, 1991). Da jede Schülerin und jeder Schüler entsprechend ihren bzw. seinen Fähigkeiten gefördert wird, ist zu erwarten, dass diese Vorgehensweise das Selbstkonzept eigener Fähigkeiten, die Selbstwirksamkeit und darüber vermittelt auch das fachliche Interesse fördert (vgl. Giaconia & Hedges, 1982; Helmke & Schrader, 1990). Einschränkend wurde allerdings angemerkt, dass eine individualisierte Instruktion Leistungsunterschiede in der Klasse auch verstärken kann, so dass leistungsschwache Schülerinnen und Schüler über soziale Vergleiche zu einem geringeren fachlichen Fähigkeitsselbstkonzept und darüber vermittelt zu einem geringeren fachspezifischen Interesse kommen können. Dies kann aber durch eine Kombination mit weiteren Unterrichtsstrategien abgefedert werden (vgl. Helmke & Weinert, 1997).

Ein weiterer wichtiger Aspekt bei der Förderung des Selbstkonzepts eigener Fähigkeiten ist eine *individuelle Bezugsnormorientierung* der Lehrkraft. Eccles und ihren Kollegen (vgl. Eccles & Midgley, 1989; Roeser et al., 2000) haben gezeigt, dass sich ein Unterricht, in dem soziale Vergleiche bei der Fähigkeitsselbsteinschätzung hervorgehoben werden, in der Adoleszenz aufgrund der Verunsicherung im eigenen Selbstkonzept besonders ungünstig auswirkt. Für eine individuelle Bezugsnormorientierung dagegen, bei der die Leistungen einer Person an ihren früheren Leistungen, d.h. anhand eines intraindividuellen Vergleichsmaßstabs, gemessen werden, sind günstige Effekte auf die fachlichen Interessen und die Interessenentwicklung anzunehmen (vgl. die Forschung zu verwandten motivationalen Konstrukten in Mischo & Rheinberg, 1995; vgl. die Übersichten in Möller & Köller, 1996; Pintrich & Schunk, 1996). Begründen lässt sich dies damit, dass sich eine Person bei Anwendung dieses Verfahrens bei einer individuellen Leistungssteigerung kompetent fühlt, auch wenn diese im sozialen Vergleich eher als leistungsschwach anzusehen ist. Sie wird sich zudem als selbstwirksam erleben, weil die von ihrem persönlichen Verhalten abhängige individuelle Zunahme an fachlicher Kompetenz deutlich wird.

$H_{3.4}$ Ein *individualisierter Unterricht*, der sich bei der Aufgabenstellung an den individuellen Leistungen orientiert, wirkt sich – weil er die Selbstwirksamkeit und das Fähigkeitsselbstkonzept stärkt – positiv auf das Interesse und die Interessenentwicklung aus.

$H_{3.5}$ Eine *individuelle Bezugsnormorientierung*, bei der die Leistungen der Lernenden an ihren früheren Leistungen, d.h. anhand eines intraindividuellen Vergleichsmaßstabs, gemessen werden, wirkt sich – weil sie die Selbstwirksamkeit und das Fähigkeitsselbstkonzept stärkt – positiv auf das Interesse und die Interessenentwicklung aus.

**Unterrichtsmerkmale, die die kognitive Eigenaktivität stützen.** In der Forschungsliteratur wird nahe gelegt, dass sich Unterrichtsmethoden, die die Lernenden aktiv am Wissensprozess beteiligen und zugleich eine zu bewältigende kognitive Herausforderung stellen, positiv auf die fachspezifischen Interessen und die Interessenentwicklung auswirken (vgl. u.a. Brown & Campione, 1996; Klieme & Clausen, 1999). Eine Unterrichtsmethode, die die Lernenden am Erkenntnisprozess beteiligt und sie dazu motiviert, ihre eigenen Vermutungen zu überprüfen und gegebenenfalls zu modifizieren, stellt das *genetisch-sokratische Unterrichtsgespräch* (vgl. Wagenschein, 1989) dar. Der angenommene positive Effekt dieser Unterrichtsmethode auf das fachspezifische Interesse wird zum einen darauf zurückgeführt, dass die Fähigkeit der Jugendlichen, komplexere kognitive Strategien zu nutzen, in der Adoleszenz ansteigt und ein solches Vorgehen eine Herausforderung für die neu erworbenen Fähigkeiten darstellt (vgl. die Studien von Baumert & Köller, 2000; Gruehn, 2000; Turner et al., 1998). Zum anderen ermöglicht dieses Vorgehen, dass die Schülerinnen und Schüler an ihre Alltagsvorstellungen anknüpfen können und somit die Relevanz der schulischen Inhalte unmittelbar deutlich wird (vgl. Assor et al., 2002; Pintrich et al., 1993). Das selbständige Erarbeiten von Bedeutung vermittelt aufgrund der selbständigen Regulation von Lernprozessen nicht nur Kompetenzerfahrung, sondern auch Autonomieerfahrung. Daraus lässt sich folgende Hypothese ableiten:

$H_{3.6}$ Ein *sokratisches Unterrichtsgespräch*, das die Lernenden am Erkenntnisprozess beteiligt und sie dazu motiviert, ihre eigenen (Alltags-)Vorstellungen und Vermutungen zu überprüfen und gegebenenfalls zu modifizieren, wirkt sich – aufgrund der kognitiven Herausforderung und der selbstbestimmten, aktiven Teilnahme bei der Konstruktion von Wissen – positiv auf das Interesse und die Interessenentwicklung aus.

**Unterrichtsmerkmale, die die Selbstbestimmung fördern.** Aufgrund des steigenden Bedürfnisses nach selbständigen Entscheidungen in der Adoleszenz dürfte eine Beteiligung an der Auswahl von Lerninhalten besonders wichtig sein und sich positiv auf das fachspezifische Interesse und die Interessenentwicklung auswirken. Verschiedene Forschungsarbeiten legen es nahe, dass Wahlmöglichkeiten eine Bedeutung für das Autonomieerleben im Unterricht haben und dass sich intrinsische Motivation und Interesse entwickeln, wenn diese die Wünsche der Lernenden berücksichtigen (vgl. Deci, 1992; Deci & Ryan, 2000b; Ryan & Stiller, 1991). Die Bedeutung von Wahlentscheidungen wurde durch eine Reihe von Studien bestätigt (Assor et al., 2002; Schraw et al., 1998; Skinner & Belmont, 1993; Weinert & Helmke, 1995). Es wurde allerdings angemerkt, dass Wahlmöglichkeiten echte Alternativen darstellen müssen, da sie sonst nicht als selbstbestimmte Entscheidungen wahrgenommen werden (Bloome et al., 1989; Schraw et al., 1998). Für eine Unterrichtsmethode, die Schülerinnen und Schüler bei der Auswahl der Themen von tatsächlichen Alternativen einbezieht, wird somit angenommen, dass sie bewirkt, dass diese sich als selbstbestimmt und eigenverantwortlich erleben und somit ein fachliches Interesse entwickeln. Die entsprechende Hypothese lautet:

$H_{3.7}$ Die *Schülermitbestimmung*, d.h. die Berücksichtigung der Schülerwünsche, z.B. bei der Auswahl des Unterrichtsstoffs, wird – aufgrund der Vermittlung des Gefühl von Selbstbestimmung und Eigenverantwortlichkeit – einen positiven Einfluss auf das fachliche Interesse und die Interessenentwicklung haben.

**Unterrichtsmerkmale, die eine soziale Einbindung fördern.** Die Selbstbestimmungstheorie von Deci und Ryan (vgl. Deci & Ryan, 2002; Lewalter & Schreyer, 2000; Ryan et al., 1991) legt es nahe, dass auch die soziale Einbindung dazu beitragen kann, dass sich Interesse an einem Gegenstand entwickelt, besonders wenn sich Schülerinnen und Schüler mit neuen Tätigkeits- oder Wissensgebieten auseinandersetzen sollen. Wichtig für eine soziale Einbindung sind durch gegenseitigen Respekt gekennzeichnete Beziehungen. In der Forschungsliteratur wird zudem betont, dass eine positive Lehrer-Schüler-Beziehung in der Adoleszenz besonders wichtig ist, da Jugendliche sich zunehmend soziale Beziehungen außerhalb der Familie suchen und der Einfluss der Eltern auf die schulischen Aktivitäten ihrer Kinder abnimmt (Wigfield et al., 1996; Roeser et al., 2000). Verschiedene Forschungsarbeiten belegen zudem, dass sich eine wenig positive Lehrer-Schüler-Beziehung negativ auf die Motivation im akademischen Bereich und die Einstellung gegenüber der Schule auswirkt (z.B. Fraser & Fisher, 1982; Midgley et al., 1989). Umgekehrt ist davon auszugehen, dass ein Unterricht, in dem es der Lehrkraft gelingt, ein positives Verhältnis zu den Schülerinnen und Schülern herzustellen und sie sozial einzubinden, die Entwicklung des fachlichen Interesses fördert (vgl. die Studie von Skinner & Belmont, 1993). Wichtig ist hierbei die *Kompetenz der Lehrkraft im Sozialbereich*, die sie emotionale Stimmungen und Spannungen wahrnehmen lässt. Ebenso bedeutsam ist die *Sozialorientierung der Lehrkraft*, die sich darin äußert, dass die Lehrkraft auf Wünsche und Bedürfnisse der Lernenden eingeht und bereit ist, bei persönlichen Problemen zu helfen. Diese beiden Unterrichtsaspekte dürften dazu führen, dass sich das fachliche Interesse positiv entwickelt. Erwähnt sei, dass auch kooperative Lernformen, vermittelt über eine günstige Interaktion zwischen den Schülern, das Interesse fördern können (z.B. Battistich et al., 1993; Johnson & Johnson, 1995; Lou et al., 1996). Dieser Aspekt wurde hier aber nicht untersucht. Die entsprechenden Hypothesen lauten:

$H_{3.8}$ Die *Kompetenz der Lehrkraft im Sozialbereich*, die sie in die Lage versetzt, emotionale Stimmungen und Spannungen in der Klasse wahrzunehmen, beeinflusst das fachliche Interesse und die Interessenentwicklung – vermittelt über das Gefühl sozialer Eingebundenheit – positiv.

$H_{3.9}$ Die *Sozialorientierung der Lehrkraft*, die sich darin äußert, dass die Lehrkraft auf die Wünsche und Bedürfnisse der Schüler eingeht und bereit ist, bei persönlichen Problemen zu helfen, beeinflusst das fachliche Interesse und die Interessenentwicklung – vermittelt über das Gefühl sozialer Eingebundenheit – positiv.

## 6.4 Der Einfluss einer Differenzierung

Neben den bisher genannten Erklärungsansätzen wird in dieser Arbeit ein weiterer Ansatz verfolgt, der die Entwicklung der Interessen in der Sekundarstufe I erklären kann. Wie im theoretischen Teil der Arbeit dargelegt, bezieht sich dieser Erklärungsansatz auf die Annahme, dass es in der Sekundarstufe I zunehmend zu einer Differenzierung der individuellen Interessen und zu einer Herausbildung verschiedener Interessenbereiche kommt und das Interesse in vielen Bereichen abnimmt. Die Differenzierung der Interessen müsste sich in einer Abnahme der Korrelationen zwischen den Interessen in verschiedenen Fächern im Verlauf der 7. bis 10. Jahrgangsstufe widerspiegeln. Kann dies belegt werden, wäre das ein Hinweis darauf, dass der Differenzierungsprozess für die Abnahme der *durchschnittlichen* fachspezifischen Interessen während der Schulzeit verantwortlich ist und somit eine wichtige Ursache des Interessenabfalls in der Sekundarstufe I darstellt.

Die Annahme einer Differenzierung geht auf theoretische Überlegungen von Todt (1995; Todt & Schreiber, 1998) und Krapp (1998) zurück. Diesen Überlegungen zufolge bilden sich Interessen im Verlauf des Lebens durch Ausblenden bestimmter Bereiche aus einer universellen Interessiertheit heraus und führen zu einer differenzierteren Interessenstruktur bzw. einer Kompartementalisierung verschiedener Interessenbereiche. Dabei wurde betont, dass persönliche Interessen als Person-Gegenstands-Relation überhaupt erst im Jugendalter erkennbar werden (Krapp, 1998), u.a. weil Interessen in dieser Zeit vermehrt mit dem eigenen Selbstbild in Einklang gebracht werden (Todt & Schreiber, 1998). So wird das Interesse an Inhalten, die mit dem eigenen Selbstbild und dem eigenen Lebensentwurf übereinstimmen, akzentuiert, das Interesse an Gebieten, die mit dem Selbstkonzept nicht zu vereinbaren sind, reduziert. Bei der Herausbildung fachlicher schulischer Interessen wird dem fachspezifischen Fähigkeitsselbstkonzept eine besondere Bedeutung zugesprochen. Nach Todt (1995; Todt & Schreiber, 1998) lernen Kinder und Jugendliche über die Rückmeldungen in der Schule ihre eigenen Fähigkeiten einzuschätzen und ihre Interessen an diese anzupassen. Es wurde vielfach belegt, dass die schulischen Interessen durch Fähigkeitsselbstkonzepte beeinflusst sind und dass Personen Interesse in Bereichen entwickeln, in denen sie sich für kompetent halten (vgl. Barak, 1981, 2001; Krapp, 2000, 2005; Lewalter & Schreyer, 2000), u.a. auch in längsschnittlich angelegten Studien (z.B. Jacobs et al., 2002; Marsh, Trautwein et al., 2005). Es liegt daher nahe anzunehmen, dass generalisierte Kompetenzwahrnehmungen, die sich im Selbstkonzept fachspezifischer Fähigkeiten abbilden, einen Einfluss auf die Entwicklung individueller Interessen nehmen.

Um zu zeigen, wie sich fachspezifische Fähigkeiten auf die Differenzierung individueller Interessen auswirken, wurde im Theorieteil auf das Bezugsrahmenmodell von Marsh (z.B. 1986; 1990a) zurückgegriffen. Eine wichtige Annahme im I/E Modell liegt darin, dass ein Einfluss verschiedener Bezugsrahmen – des externalen und internalen Bezugsrahmens – auf das Selbstkonzept besteht. Interindividuelle Vergleichsprozesse sagen dabei vorher, dass gute Leistungen in einem Fach zu einem höheren Selbstkonzept in diesem Fach führen, intraindividuelle Vergleichsprozesse dagegen sagen vorher, dass gute Leistungen in diesem Fach zu einem geringeren Selbstkonzept in einem anderen Fach führen. Das Bezugsrahmenmodell wird in dieser Arbeit auf die Entwicklung schulischer Interessen ausgeweitet. Es wird hier angenommen, dass auch schulische Interessen durch Effekte multipler Bezugsrahmen beeinflusst werden: dass ein hohes fachspezifisches Fähigkeitsselbstkonzept in einem Fach aufgrund interindividueller Vergleichsprozesse ein hohes individuelles Interesse in diesem Fach und aufgrund intraindividueller Vergleichsprozesse ein niedriges Interesse in einem anderen Fach bedingt. Exemplarisch anhand der Fächer *Englisch* und *Mathematik* beschrieben, bedeutet dies, dass eine höheres Selbstkonzept in Mathematik ein höheres Interesse in Mathematik und ein geringeres Interesse an Englisch vorhersagt und ein höheres Selbstkonzept in Englisch ein höheres Interesse an Englisch und ein geringeres Interesse an Mathematik. Besonders aufgrund intraindividueller Vergleichsprozesse, die dazu führen, dass ein hohes Fähigkeitsselbstkonzept in einem Fach eine Abnahme des Interesses in einem anderen Fach bedingt, wird somit deutlich, dass die Differenzierung der Interessen gleichzeitig eine Abnahme durchschnittlicher Interessen bedeutet. Die entsprechenden Annahmen lauten:

$H_{4.1}$ Im Verlauf der Sekundarstufe I bildet die Abnahme schulischer Interessen einen Differenzierungsprozess innerhalb des akademischen Bereichs ab. Die Korrelationen zwischen den Interessen in verschiedenen Fächern gehen daher – abgesehen von inhaltlich sehr ähnlichen Fächern – im Verlauf der Sekundarstufe I zurück.

$H_{4.2}$ Ein hohes Fähigkeitsselbstkonzept in einem Fach wirkt sich positiv auf die Entwicklung des Interesses in diesem Fach aus, ein niedriges Fähigkeitsselbstkonzept in einem Fach wirkt sich negativ auf die Entwicklung des Interesses in diesem Fach aus.

$H_{4.3}$ Eine hohes Fähigkeitsselbstkonzept in einem Fach wirkt sich negativ auf die Entwicklung des Interesses in einem anderen Fach aus, eine niedriges Fähigkeitsselbstkonzept in einem Fach wirkt sich positiv auf die Entwicklung des Interesses in einem anderen Fach aus.

An dieser Stelle soll noch einmal betont werden, dass die verschiedenen Erklärungsansätze der Entwicklung individueller Interessen einander nicht ausschließen und bei der Erklärung der Entwicklung individueller fachspezifischer Interessen in der Sekundarstufe I durchaus zusammenwirken können. Entwicklungsbedingte und unterrichtsbedingte Aspekte können dabei den grundlegenden Prozess der Differenzierung individueller Interessen moderieren.

# Datengrundlage und methodisches Vorgehen

Zur Überprüfung der Fragestellungen wurden Teildatensätze der Mehrkohortenlängsschnittstudie *Bildungsprozesse und psychosoziale Entwicklung im Jugendalter und jungen Erwachsenenalter* (BIJU) herangezogen. Im siebten Kapitel werden die Anlage der Studie sowie die verwendeten Teildatensätze beschrieben. Das achte Kapitel stellt die in den Analysen verwendeten Skalen vor, mit denen das Interesse und potentielle außer- und innerschulischen Faktoren des Interessenverlusts erhoben wurden. Das neunte Kapitel befasst sich mit dem methodischen Vorgehen bei der Datenauswertung.

## 7 Die BIJU-Studie

Im Folgenden werden die Anlage der BIJU-Studie sowie die verwendeten Teildatensätze beschrieben. Im ersten Abschnitt werden die generellen Ziele der Studie und deren Gesamtanlage (d.h. die Erhebungswellen der Längs- und Querschnitte) sowie die Einbettung der eigenen Untersuchungen in diese dargestellt. In zweiten Abschnitt wird die verwendete Stichprobe beschrieben und auf Stichprobenausfälle eingegangen.

### 7.1 Anlage der BIJU-Studie

Die BIJU Studie ist ein gemeinsames Forschungsprojekt des Max-Planck-Instituts für Bildungsforschung in Berlin und des Leibniz-Instituts für die Pädagogik der Naturwissenschaften (IPN) an der Universität Kiel (vgl. Baumert et al., 2003; Baumert, Roeder, Gruehn, Heyn & Köller, 1996; Gruehn, 2000; Köller, 1998a; Schnabel, 1998). Untersucht wurde die Qualität schulischer Bildung und ihre Bedeutung für die kognitive Entwicklung (z.B. den Wissenserwerb) und die psychosoziale Entwicklung (z.B. die Identitätsfindung und Berufseinmündung). Das Besondere der Studie liegt darin, dass eine große Bandbreite entwicklungsrelevanter Konstrukte berücksichtigt wird. Das BIJU-Projekt ist dabei durch drei zentrale Forschungsschwerpunkte gekennzeichnet. Der erste Schwerpunkt richtet sich auf die Beschreibung historischer Veränderungen des Schulsystems (z.B. auf den Strukturwandel in den neuen Bundesländern) und deren Auswirkung auf kognitive und psychosoziale Prozesse. Der zweite Schwerpunkt ist – in enger Koppelung mit der *Third International Mathematics and Science Study* (TIMSS) – schulischen Bildungsprozessen gewidmet, die in Abhängigkeit von psychosozialen Merkmalen (Fähigkeitsselbstkonzepten, Interessen, etc.) sowie von unterschiedlichen Schul- und Unterrichtsbedingungen untersucht werden. Der dritte Schwerpunkt schließlich bezieht sich auf die psychosoziale Entwicklung und die Analyse inter- und intraindividueller Differenzierungsprozesse (z.B. auf die Entwicklung von Interessen). Die individuelle Entwicklung der Schülerinnen und Schüler kann dabei in Abhängigkeit von persönlichen kognitiven und psychosozialen Ressourcen

(Leistungen, Fähigkeitsselbstkonzepten, Interessen etc.), Schul- und Unterrichtsmerkmalen sowie den Bedingungen des Ausbildungs- und Arbeitsmarktes betrachtet werden. Aufgrund ihres breit angelegten Designs eignet sich die BIJU-Studie hervorragend für die Untersuchung der Entwicklung individueller fachspezifischer Interessen über den Zeitraum der Sekundarstufe I sowie der Untersuchung der Frage, welche Faktoren (sowohl auf Individual- als auch auf Ebene der Schulklassen) die Entwicklung individueller Interessen beeinflussen.

Die Erhebung der Daten für die BIJU-Studie wurde dezentral organisiert und von geschulten Studentinnen und Studenten durchgeführt. Zur zeitlich parallelen Erfassung wurde den Schulen ein Zeitfenster von sechs Wochen zu jedem Messzeitpunkt vorgegeben, wobei es nur in Einzelfällen zu Abweichungen kam. Die Datenerhebung umfasste jeweils 4 bis 5 Schulstunden und fand in der Regel an zwei aufeinander folgenden Tagen im Klassenverband im Beisein einer Lehrperson statt. Unabhängig von der Genehmigung durch die betreffende Kultusbehörde, den Schulleiter und die Eltern war die Teilnahme der Schülerinnen und Schüler freiwillig. Aufgrund einer Kennungsvariable konnten die verschiedenen Fragebögen unter Wahrung der Anonymität den Personen zugeordnet werden. Zu jedem Messzeitpunkt wurden den Schülerinnen und Schülern zunächst am Lehrplan validierte Leistungstests mit *multiple-choice*-Aufgaben unter Zeitbeschränkung (*speed*-Test) und ein Test zur Erfassung kognitiver Grundfähigkeiten vorgelegt. Dem folgten umfangreiche Fragebögen zur Erfassung psychosozialer Variablen – unter anderem die Fragebögen zum Selbstkonzept der Begabung, zu fachspezifischen Interessen und zu Merkmalen des Unterrichts. Die Fragebögen bestanden überwiegend aus geschlossenen Fragen bzw. Ratingskalen und wurden in Heftform vorgegeben, so dass ein Heft innerhalb einer Schulstunde komplett bearbeitet werden konnte. Aufgrund des hohen organisatorischen Aufwandes und aus datenschutzrechtlichen Gründen erfolgte keine Nachuntersuchung von Personengruppen, die zu einem Messzeitpunkt nicht an der Erhebung teilnahmen.

Die BIJU-Studie ist als Mehrkohortenlängsschnitt angelegt. Die untersuchte Stichprobe stammt aus Nordrhein-Westfalen, Mecklenburg-Vorpommern, Sachsen-Anhalt und Berlin. Zudem umfasst die Studie alle Schulformen der Sekundarstufe I – Gymnasien, Real-, Haupt- und Gesamtschulen. Abbildung 7.1 gibt einen Überblick über das Design der BIJU-Studie mit den Kohorten und Erhebungszeitpunkten. Die *erste Längsschnittkohorte (L1)* begann mit drei Erhebungswellen zu Beginn, Mitte und Ende der 7. Jahrgangsstufe im Schuljahr 1991/92 (Welle 1–3, im Folgenden als 7.1, 7.2 und 7.3 bezeichnet). In diesem Schuljahr erfolgte in den neuen Bundesländern mit Ausnahme Sachsens die Umstellung auf ein differenziertes Sekundarschulsystem. Insgesamt umfasste die Studie 5948 Schülerinnen und Schüler aus den Bundesländern Mecklenburg-Vorpommern, Nordrhein-Westfalen und Sachsen-Anhalt. Zum zweiten Messzeitpunkt in der 7. Jahrgangsstufe wurde die Stichprobe auf Berlin (Ost und West) – und damit um 2445 Jugendliche – erweitert (vgl. Baumert, Roeder, Gruehn et al., 1996). Die Berliner Stichprobe fließt aber in die hier durchgeführten Analysen nicht mit ein. Die vierte Erhebung (Welle 4, im Folgenden auch als 10 abgekürzt) fand 1995 am Ende des 10. Schuljahrs statt. Die Stichproben weiterer Erhebungen wurden in den hier durchgeführten Analysen nicht verwendet und sind nur der Vollständigkeit halber aufgeführt. Bei einer fünften Erhebung 1997 wurden die Schülerinnen und Schüler der Gymnasien in der 12. Jahrgangsstufe untersucht und Schülerinnen und Schüler der anderen Schulzweige, sowie Schulabgänger und Schulwechsler postalisch befragt (Welle 5). In den alten Bundesländern (NRW, West-Berlin) kam in einer Teilstichprobe des 13. Jahrgangs eine weitere Erhebung hinzu (Welle 5a). Eine Erhebung zur beruflichen Erstausbildung bzw. zum Studium wurde 2001 durchgeführt (Welle 6). Zudem erfolgte eine parallel zur dritten Erhebung in der 7. Jahrgangsstufe der Hauptkohorte durchgeführte *Querschnitterhebung (Q1)* an 1515 Jugendlichen in der 10. Jahrgangsstufe und eine 1992/93 in der 9. und 10. Jahrgangsstufe begonnene und drei Messzeitpunkte umfassende *zweite Längsschnittuntersuchung (L2)* an 1330 Jugendlichen.

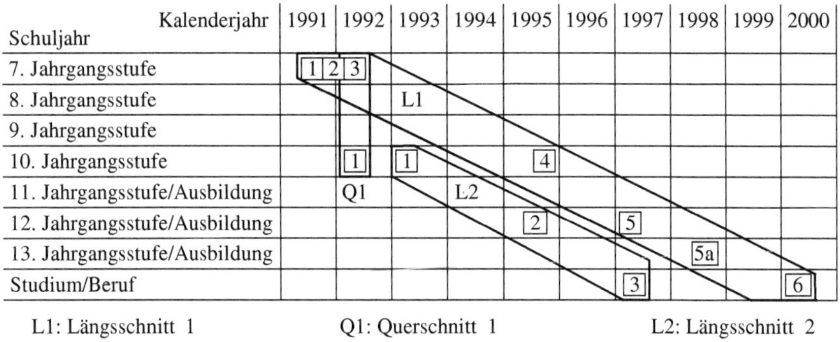


*Abbildung 7.1:* Kohorten- und Erhebungsdesign der Studie „Bildungsverläufe und psychosoziale Entwicklung im Jugendalter (BIJU)“

Die empirische Datengrundlage für die in dieser Arbeit durchgeführten Analysen stammen somit nur aus den Erhebungswellen der 7. bis 10. Jahrgangsstufe des *ersten Längsschnitts* (L1). Sie umfassen die Erhebungen zu Beginn, Mitte und Ende des Schuljahrs der 7. Jahrgangsstufe (Wellen 1 bis 3) und die Erhebung in der 10. Jahrgangsstufe (Welle 4) ohne die Berliner Stichprobe. Um jeweils die maximal in den Daten enthaltene Information zu nutzen, wurden je nach Fragestellung unterschiedliche Stichproben verwendet. Die Analysen der außer- und innerschulischen Einflussfaktoren auf die Interessenentwicklung wurden mit den Daten der drei Messzeitpunkte in der 7. Jahrgangsstufe durchgeführt. Die Abnahme der Interessen in der Sekundarstufe I wurde anhand der Daten der drei Messzeitpunkte in der 7. Jahrgangsstufe und des Messzeitpunkts in der 10. Jahrgangsstufe untersucht.

## 7.2 Stichprobe und Stichprobenausfälle

Die Stichprobe der BIJU-Studie wurde mit einem *zweistufigen Ziehungsverfahren* erhoben. Zunächst wurde aus der Population der Schulen für jedes Bundesland und jede Schulform getrennt eine zufällige Stichprobe gezogen. Aus der Population der Schulen wurde dann wiederum eine zufällige Stichprobe zweier Parallelklassen gezogen, aus denen dann möglichst alle Schülerinnen und Schüler befragt wurden. Durch dieses Verfahren sind Schülerinnen und Schüler großer Schulen etwas unterrepräsentiert, so dass die Stichprobe für den untersuchten Schülerjahrgang nicht selbstgewichtend repräsentativ ist. Das Verfahren hat aber den Vorteil, dass verschiedene Wirkungsebenen (Schule, Klasse, Individuum) analytisch voneinander getrennt und die Effekte von Bundesland, Schulform, Schulen und Klassen gesondert untersucht werden können (vgl. Baumert, Köller & Schnabel, 2000). Im Folgenden wird zunächst die Stichprobe beschrieben, im Anschluss daran auf Stichprobenausfälle eingegangen.

**Die BIJU-Stichprobe.** Abbildung 7.2 zeigt die Stichprobe der Schülerinnen und Schüler, die im ersten Längsschnitt an den Erhebungswellen in der 7. Jahrgangsstufe und von der 7. bis 10. Jahrgangsstufe teilgenommen haben und gibt somit einen Überblick über die Zusammensetzung der gesamten Stichprobe. Das *N* gibt die Anzahl der Schülerinnen und Schüler an, die in Klammern angegebenen Prozentangaben geben den Anteil dieser Schülerinnen und Schüler an der zum jeweiligen Messzeitpunkt untersuchten Stichprobe wieder. Die Stichproben sind nach Geschlecht, Schulform und Ost-/Westdeutschland unterteilt. Die echten Längsschnittdaten (Bruttostichproben) sind schwarz umrandet. Die Abbildung zeigt, dass zum ersten Messzeitpunkt in der 7. Jahrgangsstufe insgesamt 5948 Schülerinnen und Schüler befragt wurden, zum zweiten Messzeitpunkt 4778 der Schülerinnen und Schüler, die bereits zum ersten Messzeitpunkt teilnahmen, und zum dritten Messzeitpunkt 3787 Schülerinnen und Schüler, die zu den ersten beiden Messzeitpunkten teilnahmen. Die 3787 Schülerinnen und Schüler bilden damit die Bruttostichprobe für die Analysen in der 7. Jahrgangsstufe. Daneben sind die Schülerinnen und Schüler aufgeführt, die nur an einigen der vorangegangenen Messzeitpunkte teilgenommen haben, sowie die 2166 Schülerinnen und Schüler, die zum Messzeitpunkt in der 10. Jahrgangsstufe neu dazugekommen sind. Die Geschlechterverteilung zeigt, dass zu allen Messzeitpunkten Mädchen etwas stärker vertreten sind. In der 7. Jahrgangsstufe sind es 2048 Mädchen (54.5 Prozent) gegenüber 1713 Jungen (46.5 Prozent), im Sample von der 7. bis 10. Jahrgangsstufe sind es 900 Mädchen (56.9 Prozent) gegenüber 682 Jungen (43.1 Prozent). Der Grund für den größeren Anteil der Mädchen liegt darin, dass in der Stichprobe überproportional viele Teilnehmer aus Gymnasien gezogen wurden und der Anteil der Mädchen auf den Gymnasien höher ist als der Anteil der Jungen.

*Abbildung 7.2:* Stichprobe und Panelmortalität der ersten vier Messzeitpunkte der ersten Längsschnittkohorte in Anlehnung an Gruehn (2000)

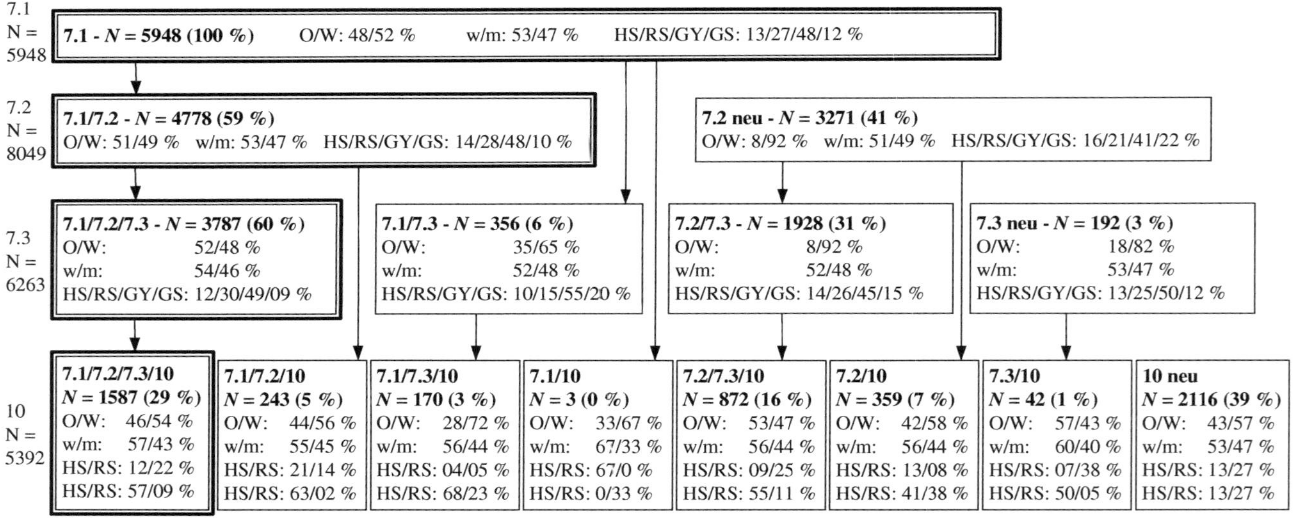


Anmerkung: 7.1, 7.2, 7.3: erster, zweiter und dritter Messzeitpunkt in der 7. Jahrgangsstufe; 10: Messzeitpunkt in der 10. Jahrgangsstufe; O: Ostdeutschland; W: Westdeutschland; w: weiblich; m: männlich; HS: Hauptschule; RS: Realschule; GY: Gymnasium; GS: Gesamtschule. Um die Einbettung der eigenen Studie in die BIJU-Studie deutlich zu machen, sind in der Abbildung alle an der BIJU-Studie beteiligten Schülerinnen und Schüler aufgeführt. Den in dieser Arbeit durchgeführten Analysen liegt die Stichprobe in den grau hinterlegten Feldern zugrunde. Die Prozentangaben in Klammern beziehen sich auf den prozentualen Anteil an Schülerinnen und Schülern bezogen auf den jeweiligen Messzeitpunkt: Zum 2. Messzeitpunkt stellt somit die Stichprobe im grau hinterlegten Bereich 59 % der zu diesem Zeitpunkt erhobenen Gesamtstichprobe dar.

Beim Verlauf der Stichprobengröße vom ersten bis dritten Erhebungszeitpunkt zeigt sich zudem eine leichte Zunahme des Anteils ostdeutscher Schülerinnen und Schüler sowie ein geringer Verlust an Haupt- und Gesamtschülern bei einem leichten Anstieg der Realschüler. Während sich zum vierten Messzeitpunkt die leichte Zunahme des Anteils ostdeutscher Schülerinnen und Schüler fortsetzt, gleicht sich der Anstieg bei den Realschülern sowie der Abfall bei den Haupt- und Gesamtschülern wieder aus.

Tabelle 7.1 gibt einen Überblick über die Stichprobe der Schülerinnen und Schüler, Klassen und Schulen, die an allen Messzeitpunkten in der 7. Jahrgangsstufe und von der 7. bis 10. Jahrgangsstufe an der Erhebung teilgenommen haben. Die Stichprobe ist nach Schulform und Ost-/Westdeutschland getrennt aufgeführt.

*Tabelle 7.1:* Absolute Häufigkeiten[a)] – getrennt nach Schulform und Ost-/Westdeutschland – der Stichproben für die 7. und 7. bis 10. Jahrgangsstufe

| SF | Jgst. | Westdeutschland[b)] | | | Ostdeutschland[b)] | | | Gesamt | | |
|---|---|---|---|---|---|---|---|---|---|---|
| | | Schüler | Klassen | Schulen | Schüler | Klassen | Schulen | Schüler | Klassen | Schulen |
| HS[c)] | 7 | 373 | 25 | 13 | 63 | 7 | 2 | 436 | 32 | 15 |
| | 7–10 | 186 | 21 | 11 | - | - | - | 186 | 21 | 11 |
| RS | 7 | 620 | 33 | 17 | 525 | 36 | 19 | 1145 | 69 | 36 |
| | 7–10 | 204 | 18 | 10 | 148 | 17 | 13 | 352 | 35 | 23 |
| GY | 7 | 567 | 29 | 15 | 1285 | 68 | 35 | 1852 | 97 | 50 |
| | 7–10 | 354 | 24 | 13 | 550 | 42 | 22 | 904 | 66 | 35 |
| GS[d)] | 7 | 229 | 12 | 6 | 99 | 7 | 5 | 328 | 19 | 11 |
| | 7–10 | 106 | 7 | 4 | 34 | 5 | 4 | 140 | 12 | 8 |
| Ges. | 7 | 1789 | 99 | 51 | 1972 | 118 | 61 | 3761[e)] | 217 | 112 |
| | 7–10 | 850 | 70 | 38 | 732 | 64 | 39 | 1582[f)] | 134 | 77 |

Anmerkungen: SF: Schulform; Jgst.: Jahrgangsstufe; HS: Hauptschule; RS: Realschule; GY: Gymnasium; GS: Gesamtschule. Ges.: Anzahl aller Schülerinnen und Schüler, Klassen und Schulen.

a) Auf die Angabe von auf die Gesamtheit der Schüler, Klassen und Schulen bezogenen prozentualen Häufigkeiten wurde an dieser Stelle aus Gründen der Übersichtlichkeit verzichtet.

b) Als westdeutsches Bundesland nahm Nordrhein-Westfalen an der Studie teil, als ostdeutsche Bundesländer nahmen Sachsen-Anhalt und Mecklenburg-Vorpommern an der Studie teil.

c) Für die ostdeutschen Bundesländer liegen für die 10. Jahrgangsstufe keine Daten für die Hauptschule vor, da Schülerinnen und Schüler der Hauptschule in diesen Bundesländern bereits nach der 9. Jahrgangsstufe abgehen.

d) Unter der Rubrik Gesamtschule sind für Ostdeutschland Sekundarschulen aufgeführt, da es im Schuljahr 1991/92 im Land Sachsen-Anhalt nur Gymnasien und Sekundarschulen gab.

e) Für 26 Schülerinnen und Schüler fehlen Werte bezüglich des Geschlechts, der Schulform oder des Bundeslandes. Daher sind hier statt 3787 nur 3761 Schülerinnen und Schüler aufgeführt.

f) Hier fehlen für 5 Schülerinnen und Schüler Werte bezüglich des Geschlechts, der Schulform oder des Bundeslandes. Daher sind statt 1587 nur 1782 Schülerinnen und Schüler aufgeführt.

Die 3787 Schülerinnen und Schüler, für die Werte für die ersten drei Messzeitpunkte in der 7. Jahrgangsstufe vorlagen, stammen aus 217 Klassen aus 112 Schulen, wobei für 26 Schülerinnen und Schüler Angaben bezüglich des Geschlechts, des Bundeslandes oder der Schulform fehlten, so dass in der Tabelle nur 3761 Personen aufgeführt sind. Die 1587 Schülerinnen und Schüler, die zu allen vier Messzeitpunkten von der 7. bis 10. Jahrgangsstufe teilgenommen haben, stammen aus 134 Klassen aus 89 Schulen, wobei für fünf Schülerinnen und Schüler Werte für Geschlecht, Bundesland oder Schulform fehlten, so dass hier nur 1582 Personen aufgeführt sind. In den ostdeutschen Bundesländern konnte zum Zeitpunkt der Stichprobenziehung nicht zwischen Haupt- und Realschule differenziert werden, da hier nur Gymnasien und Sekundarschulen (gemischte Haupt- und Realschulklassen) vorkamen. Die Daten dieser Schulen sind daher unter der Rubrik Gesamtschule aufgeführt. Für die ostdeutschen Bundesländer liegen für die 10. Jahrgangsstufe keine Daten für die Hauptschule vor, da Schülerinnen und Schüler der Hauptschule in diesen Bundesländern bereits nach der 9. Jahrgangsstufe abgehen. Die leichten Schwankungen im Verhältnis der Schulformen untereinander sind zufällig, während der leichte Anstieg der ostdeutschen Schülerinnen und Schüler auf deren größere Beteiligungsbereitschaft zurückgeführt werden kann. Für die durchgeführten Analysen zur Entwicklung individueller schulischer Interessen wurden aus der Bruttostichprobe fachspezifische Teilstichproben von Schülerinnen und Schüler verwendet, für die Daten zum fachspezifischen Interesse vorlagen.

Ein Überblick über die vorhandenen Daten zum fachspezifischen Interesse findet sich in Tabelle 7.2. Die Stichprobe ist pro Schulfach nach Geschlecht, Ost-/Westdeutschland und Schulform differenziert. Aufgeführt ist die Stichprobe für die Schülerinnen und Schüler, für die Daten für die Skalen zum *Topologischen Interesse* an Biologie und Physik und für die Skalen zum *Fachinteresse* an Mathematik, Englisch und Deutsch vorlagen. Das Bruttosample schwankt pro Fach, da es sich bei den fachspezifischen Teilstichproben nur z.T. um identische Schülerinnen bzw. Schüler handelt. Bei der Auswahl der Teilstichproben wurde nämlich darauf geachtet, dass alle Schüler, deren Interessenwerte verwendet wurden, auch den entsprechenden Unterricht erhalten hatten. In den Analysen innerhalb der 7. Jahrgangsstufe konnte für Deutsch und Mathematik die Gesamtstichprobe von 3787 verwendet werden, aber nur 2867 Schülerinnen und Schüler hatten Biologieunterricht, 2868 Schülerinnen und Schüler Physikunterricht und 1807 Schülerinnen und Schüler Englischunterricht. In der 7. Jahrgangsstufe ist die Stichprobe für Englisch kleiner als für die der übrigen Fächer, weil in Ostdeutschland zu diesem Zeitpunkt noch kein flächendeckender Englischunterricht stattfand und das Interesse an Englisch daher nicht erhoben wurde. Für die 7. bis 10. Jahrgangsstufe konnte die Bruttostichprobe von 1587 Schülerinnen und Schülern für Mathematik und Deutsch verwendet werden. In den anderen Fächern wurden wieder nur Schülerinnen und Schüler berücksichtigt, die auch Unterricht in diesem Fach erhalten hatten: in Biologie 1213 Personen, in Physik 1088 Personen und in Englisch 853 Personen. In der 10. Jahrgangsstufe ist sowohl die Stichprobe für Englisch als auch für Biologie kleiner, da diese Fragebogenabschnitte hier alternierend eingesetzt wurden.

*Tabelle 7.2:* Verteilung der Längsschnittdaten der fachspezifischen Interessenwerte sowie der Gesamtstichprobe der 7. und 7. bis 10. Jahrgangsstufe nach Geschlecht, Schulform und Ost-/Westdeutschland getrennt

| | | 7. Jahrgangsstufe | | | | | 7.–10. Jahrgangsstufe | | | | |
|---|---|---|---|---|---|---|---|---|---|---|---|
| | | Westdtl. | | Ostdtl. | | | Westdtl. | | Ostdtl.[b] | | |
| | | Mä. | Ju. | Mä. | Ju. | Ges. | Mä. | Ju. | Mä. | Ju. | Ges. |
| Biologie (TI) | HS | 111 | 133 | 16 | 34 | 294 | 56 | 68 | – | – | 124 |
| | RS | 284 | 308 | 196 | 171 | 959 | 105 | 98 | 42 | 63 | 308 |
| | GY | 336 | 194 | 503 | 374 | 1407 | 203 | 121 | 185 | 212 | 721 |
| | GS | 49 | 56 | 38[a] | 43[a] | 186 | 16 | 10 | 18[a] | 13[a] | 57 |
| | Ges. | 780 | 691 | 753 | 622 | 2846 | 380 | 297 | 245 | 288 | 1210 |
| Mathe (FI) | HS | 178 | 195 | 24 | 39 | 436 | 90 | 96 | – | – | 186 |
| | RS | 300 | 320 | 277 | 248 | 1145 | 106 | 98 | 91 | 57 | 352 |
| | GY | 373 | 194 | 742 | 543 | 1581 | 233 | 121 | 309 | 241 | 904 |
| | GS | 109 | 120 | 45[a] | 54[a] | 328 | 56 | 50 | 15[a] | 19[a] | 140 |
| | Ges. | 960 | 829 | 1088 | 884 | 3761 | 485 | 365 | 415 | 317 | 1582 |
| Physik (TI) | HS | 108 | 132 | 24 | 39 | 303 | 49 | 61 | – | – | 110 |
| | RS | 272 | 288 | 249 | 228 | 1037 | 105 | 98 | 91 | 57 | 351 |
| | GY | 26 | 29 | 695 | 516 | 1266 | 3 | 2 | 292 | 232 | 529 |
| | GS | 68 | 73 | 45[a] | 54[a] | 240 | 33 | 26 | 15[a] | 19[a] | 93 |
| | Ges. | 474 | 522 | 1013 | 837 | 2846 | 190 | 187 | 398 | 308 | 1083 |
| Englisch (FI)[c] | HS | 178 | 195 | – | – | 373 | 90 | 96 | – | – | 186 |
| | RS | 300 | 320 | – | – | 620 | 106 | 98 | – | – | 204 |
| | GY | 373 | 194 | – | – | 567 | 233 | 121 | – | – | 354 |
| | GS | 109 | 120 | – | – | 229 | 56 | 50 | – | – | 106 |
| | Ges. | 960 | 829 | – | – | 1789 | 485 | 365 | – | – | 850 |
| Deutsch (FI)[d] | HS | 178 | 195 | 24 | 39 | 436 | – | – | – | – | – |
| | RS | 300 | 320 | 277 | 248 | 1145 | – | – | – | – | – |
| | GY | 373 | 194 | 742 | 543 | 1852 | – | – | – | – | – |
| | GS | 109 | 120 | 45[a] | 54[a] | 328 | – | – | – | – | – |
| | Ges. | 960 | 829 | 1088 | 884 | 3761 | – | – | – | – | – |

Anmerkung: Westdtl.: Westdeutschland; Ostdtl.: Ostdeutschland; HS: Hauptschule; RS: Realschule; GY: Gymnasium; GS: Gesamtschule; Ges.: Gesamt; FI: *Fachinteresse*; TI: *Topologisches Interesse.*

a) Gemischte Haupt- und Realschulklassen in Ostdeutschland wurden der Gesamtschule zugeordnet.

b) Für die ostdeutschen Bundesländer gibt es keine Hauptschuldaten für die 10. Jahrgangsstufe, da die Hauptschüler in diesen Ländern nach der 9. Jahrgangsstufe abgehen.

c) Die ostdeutschen Schülerinnen und Schüler haben noch keinen Englischunterricht erhalten.

d) Für die 7. bis 10. Jahrgangsstufe wurden keine Daten für das Fach Deutsch erhoben.

e) Differenzen in den Stichprobengrößen in Tabelle und Fließtext kommen durch fehlende Angaben bezüglich Geschlecht, Bundesland oder Schulform zustande: in der 7. Jahrgangsstufe 2846 statt 2867/2868 (Biologie/Physik), 3761 statt 3787 (Mathematik/Deutsch), 1789 statt 1807 (Englisch), von der 7. bis 10. Jahrgangsstufe 1210 statt 1213 (Biologie), 1083 statt 1088 (Physik), 1582 statt 1587 (Mathematik), 850 statt 853 (Englisch).

Die Differenzen zwischen den in Tabelle 7.2 und im Fließtext angegebenen Stichprobengrößen sind sämtlich auf fehlende Angaben bezüglich des Geschlechts, des Bundeslands oder der Schulform zurückzuführen. In der 10. Jahrgangsstufe liegen keine Werte für das Fach Deutsch vor, da der Fragebogen zum Interesse an Deutsch in der 10. Jahrgangsstufe nicht mehr eingesetzt wurde.

**Der Umgang mit Stichprobenausfällen.** Wie in allen Längsschnittstudien kam es auch in der BIJU-Studie zu Stichprobenausfällen, weil nicht alle Schülerinnen und Schüler, die zum ersten Messzeitpunkt befragt wurden, auch an den erneuten Erhebungswellen teilnahmen. Die Ausgangsstichprobe nimmt daher über die Messzeitpunkte hinweg kontinuierlich ab, so dass Abbildung 7.2 auch den Verlauf der Panelmortalität während der ersten vier Erhebungszeitpunkte wiedergibt (zu Details der Panelmortalität in der BIJU-Stichprobe vgl. auch Baumert, Roeder, Gruehn, Heyn, Köller et al., 1996; Gruehn, 2000; Köller, 1998b; Schnabel, 1998). Der Rückgang der Stichprobe erscheint auf den ersten Blick erheblich. Bei der Beurteilung der Stichprobenreduktion auf Schülerebene ist allerdings zu beachten, dass sich auf der Schülerebene – aufgrund der geschichteten Stichprobe – Ausfälle aufgrund von Individualmerkmalen und Schul- und Klassenmerkmalen überlagern und aufsummieren. Auch ist zu bedenken, dass für die Auswertung der Daten nicht der absolute Rückgang des Stichprobenumfangs, sondern eine – durch systematische Zusammenhänge der Stichprobenausfälle mit den Werten der untersuchten Variablen bedingte – Verzerrungstendenz das Hauptproblem ist (attrition bias, vgl. Baumert, Köller et al., 2000, S. 21). Es muss somit untersucht werden, ob eine Reduktion der Stichprobe zu Verzerrungen in den Ergebnissen führt. Im Folgenden werden die Stichprobenausfälle daher zunächst analysiert, anschließend wird dargelegt, in welcher Weise die Reduktion der Stichprobe Auswirkungen auf die Untersuchungsergebnisse nehmen könnte und wie sich diese kontrollieren lassen.

Bei einer Analysen der Stichprobenausfälle muss – aufgrund des gestuften Ziehungsverfahrens – zwischen Stichprobenausfällen auf Schul-, Klassen- und Individualebene unterschieden werden. Auf *Schulebene* können Stichprobenausfälle durch Auflösung oder Umwandlung einer Schule, durch Umbau zum Zeitpunkt der Erhebung oder durch Ablehnung einer weiteren Beteiligung bedingt sein. Dabei ist zu bedenken, dass der Ausfall einer ganzen Schule – z.B. aufgrund von Terminschwierigkeiten zu einem Messzeitpunkt – gleichbedeutend mit dem Verlust von bis zu 60 Schülerinnen und Schülern ist. Eine Klasse kann aufgrund ihrer Auflösung (z.B. durch Zusammenlegung mit der Parallelklasse) oder durch eine zeitpunktbedingte Nichtbeteiligung (z.B. aufgrund einer Klassenreise) ausfallen. Auch hier gilt, dass der Ausfall einer Klasse einen Verlust von bis zu 30 Schülerinnen und Schülern bedeutet. Auf Individualebene kann der Ausfall durch eine horizontale Mobilität (z.B. einen Umzug der Eltern), eine vertikale Mobilität (z.B. Sitzen bleiben und/oder Schulformwechsel), eine zeitpunktbedingte Abwesenheit (z.B. das Fehlen am Untersuchungstag) oder das Fehlen der Beteiligungsbereitschaft (im Sinne einer Verweigerung) bedingt sein. Auch kann es zu Ausfällen einzelner Werte kommen, wenn Personen bei der Bearbeitung einzelner Aufgaben nicht, unvollständig oder falsch antworten (*non-response*). Dies kann zufällig sein, aber auch mit anderen Merkmalen wie der Lesekompetenz, der Konzentration und Aufmerksamkeit, motivationalen Aspekten oder Hintergrundvariablen zusammenhängen (vgl. Baumert & Schümer, 2001).

Auf *Schulebene* sind in der Regel aufgrund der vielen zufälligen Bedingungen, die auf die Entscheidung über die erneute Teilnahme einer Schule entscheiden, kaum systematische Ausfälle zu erwarten. Dies zeigt sich auch in der BIJU-Studie. Von den 212 Schulen der Bruttostichprobe, die in der 7. Jahrgangsstufe an mindestens *einem* der Messzeitpunkte teilgenommen hatten, blieben am Ende der 10. Jahrgangsstufe noch 153 Schulen, in denen Daten erhoben werden konnten. Gegenüber der Schulbeteiligung am Ende der 7. Jahrgangsstufe liegt die Beteiligung bei 90.5 Prozent. Gegenüber der Bruttostichprobe der Schulen, die im 7. Schuljahr an mindestens einer Erhebungswelle teilgenommen haben, liegt der Prozentsatz bei 72 Prozent. Analysen von Baumert et al. (2000) belegen, dass der Längsschnitt auf Schulebene nicht durch die Schulmortalität verzerrt ist, da sich „weder eine regionale Systematik der Schulausfälle noch ein Zusammenhang zwischen Schulmortalität und sozialökologischen Variablen des Schulumfeldes oder der Schülerprofile nachweisen" ließ (vgl. Baumert, Köller et al., 2000, S. 19). Die Ausfälle auf Schulebene können damit als vollständig zufallsbedingt (*missing completely at random*) verstanden werden. Ähnliches gilt auch für die *Klassenebene*, da auch hier systematische Ausfälle nicht zu verzeichnen waren. Insgesamt besteht daher kein Grund anzunehmen, dass die Analyseergebnisse im Längsschnitt durch Ausfälle auf Schul- und Klassenebene verzerrt sind.

Im Gegensatz zu Stichprobenausfällen auf der Ebene der Schulen und Klassen, die durch viele zufällige Bedingungen verursacht sind, ist für die *Individualebene* zu erwarten, dass Stichprobenausfälle schon allein durch strukturbedingte Ausfälle, wie sie durch Klassenwiederholung, Schul- und Schulformwechsel bedingt sind, zu einer systematischen positiven Selektion der verbleibenden Stichprobe führen und somit eine Verzerrung des Längsschnitts bedeuten können. Die strukturbedingten Verzerrungstendenzen dürften dabei umso größer sein, je größer der Untersuchungszeitraum ist. Innerhalb der 7. Jahrgangsstufe ist mit einer vergleichsweise geringen Verzerrung zu rechnen, da mitten im Schuljahr selten eine Jahrgangsstufe wiederholt oder die Schule gewechselt wird. Im Zeitraum von der 7. bis 10. Jahrgangsstufe dürften dagegen Verzerrungstendenzen stärker ausgeprägt sein. Verzerrend auswirken können sich daneben auch die oben erwähnten punktuellen Ausfälle (Fehlen am Untersuchungstag, Fehlen der Beteiligungsbereitschaft, Fehlen einzelner Werte). Baumert et al. (2000) haben die Ausfälle auf Individualebene untersucht. Die Ausfälle von Schulen und Klassen blieben in der Analyse auf Individualebene unberücksichtigt, da sie den Analysen nur Fehlervarianz hinzufügen. Die Untersuchung konzentrierte sich auf Personen, die an beiden oder einem der beiden Erhebungswellen Mitte und Ende der 7. Jahrgangsstufe teilgenommen haben, da psychosoziale Personenmerkmale überwiegend in diesen beiden Wellen erhoben wurden. Von den 5964 Schülerinnen und Schülern, die am zweiten und dritten Messzeitpunkt teilgenommen hatten, wurden für 3276 Schülerinnen und Schüler auch am Ende der 10. Jahrgangsstufe Daten erhoben. Die Quote der Schülerinnen und Schülern, die am zweiten und/oder dritten Messzeitpunkt teilgenommen hatten und sich auch Ende der 10. Jahrgangsstufe beteiligten, lag nach diesen dreieinhalb Jahren bei 55 Prozent. Unter Berücksichtigung der Tatsache, dass aus datenschutzrechtlichen und organisatorischen Gründen keine Nacherhebung erfolgen konnte, kann diese Zahl als erwartungsgemäß angesehen werden (vgl. Baumert, Köller et al., 2000). Sie entspricht der Quote, die auch Fend (1997) in seinem Jugendlängsschnitt fand.

Wie oben erwähnt kommt es in Schulstudien zu strukturbedingten Ausfällen, die durch Klassenwiederholung, Schulformwechsel oder Schulwechsel bedingt sind. Solche strukturbedingte Ausfälle sind bei Gymnasien, Real- und Hauptschulen im Durchschnitt jährlich etwa in Höhe von zehn Prozent zu erwarten. Hinzu kommt eine punktuell bedingte Ausfallquote durch ein Fehlen am Erhebungstag, die bei etwa acht Prozent liegt. Das bedeutet, dass schon allein strukturbedingt bei konstanter Beteiligungsbereitschaft nur eine Quote von maximal 67 Prozent zu erwarten ist. An Gesamtschulen liegt die zu erwartende Quote infolge der reduzierten Klassenwiederholungen und Schulwechsel mit etwa 76 Prozent etwas höher. In der BIJU-Studie wird die Optimalquote an den Gymnasien fast erreicht. An den übrigen Schulformen schwankt die Quote zwischen 47 Prozent für die Realschule und 57 Prozent für die Gesamtschule. Hieraus lassen sich die durch unterschiedliche Teilnahmemotivation bedingten Stichprobenausfälle schätzen: Sie lagen zwischen weniger als fünf Prozent der Ausgangsstichprobe am Gymnasium und maximal 20 Prozent der Ausgangsstichprobe in den anderen Schulformen. Die Analysen von Baumert et al. (2000) zeigen, dass die Ausfälle auf Klassen- und Schulebene rein zufällig sind, auf Individualebene aber durchaus auch systematisch bedingt sind. Die Summe der Ausfälle auf Schul-, Klassen- und Schülerebene ist für die starke Reduktion der Stichprobe auf Schülerebene verantwortlich und ein Teil der Ausfälle, weil strukturbedingt, unvermeidbar. Die Analysen von Baumert et al. (2000) machen deutlich, dass in solch umfassenden Längsschnittstudien in etwa mit einer der BIJU-Studie vergleichbaren Stichprobenreduktion zu rechnen ist.

Tabelle 7.3 gibt einen Überblick über die Reduktion der Stichprobe bezüglich der in den einzelnen Schulfächern gültigen Interessenwerte. Aufgeführt sind einerseits Daten von Schülerinnen und Schülern, für die zu allen Messzeitpunkten für die Interessenskalen gültige Werte vorliegen (*echte Längsschnittdaten*), andererseits Daten von Schülerinnen und Schülern, für die zu mindestens einem Erhebungszeitpunkt gültige Werte für die entsprechenden Interessenskalen vorliegen (*unechte Längsschnittdaten*). Aufgeführt ist auch der Prozentsatz der Schülerinnen und Schüler, für die zu allen drei bzw. vier Messzeitpunkten gültige Interessenwerte vorlagen.

*Tabelle 7.3:* Stichprobe (N) der echten Längsschnittdaten (LS) und unechten Längsschnittdaten bzw. Querschnittdaten (QS) der ersten vier Wellen des ersten Längsschnitts der 7. bis 10. Jahrgangsstufe für die verschiedenen Schulfächer

| | | Querschnittsdaten | | | | Längsschnittdaten | | | |
|---|---|---|---|---|---|---|---|---|---|
| | | 7.1 | 7.2 | 7.3. | 10 | 7 | 7–10 | 7.1 → 7.3 | 7.1 → 10 |
| Biologie (TI) | Mä. | 2873 | 2813 | 2337 | 733 | 1533 | 625 | 53.4 | 40.8 |
| | Ju. | 2513 | 2502 | 1983 | 547 | 1313 | 585 | 52.2 | 44.5 |
| | Ges. | 5386 | 5315 | 4320 | 1280 | 2846 | 1210 | 52.8 | 42.5 |
| Physik (TI) | Mä. | 2812 | 2763 | 2213 | 1277 | 1487 | 588 | 52.9 | 39.5 |
| | Ju. | 2457 | 2463 | 1942 | 959 | 1359 | 495 | 55.3 | 36.4 |
| | Ges. | 5269 | 5206 | 4155 | 2236 | 2846 | 1083 | 54.0 | 38.0 |
| Mathe (FI) | Mä. | 2847 | 2780 | 2303 | 1395 | 2048 | 900 | 71.9 | 43.9 |
| | Ju. | 2482 | 2467 | 1883 | 1045 | 1713 | 682 | 69.0 | 39.8 |
| | Ges. | 5329 | 5247 | 4186 | 2440 | 3761 | 1582 | 70.6 | 42.1 |
| Englisch (FI) | Mä. | 1390 | 1265 | 1165 | 648 | 960 | 485 | 69.1 | 50.5 |
| | Ju. | 1292 | 1164 | 1043 | 461 | 829 | 365 | 64.2 | 44.0 |
| | Ges. | 2682 | 2429 | 2208 | 1109 | 1789 | 850 | 66.7 | 47.5 |
| Deutsch (FI) | Mä. | 2720 | 2753 | 2283 | – | 2048 | – | 75.3 | – |
| | Ju. | 2402 | 2459 | 1975 | – | 1713 | – | 71.3 | – |
| | Ges. | 5122 | 5212 | 4258 | – | 3761 | – | 73.4 | – |

Anmerkung: QS: Bei den „unechten" Längsschnittdaten bzw. Querschnittdaten sind alle zu einem Zeitpunkt zur Verfügung stehenden Daten – mit Ausnahme der Daten der Berliner Stichprobe – aufgeführt; LS: Bei den Längsschnittdaten sind nur Schülerinnen und Schüler berücksichtigt, für die zu allen vier Messzeitpunkten Daten vorlagen, wobei für das Fach Englisch nur die westdeutschen Schülerinnen und Schüler berücksichtigt wurden und für die Fächer Biologie und Physik nur die Schülerinnen und Schüler, die auch entsprechenden Unterricht hatten. TI: *Topologisches Interesse*; FI: *Fachinteresse*. 7.1, 7.2, 7.3: erster, zweiter und dritter Messzeitpunkt in der 7. Jahrgangsstufe. 7: 7. Jahrgangsstufe; 7–10: 7. bis 10. Jahrgangsstufe. 7 (%): Quote der am Ende der 7. Jahrgangsstufe im Vergleich zum Beginn der 7. Jahrgangsstufe in der Studie verbliebenen Schülerinnen und Schüler mit gültigen Interessenwerten (in Prozent). 7–10 (%): Quote der am Ende der 10. Jahrgangsstufe im Vergleich zur 7. Jahrgangsstufe in der Studie verbliebenen Schülerinnen und Schüler mit gültigen Interessenwerten (in Prozent).

Die Werte in der Tabelle sind aufgeschlüsselt nach den jeweiligen Schulfächern und nach Geschlecht. Neben den Stichprobengrößen lassen sich der Tabelle auch der Prozentsatz der Schülerinnen und Schüler entnehmen, für die – verglichen mit der Ausgangsstichprobe – längsschnittlich fachspezifische Interessenwerte vorlagen. Am Ende der 7. Jahrgangsstufe beträgt der Prozentsatz der Schülerinnen und Schüler mit gültigen Interessenwerten in Deutsch 73.4 Prozent, in Mathematik 70.6 Prozent, in Englisch 66.7 Prozent, in Physik 54.0 Prozent und in Biologie 52.8 Prozent der Ausgangsstichprobe. Für den Zeitraum von der 7. bis 10. Jahrgangsstufe beträgt der Prozentsatz der Schülerinnen und Schüler mit gültigen Interessenwerten in Englisch 47.5 Prozent, in Mathematik 42.1 Prozent, in Biologie 42.5 Prozent und in Physik 38.0 Prozent der

Schülerinnen und Schüler, für die innerhalb der 7. Jahrgangsstufe zu allen Messzeitpunkten gültige Werte vorlagen. Der geringere Prozentsatz in Biologie und Physik innerhalb der 7. Jahrgangsstufe im Vergleich zu den anderen Fächern ist dadurch bedingt, dass nicht in allen Klassen zum zweiten und dritten Messzeitpunkt Biologie und Physik unterrichtetet wurde, und Schülerinnen und Schüler aus diesem Grund aus der Stichprobe dieser Fächer heraus fielen. Der etwas höhere Prozentsatz in Englisch in der 10. Jahrgangsstufe im Vergleich zu den anderen Fächern erklärt sich durch den nicht flächendeckenden Einsatz von Englisch in der 7. Jahrgangsstufe, was eine deutlich geringere Ausgangsstichprobe bedeutete.

Angesichts der deutlichen Reduktion der Stichprobe stellt sich die Frage, in welcher Weise mit den Daten umzugehen ist. Wie oben erwähnt, ist für die Auswertung der Daten nicht der absolute Rückgang des Stichprobenumfangs das Hauptproblem, sondern eine – durch systematische Zusammenhänge der Stichprobenausfälle mit den Werten der untersuchten Variablen bedingte – Verzerrungstendenz. Ob ein durch Stichprobenausfall bedingter Verzerrungseffekt berücksichtigt werden muss hängt davon ab, ob er sich auf die untersuchten Variablen auswirkt, weil diese mit den für den Ausfallprozess verantwortlichen Variablen verknüpft sind. Verzerrungstendenzen sind in Schuluntersuchungen vor allem im Bereich der Leistungsentwicklung zu erwarten, da eine positive Auswahl der Stichprobe durch Klassenwiederholung und Schulabgang in erster Linie mit geringeren fachlichen Leistungen in Zusammenhang stehen. Fachliche Leistungen können sich auf den Interessenverlauf auswirken, da für leistungsschwächere Schülerinnen und Schüler möglicherweise ein geringeres fachliches Interesse zu erwarten ist. Auch hier ist die Verzerrungstendenz nicht *per se* methodisch problematisch, sondern ihre eventuelle differentielle Wirksamkeit. So könnte z.B. der Interessenverlust an Schulen mit einem höheren Prozentsatz an Schülerinnen und Schülern, die eine Klasse wiederholen oder die Schule wechseln, unterschätzt werden, da hier über die Zeit hinweg eine leistungsstärkere und damit auch interessiertere Stichprobe ausgewählt würde. Ob sich die Stichprobenausfälle differenziell auf die Ergebnisse auswirken, lässt sich prüfen, indem die Veränderung des Interesses sowohl anhand *echter Längsschnittdaten* als auch anhand *unechter Längsschnittdaten* untersucht wird. Zeigen sich bezüglich der Veränderung des Interesses signifikante Unterschiede zwischen echten und unechten Längsschnittdaten, wäre dies als Hinweis auf einen Ausfallprozess auf Individualebene zu werten.

Es gibt mehrere Möglichkeiten, Verzerrungstendenzen zu kontrollieren, besonders dann, wenn Variablen, die mit dem Ausfallsprozess kausal in Verbindung stehen, in der Untersuchung miterhoben wurden. In dieser Hinsicht bietet die BIJU-Studie mit ihrer Vielzahl an Variablen eine gute Möglichkeit, ausfallrelevante Größen zu identifizieren und zu berücksichtigen. Zur Kontrolle der Verzerrungseffekte können die für den Ausfallprozess verantwortlichen Variablen (z.B. Noten, Leistungsdaten) als unabhängige Variablen oder Kovariaten in die Analysen einbezogen werden. Auch lässt sich – wurden die für den Ausfallprozess verantwortlichen Variablen miterhoben –

Verzerrungstendenzen begegnen, indem die fehlenden Werte anhand von Schätzverfahren ergänzt werden. Wie die Analysen von Baumert et al. (2000) zeigen, sind die fehlenden Werte der BIJU-Studie – besonders auf Individualebene – nicht immer rein zufällig und unsystematisch, sondern können mit den Werten anderer beobachteter Daten (z.B. mit kognitiven Fähigkeiten und fachlichen Leistungen) zusammenhängen. Sowohl bei Daten mit unsystematischem *Missing*-Muster als auch bei Daten, in denen das Muster aufgrund anderer Variablen vorhersagbar ist (die also wie hier *missing at random* sind), ist es sinnvoll, die fehlenden Werte aus den beobachteten Variablen mit Hilfe von *Maximum-Likelyhood*-Methoden zu schätzen und durch plausible Werte (*plausible values*) vermittels Imputation ersetzen zu lassen. Dadurch kann nicht nur die gesamte vorhandene Information genutzt, sondern auch die Art der fehlenden Werte berücksichtigt werden. Inzwischen ist gut belegt, dass ein solches Vorgehen selbst bei unbekannten Ausfallsprozessen anderen Methoden zum Umgang mit fehlenden Werten wie z.B. dem paarweise Ausschluss (*pairwise deletion*) oder dem Ausschluss ganzer Fälle (*listwise deletion*) vorzuziehen ist, dass dieses deutlich bessere Schätzungen liefert (Allison, 2001; Enders, 2001; Lüdtke, Robitzsch, Trautwein & Köller, 2007; Rubin, 1996; Schafer & Graham, 2002; Sinharay, Stern & Russell, 2001). Das für die Daten der BIJU-Studie verwendete Verfahren ist die im SPSS-Programm integrierte *Missing Value Analysis* (MVA), die die Daten mittels einfacher Imputation (*single imputation*) mit dem *EM-Algorithmus* (*Expectation/Maximization-Algorithm*) nach der *Maximum-Likelyhood*-Methode schätzt und anschließend ersetzt. Anzumerken ist nur, dass der EM-Algorithmus in SPSS – ebenso wie der Regressionsansatz – zu einer leichten Unterschätzung der Varianzen und einer Überschätzung der Korrelationen und Kovarianzen führt.

Zur Schätzung der fehlenden Werte ist es sinnvoll, verschiedene Gruppen von Variablen in das Modell aufzunehmen (vgl. Allison, 2001; Graham, Cumsille & Elek-Fisk, 2003). Eingegeben wurden jeweils alle Variablen der Untersuchung sowie Hilfsvariablen, die das Auftreten der fehlenden Werte vorhersagen, aber nicht in direktem Zusammenhang mit der Fragestellung stehen. So wurden z.B. in die Analysen zu den Entwicklungsbedingungen jeweils die Interessenskalen einbezogen und – nach Analysen getrennt – Fähigkeitsselbstkonzepte, Geschlechtsorientierungen, anstehende Entwicklungsaufgaben, Beziehungen zu Gleichaltrigen, die Beziehung zu den Eltern und Freizeitinteressen. Als Hilfsvariablen dienten z.B. kognitive Grundfähigkeiten, Werte im Leistungstest sowie Schulnoten. Die Analyse der fehlenden Werte wurden dabei für jedes Schulfach getrennt durchgeführt. In die *Missing Value Analysis* für die Untersuchungen im Differenzierungskapitel wurden neben den Daten für das Selbstkonzept und das Interesse die Variablen Geschlecht, Bundesland, Schulform, Schule, Klasse, Ausgangsnote, Ausgangstestleistung und Intelligenztestleistung einbezogen.

# 8 Instrumente der Studie

Das folgende Kapitel gibt einen Überblick über die in den Analysen verwendeten Erhebungsinstrumente. Dargestellt werden Skalen zum Interesse, zum fachspezifischen Fähigkeitsselbstkonzept und zur Bewältigung von Entwicklungsaufgaben, verschiedene Items zur Beziehung zu Gleichaltrigen, Skalen zur Beziehung zwischen den Jugendlichen und ihren Eltern, Skalen zu den Freizeitinteressen sowie Skalen zu verschiedenen Merkmalen des Unterrichts. Da die Skalen in der BIJU-Studie unterschiedlich häufig, z.B. nur zu einem oder zwei Messzeitpunkten in der 7. Jahrgangsstufe, eingesetzt wurden, wird angegeben, zu welchen Messzeitpunkten sie jeweils verwendet wurden. Wurden die Skalen zu mehreren Messzeitpunkten in der 7. Jahrgangsstufe eingesetzt und unterschieden sich Mittelwerte und Standardabweichungen nur unwesentlich voneinander, wurden für die Analysen Durchschnittswerte über die verschiedenen Zeitpunkte gebildet. Die angegebenen Stichproben und Reliabilitäten beziehen sich auf Schülerinnen und Schüler, die alle Items beantwortet haben.

## 8.1 Die Skalen zu bereichsspezifischen Interessen

Die individuellen fachspezifischen Interessen wurden mit einem *Multitrait-Multimethod*-Ansatz erhoben. Das bedeutet, dass in verschiedenen Fächern – in Biologie, Physik, Mathematik, Englisch und Deutsch – unterschiedliche Interessenskalen eingesetzt wurden, die sich mehr oder weniger explizit auf die Gegenstände des Unterrichts beziehen: Eine Skala ist dadurch gekennzeichnet, dass sie das Unterrichtsfach selbst thematisiert (*Fachinteresse*), eine Skala dadurch, dass sie sich auf die Gegenstände des Unterrichts konzentriert (*Sachinteresse*) und eine Skala dadurch, dass sie verschiedene Kontexte, Inhalte und Tätigkeiten anspricht (*Topologisches Interesse*). Die verschiedenen Skalen wurden z.T. gleichzeitig, z.T. zu unterschiedlichen Messzeitpunkten in die Analysen eingesetzt. Da die theoretische Konzeption des Interesses in Kapitel 1 und 2 ausführlich behandelt wurde, wird diese bei der Skalenbeschreibung nicht mehr dargestellt. Als Antwortformat für die Items zum Interesse aller Skalen wurde jeweils eine vier- bzw. fünfstufige Likert-Skala verwendet, auf der die Schülerinnen und Schüler angeben sollten, wie gern sie eine Tätigkeit durchführen oder wie intensiv sie sich mit einem Gegenstand beschäftigen. Das Antwortformat für das *Fachinteresse* reicht (je nach Item leicht modifiziert) von „gar nicht“ bis „sehr viel“, das Antwortformat für das *Sachinteresse* von „trifft überhaupt nicht zu“ bis „trifft voll und ganz zu“, das Antwortformat für das *Topologische Interesse* von „sehr gering“ bis „sehr groß“. Ein hoher Wert steht dabei jeweils für ein hohes Interesse.

Unter dem *Fachinteresse* ist das Interesse am Gegenstand zu verstehen, wie er im Kontext der Schule behandelt wird. Dieses wurde mit vier Items erfasst, die aus einer Studie des Max-Planck-Instituts für Bildungsforschung von 1969 stammen (vgl. Baumert, Roeder, Sang & Schmitz, 1986; Vollmer, 1982). Die ursprünglich 17 Items umfassende Skala wurde für die BIJU-Studie mit Hilfe einer Faktorenanalyse auf vier Items reduziert. In dieser Skala beziehen sich zwei Items (Item 1 und 4) auf die persönliche Bedeutsamkeit des Schulfachs und zwei Items (Item 2 und 3) auf die Freude oder innere Beteiligung. Auf diese Weise werden die wertbezogene und die gefühlsbezogene Komponente des Interesses abgebildet (vgl. Schiefele, 1996). Tabelle 8.1 zeigt Items, Mittelwerte, Standardabweichungen und Trennschärfen zum Fachinteresse für Physik. Für Mathematik, Biologie, Englisch und Deutsch sind die Items analog formuliert, wobei die Bezeichnung des Fachs jeweils entsprechend geändert wurde.

*Tabelle 8.1:* Items der Skala Fachinteresse am Beispiel des Fachs Physik zum dritten Messzeitpunkt in der 7. Jahrgangsstufe

| *Fachinteresse* | $\bar{x}$ | *SD* | $r_{it}$ |
|---|---|---|---|
| 1. Wie viel liegt dir daran, im Fach Physik viel zu wissen? | 3.30 | 1.08 | .55 |
| 2. Wie gerne würdest du im Fach Physik noch mehr Stunden haben als bisher? | 2.48 | 1.12 | .52 |
| 3. Wie sehr freust du dich auf eine Stunde im Fach Physik? | 2.69 | 1.17 | .53 |
| 4. Wie viel liegt dir daran, den Stoff des Faches Physik zu behalten? | 3.33 | 1.11 | .48 |

Anmerkung: Antwortformat: gar nichts (1), wenig (2), mittel (3), ziemlich viel (4), sehr viel (5), (jeweils etwas modifiziert); $N_{(7.3)} = 2840$; $\bar{x}$ : Mittelwert, *SD:* Standardabweichung, $r_{it}$: Trennschärfe

Die Skala *Sachinteresse* bezieht sich nicht explizit auf den Unterricht, sondern auf den Gegenstand des Interesses (z.B. Physik) entkoppelt vom schulischen Kontext. Die vier Items für das Sachinteresse an Physik sind mit Mittelwerten, Standardabweichungen und Trennschärfen in Tabelle 8.2 aufgeführt. Das Sachinteresse wurde mit vier bis fünf für die BIJU-Studie entwickelten Items erhoben. Zum einen wurde der emotionale Aspekt des Interessengegenstands (z.B. Item 2), zum anderen die Wichtigkeit des Interessengegenstands (z.B. Item 1) erfasst, also die affektive und wertbezogene Komponente des Interessenkonstrukts. Ferner wurde als zentrales Kennzeichen von Interesse das Erleben von *Flow* bei der Auseinandersetzung mit dem Gegenstand erfasst (z.B. Item 3, vgl. Csikszentmihalyi & Nakamura, 1989) sowie die frei gewählte Auseinandersetzung im Sinne der Selbstbestimmungstheorie (z.B. Item 4, vgl. Deci & Ryan, 1993, 2000b). Diese beiden Items bilden intrinsischen Aspekte der Interessenhandlung ab. Die Items repräsentieren somit insgesamt die Dimensionen Emotionalität, Wertbindung und Selbstintentionalität (vgl. Krapp, 2002a). Für die Fächer Mathematik, Englisch und Deutsch enthielt die Skala fünf statt vier Items, wobei im fünften Item der Aspekt der persönlichen Bedeutsamkeit noch einmal explizit formuliert wurde („Mathematik gehört für mich persönlich zu den wichtigen Dingen“; „es bedeutet mir viel, mit der englischen Sprache vertrauter zu werden“).

*Tabelle 8.2:* Items der Skala Sachinteresse am Beispiel des Fachs Physik zum dritten Messzeitpunkt in der 7. Jahrgangsstufe

| *Sachinteresse* | $\bar{x}$ | *SD* | $r_{it}$ |
|---|---|---|---|
| 1. Die Beschäftigung mit physikalischen Themen und Gegenständen ist für mich sehr wichtig unabhängig von der Schule oder anderen Personen. | 2.38 | .92 | .64 |
| 2. Auf die Beschäftigung mit Physik würde ich ungern verzichten, einfach weil sie mir Freude macht. | 2.23 | .88 | .63 |
| 3. Wenn ich mich mit physikalischen Dingen befasse, kann ich darin richtig versunken sein. | 2.20 | .91 | .61 |
| 4. Für die Beschäftigung mit physikalischen Dingen bin ich auch bereit, meine Freizeit zu verwenden. | 2.03 | .94 | .54 |

Anmerkung: Antwortformat: trifft überhaupt nicht zu (1), trifft eher nicht zu (2), trifft eher zu (3), trifft voll und ganz zu (4); $N_{(7.3)} = 3326$; $\bar{x}$ : Mittelwert, *SD:* Standardabweichung, $r_{it}$: Trennschärfe

Die Items der Skala *Topologisches Interesse* stammen aus dem Interesseninventar zur Physik, das am Leibniz-Institut für Pädagogik der Naturwissenschaften entwickelt wurde (Häußler, 1987; Hoffmann & Lehrke, 1986). In Tabelle 8.3 sind die Items, Mittelwerte, Standardabweichungen und Trennschärfen für das Topologische Interesse an Physik dargestellt.

*Tabelle 8.3:* Items der Skala Topologisches Interesse am Beispiel Physik zum dritten Messzeitpunkt in der 7. Jahrgangsstufe

| *Topologisches Interesse* | $\bar{x}$ | *SD* | $r_{it}$ |
|---|---|---|---|
| 1. Mehr darüber erfahren, warum Wärme nicht vollständig in Bewegung umgewandelt werden kann. | 2.78 | 1.19 | .57 |
| 2. Versuche planen zu der Frage, wovon es abhängt, wie schnell ein Gegenstand abkühlt. | 2.71 | 1.11 | .59 |
| 3. Mehr darüber erfahren, wie die Bewegungsenergie (Wucht) eines Fahrzeugs in andere Energieformen umgelenkt wird (z.B. in den Bremsen oder der Knautschzone). | 2.79 | 1.16 | .60 |
| 4. Mehr darüber erfahren, was der elektrische Strom eigentlich ist. | 2.87 | 1.16 | .60 |
| 5. Die Stromstärken beim Anschluss mehrerer elektrischer Geräte berechnen. | 2.71 | 1.17 | .62 |
| 6. Mehr darüber erfahren, wie heute elektronische Schaltungen so klein gemacht werden können, dass z.B. das „Gehirn" eines Taschenrechners kaum größer als ein Pfennigstück ist. | 3.00 | 1.21 | .61 |
| 7. Informationen darüber erhalten, wie sich durch die Einführung der Mikroelektronik Arbeitsplätze verändern. | 2.86 | 1.16 | .60 |
| 8. Mehr Einblick erhalten, wie Forschung auf dem Gebiet der Elementarteilchen betrieben wird. | 2.80 | 1.20 | .62 |

Anmerkung: Antwortformat: Mein Interesse daran ist sehr gering (1), gering (2), mittel (3), groß (4), sehr groß (5); $N_{(7.3)} = 3266$; $\bar{x}$ : Mittelwert, *SD:* Standardabweichung, $r_{it}$: Trennschärfe

Gemäß dem Kieler Modell des Interesses wurden jeweils drei Dimensionen mit einem Item abgedeckt: Kontexte (z.B. Alltag, Beruf, Wissenschaft), Themengebiete (z.B. Optik, Elektrizität, Atomphysik) und Tätigkeiten (z.B. praktisch-konstruktive, theoretisch-konstruktive, bewertende Tätigkeiten). Aus den 88 Konfigurationen des Kieler Inventars wurden die Items mit den je höchsten Faktorladungen ausgewählt. Diese wurden anschließend für das Fach Biologie adaptiert.

Tabelle 8.4 gibt an, wann die Interessenskalen eingesetzt wurden und wie hoch deren Reliabilität zu jedem Messzeitpunkt ist. Die Skala *Fachinteresse* wurde in Deutsch, Mathematik und Englisch jeweils zu allen drei Messzeitpunkten in der 7. Jahrgangsstufe und (mit Ausnahme von Deutsch) in der 10. Jahrgangsstufe eingesetzt. In Physik und Biologie wurde das *Fachinteresse* nur zum dritten Messzeitpunkt in der 7. Jahrgangsstufe und in der 10. Jahrgangsstufe eingesetzt. Die Skala *Sachinteresse* wurde jeweils zum dritten Messzeitpunkt in der 7. und (außer für Deutsch) in der 10. Jahrgangsstufe eingesetzt. Die Skala *Topologisches Interesse* wurde für Physik und Biologie zu allen vier Messzeitpunkten eingesetzt. Die Reliabilitäten aller Skalen sind zufrieden stellend und liegen – mit Ausnahme der Reliabilitäten für das Fachinteresse an Englisch in der 7. Jahrgangsstufe und für das Fachinteresse in Deutsch zu den ersten beiden Messezeitpunkten – alle über $\alpha = .80$. Im Skalenhandbuch zur BIJU-Studie (Baumert et al., 2003) finden sich neben den Reliabilitäten auch Stichprobengrößen, Mittelwerte und Standardabweichungen der Skalen.

*Tabelle 8.4:* Reliabilitäten (Cronbachs $\alpha$) der Interessenskalen in der 7. bis 10. Jahrgangsstufe für die Schulfächer Biologie, Physik, Mathematik, Englisch und Deutsch

| | *Fachinteresse* | | | | *Sachinteresse* | | | | *Topologisches Interesse* | | | |
|---|---|---|---|---|---|---|---|---|---|---|---|---|
| | 7.1 | 7.2 | 7.3 | 10 | 7.1 | 7.2 | 7.3 | 10 | 7.1 | 7.2 | 7.3 | 10 |
| Biologie | – | – | .88 | .90 | – | – | .86 | .90 | .81 | .83 | .86 | .84 |
| Physik | – | – | .87 | .89 | – | – | .87 | .92 | .91 | .92 | .94 | .91 |
| Mathematik | .80 | .83 | .81 | .81 | – | – | .83 | .81 | – | – | – | – |
| Englisch | .79 | .79 | .79 | .85 | – | – | .83 | .87 | – | – | – | – |
| Deutsch | .74 | .79 | .81 | – | – | – | .80 | – | – | – | – | – |

Anmerkung: 7.1, 7.2, 7.3, 10 = erster, zweiter und dritter Messzeitpunkt in der 7. Jahrgangsstufe, vierter Messzeitpunkt in der 10. Jahrgangsstufe

Das MTMM-Design ermöglicht es zu prüfen, ob die verschiedenen Arten der Erfassung *schulischer Interessen* ein und dasselbe Konstrukt (nämlich das Interesse am Gegenstand) oder je unterschiedliche Aspekte des Interessenkonstrukts (z.B. unterrichtsspezifische Aspekte oder sachspezifische Aspekte) abbilden. Der Konstruktvalidität des Interesses wird in Kapitel 11 im Ergebnisteil nachgegangen. Daten zur externen Validität liegen nicht vor.

## 8.2 Die Skalen zu fachspezifischen Fähigkeitsselbstkonzepten

Für mehrere Analysen in dieser Arbeit wurden Skalen zum Fähigkeitsselbstkonzept verwendet. Die verwendete Skala *Fachspezifisches Selbstkonzept der Begabung* erfasst das Selbstkonzept, das eine Schülerin oder ein Schüler bezüglich der eigenen Fähigkeiten in jedem spezifischen Schulfach hat. Die Fähigkeitsselbstkonzepte werden hier fachspezifisch und nicht global erfasst, weil in der Forschung nur ein geringer Zusammenhang zwischen verschiedenen fachspezifischen Selbstkonzepten nachgewiesen wurde (vgl. Marsh & Shavelson, 1985; Marsh, 1990c; Schilling, Sparfeldt, Rost & Nickels, 2005). Die Items der Skala wurden von Jopt (1978) und Jerusalem (1984) übernommen. Tabelle 8.5 gibt die Items, Mittelwerte, Standardabweichungen und Trennschärfen am Beispiel Physik wieder. Für Mathematik, Biologie, Englisch und Deutsch sind die Items analog formuliert.

*Tabelle 8.5:* Items der Skala Fachspezifisches Selbstkonzept der Begabung am Beispiel Physik zum dritten Messzeitpunkt in der 7. Jahrgangsstufe

| *Fachspezifisches Selbstkonzept der Begabung* | $\bar{x}$ | *SD* | $r_{it}$ |
|---|---|---|---|
| Physik würde ich viel lieber machen, wenn das Fach nicht so schwer wäre. | 2.53 | .99 | .66 |
| Obwohl ich mir bestimmt Mühe gebe, fällt mir Physik schwerer als vielen meiner Mitschülerinnen und Mitschüler. | 2.78 | .89 | .79 |
| Kein Mensch kann alles. Für Physik habe ich einfach keine Begabung. | 2.82 | .91 | .80 |
| Bei manchen Sachen in Physik, die ich nicht verstanden habe, weiß ich von vornherein: „Das verstehe ich nie." | 2.92 | .91 | .71 |
| Physik liegt mir nicht besonders. | 2.71 | .97 | .73 |

Anmerkung: Antwortformat: trifft überhaupt nicht zu (4) – trifft voll und ganz zu (1); $N_{(7.3)} = 3326$; $\bar{x}$ : Mittelwert, *SD:* Standardabweichung, $r_{it}$: Trennschärfe

Die Skala enthält sowohl Aspekte der Einschätzung der Schwierigkeit einer Aufgabe (d.h. in welchem Grad sie als lösbar erscheint) als auch Aspekte der Einschätzung der eigenen Fähigkeit (d.h. in welchem Grad die eigenen Fähigkeiten für die Bewältigung der Aufgabe als ausreichend eingeschätzt werden). Die Aufnahme beider Aspekte lässt sich damit begründen, dass diese empirisch nicht voneinander zu trennen sind (vgl. Hodapp & Mißler, 1996; Wigfield & Eccles, 2000). Motivationale und emotionale Facetten wurden dagegen nicht einbezogen, weil kognitiv-evaluative Repräsentationen eigener Fähigkeiten konzeptuell von affektiven Variablen zu trennen sind (vgl. Bong & Clark, 1999; Köller, 2000; Schwanzer, 2002). Die vierstufige Antwortskala reicht von „trifft überhaupt nicht zu" bis „trifft voll und ganz zu", wobei ein hoher Wert auf ein hohes Fähigkeitsselbstkonzept hinweist. Die Skala wurde zu allen vier Messzeitpunkten eingesetzt. Tabelle 8.6 enthält die Reliabilitäten der fachspezifischen Selbstkonzeptskalen, die (mit Ausnahme von Deutsch) alle über $\alpha = .80$ liegen und damit zufrieden stellend sind. Weitere Skaleneigenschaften finden sich bei Baumert (2003).

*Tabelle 8.6:* Reliabilitäten (Cronbachs α) der Interessenskalen in der 7. bis 10. Jahrgangsstufe für die Schulfächer Biologie, Physik, Mathematik, Englisch und Deutsch

| | Biologie | | | | Physik | | | | Mathematik | | | | Englisch | | | | Deutsch | | | |
|---|---|---|---|---|---|---|---|---|---|---|---|---|---|---|---|---|---|---|---|---|
| | 7.1 | 7.2 | 7.3 | 10 | 7.1 | 7.2 | 7.3 | 10 | 7.1 | 7.2 | 7.3 | 10 | 7.1 | 7.2 | 7.3 | 10 | 7.1 | 7.2 | 7.3 | 10 |
| α | .86 | .86 | .89 | .89 | .89 | .89 | .89 | .90 | .85 | .90 | .90 | .88 | .83 | .87 | .88 | .92 | .76 | .87 | .87 | – |

Anmerkung: 7.1, 7.2, 7.3, 10 = erster, zweiter und dritter Messzeitpunkt in der 7. Jahrgangsstufe, vierter Messzeitpunkt in der 10. Jahrgangsstufe

Auch die Validität der Skala ist zufrieden stellend. Möller und Köller (1995) fanden für die Fächer Deutsch, Mathematik, Geschichte und Physik in einer Gymnasialstichprobe Korrelationen der Skala mit Noten von ca. r = -.60. Das negative Vorzeichen hängt damit zusammen, dass eine gute Note mit einem geringen Zahlenwert abgebildet wird (z.B. 1 = sehr gut), ein hohes Fähigkeitsselbstkonzept aber mit einem hohen Zahlenwert. Köller (2000) fand niedrigere, aber ebenfalls zufrieden stellende Zusammenhänge: *r* = -.36 in Mathematik, r = -.41 in Englisch. In der BIJU-Studie zeigen sich zu Beginn der 7. Jahrgangsstufe ebenfalls signifikante Korrelationen mit den Noten: *r* = -.23 in Biologie, *r* = -.32 in Physik, *r* = -.32 in Mathematik, *r* = -.46 in Englisch und *r* = -.29 in Deutsch. Die Skala ist somit ein zuverlässiges Instrument zur Erfassung des Fähigkeitsselbstkonzepts (vgl. Köller, Schnabel et al., 2000; Lüdtke & Köller, 2002).

## 8.3 Die Skala zu geschlechtsstereotypen Vorstellungen

Zur Überprüfung des Einflusses geschlechtsrollenkonformer Vorstellungen auf die Interessenentwicklung wurde eine Subskala der Skala *Normative Geschlechtsrollenorientierung* eingesetzt, die auf die *Attitudes Toward Women Scale for Adolescents (ATWSA)* von Galambos, Petersen, Richards und Gitelson (1985; vgl. auch Galambos, Noack & Silbereisen, 1995) zurückgeht. Die *ATWSA* besteht aus 12 Items zu Einstellungen gegenüber der Trennung weiblicher und männlicher Geschlechtsrollen. Die Einschätzung erfolgt mit einer vierstufigen Antwortskala von (1) „trifft völlig zu" bis (4) „trifft überhaupt nicht zu". Im Rahmen des Projekts TuDrop Jugendforschung der TU Berlin wurde eine deutsche Version erzeugt und deren psychometrische Eigenschaften an Stichproben der 6. und 9. Jahrgangsstufe überprüft (ATWSA-G, vgl. Galambos et al., 1985). Cronbachs α betrug α = .74 für Mädchen und α = .80 für Jungen. Eine Faktorenanalyse ergab zwei Subskalen. In der BIJU-Studie wurde zum ersten Messzeitpunkt in der 7. Jahrgangsstufe die Subskala *Traditionelle Geschlechtsrollenorientierung* verwendet. Item 1, 2 und 4 waren umgepolte Items. Ein hoher Wert zeigt eine größere Zustimmung zur Geschlechtsrollentrennung an. Die Reliabilität der Skala in der BIJU-Stichprobe ist mit α = .66 annähernd zufrieden stellend. Tabelle 8.7 gibt Items, Mittelwerte, Standardabweidungen und Trennschärfen der Skala wieder.

*Tabelle 8.7:* Items der Skala Traditionelle Geschlechtsrollenorientierung

| *Traditionelle Geschlechtsrollenorientierung* | $\bar{x}$ | *SD* | $r_{it}$ |
|---|---|---|---|
| Fluchen ist schlimmer bei einem Mädchen als bei einem Jungen. | 2.56 | 1.06 | .30 |
| Im Allgemeinen sollte der Vater bei Familienentscheidungen mehr zu sagen haben als die Mutter. | 2.03 | .99 | .41 |
| Im Durchschnitt sind Mädchen so klug wie Jungen. | 1.83 | .91 | .41 |
| Es ist für Jungen wichtiger als für Mädchen, in der Schule gut zu sein. | 2.10 | 1.00 | .36 |
| Wenn Mann und Frau beide berufstätig sind, sollte der Mann einen Teil der Hausarbeit übernehmen, wie etwa Geschirrspülen und Waschen. | 1.71 | .90 | .35 |
| Mädchen sollten dieselben Freiheiten haben wie Jungen | 1.51 | .84 | .43 |

Anmerkung: Antwortformat: trifft überhaupt nicht zu (4) – trifft voll und ganz zu (1); $N_{(7.3)} = 2494$; $\bar{x}$ *:* Mittelwert, *SD:* Standardabweichung, $r_{it}$: Trennschärfe

## 8.4 Die Skala zu Entwicklungsaufgaben im Jugendalter

Für die Überprüfung der Frage zum Einfluss des Entwicklungsstandes auf die Interessenentwicklung wurde eine Skala zu Entwicklungsaufgaben aus dem Projekt TuDrop Jugendforschung der TU Berlin (Silbereisen & Eyferth, 1987) verwendet. Tabelle 8.8 gibt Items, Mittelwerte, Standardabweichungen und Trennschärfen der Skala wieder.

*Tabelle 8.8:* Items der Skala zu anstehenden Entwicklungsaufgaben

| *Anstehende Entwicklungsaufgaben* | $\bar{x}$ | *SD* | $r_{it}$ |
|---|---|---|---|
| Möchtest Du Dich bald in einer ganz bestimmten Art geben und kleiden? | 2.01 | .75 | .35 |
| Wünschst Du Dir, dass Du bald Dein mädchenhaftes/jungenhaftes Aussehen verlierst und immer mehr wie eine erwachsene Frau/ein erwachsener Mann aussiehst? | 1.79 | .64 | .32 |
| Möchtest Du selbst bestimmen, wie Du später aussehen willst? | 2.06 | .84 | .38 |
| Möchtest Du bald selbst genug Geld verdienen, um für Dich selbst sorgen zu können? | 1.98 | .67 | .38 |
| Möchtest Du gerne, dass Du bald stärker auf Deinen eigenen Beinen stehst? | 2.09 | .63 | .43 |
| Möchtest Du bald einmal auf eigene Faust eine Urlaubsreise machen? | 2.30 | .74 | .34 |
| Wünschst Du Dir in der nächsten Zeit einen Freund bzw. eine Freundin, in den/die Du verliebt bist? | 2.42 | .65 | .32 |
| Möchtest Du bald eine Berufsausbildung beginnen? | 1.72 | .69 | .30 |
| Wünschst Du dir, eine Gruppe von Freundinnen und Freunden zu haben, denen Deine Freundschaft wichtig ist? | 2.55 | .65 | .26 |
| Skala *Anstehende Entwicklungsaufgaben* | 2.10 | .36 | |

Anmerkung: Individuell formuliertes Antwortformat: z.B. das möchte ich „noch nicht“ (1) „schon gern“ (2), „ganz klar“ (3); $N_{(7.2)} = 3173$; $\bar{x}$ *:* Mittelwert, *SD:* Standardabweichung, $r_{it}$: Trennschärfe

Mit der Skala wurden Entwicklungsorientierungen für verschiedene Bereiche erhoben: für die Veränderungen des Körpers und des eigenen Aussehens, die Entwicklung eines persönlichen Lebensstils, die Entwicklung beruflicher Vorstellungen, die Ablösung und Unabhängigkeit vom Elternhaus, den Aufbau eines Freundeskreises und die Aufnahme intimer Beziehungen zum Partner. Das Konzept ist eng angelehnt an das Konzept der Entwicklungsaufgabe von Havighurst (1948; 1953; 1956). Die Entwicklungsorientierung wird dabei als Soll-Zustand („Ich möchte im nächsten Jahr ...") erhoben. Die Skala wurde in der BIJU-Studie zum zweiten Messzeitpunkt in der 7. Jahrgangsstufe eingesetzt. Die Reliabilität der Skala ist mit $\alpha = .66$ annähernd zufrieden stellend.

## 8.5 Die Items zur Beziehung zu Gleichaltrigen

Für die Überprüfung des Einflusses der Beziehung zu Gleichaltrigen auf die Interessenentwicklung stand in der BIJU-Studie keine Gesamtskala zur Verfügung, sondern nur Einzelitems, die sich sowohl bezüglich ihrer Formate unterschieden als auch aufgrund ihres Einsatzes zu unterschiedlichen Zeitpunkten. In den Items werden verschiedene Aspekte der Beziehung zu Gleichaltrigen angesprochen. Die Itemformulierung mit Stichprobengröße, Mittelwerten und Standardabweichungen finden sich in Tabelle 8.9. Die Beziehung zu Gleichaltrigen wurde zum einen mit einem zum dritten Erhebungszeitpunkt in der 7. Jahrgangsstufe erhobenen Item gemessen, das die Zugehörigkeit der Jugendlichen zu einer Clique erfasst. Wie häufig sich die Jugendlichen mit Gleichaltrigen treffen, wurde mit einem in der ersten Erhebung in der 7. Jahrgangsstufe eingesetzten Item *Unternehmungen mit Freunden* aus der Subskala *Unterhaltung* des Interessenfragebogens von Todt (1967) erfasst. Der Skalenmittelwert fällt mit $\bar{x} = 4.70$ sehr hoch aus, so dass vermutlich ein Deckeneffekt vorliegt. Das heißt, dass die meisten Jugendlichen sehr häufig etwas mit anderen Jugendlichen unternehmen. Weitere Items stammen aus den Skalen zur Entwicklung aus dem Projekt TuDrop Jugendforschung (Silbereisen & Eyferth, 1987). In einem Itempaar wurde danach gefragt, ob man eine Gruppe von Freunden/Freundinnen hat und/oder sich eine solche Gruppe wünscht. In einem weiteren Itempaar wurde danach gefragt, ob man eine Partnerschaft hat und/oder sich eine solche wünscht. Es fallen dabei zweierlei Dinge auf: (1) Jugendliche in diesem Alter haben mehr Freundschaften als Partnerschaften. (2) Der Wunsch nach einem Freundeskreis und nach einer Partnerschaft ist bei den meisten Jugendlichen gleichermaßen recht ausgeprägt. Für die Variablen nach dem Wunsch nach Freundschaften ($\bar{x} = 2.55$) und dem Wunsch nach Partnerschaften ($\bar{x} = 2.55$) deuten sich Deckeneffekte an. Die Verteilung auf die drei Antwortkategorien zeigt, dass nur 9.4 Prozent angeben, dass ihnen der Wunsch nach einer Freundschaft „nicht so wichtig" ist, 26.3 Prozent möchte „schon gerne" eine Freundschaft und 64.3 Prozent möchte „sehr gerne" eine Freundschaft. Der Wunsch nach einer Partnerschaft ist nur 9.1 Prozent der Jugendlichen „nicht so wichtig", 40.1 Prozent möchten „schon gerne" eine Partnerschaft und 50.8 Prozent möchten „sehr gerne" eine Partnerschaft. Durch die Deckeneffekte können der Anteil der Fehlervarianz erhöht und eventuelle Effekte abgeschwächt werden. Zudem ist die Messung mit lediglich einem Item – aufgrund der fehlenden Reliabilitätsprüfung – methodisch problematisch.

*Tabelle 8.9:* Items zu Cliquenzugehörigkeit, Freundschaften und Liebesbeziehungen

| *Cliquenzugehörigkeit* | Ja | Nein | fehlende Werte |
|---|---|---|---|
| Häufig sind junge Menschen mit Freunden oder anderen jungen Menschen so oft zusammen, dass es eine feste Gruppe oder sogar eine richtige Gemeinschaft ist, aber kein Verein und keine Organisation. Gehörst Du einer solchen Gruppe an? | 1303<br>34.4 % | 1872<br>49.4 % | 612<br>16.2 % |

Antwortformat: nein (0) – ja (1); Angaben in Prozent sind in den Klammern aufgeführt

| *Unternehmungen mit Freunden* | *N* | $\bar{x}$ | *SD* |
|---|---|---|---|
| Wie gern führst Du die folgende Handlung in deiner Freizeit aus?<br>Mit Freunden etwas unternehmen. | 2809 | 4.70 | .58 |

Antwortformat: sehr ungern (1) – sehr gern (5)

| *Freundschaft* | *N* | $\bar{x}$ | *SD* |
|---|---|---|---|
| 1. Hast Du zur Zeit eine Gruppe von Freundinnen und Freunden, denen Deine Freundschaft wichtig ist? | 3492 | 2.25 | .67 |
| 2. Wünschst Du Dir, eine Gruppe von Freundinnen und Freunden zu haben, denen Deine Freundschaft wichtig ist? | 3054 | 2.55 | .66 |

Antwortformat: zu 1: „zur Zeit nicht" (1), „Ich habe einige Freunde." (2), „Ich habe schon länger gute Freunde." (3); zu 2: „Das ist mir nicht wichtig." (1), „Das möchte ich schon gerne." (2), „Das möchte ich sehr gerne." (3)

| *Partnerschaft* | *N* | $\bar{x}$ | *SD* |
|---|---|---|---|
| 1. Hast Du zur Zeit einen Freund bzw. eine Freundin, in den/die Du verliebt bist? | 3503 | 1.56 | .75 |
| 2. Wünschst Du Dir, in der nächsten Zeit einen Freund bzw. eine Freundin, in den/die Du verliebt bist? | 3525 | 2.42 | .65 |

Antwortformat: zu 1: „zur Zeit nicht" (1), „Ich bin gerade verliebt." (2), „Ich habe schon länger einen Freund/eine Freundin." (3); zu 2: „Das ist mir nicht wichtig." (1), „Das möchte ich schon gerne." (2), „Das wünsche ich mit sehr." (3)

Anmerkung: $\bar{x}$ : Mittelwert; *SD*: Standardabweichung; $r_{it}$: Trennschärfe

## 8.6 Die Skalen zur Beziehung zu den Eltern

Um den Grad der Beziehung zu den Eltern zu erfassen, wurden zwei Skalen aus der Konstanzer Längsschnittstudie zur „Entwicklung im Jugendalter" von Fend und Prester (1986) übernommen und für die BIJU-Studie leicht modifiziert. Items, Mittelwerte, Standardabweichungen und Trennschärfen sind in Tabelle 8.10 aufgeführt.

*Tabelle 8.10:* Items der Skala Gesprächsintensität für den dritten Messzeitpunkt in der 7. Jahrgangsstufe

| *Gesprächsintensität* | Darüber spreche ich mit ... | | | | | |
|---|---|---|---|---|---|---|
| | meiner Mutter | | | meinem Vater | | |
| | $\bar{x}$ | *SD* | $r_{it}$ | $\bar{x}$ | *SD* | $r_{it}$ |
| über die Schule | 3.07 | .98 | .40 | 2.56 | 1.10 | .51 |
| über persönliche Probleme und Probleme von anderen | 2.44 | 1.00 | .50 | 2.02 | .98 | .56 |
| darüber, was man in der Freizeit machen kann | 2.54 | 1.07 | .44 | 2.34 | 1.07 | .50 |
| über meine Zukunftspläne/Berufsvorstellungen | 2.29 | .96 | .42 | 2.20 | 1.02 | .49 |
| Skala *Gesprächsintensität* | 2.59 | 1.00 | | 2.28 | 1.04 | |

Anmerkung: Antwortformat: fast täglich (4), mehrmals in der Woche (3), mehrmals im Monat (2), so gut wie nie (1); $N_{(7.2)}$ = 3089 für die *Gesprächsintensität* mit der Mutter und $N_{(7.3)}$ = 2937 für die *Gesprächsintensität* mit dem Vater; $\bar{x}$ : Mittelwert; *SD*: Standardabweichung; $r_{it}$: Trennschärfe

In der Skala von Fend und Prester (1986) wird nach der Beziehung zu den Eltern gefragt, in der BIJU-Studie getrennt nach der Beziehung zu beiden Elternteilen. Die Skala *Gesprächsintensität* geht dabei auf mehrere Aspekte der familiären Umwelt ein. Die Skala erfasst zum einen das Anregungsniveau im familiären Kontext, das in einer Vielfalt möglicher Gesprächsthemen zum Ausdruck kommt und gibt auf diese Weise Auskunft darüber, welche Themen mit den Eltern diskutiert werden – die Schule, persönliche Probleme, Freizeitgestaltung, Zukunftspläne und Berufsvorstellungen. Zum anderen thematisiert die Skala die gemeinsame Kommunikationsbasis zwischen Eltern und Jugendlichen. Eine geringe Gesprächsintensität kann darauf hinweisen, dass der Ablösungsprozess der Jugendlichen von den Eltern weitgehend erfolgt ist. Eine hohe familiäre Gesprächsintensität legt einen gegenseitigen Austausch nahe, auch wenn sie letztlich offen lässt, ob die Gespräche in grundsätzlicher Übereinstimmung oder eher konfliktreich verlaufen. Ein Item zu religiösen Fragen wurde aufgrund einer zu geringen Trennschärfe ($r_{it}$ = .26) nicht in die Skala aufgenommen. Die Skala wurde zum dritten Messzeitpunkt in der 7. Jahrgangsstufe eingesetzt. Die Skalenreliabilitäten sind mit $\alpha$ = .66 für die Gespräche mit der Mutter und $\alpha$ = .72 für die Gespräche mit dem Vater annähernd zufrieden stellend. Angaben zur ebenfalls zufrieden stellenden Validität der Skala finden sich bei Fend und Prester (1986). Die ebenfalls von Fend und Prester (Fend & Prester, 1986) übernommene Skala *Vertrauensverhältnis* betrifft die Art der Beziehung zwischen den Eltern und Jugendlichen. Items, Mittelwerte, Standardabweichungen und Trennschärfen dieser Skala sind in Tabelle 8.11 aufgeführt. In der Skala wird in klassischer Weise die Qualität der Eltern-Kind-Beziehung erfasst. Gefragt wird nach dem Einholen von Rat bei den Eltern, der Häufigkeit von Meinungsverschiedenheiten, dem Verständnis der Eltern, dem aufmerksamen Zuhören, dem Grad, in dem sich Eltern um den Jugendlichen kümmern und dem Interesse der Eltern an der Gedankenwelt der Jugendlichen.

*Tabelle 8.11:* Items der Skala Vertrauensverhältnis für den dritten Messzeitpunkt in der 7. Jahrgangsstufe

| *Vertrauensverhältnis* | Diese Aussage trifft zu für ... | | | | | |
|---|---|---|---|---|---|---|
| | meine Mutter | | | meinen Vater | | |
| | $\bar{x}$ | *SD* | $r_{it}$ | $\bar{x}$ | *SD* | $r_{it}$ |
| Wenn ich Probleme habe, behalte ich sie lieber für mich, als meine Eltern um Rat zu fragen. | 2.76 | .99 | .42 | 2.55 | 1.03 | .42 |
| Zwischen meinen Eltern und mir kommt es oft zu Reibereien. | 2.88 | .96 | .39 | 2.84 | .98 | .45 |
| Meine Eltern haben viel Verständnis für meine Probleme. | 3.00 | .90 | .45 | 2.89 | .92 | .43 |
| Meine Eltern hören mir immer aufmerksam zu, wenn ich etwas erzähle. | 2.87 | .93 | .42 | 2.78 | .95 | .40 |
| Meine Eltern kümmern sich recht wenig um mich. | 3.42 | .85 | .54 | 3.31 | .92 | .58 |
| Meine Eltern interessieren sich recht wenig dafür, was ich so denke und tue. | 3.27 | .91 | .53 | 3.19 | .95 | .56 |
| Skala *Vertrauensverhältnis* | 3.03 | .92 | | 2.93 | .96 | |

Anmerkung: Antwortformat: (1) trifft überhaupt nicht zu – (4) trifft voll und ganz zu; $N_{(7.3)} = 3052$ für das *Vertrauensverhältnis* zur Mutter; $N_{(7.2)} = 2887$ für das *Vertrauensverhältnis* zum Vater; $\bar{x}$ : Mittelwert; *SD*: Standardabweichung; $r_{it}$: Trennschärfe

Nach Fend und Prester (1986) sind die Werte dieser Skala dafür indikativ, wie tragfähig die Beziehung zwischen Eltern und Jugendlichen ist. Die Skala wurde zum dritten Messzeitpunkt in der 7. Jahrgangsstufe eingesetzt. Die Skalenreliabilitäten sind mit $\alpha = .72$ für das Vertrauen zur Mutter und $\alpha = .74$ für das Vertrauen zum Vater zufrieden stellend. Die Validität der Skala ist ebenfalls zufrieden stellend (vgl. Fend & Prester, 1986). Zwei weitere zum dritten Messzeitpunkt eingesetzte Einzelitems erfassen die Zufriedenheit der Eltern mit den Schulleistungen und die Auseinandersetzung über die Schulleistungen der Jugendlichen. Bei der Interpretation der Ergebnisse wird berücksichtigt, dass hier keine Reliabilitäten berechnet werden können. Die zwei Items sind mit Mittelwerten und Standardabweichungen in Tabelle 8.12 aufgeführt.

*Tabelle 8.12:* Items zu den von den Eltern erwarteten Schulleistungen und den diesbezüglichen Konflikten

| | $\bar{x}$ | *SD* |
|---|---|---|
| Entsprechen deine Schulleistungen den Erwartungen deiner Eltern? | 2.99 | .73 |
| Wenn du an die letzten 3 Monate denkst: Kam es da zu Hause zu Meinungsverschiedenheiten wegen deiner Leistungen in der Schule? | 2.24 | .95 |

Anmerkung: Antwortformat: gar nicht (1) – voll und ganz (4) bzw. nie (1) – häufig (4); $N_{(7.3)} = 3207$ für die Erwartungen bezüglich der Schulleistungen; $N_{(7.3)} = 3209$ für die Meinungsverschiedenheiten bezüglich der Leistungen; $\bar{x}$ : Mittelwert; *SD*: Standardabweichung

## 8.7 Die Skalen zu Freizeitinteressen

Zur Erfassung der Freizeitinteressen wurde zum ersten Messzeitpunkt in der 7. Jahrgangsstufe eine Kurzform des *Differenziellen Interessentests (DIT)* von Todt (1967) eingesetzt. Die Items der Kurzform sind in Tabelle 8.13 angegeben.

*Tabelle 8.13:* Items zu den Subskalen zum Freizeitinteresse nach Todt (1967) zum ersten Messzeitpunkt in der 7. Jahrgangsstufe

| Subskala | Items | *N* | $\bar{x}$ | *SD* | $r_{it}$ |
|---|---|---|---|---|---|
| *Soz.pflege, Erzieh.* | ein kleines Kind versorgen | 2843 | 3.39 | 1.33 | .63 |
| | alten Menschen gelegentlich helfen | | 3.50 | .97 | .39 |
| | mit kleinen Kindern spielen | | 3.29 | 1.27 | .64 |
| *Politik, Wirtsch.* | über Wirtschaftsfragen diskutieren | 2834 | 2.40 | 1.15 | .59 |
| | Politik-Sendungen ansehen oder anhören | | 2.06 | 1.11 | .64 |
| | über Politik diskutieren | | 2.25 | 1.20 | .74 |
| *Musik* | mit anderen zusammen musizieren | 2881 | 2.08 | 1.26 | .50 |
| | in einem Chor singen | | 2.67 | 1.25 | .50 |
| *Kunst* | Zeichnen | 2842 | 3.81 | 1.18 | .66 |
| | Malen | | 3.70 | 1.23 | .68 |
| | mit Gips, Ton etc. modellieren | | 3.08 | 1.26 | .42 |
| *Unterhaltung* | in Einkaufsstraßen bummeln | 2809 | 4.12 | 1.04 | .25 |
| | Fernsehen sehen | | 4.28 | .84 | .15 |
| | mit Freunden etwas unternehmen | | 4.70 | .58 | .27 |
| | Musikplatten oder Kassetten hören | | 4.65 | .68 | .32 |
| *Sport* | Leichtathletik treiben | 2852 | 3.44 | 1.27 | .34 |
| | Handball oder Fußball spielen | | 3.73 | 1.28 | .27 |
| | Schwimmen | | 4.54 | .80 | .19 |

Anmerkung: Antwortformat: sehr gern (5), gern (4), weder gern noch ungern (3), ungern (2), sehr ungern (1); Stichprobengröße (*N*), die der Berechnung der Skalenreliabilität zugrunde lag; $\bar{x}$ : Mittelwert; *SD*: Standardabweichung; $r_{it}$: Trennschärfe

In der ursprünglichen Langform mit 390 Items werden verschiedene faktorenanalytisch voneinander unabhängige Interessenrichtungen (*Sozialpflege/Erziehung*, *Politik/Wirtschaft*, *Unterhaltung*, *Technik-/Naturwissenschaften*, *Biologie*, *Mathematik*, *Musik*, *Kunst*, *Literatur/Sprache* und *Sport*) anhand von unterschiedlichem Material (Tätigkeiten, Berufe, Bücher, Zeitschriften) erfasst. *Politik/Wirtschaft* und *Technik/Naturwissenschaften* stellen zusammengefasste Skalen dar, da für die einzelnen Bereiche nicht genügend Items vorhanden waren. Die sich ausschließlich auf Tätigkeiten beziehende Kurzform des DIT wurde entwickelt, da die Beziehungen zwischen den Skalen mit unterschiedlichen Materialarten sehr eng waren. In der BIJU-Studie wurde diese Kurzform anhand von Itemanalysen auf je drei Items pro Subskala reduziert.

Für die hier interessierende Fragestellung wurden die Subskalen zum Freizeitinteresse an *Sozialpflege/Erziehung*, *Politik/Wirtschaft*, *Musik* und *Kunst* verwendet. Die Skalen zum Freizeitinteresse an *Technik-/Naturwissenschaften*, *Biologie*, *Mathematik*, *Literatur/Sprache* wurden aufgrund ihrer starken Ähnlichkeit zu den Skalen zum fachspezifischen schulischen Interesse nicht verwendet. Die Skalen *Sport* und *Unterhaltung* wurden aufgrund einer zu geringen Skalenreliabilitäten (*Sport*: $\alpha$ = .43, *Unterhaltung*: $\alpha$ = .42) nicht verwendet. Die Reliabilitäten für die hier verwendeten Subskalen sind mit $\alpha$ = .72 für *Sozialpflege/Erziehung*, $\alpha$ = .81 für *Politik/Wirtschaft*, $\alpha$ = .67 für *Musik*, $\alpha$ = .75 für *Kunst* zufrieden stellend und entsprechen den Reliabilitäten anderer Interessenfragebogen (vgl. Todt, 1967). Ausführliche Hinweise auf die Validität des Tests finden sich bei Todt (1967). Die Beziehung des DIT zu anderen Interessenfragebogen entsprach den in amerikanischen Untersuchungen angegebenen Korrelationen zwischen gleich benannten Skalen verschiedener Fragebogen. Auch die diskriminante Validität war zufrieden stellend. Der DIT unterscheidet sich deutlich von Kenntnis- und Intelligenztests sowie von Schulnoten. Die Validität des Tests kann somit als hinreichend geprüft gelten (vgl. Todt, 1967).

## 8.8 Die Skalen zu Unterrichtsmerkmalen

Um den Einfluss von Unterrichtsmerkmalen auf die Interessenentwicklung zu untersuchen, wurden verschiedene Unterrichtsmerkmale erhoben. Prinzipiell gibt es mehrere Möglichkeiten, Unterrichtsmerkmale zu erfassen, nämlich anhand der Wahrnehmungen der Schülerinnen und Schüler, der Lehrkräfte oder Außenstehender Beobachter. Alle drei Datenquellen haben Vor- und Nachteile (Clausen, 2002; Gruehn, 2000; Helmke, 2002; Reusser, Pauli, Grob et al., 2001). Lehrkräfte können einerseits ihr Handeln im Unterricht subjektiv begründen, ihre Beurteilungen unterliegen aber – besonders, wenn sie sich auf Aspekte des eigenen Handelns beziehen – oft selbstdienlichen Verzerrungen (self-serving bias, Nisbett & Ross, 1980; vgl. auch Wubbles, Brekelmans & Hooymayers, 1992). Beobachterdaten gelten als vergleichsweise reliabel und weisen bei Merkmalen, die sich auf das didaktische Vorgehen beziehen, eine besonders gute prädiktive Validität auf (Helmke & Schrader, 2006), führen aber aufgrund des begrenzten Beobachtungszeitraums oft zu Fehlern (z.B. Howard, Maxwell, Weiner, Boynton & Rooney, 1980). Schülerinnen und Schüler geben einerseits eine recht valide Einschätzung schlecht beobachtbarer oder selten auftretender Merkmale des Unterrichts, andererseits fällt die Beurteilung oft subjektiv, wenig differenziert und affektiv getönt aus (vgl. Haladya & Hess, 1994; Kunter & Baumert, 2006b; Lance, LaPointe & Stewart, 1994; Murphy, Jako & Anhalt, 1993). Die Arbeit von Clausen (2002) zeigt, dass sich aufgrund der spezifischen Perspektiven in der Regel nur eine geringe Übereinstimmung zwischen den drei Perspektiven findet, wobei die Übereinstimmung z.T. auch von den zu beurteilenden Unterrichtsaspekten abhing (so war bei leicht beobachtbaren Unterrichtsaspekten die Übereinstimmung höher). Keine der drei Perspektiven lag zudem näher an der „Unterrichtswirklichkeit“ als die anderen Perspektiven. Einige Aspekte werden besser durch Lehrerurteile, andere besser durch Schülerurteile abgebildet (Kunter & Baumert, 2006b). Die Frage, welche Datenquelle für die Erfassung von Unterrichtsmerkmalen genutzt werden soll, hängt damit vom den zu erhebenden Konstrukten und vom Ziel der Untersuchung ab.

Aufgrund der verfolgten Fragestellung wurden die Unterrichtsmerkmale anhand von Schülerwahrnehmungen erfasst (vgl. Baumert et al., 2003; Gruehn, 2000; Clausen, 2002). Die Verwendung von Schülerangaben zur Erfassung von Unterrichtsmerkmalen weist hinsichtlich der Vorhersage kognitiver oder psychosozialer Entwicklungsverläufe eine größere prädiktive Validität auf als die beiden anderen Datenquellen, besonders wenn die Urteile pro Klasse gemittelt werden (vgl. Clausen, 2002; DeJong & Westerhof, 2001; Fraser & Walberg, 1981; Gruehn, 2000). Helmke, Schneider und Weinert (1986) betrachten Schülerwahrnehmungen sogar als kognitive Mediatorvariablen, die als kausale Verbindung zwischen beobachteten Unterrichtsaspekten und der Entwicklung der Lernenden stehen. Die Schülerwahrnehmung ist dabei besonders bei der Vorhersage hinsichtlich affektiv-motivationaler Kriterien von Bedeutung (Clausen, 2002). Die Subjektivität der Schülersicht ist nicht unbedingt von Nachteil, da sie das Unterrichtsklima entscheidend mitprägt (vgl. Steltmann, 1992). Zudem wird in ihr die heterogene Erfahrung einzelner Schülerinnen und Schüler abgebildet (Morgenstern & Keeves, 1993). Die Verzerrung, die dadurch zustande kommt, dass die individuellen Wahrnehmungen vom schulischen Leistungsstand innerhalb der Klasse abhängen, wird bei symmetrischer Leistungsverteilung in der Klasse bei einer klassenweisen Mittelung ausgeglichen (vgl. Babad, 1996). Antworttendenzen (z.B. Gruppierungstendenzen um positive oder negative Itemformulierungen) können ebenfalls ein Problem darstellen (Matschinger & Krebs, 1998; Rostampour, 1998). Zu beachten sind auch sog. *Halo-Effekte*, eine mangelnde Fähigkeit oder Bereitschaft, zwischen verschiedenen Aspekten des Unterrichts zu unterscheiden, was die Interkorrelation zwischen den Unterrichtsmerkmalen erhöht. In der Regel zeigt sich dabei der Gesamteindruck als globale Varianz in allen Beurteilungen (general impression halo, Lance et al., 1994). Der die verschiedenen Unterrichtsmerkmale übergreifende Methodenanteil der Schülersicht (also ihr Globalurteil bezüglich des Unterrichts) hängt dabei positiv mit verschiedenen Interessenkriterien zusammen (vgl. Clausen, 2002).

Die Items zu den Unterrichtsmerkmalen entstammen einem Schülerfragebogen, der ursprünglich 85 Items umfasste, die zu 22 Skalen zusammengefasst wurden (für eine detaillierte Beschreibung aller Skalen vgl. Gruehn, 2000; Clausen, 2002). Einige Skalen wurden im Rahmen des BIJU-Projekts neu entwickelt, andere Skalen wurden adaptiert (für die Originalquellen vgl. Baumert et al., 2003). Die adaptierten Skalen wurden z.T. aus Fragebogen zum Unterrichtsklima und z.T. aus Fragebogen zur Erfassung von Unterrichtskonstrukten in der Lehr-Lern-Forschung übernommen. Die Zuordnung der Items zu den Unterrichtsskalen wurde von Gruehn (2000) faktorenanalytisch geprüft. Damit belegte Gruehn (2000), dass die Schülerinnen und Schüler die Qualitätsdimensionen differenziert wahrnehmen. Zudem wurden die Skalen von Gruehn (2000) und Clausen (2002) ausführlich validiert. Die für die Fragestellung dieser Arbeit relevanten Skalen sind: *Klarheit und Strukturiertheit des Unterrichts*, *Angemessenes Unterrichtstempo (Pacing)*, *Leistungsdruck*, *Adaptive bzw. Individualisierte Unterrichtsmaßnahmen*, *Individuelle Bezugsnormorientierung*, *Schülermitbestimmung*, *Soziale Kompetenz und die Sozialorientierung der Lehrkräfte*. Bei der Formulierung der Items wurde darauf geachtet, dass alle Items explizit auf das Fach Mathematik bezogen wurden. Im Gegensatz zu einer allgemeinen fachunspezifischen Formulierung weist ein spezifischeres Maß einen geringeren Abstand und damit einen höheren Erklärungswert auf. Zudem wurde darauf geachtet, dass das Abstraktionsniveau einheitlich ist, um einen direkten Vergleich z.B. der Regressionskoeffizienten auf der Konstruktebene zu ermöglichen. Im Folgenden werden die Skalen kurz beschrieben. Die Konstrukte sind danach geordnet, ob sie eher das Kompetenzerleben, das Fähigkeitsselbstkonzept und die Selbstwirksamkeit, die Selbstbestimmung und/oder die soziale Einbindung fördern.

**Unterrichtsmerkmale, die über eine Angemessenheit der Anforderungen das Kompetenzerleben fördern.** Zunächst werden Unterrichtsskalen *Klarheit und Strukturiertheit der Präsentation*, *Angemessenes Unterrichtstempo (Pacing)* und *Leistungsdruck* beschrieben, für die ein über das Kompetenzerleben vermittelter Einfluss auf die Interessenentwicklung zu erwarten ist. Die Skala *Klarheit und Strukturiertheit der Präsentation* (3 Items) erfasst – jeweils aus Schülersicht – die Verständlichkeit der Erklärungen der Lehrkraft und die Anwendung von Strukturierungshilfen, z.B. die Zusammenfassung des Unterrichtsstoffs. Die Items sind z.T. Neuformulierungen und z.T. Items des Lehrerverhaltensinventars von Fend und Specht (1986) bzw. der *Landauer Skalen zum Sozialklima* (LASSO, von Saldern, Littig & Ingenkamp, 1986). Die eigens für BIJU entwickelte Skala *Voranschreiten im Unterricht (Pacing)* (4 Items) erfasst, inwieweit das Tempo beim Durchnehmen des Lernstoffs als angemessen erlebt wird, indem zügig im Unterrichtsstoff vorangeschritten wird, ohne dass eine Überforderung auftritt. Die Skala *Leistungsdruck* (4 Items) erfasst das Ausmaß belastender, schwer zu bewältigender Leistungsanforderungen – d.h. die wahrgenommene Überforderung aus Schülersicht. So wird z.B. erfragt, ob die Schülerinnen und Schüler es nicht schaffen, im Unterricht mitzukommen oder ob sie mit ihren Hausaufgaben nicht nachkommen. Die Skala entstammt den *Landauer Skalen zum Sozialklima* (LASSO, von Saldern et al., 1986), die wiederum Items von Fend (1977; Fend & Specht, 1986) verwendeten. Die Items, Mittelwerte und Trennschärfen der Skalen sind in Tabelle 8.14 dargestellt. Die Skalenreliabilitäten aller drei Skalen sind – mit $\alpha = .84$ für die Skala *Klarheit und Strukturiertheit des Unterrichts*, mit $\alpha = .76$ für die Skala *Zügiges Voranschreiben im Unterricht (Pacing)* und mit $\alpha = .82$ für die Skala *Leistungsdruck* – zufrieden stellend.

*Tabelle 8.14:* Items der Skalen zur Klarheit der Strukturierung, zur Angemessenheit des Unterrichtstempos und zum Leistungsdruck

| *Klarheit und Strukturiertheit des Unterrichts* | $\bar{x}$ | *SD* | $r_{it}$ |
|---|---|---|---|
| *Könnt ihr Eurem Mathematiklehrer im Unterricht folgen?* | | | |
| Unser Mathematiklehrer | | | |
| ... fasst häufig noch mal den Stoff zusammen, damit wir ihn uns gut merken können. | 2.92 | .84 | .56 |
| ... kann gut erklären. | 2.72 | .88 | .73 |
| ... unterrichtet so, dass man auch eine schwierige Aufgabe bewältigen kann, wenn man sich anstrengt. | 2.66 | .89 | .67 |
| ... erklärt besonders an schwierigen Stellen langsam und sorgfältig. | 2.71 | .90 | .72 |
| *Angemessenes Unterrichtstempo (Pacing)* | $\bar{x}$ | *SD* | $r_{it}$ |
| *Wie hoch ist das Tempo im Mathematikunterricht?* | | | |
| Unser Mathematiklehrer ... | | | |
| ... geht im Stoff zügig voran, ohne uns zu überfordern. | 2.58 | .84 | .53 |
| ... geht so schnell voran, dass man in jeder Stunde das Gefühl hat, etwas Neues dazugelernt zu haben. | 2.51 | .84 | .57 |
| ... arbeitet die Lektionen zügig durch, so dass man immer aufpassen muss, aber auch nicht überfordert wird. | 2.60 | .84 | .60 |
| ... bringt uns auch beim Üben noch etwas Neues bei. | 2.63 | .85 | .52 |
| *Leistungsdruck (-)* | $\bar{x}$ | *SD* | $r_{it}$ |
| *Wie sehr fordert Euch der Mathematiklehrer?* | | | |
| Wenn wir nicht am Wochenende lernen, schaffen wir kaum, was von uns verlangt wird. | 2.25 | .88 | .66 |
| Wir kommen kaum nach mit unseren Hausaufgaben. | 2.09 | .95 | .70 |
| Der Unterricht geht so schnell weiter, dass viele Schüler Schwierigkeiten haben, mitzukommen. | 2.24 | .90 | .70 |
| Wenn ein Schüler einige Tage fehlt, muss er sich anstrengen, um wieder Anschluss zu finden. | 2.46 | .96 | .52 |

Anmerkung: Antwortformat: (1) trifft überhaupt nicht zu – (4) trifft voll und ganz zu; $N_{(7.3)}$ = 3165 für die Skala *Klarheit und Strukturiertheit des Unterrichts*, $N_{(7.3)}$ = 3190 für die Skala *Angemessenes Unterrichtstempo (Pacing)* und $N_{(7.3)}$ = 3341 für die Skala *Leistungsdruck*; $\bar{x}$ : Mittelwert; *SD*: Standardabweichung; $r_{it}$: Trennschärfe

**Unterrichtsmerkmale, die über individuell angemessene Aufgabenstellung und Rückmeldung das Fähigkeitsselbstkonzept und die Selbstwirksamkeit fördern.** Hier werden Unterrichtsskalen beschrieben, für die vermittelt über das Fähigkeitsselbstkonzept und die Selbstwirksamkeitserwartungen der Jugendlichen ein Einfluss auf die Interessenentwicklung erwartet wurde. Dies sind die Skalen *Adaptive bzw. Individualisierte Unterrichtsmaßnahmen* und *Individuelle Bezugsnormorientierung.* Die Items, Mittelwerte und Trennschärfen dieser Skalen sind in Tabelle 8.15 dargestellt.

*Tabelle 8.15:* Items der Skalen zu individuell angepassten Aufgabenstellungen und intraindividuellen Rückmeldungen

| *Individualisierter Unterricht* | $\bar{x}$ | *SD* | $r_{it}$ |
|---|---|---|---|
| *Wie nutzt ihr die Unterrichtszeit in Mathematik?* | | | |
| In Mathematik | | | |
| ... haben die einzelnen Schüler oft verschiedene Aufgaben. | 2.28 | .83 | .47 |
| ... können schnellere Schüler schon zum Nächsten übergehen. | 2.53 | .84 | .46 |
| ... stellt der Lehrer Schülern oder Schülergruppen unterschiedlich schwere Fragen, je nachdem, wie gut ein Schüler ist. | 2.33 | .88 | .59 |
| ... verlangt der Lehrer von den guten Schülern deutlich mehr. | 2.42 | .86 | .57 |
| *Individuelle Bezugsnormorientierung* | $\bar{x}$ | *SD* | $r_{it}$ |
| *Wie schätzt Euer Mathematiklehrer Eure Leistungen ein?* | | | |
| Wenn sich ein schwacher Schüler verbessert, ist das für unseren Mathematiklehrer eine gute Leistung, auch wenn der Schüler immer noch unter dem Klassendurchschnitt liegt. | 2.78 | .81 | .63 |
| Wenn ich mich besonders angestrengt habe, lobt mich der Mathematiklehrer meistens, auch wenn andere Schüler noch besser sind als ich. | 2.65 | .87 | .64 |
| Wenn ein Schüler seine Leistungen verbessert, wird er vom Mathematiklehrer gelobt, auch dann, wenn er im Vergleich zur Klasse unter dem Durchschnitt liegt. | 2.69 | .84 | .73 |
| Unser Mathematiklehrer lobt auch die schlechten Schüler, wenn er merkt, dass sie sich verbessern. | 2.72 | .87 | .67 |

Anmerkung: Antwortformat: (1) trifft überhaupt nicht zu – (4) trifft voll und ganz zu; $N_{(7.3)}$ = 3154 für die Skala *Individualisierte Unterrichtsmaßnahmen;* $N_{(7.3)}$ = 3234 für die Skala *Individuelle Bezugsnormorientierung*

Mit der Skala *Individualisierter Unterricht* (4 Items) ist das Ausmaß abgebildet, mit dem eine Lehrkraft binnendifferenzierende Maßnahmen einsetzt und sowohl Aufgabenstellungen als auch Rückmeldungen am individuellen Leistungsstand orientiert. Dies kann durch die Vergabe unterschiedlicher Lernmaterialien sowie leistungsabhängiger Anforderungsniveaus geschehen. Die Skala wurde in gekürzter Form der *Individualized Classroom Environment Questionnaire* (ICEQ) von Fraser (1980) entnommen. Die Skala *Individuelle Bezugsnormorientierung* (4 Items) betrifft den Vergleichsmaßstab, mit dem die Lehrkraft den Leistungsstand und die Leistungsentwicklung der Schülerinnen und Schüler bewertet. Mit der Skala wird erfasst, inwieweit sich die Lehrkraft mit ihrer Beurteilung an der intraindividuellen Entwicklung des einzelnen Lernenden orientiert. Diese steht im Gegensatz zu einer sozialen Bezugsnormorientierung, bei der sich die Lehrkraft am interindividuellen Vergleich mit dem Leistungsstand der übrigen Schülerinnen und Schüler der Klasse orientiert. Die Items wurden aus der Skala *Schülerperzipierte Lehrer-Bezugsnorm-Orientierung* (SPLB) von Schwarzer, Lange und Jerusalem (1982a) übernommen. Die Skalenreliabilitäten sind mit $\alpha = .73$ für die Skala *Individualisierte Unterrichtsmaßnahmen* und $\alpha = .84$ für die Skala *Individuelle Bezugsnormorientierung* jeweils zufrieden stellend.

**Unterrichtsmerkmal, das über eine kognitive Aktivierung eigenständiger Lernprozesse das Kompetenz- und Autonomieerleben fördert.** Für die Skala *Sokratisches Vorgehen* wurde angenommen, dass sie sich aufgrund der kognitiven Herausforderung und der selbstbestimmten, aktiven Teilnahme bei der Konstruktion von Wissen auf das Interesse und die Interessenentwicklung auswirkt. Die Items, Mittelwerte und Trennschärfen dieser Skalen sind in Tabelle 8.16 dargestellt.

*Tabelle 8.16:* Skala zur kognitiven Aktivierung eigenständiger Lernprozesse

| *Sokratisches Vorgehen* | $\bar{x}$ | *SD* | $r_{it}$ |
|---|---|---|---|
| *Wie reagiert Euer Mathematiklehrer auf Eure Antworten?* | | | |
| Im Mathematikunterricht ... | | | |
| ... lässt uns der Lehrer auch einmal mit unseren eigenen Vermutungen in die Irre gehen, bis wir es selbst merken. | 2.75 | .87 | .56 |
| ... akzeptiert der Lehrer manchmal auch Fehler und lässt uns damit weitermachen, bis wir selbst sehen, dass etwas nicht stimmt. | 2.59 | .81 | .70 |
| ... akzeptiert der Lehrer unsere Antworten zunächst und fragt so weiter, dass wir immer wieder prüfen müssen, was aus unserer Antwort folgt. | 2.63 | .82 | .65 |
| ... geht der Lehrer oft von ganz alltäglichen Dingen aus und stellt dann verblüffende Fragen, die zeigen, wie schwierig einfache Dinge sein können. | 2.56 | .89 | .50 |

Anmerkung: Antwortformat: (1) trifft überhaupt nicht zu – (4) trifft voll und ganz zu; $N_{(7.3)}$ = 3263 Schülerinnen und Schüler; $\bar{x}$ : Mittelwert, *SD:* Standardabweichung, $r_{it}$: Trennschärfe

Die aus vier Items bestehende Skala bildet die Unterrichtsmethode des *sokratischen Dialogs* (Wagenschein, 1989) ab. Bei diesem Vorgehen werden die Alltagsvorstellungen der Schülerinnen und Schüler aufgegriffen und sie werden ermuntert, Vermutungen über Konsequenzen ihrer Erklärungen bestimmter Phänomene anzustellen. Durch gezieltes Nachfragen seitens der Lehrkraft wird die Alltagsvorstellung der Lernenden so modifiziert, dass sie zu einer wissenschaftlichen Vorstellung gelangen können. Die Schülerinnen und Schüler werden damit am Erkenntnisprozess beteiligt. Der sokratische Dialog soll die Eigenkräfte der Lernenden wecken, indem deren Fähigkeiten bzw. Wissen aktiviert werden. Die Skala wurde für BIJU entwickelt. Die Skalenreliabilität ist mit $\alpha = .79$ zufrieden stellend.

**Unterrichtsmerkmal, das über Mitbestimmungsmöglichkeiten Autonomieerleben fördern.** Mit der Skala *Schülermitbestimmung* (3 Items), für die ein über das Autonomieerleben vermittelter Einfluss auf die Interessenentwicklung erwartet wurde, wird erhoben, inwieweit die Lehrkraft den Schülern die Möglichkeit gibt, den Unterricht mitzugestalten, indem er die Schülerwünsche bei der Auswahl von Aufgaben oder Themenbereichen berücksichtigt. Die Skala wurde für BIJU entwickelt. Die Reliabilität der Skala ist mit $\alpha = .87$ zufrieden stellend. Items, Mittelwerte und Trennschärfen sind in Tabelle 8.17 aufgeführt.

*Tabelle 8.17:* Skala zu Partizipationsmöglichkeiten im Unterricht

| *Schülermitbestimmung (Partizipationsmöglichkeiten)* | $\bar{x}$ | *SD* | $r_{it}$ |
|---|---|---|---|
| *Wie streng ist Euer Mathematiklehrer?* | | | |
| Im Mathematikunterricht ... | | | |
| ... bestimmen wir oft gemeinsam mit dem Lehrer, was durchgenommen wird. | 2.22 | .96 | .76 |
| ... gibt uns der Lehrer Stoffe und Themen zur Auswahl. | 2.10 | .87 | .79 |
| ... geht der Lehrer oft auf aktuelle Wünsche der Schüler ein. | 2.19 | .89 | .69 |

Anmerkung: Antwortformat: (1) trifft überhaupt nicht zu – (4) trifft voll und ganz zu; $N_{(7.3)}$ = 3345 Schülerinnen und Schüler für die Skala *Schülermitbestimmung*; $\bar{x}$ : Mittelwert, *SD:* Standardabweichung, $r_{it}$: Trennschärfe

**Unterrichtsmerkmale, die durch die Schülerorientierung der Lehrkräfte eine soziale Einbindung fördern.** In der Skala *Sozialorientierung der Lehrkraft* (3 Items) werden Unterrichtsmerkmale beschrieben, für die ein über die soziale Einbindung vermittelter Einfluss auf das fachliche Interesse und die Interessenentwicklung angenommen wurde. Items, Mittelwerte und Trennschärfen finden sich in Tabelle 8.18.

*Tabelle 8.18:* Skalen zu Aspekten der sozialen Orientierung von Lehrkräften

| *Diagnostische Kompetenz der Lehrkraft im Sozialbereich* | $\bar{x}$ | *SD* | $r_{it}$ |
|---|---|---|---|
| *Hat Euer Mathematiklehrer eine „Antenne" für Eure Probleme?* | | | |
| Unser Mathematiklehrer ... | | | |
| ... spürt sofort, wenn zwischen Banknachbarn etwas nicht stimmt. | 2.48 | .85 | .64 |
| ... merkt ziemlich schnell, wenn jemand Kummer hat. | 2.43 | .87 | .68 |
| ... sieht schnell, wenn es zwischen Schülern Streit gegeben hat. | 2.47 | .86 | .59 |
| *Sozialorientierung der Lehrkraft* | $\bar{x}$ | *SD* | $r_{it}$ |
| Unser Mathematiklehrer ... | | | |
| ... nimmt sich immer Zeit, wenn die Schüler etwas mit ihm bereden wollen. | 2.55 | .89 | .51 |
| ... hilft uns wie ein Freund. | 2.43 | .92 | .53 |
| ... kümmert sich um die Probleme der Schüler. | 2.45 | .90 | .58 |
| ... bemüht sich, die Wünsche der Schüler so weit wie möglich zu erfüllen. | 2.48 | .89 | .53 |
| ... ist meistens bereit, mit uns zu reden, wenn uns etwas nicht gefällt. | 2.54 | .92 | .51 |

Anmerkung: Antwortformat: (1) trifft überhaupt nicht zu – (4) trifft voll und ganz zu; $N_{(7.3)}$ = 3297 Schülerinnen und Schüler für die Skala *Kompetenz im Sozialbereich*; $N_{(7.3)}$ = 3244 Schülerinnen und Schüler für die Skala *Sozialorientierung der Lehrkraft;* $\bar{x}$ : Mittelwert, *SD:* Standardabweichung, $r_{it}$: Trennschärfe

Die Skala thematisiert, inwieweit die Lehrkraft sich aus Schülersicht über die reine Vermittlung des Lernstoffs hinaus um ihre Sorgen und Probleme kümmert. Sie erfasst somit das Interesse der Lehrkräfte an den persönlichen Wünschen und Bedürfnissen der Schülerinnen und Schüler sowie die Bereitschaft, sie bei persönlichen Problemen zu unterstützen. Die Skala wurde den *Landauer Skalen zum Sozialklima* (LASSO, von Saldern et al., 1986) entnommen. Die Skala zur *diagnostischen Kompetenz der Lehrkräfte im Sozialbereich* (3 Items) misst die von den Schülern wahrgenommene Fähigkeit der Lehrkraft, emotionale Stimmungen sowie soziale Spannungen zwischen Schülerinnen und Schülern wahrzunehmen, z.B. wenn Probleme bestehen oder Streit herrscht. Die Skala wurde für BIJU entwickelt. Die Skalenreliabilitäten sind mit $\alpha = .79$ für die Skala zur *diagnostischen Kompetenz der Lehrkraft im Sozialbereich* und mit $\alpha = .88$ für die Skala *Sozialorientierung der Lehrkraft* zufrieden stellend.

## 8.9 Kontrollvariablen

**Test zur Erhebung der fachlichen Leistung.** In den Analysen zum Einfluss von Unterrichtsmerkmalen auf die Interessenentwicklung wurden die individuelle Ausgangsleistung sowie die Schulnoten als Kontrollvariable einbezogen. Die Ausgangsleistung wurde mit einem für die BIJU-Studie entwickelten Fachleistungstest in Mathematik zu allen drei Messzeitpunkten (mit 26 bis 30 Items pro Messzeitpunkt) erhoben. Die Aufgaben des Leistungstests stammen aus früheren internationalen Schulleistungsstudien der *International Association for the Evaluation of Educational Achievement* (vgl. Burstein, 1993; Husén, 1967; Garden & Robitaille, 1989) und einer 1969 vom Max-Planck-Institut für Bildungsforschung durchgeführten nationalen Schulleistungsstudie (vgl. Baumert et al., 1986). Die Items wurden von Experten hinsichtlich ihrer curricularen Validität eingeschätzt und decken verschiedene Stoffgebiete ab. Die Reliabilitäten lagen zu allen drei Messzeitpunkten über $\alpha = .80$ und sind somit zufrieden stellend. Die Leistungswerte wurden auf der Grundlage von Item-Response-Modellen bestimmt und mit Hilfe eines Anker-Item-Designs über die Messzeitpunkte vergleichbar gemacht. Details zu den verwendeten Tests, zur Skalierung sowie zu deskriptiven Ergebnissen finden sich bei Köller (1998b) und Schnabel (1998). Auf eine Darstellung der Items wurde hier verzichtet, da es sich lediglich um Kontrollvariablen handelt. Die Schulnoten wurden mit dem Fragebogen erfasst. Mit ihnen wird der relative Leistungsstand der Jugendlichen innerhalb der Klasse abgebildet.

**Bildungsabschluss der Eltern.** In einigen Analysen zu den Entwicklungsbedingungen (Beziehung zu den Eltern, Freizeitinteressen) wurde eine Skala zum Bildungsabschluss der Eltern einbezogen, um eine mögliche Konfundierung zu erfassen. Das Item lautete: *„Welchen Schulabschluss haben Deine Eltern? (Kreuze bitte den höchsten Abschluss an den sie jeweils erreicht haben)"*. Die für Mutter und Vater getrennt erfragten Antwortalternativen wurden wie folgt kodiert: kein Abschluss (0), Hauptschulabschluss (1), Realschulabschluss (2) Abitur (3) Studium allgemein (4) Studium FH/PH (5), Studium Universität (6). Auf eine genauere Darstellung der Skala wurde verzichtet, da es sich ebenfalls lediglich um eine Kontrollvariable handelt.

# 9 Statistische Methoden

In diesem Kapitel wird auf die in der Arbeit verwendeten statistischen Methoden eingegangen. In Abschnitt 9.1 wird die Anwendung von konfirmatorischen Faktorenanalysen (CFA) zur Validierung des Interessenkonstrukts erläutert. Abschnitt 9.2 beschäftigt sich mit der Anwendung von Strukturgleichungsmodellen auf längsschnittliche Untersuchung des Einflusses fachspezifischer Fähigkeitsselbstkonzepte auf die fachlichen Interessen. Abschnitt 9.3 befasst sich mit der Berechnung der Modelle, der Bewertung der Modellpassung und der Modellmodifikation. Abschnitt 9.4 beschreibt, wie in den Analysen mit dem in der BIJU-Studie vorliegenden hierarchisch geschachtelten Datensatz umgegangen wird: zum einen durch die Berechnung effektiver Stichprobenumfänge, zum anderen durch die Anwendung von Mehrebenenanalysen unter Berücksichtigung von Variablen auf Individual- und Schulklassenebene.

## 9.1 Konfirmatorische Faktorenanalysen

Zur Erhebung der fachspezifischen Interessen wurde in dieser Arbeit ein Multitrait-Multimethod-Ansatz (MTMM-Ansatz) verwendet. Das MTMM-Design zur Konstruktvalidierung geht auf Campbell und Fiske (1959) zurück, die davon ausgingen, dass die Validierung eines Konstrukts multiple substantiell miteinander korrelierende Indikatoren desselben Konstrukts erfordert (*konvergente Validität*), die zugleich substantiell weniger mit Indikatoren anderer Konstrukte korreliert sind (*diskriminante Validität*). In dieser Arbeit wurden auf unterschiedlichen theoretischen Konzeptionen basierende Interessenskalen – die Skalen *Fach-*, *Sach-* und *Topologisches Interesse* – zur Messung ein und desselben Konstrukts – nämlich des Interesses – zu unterschiedlichen Messzeitpunkten in der 7. und 10. Jahrgangsstufe eingesetzt. Der MTMM-Ansatz ermöglicht es zu prüfen, ob die verschiedenen Skalen zur Erfassung des Interesses das Konstrukt global abbilden oder je sehr unterschiedliche Aspekte des Interessenkonstrukts messen. Dabei lässt sich feststellen, wie groß der gemeinsame Anteil an Varianz ist, der auf das Konstrukt Interesse zurückgeht und wie groß der Anteil der Varianz ist, der auf die verschiedenen Operationalisierungen des Interesses zurückgeht. Da das Interesse in der 7. und 10. Jahrgangsstufe gemessen wurde, lässt sich zudem untersuchen, ob die verschiedenen Interessenskalen das Konstrukt *Interesse* auch über die Zeit hinweg gleichermaßen abbilden und/oder ob sie über die Zeit hinweg stabile spezifische Effekte aufweisen.

Ein Verfahren, dass sich zur statistischen Prüfung der Konstruktvalidität besonders anbietet, ist die *konfirmatorische Faktorenanalyse* (CFA), die häufig bei der Entwicklung von neuen Skalen oder der Evaluation bereits vorhandener Skalen verwendet wird. Konfirmatorische Faktorenanalysen stellen weniger hohe Ansprüche an die empirischen Daten als varianzanalytische Verfahren und ermöglichen es im Unterschied zur exploratorischen Faktorenanalyse (EFA) Modelle mit mehr Flexibilität zu spezifizieren. Daher wurde in dieser Arbeit zur Konstruktvalidierung auf die CFA zurückgegriffen. Deren Anwendung auf die Validierung des Interessenkonstrukts wird im Folgenden beschrieben. Eine detaillierte Beschreibung der CFA findet sich bei Bollen (1989), Bryant und Yarnold (1995), Marsh (1989b) und Gustafsson (1993; 2001). Bei der Spezifizierung der Modelle zur Validierung des Interessenkonstrukts bildeten die Antworten in den drei Interessenskalen das Messmodell, auf dessen Grundlage das latente Interesse bzw. die verschiedenen Interessenaspekte geschätzt wurden. Die Vorgehensweise bei der Spezifizierung des Modells, der Parameterschätzung, der Bewertung der Modellpassung und der Modellmodifikation entspricht derjenigen von Strukturgleichungsmodellen und wird anschließend noch eingehender beschrieben. An dieser Stelle sei nur so viel gesagt, dass aus den Items einer Skala je zwei Itemparcels gebildet wurden, die die Indikatoren für die latenten Faktoren bildeten. Da angenommen werden kann, dass der spezifische Faktor dieselbe Ladung auf die zwei Halbtests (die beiden Itemparcels) hat, wurden die Ladungen pro spezifischem Faktor jeweils gleichgesetzt. Die Analysen wurden für jedes Schulfach getrennt durchgeführt. Für die Fächer Biologie und Physik standen die drei Skalen *Fach-*, *Sach-* und *Topologisches Interesse* zur Verfügung. Für die Fächer Mathematik, Englisch und Deutsch standen die Skalen *Fach- und Sachinteresse* zur Verfügung. Jedes Modell wurde zunächst zum jeweiligen Messzeitpunkt einzeln, dann über beide Messzeitpunkte hinweg modelliert. Auf diese Weise lässt sich prüfen, ob das Modell sowohl zu einem Messzeitpunkt auf die Daten passt als auch über die Messzeitpunkte hinweg Gültigkeit besitzt. Die hohe Anzahl der zu bestimmenden Parameter führte z.T. dazu, dass für die Modelle zu einem Messzeitpunkt in den Fächern mit nur zwei Skalen, also in Mathematik, Englisch und Deutsch, keine Freiheitsgrade übrig blieben, um das Modell zu rechnen. In diesem Fall wurde die konfirmatorische Faktorenanalyse nur für die Fächer Physik und Biologie durchgeführt.

Um das Interessenkonstrukt zu validieren und die Struktur des Interessenkonstrukts zu prüfen, wurden verschiedene Modelle miteinander verglichen. Für die Interessenstruktur lassen sich die folgenden vier Modelle annehmen: (1) ein Modell mit einem generellen Faktor (*g-factor model*), (2) ein Modell mit korrelierten Faktoren (*correlated factor model*), (3) ein hierarchisches Modell mit einem Faktor höherer Ordnung an der Spitze und ihm untergeordneten spezifischen Faktoren (*higher order model*) und (4) ein Modell mit genesteten Faktoren mit einem allgemeinen Faktor, der auf vielen bzw. allen beobachteten Variablen lädt, und spezifischen Faktoren, die nur auf einigen wenigen beobachteten Variablen laden (*nested factor model*). Die verschiedenen für das Interessenkonstrukt in Frage kommenden Modelle werden im Folgenden näher beschrieben. Die angenommenen Modelle sind in Abbildung 9.1 exemplarisch für die Fächer Biologie und Physik aufgeführt. Die Modelle für Mathematik, Deutsch und Englisch weisen entsprechend pro Messzeitpunkt zwei Indikatoren und einen spezifischen Faktor weniger auf.

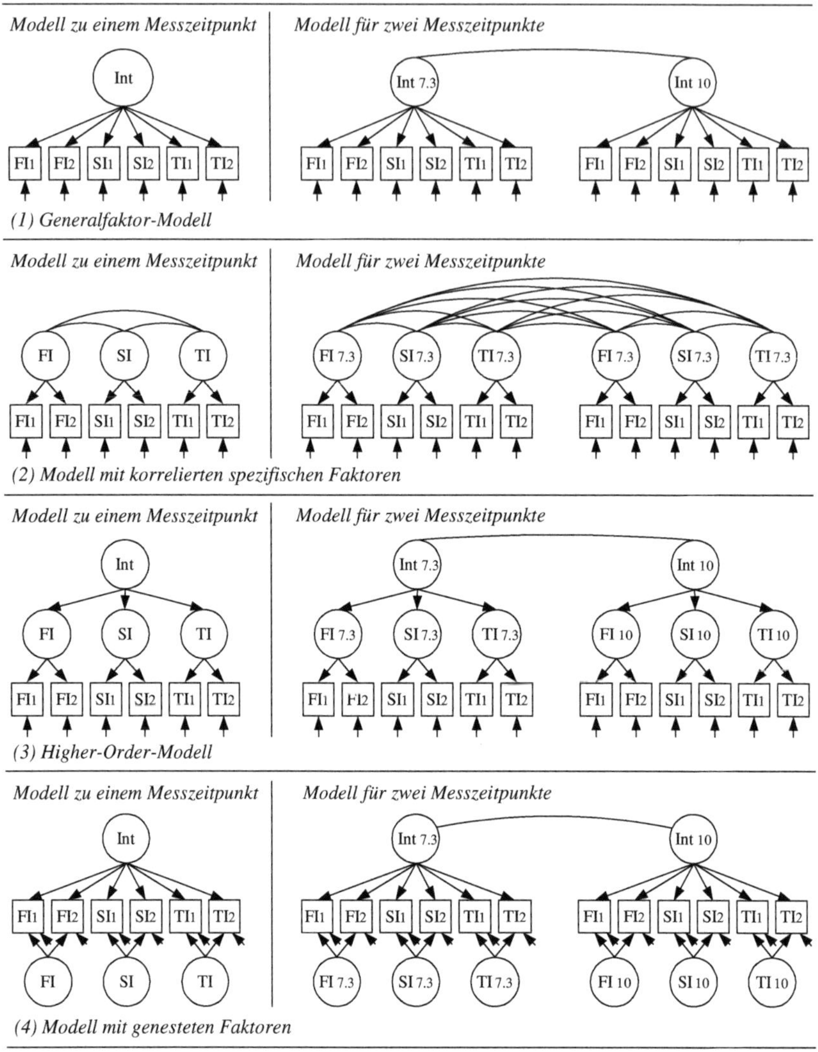


Anmerkung: Abgebildet sind die Modelle für das Interessenkonstrukt in *Physik* und *Biologie*. Für *Mathematik, Englisch* und *Deutsch* werden analoge Modelle ohne das *Topologische Interesse* gebildet. $FI_1$: erstes Itemparcel für das Fachinteresse, $FI_2$: zweites Itemparcel für das Fachinteresse usw.; Int: Interesse; FI: *Fachinteresse*; SI: *Sachinteresse*; TI: *Topologisches Interesse*. 7.3: dritter Messzeitpunkt in der 7. Jahrgangsstufe; 10: vierter Messzeitpunkt in der 10. Jahrgangsstufe.

*Abbildung 9.1:* Modelle für die konfirmatorischen Faktorenanalysen am Beispiel der Fächer Physik und Biologie

Im *G-Faktor-Modell (g-factor model)* wird das Interesse als komplexes Konstrukt durch einen generellen Faktor erklärt, auf dem alle beobachteten Variablen laden, wobei keine klar voneinander unterscheidbaren Effekte der verschiedenen theoretischen Konzeptionen des Interesses angenommen werden. Das heißt, dass das Konstrukt Interesse den Großteil der Varianz in den beobachteten Variablen erklären kann und Restvarianz in erster Linie auf Messfehler zurückzuführen ist. Dieses Modell wurde daher so spezifiziert, dass ein genereller Faktor auf allen beobachteten Variablen lädt, womit ausgedrückt wird, dass sich das Interesse an einem fachspezifischen Gegenstand in allen Itemparcels gleichermaßen manifestiert. In den Fächern Deutsch, Englisch und Mathematik laden dementsprechend die Itemparcels zum *Fach-* und *Sachinteresse* auf dem Generalfaktor, in Biologie und Physik die Itemparcels zum *Fach-, Sach- und Topologischen Interesse*. Abbildung 9.1 zeigt auf der linken Seite das für einen Zeitpunkt spezifizierte G-Faktor-Modell und auf der rechten Seite das für zwei Messzeitpunkte spezifizierte G-Faktor-Modell. Im Modell über zwei Messzeitpunkte sind die beiden Generalfaktoren über die Zeit hinweg miteinander korreliert.

Im *Modell mit korrelierten Faktoren (correlated factor model)* laden die einzelnen Interessenskalen auf je spezifischen miteinander korrelierenden Faktoren. Es wird davon ausgegangen, dass aufgrund der den Skalen zugrunde liegenden unterschiedlichen Konzeptionen des Interesses mehrere spezifische Faktoren die Varianz in den beobachteten Variablen bedingen. Im Modell mit korrelierten Faktoren zeigen hohe Korrelationen zwischen den spezifischen Faktoren an, dass trotz der unterschiedlichen theoretischen Konzeption das Konstrukt Interesse gleichermaßen gut abgebildet wird und die Skalen für die Erfassung des Interesses als gleichwertig angesehen werden können. Geringe Korrelationen zwischen den Faktoren hingegen weisen darauf hin, dass die unterschiedlichen Skalen eher verschiedene Konstrukte messen. Ein Modell mit gänzlich unkorrelierten spezifischen Faktoren ist dagegen unplausibel. Das Modell wurde so spezifiziert, dass jeder Faktor mit einer Anzahl beobachteter Variablen verbunden ist und dass jede beobachtete Variable nur durch einen spezifischen Faktor beeinflusst wird. Zudem wurden im Modell Kovarianzen (bzw. im standardisierten Modell Korrelationen) zwischen den spezifischen latenten Faktoren zugelassen, da die den verschiedenen Skalen zugrunde liegenden unterschiedlichen theoretischen Konzeptionen alle das Konstrukt Interesse messen. Für die Fächer Deutsch, Englisch und Mathematik wurden getrennte Faktoren für das *Fach-* und *Sachinteresse* angenommen, für die Fächer Biologie und Physik getrennte Faktoren für das *Fach-*, *Sach-* und *Topologische Interesse*. Das für einen Zeitpunkt spezifizierte Modell mit korrelierten Faktoren ist auf der linken Seite, das für zwei Messzeitpunkte spezifizierte Modell mit korrelierten Faktoren auf der rechten Seite graphisch dargestellt. Im Modell über zwei Messzeitpunkte sind alle Faktoren des Interesses untereinander sowie über die Zeit hinweg korreliert.

In einem hierarchischen *Modell mit einem Faktor höherer Ordnung (higher order factor model)* sind die spezifischen Faktoren miteinander korreliert und die Korrelationen zwischen den Faktoren werden durch einen oder mehrere Faktoren höherer Ordnung ausgedrückt – in der Annahme, dass ein einfacher Faktor zweiter Ordnung für die Interkorrelationen der spezifischen Faktoren verantwortlich ist. Es wird damit eine Hierarchie von Faktoren angenommen, die mit einer Anzahl von spezifischen Faktoren niedriger Ordnung beginnt und mit einem generellen Faktor an der Spitze der Hierarchie endet. Das hier vorgeschlagene Higher-Order-Modell für die Fächer Physik und Biologie ist ein Modell mit sechs beobachteten Variablen, drei die verschiedenen Skalen repräsentierende Faktoren erster Ordnung sowie einen das Interesse repräsentierenden generellen Faktor zweiter Ordnung. Die Modelle für die Fächer Deutsch, Englisch und Mathematik enthalten entsprechend vier beobachtete Variablen, zwei Faktoren erster Ordnung und einen generellen Faktor zweiter Ordnung. Das für einen Zeitpunkt spezifizierte Higher-Order-Modell ist wieder auf der linken Seite, das für zwei Messzeitpunkte spezifizierte Higher-Order-Modell auf der rechten Seite dargestellt. Im Modell über zwei Messzeitpunkte sind die beiden Generalfaktoren über die Zeit hinweg miteinander korreliert.

Anstelle eines Higher-Order-Modells kann auch ein *Modell mit genesteten Faktoren (nested factor model)* verwendet werden. In einem Higher-Order-Modell gibt es keine direkten Beziehungen zwischen den beobachteten Variablen und den Faktoren höherer Ordnung. Jedoch kann ein Higher-Order-Modell in ein Modell mit orthogonalen Faktoren umgewandelt werden, in dem alle Faktoren direkt mit den beobachtbaren Variablen verbunden sind. Das heißt es ist nicht unbedingt nötig, die Faktoren übereinander anzuordnen. Die Verwendung eines *Modells mit genesteten Faktoren* wird ausführlich bei Gustafsson und Blake (1993) beschrieben. In diesem Modell wird verschiedenen orthogonalen Faktoren erlaubt, einen weiteren oder engeren Bereich beobachteter Variablen abzudecken. Ein weiter gefasster oder genereller Faktor auf der einen Seite und einige enger gefasste, spezifische Faktoren auf der anderen Seite können so miteinander kombiniert werden. Jede gemessene Variable (d.h. jedes Itemparcel) darf dabei sowohl auf dem generellen Faktor als auch auf einem spezifischen Faktor laden. Dadurch werden die Antworten im Interessenfragebogen sowohl durch den generellen Faktor als auch durch voneinander unabhängige, spezifische Faktoren bestimmt. Weil der generelle Faktor auch für Varianz in den Tests verantwortlich ist, die zu den spezifischen Faktoren in Beziehung stehen, bilden die engeren Faktoren in diesem Modell die Residualfaktoren ab. Das Modell mit genesteten Faktoren führt zu ähnlichen Interpretationen wie das Higher-Order-Modell, und auch die numerischen Schätzungen der Beziehungen zwischen den beobachtbaren Variablen und den Faktoren in einem *nested-factor*-Modell und einem umgewandelten Higher-Order-Modell sind sehr ähnlich. Aus zwei Gründen wurde das Modell trotz seiner Ähnlichkeit zum Higher-Order-Modell zusätzlich einbezogen (vgl. Gustafsson & Balke, 1993): Zum einen ist die Interpretation des Faktors zweiter Ordnung im Higher-Order-Modell manchmal schwieriger als die des generellen Faktors im *nested-factor*-Modell. Sie basiert nämlich auf den Interpretationen der Faktoren erster Ordnung, deren Bedeutung wiederum aus den Beziehungen zwischen den ursprünglichen Variablen hergeleitet werden muss, wobei die Genauigkeit der Interpretation für den Faktor zweiter Ordnung aufgrund der möglichen Fehler geringer ist als für die Faktoren erster Ordnung. Zum anderen können im *nested-factor*-Modell die Varianzanteile der spezifischen Faktoren und des generellen Faktors direkt abgelesen werden. Dadurch, dass die Korrelationen zwischen dem generellen Faktor und den spezifischen Faktoren im Modell auf Null gesetzt sind, wird die Varianz nämlich in additive Komponenten zerlegt, die auf den generellen Faktor, die spezifischen Faktoren und die Messfehler zurückgehen (vgl. Marsh & Hocevar, 1983). Marsh (Marsh, 1989b) weist darauf hin, dass es im Modell mit genesteten Faktoren zu schlecht definierten Lösungen kommen kann, wenn es nur wenige Variablen für jeden latenten Faktor gibt und erlaubt wird, dass die gemessenen Variablen auf mehr als einem Faktor laden. Dieses Problem wurde umgangen, indem die Ladungen der Itemparcels auf die spezifischen Faktoren gleichgesetzt wurden. In diesem Fall konvergieren auch Modelle, die ohne eine Gleichsetzung der Ladungen nicht zu einer identifizierten Lösung kommen. Auf der linken Seite ist das für einen Zeitpunkt spezifizierte Modell mit genesteten Faktoren abgebildet und auf der rechten Seite das für zwei Messzeitpunkte spezifizierte Modell mit genesteten Faktoren. Für das Modell über zwei Messzeitpunkte wird angenommen, dass sowohl die beiden Generalfaktoren als auch die spezifischen Faktoren des *Fach-*, *Sach-* und *Topologischen Interesses* über die Messzeitpunkte hinweg miteinander korreliert sind.

Für die Modelle über zwei Messzeitpunkte gibt es neben den Grundmodellen theoretisch plausible Variationen. Solche Variationen beruhen auf weiteren Restriktionen der Modelle. So können neben einem einfachen *kongenerischen Messmodell*, in dem keine Annahmen bezüglich der Ladungen und Messfehler gemacht werden, Modelle mit zusätzlichen Restriktionen angenommen werden: ein *tauäquivalentes Messmodell*, in dem zusätzlich die Ladungen der latenten Faktoren auf die einzelnen Indikatoren zum dritten und vierten Messzeitpunkt gleichgesetzt werden und ein *paralleles Messmodell*, in dem sowohl die Ladungen der latenten Faktoren auf die Indikatoren pro Zeitpunkt als auch die Messfehler jedes Indikators zu den verschiedenen Messzeitpunkten gleichgesetzt werden. Aufgrund der Gleichsetzung der Ladungen bzw. der Ladungen und Messfehler stellen das *tauäquivalente* und das *parallele* Messmodell restriktivere Modelle dar und weisen dementsprechend mehr Freiheitsgrade auf als das *kongenerische Messmodell.* Bei Modellen mit ähnlich guter Modellpassung wären restriktivere Modelle, d.h. Modelle mit mehr Freiheitsgraden, vorzuziehen, weil sie die sparsameren Modellannahmen machen (vgl. Marsh, 1989b). Solche Modelle wurden aus diesem Grund ebenfalls geprüft.

## 9.2 Strukturgleichungsanalysen

In diesem Abschnitt wird die Anwendung von Strukturgleichungsanalysen in dieser Arbeit beschrieben. Mit Hilfe von Strukturgleichungsmodellen können Hypothesen über die Beziehung zwischen abstrakten Konstrukten überprüft werden, indem die Beziehungen zwischen *Faktoren*, d.h. nicht beobachtbaren bzw. latenten Variablen, die sich auf gemessene Variablen (sog. Indikatoren) beziehen, modelliert werden. Strukturgleichungsmodelle verbinden ein *Messmodell*, das den Einfluss verschiedener Faktoren auf die gemessenen Variablen wiedergibt, mit einem *Strukturmodell*, das die Beziehung zwischen den Faktoren bzw. den latenten Variablen spezifiziert. Sie können daher als Kombination einer (konfirmatorischen) Faktorenanalyse und einer Pfadanalyse verstanden werden, wobei das *Messmodell* mit der Faktorenanalyse, das *Strukturmodell* mit der Pfadanalyse korrespondiert. Strukturgleichungsmodelle eignen sich, um lineare Beziehungen, nicht aber um Interaktionseffekte abzubilden. Die Anwendung der Strukturgleichungsmodelle auf Längsschnittdaten erlaubt dabei stärkere Inferenzen über Ursache und Wirkung als die Anwendung auf Daten, die nur zu einem Zeitpunkt vorliegen. Sie ermöglicht es gleichzeitig *cross-lagged*-Effekte und synchrone Effekte zu schätzen. Im Folgenden wird das Vorgehen bei Strukturgleichungsanalysen beschrieben, wobei zunächst auf die generelle Spezifikation von Strukturgleichungsmodellen und die Schätzung der Parameter eingegangen wird, dann auf die Spezifikation der in dieser Arbeit verwendeten Modelle. Eine detaillierte Darstellung von Strukturgleichungsanalysen findet sich bei Bollen (1989), Hayduk (1987), Jöreskog und Sörbom (1996), Kaplan (2000), Klem (2000) und Loehlin (1998).

**Modellspezifikation und Parameterschätzung.** Das Strukturgleichungsmodell wird anhand von theoretischen Vorannahmen spezifiziert, anschließend werden die Parameter so bestimmt, dass die Matrix der beobachteten Beziehungen am besten reproduziert wird. Das Modell umfasst *exogene Faktoren*, die nicht durch das Modell erklärt werden sollen, und *endogenen Faktoren*, die durch eine oder mehrere latente Variablen im Modell erklärt werden sollen. Die Effekte der Faktoren entsprechen dabei den Betakoeffizienten in multiplen Regressionsmodellen. Die Indikatoren für die latenten Faktoren wurden in dieser Arbeit durch Halbierung der Skala gebildet. Die so entstehenden Itemparcels sind weniger messfehlerbehaftet als einzelne Items. Auch werden auf diese Weise Fehlspezifizierungen bei der Modellbildung weitgehend umgangen, da so die Gefahr von Nebenladungen (d.h. von Ladungen auf ein anderes Konstrukt) geringer ist. In dieser Arbeit wurden heterogene Itemparcels verwendet, die das mit der Skala gemessene Konstrukt jeweils umfassend abdecken und die Gefahr von Nebenladungen besonders effektiv reduzieren (vgl. Kishton & Widaman, 1994). Zusätzlich können Fehlervariablen modelliert werden – sowohl Effekte nicht im Modell abgebildeter Variablen als auch Messfehler. Auch können die Varianzen und Kovarianzen der nicht beobachtbaren, latenten Variablen und der Fehler geschätzt werden. Die Daten von Strukturgleichungsmodellen basieren auf Kovarianz- bzw. Korrelationsmatrizen. Voraussetzung ist, dass die Variablen, auf denen die Koeffizienten der Matrix basieren, intervallskaliert und multivariat normalverteilt sind. Allerdings sind die im Strukturgleichungsmodell verwendeten Maximum-Likelyhood-Schätzungen relativ robust gegenüber Verletzungen der Normalverteilung (Chou & Bentler, 1995). Bedeutsam ist auch das Vorliegen einer genügend großen Stichprobe. Die notwendige Stichprobengröße hängt dabei von der Komplexität des Modells, der Höhe der Koeffizienten, der

Anzahl der gemessenen und mit dem Faktor assoziierten Variablen und der multivariaten Normalität der Variablenverteilung ab. Bei jeweils 5 bis 10 Fällen pro geschätztem Parameter stellen z.B. 150 Fälle ein Minimum dar (Bentler & Chou, 1987).

**Modellierung des Einflusses vom Fähigkeitsselbstkonzept auf das Interesse.** In dieser Arbeit wurden Strukturgleichungsmodelle verwendet, um den erwarteten positiven Einfluss des fachspezifischen Fähigkeitsselbstkonzepts auf das individuelle fachspezifische Interesse zu den nachfolgenden Messzeitpunkten innerhalb eines Fachs zu prüfen. Das pro Schulfach spezifizierte Modell enthält jeweils drei Messzeitpunkte und ist in Abbildung 9.2 graphisch dargestellt.

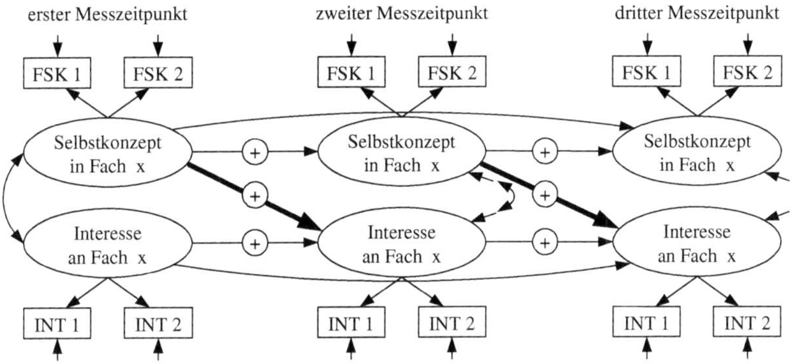


Anmerkung: Die unspezifische Formulierung erster, zweiter und dritter Messzeitpunkt rührt daher, dass diese je nach Analyse andere Zeitpunkte abbilden. Für die Analysen des Fachs Deutsch, die nur innerhalb der 7. Jahrgangsstufe durchgeführt werden konnten, liegt der erste Messzeitpunkt am Beginn, der zweite Messzeitpunkt in der Mitte und der dritte Messzeitpunkt am Ende der 7. Jahrgangsstufe. Für die Analysen der übrigen Fächer, für die der gesamte Zeitraum von der 7. bis 10. Jahrgangsstufe zur Verfügung stand, liegt der erste Messzeitpunkt am Beginn, der zweite Messzeitpunkt am Ende der 7. Jahrgangsstufe und der dritte Messzeitpunkt am Ende der 10. Jahrgangsstufe.

$FSK_1$: erstes Itemparcel des Fähigkeitsselbstkonzepts, $FSK_2$: zweites Itemparcel des Fähigkeitsselbstkonzepts; $INT_1$: erstes Itemparcel des Interesses, $INT_2$: zweites Itemparcel des Interesses. Das Plus auf den Pfaden gibt an, dass ein positiver Einfluss erwartet wird. Die in erster Linie interessierenden Pfade sind hervorgehoben. Beim *Fachinteresse* an Mathematik, Englisch und Deutsch bilden Item 1 und 3 ein Itemparcel ($FI_1$) und Item 2 und 4 ein Itemparcel ($FI_2$). Beim *Topologischen Interesse* an Physik und Biologie bilden jeweils die Items mit den ungeraden Ziffern ein Itemparcel ($TI_1$) und die Items mit den geraden Ziffern ein Itemparcel ($TI_2$). Für das Fähigkeitsselbstkonzept wurde analog verfahren. Hier bilden die Items 1, 3 und 5 ein Itemparcel ($FSK_1$) und die Items 2 und 4 ein Itemparcel ($FSK_2$).

*Abbildung 9.2* Strukturgleichungsmodell zum Einfluss des fachspezifischen Fähigkeitsselbstkonzepts auf das fachliche Interesse über drei Messzeitpunkte

Bei der Modellspezifikation wurde aus je zwei Halbtests ein Indikator erstellt. Bei der Bildung der Itemparcels zum Interesse war in jedem Itemparcel sowohl die emotionale als auch die kognitive Komponente des Interesses vertreten, so dass jeweils möglichst das gesamte Konstrukt repräsentiert ist. Die Ladungen der Faktoren auf die Indikatoren wurden für beide latenten Variablen invariant gesetzt. Das durch je zwei Indikatoren ($FSK_1$) und ($FSK_2$) abgebildete fachspezifische Fähigkeitsselbstkonzept wurde mit dem durch je zwei Indikatoren ($INT_1$) und ($INT_2$) abgebildeten fachspezifischen Interesse in Beziehung gesetzt. Die Stabilität beider latenter Variablen über die Zeit hinweg wurde mit autoregressiven Pfaden erster und zweiter Ordnung abbildet. Auch wurden Korrelationen zwischen dem Fähigkeitsselbstkonzept und dem Interesse zu jedem Messzeitpunkt angenommen (bei den endogenen Variablen waren dies Korrelationen zwischen den Residuen). Gemäß der Hypothese, dass das fachspezifische Fähigkeitsselbstkonzept das fachspezifische Interesse beeinflusst, wurden zwei *cross-lagged-Pfade* vom Selbstkonzept auf das Interesse zugelassen: Zum einen wurde ein Pfad vom fachspezifischen Fähigkeitsselbstkonzept zu Beginn der 7. Jahrgangsstufe auf das fachliche Interesse am Ende der 7. Jahrgangsstufe modelliert, zum anderen ein Pfad vom fachspezifischen Fähigkeitsselbstkonzept am Ende der 7. Jahrgangsstufe auf das fachliche Interesse am Ende der 10. Jahrgangsstufe. Da angenommen wurde, dass diese Pfade positiv ausfallen, sind sie in Abbildung 9.2 mit einem Pluszeichen versehen. Korrelationen der Messfehler der Subskalen über die Zeit hinweg waren nicht vorgesehen. Sie wurden nur zugelassen, wenn die Korrelationen deutlich von Null abweichen oder die Modelle einen schlechten Fit aufwiesen. Das Modell für Deutsch wurde für die drei Messzeitpunkte innerhalb der 7. Jahrgangsstufe analog gebildet.

Ferner wurde ein Strukturgleichungsmodell zur Überprüfung der Differenzierungshypothese, die einen negativen Einfluss des Fähigkeitsselbstkonzepts in einem Fach auf das Interesse an einem anderen Fach postuliert, spezifiziert. Aufgrund der Komplexität dieses Modells wurden innerhalb der 7. Jahrgangsstufe nur der Messzeitpunkt zu Beginn und Ende der Jahrgangsstufe und im Zeitraum von der 7. bis 10. Jahrgangsstufe nur die Messzeitpunkte Ende der 7. Jahrgangsstufe und Ende der 10. Jahrgangsstufe verwendet. Auch für diese Analysen wurde das Modell für jede Schulfachkombination getrennt modelliert. Das entsprechende Strukturgleichungsmodell zum Einfluss der Fähigkeitsselbstkonzepte in zwei Fächern auf das Interesse an beiden Fächern ist in Abbildung 9.3 graphisch dargestellt. Im Modell wurde wiederum das durch je zwei Indikatoren ($FSK_1$) und ($FSK_2$) abgebildete Fähigkeitsselbstkonzept in Fach x und Fach y mit dem durch je zwei Indikatoren ($INT_1$) und ($INT_2$) abgebildete Interesse in Fach x und Fach y in Beziehung gesetzt. Die Ladungen der Faktoren auf die Indikatoren wurden für alle vier latenten Variablen invariant gesetzt. Es wurden wieder autoregressive Pfade erster Ordnung angenommen, die die Stabilität beider latenten Variablen über die Zeit abbilden. Zum Messzeitpunkt Ende der 7. Jahrgangsstufe wurden Korrelationen zwischen den fachspezifischen Fähigkeitsselbstkonzepten und den Interessenvariablen – sowohl innerhalb eines Fachs als auch fächerübergreifend – angenommen. Zum Messzeitpunkt Ende der 10. Jahrgangsstufe wurden Korrelationen der Residuen des Fähigkeitsselbstkonzepts mit den Residuen des Interesses innerhalb eines Fachs angenommen, während weitere Korrelationen zwischen den Residuen nur zugelassen wurden, wenn ansonsten ein schlechter Modellfit auftrat.

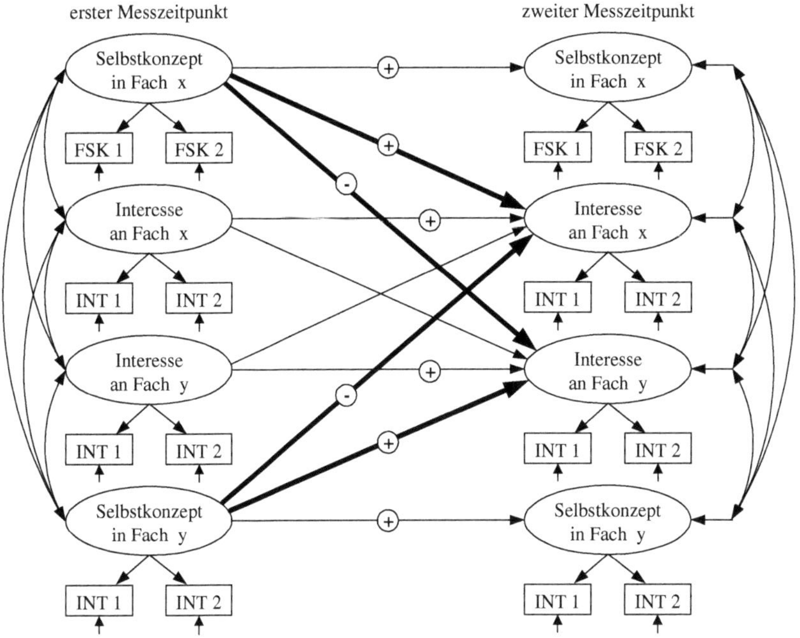


Anmerkung: Die unspezifische Formulierung erster und zweiter Messzeitpunkt rührt wieder daher, dass diese je nach Analyse andere Zeitpunkte abbilden. Für die Analysen innerhalb der 7. Jahrgangsstufe liegt der erste Messzeitpunkt am Beginn, der zweite Messzeitpunkt am Ende der 7. Jahrgangsstufe. Für die Analysen im gesamten Zeitraum von der 7. bis 10. Jahrgangsstufe liegt der erste Messzeitpunkt am Ende der 7. Jahrgangsstufe und der zweite Messzeitpunkt am Ende der 10. Jahrgangsstufe.

$FSK_1$: erstes Itemparcel des Fähigkeitsselbstkonzepts, $FSK_2$: zweites Itemparcel des Fähigkeitsselbstkonzepts; $INT_1$: erstes Itemparcel des Interesses, $INT_2$: zweites Itemparcel des Interesses. Das Plus gibt an, dass ein positiver Einfluss erwartet wird, das Minus, dass ein negativer Einfluss erwartet wird. Die in erster Linie interessierenden Pfade sind hervorgehoben. Beim *Fachinteresse* an Mathematik, Englisch und Deutsch bilden Item 1 und 3 ein Itemparcel ($FI_1$) und Item 2 und 4 ein Itemparcel ($FI_2$). Beim *Topologischen Interesse* an Physik und Biologie bilden jeweils die Items mit den ungeraden Ziffern ein Itemparcel ($TI_1$) und die Items mit den geraden Ziffern ein Itemparcel ($TI_2$). Für das Fähigkeitsselbstkonzept wurde analog verfahren. Hier bilden die Items 1, 3 und 5 ein Itemparcel ($FSK_1$) und die Items 2 und 4 ein Itemparcel ($FSK_2$).

*Abbildung 9.3:* Strukturgleichungsmodell zur Differenzierungshypothese

Da laut Hypothese das Fähigkeitsselbstkonzept in Fach x sowohl das fachspezifische Interesse im Fach x positiv, als auch das fachspezifische Interesse im Fach y negativ beeinflussen sollte, wurden zwei entsprechende *cross-lagged-Pfade* zugelassen: Zum einen wird ein Pfad vom Fähigkeitsselbstkonzept in Fach x am Ende der 7. Jahrgangsstufe auf das Interesse in Fach x am Ende der 10. Jahrgangsstufe modelliert.

In Abbildung 9.3 ist dieser Pfad mit einem Pluszeichen versehen, da angenommen wurde, dass er positiv ausfällt. Zum anderen wurde der Pfad vom Fähigkeitsselbstkonzept in Fach x am Ende der 7. Jahrgangsstufe auf das Interesse in Fach y am Ende der 10. Jahrgangsstufe modelliert. Dieser Pfad ist in Abbildung 9.3 mit einem Minuszeichen versehen, da angenommen wurde, dass er negativ ausfällt. Analog wurden *cross-lagged-Pfade* vom Fähigkeitsselbstkonzept im Fach y auf das Interesse in Fach y und Fach x spezifiziert. Auch wurden *cross-lagged-Pfade* für das Interesse in Fach x auf das Interesse in Fach y und umgekehrt zugelassen. Korrelationen der Messfehler der Subskalen über die Zeit hinweg waren wiederum nicht vorgesehen. Sie wurden nur zugelassen, wenn die Korrelationen deutlich von Null abwichen oder die Modelle einen schlechten Fit aufwiesen. Pfade von den Fähigkeitsselbstkonzepten zum ersten Messzeitpunkt zu den fachdiskordanten Fähigkeitsselbstkonzepten zum zweiten Messzeitpunkt wurden im Modell nicht mitmodelliert, da hierüber im I/E-Modell, in dem negative Pfade von den *Leistungen* auf die fachdiskordanten Selbstkonzepte angenommen werden, keine Aussagen gemacht werden. In Kotrollanalysen wurden aber die Pfade von den Fähigkeitsselbstkonzepten auf die fachdiskordanten Fähigkeitsselbstkonzepte einbezogen, um zu prüfen, ob sich dadurch die Ergebnisse verschieben. Die Ergebnisse der Strukturgleichungsanalysen wurden im Anschluss an die Modifikation anhand ihrer Passung auf die Datenstruktur bewertet und die im Modell gemachten Annahmen gegebenenfalls modifiziert. Hierauf wird im Folgenden eingegangen.

## 9.3 Berechnung, Bewertung und Modifikation der Modelle

**Berechnung der Modelle und Bewertung der Modellpassung.** Für die Berechnung von konfirmatorischen Faktorenanalysen und Strukturgleichungsmodellen wurde das Datenverarbeitungsprogramm LISREL verwendet (Jöreskog & Sörbom, 1996). Die Beurteilung der Modelle erfolgte anhand von theoretischen und statistischen Kriterien als auch anhand der Einschätzung des Modellfits. Die Parameter können z.B. bezüglich ihrer Kongruenz mit dem theoretischen Modell, hinsichtlich der Güte der Modellanpassung und im Vergleich mit alternativen Modellen in Bezug auf Modellfit und Sparsamkeit beurteilt werden. Ein theoretisches Beurteilungskriterium wäre die Frage, ob die Höhe der Koeffizienten mit der aus der Forschung bekannten Höhe solcher Koeffizienten übereinstimmt. Ein statistisches Beurteilungskriterium wäre ein nicht eindeutig identifiziertes Modell, was der Fall ist, wenn es mehr als eine einzige Lösung für die im Modell spezifizierten Parameter gibt. Ein Hinweis darauf, dass ein Modell fast unteridentifiziert ist, sind besonders hohe Standardfehler. Ein weiterer Hinweis können (statistisch) nicht plausible Parameter sein, wie z.B. Korrelationen größer Eins, negative Varianzen oder negative Fehlervarianzen (sog. *Heywood-cases*).

Ein weiteres wichtiges Kriterium für die Güte eines Modells ist der *Modellfit*, der angibt, inwiefern die im Modell theoretisch angenommene Kovarianzmatrix die empirisch beobachtete Kovarianzmatrix reproduziert, d.h. wie gut die im Modell implizierten Beziehungen auf die beobachteten Beziehungen passen. Ein klassischer Test des Modellfits ist der $\chi^2$-Test. Dieser schätzt die Größe der Differenz zwischen der angenommenen und beobachteten Matrix ein. Angestrebt wird, dass die Unterschiede zwischen den beiden Matrizen gering und nicht signifikant sind. Ein signifikanter $\chi^2$-Wert zeigt damit eine schlechte Passung zwischen modelltheoretischer und empirischer Kovarianzmatrix an. Ein Problem besteht allerdings darin, das der $\chi^2$-Test sehr empfindlich auf Verletzung der Normalverteilung der beobachteten Variablen reagiert. Abweichungen von der Normalverteilung vergrößern in der Regel den $\chi^2$-Wert und führen dazu, dass der Standardfehler unterschätzt wird. Ein weiteres wesentliches Problem liegt darin, das der $\chi^2$-Test von der Stichprobengröße abhängt. Bei kleinen Stichproben werden große Unterschiede nicht signifikant, bei großen Stichproben werden schon triviale Unterschiede signifikant. So weist eine große Stichprobe oft auch bei akzeptabler Modellpassung einen schlechten Fit auf, da schon eine minimale Abweichung zwischen Modell und Wirklichkeit zu einem signifikanten $\chi^2$-Wert führt (Hu & Bentler, 1999; Marsh, Balla & McDonald, 1988). Neben dem $\chi^2$-Wert wird oft auch der Bruch zwischen $\chi^2$-Wert und Freiheitsgraden ($\chi^2$/df) herangezogen. Das Verhältnis zwischen $\chi^2$ und Freiheitsgraden „bestraft" so die Aufnahme zusätzlicher Parameter. Der Quotient fällt nämlich schlechter aus, wenn zusätzlich ins Modell aufgenommene Parameter nur zu einer geringen Verbesserung des $\chi^2$-Werts führen (vgl. Marsh, Balla et al., 1988). Allerdings ist der $\chi^2$/df-Wert genau wie der $\chi^2$-Wert abhängig von der Stichprobengröße. Als weitere Strategie zur Beurteilung des Modellfits wird vorgeschlagen, ein genestetes Modell zu prüfen (z.B. Klem, 2000). Modell A ist in Modell B genestet, wenn Modell A aus Modell B abgeleitet werden kann, wenn man eine oder mehrere Verbindungen aus dem Modell herausnimmt. Bei zwei genesteten Modellen lässt sich die statische Signifikanz der Unterschiede in den $\chi^2$-Werten relativ zu ihren Unterschieden in den Freiheitsgraden vergleichen (Bentler & Bonett, 1980). So lässt sich sagen, ob ein Modell signifikant besser ist als ein anderes Modell. Zu einer kritischen Beurteilung des $\chi^2$-Differenzentests vergleiche Marsh (1989b).

Aufgrund der Probleme mit dem $\chi^2$-Test wurden zur Bewertung verschiedener Modelle eine Reihe anderer Fitindizes entwickelt, die sich zur Prüfung der Modellgüte heranziehen lassen (vgl. Jöreskog & Sörbom, 1996; Schumacker & Lomax, 1996). Die verschiedenen Indizes unterscheiden sich z.B. darin, ob sie die Anzahl der geschätzten Parameter einbeziehen, um den Modellfit zu bestimmen, und/oder ob sie den Fit des geschätzten Modells mit einem verwandten Modell vergleichen (z.B. dem Nullmodell, das keine Beziehungen zwischen den gemessenen Variablen spezifiziert). Häufig verwendete Fitindizes sind der *Root Mean Square Error of Approximation* (RMSEA, Browne & Cudeck, 1993), der *Tucker-Lewis-Index* (TLI, Tucker & Lewis, 1973), der *Goodness of Fit Index* (GFI, Jöreskog & Sörbom, 1981), der *Adjusted Goodness of Fit Index* (AGFI, Jöreskog & Sörbom, 1981) und der *Comparative Fit Index* (CFI , vgl.

Rigdon, 1996). Diese Fitindizes beruhen auf dem Vergleich des zu prüfenden Modells mit einem alternativen Modell, meist dem Nullmodell (vgl. Bentler & Bonett, 1980). Ihr Vorteil ist, dass sie von der Stichprobengröße relativ unabhängig sind und daher im Gegensatz zum $\chi^2$-Test wenig sensibel auf Veränderungen der Stichprobengröße reagieren (vgl. Hu & Bentler, 1999). Hinzu kommt, dass sie relativ robust gegenüber Verletzungen der Normalverteilungen sind. Sowohl der TLI wie auch der AGFI bestrafen zudem das Aufnehmen zusätzlicher Parameter (Marsh, Balla et al., 1988). Der CFI wird oft für den Vergleich von nicht genesteten Modellen herangezogen (vgl. Bentler, 1990). Nach Hu und Bentler (1999) zeigt beim RMSEA ein Wert von unter .06 eine gute Passung des Modells an, nach Browne und Cudeck (1989; 1993) weist ein RMSEA von bis zu .08 noch auf einen akzeptablen Modellfit hin. Beim TLI, GFI und AGFI weisen Werte über .90 auf einen guten Modellfit hin (vgl. Marsh, Balla et al., 1988). Beim CFI sprechen Werte größer als .95 für eine sehr gute und Werte größer als .90 für eine adäquate Modellpassung (Hu & Bentler, 1998; Rigdon, 1996).

Die Anpassungsgüte sowohl der konkurrierenden Modelle zur Validierung des Interessenkonstrukts als auch der Strukturgleichungsmodelle wurde anhand des $\chi^2$-Werts, des RMSEA und des AGFI geprüft. Um zu prüfen, ob ein signifikanter $\chi^2$-Wert auf die Größe der Stichprobe zurückzuführen ist, wurden Modelle mit signifikantem $\chi^2$-Wert noch einmal anhand von zwei Zufallsstichproben von je 150 Fällen überprüft. Beim Vergleich verschiedener Modelle wurde auf zweierlei Weise vorgegangen. Waren die Modelle nicht genestet, wurde der *Comparative Fit Index* (*CFI*) und der *Expected Cross Validation Index* (*ECVI*) herangezogen – wobei beim CFI ein höherer Wert, beim ECVI ein niedrigerer Wert für das bessere Modell spricht. Waren die Modelle genestet, wurde der Modellfit zusätzlich mit dem $\chi^2$-Differenzentest verglichen.

**Modellmodifikation.** Programme zur Berechnung von Strukturgleichungsmodellen machen in der Regel diverse Vorschläge für eine mögliche Verbesserung eines Modells – sowohl in Bezug auf Verbindungen, die hinzugefügt werden könnten, als auch in Bezug auf Verbindungen, die besser aus dem Modell herausgenommen würden. Diese Modifikationen sind *data-driven*, d.h. es besteht die Gefahr, dass sie durch die spezielle Beschaffenheit der Stichprobe bedingt – und damit zufällig – sind. Ist die Stichprobe groß genug, kann dem dadurch begegnet werden, dass diese per Zufall in zwei Hälften geteilt und das theoretische Modell anhand einer der beiden Stichproben geschätzt wird. Das Modell der ersten Stichprobe mit all seinen Modifikationen kann dann anhand der zweiten Stichprobe erneut geschätzt werden (vgl. Bottorff, Johnson, Ratner & Hayduk, 1996). In dieser Arbeit wurden Modifikationen eines Modells daher nur zugelassen, wenn sie theoretisch plausibel sind und auch anhand von zwei (Teil-) Stichproben geschätzt werden können.

Bisher wurde die Anwendung von Strukturgleichungsmodellen beschrieben, die ein vollständiges Mess- und Strukturmodell beinhalten. Oft umfasst ein Forschungsproblem aber nur einen Teil eines Modells. Ein solches Forschungsproblem stellt die Validierung des Interessenkonstrukts dar, bei der eine konfirmatorische Faktorenanalyse angewendet werden kann. Bei der konfirmatorischen Faktorenanalyse handelt es sich in gewisser Weise um ein Submodell der Strukturgleichungsmodelle, da diese nur das Messmodell umfasst, d.h. das Modell für die direkten Effekte des Faktors auf die gemessenen Variablen, die Kovarianzen zwischen den Faktoren und die Messfehler. Anders als im vollständigen Strukturgleichungsmodell wird in der konfirmatorischen Faktorenanalyse nämlich kein Kausalmodell spezifiziert, das verschiedene Faktoren miteinander in Beziehung setzt. Auf die Verwendung konfirmatorischer Faktorenanalysen wird im Folgenden eingegangen.

Neben der Anwendung von konfirmatorischen Faktorenanalysen und Strukturgleichungsanalysen ist ein weiterer wichtiger methodischer Aspekt dieser Arbeit der Umgang mit dem in der BIJU-Studie vorliegenden hierarchisch geschachtelten Datensatz. Darauf wird im Folgenden eingegangen.

## 9.4 Daten mit hierarchischem Charakter

Das Bildungssystem ist hierarchisch organisiert: Schülerinnen und Schüler besuchen eine Schulklasse innerhalb einer Schule, die einer bestimmten Schulform angehört. Da im BIJU-Projekt individuelle Merkmale und deren Entwicklung in ein System geschachtelter Bedingungen eingebettet sind, weisen die Daten – wie viele andere Daten aus der pädagogisch-psychologischen Forschung – einen hierarchischen Charakter auf. Eine solche hierarchische Abhängigkeitsstruktur bedeutet, dass die Daten der Schülerinnen und Schüler innerhalb einer Klasse *nicht* voneinander unabhängig sind, weil die Merkmalsunterschiede zwischen den Schülerinnen und Schülern ein und derselben Klasse (oder Schule) – da sie denselben Unterricht erhalten und somit ähnliche Erfahrungen machen – kleiner sind als wenn sie einer zufälligen Stichprobe angehören. Deskriptive Statistiken (z.B. Mittelwerte, Varianzen, Korrelationskoeffizienten) werden durch die hierarchische Struktur der Daten wenig beeinflusst. Ergebnisse gängiger statistischer Verfahren zur Signifikanzprüfung wie z.B. die Regressions- oder Varianzanalyse aber werden durch die hierarchische Datenstruktur verzerrt, weil die vorausgesetzte statistische Unabhängigkeit der Daten nicht gegeben ist. Wenn Merkmale systematisch zwischen den Klassen variieren, innerhalb der Klassen aber eher homogen verteilt sind, werden die Standardfehler bei der Anwendung solcher Verfahren auf geschachtelte Datensätze unterschätzt und so die Konfidenz bezüglich der Stichprobenergebnisse überschätzt (vgl. Sibberns & Baumert, 2001). Das Ausmaß der Unterschätzung der Standardfehler hängt von der *Intraklassenkorrelation* ($\rho$) ab, d.h. von der Korrelation der Merkmalsunterschiede zwischen den Schülern einer Klasse (oder den Klassen einer Schule etc.). Um den Effekt der Intraklassenkorrelation abzuschätzen, wurde die Varianz der Skalen zur Erfassung der Interessen in Varianzanteile, die auf die Schüler, die Klassen, Schulen und Schulformen zurückgehen, zerlegt. Tabelle 9.1

gibt die Ergebnisse der hierarchischen Varianzzerlegung für die 7. und 10. Jahrgangsstufe sowie die Intraklassenkorrelation ($\rho$) wieder.

*Tabelle 9.1:* Hierarchische Zerlegung der Varianz ($\eta^2$) der Skalen zur Erfassung des Interesses und Intraklassenkorrelation ($\rho$)

| | 7. Jahrgangsstufe (gemittelte Werte) | | | | | 10. Jahrgangsstufe | | | |
|---|---|---|---|---|---|---|---|---|---|
| | $\eta^2$ für Biologie TI in % | $\eta^2$ für Physik TI in % | $\eta^2$ für Mathe FI in % | $\eta^2$ für Englisch FI in % | $\eta^2$ für Deutsch FI in % | $\eta^2$ für Biologie TI in % | $\eta^2$ für Physik TI in % | $\eta^2$ für Mathe FI in % | $\eta^2$ für Englisch FI in % |
| Schulart | 1.3 | 0.8 | 0.8 | 0.7 | 0.5 | 1.4 | 0.7 | 0.0 | 2.8 |
| Schule | 6.9 | 7.8 | 8.8 | 8.5 | 9.2 | 8.2 | 11.0 | 7.0 | 13.2 |
| Klasse | 10.7 | 11.7 | 14.0 | 13.4 | 15.3 | 10.3 | 14.1 | 13.2 | 15.4 |
| Schüler | 81.1 | 79.7 | 76.4 | 77.4 | 75.0 | 80.1 | 74.2 | 79.8 | 68.6 |
| | Biologie TI | Physik TI | Mathe FI | Englisch FI | Deutsch FI | Biologie TI | Physik TI | Mathe FI | Englisch FI |
| $\rho$ | .19 | .20 | .24 | .23 | .25 | .20 | .26 | .20 | .31 |

Anmerkung: TI: *Topologisches Interesse*; FI: *Fachinteresse;* gemittelte Werte: Alle Werte wurden über den ersten, zweiten und dritten Messzeitpunkte in der 7. Jahrgangsstufe gemittelt.

Da für die meisten Analysen in dieser Arbeit für Physik und Biologie die Skala *Topologisches Interesse*, für Mathematik, Englisch und Deutsch die Skala *Fachinteresse* verwendet wurde, wird hier die Varianzzerlegung exemplarisch für diese Fächer angegeben. Für die 7. Jahrgangsstufe sind die Werte über alle drei Messzeitpunkte gemittelt. Die gemittelte Intraklassenkorrelation bildet sich damit aus der Summe der gemittelten prozentualen Varianzanteile der Interessenskalen, die auf die Klassen, Schulen und Schulformen zurückgehen. Tabelle 9.1 lässt sich entnehmen, dass nur geringe Anteile der Varianz auf die unterschiedlichen institutionellen Ebenen (Klasse, Schule und Schulform) entfallen, während bei weitem der größte Anteil der Varianz im Interesse an den Schulfächern auf die individuellen Schülerinnen und Schüler zurückgeht. So entfallen beispielsweise in der 7. Jahrgangsstufe 79.7 Prozent der Varianz des Physikinteresses auf die Schüler, während nur 20.3 Prozent der Varianz des Physikinteresses auf die Interklassenkorrelation, also die Klasse, Schule und Schulart, zurückgehen. Die Intraklassenkorrelation führt zu einer Inflation des $\alpha$-Fehlers, d.h. sie erhöht die Wahrscheinlichkeit einer fälschlichen Entscheidung zugunsten der Hypothese. So führt eine Intraklassenkorrelation von $r = .05$ bei einer mittleren Klassenstärke von 25 bereits zu einer erheblichen Inflation des $\alpha$-Fehlers, da das effektive $\alpha$ nach Barcikowski (1981) dann bereits $\alpha = .19$, also fast das vierfache des .05-Niveaus, beträgt. Aus diesem Grund ist es wichtig, die Verzerrungseffekte zu korrigieren. Zur Korrektur der durch einen hierarchischen Datensatz bedingten Verzerrungen der Ergebnisse gibt es mehrere Möglichkeiten, die im Folgenden beschrieben werden.

*(1) Verwendung gängiger Verfahren wie der Regressions- und Varianzanalyse auf der Basis effektiver Stichproben.* In allen Analysen, in denen der Einfluss von Variablen auf der Individualebene auf die Interessenentwicklung untersucht wird, können effektive Stichprobengrößen berechnet werden, um den Effekt der Intraklassenkorrelation zu kontrollieren. Auf deren Grundlage können dann verzerrungsfreie Schätzungen der Standardfehler ermittelt werden. Anhand effektiver Stichproben können daher für die Analysen die gängigen Verfahren der Regressions- und Varianzanalyse eingesetzt werden. Aufgrund der Durchführung der Analysen anhand effektiver Stichproben erscheint es vertretbar, bei der Signifikanzprüfung auf eine weitere α-Fehler-Korrektur (vgl. Bortz, 1993, S. 248 f.) zu verzichten. Das Signifikanzniveau für alle in dieser Arbeit durchgeführten Analysen wurde daher auf $\alpha = 5$ % festgelegt.

*(2) Verwendung von Mehrebenenanalysen.* Steht bei den Analysen das Zusammenwirken von individuellen Variablen und Kontextvariablen im Vordergrund, können Mehrebenenanalysen verwendet werden, um Verzerrungen der Ergebnisse zu begegnen. Mit ihrer Hilfe können Variablen auf zwei oder drei Ebenen – beispielsweise auf der Ebene der individuellen Schüler, der Klassen und Schulen – in die Analysen eingeführt werden. Mehrebenenanalysen wurden z.B. für die Analysen zum Einfluss verschiedener Unterrichtsbedingungen auf die individuelle Interessenentwicklung verwendet, da neben den von den individuellen Schülerinnen und Schülern wahrgenommenen Unterrichtsbedingungen auch Unterrichtsbedingungen auf Klassenebene untersucht wurden. Die Parameter auf Individualebene liefern Informationen über den individuellen Entwicklungsverlauf von Schülerinnen und Schülern, die Parameter auf Klassenebene beschreiben die Zusammenhänge bei Betrachtung der Mittelwerte der Klassen. Auch bei den Mehrebenenanalysen wurde das Signifikanzniveau auf $\alpha = 5$ % festgelegt.

Beide Vorgehensweisen im Umgang mit geschachtelten Daten – die Verwendung von Regressions- und Varianzanalysen auf der Basis effektiver Stichprobenumfänge sowie die Verwendung von Mehrebenenanalysen – werden im Folgenden besprochen.

## 9.5 Regressions- und Varianzanalysen mit effektiven Stichproben

In einer Reihe von Analysen sind nur Merkmale auf Individualebene von Bedeutung, so z.B. in den Analysen zur Validierung des Interessenkonstrukts und für alle Analysen, in denen der Einfluss individueller Merkmale (Fähigkeitsselbstkonzept, Geschlechtsrollenvorstellungen, soziale Beziehungen, Freizeitinteressen) auf das Interesse und die Interessenentwicklung untersucht wurde. Für diese Analysen ist es sinnvoll, effektive Stichproben zu berechnen, um zu verzerrungsfreien Schätzungen der Standardfehler zu gelangen und anschließend die gängigen statistischen Verfahren der Regressions- und Varianzanalyse anzuwenden. Im Folgenden wird daher zunächst auf die Berechnung der in den Analysen verwendeten effektiven Stichproben eingegangen, anschließend auf die verwendeten Verfahren der Regressions- und Varianzanalyse.

**Berechnung effektiver Stichproben.** Die effektive Stichprobengröße wurde nach der in Gleichung 9.1 aufgeführten Formel von Kish (1987, S. 41 ff. und S. 204 f.) berechnet. Die Formel berücksichtigt dabei, dass die Unterschätzung der Standardfehler von der Intraklassenkorrelation ($\rho$) abhängt.

*Gleichung 9.1:* Berechnung der effektiven Stichgröße nach Kish (1987, S. 41 ff. und S. 204 f.)

$$N_{SRS} = \frac{N}{1 + \rho \cdot (b-1)}$$

| | |
|---|---|
| $N_{SRS}$ | effektive Stichprobengröße (Simple Random Sample) |
| $N$ | tatsächlicher Stichprobenumfang |
| $b$ | mittlere Klassengröße |
| $\rho$ | Intraklassenkorrelation (bzw. $\overline{\rho}$ gemittelte Intraklassenkorrelation) |

Da die Analysen an unterschiedlichen Stichproben durchgeführt wurden, wird im Folgenden das Vorgehen bei der Berechnung der jeweiligen effektiven Stichproben beschrieben.

*(1) Analysen zum Entwicklungsverlauf in der 7. Jahrgangsstufe.* Der Entwicklungsverlauf des Interesses innerhalb der 7. Jahrgangsstufe wurde anhand der Bruttostichprobe der Schülerinnen und Schüler untersucht, für die zu allen drei Messzeitpunkten in der 7. Jahrgangsstufe Daten vorlagen. An dieser Stelle sei noch einmal in Erinnerung gerufen, dass für Mathematik und Deutsch die volle Stichprobe vorlag, für Englisch nur die westdeutsche Stichprobe und die Stichprobe in Biologie und Physik auf Schülerinnen und Schüler reduziert war, die tatsächlich Unterricht in diesen Fächern erhalten hatten. Die effektive Stichprobe für diese Schülerinnen und Schüler wurde ermittelt, indem eine über die drei Messzeitpunkte in der 7. Jahrgangsstufe (also über 7.1, 7.2 und 7.3) gemittelte Intraklassenkorrelation ($\rho$) berechnet wurde. Diese bildet sich aus der Summe der gemittelten prozentualen Varianzanteile ($\eta^2$) der Interessenskalen, die auf die Klassen, Schulen und Schulformen zurückgehen (vgl. Tabelle 9.1). Alle für die Berechnung der effektiven Stichprobe in den verschiedenen Schulfächern der 7. Jahrgangsstufe benötigten Werte sind in Tabelle 9.2 aufgeführt. Für die Analysen zum *Topologischen Interesse* am Schulfach Physik beträgt die tatsächliche Stichprobe beispielsweise 2868 Schülerinnen und Schüler. Die Intraklassenkorrelation beträgt $\rho = .20$, die mittlere Klassengröße $b = 17.17$. Die mit diesen Werten nach der Formel von Kish (1987) berechnete effektive Stichprobe umfasst $N_{SRS} = 700$. Tabelle 9.2 macht somit die beträchtliche Reduktion der Stichprobe deutlich. Der Gewichtungsfaktor wurde berechnet, indem die tatsächliche Stichprobe durch die effektive Stichprobe dividiert wurde. Dieser beträgt für die Analysen zum *Topologischen Interesse* an Physik beispielsweise *gw.* = .24.

*Tabelle 9.2:* Werte zur Berechung der effektiven Stichprobengröße ($N_{SRS}$) für die Analysen über drei Messzeitpunkte in der 7. Jahrgangsstufe

| | Biologie (TI) | Physik (TI) | Mathematik (FI) | Englisch (FI) | Deutsch (FI) |
|---|---|---|---|---|---|
| $N$ | 2867 | 2868 | 3787 | 1807 | 3787 |
| $\rho$ | .19 | .20 | .24 | .23 | .25 |
| $b$ | 17.92 | 17.17 | 17.45 | 18.25 | 17.45 |
| *gw.* | .12 | .24 | .20 | .20 | .20 |
| $N_{SRS}$ | 683 | 700 | 753 | 369 | 741 |

Anmerkung: $N$: tatsächlicher Stichprobenumfang; $b$: mittlere Klassengröße; $N_{SRS}$: effektive Stichprobengröße *gw.*: Gewichtungsfaktor ($N_{SRS}/N$); $\rho$ : über die drei Messzeitpunkte in der 7. Jahrgangsstufe gemittelte Intraklassenkorrelation; TI: *Topologisches Interesse*, FI: *Fachinteresse*. Für Physik und Biologie wurden die prozentualen Varianzanteile für das *Topologische Interesse* verwendet, für Mathematik, Englisch und Deutsch die prozentualen Varianzanteile für das *Fachinteresse*.

*(2) Analysen zur Validierung des Interessenkonstrukts und Berechnung von Korrelationen zwischen den Interessenwerten.* Für die Analysen zur Validierung des Interessenkonstrukts und für die Berechnung der Korrelationen zwischen den Interessenwerten wurde eine effektive Stichprobe von Schülerinnen und Schüler verwendet, für die zum dritten Messzeitpunkt in der 7. Jahrgangsstufe und zum Messzeitpunkt in der 10. Jahrgangsstufe Daten vorlagen. Tabelle 9.3 lassen sich die tatsächliche und die effektive Stichprobe für diese Analysen entnehmen.

*Tabelle 9.3:* Stichprobengröße ($N$) und effektive Stichprobengröße ($N_{SRS}$) für die Analysen zur Validierung des Interesses zum dritten Messzeitpunkt in der 7. Jahrgangsstufe, zum vierten Messzeitpunkt in der 10. Jahrgangsstufe und über beide Messzeitpunkte sowie für die Korrelationen der Interessenwerte von der 7. bis 10. Jahrgangsstufe

| | | Biologie[a)] | Physik[a)] | Mathematik[b)] | Englisch[b)] | Deutsch[b) c)] |
|---|---|---|---|---|---|---|
| 7.3 | $N$ | 2867 | 2868 | 3787 | 1807 | 3787 |
| | $N_{SRS}$ | 718 | 637 | 970 | 354 | 818 |
| 10 | $N$ | 1213 | 1088 | 1587 | 853 | – |
| | $N_{SRS}$ | 351 | 284 | 505 | 168 | – |
| 7.3–10 | $N$ | 1213 | 1088 | 1587 | 853 | – |
| | $N_{SRS}$ | 419 | 323 | 499 | 208 | – |

Anmerkung: 7.3: dritter Messzeitpunkt in der 7. Jahrgangsstufe; 10: vierter Messzeitpunkt in der 10. Jahrgangsstufe; 7.3–10: dritter Messzeitpunkt in der 7. Jahrgangsstufe und vierter Messzeitpunkt in der 10. Jahrgangsstufe. [a)]Für Biologie und Physik wurden die prozentualen Varianzanteile der Skalen *Fach-, Sach-* und *Topologische Interesse* gemittelt. [b)]Für Mathematik, Englisch und Deutsch wurden die prozentualen Varianzanteile der Skalen *Fach- und Sachinteresse* gemittelt; $N$: ursprünglicher Stichprobenumfang; $N_{SRS}$: effektive Stichprobengröße. [c)]Für Deutsch wurden keine Interessenwerte in der 10. Jahrgangsstufe erhoben, da hier erhebungsbedingt keine Daten vorlagen.

Analog zum Vorgehen in der 7. Jahrgangsstufe wurde eine über die Messzeitpunkte am Ende der 7. und am Ende der 10. Jahrgangsstufe gemittelte Intraklassenkorrelation berechnet. Da für die Analysen alle Skalen zum Interesse verwendet wurden, basiert die Berechnung der Intraklassenkorrelation auf den über die vorliegenden Interessenskalen gemittelten prozentualen Varianzanteilen. Die Angaben für den Zeitraum vom dritten Messzeitpunkt in der 7. Jahrgangsstufe bis zum Messzeitpunkt in der 10. Jahrgangsstufe basieren auf den zusätzlich über beide Messzeitpunkte gemittelten prozentualen Varianzanteilen aller vorhandener Interessenskalen. Die effektive Stichprobe in Physik für die Modelle der 7. Jahrgangsstufe umfasst z.B. statt 2868 nur noch 637 Jugendliche, für die 10. Jahrgangsstufe statt 1088 nur noch 284 Jugendliche und für die Modelle über zwei Messzeitpunkte statt 1088 nur noch 323 Jugendliche.

*(3) Analysen zum Einfluss des Fähigkeitsselbstkonzepts auf das Interesse.* Für die Analysen zum Einfluss des Fähigkeitsselbstkonzepts auf das Interesse wurden der erste und dritte Messzeitpunkt in der 7. Jahrgangsstufe und der vierte Messzeitpunkt in der 10. Jahrgangsstufe verwendet. Tabelle 9.4 lassen sich die Ausgangstichproben und die effektiven Stichproben entnehmen.

*Tabelle 9.4:* Stichprobengröße ($N$) und effektive Stichprobengröße ($N_{SRS}$) für die Strukturgleichungsanalysen zum Einfluss des Fähigkeitsselbstkonzepts auf das Interesse unter Verwendung des ersten und dritten Messzeitpunkts in der 7. Jahrgangsstufe sowie des vierten Messzeitpunkts in der 10. Jahrgangsstufe

| | Biologie | Physik | Mathematik | Englisch | Deutsch[a)] |
|---|---|---|---|---|---|
| $N$ | 1335 | 1166 | 1757 | 976 | 1757 |
| Schulklassen | 106 | 103 | 144 | 76 | 144 |
| $N_{SRS}$ | 564 | 664 | 695 | 453 | 672 |

Anmerkung: Für die Fächer Physik und Biologie wurden die prozentualen Varianzanteile für das *Topologische Interesse* verwendet, für die Fächer Mathematik, Englisch und Deutsch die prozentualen Varianzanteile für das *Fachinteresse*. $N$: ursprünglicher Stichprobenumfang; $N_{SRS}$: effektive Stichprobengröße. [a)]Für Deutsch konnten nur die Messzeitpunkte in der 7. Jahrgangsstufe verwendet werden, da erhebungsbedingt keine Daten für die 10. Jahrgangsstufe vorlagen.

Die Bruttostichprobe bildeten 1757 Schülerinnen und Schüler aus 144 Klassen, die sich aus den 1587 Teilnehmern aller vier Erhebungswellen und den 170 Schülern, die nur an der ersten, dritten und vierten Erhebungswelle teilgenommen haben, zusammensetzen (vgl. Abbildung 7.2 in Kapitel 7). Für Deutsch und Mathematik lag die volle Stichprobe vor. Die kleineren Stichproben für Physik, Biologie und Englisch erklären sich aus den oben beschriebenen Umständen. Zur Berechnung der effektiven Stichprobengrößen wurde die Intraklassenkorrelation anhand der über das Fähigkeitsselbstkonzept und das Interesse zu allen drei Messzeitpunkten gemittelten prozentualen Varianzanteilen berechnet.

Zur Überprüfung der Hypothesen des erweiterten Bezugsrahmenmodells wurden zum einen Analysen durchgeführt, die den ersten und dritten Messzeitpunkt in der 7. Jahrgangsstufe umfassten, zum anderen Analysen, in denen der dritte Messzeitpunkt in der 7. Jahrgangsstufe und der vierte Messzeitpunkt in der 10. Jahrgangsstufe verwendet wurde. Da Fächerkombinationen untersucht wurden, wurde pro Fächerkombination jeweils der kleinere Stichprobenumfang gewählt. Die Fächerkombination Deutsch und Mathematik umfasst die volle Stichprobe, die kleineren Stichprobenumfänge für die Kombinationen mit Physik, Biologie und Englisch ergaben sich aus den oben genannten Umständen. Die Intraklassenkorrelation wurde wiederum anhand der über das Fähigkeitsselbstkonzept und das Interesse zu allen drei Messzeitpunkten gemittelten prozentualen Varianzanteilen für die jeweiligen Fächerkombinationen berechnet. Die Bruttostichprobe für die Analysen innerhalb der 7. Jahrgangsstufe umfasste eine Teilstichprobe von 4143 Schülerinnen und Schülern, die sich aus den 3787 Schülerinnen und Schülern des echten Längsschnitts sowie 356 Schülerinnen und Schülern zusammensetzte, die nur zum ersten und dritten Messzeitpunkt an den Analysen teilgenommen hatten. Tabelle 9.5 lassen sich die entsprechenden Ausgangstichproben und effektiven Stichproben entnehmen.

*Tabelle 9.5:* Stichprobengröße (*N*) und effektive Stichprobengröße ($N_{SRS}$) für die Strukturgleichungsanalysen zum Einfluss des Fähigkeitsselbstkonzepts auf das Interesse zum ersten und dritten Messzeitpunkt in der 7. Jahrgangsstufe

| | D(FI) – P(TI) | P(TI) – E(FI) | D(FI) – M(FI) | E(FI) – M(FI) | D(FI) – B(TI) | E(FI) – B(TI) | M(FI) – B(TI) | P(TI) – B(TI) | M(FI) – P(TI) | E(FI) – D(FI) |
|---|---|---|---|---|---|---|---|---|---|---|
| *N* | 3072 | 1108 | 4143 | 2038 | 3115 | 1657 | 3115 | 2498 | 3072 | 2038 |
| Schulklassen | 175 | 60 | 230 | 107 | 168 | 85 | 168 | 139 | 175 | 107 |
| $N_{SRS}$ | 920 | 510 | 1105 | 732 | 899 | 584 | 908 | 842 | 939 | 687 |

Anmerkung: *N*: ursprünglicher Stichprobenumfang; $N_{SRS}$: effektive Stichprobengröße; M: Mathematik; B: Biologie; P: Physik; E: Englisch; FI: *Fachinteresse*; TI: *Topologisches Interesse*. Für Physik und Biologie wurden dabei je nach Analyse die prozentualen Varianzanteile für das *Topologische Interesse* verwendet, für Mathematik, Englisch und Deutsch die prozentualen Varianzanteile für das *Fachinteresse*. Für Deutsch wurden keine Interessenwerte in der 10. Jahrgangsstufe erhoben, daher konnten hier keine Modelle berechnet werden.

Die Bruttostichprobe der Analysen für den Zeitraum zwischen der 7. und 10. Jahrgangsstufe bildete eine Teilstichprobe von 1955 Schülerinnen und Schülern, die an der dritten und vierten Erhebungswelle teilgenommen haben. Tabelle 9.6 lassen sich die Ausgangstichproben und effektiven Stichproben entnehmen.

*Tabelle 9.6:* Stichprobengröße (*N*) und effektive Stichprobengröße ($N_{SRS}$) für die Strukturgleichungsanalysen zum Einfluss des Fähigkeitsselbstkonzepts auf das Interesse zum dritten Messzeitpunkt in der 7. Jahrgangsstufe sowie zum vierten Messzeitpunkt in der 10. Jahrgangsstufe

| | M(FI) – B(TI) | M(FI) – P(TI) | B(TI) – P(TI) | P(TI) – E(FI) | M(FI) – E(FI) | M(FI) – B(FI) | M(FI) – P(FI) | B(FI) – P(FI) | P(FI) – E(FI) |
|---|---|---|---|---|---|---|---|---|---|
| *N* | 1484 | 1311 | 1067 | 513 | 1124 | 1484 | 1311 | 1067 | 513 |
| Schulklassen | 109 | 109 | 84 | 43 | 81 | 109 | 109 | 84 | 43 |
| $N_{SRS}$ | 628 | 603 | 538 | 372 | 502 | 619 | 608 | 533 | 370 |

Anmerkung: *N*: ursprünglicher Stichprobenumfang; $N_{SRS}$: effektive Stichprobengröße; M: Mathematik; B: Biologie; P: Physik; E: Englisch; FI: *Fachinteresse*; TI: *Topologisches* Interesse. Für Physik und Biologie wurden hier die prozentualen Varianzanteile für das *Topologische Interesse* bzw. das *Fachinteresse* verwendet, für Mathematik, Englisch und Deutsch die prozentualen Varianzanteile für das *Fachinteresse.* Für Deutsch wurden keine Interessenwerte in der 10. Jahrgangsstufe erhoben, daher konnten hier keine Modelle berechnet werden.

**Die Verwendung von multiplen linearen Regressionsanalysen.** Anhand von multiplen linearen Regressionsanalysen kann für verschiedene unabhängige Variablen überprüft werden, inwieweit sie eine abhängige Variable vorhersagen. Das Verfahren konnte für die Analysen zum Einfluss aller intervallskalierten Variablen verwendet werden – also für Fähigkeitsselbstkonzept, Geschlechtsrollenvorstellungen, Unternehmungen mit Freunden, die Beziehung zu den Eltern und Freizeitinteressen. Die einzelnen Variablen wurden, da sie theoretisch getrennt sind, auch in den Analysen getrennt behandelt. Pro Prädiktor und Schulfach wurden dabei jeweils mehrere Analysen durchgeführt: Ein Teil der Analysen konzentrierte sich auf das erste Schulhalbjahr der 7. Jahrgangsstufe, d.h. auf den Einfluss des Prädiktors auf das Interesse zum zweiten Messzeitpunkt. Für einen weiteren Teil der Analysen wurde das zweite Schulhalbjahr der 7. Jahrgangsstufe in den Blick genommen, d.h. hier wurde jeweils der Einfluss des Prädiktors auf das Interesse zum dritten Messzeitpunkt untersucht. Alle Analysen erfolgten unter Kontrolle des Interesses zu den vorangegangenen Zeitpunkten: In die Analysen zur Vorhersage des Interesses zum zweiten Messzeitpunkt ging neben dem jeweils interessierenden Prädiktor auch das Interesse zum ersten Messzeitpunkt als unabhängige Variable ein. In die Analyse zur Vorhersage des Interesses zum dritten Messzeitpunkt gingen neben den jeweils interessierenden Prädiktor auch das Interesse zum ersten und zweiten Messzeitpunkt als unabhängige Variable ein. Mit diesem Vorgehen ist es möglich, das fachliche Interesse – jeweils unter Kontrolle des Interesses zu den vorangegangenen Messzeitpunkten – durch den interessierenden Prädiktor vorherzusagen. Dies stellt allerdings besonders für die Vorhersage des Interesses zum dritten Messzeitpunkt ein sehr konservatives Verfahren dar, da hier sowohl das Interesse zum ersten als auch zum zweiten Messzeitpunkt kontrolliert wurde. Daher wurde zusätzlich überprüft, ob sich durch ein weniger konservatives Vorgehen, bei dem nur das Interesse zum zweiten Messzeitpunkt als Kontrollvariable eingeht – das Ergebnis ändert. Alle Analysen wurden zudem ohne und mit dem Geschlecht als weitere Kontrollvariable untersucht, da sich durch das Hinzufügen des Geschlechts u.U. das Ergebnis ebenfalls ändern kann.

**Die Verwendung von einfaktoriellen Varianzanalysen mit Messwiederholung.** Mit der einfaktoriellen Varianzanalyse mit Messwiederholungen kann die Auswirkung von gestuften, unabhängigen Variablen auf eine abhängige Variable zu mehreren Messzeitpunkten überprüft werden. Im Gegensatz zu den Variablen bei der Regressionsanalysen müssen die unabhängigen Variablen bei der Varianzanalyse nicht unbedingt intervallskaliert sein, sondern können ein beliebiges Skalenniveau aufweisen, solange jede Person eindeutig einer Stufe des Faktors zugeordnet werden kann. Daher wurden in dieser Arbeit Varianzanalysen verwendet, wenn die unabhängige Variable nicht eindeutig intervallskaliert war – wie es z.B. bei den anstehenden Entwicklungsaufgaben der Fall ist. Bei den anstehenden Entwicklungsaufgaben geben die Itemformulierungen dreistufige Antwortkategorien vor, so dass drei Gruppen von Schülerinnen und Schülern entstehen, für die eine Entwicklung „noch nicht", „schon etwas" oder „ganz klar" ansteht. In den Analysen bildete die Skala *anstehende Entwicklungsaufgaben* die unabhängige Variable, das Interesse zu den drei Messzeitpunkten in der 7. Jahrgangsstufe die abhängige Variable. Einfaktorielle Varianzanalysen mit Messwiederholung wurden auch für die Skalen zu aktuellen und gewünschten Freundschaften sowie die Skalen zu aktuellen und gewünschten Partnerschaften verwendet, in denen ebenfalls das dreistufige Antwortformat von „noch nicht", „schon etwas" oder „ganz klar" vorgegeben wurde. Ferner wurden einfaktorielle Varianzanalysen mit Messwiederholung für die Cliquenzugehörigkeit verwendet, in der schlicht zwischen Personen, die einer Clique angehören und Personen, die keiner Clique angehören, unterschieden wurde.

**$\alpha$-Fehler-Korrektur.** In einigen Analysen war es notwendig, eine Vielzahl von Korrelationsvergleichen oder (z.B. bei den Varianzanalysen) von Signifikanzprüfungen vorzunehmen. Dies führt zu einer Inflation des $\alpha$-Fehlers, d.h. dieses Vorgehen erhöht die Wahrscheinlichkeit einer fälschlichen Entscheidung zugunsten der Hypothese. Auf eine Inflationierung des $\alpha$-Fehlers wird jeweils an den entsprechenden Stellen hingewiesen (vgl. Bortz, 1993, S. 248 f.).

**Zeitgleiche oder spätere Erhebung der Prädiktoren.** Ein Schwierigkeit bei der Vorhersage des Interesses und Interessenverlaufs ergibt sich daraus, dass die Prädiktorvariablen – bis auf das fachspezifische Fähigkeitsselbstkonzept, das zu allen drei Messzeitpunkten erhoben wurde – zu unterschiedlichen Messzeitpunkt erhoben wurden. Eine Erhebung von Daten in der Mitte oder am Ende der 7. Jahrgangsstufe zwingt in den Analysen zur Vorhersage des Interesses bzw. zum Einfluss auf die Interessenentwicklung dazu, von einem gleichen oder sogar späteren Erhebungszeitpunkt aus Vorhersagen zu machen. Da mit allen Skalen interindividuelle Differenzen zwischen

Schülerinnen und Schülern erfasst werden, ist ein solches Vorgehen nur dann unproblematisch, wenn die intraindividuelle Rangfolge zwischen den Messzeitpunkten invariant ist. Ändert sich dagegen die intraindividuelle Rangfolge, entstehen erhebliche Interpretationsprobleme. Da die Invarianz eine recht starke Annahme ist und Veränderungen in der interindividuellen Rangfolge nicht ganz auszuschließen sind, wird dies bei der Interpretation der Ergebnisse berücksichtigt. In Tabelle 9.7 wird ein Überblick darüber gegeben, welche Variablen zu welchen Zeitpunkten erhoben wurden.

*Tabelle 9.7:* Zu den Messzeitpunkten in der 7. Jahrgangsstufe eingesetzte Skalen

| Skala/Item | 7. Jahrgangsstufe | | |
|---|---|---|---|
| | 1. MZP | 2. MZP | 3. MZP |
| fachspezifisches Fähigkeitsselbstkonzept | x | x | x |
| geschlechtsstereotype Vorstellungen | x | – | – |
| anstehende Entwicklungsaufgaben | – | x | – |
| Cliquenzugehörigkeit | – | – | x |
| Unternehmungen mit Freunden | x | – | – |
| aktuelle und gewünschte Freundschaften/Partnerschaften | – | x | – |
| Gesprächsintensität und Vertrauensverhältnis mit Mutter/Vater | – | – | x |
| von Eltern erwartete Schulleistungen/diesbezügliche Konflikte | – | – | x |
| Freizeitinteressen | x | – | – |
| Unterrichtsmerkmale | – | – | x |

Anmerkung: MZP: Messzeitpunkt

Geschlechtsstereotype Vorstellungen, Unternehmungen mit Freunden sowie Freizeitinteressen wurden zum ersten Messzeitpunkt erhoben und lassen somit eine Vorhersage des Interesses zu den nachfolgenden Messzeitpunkten ohne Probleme zu. Anstehende Entwicklungsaufgaben sowie aktuelle und gewünschte Freundschaften und Partnerschaften wurden zum zweiten Messzeitpunkt erhoben und lassen somit eine Vorhersage für das Interesse zum dritten Messzeitpunkt zu. Die Vorhersage des Interesses zum zweiten Messzeitpunkt ist – da die Daten gleichzeitig erhoben wurden – nur unter der Annahme der Invarianz der interindividuellen Rangfolge eine tatsächliche Vorhersage des Interesses. Cliquenzugehörigkeit, Gesprächsintensität und Vertrauensverhältnis zu den Eltern, die Übereinstimmung der eigenen Schulleistungen mit den von den Eltern erwarteten Schulleistungen und diesbezügliche Konflikte sowie alle Unterrichtsmerkmale wurden zum dritten Messzeitpunkt erhoben. In den Analysen zur Vorhersage durch diese Prädiktoren wird das Interesse zum dritten Messzeitpunkt durch eine zeitgleich erhobene Variable, das Interesse zum zweiten Messzeitpunkt durch eine später erhobene Variable vorausgesagt. Hier ergibt sich verstärkt die oben genannte Problematik bei der Interpretation.

## 9.6 Mehrebenenanalysen

Eine weitere Möglichkeit im Umgang mit einem hierarchischen Datensatz ist die Verwendung von Mehrebenenanalysen. Diese bieten sich besonders an, wenn Variablen nicht nur auf individueller Ebene, sondern auch das Zusammenwirken von individuellen Variablen und Kontextvariablen untersucht werden sollen. Mehrebenenanalysen eigenen sich z.B., um der Frage nach dem Einfluss von auf Individual- und Aggregatebene gemessenen Kontextbedingungen (z.B. verschiedenen Unterrichtsbedingungen) auf die individuelle Entwicklung (z.B. fachspezifischer Interessen) von Schülerinnen und Schülern nachzugehen. Mit gängigen Analyseverfahren können die Beziehungen innerhalb geschachtelter Daten nur unzureichend abgebildet werden, da die Wirkung von Individual- und Aggregateinflüssen nicht auseinander gehalten werden kann (Ditton, 1992; Raudenbush & Bryk, 2002). Die Ergebnisse einer einfachen Regressionsanalyse für eine Gesamtstichprobe können z.B. bestehende Unterschiede zwischen den Schulklassen übersehen lassen, wenn ein Zusammenhang in Abhängigkeit von bestimmten Merkmalen nur in einigen Klassen besteht. Auch kann mit Hilfe gängiger Verfahren nicht erklärt werden, ob die Unterschiede zwischen Klassen auf Merkmale auf Individualebene (z.B. Fähigkeitsselbstkonzepte) oder/und auf Merkmale auf Aggregatebene (z.B. Unterrichtsmerkmale) zurückzuführen sind.

In der Vergangenheit wurden die Daten oft analysiert, als wären sie einer Ebene zugeordnet (vgl. Ditton, 1998). Zum einen wurden die Daten der Individualebene aggregiert und mit den vorliegenden Aggregatdaten zusammengefügt – und damit quasi so getan, als würden nur Daten auf Aggregatebene vorliegen. Dadurch waren aber nur noch Aussagen auf Gruppenebene möglich und die Ergebnisse der Analysen auf Aggregatebene wichen – durch den Verlust der Varianzen innerhalb der Aggregateinheiten – oft erheblich von denen aus Individualanalysen ab (aggregation-bias, vgl. z.B. Sellin, 1990). Zum anderen wurden die Individualdaten um Aggregatmerkmale ergänzt, indem jedem Individuum Variablen der Aggregateinheit, der es angehörte, hinzugefügt wurden. Dadurch waren aber die Signifikanztests der üblicherweise verwendeten Regressionsanalyse nicht mehr korrekt (u.a. weil sich die Anzahl der Freiheitsgrade z.T. auf Individual-, z.T. auf Aggregatdaten bezieht). Alle diese Verfahren konnten zudem ein Hauptproblem im Umgang mit geschachtelten Daten nicht lösen: dass nämlich die Fehlerterme korreliert sind, da sie neben zufälligen auch systematische Fehler beinhalten, weil innerhalb der Cluster Variablen (z.B. der Merkmale des Unterrichts) gemeinsam wirksam sind – was den Modellannahmen zur Anwendung der Signifikanztests widerspricht.

Diese Probleme konnten erst durch die Verfahren zur Analyse von Mehrebenendaten gelöst werden (Lüdtke & Köller, 2006). Diese basieren auf der Idee der *systematic varying slopes* von Burstein, Linn und Capell (1978) und werden als *Random-Coefficient-Models* (RCM) bezeichnet (vgl. Bock, 1989; Cheung, Keeves, Sellin & Tsoi, 1990; Ditton, 1992). Ausgangspunkt der Modelle ist, dass unterschiedliche Regressionsgeraden zwischen Schulklassen nicht als störende Effekte behandelt werden, sondern als Ausdruck von Unterschieden in ablaufenden Lernbedingungen oder Lern- und Entwicklungsprozessen. Die Varianz in den Regressionen wird damit als systematisch betrachtet. Die Koeffizienten der Regressionen innerhalb der Schulklassen werden als abhängige Variablen behandelt, deren Varianz (z.B. durch Merkmale von Aggregateinheiten) erklärt werden kann. Die Koeffizienten werden damit als eine Funktion von Individual- und Aggregatmerkmalen untersucht. Da der Nachweis variierender Koeffizienten in Abhängigkeit von Aggregatmerkmalen nichts anderes ist als eine Interaktion zwischen Individual- und Aggregatmerkmalen, können so Interaktionseffekte untersucht werden. Die Umsetzung der Idee in ein statistisches Analyseverfahren erfolgte durch das *Hierarchical Linear Modeling* (HLM) von Bryk & Raudenbush (1989; 1992; Bryk, Raudenbush, Seltzer & Congdon, 1989; Raudenbush & Bryk, 1986, 1989, 2002; Raudenbush, Bryk & Congdon, 2001). Im HLM-Modell werden verschiedene Ebenen unterschieden. In der Regel besteht die niedrigste Ebene aus Individuen, die zweite Ebene aus einer Gruppe von Individuen (z.B. einer Schulklasse) und die dritte Ebene aus mehreren Gruppen von Individuen (z.B. einer Schule). Es ist aber auch möglich, dass die *zeitliche Entwicklung* als unterste Ebene eingeführt wird. Die zweite Ebene bilden dann die Individuen und die dritte Ebene Schulklassen bzw. Schulen. Wie weiter unten beschrieben wird, lassen sich auf diese Weise Wachstumsmodelle modellieren (vgl. Bryk & Raudenbush, 1987, 1989, 1992; Raudenbush & Bryk, 2002; Raudenbush et al., 2001).

Das HLM-Modell kann als ein hierarchisches System von Regressionsgleichungen angesehen werden. Auf der *ersten Ebene* (der Schülerebene) wird eine Gleichung für Schüler i in Schulklasse *j* in Schule k aufgestellt. Die abhängige Variable $y_{ijk}$ (z.B. das Interesse des Schülers) wird auf eine oder mehrere erklärende Variablen $a_1, a_2, ..., a_P$ (z.B. das fachspezifische Selbstkonzept des Schülers, das Geschlecht des Schülers etc.) zurückgeführt. Die entsprechende Formel ist in Gleichung 9.2. abgebildet.

*Gleichung 9.2:* Modellierung auf Schülerebene (Ebene 1) im Drei-Ebenen-Modell

$$y_{ijk} = \pi_{0jk} + \pi_{1jk}\, a_{1ijk} + \pi_{2jk}\, a_{2ijk} + ... + \pi_{Pjk}\, a_{Pijk} + e_{ijk}$$

| | | |
|---|---|---|
| $y_{Pjk}$ | = | abhängige Variable für den Schüler *i* in Klasse *j* in Schule *k* |
| $a_{1ijk},...,a_{Pijk}$ | = | Werte der unabhängigen Variablen für Schüler *i* in Klasse *j* in Schule *k* |
| $\pi_{1ijk},...,\pi_{Pijk}$ | = | Regressionskoeffizienten, die die Beziehung innerhalb von Klasse *j* in Schule *k* angeben |
| $e_{ijk}$ | = | Zufallsfehler („Residuum" mit der Verteilung $N(0,\Sigma)$) |

Die Gleichung enthält eine Regressionskonstante (*intercept*) bzw. einen Basiskoeffizienten ($\pi_{0jk}$) für Klasse *j* in Schule *k* und weitere Steigungskoeffizienten (*slopes*) der Regression ($\pi_{Pjk}$), sowie einen Fehlerterm auf Individualebene ($e_{ijk}$). Die Regressionskoeffizienten ($\pi_{Pjk}$) werden dabei nicht als fix, sonder als zwischen den Schulklassen und Schulen variabel betrachtet (*random coefficients*). Jede Schulklasse und jede Schule wird durch eine eigene Regressionsgleichung charakterisiert.

Da Regressionskoeffizienten ($\pi_0$) und Steigungen ($\pi_1, \pi_2, ..., \pi_k$) zwischen den Schulklassen und Schulen variieren können, kann die Variation auf der *zweiten Ebene* (der Klassenebene) durch eine oder mehrere unabhängige Variablen $x_1, x_2, ..., x_Q$ (z.B. Unterrichtsbedingungen) erklärt werden, wobei auch auf Klassenebene ein Fehlerterm ($r_{Pjk}$) mitmodelliert wird. Die Regressionskoeffizienten des Modells der ersten Ebene werden auf der zweiten Ebene als abhängige Variablen betrachtet. Die entsprechende Formel findet sich in Gleichung 9.3.

*Gleichung 9.3:* Modellierung auf Klassenebene (Ebene 2) im Drei-Ebenen-Modell

$$\pi_{0jk} = \beta_{00k} + \beta_{01k} x_{1jk} + \beta_{02k} x_{2jk} + ... + \beta_{0Qk} x_{Qjk} + r_{0jk}$$
$$\pi_{1jk} = \beta_{10k} + \beta_{11k} x_{1jk} + \beta_{12k} x_{2jk} + ... + \beta_{1Qk} x_{Qjk} + r_{0jk}$$
$$...$$
$$\pi_{Pjk} = \beta_{P0k} + \beta_{P1k} x_{1jk} + \beta_{P2k} x_{2jk} + ... + \beta_{PQk} x_{Qjk} + r_{Pjk}$$

| | | |
|---|---|---|
| $\pi_{Pjk}$ | = | Regressionsgewichte in Klasse *j* in Schule *k* |
| $x_{1ijk},...,x_{Pijk}$ | = | Werte der unabhängigen Aggregatvariablen für Klasse *j* in Schule *k* |
| $\beta_{1jk}, ...,\beta_{Pjk}$ | = | Regressionskoeffizienten, die den Effekt der Variablen auf Klassenebene auf die Innerhalb-Beziehung ($\pi_{Pjk}$) angeben |
| $r_{ijk}$ | = | Zufallsfehler auf der Aggregatebene der Klasse *j* in Schule *k* |

Sowohl der Basisparameter ($\beta_{P0k}$) wie auch die Steigungskoeffizienten ($\beta_{PQk}$) können nun in einem Modell auf der *dritten Ebene* auf Schulvariablen (z.B. Schulklima, Schulgröße) zurückgeführt werden. Die dazugehörigen Regressionskoeffizienten werden als $y_1, y_2,...,y_S$ bezeichnet, der zusätzliche Basiskoeffizient als $y_{PQO}$, der Fehlerterm als $u_{PQK}$. Dies ist in Gleichung 9.4 dargestellt.

*Gleichung 9.4:* Modellierung auf Schulebene (Ebene 3) im Drei-Ebenen-Modell

$$\beta_{00k} = \gamma_{000} + \gamma_{001} w_{1k} + \gamma_{002} w_{2k} + ... \gamma_{00S} w_{Sk} + u_{00k}$$
$$\beta_{01k} = \gamma_{010} + \gamma_{011} w_{1k} + \gamma_{012} w_{2k} + ... \gamma_{01S} w_{Sk} + u_{01k}$$
$$...$$
$$\beta_{0Qk} = \gamma_{0Q0} + \gamma_{0Q1} w_{1k} + \gamma_{0Q2} w_{2k} + ... \gamma_{0QS} w_{Sk} + u_{0Qk}$$

$$\beta_{10k} = \gamma_{100} + \gamma_{101} w_{1k} + \gamma_{102} w_{2k} + ... \gamma_{10S} w_{Sk} + u_{10k}$$
$$\beta_{11k} = \gamma_{110} + \gamma_{111} w_{1k} + \gamma_{112} w_{2k} + ... \gamma_{11S} w_{Sk} + u_{11k}$$
$$...$$
$$\beta_{0Qk} = \gamma_{1Q0} + \gamma_{1Q1} w_{1k} + \gamma_{1Q2} w_{2k} + ... \gamma_{1QS} w_{Sk} + u_{1Qk}$$

$$\beta_{P0k} = \gamma_{P00} + \gamma_{P01} w_{1k} + \gamma_{P02} w_{2k} + ... \gamma_{P0S} w_{Sk} + u_{P0k}$$
$$\beta_{11k} = \gamma_{P10} + \gamma_{P11} w_{1k} + \gamma_{P12} w_{2k} + ... \gamma_{P1S} w_{Sk} + u_{P1k}$$
$$...$$
$$\beta_{PQk} = \gamma_{PQ0} + \gamma_{PQ1} w_{1k} + \gamma_{PQ2} w_{2k} + ... \gamma_{PQS} w_{Sk} + u_{PQk}$$

| | | |
|---|---|---|
| $\beta_{PQk}$ | = | Regressionsgewichte in Schule *k* |
| $x_{1ijk},...,x_{Pijk}$ | = | Werte der unabhängigen Aggregatvariablen für Schule *k* |
| $\beta_{1jk}, ...,\beta_{Pjk}$ | = | Regressionskoeffizienten, die den Effekt der Variablen auf Schulebene auf die Innerhalb-Beziehung ($\beta_{PQk}$) angeben. |
| $r_{ijk}$ | = | Zufallsfehler auf der Aggregatebene der Schule *k* |

Entscheidend im HLM-Ansatz ist, dass das Modell auf der ersten Ebene für jedes Aggregat-Element auf der zweiten Ebene und das Modell auf der zweiten Ebene für jedes Aggregat-Element auf der dritten Ebene separat geschätzt wird. Die Regressionskoeffizienten stellen dabei nicht wie im linearen Modell fixe Parameter dar, sondern können zwischen den untersuchten Aggregateinheiten variieren. Auf der zweiten Ebene werden somit die Regressionskoeffizienten der ersten Ebene zu abhängigen Variablen, und auf der dritten Ebene werden die Regressionskoeffizienten der zweiten Ebene zu abhängigen Variablen. Dabei können Abweichungen in den Koeffizienten durch Merkmale der Aggregate sowohl auf der zweiten Ebene (Ebene der Schulklasse) wie auch auf der dritten Ebene (Ebene der Schule oder Schulform) erklärt werden. Das Einsetzen der Gleichung auf der dritten Ebene in die Gleichung der zweiten Ebene und das nachfolgende Einsetzen der resultierenden Gleichung in die Gleichung auf der ersten Ebene führt zu einer einzigen Regressionsgleichung, die sich nur darin von der normalen Regressionsgleichung unterscheidet, dass sie drei Fehlerterme enthält, die in einer nicht-hierarchischen Analyse konfundiert wären (vgl. Köller, 1998b; Schnabel, 1998). Sämtliche Regressionskoeffizienten des obigen Gleichungssystems sowie die Varianzen der Regressionskoeffizienten (zwischen Klassen und zwischen Schulen) können somit im HLM/3L simultan geschätzt werden.

**Modellierung von Entwicklungsverläufen mit HLM.** In dieser Arbeit wurden individuelle Entwicklungsverläufe modelliert, um die Abnahme des Interesses im Verlauf der 7. bis 10. Jahrgangsstufe abbilden zu können und um diese durch auf Individual- und Klassenebene eingeführte Unterrichtsmerkmale erklären zu können. Die Modellierung individueller Entwicklungskurven in Längsschnittstudien ist eine spezielle Anwendung des HLM-Ansatzes. Diese Anwendung löst viele der Probleme, die bei der Veränderungsmessung auftreten. Das einfachste Veränderungsmaß bei Messungen zu zwei verschiedenen Zeitpunkten ist der Differenzwert aus Prä- und Posttestung. Die dabei oft auftretende scheinbar geringe Reliabilität des Differenzmaßes (vgl. Raykov, 1994; Rogossa & Willet, 1985; Willet, 1989) kann neben unpräzisen Messungen auch dadurch bedingt sein, dass in der Gruppe keine oder nur geringe interindividuelle Unterschiede im Ausmaß der Veränderung bestehen, da das Reliabilitätsmaß auch die Homogenität des Entwicklungsprozesses abbildet (vgl. Rogossa, Brand & Zimowski, 1982; Willet, 1989). Hinzu kommt, dass die bei Veränderungsmessungen übliche Beschränkung auf ein Prä-/Posttest-Design nur die Analyse eines linearen Verlaufs, nicht aber die Analyse eines Verlaufs von Entwicklungskurven zulässt. Um individuelle Entwicklungskurven schätzen zu können, müssen mindestens drei Erhebungswellen vorhanden sein (vgl. Bryk & Raudenbush, 1987; Willet, 1989). Der lineare Entwicklungsverlauf wird durch den Steigungsparameter der individuellen Regressionsgeraden bestimmt. Dieser stellt eine Verallgemeinerung des Differenzmaßes bei mehr als zwei Erhebungszeitpunkten dar. Mehrebeneanalytische Modelle wie der HLM-Ansatz bieten die Möglichkeit, individuelle Wachstumskurven statistisch zu modellieren. Die zu mehreren Messzeitpunkten erhobenen Daten werden der ersten Ebene zugeordnet.

Diese werden dann als unter einem Individuum bzw. einer Schülerin oder einem Schüler (als eine Einheit der zweiten Ebene) geschachtelt betrachtet. Das Individuum ist wiederum innerhalb einer dritten Ebene von Schulklassen geschachtelt. Dieses Vorgehen führt allerdings zu einer Konfundierung der institutionellen Einflüsse von Schulklassen, Schulen und Schulformen. Die Gleichung für das Modell auf der ersten Ebene (*within unit level*) wird als einfaches Zeitpolynom geschrieben. Hier wird die Zeit als Prädiktor für die sich verändernde Variable eingeführt. Das individuelle Regressionsgewicht des Prädiktors *Zeit* ($a_x$) stellt das Veränderungsmaß der Person dar. Auf der zweiten Ebene (*between unit level*) wird versucht, das Veränderungsmaß mit Hilfe von Merkmalen der Person (z.B. des fachspezifischen Selbstkonzepts eigener Fähigkeiten, der individuellen Wahrnehmung von Unterrichtsmerkmalen) vorherzusagen. Variationen in diesem individuellen Regressionskoeffizienten können dann wiederum auf Schulklassenvariablen (z.B. die von der Klasse wahrgenommenen Merkmale des Unterrichts) zurückgeführt werden. Dieses Modell findet sich in Gleichung 9.5 wieder.

*Gleichung 9.5:* Modellierung von Entwicklungsverläufen (Ebene 1) im Drei-Ebenen-Modell

$$y_{ijk} = \pi_{0jk} + \pi_{1jk} a_{1ijk} + \pi_{2jk} a_{2ijk}^{2} + \ldots + \pi_{Pjk-1} a_{Pijk}^{P-1} + e_{ijk}$$

Auf diese Weise können die durchschnittlichen Entwicklungskurven modelliert werden, die Reliabilitäten für das Ausgangsniveau und den bzw. die Veränderungsparameter geschätzt werden, interindividuelle Unterschiede in der individuellen Entwicklung modelliert werden und unverzerrte Korrelationen zwischen Ausgangsniveau und Veränderungsparametern bestimmt werden (vgl. Renkl & Gruber, 1995).

Im Folgenden wird detaillierter auf die Verwendung des HLM-Ansatzes in dieser Arbeit eingegangen. Zum einen wurde der HLM-Ansatz benutzt, um den Verlauf des Interesses an verschiedenen Fächern über den Zeitraum in der 7. Jahrgangsstufe von der 7. bis 10. Jahrgangsstufe hinweg abzubilden. Hierbei wurde je nach Analyse ein Zwei- oder Drei-Ebenen-Modell verwendet. Zum anderen wurden HLM-Analysen verwendet, um den Einfluss verschiedener sowohl auf Individual- als auch auf Klassenebene eingeführten Unterrichtsvariablen auf die Entwicklung der schulischen Interessen zu modellieren. Hier wurde exemplarisch der Mathematikunterricht untersucht. Die Analysen wurden jeweils mit dem Programmpaket HLM/3L (Bryk et al., 1989; vgl. Raudenbush et al., 2001) durchgeführt.

**Analysen zum Interessenverlauf.** Bei den Analysen zum Interessenverlauf innerhalb der 7. Jahrgangsstufe wurden drei Messzeitpunkte (Anfang, Mitte und Ende des Schuljahres) für die Fächer Biologie, Physik, Mathematik, Englisch und Deutsch berücksichtigt. Gerechnet wurde zunächst ein Nullmodell (Modell ohne Prädiktoren auf der zweiten und dritten Ebene), um den generellen Verlauf der schulischen Interessen abzubilden. Als Veränderungsparameter wurden ein linearer Trend ($\pi_1$) und ein quadratischer Trend ($\pi_2$) angenommen. Um für eine Trennung von Individual- und Klasseneffekten hinreichend große Klassen mit Schülerinnen und Schülern mit vollzähligen Daten zu erhalten, wurden Klassen von den Analysen ausgeschlossen, in denen für weniger als 10 Schülerinnen und Schülern entsprechende Daten vorlagen. Dies Vorgehen wurde gewählt, da davon auszugehen ist, dass keine Repräsentativität der Klassen mehr gegeben ist, wenn Daten für weniger als 10 Schülerinnen und Schüler vorliegen. Auf sich möglicherweise aus dem Fehlen von Daten auf Individualebene und das Ausschließen der entsprechenden Klassen ergebende Verzerrungseffekte wurde im Abschnitt zu den Stichprobenausfällen in Kapitel 7 eingegangen. Aus diesem Grund ist das verwendete Klassensample für die fachspezifischen Teilstichproben z.T. etwas reduziert. Um die Veränderungen über die Zeit adäquat abbilden zu können und eine einfache Interpretation der Regressionsgewichte in den HLM-Analysen zu ermöglichen, wurden die Interessenvariablen zu allen drei Zeitpunkten am Interessenmittelwert und an der Standardabweichung der ersten Welle standardisiert. Dadurch erhält das Interesse zum ersten Messzeitpunkt in der 7. Jahrgangsstufe einen Mittelwert von 0 ($SD$ = 1), wobei die Mittelwerte der übrigen Zeitpunkte direkt die Veränderungen des Interesses in Standardabweichungen (bezogen auf den ersten Messzeitpunkt) abbilden. Für die Messzeitpunkte wurden zudem orthogonale Kontraste kodiert. Für den linearen Trend wurde -1 für den ersten Messzeitpunkt, 0 für den zweiten Messzeitpunkt und 1 für den dritten Messzeitpunkt in der 7. Jahrgangsstufe kodiert. Für den quadratischen Trend wurde 1 zum ersten Messzeitpunkt, 0 zum zweiten Messzeitpunkt und 1 zum dritten Messzeitpunkt in der 7. Jahrgangsstufe kodiert. Damit wird als Achsenabschnittsparameter ($\pi_0$) jeweils das Interesse zum zweiten Messzeitpunkt in der 7. Jahrgangsstufe berichtet, als Trendparameter ($\pi_1$, $\pi_2$) der Verlauf des Interesses zwischen zwei Erhebungszeitpunkten.

Für die HLM-Analysen zum Interessenverlauf von der 7. bis zur 10. Jahrgangsstufe wurden vier Messzeitpunkte für die Fächer Biologie, Physik, Mathematik und Englisch berücksichtigt. Angewendet wurde ein Zwei-Ebenen-Modell, wobei auf die Modellierung der Klassenebene verzichtet wurde. Diese Entscheidung lässt sich damit begründen, dass die Stichprobe für Biologie und Englisch, in denen der Fragebogen für die Interessenskalen jeweils alternierend eingesetzt wurde, aufgrund der Stichprobenausfälle zwischen der 7. und 10. Jahrgangsstufe zu klein war, um valide Klasseneffekte modellieren zu können. Der Verzicht auf die Klassenebene hat den Vorteil, dass alle Schülerinnen und Schüler, für die Längsschnittdaten zu den vier Messzeitpunkten vorlagen, berücksichtigt werden konnten und nicht nur Schülerinnen und Schüler in Klassen mit mehr als zehn Jugendlichen. Die Verwendung eines Zwei-Ebenen-Modells lässt sich auch dadurch rechtfertigen, dass die Bestimmung der Wachstumskurvenparameter dadurch, dass man die dritte Ebene nicht berücksichtigt, kaum verändert wird. Da in diesen Analysen nur untersucht wird, ob die über alle Individuen und über alle Klassen gemittelten Wachstumsparameter signifikant sind, reichen Zwei-

Ebenen-Analysen aus. Ebene 1 bildeten die drei Messzeitpunkte zu Beginn, Mitte und Ende des Schuljahrs innerhalb der 7. Jahrgangsstufe sowie der Messzeitpunkt am Ende der 10. Jahrgangsstufe. Auch hier wurde das Interesse zu jedem Messzeitpunkt jeweils am Interesse der ersten Welle z-standardisiert. Um orthogonale Kontraste zu erhalten, wurde der lineare Trend ($\pi_1$) mit -4 für den ersten Messzeitpunkt in der 7. Jahrgangsstufe, mit -3 für den zweiten Messzeitpunkt in der 7. Jahrgangsstufe, mit -2 für den dritten Messzeitpunkt in der 7. Jahrgangsstufe und mit 4 für den vierten Messzeitpunkt in der 10. Jahrgangsstufe und der quadratische Trend ($\pi_2$) mit 16 für den ersten Messzeitpunkt in der 7. Jahrgangsstufe, mit 9 für den zweiten Messzeitpunkt in der 7. Jahrgangsstufe, mit 4 für den dritten Messzeitpunkt in der 7. Jahrgangsstufe und mit 16 für den vierten Messzeitpunkt in der 10. Jahrgangsstufe kodiert. Die zugewiesenen Werte wurden dabei so gewählt, dass der Wert -4 zum ersten Messzeitpunkt in der 7. Jahrgangsstufe quasi den Wert am Ende der 6. Jahrgangsstufe repräsentiert, während jeder weitere Wert das Interesse ein halbes Jahr später abbildet – also -3 für das Ende des ersten Halbjahrs in der 7. Jahrgangsstufe (mittlere Erhebung in der 7. Jahrgangsstufe), -2 für das Ende des zweiten Halbjahrs in der 7. Jahrgangsstufe (letzte Erhebung in der 7. Jahrgangsstufe), -1 für das Ende des ersten Halbjahrs in der 8. Jahrgangsstufe usw. Damit wird als Achsenabschnittsparameter ($\pi_0$) jeweils das (geschätzte) Interesse für das Ende des zweiten Halbjahrs in der 8. Jahrgangsstufe berichtet, als Trendparameter ($\pi_1$, $\pi_2$) der Verlauf des Interesses innerhalb eines Schuljahres. Nimmt z.B. der Wachstumsparameter für den linearen Trend um einen Wert von $\pi_1$ = -.03 ab, sinkt das Interesse bezogen auf den ersten Messzeitpunkt in der 7. Jahrgangsstufe pro Halbjahr um *SD* = .03 Standardabweichungen. Das bedeutet, dass das Interesse über den Zeitraum von der 7. bis zur 10. Jahrgangsstufe – also einen Zeitraum von vier Jahren – um ca. eine viertel Standardabweichung sinkt. Nimmt der Wachstumsparameter für den quadratischen Trend einen negativen Wert an, bedeutet dies, dass sich die Abnahme des Interesses beschleunigt. Ist der Wachstumsparameter für den quadratischen Trend positiv, zeichnet sich dadurch eine Verlangsamung des Interessenverlusts ab.

Um den Einfluss des Geschlechts auf den Interessenverlauf zu prüfen, wurde zusätzlich das Geschlecht als Prädiktor auf der Schülerebene (Ebene 2) eingeführt. Auf diese Weise kann der Einfluss des Geschlechts sowohl auf den Achsenabschnittsparameter als auch auf den linearen Trendparameter überprüft werden. Aufgrund einer zu geringen Anzahl von Freiheitsgraden nicht modellierbar ist hingegen ein Einfluss des Geschlechts auf den quadratischen Trendparameter. Die Schülerinnen wurden mit 0, die Schüler mit 1 kodiert, so dass ein positiver Koeffizient ausdrückt, dass die Schüler größeres Interesse bzw. weniger Interessenverlust aufweisen als die Schülerinnen, während ein negativer Koeffizient anzeigt, dass die Schülerinnen größeres Interesse bzw. weniger Interessenverlust aufweisen als die Schüler.

**Analysen zum Einfluss von Unterrichtsvariablen auf den Interessenverlauf.** Für die Analysen zum Einfluss der Unterrichtsmerkmale auf die Interessenentwicklung in der 7. Jahrgangsstufe wurde jeweils der Einfluss der auf Individual- und Klassenebene eingeführten Unterrichtsvariablen auf das Interesse und den Interessenverlauf geprüft. Auf diese Weise kann zwischen der individuellen Schülerwahrnehmung und der über die Klasse gemittelten Wahrnehmung des Unterrichtseinflusses unterschieden werden. Der Grund für dieses Vorgehen liegt darin, dass Unterrichtsmerkmale auf Individual- und Aggregatebene nicht unbedingt das gleiche Konstrukt abbilden und somit Zusammenhänge zwischen Variablen auf einer Ebene nicht ohne weiteres auf eine andere Ebene übertragen werden können. Dies soll kurz anhand eines Beispiels erläutert werden. Shen und Pedulla (2000) analysierten den Zusammenhang zwischen mathematischem Selbstkonzept und mathematischer Leistung anhand der TIMSS-Daten der Sekundarstufe I. Innerhalb der von ihnen untersuchten Länder fanden sie einen deutlich positiven Zusammenhang zwischen dem mathematischen Selbstkonzept und der Leistung, dagegen für die auf Länderebene aggregierten Werte eine substanziell negative Korrelation zwischen dem mathematischen Selbstkonzept und der Leistung. Auf Länderebene aggregiert, veränderte offenbar der Indikator für das Fähigkeitsselbstkonzept seine Bedeutung (vgl. auch Klieme & Stanat, 2002). Hier wurde – so die Autoren – nicht mehr die selbsteingeschätzte Fähigkeit der Schüler, sondern die Tendenz zu einer selbstkritischeren Haltung oder einer stärkeren Bescheidenheit bestimmter kultureller Gruppen gemessen. Das Beispiel zeigt, dass sich Zusammenhänge beim Übergang von der Individualebene auf die Aggregatebene erheblich verändern und u.U. sogar umkehren können. Wie die auf Robinson (1950) zurückgehenden Arbeiten zum ökologischen Fehlschluss (ecological fallacy, vgl. King, 1997) zeigen, gilt dies umgekehrt auch für die Generalisierung eines Zusammenhangs von der Aggregat- auf die Individualebene. Da also die auf Individual- und auf Klassenebene erfassten Unterrichtsmerkmale durchaus verschiedene Konstrukte mit je anderer Bedeutung abbilden können, ist es bei der Überprüfung von Erklärungsmodellen wichtig, die verschiedenen Ebenen voneinander zu trennen und die Variablen der jeweils anderen Ebenen zu kontrollieren.

Bei den Analysen zum Einfluss der Unterrichtsmerkmale auf den Interessenverlauf wurde wie folgt vorgegangen: Die entsprechenden Variablen wurden wiederum zunächst z-standardisiert, wobei die zu allen drei Messzeitpunkten vorliegenden Variablen am Mittelwert und an der Standardabweichung der ersten Welle standardisiert wurden. Um den linearen Trend abzubilden, wurden erneut orthogonale Kontraste von –1, 0, und 1 kodiert. Auf der ersten Ebene umfasst das Modell somit als Achsenabschnittsparameter das Mathematikinteresse zum zweiten Messzeitpunkt ($\pi_0$) und den linearen Trendparameter ($\pi_1$), der den Interessenverlauf angibt. Auf der zweiten Ebene wird der Achsenabschnittsparameter ($\pi_0$) und der Steigungsparameter ($\pi_1$) der ersten Ebene in Abhängigkeit einer Unterrichtsvariable auf individueller Ebene modelliert. Auf der dritten Ebene wird der Achsenabschnittsparameter ($\beta_{00}$) und der Steigungsparameter ($\beta_{10}$) der zweiten Ebene in Abhängigkeit derselben Unterrichtsvariable auf Klassenebene modelliert. Das Modell ist in Gleichung 9.6 abgebildet.

*Gleichung 9.6:* Modellierung des Einflusses einer Unterrichtsvariablen auf das Interesse im Drei-Ebenen-Modell

Level 1: $Interesse = \pi_0 + \pi_1(linear) + e$
Level 2: $\pi_0 = \beta_{00} + \beta_{01}(Unterrichtsmerkmal) + r_0$
$\pi_0 = \beta_{10} + \beta_{11}(Unterrichtsmerkmal) + r_1$
Level 3: $\beta_{00} = \gamma_{000} + \gamma_{001}(Unterrichtsmerkmal) + u_{00}$
$\beta_{01} = \gamma_{010}$
$\beta_{10} = \gamma_{100} + \gamma_{101}(Unterrichtsmerkmal) + u_{10}$
$\beta_{11} = \gamma_{110}$

Anmerkung: Um die Kontexteffekte richtig berechnen zu können, wurden die Variablen jeweils unzentriert in die Analysen eingegeben. Für $\beta_{01}$ und $\beta_{11}$ wurden zur Vereinfachung der Analysen die Fehlerterme weggelassen, da sie keinen entscheidenden Einfluss auf die Ergebnisse haben.

Die individuelle Leistungsposition und das Fähigkeitsselbstkonzept von Schülern können sowohl einen Effekt auf die Behandlung durch die Lehrkraft als auch auf die Wahrnehmung des Unterrichts haben (vgl. Clausen, 2002). Die Testleistung steht dabei gewissermaßen für die objektive Leistungsposition, das Fähigkeitsselbstkonzept sagt etwas über die subjektive Einschätzung der eigenen Leistungsposition aus. Die subjektive Fähigkeitseinschätzung weicht dabei oft von objektiven Leistungsmaßen oder Fremdratings ab (Clausen, 2002; Hansford & Hattie, 1982). Beide Maße können sich daher jeweils in etwas unterschiedlicher Weise auf den Effekt der von Schülern wahrgenommenen Unterrichtsmerkmale auf die Interessenentwicklung auswirken. In zusätzliche Analysen wurde daher auf der zweiten Ebene neben der jeweiligen Unterrichtsvariable die individuelle *Ausgangsleistung* des Schülers (die Leistung in einem standardisierten Leistungstest zum ersten Messzeitpunkt) bzw. sein ebenfalls zum ersten Messzeitpunkt erhobenes *Fähigkeitsselbstkonzept* einbezogen. Gleichung 9.7 bildet das Modell ab, in dem der Einfluss der Unterrichtsvariablen auf das Interesse um die Ausgangsleistung kontrolliert wird.

*Gleichung 9.7:* Modellierung des Einflusses einer Unterrichtsvariable auf das Interesse – kontrolliert um die Ausgangsleistung – im Drei-Ebenen-Modell

Level 1: $Interesse = \pi_0 + \pi_1(linear) + e$
Level 2: $\pi_0 = \beta_{00} + \beta_{01}(Ausgangsleistung) + \beta_{02}(Unterrichtsmerkmal)\ r_0$
$\pi_0 = \beta_{10} + \beta_{11}(Ausgangsleistung) + \beta_{12}(Unterrichtsmerkmal)\ r_1$
Level 3: $\beta_{00} = \gamma_{000} + \gamma_{001}(Unterrichtsmerkmal) + u_{00}$
$\beta_{01} = \gamma_{010}$
$\beta_{02} = \gamma_{020}$
$\beta_{10} = \gamma_{100} + \gamma_{101}(Unterrichtsmerkmal) + u_{10}$
$\beta_{11} = \gamma_{110}$
$\beta_{12} = \gamma_{120}$

Anmerkung: Um die Kontexteffekte richtig berechnen zu können, wurden die Variablen jeweils unzentriert in die Analysen eingegeben. Für $\beta_{01}$ und $\beta_{11}$ wurden zur Vereinfachung der Analysen die Fehlerterme weggelassen, da sie keinen entscheidenden Einfluss auf die Ergebnisse haben.

Da für alle Analysen die gleiche Stichprobe verwendet wurde, lässt sich aus der Veränderung der Werte gegenüber den Ausgangsanalysen ablesen, ob die Leistungsposition des Schülers oder sein Fähigkeitsselbstkonzept die Wahrnehmung des Einflusses verschiedener Unterrichtsmethoden auf die Interessenentwicklung verändert. Das Modell, in dem der Einfluss einer Unterrichtsvariable um das Fähigkeitsselbstkonzept kontrolliert wird, wurde analog gebildet, indem die Variable *Ausgangsleistung* durch die Variable *Fähigkeitsselbstkonzept* ersetzt wurde. Um eventuelle Schulformeffekte auszuschließen, wurde auf Level 3 in weiteren Analysen auch die Schulform (kodiert nach Gymnasium/andere) einbezogen.

**Intraklassenkorrelation im Mehrebenenmodell.** Das Mehrebenenmodell kann dazu verwendet werden, einen erwartungstreuen Schätzer der Intraklassenkorrelation (d.h. einen Schätzer für die erklärte Varianz in der Population) zu liefern. Hierfür wird anhand des Basismodells ohne Prädiktoren die Varianz in unabhängige Komponenten zerlegt. Das Vorgehen bei der Varianzzerlegung richtet sich danach, welcher Aspekt von Interesse ist. Steht im Zentrum, welcher Anteil an der Gesamtvarianz durch die einzelnen Komponenten abgedeckt wird, ist es sinnvoll, die Varianz $\sigma_e^2$ des Fehlerterms $e_{ijk}$ auf der untersten Ebene zu berücksichtigen. Interessiert hingegen, welcher Anteil der Varianz auf Unterschiede zwischen Schülerinnen und Schülern und welcher Anteil der Varianz auf Unterschiede zwischen Schulklassen zurückgeht, ist es sinnvoll, die Varianz $\sigma_e^2$ des Fehlerterms $e_{ijk}$ auf der untersten Ebene nicht zu berücksichtigen. Auf diese Weise wird der auf Individual- und Klassenebene zurückgehende Varianzanteil prozentual in den Anteil der Individualvarianz und den Anteil der Klassenvarianz zerlegt. In Gleichung 9.8 ist die Formel zur Berechnung der Intraklassenkorrelation ($\rho$) auf der zweiten und dritten Ebene dargestellt ohne Berücksichtigung der Varianz $\sigma_e^2$ des Fehlerterms $e_{ijk}$ auf der untersten Ebene. Dabei sind im Wachstumsmodell die Klassen für die Berechnung der Intraklassenkorrelation auf der zweiten Ebene die Schülerinnen und Schüler, auf der dritten Ebene die Schulklassen.

*Gleichung 9.8:* Intraklassenkorrelation im Drei-Ebenen-Modell ohne Berücksichtigung der Varianz des Fehlerterms $e_{ijk}$

$$\rho_{Ebene-2} = \frac{\sigma_{r_0}^2}{\sigma_{u_0}^2 + \sigma_{r_0}^2} \quad \text{und} \quad \rho_{Ebene-3} = \frac{\sigma_{u_0}^2}{\sigma_{u_0}^2 + \sigma_{r_0}^2},$$

Anmerkung: $\sigma_{r_0}^2$ stellt die Varianz des Fehlerterms $r_{0jk}$ der zweiten Ebene und $\sigma_{u_0}^2$ die Varianz des Fehlerterms $u_{0jk}$ der dritten Ebene dar.

**Varianzaufklärung im Mehrebenenmodell.** Eine wichtige statistische Größe in der normalen multiplen Regressionsanalyse ist die multiple Korrelation $R$ bzw. die quadrierte multiple Korrelation $R^2$, die als Anteil der Varianz interpretiert wird, der durch die Prädiktorvariablen modelliert wird. In einer Mehrebenenanalyse ist die Varianzerklärung – durch die unterschiedliche Steigung der Regressionsgeraden und da es auf mehreren Ebenen unaufgeklärte Varianz gibt – komplexer. Eine einfache Methode der Varianzaufklärung in Mehrebenenmodellen basiert darauf, die Residualvarianz in einer Sequenz von Modellen zu untersuchen (vgl. Bryk & Raudenbush, 1992, S. 68; Hox, 2002). Zunächst wird hierfür die Varianz im Basismodell ohne Prädiktoren als Fehlervarianz interpretiert. Wird nun ein Unterrichtsmerkmal als Prädiktor in die Analysen eingeführt, geht der Anteil der Residualvarianz zurück, so dass die Differenz als Anteil der durch das Einführen des Prädiktors erklärten Varianz interpretiert werden kann. Um eine dem multiplen $R^2$ analoge Größe zu berechnen, wird diese Differenz als ein Anteil der gesamten Fehlervarianz ausgedrückt. Es ist sinnvoll, dies für jede Ebene separat vorzunehmen. Hox (2002) weist allerdings darauf hin, dass unter bestimmten Bedingungen negative Varianzen auftreten können (vgl. Snijders & Bosker, 1994). Auch ist zu beachten, dass die Varianz in Mehrebenenmodellen von der Skala der Prädiktorvariablen abhängt, so dass diese zentriert und standardisiert werden muss. Die Formel für den Anteil erklärter Varianz des Achsenabschnittparameters und der Regressionsgeraden auf den drei Ebenen ist in Gleichung 9.9 aufgeführt.

Gleichung 9.9: Anteil der durch den Achsenabschnittsparameter (intercept) und durch die Regressionsgerade (slope) aufgeklärten Varianz auf allen Ebenen im Drei-Ebenen-Modell

$$\textit{intercept}:\ R^2_{Ebene-1} = \frac{\sigma^2_{e/b} - \sigma^2_{e/m}}{\sigma^2_{e/b}},\ R^2_{Ebene-2} = \frac{\sigma^2_{r0/b} - \sigma^2_{r0/m}}{\sigma^2_{r0/b}} \text{ und } R^2_{Ebene-3} = \frac{\sigma^2_{u0/b} - \sigma^2_{u0/m}}{\sigma^2_{u0/b}};$$

$$\textit{slope}:\ R^2_{\beta_{Ebene-2}} = \frac{\sigma^2_{r1/b} - \sigma^2_{r1/m}}{\sigma^2_{r1/b}} \text{ und } R^2_{\beta_{Ebene-2}} = \frac{\sigma^2_{u1/b} - \sigma^2_{u1/m}}{\sigma^2_{u1/b}}$$

Anmerkung: $\sigma^2_{e/b}$, $\sigma^2_{r0/b}$ und $\sigma^2_{u0/b}$ sind die Residualvarianzen der Achsenabschnittsparameter der drei Ebenen für das Basismodell und $\sigma^2_{e/m}$, $\sigma^2_{r0/m}$ und $\sigma^2_{u0/m}$ die Residualvarianzen der Achsenabschnittsparameter der drei Ebenen für das Modell mit Prädiktoren. $\sigma^2_{r1/b}$ und $\sigma^2_{u1/b}$ sind Residualvarianzen der Steigungsparameter auf der zweiten und dritten Ebene für das Basismodell und $\sigma^2_{r1/m}$ und $\sigma^2_{u1/m}$ Residualvarianzen der Steigungsparameter auf der zweiten und dritten Ebene für das Modell mit Prädiktor.

# Ergebnisse

Die Darstellung der Ergebnisse gliedert sich in fünf Teile. In Kapitel 10 werden Ergebnisse zur Konstruktvalidität des Interesses präsentiert. In Kapitel 11 wird die Entwicklung der schulischen Interessen von der 7. bis 10. Jahrgangsstufe anhand der BIJU-Daten des ersten Längsschnitts deskriptiv dargestellt und mit Hilfe von HLM-Analysen statistisch abgesichert. In Kapitel 12 werden Ergebnisse zu entwicklungsbedingten Determinanten des Interessenverlaufs in der Sekundarstufe I berichtet. Kapitel 13 präsentiert Ergebnisse zum Einfluss verschiedener Unterrichtsbedingungen auf die Entwicklung schulischer Interessen. Kapitel 14 behandelt Ergebnisse zur Auswirkung einer Differenzierung schulischer Interessen auf den Interessenverlauf.

## 10 Validierung des Interessenkonstrukts

In diesem Kapitel wird mit Hilfe der konfirmatorischen Faktorenanalyse (CFA) geprüft, ob die verschiedenen Arten der Erfassung schulischer Interessen ein und dasselbe Konstrukt – nämlich das Interesse am Gegenstand – oder unterschiedliche Aspekte schulischer Interessen wie z.B. unterrichts- oder sachspezifische Aspekte abbilden. Dies ist möglich, da in der BIJU-Studie für die Interessenskalen ein Multitrait-Multimethod-Design verwendet wurde, bei dem zum dritten und vierten Messzeitpunkt jeweils alle Interessenskalen parallel eingesetzt wurden. Eine Ausnahme bildete nur das Fach Deutsch, für das zum vierten Messzeitpunkt keine Interessenwerte erhoben wurden. Für die Fächer Physik und Biologie wurden die Skalen *Fach-*, *Sach-* und *Topologisches Interesse*, für die Fächer Mathematik, Englisch und Deutsch die Skalen *Fach-* und *Sachinteresse* eingesetzt. Wie in Kapitel 9 beschrieben, werden zur Validierung des Interessenkonstrukts vier Grundmodelle bezüglich ihrer Passung auf die empirischen Daten überprüft: (1) ein *General-Faktor-Modell*, (2) ein *Modell mit korrelierten Faktoren*, (3) ein *Higher-Order-Modell* und (4) ein *Modell mit genesteten Faktoren.* Die Ergebnisse der CFA werden für die echten Längsschnittdaten, d.h. für die fachspezifischen Teilstichproben der Bruttostichprobe der 3787 Schülerinnen und Schüler in der 7. Jahrgangsstufe und der 1587 Schülerinnen und Schüler in der 10. Jahrgangsstufe berichtet. Um Verzerrungen in den Ergebnissen zu vermeiden, wurden die fehlenden Daten imputiert. Der hierarchischen Struktur der Daten wurde Rechnung getragen, indem effektive Stichproben ($N_{SRS}$) verwendet wurden (s. Tabelle 9.3, Kapitel 9). Die CFA wurde pro Schulfach jeweils getrennt in zwei Schritten durchgeführt. Im ersten Schritt wurden die Modelle hinsichtlich ihrer Passung auf die empirischen Daten pro Schulfach für jeden Messzeitpunkt einzeln (also zum einen für den dritten Messzeitpunkt in der 7. Jahrgangsstufe und zum anderen für den vierten Messzeitpunkt in der 10. Jahrgangsstufe) untersucht. Im zweiten Schritt wurden die Modelle hinsichtlich ihrer Passung auf die empirischen Daten über beide Messzeitpunkte hinweg untersucht. Auf diese Weise ließ sich prüfen, ob die Erfassung des Interesses bzw. der unterschiedlichen Aspekte des Interesses über die Zeit stabil ist.

**Modelle für einen Messzeitpunkt.** Im Folgenden werden die Ergebnisse der CFA für die zu einem Zeitpunkt getesteten Modelle wiedergegeben. Der Fit dieser Modelle ist in Tabelle 10.1 aufgeführt. Das *General-Faktor-Modell* weist erwartungsgemäß zu beiden Messzeitpunkten über alle Schulfächer einen schlechten Modellfit auf. Zu beiden Messzeitpunkten ist der $\chi^2$-Wert in allen Fächern signifikant, der RMSEA und der AGFI fallen entsprechend schlecht aus. Modelltheoretisch angenommenen und empirisch gefundenen Korrelationsmatrix stimmen somit nicht besonders gut überein.

*Tabelle 10.1:* Anpassungsgüte der Modelle für die echten Längsschnittdaten zum dritten und vierten Messzeitpunkt für die Schulfächer Biologie, Physik, Mathematik, Englisch und Deutsch

| | 3. MZP in der 7. Jahrgangsstufe | | | | | 4. MZP in der 10. Jahrgangsstufe | | | | |
|---|---|---|---|---|---|---|---|---|---|---|
| Modell | $\chi^2$ | *df* | *p* | *RMSEA* | *AGFI* | $\chi^2$ | *df* | *p* | *RMSEA* | *AGFI* |
| *Biologie* | | | | | | | | | | |
| General-Faktor | 804.34 | 9 | < .001 | .35 | .36 | 334.10 | 9 | < .001 | .34 | .39 |
| KF | 8.31 | 6 | .22 | .02 | .99 | 1.89 | 6 | .93 | .00 | .99 |
| HO, GF (gl. Lad.) | 8.31 | 6 | .22 | .02 | .99 | 2.10 | 6 | .91 | .00 | .99 |
| *Physik* | | | | | | | | | | |
| General-Faktor | 688.5 | 9 | < .001 | .34 | .38 | 367.24 | 9 | < .001 | .37 | .30 |
| KF | 4.92 | 6 | .55 | .00 | .99 | 7.14 | 6 | .31 | .03 | .97 |
| HO, GF (gl. Lad.) | 4.92 | 6 | .55 | .00 | .99 | 7.14 | 6 | .31 | .03 | .97 |
| *Mathematik* | | | | | | | | | | |
| General-Faktor | 298.2 | 2 | < .001 | .39 | .33 | 78.74 | 2 | < .001 | .28 | .64 |
| KF | 5.39 | 1 | .02 | .07 | .97 | 1.24 | 1 | .27 | .02 | .99 |
| HO, GF (gl. Lad.) | n.i. | - | | | | n.i. | - | | | |
| *Englisch* | | | | | | | | | | |
| General-Faktor | 113.98 | 2 | < .001 | .43 | .21 | 62.82 | 2 | < .001 | .43 | .21 |
| KF | 0.16 | 1 | .69 | .00 | 1.00 | .06 | 1 | .81 | .00 | 1.00 |
| HO, GF (gl. Lad.) | n.i. | 0 | | | | n.i. | 0 | | | |
| *Deutsch* | | | | | | | | | | |
| General-Faktor | 266.45 | 2 | < .001 | .40 | .30 | – | – | – | – | – |
| KF | 0.14 | 1 | .71 | .00 | 1.00 | – | – | – | – | – |
| HO, GF (gl. Lad.) | n.i. | 0 | | | | – | – | – | – | – |

Anmerkung: MZP: Messzeitpunkt; KF: Modell mit korrelierten Faktoren; HO: Higher-Order-Modell, GF: Modell mit genesteten Faktoren; gl. Lad.: gleiche Ladungen der spezifischen Faktoren auf die beobachteten Variablen; n.i.: nicht identifizierte Lösung; korr. Fakt.: Modell mit korrelierten Faktoren

Das *Modell mit korrelierten spezifischen Faktoren* weist zu beiden Messzeitpunkten über alle Schulfächer hinweg einen guten Modellfit auf. Der $\chi^2$-Wert sowie die alternativen Fitindizes fallen – mit Ausnahme des Fachs Mathematik zum dritten Messzeitpunkt – jeweils zu beiden Messzeitpunkten für alle Schulfächer zufrieden stellend aus. In Mathematik wird der $\chi^2$-Wert zum dritten Messzeitpunkt mit $\chi^2[1] = 5.39$ signifikant, allerdings sind der RMSEA mit .07 und der AGFI mit .97 noch akzeptabel. Dass der $\chi^2$-Wert signifikant wird, ist auf die vergleichsweise große effektive Stichprobe ($N = 970$) zurückzuführen. Hier nicht eigens aufgeführte Analysen anhand von Zufallsstichproben an je 150 zufällig ausgewählten Fällen ergaben, dass die $\chi^2$-Werte bei einer kleineren Stichprobe nicht mehr signifikant werden und damit zufrieden stellend sind. Insgesamt zeigt sich damit für das Modell mit korrelierten Faktoren in allen Schulfächern zu beiden Messzeitpunkten eine gute Passung zwischen angenommenen und empirischen Daten. Das *Modell mit genesteten Faktoren*, in dem die Ladungen der spezifischen Faktoren auf die beobachteten Variablen gleichgesetzt wurden, weist dieselbe Anzahl von Freiheitsgraden und denselben Modellfit auf wie das *Higher-Order-Modell.* Da die Werte beider Modelle identisch sind, sind die Fitindizes der Modelle in Tabelle 10.1 in derselben Zeile aufgeführt und werden gemeinsam diskutiert. Beide Modelle konnten zu einem Messzeitpunkt nur für die Fächer Biologie und Physik gerechnet werden, da für die Schulfächer Mathematik, Englisch und Deutsch – aufgrund der Verwendung von nur zwei Skalen – nicht genug Freiheitsgrade blieben. Beide Modelle weisen in Biologie und Physik zum dritten Messzeitpunkt und im Fach Physik zum vierten Messzeitpunkt den gleichen Modellfit auf wie das Modell mit korrelierten Faktoren und unterscheiden sich in Biologie zum vierten Messzeitpunkt nur unwesentlich von diesem. Das Higher-Order-Modell bzw. das Modell mit genesteten Faktoren und das Modell mit korrelierenden Faktoren zu einem Messzeitpunkt passen somit gleichermaßen gut auf die empirischen Daten.

**Modelle für zwei Messzeitpunkte.** Im zweiten Schritt wurde geprüft, ob die Modelle auch über zwei Messzeitpunkte auf die Daten passen. Der Fit für diese Modelle ist in Tabelle 10.2 aufgeführt. Erwartungsgemäß stellt auch das über zwei Messzeitpunkte gerechnete *General-Faktor-Modell* keine zufrieden stellende Repräsentation der Daten dar. Der $\chi^2$-Wert ist in allen Schulfächern signifikant, der RMSEA und der AGFI fallen entsprechend schlecht aus. Das *Modell mit korrelierten spezifischen Faktoren* weist über beide Messzeitpunkte über alle Schulfächer hinweg einen guten Modellfit auf. Der $\chi^2$-Wert für die Fächer Mathematik, Englisch und Physik gibt, da nicht signifikant, einen guten Modellfit an. Auch der *RMSEA* ($\leq .02$) und der *AGFI* ($\geq .95$) sind für alle drei Fächer zufrieden stellend. Im Fach Biologie wird zwar der $\chi^2$-Wert signifikant ($\chi^2[39] = 84.69$), der *RMSEA* (.05) und der *AGFI* (.93) sind jedoch zufrieden stellend. Da Analysen an 150 zufällig ausgewählten Fällen auch in Biologie und Physik nicht signifikante $\chi^2$-Werte ergaben, ist der hohe $\chi^2$-Wert bei Berechnung anhand der Gesamtstichprobe auf deren Größe zurückzuführen. Das Modell mit korrelierten Faktoren zeigt somit für alle Schulfächer eine gute Übereinstimmung mit den empirisch gefundenen Daten. Modifikationsindizes legen es aber nahe, für die Modelle eine Messfehlerkorrelation für das *Topologische Interesse* an Biologie und Physik über die zwei Messzeitpunkte anzunehmen. $\chi^2$-Differenzentests zeigen, dass ein Modell mit

Messfehlerkorrelationen in diesen Fächern deutlich besser auf die Daten passt (Biologie: $\Delta\chi^2[2] = 48.01$, $p < .001$; Physik: $\Delta\chi^2[2] = 12.73$, $p < .01$). Die $\chi^2$-Differenz wird anhand einer Zufallstichprobe von 150 Fällen – anders als für Biologie – für Physik allerdings nicht mehr signifikant (Zufallsstichprobe 1: $\Delta\chi^2[2] = 4.78$, *n.s.*; Zufallsstichprobe 2: $\Delta\chi^2[2] = 5.72$, *n.s.*). Eine signifikante Verbesserung des Modells durch das Zulassen von Messfehlerkorrelationen zeigt sich, damit *eindeutig* nur in Biologie, in Physik nur bei entsprechend großer Stichprobe.

*Tabelle 10.2:* Anpassungsgüte der Modelle für die echten Längsschnittdaten über den dritten und vierten Messzeitpunkt für die verschiedenen Schulfächer

| Modell | $\chi^2$ | *df* | *p* | *RMSEA* | *AGFI* |
|---|---|---|---|---|---|
| *Biologie* | | | | | |
| General-Faktor | 1037.08 | 53 | < .001 | .21 | .57 |
| KF | 84.69 | 39 | < .001 | .05 | .93 |
| KF, Messfehlerkorr. für TI | 36.68 | 37 | .484 | .00 | .97 |
| HO, GF (gl. Lad.) | 123.96 | 47 | < .001 | .06 | .92 |
| HO, GF (gl. Lad.), Messfehlerkorr. für TI | 66.53 | 45 | .020 | .03 | .96 |
| *Physik* | | | | | |
| General-Faktor | 868.87 | 53 | < .001 | .22 | .54 |
| KF | 46.17 | 39 | .200 | .02 | .95 |
| KF, Messfehlerkorr. für TI | 33.44 | 37 | .636 | .00 | .96 |
| HO, GF (gl. Lad.) | 64.93 | 47 | .042 | .03 | .95 |
| HO, GF (gl. Lad.), Messfehlerkorr. für TI | 50.86 | 45 | .254 | .02 | .96 |
| *Mathematik* | | | | | |
| General-Faktor | 260.74 | 19 | < .001 | .16 | 78 |
| KF | 15.23 | 14 | .362 | .01 | .98 |
| HO, GF (gl. Lad.) | 18.32 | 15 | .246 | .02 | .98 |
| *Englisch* | | | | | |
| General-Faktor | 174.50 | 19 | < .001 | .20 | .67 |
| KF | 6.50 | 14 | .952 | .00 | .98 |
| HO, GF (gl. Lad.) | 8.57 | 15 | .899 | .00 | .98 |

Anmerkung: KF: Modell mit korrelierten Faktoren; HO: Higher-Order-Modell, GF: Modell mit genesteten Faktoren; gl. Lad.: gleiche Ladungen der spezifischen Faktoren auf die beobachteten Variablen; Messfehlerkorr. für TI: Messfehlerkorrelationen für das *Topologische Interesse*

Das *Higher-Order-Modell* und das *Modell mit genesteten Faktoren*, in dem die Ladungen der spezifischen Faktoren auf die beobachteten Variablen gleichgesetzt wurden, weisen auch für die Modelle über zwei Messzeitpunkte dieselbe Anzahl von Freiheitsgraden und denselben Modellfit auf und sind daher in Tabelle 10.2 wieder in derselben Zeile aufgeführt. Über zwei Messzeitpunkte hinweg konnte das Modell für alle

Schulfächer gerechnet werden – also auch für die Schulfächer Mathematik und Englisch, in denen nur zwei Skalen verwendet wurden. Die $\chi^2$-Werte und die alternativen Fitindizes für die Fächer Mathematik und Englisch sind für beide Modelle zufrieden stellend. In Biologie wird der $\chi^2$-Wert dagegen signifikant, der durch die alternativen Fitindizes angezeigte Modellfit ist mit einem *RMSEA* von .06 und einem *AGFI* von .92 allerdings noch zufrieden stellend. Die nicht extra aufgeführte erneute Berechnung anhand von 150 zufällig ausgewählten Fällen zeigt, dass der signifikante $\chi^2$-Wert wiederum auf die vergleichsweise große Stichprobe zurückzuführen ist. In Physik wird der $\chi^2$-Wert ebenfalls signifikant. Der *RMSEA* mit .03 und der *AGFI* mit .95 sind dagegen zufrieden stellend. Auch hier erlangt das Modell aber anhand von zwei Zufallsstichproben von je 150 Fällen einen guten Modellfit. Wieder passt bezüglich des Biologie- und Physikinteresses ein *Higher-Order-Modell* bzw. ein *Modell mit genesteten Faktoren*, in dem Messfehlerkorrelationen des *Topologischen Interesses* über die Zeit hinweg zugelassen werden, deutlich besser auf die Daten. Die Verbesserung des Modells lässt sich wiederum anhand des $\chi^2$-Differenzentests statistisch absichern (Biologie: $\Delta\chi^2[2] = 57.43$, $p < .001$; Physik: $\Delta\chi^2[2] = 14.07$, $p < .001$). Auch wenn man das Modell ohne und mit Messfehlerkorrelationen des *Topologischen Interesses* anhand einer Zufallsstichprobe von 150 Fällen vergleicht, bleibt die Differenz der $\chi^2$-Werte in Biologie und Physik signifikant. Das Zulassen von Messfehlerkorrelationen für das *Topologische Interesse* führt somit in beiden Fächern zu einer signifikanten Verbesserung im Modellfit. Für alle über die beiden Messzeitpunkte hinweg spezifizierten Modelle wurden auch Modelle mit weiteren Restriktionen wie z.B. ein *tauäquivalentes Messmodell*, in dem die Ladungen der Faktoren auf die beobachteten Variablen über die Zeit hinweg gleichgesetzt wurden, und ein *paralleles Messmodell*, in dem die Ladungen der Faktoren auf die beobachteten Variablen und die Messfehler über die Zeit hinweg gleichgesetzt wurden, geprüft. Da die zusätzlichen Restriktionen zu einer deutlichen Verschlechterung im Modellfit führten, wurden diese Modelle verworfen.

**Vergleich der Modelle.** Um zu zeigen, wie sich die Ergebnisse des Modells mit den korrelierten Faktoren, des Higher-Order-Modells und des Modells mit genesteten Faktoren jeweils voneinander unterscheiden, sind alle drei Modelle in Abbildung 10.1 exemplarisch für das Fach Biologie dargestellt. Abgebildet sind die Modelle mit Messfehlerkorrelationen für das *Topologische Interesse*. Es schließt sich die Frage an, welches der Modelle den besseren Fit bezüglich der Daten aufweist. Um dies zu prüfen, werden die drei Modelle im Folgenden miteinander verglichen. Das Modell mit genesteten Faktoren ist – obwohl es dem Higher-Order-Modell strukturähnlich ist – weder unter das Modell mit korrelierten Faktoren noch unter das Higher-Order-Modell genestet, weil der Generalfaktor *Interesse* konzeptionell vom Faktor zweiter Ordnung *Interesse* verschieden ist. Im Modell mit genesteten Faktoren wird der Faktor *Interesse* aus einer 6 x 6 Matrix der Korrelationen der Items extrahiert, im Higher-Order-Modell mit genesteten Faktoren aus der 3 x 3 Matrix der Faktorenkorrelationen. Diese Modelle können daher nur mit dem *Comparative Fit Index* (CFI) und dem *Expected Cross-Validation Index* (ECVI) verglichen werden.

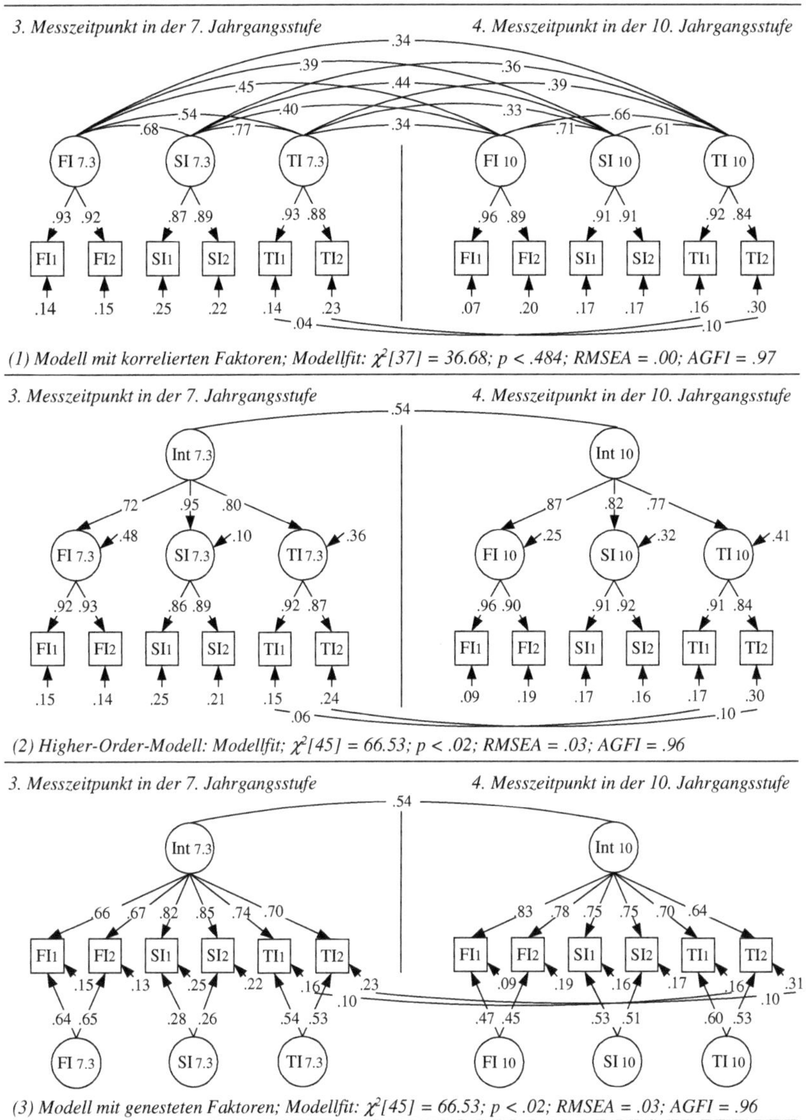


Anmerkung: Int: Interesse; FI: *Fachinteresse*; SI: *Sachinteresse*; TI: *Topologisches Interesse*. 7.3: dritter Messzeitpunkt in der 7. Jahrgangsstufe; 10: vierter Messzeitpunkt in der 10. Jahrgangsstufe. $FI_1$: erstes Itemparcel für das *Fachinteresse*, $FI_2$: zweites Itemparcel für das *Fachinteresse* usw.

*Abbildung 10.1:* Vollständig standardisierte Lösungen für verschiedene über zwei Messzeitpunkte modellierten Modelle für das Interessenkonstrukt im Fach Biologie

Genestet sind das Modell mit korrelierten Faktoren und das Higher-Order-Modell, weil das Faktorenmodell zweiter Ordnung (das Higher-Order-Modell) eine bestimmte Konfiguration der Korrelationen der Faktoren erster Ordnung im Modell mit korrelierten Faktoren impliziert. Daher können beide Modelle mit dem $\chi^2$-Differenzentest verglichen werden. Bei nicht signifikantem $\Delta\chi^2$-Differenzenwert ist das Modell mit der höheren Anzahl an Freiheitsgraden vorzuziehen. Tabelle 10.3 gibt den CFI und den ECVI für alle Modelle wieder. Die Indizes zeigen, dass sich die Modelle über zwei Messzeitpunkte in Mathematik, Englisch und Physik nicht wesentlich voneinander unterscheiden. In Biologie hingegen weist das Modell mit korrelierten Faktoren eine leicht bessere Repräsentation der Daten auf als die beiden anderen Modelle.

*Tabelle 10.3:* Vergleich des Modells mit korrelierten Faktoren mit dem Higher-Order-Modell und dem Modell mit genesteten Faktoren anhand von CFI und ECVI

| | Biologie | | | | Physik | | | | Mathematik | | Englisch | |
|---|---|---|---|---|---|---|---|---|---|---|---|---|
| | CFI | | ECVI | | CFI | | ECVI | | CFI | ECVI | CFI | ECVI |
| | ohne MFK | mit MFK | ohne MFK | mit MFK | ohne MFK | mit MFK | ohne MFK | mit MFK | | | | |
| KF | .99 | 1.00 | .39 | .28 | 1.00 | 1.00 | .39 | .37 | 1.00 | .12 | 1.00 | .28 |
| HO,GF (gl. Lad.) | .98 | .99 | .44 | .32 | 1.00 | 1.00 | .39 | .36 | 1.00 | .12 | 1.00 | .28 |

Anmerkung: KF: Modell mit korrelierten Faktoren; HO: Higher-Order-Modell, GF: Modell mit genesteten Faktoren; gl. Lad.: gleiche Ladungen der spezifischen Faktoren auf die beobachteten Variablen; ohne MFK: ohne Messfehlerkorrelationen für das *Topologische Interesse;* mit MFK: mit Messfehlerkorrelationen für das *Topologische Interesse; CFI: Comparative Fit Index; ECVI: Expected Cross-Validation Index.* Beim *CFI* spricht ein höherer Wert für den besseren Modellfit, beim *ECVI* spricht ein niedrigerer Wert für den besseren Modellfit.

Die in Tabelle 10.4 aufgeführten Werte zeigen, dass man mit dem $\chi^2$-Differenzentest zu ähnlichen Ergebnissen gelangt. Für Mathematik und Englisch wird der Unterschied zwischen dem Higher-Order-Modell und dem Modell mit korrelierten Faktoren nicht signifikant. Für Physik wird die $\chi^2$-Differenz – ohne und mit Messfehlerkorrelationen der Itemparcels des *Topologischen Interesses* über die Messzeitpunkte – signifikant. Für Physik nicht mehr signifikant wird die $\chi^2$-Differenz, wenn Zufallsstichproben von 150 Fällen verwendet werden (Zufallsstichprobe 1: $\Delta\chi^2[8] = 10.29$, *n.s.*; Zufallsstichprobe 2: $\Delta\chi^2[8] = 9.5$, *n.s.*) und wenn dabei Messfehlerkorrelationen der Itemparcels des *Topologischen Interesses* über die Messzeitpunkte zugelassen werden (Zufallsstichprobe 1: $\Delta\chi^2[8] = 8.44$, *n.s.*; Zufallsstichprobe 2: $\Delta\chi^2[8] = 8.16$, *n.s.*). Für Biologie wird die $\chi^2$- Differenz für die effektive Stichprobe signifikant, auch wenn Zufallsstichproben von 150 Fällen verwendet werden. Allerdings wird die $\chi^2$- Differenz nicht mehr signifikant, wenn hierbei Messfehlerkorrelationen der Itemparcels des *Topologischen Interesses* über die Messzeitpunkte zugelassen werden (Zufallsstichprobe 1: $\Delta\chi^2[8] = 11.79$, *n.s.*; Zufallsstichprobe 2: $\Delta\chi^2[8] = 12.74$, *n.s.*).

*Tabelle 10.4:* $\chi^2$-Differenzentest zum Vergleich des Higher-Order-Modells mit dem Modell mit korrelierten Faktoren

| | Biologie | | | Physik | | | Mathematik | | | Englisch | | |
|---|---|---|---|---|---|---|---|---|---|---|---|---|
| | $\Delta\chi^2$ | *df* | *p* | $\Delta\chi^2$ | *df* | *p* | $\Delta\chi^2$ | *df* | *p* | $\Delta\chi^2$ | *df* | *p* |
| ohne MFK | 39.27 | 8 | < .001 | 18.76 | 8 | < .05 | 3.09 | 1 | *n.s.* | 2.07 | 1 | *n.s.* |
| mit MFK | 29.85 | 8 | < .001 | 17.42 | 8 | < .05 | - | - | - | - | - | - |

Anmerkung: MFK: Messfehlerkorrelationen für das *Topologische Interesse*. Ist der $\Delta\chi 2$-Wert signifikant, passt das Modell mit korrelierten Faktoren besser auf die Daten.

Für den Vergleich der Modelle miteinander lässt sich festhalten, dass sich in Englisch und Mathematik keine Unterschiede zwischen den Modellen zeigen. In Physik sind die Unterschiede zwischen dem Modell mit korrelierten Faktoren und dem Higher-Order-Modell bzw. dem Modell mit genesteten Faktoren so gering, dass sie sich nur bei einer entsprechend großen Stichprobe zeigen. Lediglich in Biologie sind kleine Unterschiede zwischen dem Modell mit korrelierten Faktoren und den beiden anderen Modellen zu finden, wobei diese so gering sind, dass sie verschwinden, wenn eine kleinere Stichprobe verwendet wird und Messfehlerkorrelationen für das *Topologische Interesse* zugelassen werden. Damit wäre für Mathematik und Englisch – aufgrund der höheren Anzahl an Freiheitsgraden dieses Modells – eindeutig ein Higher-Order-Modell vorzuziehen. Für Physik und Biologie gilt dies ebenfalls, wenn man von der Berechnung anhand der Zufallsstichproben und dem Modell mit Messfehlerkorrelationen für das Topologische Interesse über die Zeit hinweg ausgeht.

Welches der Modelle die Daten am besten repräsentiert, ist – da mehrere Modelle eine gute Datenrepräsentation beinhalten – auch eine Frage der Interpretation. Beim Modell mit korrelierten Faktoren wird angenommen, dass alle drei untereinander korrelierten Skalen das Interesse beeinflussen. Diese Interpretation spiegelt nicht wieder, dass das Interesse als Konstrukt in den Skalen repräsentiert ist, und lässt offen, worin die Korrelation der spezifischen Faktoren untereinander besteht. Beim Modell mit genesteten Faktoren kann – zumindest theoretisch – angenommen werden, dass sich der Einfluss des generellen Interesses auch unabhängig vom Einfluss der spezifischen Faktoren auf die Interessenskalen verändern kann. Die Faktorenstruktur im Modell mit genesteten Faktoren legt nahe, dass sich das generelle Interesse auch unabhängig vom *Sach-*, *Fach-* und *Topologischen Interesse* steigern ließe. Eine solche Annahme wäre nicht plausibel. Auch aufgrund der theoretischen Konzeption des Interesses wird daher die Annahme eines *Higher-Order-Modells* präferiert, in dem das generelle Interesse die spezifischen Interessenskalen beeinflusst. Inhaltlich ist es sinnvoll, die drei Komponenten unter das Interessenkonstrukt zu subsumieren, wodurch jeweils zusätzlich spezifische Aspekte deutlich werden. Abbildung 10.2 zeigt daher abschließend die vollständig standardisierte Lösung für die *Higher-Order-Modelle* für Physik, Mathematik und Englisch. Das Modell für Biologie wurde bereits in Abbildung 10.1 dargestellt.

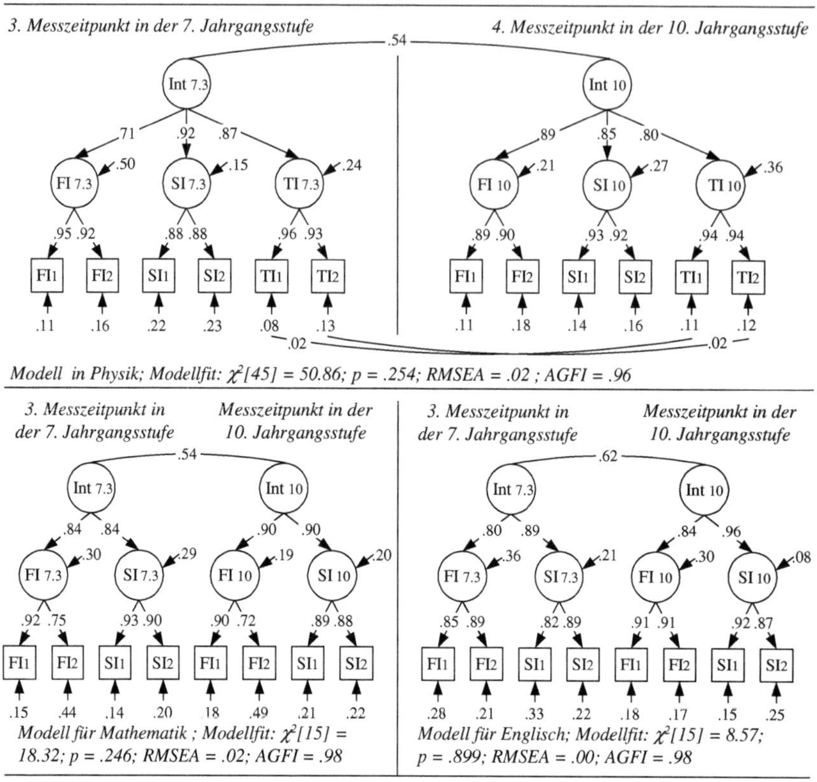


Anmerkung: Int: Interesse; FI: *Fachinteresse*; SI: *Sachinteresse*; TI: *Topologisches Interesse*; 7.3: dritter Messzeitpunkt in der 7. Jahrgangsstufe; 10: vierter Messzeitpunkt in der 10. Jahrgangsstufe; $FI_1$: erstes Itemparcel für das *Fachinteresse*, $FI_2$: zweites Itemparcel für das *Fachinteresse* usw.

*Abbildung 10.2:* Vollständig standardisierte Lösungen für die über zwei Messzeitpunkte modellierten Higher-Order-Modelle in Physik, Mathematik und Englisch

Im Gegensatz zum *Higher-Order-Modell* hat das *Modell mit genesteten Faktoren* den Vorteil, dass sich die Varianz des Einflusses der spezifischen Faktoren und des generellen Faktors auf die beobachteten Variablen (hier die Itemparcels) direkt aus den Ladungen der Faktoren auf die beobachteten Variablen ablesen lässt. In Tabelle 10.5 ist daher die durch die Faktoren aufgeklärte Varianz aus dem Modell mit genesteten Faktoren aufgeführt. Der Tabelle lässt sich entnehmen, dass über alle Schulfächer hinweg zwischen 40 und 79 Prozent Varianz auf den generellen Faktor Interesse zurückzuführen sind. Auf das *Fachinteresse* gehen jeweils zwischen 12 und 45 Prozent Varianz zurück, auf das *Sachinteresse* zwischen 6 und 28 Prozent Varianz und auf das *Topologische Interesse* jeweils zwischen 22 und 36 Prozent Varianz. Der Anteil an Varianz, der auf das Residuum zurückzuführen ist, liegt – bis auf eine Ausnahme von 46 Varianz für ein Fachinteressenparcel in Mathematik zum vierten Messzeitpunkt – zwischen 8 und 31 Prozent Varianz. Auch die Anteile aufgeklärter Varianz sprechen dafür, ein *Higher-Order-Modell* anzunehmen, da der größte Anteil der Varianz auf den generellen Faktor *Interesse* zurückgeht.

*Tabelle 10.5:* Durch den Generalfaktor *Interesse* und die spezifischen Faktoren *Fach-*, *Sach-* und *Topologisches Interesse* aufgeklärte Varianz der beobachteten Variablen.

| | | 3. MZP in der 7. Jahrgangsstufe | | | | | | MZP in der 10. Jahrgangsstufe | | | | | |
|---|---|---|---|---|---|---|---|---|---|---|---|---|---|
| | | $FI_1$ | $FI_2$ | $SI_1$ | $SI_2$ | $TI_1$ | $TI_2$ | $FI_1$ | $FI_2$ | $SI_1$ | $SI_2$ | $TI_1$ | $TI_2$ |
| Biologie | G-Faktor | .44 | .45 | .67 | .72 | .55 | .49 | .69 | .61 | .56 | .56 | .49 | .41 |
| | spezif. Faktoren | .41 | .42 | .08 | .07 | .29 | .28 | .22 | .20 | .28 | .26 | .36 | .28 |
| | Residuum | .15 | .13 | .25 | .22 | .16 | .23 | .09 | .19 | .16 | .17 | .16 | .31 |
| Physik | G-Faktor | .45 | .42 | .67 | .66 | .71 | .66 | .71 | .64 | .62 | .61 | .58 | .56 |
| | spezif. Faktoren | .41 | .45 | .12 | .12 | .22 | .22 | .18 | .18 | .23 | .24 | .32 | .30 |
| | Residuum | .14 | .12 | .22 | .23 | .08 | .13 | .12 | .17 | .14 | .15 | .10 | .13 |
| Mathe | G-Faktor | .59 | .40 | .61 | .58 | – | – | .66 | .41 | .64 | .62 | – | – |
| | spezif. Faktoren | .23 | .19 | .23 | .25 | – | – | .13 | .12 | .16 | .15 | – | – |
| | Residuum | .18 | .41 | .15 | .18 | – | – | .21 | .46 | .21 | .22 | – | – |
| Englisch | G-Faktor | .46 | .50 | .52 | .62 | – | – | .58 | .58 | .79 | .69 | – | – |
| | spezif. Faktoren | .26 | .28 | .17 | .14 | – | – | .26 | .23 | .07 | .06 | – | – |
| | Residuum | .27 | .22 | .31 | .24 | – | – | .16 | .18 | .15 | .25 | – | – |

Anmerkung: $FI_1$: erstes Itemparcel des *Fachinteresses*, $FI_2$: zweites Itemparcel des *Fachinteresses*; $SI_1$: erstes Itemparcel des *Sachinteresses*, $SI_2$: zweites Itemparcel des *Sachinteresses*; $TI_1$: erstes Itemparcel des *Topologischen Interesses*, $TI_2$: zweites Itemparcel des *Topologischen Interesses*

Zusammenfassend lässt sich sagen, dass sich das Interessenkonstrukt durch ein Modell mit korrelierten Faktoren, ein *Higher-Order-Modell* und ein *Modell mit genesteten Faktoren* gleichermaßen gut repräsentieren lässt. Vor allem aufgrund der theoretischen Konzeption des Interesses wird hier ein *Higher-Order-Modell* vorgezogen. Inhaltlich ist die Annahme am sinnvollsten, dass sich die drei Komponenten *Fach-*, *Sach-* und *Topologisches Interesse* unter das Interessenkonstrukt subsumieren lassen. Das Ergebnis der Analysen zeigt auch, dass davon ausgegangen werden kann, dass alle drei Skalen das Interesse gut repräsentieren und daher parallel verwendet werden können. Insgesamt belegen die Analysen somit die Konstruktvalidität des Interesses. Für das Fach Biologie und (wenn auch weniger ausgeprägt) für das Fach Physik hat es sich als sinnvoll herausgestellt, zusätzlich Korrelationen der Messfehler des *Topologischen Interesses* anzunehmen.

# 11 Deskriptive Befunde zur Interessenentwicklung

In diesem Kapitel wird der Frage nachgegangen, ob sich die in der Forschung vielfach berichtete generelle Abnahme schulischer Interessen in der Sekundarstufe I anhand der BIJU-Daten des ersten Längsschnitts belegen lässt. Zudem wird geprüft, ob sich fachspezifische Unterschiede in der Interessenentwicklung nachweisen lassen und ob die Entwicklung individueller Interessen für Mädchen und Jungen je nach Fachgebiet unterschiedlich verläuft. Um die hierzu formulierten Hypothesen zu überprüfen, wird die Veränderung der fachspezifischen Interessen von der 7. bis 10. Jahrgangsstufe in den Schulfächern Biologie, Physik, Mathematik, Englisch und Deutsch zunächst deskriptiv dargestellt und dann inferenzstatistisch abgesichert. In Abschnitt 11.1 wird dabei auf den Verlauf fachspezifischer Interessen für die Gesamtstichprobe eingegangen. Abschnitt 11.2 gibt Geschlechtsdifferenzen im Interessenverlauf wieder.

## 11.1 Entwicklung der Interessen in der Sekundarstufe I

Um den Verlauf der Interessen in der Sekundarstufe I abzubilden, wurden die Daten für das akademische Interesse zu den drei Messzeitpunkten innerhalb der 7. Jahrgangsstufe und für den vierten Messzeitpunkt am Ende der 10. Jahrgangsstufe herangezogen. Für die Analysen wurden die in Tabelle 7.3 in Kapitel 7 angegebenen Stichproben der sog. *echten und unechten Längsschnittdaten* verwendet. Bei den Stichproben für die echten Längsschnittdaten wurde berücksichtigt, dass im Fach Englisch nur Daten für westdeutsche Schülerinnen und Schüler vorlagen und dass auch nicht alle Schülerinnen und Schüler in Biologie und Physik unterrichtet wurden. In Biologie und Physik wurde die Skala *Topologisches Interesse,* in Mathematik, Englisch und Deutsch die Skala *Fachinteresse* verwendet. Da sich die Mittelwerte und Standardabweichungen für die Stichprobe in der 7. Jahrgangsstufe nicht signifikant von denen für die Stichprobe der 7. bis 10. Jahrgangsstufe unterschieden, sind in den Tabellen zum Interessenverlauf der Einfachheit halber nur die auf der Stichprobe von der 7. bis 10. Jahrgangsstufe basierenden Werte angegeben. Um zu prüfen, ob es aufgrund der Stichprobenausfälle zu einem verzerrten Interessenverlauf bei den echten Längsschnittdaten kommt, wurden zunächst die *echten Längsschnittdaten* mit den so genannten *unechten Längsschnittdaten* verglichen. Sollten sich hierbei keine deutlichen Differenzen hinsichtlich der Interessenentwicklung zeigen, werden für die weiteren Analysen nur noch *echte Längsschnittdaten* verwendet. Sollten hingegen deutliche Differenzen auftreten, werden Noten und Leistungstestdaten als Kovariaten in die Analysen einbezogen. In Tabelle 11.1 sind die Mittelwerte und Standardabweichungen der Interessenwerte für die *echten* und *unechten* Längsschnittdaten in den verschiedenen Fächern für die 7. bis 10. Jahrgangsstufe aufgeführt. Die Werte in Tabelle 11.1 machen deutlich, dass sich insgesamt nur geringe Unterschiede in den Interessenmittelwerten zwischen echten und unechten Längsschnittdaten zeigen. In vier Fächern liegen die Mittelwerte der echten Längsschnittdaten zu allen Messzeitpunkten leicht über denen der unechten Längsschnittdaten und nähern sich im Verlauf der Sekundarstufe I einander an, so dass am Ende der Sekundarstufe I praktisch kein Unterschied mehr zu finden ist. Für das *Fachinteresse* in Englisch liegen die Interessenmittelwerte der echten Längsschnittdaten in der 7. Jahrgangsstufe leicht über denen der unechten Längsschnittdaten und in der 10. Jahrgangsstufe leicht unter denen der unechten Längsschnittdaten.

*Tabelle 11.1:* Mittelwerte und Standardabweichungen im Interesse anhand der echten und unechten Längsschnittdaten für alle untersuchten Schulfächer der 7. bis 10. Jahrgangsstufe

| | | echter Längsschnitt | | | | | | unechter Längsschnitt | | | | | |
|---|---|---|---|---|---|---|---|---|---|---|---|---|---|
| | | FI | | SI | | TI | | FI | | SI | | TI | |
| | | $\bar{x}$ | *SD* | $\bar{x}$ | *SD* | $\bar{x}$ | *SD* | $\bar{x}$ | *SD* | $\bar{x}$ | *SD* | $\bar{x}$ | *SD* |
| Biologie | 7.1 | – | – | – | – | 3.22 | .73 | – | – | – | – | 3.11 | .82 |
| | 7.2 | – | – | – | – | 3.01 | .80 | – | – | – | – | 2.90 | .86 |
| | 7.3 | 3.40 | .91 | 2.44 | .75 | 2.89 | .84 | 3.35 | .92 | 2.40 | .77 | 2.82 | .87 |
| | 10 | 3.22 | .91 | 2.48 | .76 | 2.77 | .78 | 3.23 | .90 | 2.47 | .76 | 2.73 | .80 |
| Physik | 7.1 | – | – | – | – | 3.17 | .94 | – | – | – | – | 3.13 | .97 |
| | 7.2 | – | – | – | – | 2.91 | .96 | – | – | – | – | 2.88 | .97 |
| | 7.3 | 2.96 | .97 | 2.21 | .77 | 2.84 | .99 | 2.95 | .95 | 2.21 | .79 | 2.84 | .99 |
| | 10 | 2.87 | .94 | 2.14 | .81 | 2.78 | .89 | 2.83 | .93 | 2.80 | .80 | 2.78 | .88 |
| Mathematik | 7.1 | 3.66 | .78 | – | – | – | – | 3.61 | .81 | – | – | – | – |
| | 7.2 | 3.53 | .86 | – | – | – | – | 3.49 | .89 | – | – | – | – |
| | 7.3 | 3.43 | .83 | 2.44 | .75 | – | – | 3.36 | .86 | 2.63 | .67 | – | – |
| | 10 | 3.22 | .79 | 2.48 | .76 | – | – | 3.22 | .80 | 2.45 | .66 | – | – |
| Englisch | 7.1 | 3.59 | .78 | – | – | – | – | 3.56 | .83 | – | – | – | – |
| | 7.2 | 3.51 | .84 | – | – | – | – | 3.51 | .85 | – | – | – | – |
| | 7.3 | 3.44 | .84 | 3.01 | .63 | – | – | 3.48 | .83 | 2.99 | .65 | – | – |
| | 10 | 3.40 | .86 | 3.15 | .65 | – | – | 3.46 | .84 | 3.16 | .67 | – | – |
| Deutsch | 7.1 | 3.36 | .71 | – | – | – | – | 3.34 | .71 | – | – | – | – |
| | 7.2 | 3.28 | .80 | – | – | – | – | 3.29 | .82 | – | – | – | – |
| | 7.3 | 3.19 | .83 | 2.70 | .64 | – | – | 3.16 | .85 | 2.68 | .66 | – | – |

Anmerkung: MZP: Messzeitpunkt; 7.1, 7.2, 7.3: 1., 2. und 3. Messzeitpunkt in der 7. Jahrgangsstufe; 10: 4. Messzeitpunkt in der 10. Jahrgangsstufe; FI: *Fachinteresse*, SI: *Sachinteresse*, TI: *Topologisches Interesse*; $\bar{x}$ : Interessenmittelwerte; *SD*: Standardabweichung

Das Ausmaß der Unterschiede im Verlauf des Interesses von unechten und echten Längsschnittdaten in der Sekundarstufe I kann anhand der in Standardabweichungen ausgedrückten Effektstärken der Interessenabnahme verdeutlicht werden. Tabelle 11.2 zeigt die Effektstärken der Interessenabnahme (*d*) von der 7. bis 10. Jahrgangsstufe für die echten und unechten Längsschnittdaten sowie die Unterschiede in den Effektstärken ($\Delta d$) zwischen diesen. Wie sich zeigt, sind die Unterschiede in den Effektstärken zwischen echten und unechten Längsschnittdaten bezüglich des Verlaufs der Interessen in der Sekundarstufe I nie größer als $\Delta d$ = .13. Die mit $\Delta d$ = .13 etwas höhere Differenz in den Effektstärken der echten und unechten Längsschnittdaten in Biologie liegt daran, dass die Mittelwerte der echten Längsschnittdaten zu Beginn der 7. Jahrgangsstufe höher sind als die der unechten Längsschnittdaten. Die mit $\Delta d$ = .12 etwas höhere Differenz in den Effektstärken der echten und unechten Längsschnittdaten in Englisch ist darauf zurückzuführen, dass die echten Längsschnittdaten zu Beginn der Sekundarstufe I über denen der unechten Längsschnittdaten, am Ende der Sekundarstufe I unter denen der unechten Längsschnittdaten liegen. Insgesamt bedeutet dies, dass es sich bei der Stichprobe des echten Längsschnitts nicht um generell interessiertere Schülerinnen und Schüler handelt und sich die Stichprobenausfälle des Längsschnitts auch nicht verzerrend auf den Interessenverlauf auswirken. Trotz der – durch die systematischen Ausfälle bedingten – erheblichen Stichprobenreduktion im echten Längsschnitt erscheint es daher legitim, die Analysen anhand der echten Längsschnittdaten durchzuführen ohne Noten und Leistungstestdaten als Kovariaten in die Analysen einzubeziehen.

*Tabelle 11.2:* Effektstärken der Interessenabnahme ($d$) der echten und unechten Längsschnittdaten in der Sekundarstufe I pro Schulfach sowie die Differenz der Effektstärken ($\Delta d$) der Interessenabnahme der echten und unechten Längsschnittdaten

| | Biologie | Physik | Mathematik | Englisch | Deutsch |
|---|---|---|---|---|---|
| $d_{(LSD)}$ | .60 | .43 | .56 | .23 | .22 |
| $d_{(QSD)}$ | .47 | .38 | .48 | .12 | .23 |
| $\Delta d_{(LSD/QSD)}$ | .13 | .05 | .08 | .12 | -.01 |

Anmerkung: $d_{(LSD)}$: Effektstärken der Interessenabnahme der echten Längsschnittdaten; $d_{(QSD)}$: Effektstärken der Interessenabnahme der unechten Längsschnittdaten; $\Delta d_{(LSD/QSD)}$: Differenz der Effektstärken der Interessenabnahme zwischen echten und unechten Längsschnittdaten. Für Biologie und Physik wurde das Topologische Interesse, für Mathematik, Englisch und Deutsch das *Fachinteresse* verwendet. Die Effektstärken in den Fächern Biologie, Physik, Mathematik und Englisch beziehen sich auf die Standardabweichungen von der 7. bis 10. Jahrgangsstufe, die Effektstärken in Deutsch auf die Standardabweichungen innerhalb der 7. Jahrgangsstufe.

In den folgenden Analysen wird der Verlauf des Interesses innerhalb der 7. Jahrgangsstufe und von der 7. bis 10. Jahrgangsstufe getrennt dargestellt. Dabei wird die Veränderung der fachspezifischen Interessen anhand der Mittelwerte des echten Längsschnitts dokumentiert und anschließend anhand von HLM-Analysen inferenzstatistisch abgesichert. Obwohl hier der Verlauf der Variablen auf Individualebene interessiert und es somit möglich gewesen wäre, effektive Stichprobengrößen zu verwenden, um den Interessenverlust anschließend varianzanalytisch abzusichern, wurden aus Gründen der Arbeitsökonomie HLM-Analysen durchgeführt, in die später verschiedene

Unterrichtsvariablen zur Erklärung des Interessenverlusts eingeführt werden. Beide Vorgehensweisen führen prinzipiell zu ähnlichen Ergebnissen.

**Unterschiede im Niveau des Interesses.** Da Unterschiede im Niveau des Interesses in den verschiedenen Fächern auch durch verschiedene Erhebungsinstrumente (*Fachinteresse, Topologisches Interesse*) bedingt sein können, ist es sinnvoll die Interessenwerte verschiedener Fächer nur miteinander zu vergleichen, wenn sie zu einem Messzeitpunkt mit derselben Skala erhoben wurde. Da das Interesse an Mathematik und Englisch zu allen Messzeitpunkten mit der Skala *Fachinteresse* erhoben wurde, ist ein Vergleich dieser Fächer für alle vier Messzeitpunkte von der 7. bis 10. Jahrgangsstufe möglich. Ein Vergleich des Fachinteresses an diesen beiden Fächern mit dem Fachinteresse an Deutsch, das nur innerhalb der 7. Jahrgangsstufe erhoben wurde, ist für die ersten drei Messzeitpunkte möglich. Das Interesse an Biologie und Physik wurde zu allen Messzeitpunkten mit der Skala *Topologisches Interesse* erhoben, aber nur zum dritten und vierten Messzeitpunkt auch mit der Skala *Fachinteresse*. Ein Vergleich der Interessenniveaus in Mathematik und Englisch mit den Interessenniveaus in Biologie und Physik wurde daher nur für den dritten und vierten Messzeitpunkt, ein Vergleich des Interessenniveaus in Deutsch mit den Interessenniveaus in Biologie und Physik nur für den dritten Messzeitpunkt vorgenommen.

Abbildung 11.1 zeigt die Mittelwerte des Interesses an den Schulfächern zu den verschiedenen Messzeitpunkten in der 7. und 10. Jahrgangsstufe. Mittelwerte und Standardabweichungen lassen sich zudem Tabelle 11.1 entnehmen. Vergleicht man das Niveau des *Fachinteresses* an Physik, Biologie, Mathematik, Englisch und Deutsch miteinander, ergibt sich folgendes Befundmuster: Vergleichsweise hoch und signifikant nicht voneinander unterschieden fällt das Niveau der Interessenmittelwerte in Mathematik und Englisch innerhalb der 7. Jahrgangsstufe aus. In der 10. Jahrgangsstufe dagegen erweist sich das Mathematikinteresse als signifikant niedriger als das Englischinteresse. Der zum dritten Messzeitpunkt Ende der 7. Jahrgangsstufe erhobene Mittelwert des *Fachinteresses* in Biologie unterscheidet sich nicht signifikant von den Interessenmittelwerten in Mathematik und Englisch zu diesem Messzeitpunkt. Zum vierten Messzeitpunkt am Ende der 10. Jahrgangsstufe fällt das Niveau des *Fachinteresses* an Biologie dem Niveau des Fachinteresses an Mathematik vergleichbar aus und liegt wie dieser signifikant unter dem Mittelwert des *Fachinteresses* an Englisch. Das Niveau des *Fachinteresses* an Deutsch liegt zu allen Messzeitpunkten innerhalb der 7. Jahrgangsstufe signifikant unter dem Niveau des *Fachinteresses* an Englisch und Mathematik und zum dritten Messzeitpunkt signifikant unter dem Niveau des Fachinteresses an Biologie. Die zum dritten und vierten Messzeitpunkt erhobenen Mittelwerte des *Fachinteresses* an Physik schließlich fallen signifikant niedriger aus als diejenigen aller übrigen Fächer. Da für die Analysen zum Verlauf des Interesses in Biologie und Physik das zu allen Messzeitpunkten erhobene *Topologische Interesse* verwendet wurde, sei angemerkt, dass sich in Physik das *Fachinteresse* und das *Topologische Interesse* zum dritten und vierten Messzeitpunkt nicht signifikant voneinander unterscheiden, in Biologie hingegen das *Topologische Interesse* zu beiden Messzeitpunkten signifikant unter dem *Fachinteresse* liegt. Das *Topologische Interesse* an Biologie und Physik unterschiedet sich dabei nicht signifikant voneinander.

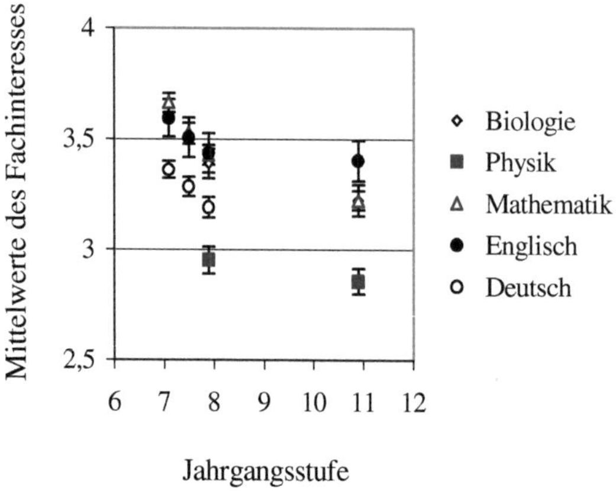


Anmerkung: Der Abschnitt der Ordinate ist so gewählt, dass Unterschiede im Niveau des Interesses graphisch deutlich werden. Der *theoretische Range* beträgt 4. Abweichend von der Darstellung im übrigen Teil der Arbeit ist hier der erste Messzeitpunkt zu Beginn der 7. Jahrgangsstufe mit 7.1, der zweite Messzeitpunkt in der Mitte der 7. Jahrgangsstufe mit 7.5, der dritte Messzeitpunkt am Ende der 7. Jahrgangsstufe mit 7.9 und der vierte Messzeitpunkt am Ende der 10. Jahrgangsstufe mit 10.9 kodiert. Für jedes Fach sind zu jedem Messzeitpunkt die 95%-Konfidenzintervalle der Interessenmittelwerte dargestellt.

*Abbildung 11.1:* Niveau des Fachinteresses an Biologie, Physik, Mathematik, Englisch und Deutsch in der 7. und 10. Jahrgangsstufe anhand der echten Längsschnittdaten

Zusammengefasst werden die Fächer Englisch, Biologie und Mathematik als am interessantesten eingestuft, Deutsch gilt als mittelmäßig interessant, und Physik erscheint als das uninteressanteste Fach. Das Interesse am *Fach* Biologie fällt dabei höher aus als das Interesse an *Inhalten, Tätigkeiten* und *Kontexten.*

**Verlauf des Interesses innerhalb der 7. Jahrgangsstufe.** Abbildung 11.2 zeigt den Verlauf der Interessenmittelwerte für die Fächer Biologie, Physik, Mathematik, Englisch und Deutsch in der 7. Jahrgangsstufe. Die Mittelwerte und Standardabweichungen lassen sich Tabelle 11.1 entnehmen. Der Abbildung lässt sich entnehmen, dass die Interessenmittelwerte innerhalb der 7. Jahrgangsstufe fächerübergreifend abnehmen. Zur interferenzstatischen Überprüfung der Veränderungen in den fachspezifischen Interessen wurden Wachstumsfunktionen angepasst. Wie in Kapitel 9 beschrieben, gibt der Parameter für den Achsenabschnitt den Unterschied im Interesse zum zweiten Messzeitpunkt, also Mitte der 7. Jahrgangsstufe, als Differenz zum ersten Messzeitpunkt an. Ein negativer Koeffizient weist damit auf eine Abnahme des fachspezifischen Interesses zwischen dem ersten und zweiten Messzeitpunkt hin. Der Parameter für den linearen Trend spiegelt die lineare Veränderung im Interesse wider, und der Parameter für den quadratischen Trend gibt an, ob die Veränderung u-förmig verläuft. In Tabelle 11.3 sind die Ergebnisse der HLM/3L-Analysen zum Verlauf des Interesses an den untersuchten Schulfächern in der 7. Jahrgangsstufe aufgeführt.

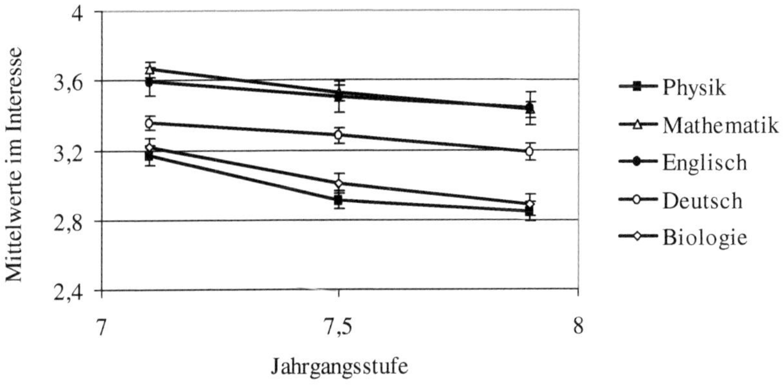


Anmerkung: Der Abschnitt der Ordinate ist so gewählt, dass der Interessenverlauf graphisch deutlich wird. Der *theoretische Range* beträgt 4. Der Messzeitpunkt zu Beginn der 7. Jahrgangsstufe ist hier mit 7.1, der Messzeitpunkt in der Mitte der 7. Jahrgangsstufe mit 7.5, der Messzeitpunkt am Ende der 7. Jahrgangsstufe mit 7.9 kodiert. Für jedes Fach zu jedem Messzeitpunkt sind die 95 %-Konfidenzintervalle der Interessenmittelwerte dargestellt.

*Abbildung 11.2:* Veränderung der Mittelwerte der schulischen Interessen in der 7. Jahrgangsstufe in Biologie, Physik, Mathematik, Englisch und Deutsch anhand der echten Längsschnittdaten

*Tabelle 11.3:* Geschätzte Wachstumsparameter der HLM/3L-Analysen der Interessenabnahme in der 7. Jahrgangsstufe in den Fächern Biologie, Physik, Mathematik, Englisch und Deutsch – Basismodelle ohne Prädiktoren auf Ebene 2 und 3

| | Biologie | | | Physik | | | Mathematik | | | Englisch | | | Deutsch | | |
|---|---|---|---|---|---|---|---|---|---|---|---|---|---|---|---|
| | $\pi$ | $t$ | $p$ | $\pi$ | $t$ | $p$ | $\pi$ | $t$ | $p$ | $\pi$ | $t$ | $p$ | $\pi$ | $t$ | $p$ |
| $\pi_0$ | -.19 | -7.77 | <.001 | -.24 | -10.20 | <.001 | -.16 | -5.39 | <.001 | -.07 | -1.70 | .09 | -.06 | -1.90 | .06 |
| $\pi_1$ | -.21 | -17.47 | <.001 | -.18 | -14.69 | <.001 | -.17 | -14.32 | <.001 | -.06 | -3.79 | <.001 | -.12 | -7.71 | <.001 |
| $\pi_2$ | .06 | 3.49 | <.001 | .12 | 7.54 | <.001 | .01 | .40 | .69 | .01 | .43 | .67 | -.06 | -3.39 | <.01 |

Anmerkung: $\pi_0$: Achsenabschnitt, der das Interesse zum zweiten Messzeitpunkt in der 7. Jahrgangsstufe wiedergibt; $\pi_1$: Trendkomponente, die den linearen Verlauf des Interesses wiedergibt; $\pi_2$: Trendkomponente, die den nichtlinearen (quadratischen) Verlauf des Interesses wiedergibt

Die Koeffizienten für den Interessenverlauf belegen, dass die Abnahme der schulischen Interessen statistisch signifikant ist. Der Achsenabschnittsparameter in den mathematisch-naturwissenschaftlichen Fächern Biologie, Physik und Mathematik fällt jeweils signifikant negativ aus und gibt damit ein im Vergleich zum ersten Messzeitpunkt signifikant niedrigeres fachspezifisches Interesse zum zweiten Messzeitpunkt in diesen Fächern an. In den sprachlichen Fächern Englisch und Deutsch fällt der Achsenabschnittsparameter ebenfalls negativ aus, verfehlt aber knapp das Signifikanzniveau; das Interesse an diesen Fächern ist somit nicht signifikant niedriger als zum ersten Messzeitpunkt. Da sich die Fragestellung auf den Verlauf der Interessen im gesamten Zeitraum der 7. Jahrgangsstufe bezieht, interessiert besonders der lineare Trend. Wie sich zeigt, fällt der Koeffizient für den linearen Trend in allen Schulfächern signifikant negativ aus. In Standardabweichungen ausgedrückt, nimmt in der 7. Jahrgangsstufe das *Topologische Interesse* in Biologie um $SD = .42$ und in Physik um $SD = .34$, das *Fachinteresse* in Mathematik um $SD = .29$, in Englisch um $SD = .19$ und in Deutsch um $SD = .22$ ab. Dies belegt für alle Fächer eine generelle Abnahme des Interesses in der 7. Jahrgangsstufe. Der Koeffizient für den quadratischen Trend, der anzeigt, inwiefern es sich um einen u-förmigen Verlauf handelt, fällt in Biologie und Physik zudem signifikant positiv aus, was auf eine Abflachung der Kurve des Interessenabfalls in diesen Fächern hinweist. In Englisch und Mathematik zeichnet sich keine Abflachung der Kurve des Interessenverlusts ab, da der Koeffizient in beiden Fächern nicht signifikant wird. In Deutsch zeigt sich eine Verschärfung des Interessenverlusts in der 7. Jahrgangsstufe, da der Koeffizient signifikant negativ ausfällt.

**Effekte von Schulform oder Bundesland.** Um auszuschließen, dass die Schulform oder das Bundesland einen Einfluss auf den Interessenabfall hat, wurden für den Zeitraum der 7. Jahrgangsstufe zusätzliche HLM/3L-Analysen durchgeführt, in denen einmal die Schulform (kodiert nach Gymnasium und anderen Schulformen) und einmal das Bundesland (kodiert nach ostdeutschen und westdeutschen Bundesländern) als Prädiktor auf der Klassenebene (Ebene 3) eingeführt wurden. Es ergaben sich weder systematische Unterschiede im Interesse noch im Interessenverlauf zwischen verschiedenen Schulformen oder Bundesländern. Auf eine Darstellung der Ergebnisse wurde verzichtet, da dieser Aspekt keinen zentralen Bestandteil der Fragestellung bildet.

**Varianz auf Individual- und Klassenebene.** Für die Analysen zur Wirkung von Unterschieden in der Unterrichtsgestaltung auf die Entwicklung des Interesses ist es sinnvoll, zu wissen, (1) wie viel Varianz sich zwischen Personen bzw. Klassen im Interesse und der Interessenentwicklung zeigt und (2) welche Anteile der Varianz auf Unterschiede auf der Individualebene und welche Anteile der Varianz auf Unterschiede auf der Klassenebene zurückzuführen sind. In Tabelle 11.4 aufgeführt ist: (1) die Variabilität des Interesse und der Interessenentwicklung zwischen Personen und Schulklassen – angegeben ist die Streuung der Parameter in standardisierter Varianz ($s^2$); (2) die auf die Individual- und Klassenebene zurückgehenden Varianzanteile – angegeben sind die sich aus der hierarchischen Zerlegung der Varianz ergebenden Intraklassenkorrelationen ($\rho$). Da drei Messzeitpunkte einbezogen wurden, war eine Varianzzerlegung nur für zwei der drei Parameter möglich, so dass eine Beschränkung auf die Parameter für den Achsenabschnitts und den linearen Trend erfolgte.

*Tabelle 11.4:* Streuung der Wachstumsparameter zwischen den Schülerinnen und Schülern (Ebene 2) und zwischen den Klassen (Ebene 3) sowie die Intraklassenkorrelationen für alle untersuchten Schulfächer in der 7. Jahrgangsstufe – verwendet wurden Basismodelle ohne Prädiktoren auf Ebene 2 und 3

| | | Streuung der Wachstumsparameter zwischen den Schülern | | | | Streuung der Wachstumsparameter zwischen den Klassen | | | $\rho$ (Schüler) | $\rho$ (Klasse) |
|---|---|---|---|---|---|---|---|---|---|---|
| | | $s^2$ | $\chi^2$ | $p$ | | $s^2$ | $\chi^2$ | $p$ | | |
| Biologie | | | df: 2983 | | | | df: 174 | | | |
| | $r_0$ | .48 | 10988.6 | < .001 | $u_0$ | .05 | 411.5 | < .001 | .91 | .09 |
| | $r_1$ | .05 | 3845.7 | < .001 | $u_1$ | .01 | 287.1 | < .001 | .84 | .16 |
| Physik | | | df: 2751 | | | | df: 168 | | | |
| | $r_0$ | .45 | 9936.7 | < .001 | $u_0$ | .04 | 349.0 | < .001 | .92 | .08 |
| | $r_1$ | .03 | 3319.42 | < .001 | $u_1$ | .01 | 295.9 | < .001 | .72 | .28 |
| Mathe | | | df: 2776 | | | | df: 167 | | | |
| | $r_0$ | .52 | 9637.2 | < .001 | $u_0$ | .08 | 53.7 | < .001 | .86 | .14 |
| | $r_1$ | .04 | 3478.4 | < .001 | $u_1$ | .01 | 255.6 | < .001 | .84 | .16 |
| Englisch | | | df: 1248 | | | | df: 68 | | | |
| | $r_0$ | .50 | 4674.86 | < .001 | $u_0$ | .08 | 233.0 | < .001 | .86 | .14 |
| | $r_1$ | .06 | 1756.32 | < .001 | $u_1$ | .00 | 85.9 | < .001 | .95 | .05 |
| Deutsch | | | df: 2685 | | | | df: 161 | | | |
| | $r_0$ | .54 | 829.32 | < .001 | $u_0$ | .11 | 588.8 | < .001 | .83 | .17 |
| | $r_1$ | .05 | 3322.71 | < .001 | $u_1$ | .02 | 343.4 | < .001 | .70 | .30 |

Anmerkung: $s^2$: in standardisierter Varianz ausgedrückte Streuung der Wachstumsparameter; $r_0$: Varianz des Fehlerterms zum zweiten Messzeitpunkt in der 7. Jahrgangsstufe auf Schülerebene, $r_1$: Varianz des Fehlerterms der Trendkomponente für den linearen Verlauf auf Schülerebene, $u_0$: Varianz des Fehlerterms zum zweiten Messzeitpunkt in der 7. Jahrgangsstufe auf Klassenebene, $u_1$: Varianz des Fehlerterms der Trendkomponente für den linearen Verlauf auf Klassenebene; $\rho$ = *Intraklassenkorrelation* ohne Berücksichtigung der Varianz des Fehlerterms $e_{ijk}$ auf Ebene der Messzeitpunkte

Tabelle 11.4 zeigt, dass die Varianz zwischen den Schülern und Klassen – sowohl für den Achsenabschnittsparameter wie auch für den linearen Trendparameter – in allen Schulfächern signifikant ausfällt. Allerdings ist die Streuung der Parameter dabei zum Teil – insbesondere für die lineare Trendkomponente auf Klassenebene – extrem gering ($s^2 \leq .02$), was bedeutet, dass sich kaum systematische Unterschiede in der Interessenentwicklung zwischen Schulklassen zeigen. Im Abschlusskapitel soll daher kritisch diskutiert werden, ob – angesichts solch geringer Merkmalsvarianz auf Klassenebene – die Unterschiede überhaupt von praktischer Relevanz sind. Anhand einer hierarchischen Varianzzerlegung lässt sich zeigen, welche Anteile bezüglich dieser Unterschiede auf Merkmale auf Individual- und auf Merkmale auf Klassenebene zurückgehen. Die berechneten Intraklassenkorrelationen zeigen, dass je nach Fach nur zwischen 8 und 17 Prozent der Varianz im Interesse zum zweiten Messzeitpunkt und zwischen 5 und 30 Prozent der Varianz im Interessenverlauf innerhalb der 7. Jahrgangsstufe auf Unterschiede zwischen Schulklassen zurückgehen. Dagegen gehen zwischen 83 und 92 Prozent der Varianz im Interesse zum zweiten Messzeitpunkt und zwischen 70 und 95 Prozent der Varianz im Interessenverlauf innerhalb der 7. Jahrgangsstufe auf Unterschiede zwischen Schülern zurück. Der Anteil an Varianz, der auf Unterschiede zwischen den Schulklassen zurückzuführen ist, ist somit im Vergleich zum Anteil an Varianz, der auf individuelle Unterschiede zwischen Schülerinnen und Schülern zurückzuführen ist, sehr gering. Aufgrund des sehr geringen Anteils an Varianz im Interesse und in der Interessenentwicklung, der auf Merkmale auf Klassenebene zurückgeht, soll im Abschlusskapitel kritisch diskutiert werden, inwiefern eine weitere Varianzaufklärung überhaupt von Bedeutung sein kann.

**Analysen für den Zeitraum von der 7. bis 10. Jahrgangsstufe.** Im Folgenden werden die Ergebnisse für den Interessenverlauf für den Zeitraum von der 7. bis 10. Jahrgangsstufe berichtet. Tabelle 11.1 und Abbildung 11.3 zeigen eine generelle Abnahme der Mittelwerte schulischer Interessen in den Fächern Biologie, Physik, Mathematik und Englisch in diesem Zeitraum.

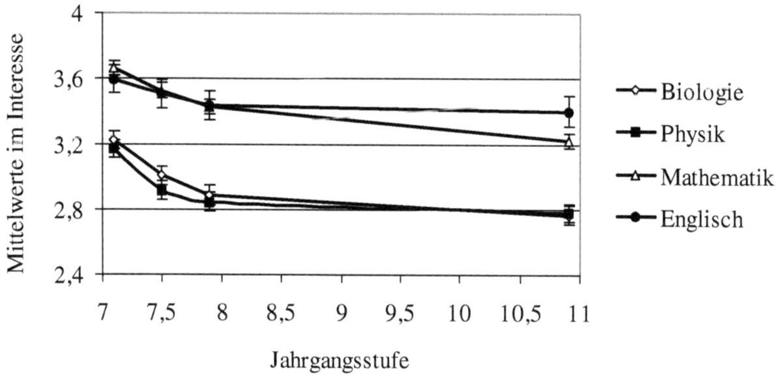


Anmerkung: Der Abschnitt der Ordinate ist so gewählt, dass der Interessenverlust graphisch deutlich wird. Der *theoretische Range* beträgt 4. Abweichend von der Darstellung im übrigen Teil der Arbeit ist der Messzeitpunkt zu Beginn der 7. Jahrgangsstufe mit 7.1, der Messzeitpunkt in der Mitte der 7. Jahrgangsstufe mit 7.5, der Messzeitpunkt am Ende der 7. Jahrgangsstufe mit 7.9 und der Messzeitpunkt am Ende der 10. Jahrgangsstufe mit 10.9 kodiert. Für jedes Fach zu jedem Messzeitpunkt sind die 95%-Konfidenzintervalle der Interessenmittelwerte dargestellt.

*Abbildung 11.3:* Veränderung der Mittelwerte der schulischen Interessen von der 7. bis 10. Jahrgangsstufe in Biologie, Physik, Mathematik und Englisch anhand der echten Längsschnittdaten

Tabelle 11.5 lassen sich die Ergebnisse der HLM/2L-Analysen zur inferenzstatistischen Überprüfung der Abnahme des Interesses in diesen Schulfächern für diesen Zeitraum entnehmen. Der Achsenabschnittsparameter gibt hier das (geschätzte) Interesse am Ende der achten Klasse an. Tabelle 11.5 gibt wieder, dass die Achsenabschnittsparameter, die das Interesse zum zweiten Messzeitpunkt als Differenz zum Interesse zum ersten Messzeitpunkt angeben, in allen Fächern signifikant negativ ausfallen. Ebenso fallen die Parameter für den linearen Trend, die den linearen Verlauf der Interessenentwicklung angeben, in allen Fächern signifikant negativ aus. Das bedeutet, dass das Interesse auch im Zeitraum von der 7. bis zur 10. Jahrgangsstufe signifikant absinkt. Da der genannte Zeitraum acht Schulhalbjahre umfasst, beträgt die in Standardabweichungen ausgedrückte Abnahme im Interesse in diesem Zeitraum für das *Topologische Interesse* im Fach Biologie $SD = .60$ und im Fach Physik $SD = .43$, für das *Fachinteresse* an Mathematik $SD = .56$ und an Englisch $SD = .24$.

*Tabelle 11.5:* Geschätzte Wachstumsparameter der HLM/2L-Analysen des Interessenverlusts für Biologie, Physik, Mathematik und Englisch von der 7. bis 10. Jahrgangsstufe – Basismodelle ohne Prädiktoren auf Ebene 2 und 3

| | Biologie | | | Physik | | | Mathematik | | | Englisch | | |
|---|---|---|---|---|---|---|---|---|---|---|---|---|
| | $\pi$ | $t$ | $p$ | $\pi$ | $t$ | $p$ | $\pi$ | $t$ | $p$ | $\pi$ | $t$ | $p$ |
| $\pi_0$ | -.51 | -10.99 | < .001 | -.50 | -13.77 | < .001 | -.42 | -12.26 | < .001 | -.26 | -3.96 | < .001 |
| $\pi_1$ | -.07 | -13.06 | < .001 | -.05 | -12.37 | < .001 | -.07 | -17.78 | < .001 | -.03 | -3.74 | < .001 |
| $\pi_2$ | .02 | 7.98 | < .001 | .02 | 9.09 | < .001 | .01 | 6.32 | < .001 | .01 | 2.80 | < .01 |

Anmerkung: $\pi_0$: Achsenabschnitt, der das Interesse zum zweiten Messzeitpunkt in der 7. Jahrgangsstufe wiedergibt; $\pi_1$: Trendkomponente, die den linearen Verlauf des Interesses wiedergibt; $\pi_2$: Trendkomponente, die den nichtlinearen (quadratischen) Verlauf des Interesses wiedergibt

Die in Standardabweichungen ausgedrückte Abnahme sowie die in Abbildung 11.4 zu Vergleichszwecken übereinander gelegten Verlaufskurven (bei denen die Mittelwerte unter Beibehaltung der Metrik zum ersten Messzeitpunkt auf Null gesetzt wurden) zeigen, dass es deutliche Unterschiede in der Steilheit des Interessenabfalls zwischen den Fächern gibt. In Physik, Mathematik und Biologie unterscheidet sich die Steilheit des Interessenabfalls nicht signifikant voneinander. Dagegen ergaben sich signifikante Unterschiede in der Steilheit des Interessenabfalls zwischen diesen drei Fächern und dem Fach Englisch – in dem Sinne, dass das Interesse in Englisch über den gesamten Zeitraum jeweils weniger stark absinkt als das Interesse in den mathematisch-naturwissenschaftlichen Fächern. Unterschiede in der Abnahme ergaben sich auch für das Fach Deutsch in dem Sinne, dass das Interesse an Deutsch innerhalb der 7. Jahrgangsstufe signifikant weniger steil abfiel als das Interesse an Physik und Biologie. Die Mittelwerte der fachlichen Interessen nehmen dabei zwischen der letzten Erhebung am Ende der 7. Jahrgangsstufe und der Erhebung in der 10. Jahrgangsstufe weniger ab (da zwischen dem dritten und vierten Erhebungszeitpunkt ein größerer Zeitraum von fünf

Schulhalbjahren liegt). Dies spiegelt sich auch in den fächerübergreifend signifikant positiven Koeffizienten der quadratischen Trendkomponente wieder. Das positive Vorzeichen der Koeffizienten gibt an, dass die Abnahme der Interessen in diesem Zeitabschnitt in allen Fächern abflacht.

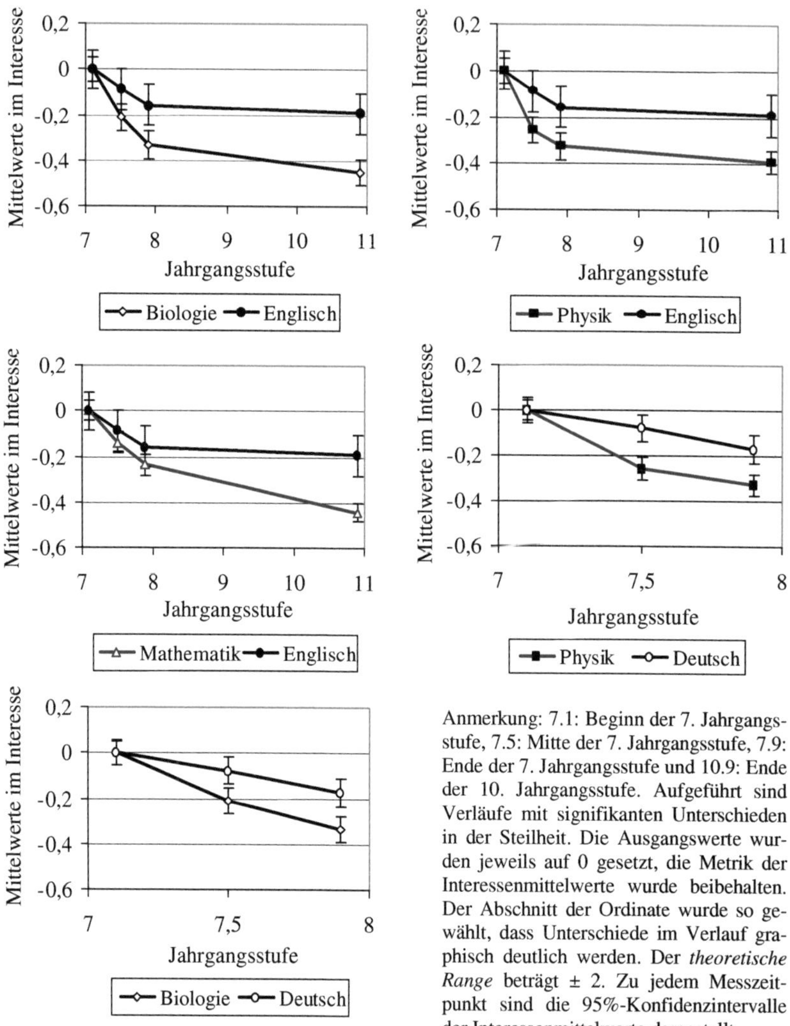


Anmerkung: 7.1: Beginn der 7. Jahrgangsstufe, 7.5: Mitte der 7. Jahrgangsstufe, 7.9: Ende der 7. Jahrgangsstufe und 10.9: Ende der 10. Jahrgangsstufe. Aufgeführt sind Verläufe mit signifikanten Unterschieden in der Steilheit. Die Ausgangswerte wurden jeweils auf 0 gesetzt, die Metrik der Interessenmittelwerte wurde beibehalten. Der Abschnitt der Ordinate wurde so gewählt, dass Unterschiede im Verlauf graphisch deutlich werden. Der *theoretische Range* beträgt ± 2. Zu jedem Messzeitpunkt sind die 95%-Konfidenzintervalle der Interessenmittelwerte dargestellt.

*Abbildung 11.4:* Fachspezifische Unterschiede in der Abnahme individueller Interessen zwischen den Fächern Biologie, Physik, Mathematik, Englisch und Deutsch

Tabelle 11.6 lässt sich entnehmen, dass sowohl die Varianz des Achsenabschnittsparameters als auch die Varianz des linearen und quadratischen Trendparameters zwischen den Schülerinnen und Schülern im Zeitraum von der 7. bis zur 10. Jahrgangsstufe signifikant ausfällt. Der Tabelle lässt sich andererseits auch entnehmen, dass die Streuung im Interesse zum zweiten Messzeitpunkt zwischen den Schülerinnen und Schülern in allen Fächern zwar vergleichsweise hoch ausfällt, hingegen sowohl die Streuung der linearen Trendkomponente, die Unterschiede im Verlauf der Interessenwerte zwischen den Schülerinnen und Schülern anzeigt, als auch die Streuung der quadratischen Trendkomponente, die Unterschiede im nicht-linearen Verlauf der Interessenwerte zwischen Schülerinnen und Schülern anzeigt, sehr niedrig ausfällt ($s^2 \leq .01$). Angesichts der geringen Ausprägung der Unterschiede im Verlauf der linearen und nicht-linearen Trendkomponenten zwischen Schülerinnen und Schülern ist allerdings fraglich, ob solche – wenn auch statistisch signifikanten – Unterschiede noch von praktischer Relevanz sind.

*Tabelle 11.6:* Streuung der Wachstumsparameter zwischen den Schülerinnen und Schülern der HLM/2L-Analysen des Interessenverlusts für die Fächer Biologie, Physik, Mathematik und Englisch von der 7. bis 10. Jahrgangsstufe – Basismodelle ohne Prädiktoren auf Ebene 2 und 3

| | Biologie | | | Physik | | | Mathematik | | | Englisch | | |
|---|---|---|---|---|---|---|---|---|---|---|---|---|
| | $s^2$ | $\chi^2$ df: 710 | $p$ | $s^2$ | $\chi^2$ df: 1143 | $p$ | $s^2$ | $\chi^2$ df: 1284 | $p$ | $s^2$ | $\chi^2$ df: 338 | $p$ |
| $r_0$ | .83 | 1561.4 | < .001 | .70 | 2137.5 | < .001 | .71 | 2434.4 | < .001 | .86 | 83.3 | < .001 |
| $r_1$ | .01 | 1248.1 | < .001 | .00 | 1523.8 | < .001 | .01 | 1934.9 | < .001 | .01 | 743.7 | < .001 |
| $r_2$ | .00 | 1012.6 | < .001 | .00 | 1464.3 | < .001 | .00 | 1504.8 | < .001 | .00 | 51.0 | < .001 |

Anmerkung: $s^2$: in standardisierter Varianz ausgedrückte Streuung der Wachstumsparameter; $r_0$: Varianz des Fehlerterms zum zweiten Messzeitpunkt in der 7. Jahrgangsstufe auf Schülerebene, $r_1$: Varianz des Fehlerterms der Trendkomponente für den linearen Verlauf auf Schülerebene, $r_2$: Varianz des Fehlerterms der Trendkomponente für den quadratischen Verlauf auf Schülerebene

Fasst man die Ergebnisse zusammen, zeigt sich, dass die Interessenmittelwerte der verschiedenen Schulfächer auf fachspezifische Unterschiede im Interessenniveau hinweisen. So ist das Interesse an Mathematik und Englisch vergleichsweise am höchsten, das Interesse an Deutsch nimmt eine Mittelstellung ein, und das Interesse an Physik ist vergleichsweise am geringsten. Für das Interesse an Biologie waren die Ergebnisse uneinheitlich. Betrachtete man das *Fachinteresse* in Biologie zum dritten und vierten Messzeitpunkt, zeigte sich kein signifikanter Unterschied zum Interesse an den Fächern Englisch und Mathematik. Verwendete man hingegen das *Topologische Interesse,* waren die Interessenmittelwerte in Biologie den Interessenmittelwerten in Physik vergleichbar. Die Höhe der Interessenmittelwerte in Biologie ist somit von der Erhebungsmethode abhängig. Das Interesse am *Fach* Biologie ist stärker ausgeprägt als das Interesse an in der Biologie bedeutsamen Inhalten, Tätigkeiten und Kontexten. Anhand der HLM-Analysen konnte zudem eine Abnahme des durchschnittlichen Interesses der Schülerinnen und Schüler pro Schulfach sowohl innerhalb der 7. Jahrgangsstufe als auch für den Zeitraum von der 7. bis zur 10. Jahrgangsstufe nachgewiesen werden. Die Annahme zur fächerübergreifenden Abnahme des Interesses in der Sekundarstufe I kann somit als belegt gelten. Dabei war zu beobachten, dass das Interesse an den Fächern Physik, Mathematik und Biologie in der Sekundarstufe I signifikant stärker abfiel als das Interesse an Englisch und das Interesse an Physik und Biologie stärker als das Interesse am Fach Deutsch. Der fächerübergreifende signifikant positive quadratische Trend in den Analysen für den Zeitraum von der 7. bis zur 10. Jahrgangsstufe zeigt zudem, dass das Interesse am Ende der Sekundarstufe I weniger stark abnimmt. Effekte der Schulform oder des Bundeslandes konnten nicht gefunden werden. Die Varianzzerlegung zeigt, dass es in der Interessenentwicklung innerhalb der 7. Jahrgangsstufe kaum systematische Unterschiede zwischen Klassen gab und diese Unterschiede zudem kaum auf Merkmale auf Klassenebene zurückzuführen waren. Im Zeitraum von der 7. bis 10. Jahrgangsstufe fielen auch die Unterschiede im Verlauf des Interesses zwischen den Schülerinnen und Schülern sehr gering aus. Auch hier stellt sich die Frage nach der praktischen Relevanz solch geringer, wenn auch statistisch signifikanter Unterschiede.

## 11.2 Geschlechtsspezifischer Interessenverlauf

Der folgende Abschnitt beschäftigt sich mit der Frage, inwieweit der Interessenverlust in den einzelnen Fächern bei Mädchen und Jungen unterschiedlich verläuft. Erstens wird geprüft, ob sich schon zu Beginn der Adoleszenz geschlechtsspezifische Unterschiede in den fachspezifischen Interessen bei Mädchen und Jungen finden lassen. Im Sinne der Hypothese müssten Jungen sich stärker für Mathematik und Physik interessieren, Mädchen hingegen stärker für Englisch und Biologie. Zweitens wird geprüft, ob es in der Adoleszenz aufgrund einer Intensivierung der Geschlechtsrolle zu einer Verstärkung der Interessenunterschiede bei Mädchen und/oder Jungen kommt. Der Annahme nach müssten Mädchen das fachspezifische Interesse besonders stark in den mathematischen und naturwissenschaftlichen Fächern verlieren, Jungen hingegen mehr in den verbalen und humanwissenschaftlichen Fächern. Um Geschlechtsunterschiede im Interessenverlauf zu dokumentieren, gibt Abbildung 11.5 den Verlauf der Interessenwerte graphisch wieder. In Tabelle 11.7 sind zudem die Mittelwerte und Standardabweichungen nach Mädchen und Jungen getrennt für die Fächer Biologie, Physik, Mathematik, Englisch von der 7. bis 10. Jahrgangsstufe und für Deutsch innerhalb der 7. Jahrgangsstufe aufgeführt.

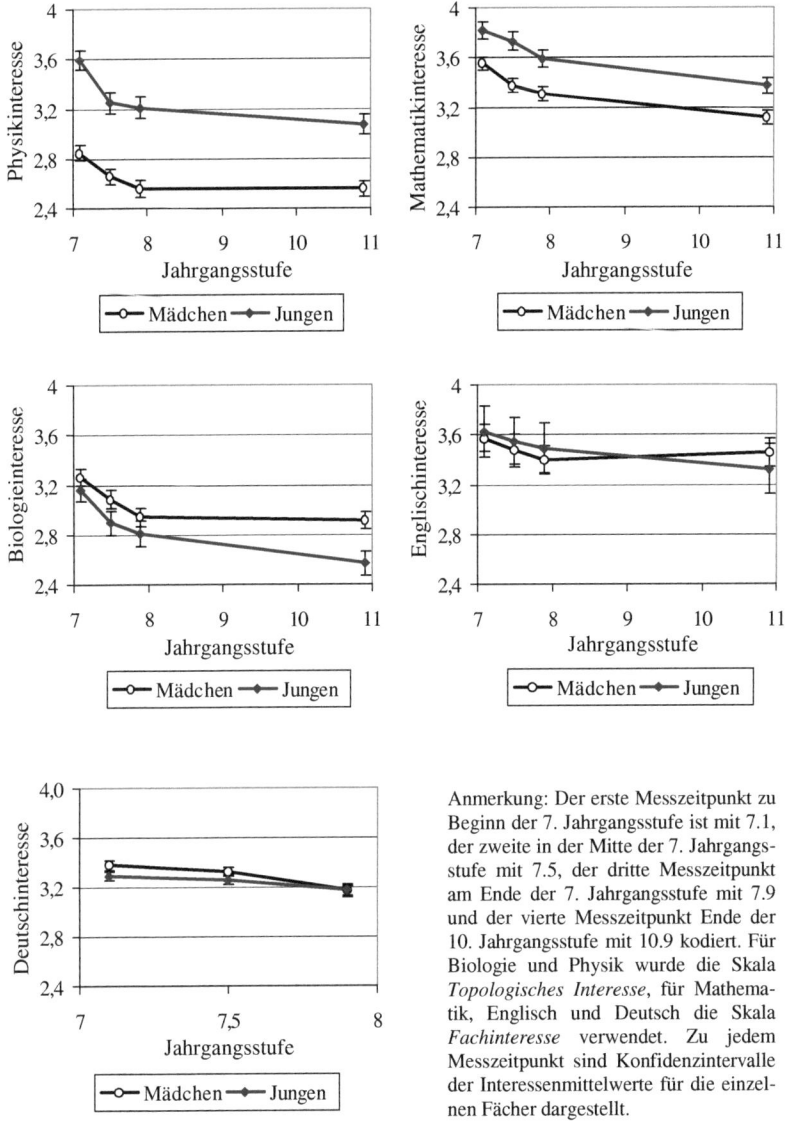

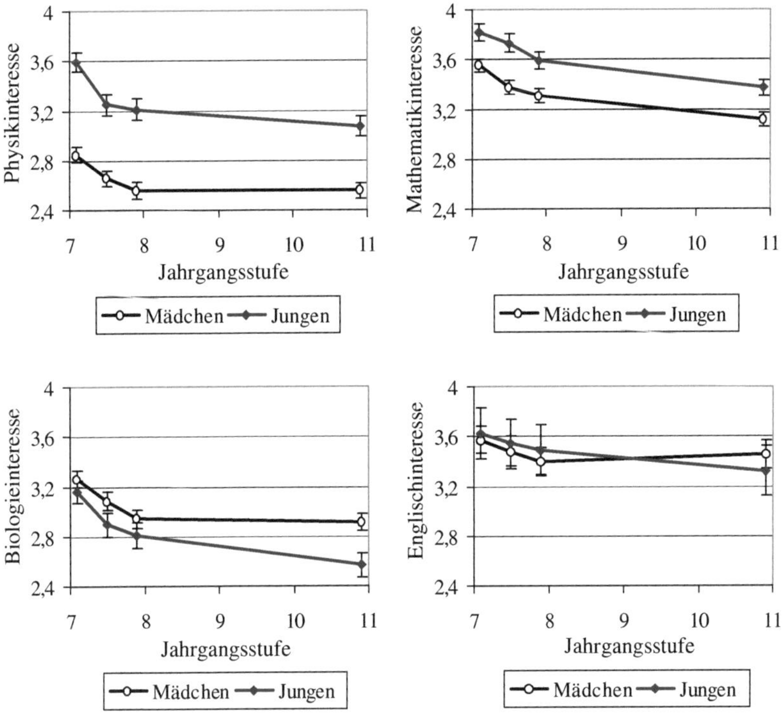


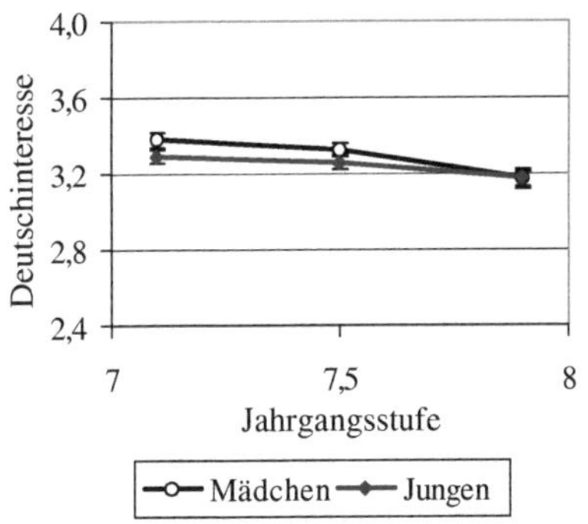


Anmerkung: Der erste Messzeitpunkt zu Beginn der 7. Jahrgangsstufe ist mit 7.1, der zweite in der Mitte der 7. Jahrgangsstufe mit 7.5, der dritte Messzeitpunkt am Ende der 7. Jahrgangsstufe mit 7.9 und der vierte Messzeitpunkt Ende der 10. Jahrgangsstufe mit 10.9 kodiert. Für Biologie und Physik wurde die Skala *Topologisches Interesse*, für Mathematik, Englisch und Deutsch die Skala *Fachinteresse* verwendet. Zu jedem Messzeitpunkt sind Konfidenzintervalle der Interessenmittelwerte für die einzelnen Fächer dargestellt.

*Abbildung 11.5:* Nach Geschlecht getrennte Veränderung des Interesses in den Schulfächern Biologie, Physik, Mathematik und Englisch von der 7. bis zur 10. Jahrgangsstufe und Deutsch innerhalb der 7. Jahrgangsstufe

*Tabelle 11.7:* Mittelwerte und Standardabweichungen im Interesse für Jungen und Mädchen für die Schulfächer Biologie, Physik, Mathematik, Englisch und Deutsch für die 7. bis 10. Jahrgangsstufe

| | | Mädchen | | | | | | Jungen | | | | | |
|---|---|---|---|---|---|---|---|---|---|---|---|---|---|
| | | FI | | SI | | TI | | FI | | SI | | TI | |
| | MZP | $\bar{x}$ | *SD* | $\bar{x}$ | *SD* | $\bar{x}$ | *SD* | $\bar{x}$ | *SD* | $\bar{x}$ | *SD* | $\bar{x}$ | *SD* |
| Biologie | 7.1 | – | – | – | – | 3.26 | .68 | – | – | – | – | 3.16 | .79 |
| | 7.2 | – | – | – | – | 3.09 | .77 | – | – | – | – | 2.90 | .83 |
| | 7.3 | 3.48 | .91 | 2.47 | .74 | 2.94 | .80 | 3.29 | .93 | 2.36 | .80 | 2.81 | .90 |
| | 10 | 3.41 | .80 | 2.56 | .74 | 2.91 | .71 | 2.98 | .98 | 2.32 | .77 | 2.56 | .82 |
| Physik | 7.1 | – | – | – | – | 2.84 | .83 | – | – | – | – | 3.59 | .91 |
| | 7.2 | – | – | – | – | 2.66 | .86 | – | – | – | – | 3.25 | .98 |
| | 7.3 | 2.67 | .89 | 1.96 | .71 | 2.56 | .91 | 3.31 | 1.00 | 2.49 | .77 | 3.21 | .98 |
| | 10 | 2.58 | .83 | 1.88 | .69 | 2.55 | .81 | 3.21 | .93 | 2.48 | .81 | 3.07 | .89 |
| Mathematik | 7.1 | 3.55 | .78 | – | – | – | – | 3.82 | .75 | – | – | – | – |
| | 7.2 | 3.38 | .85 | – | – | – | – | 3.73 | .83 | – | – | – | – |
| | 7.3 | 3.31 | .81 | 2.56 | .65 | – | – | 3.59 | .82 | 2.79 | .66 | – | – |
| | 10 | 3.11 | .77 | 2.36 | .63 | – | – | 3.37 | .79 | 2.56 | .66 | – | – |
| Englisch | 7.1 | 3.57 | .78 | – | – | – | – | 3.63 | .78 | – | – | – | – |
| | 7.2 | 3.48 | .84 | – | – | – | – | 3.54 | .83 | – | – | – | – |
| | 7.3 | 3.40 | .83 | 3.10 | .62 | – | – | 3.49 | .86 | 2.96 | .67 | – | – |
| | 10 | 3.46 | .82 | 3.23 | .64 | – | – | 3.32 | .90 | 2.93 | .68 | – | – |
| Deutsch | 7.1 | 3.37 | .70 | – | – | – | – | 3.29 | .70 | – | – | – | – |
| | 7.2 | 3.31 | .79 | – | – | – | – | 3.26 | .82 | – | – | – | – |
| | 7.3 | 3.18 | .80 | 2.72 | .63 | – | – | 3.17 | .87 | 2.62 | .69 | – | – |

Anmerkung: MZP: Messzeitpunkt; 7.1, 7.2, 7.3: 1., 2. und 3. Messzeitpunkt in der 7. Jahrgangsstufe; 10: 4. Messzeitpunkt in der 10. Jahrgangsstufe; FI: *Fachinteresse*, SI: *Sachinteresse*, TI: *Topologisches Interesse*; $\bar{x}$ : Interessenmittelwerte; *SD*: Standardabweichung

Mittels HLM-Analysen wurde – unter Einführung des Geschlechts als Prädiktor auf Individualebene – untersucht, ob die Geschlechtszugehörigkeit einen Einfluss auf den Verlust der Interessen hat. Zunächst wurden Analysen für den Zeitraum in der 7. Jahrgangsstufe, dann Analysen für den Zeitraum von der 7. bis 10. Jahrgangsstufe durchgeführt. Es sei daran erinnert, dass aufgrund der Kodierung der Schülerinnen mit 0 und der Schüler mit 1 ein positiver Koeffizient ausdrückt, dass die Schüler größeres Interesse bzw. weniger Interessenverlust aufweisen als die Schülerinnen, während ein negativer Koeffizient anzeigt, dass die Schülerinnen größeres Interesse bzw. weniger Interessenverlust aufweisen als die Schüler. Auch sei noch einmal kurz darauf hingewiesen, dass es aufgrund der Anzahl der Freiheitsgrade nicht möglich ist, den Einfluss des Geschlechts auf die quadratische Trendkomponente zusätzlich zu modellieren.

**Analysen zum Einfluss des Geschlechts auf das Interesse und die Interessenentwicklung innerhalb der 7. Jahrgangsstufe.** Die Ergebnisse der HLM/3L-Analysen für den Zeitraum innerhalb der 7. Jahrgangsstufe sind in Tabelle 11.8 aufgeführt. Der Tabelle lässt sich entnehmen, dass der Einfluss des Geschlechts auf den Achsenabschnittsparameter ($\gamma_{010}$), der den Unterschied zwischen Jungen und Mädchen im fachspezifischen Interesse zum zweiten Messzeitpunkt als Differenz zum ersten Messzeitpunkt angibt, für Physik und Mathematik jeweils signifikant positiv ausfällt. Die Jungen weisen sowohl in Physik als auch in Mathematik höhere Interessenmittelwerte auf als die Mädchen. Der Unterschied in den Interessenmittelwerten ist dabei in Physik besonders stark ausgeprägt. In Physik fällt wider Erwarten der Koeffizient für den Einfluss des Geschlechts auf den linearen Trendparameter ($\gamma_{110}$) signifikant negativ aus, in Mathematik ist er der Richtung nach negativ, wird aber nicht signifikant. Das Interesse der Jungen nimmt somit in Physik über die Zeit hinweg signifikant stärker ab als das Interesse der Mädchen, während dieser Effekt in Mathematik nicht zu finden ist. In Englisch und Biologie werden weder der Koeffizient für den Einfluss des Geschlechts auf den Achsenabschnittsparameter ($\gamma_{010}$) noch der Koeffizient für den Einfluss des Geschlechts auf den linearen Trendparameter ($\gamma_{110}$) signifikant. In Biologie und Englisch unterscheiden sich die Interessenkurven von Jungen und Mädchen somit nicht signifikant voneinander. In Deutsch weisen die Mädchen zum ersten und zweiten Messzeitpunkt der 7. Jahrgangsstufe ($\gamma_{010}$) signifikant höhere Interessenmittelwerte auf als die Jungen. Die Geschlechtsunterschiede nivellieren sich aber zum Ende der 7. Jahrgangsstufe hin, da die Abnahme im Interesse ($\gamma_{011}$) bei den Mädchen signifikant stärker ausfällt als bei den Jungen.

*Tabelle 11.8:* Ergebnisse der HLM/3L-Analysen zum Einfluss des Geschlechts auf den Interessenverlust in den Fächern Biologie, Physik, Mathematik, Englisch und Deutsch in der 7. Jahrgangsstufe

| | Biologie | | | Physik | | | Mathematik | | | Englisch | | | Deutsch | | |
|---|---|---|---|---|---|---|---|---|---|---|---|---|---|---|---|
| | $\gamma$ | $t$ | $p$ | $\gamma$ | $t$ | $p$ | $\gamma$ | $t$ | $p$ | $\gamma$ | $t$ | $p$ | $\gamma$ | $t$ | $p$ |
| $\gamma_{000}$ | -.17 | -6.36 | < .001 | -.54 | -21.15 | < .001 | -.28 | -8.71 | < .001 | -.06 | -1.18 | .24 | -.01 | -.39 | .70 |
| $\gamma_{010}$ | -.03 | -.88 | .38 | .66 | 24.20 | < .001 | .27 | 8.63 | < .001 | -.03 | -.74 | .46 | -.10 | -3.08 | < .01 |
| $\gamma_{100}$ | -.21 | -14.29 | < .001 | -.15 | -1.16 | < .001 | -.15 | -1.55 | < .001 | -.08 | -3.84 | < .001 | -.14 | -7.74 | < .001 |
| $\gamma_{110}$ | .00 | .20 | .85 | -.06 | -3.36 | < .01 | -.03 | -1.59 | .11 | .04 | 1.49 | .14 | .05 | 2.30 | < .05 |
| $\gamma_{200}$ | .01 | 3.94 | < .001 | .12 | 7.54 | < .001 | .01 | .40 | .69 | .01 | .43 | .669 | -.06 | -3.39 | < .01 |

Anmerkung: $\gamma_{000}$: Achsenabschnittsparameter, der das Interesse zum zweiten Messzeitpunkt in der 7. Jahrgangsstufe als Differenz zum Interesse zum ersten Messzeitpunkt wiedergibt; $\gamma_{010}$: Parameter, der den Unterschied zwischen Jungen und Mädchen im fachspezifischen Interesse zum zweiten Messzeitpunkt als Differenz zum ersten Messzeitpunkt in der 7. Jahrgangsstufe wiedergibt; $\gamma_{100}$: Trendkomponente, die den linearen Verlauf des Interesses wiedergibt; $\gamma_{110}$: Parameter, der den Einfluss des Geschlechts auf die lineare Trendkomponente wiedergibt; $\gamma_{200}$: Trendkomponente, die den nichtlinearen (quadratischen) Verlauf des Interesses wiedergibt

**Analysen zum Einfluss des Geschlechts auf das Interesse und die Interessenentwicklung von der 7. bis 10. Jahrgangsstufe.** In Tabelle 11. 9 sind die Ergebnisse der HLM/2L-Analysen zum Einfluss des Geschlechts auf das Interesse und den Interessenverlauf wiedergegeben. Der Tabelle lässt sich entnehmen, dass der Einfluss des Geschlechts auf den Achsenabschnittsparameter ($\gamma_{010}$), der den Unterschied zwischen Jungen und Mädchen im fachspezifischen Interesse zum zweiten Messzeitpunkt als Differenz zum ersten Messzeitpunkt angibt, für beide Fächer signifikant positiv ausfällt. Die Jungen weisen auch im Zeitraum von der 7. bis 10. Jahrgangsstufe in Physik und Mathematik höhere Interessenmittelwerte auf als die Mädchen. Der Unterschied in den Interessenmittelwerten ist dabei auch hier in Physik besonders stark ausgeprägt. In Physik fällt der Koeffizient für den Einfluss des Geschlechts auf den linearen Trendparameter ($\gamma_{110}$) wieder signifikant negativ aus, in Mathematik ist er wieder der Richtung nach negativ, wird aber nicht signifikant. Auch hier nimmt somit das Interesse der Jungen an Physik, nicht aber an Mathematik, über die Zeit hinweg signifikant stärker ab als das Interesse der Mädchen. Im Unterschied zu den Analysen für die 7. Jahrgangsstufe fallen in Biologie der Koeffizient für den Einfluss des Geschlechts auf den Achsenabschnittsparameter ($\gamma_{010}$) und der Koeffizient für den Einfluss des Geschlechts auf den linearen Trendparameter beide signifikant negativ aus. Darin spiegelt sich wider, dass Jungen zum (geschätzten) Messzeitpunkt in der 8. Jahrgangsstufe ein signifikant niedrigeres Interesse an Biologie haben als Mädchen und das Interesse im Verlauf der 7. bis 10. Jahrgangsstufe signifikant stärker verlieren als die Mädchen. In Englisch hat das Geschlecht wiederum weder einen signifikanten Einfluss auf den Achsenabschnittsparameter ($\gamma_{010}$) noch auf den linearen Trendparameter ($\gamma_{110}$). Die Interessenkurven von Jungen und Mädchen unterscheiden sich nicht signifikant voneinander.

*Tabelle 11.9:* Ergebnisse der HLM/2L-Analysen zum Einfluss des Geschlechts auf die Abnahme des Interesses in den Fächern Biologie, Physik, Mathematik und Englisch von der 7. bis 10. Jahrgangsstufe

| | Biologie | | | Physik | | | Mathematik | | | Englisch | | |
|---|---|---|---|---|---|---|---|---|---|---|---|---|
| | $\gamma$ | $t$ | $p$ | $\gamma$ | $t$ | $p$ | $\gamma$ | $t$ | $p$ | $\gamma$ | $t$ | $p$ |
| $\gamma_{000}$ | -.39 | -7.85 | < .001 | -.77 | -19.84 | < .001 | -.56 | -14.67 | < .001 | -.26 | -3.40 | < .001 |
| $\gamma_{010}$ | -.27 | -5.20 | < .001 | .63 | 15.93 | < .001 | .35 | 8.27 | < .001 | -.01 | -.11 | .91 |
| $\gamma_{100}$ | -.05 | -8.63 | < .001 | -.04 | -7.63 | < .001 | -.06 | -13.41 | < .001 | -.02 | -2.00 | < .05 |
| $\gamma_{110}$ | -.03 | -3.16 | < .01 | -.02 | -3.19 | < .01 | -.01 | -.89 | .38 | -.03 | -1.58 | .12 |
| $\gamma_{200}$ | .02 | 7.99 | < .001 | .02 | 9.09 | < .001 | .01 | 6.32 | < .001 | .01 | 2.80 | < .01 |

Anmerkung: $\gamma_{000}$: Achsenabschnittsparameter, der das Interesse zum zweiten Messzeitpunkt als Differenz zum Interesse zum ersten Messzeitpunkt in der 7. Jahrgangsstufe wiedergibt; $\gamma\varepsilon_{010}$: Parameter, der den Unterschied zwischen Jungen und Mädchen im fachspezifischen Interesse zum zweiten Messzeitpunkt in der 7. Jahrgangsstufe wiedergibt; $\gamma_{100}$: Trendkomponente, die den linearen Verlauf des Interesses wiedergibt; $\gamma_{110}$: Parameter, der den Einfluss des Geschlechts auf die lineare Trendkomponente; $\gamma_{200}$: Trendkomponente, die den nichtlinearen (quadratischen) Verlauf des Interesses wiedergibt

Die Analysen belegen damit zum Teil die im Theorieteil entwickelten Annahmen zu den Geschlechtsunterschieden. Jungen zeigen deutlich mehr Interesse an Mathematik und Physik, Mädchen etwas mehr Interesse an Deutsch. Allerdings zeigte sich kein Unterschied im Interesse bezüglich der Fächer Englisch und Biologie. Auch eine vermehrte Abnahme des Interesses der Mädchen an den mathematisch-naturwissenschaftlichen Fächern oder eine stärkere Abnahme des Interesses der Jungen an den sprachlichen Fächern konnte nicht beobachtet werden. Zum Teil sind die Effekte sogar gegenläufig: In Physik nehmen die geschlechtsspezifischen Unterschiede in den Interessen im Zeitraum von der 7. bis 10. Jahrgangsstufe eher leicht ab, da die Jungen das Interesse stärker verlieren, in Deutsch haben sich die Unterschiede am Ende der 7. Jahrgangsstufe nivelliert, da hier die Mädchen das Interesse stärker verlieren.

Fasst man die Befunde zum Interessenverlauf zusammen, zeigt sich, dass das Ausgangsniveau des Interesses an den verschiedenen Schulfächern wie erwartet unterschiedlich hoch ausfällt. Die Mittelwerte des *Fachinteresses* für Mathematik, Biologie und Englisch sind relativ hoch, für Deutsch etwas niedriger und für Physik besonders niedrig. Es besteht allerdings ein deutlicher Unterschied zwischen dem Fachinteresse und dem Topologischen Interesse an Biologie, da die Interessenmittelwerte in Biologie – bei Verwendung der Skala Topologisches Interesse – nur auf der Höhe der Interessenmittelwerte in Physik lagen. Für die Beantwortung der Fragestellung entscheidend ist der Befund, dass das Interesse an allen Schulfächern im gesamten Zeitraum von der 7. bis 10. Jahrgangsstufe abnimmt, wobei in allen Schulfächern eine Abflachung des Interessenverlusts am Ende der 10. Jahrgangsstufe zu beobachten ist. Die Ergebnisse zeigen ferner, dass es bereits zu Beginn der 7. Jahrgangsstufe Unterschiede zwischen den schulischen Interessen von Mädchen und Jungen gibt. An Physik und Mathematik zeigen die Jungen ein stärkeres Interesse als die Mädchen, wobei dieser Unterschied in Physik besonders ausgeprägt ist. In Deutsch weisen die Mädchen stärkeres fachliches Interesse auf als die Jungen. Hier ist die Geschlechtsdifferenz allerdings nicht besonders ausgeprägt. Die Differenz zwischen Jungen und Mädchen nimmt im Verlauf der 7. Jahrgangsstufe – anders als aufgrund der Forschungsliteratur zu erwarten gewesen wäre – nicht generell zu. In Physik nähert sich das Interessenniveau der Jungen dem der Mädchen an, in Deutsch nivellieren sich die Geschlechtsunterschiede durch den leicht stärkeren Interessenabfall bei den Mädchen. Möglicherweise ist dieser Effekt auf eine Tendenz der Regression zur Mitte zurückzuführen. Insgesamt kann somit auch anhand der umfassenden BIJU-Studie belegt werden, dass fachspezifische Interessen in der Sekundarstufe I generell abnehmen, dass fachspezifische Unterschiede in der Entwicklung individueller Interesse auftreten und dass geschlechtsspezifische Unterschiede bei der Entwicklung fachspezifischer Interessen vorkommen.

# 12 Ergebnisse zu entwicklungsbedingten Veränderungen

In diesem Kapitel werden die Ergebnisse zu den in der Literatur diskutierten entwicklungsbedingten Einflussfaktoren auf die Veränderung schulischer Interessen im Jugendalter berichtet. Damit wird die Annahme geprüft, dass der Rückgang schulischer Interessen zu Beginn der Adoleszenz durch entwicklungsbedingte Veränderungen der Schülerinnen und Schüler verursacht ist. Erstens wird die Hypothese überprüft, ob der in der frühen Adoleszenz angenommene entwicklungsbedingte Rückgang fachspezifischer Selbstkonzepte die Abnahme individueller fachlicher Interessen mitverursacht. Zweitens werden Ergebnisse zu der Annahme berichtet, dass zunehmende geschlechtsbezogene Vorstellungen die Abnahme bestimmter fachspezifischer Interessen – bei Mädchen in mathematisch-naturwissenschaftlichen Fächern und bei Jungen in humanwissenschaftlichen und sprachlichen Fächern – erklären können. Drittens wird überprüft, ob anstehende Entwicklungsaufgaben den Rückgang schulischer Interessen bedingen. Viertens wird untersucht, ob die für das Jugendalter angenommene Veränderung sozialer Beziehungen einen negativen Einfluss auf die Entwicklung fachspezifischer schulischer Interessen hat. Fünftens wird die Annahme überprüft, ob die im Jugendalter stärker ausgeprägten Freizeitinteressen im Sinne konkurrierender Interessen dazu führen können, dass das Interesse an schulischen Inhalten stärker abnimmt.

Die Stichprobe für die Analysen zum Einfluss entwicklungsbedingter Faktoren auf den Interessenverlauf basiert wieder auf den Teilstichproben der Bruttostichprobe der echten Längsschnittdaten zu den drei Messzeitpunkten in der 7. Jahrgangsstufe – also den 3787 Jugendlichen mit Mathematik- und Deutschunterricht, den 2867 bzw. 2868 Jugendlichen mit Biologie- und Physikunterricht und den 1807 westdeutschen Jugendlichen mit Englischunterricht. Die fehlenden Daten wurden wieder durch plausible Werte ersetzt. Da für die hier untersuchten Fragestellungen nur Variablen auf Individualebene bedeutsam sind, wurden die Analysen – statt mit HLM – mit Regressions- und Varianzanalysen jeweils anhand effektiver Stichproben vorgenommen. Es sei kurz angemerkt, dass HLM-Analysen prinzipiell zu den gleichen Ergebnissen geführt hätte. Wie sich Tabelle 9.4 in Kapitel 9 entnehmen lässt, umfasst die effektive Stichprobe für die drei Messzeitpunkte innerhalb der 7. Jahrgangsstufe 753 Schüler für Mathematik, 741 Schüler für Deutsch, 700 Schüler für Physik, 683 Schüler für Biologie und 369 Schüler für Englisch. Zu beachten ist, dass die Stichprobe für Englisch fast um die Hälfte kleiner ist als die der anderen Fächer, wodurch Koeffizienten, die in den anderen Fächern signifikant würden, in Englisch das Signifikanzniveau nicht u.U. nicht erreichen. Aufgrund des sehr konservativen Vorgehens durch die Verwendung der effektiven Stichprobe wurde in den Analysen zwar auf eine explizite Korrektur des $\alpha$-Fehlers verzichtet. Allerdings wird darauf hingewiesen, wenn der Effekt nach $\alpha$-Fehler-Korrektur nicht mehr signifikant würde.

## 12.1 Befunde zu fachspezifischen Fähigkeitsselbstkonzepten

In diesem Abschnitt werden die Ergebnisse zu der Annahme berichtet, dass fachspezifische Fähigkeitsselbstkonzepte zu Beginn der Adoleszenz abnehmen, dass diese positiv mit fachlichen Interessen zusammenhängen und der Rückgang schulischer Interessen zu Beginn der Adoleszenz durch die Veränderung fachspezifischer Selbstkonzepte bedingt ist. Im ersten Schritt wird anhand von Mittelwerten überprüft, ob fachspezifische Fähigkeitsselbstkonzepte tatsächlich in der 7. Jahrgangsstufe abnehmen. Im zweiten Schritt wird anhand einfacher Korrelationen der Frage nachgegangen, ob fachspezifische Fähigkeitsselbstkonzepte mit den fachlichen Interessen positiv zusammenhängen. Im dritten Schritt wird anhand von multiplen linearen Regressionsanalysen geprüft, ob fachspezifische Fähigkcitsselbstkonzepte die Abnahme der fachlichen Interessen im Verlauf der 7. Jahrgangsstufe bedingen und so zum Interessenverlust in der 7. Jahrgangsstufe beitragen. In den Analysen wurden die zu allen drei Messzeitpunkten eingesetzten Skalen der fachspezifischen Fähigkeitsselbstkonzepte verwendet.

**Verlauf fachspezifischer Fähigkeitsselbstkonzepte in der 7. Jahrgangsstufe.** Im Folgenden wird die für die 7. Jahrgangsstufe angenommene Abnahme fachspezifischer Fähigkeitsselbstkonzepte überprüft. Tabelle 12.1 gibt einen Überblick über Mittelwerte und Standardabweichungen für die fachspezifischen Fähigkeitsselbstkonzepte in der 7. Jahrgangsstufe nach Schulfach und Geschlecht getrennt. Der Verlauf der Fähigkeitsselbstkonzepte in der 7. Jahrgangsstufe ist in Abbildung 12.1 graphisch dargestellt. Zur statistischen Absicherung der Veränderung der Fähigkeitsselbstkonzepte wurden zweifaktorielle Varianzanalysen mit Messwiederholung – unter Berücksichtigung des Geschlechts – durchgeführt. Die Ergebnisse finden sich in Tabelle 12.2.

*Tabelle 12.1:* Mittelwerte und Standardabweichungen für die fachspezifischen Fähigkeitsselbstkonzepte in der 7. Jahrgangsstufe nach Schulfach und Geschlecht

| | | Biologie | | Physik | | Mathematik | | Englisch | | Deutsch | |
|---|---|---|---|---|---|---|---|---|---|---|---|
| | MZP | $\bar{x}$ | *SD* | $\bar{x}$ | *SD* | $\bar{x}$ | *SD* | $\bar{x}$ | *SD* | $\bar{x}$ | *SD* |
| Gesamt | 7.1 | 3.18 | .66 | 2.80 | .76 | 2.99 | .73 | 2.94 | .69 | 2.90 | .61 |
| | 7.2 | 3.16 | .68 | 2.75 | .77 | 3.02 | .79 | 2.96 | .72 | 3.07 | .67 |
| | 7.3 | 3.06 | .70 | 2.72 | .76 | 2.83 | .78 | 3.03 | .70 | 3.00 | .68 |
| Mädchen | 7.1 | 3.18 | .63 | 2.57 | .71 | 2.82 | .74 | 2.92 | .69 | 2.95 | .60 |
| | 7.2 | 3.14 | .65 | 2.54 | .72 | 2.88 | .77 | 2.95 | .70 | 3.13 | .62 |
| | 7.3 | 3.08 | .67 | 2.56 | .73 | 2.78 | .78 | 3.02 | .69 | 3.08 | .63 |
| Jungen | 7.1 | 3.19 | .70 | 3.05 | .72 | 3.18 | .67 | 2.97 | .70 | 2.84 | .62 |
| | 7.2 | 3.18 | .71 | 2.99 | .75 | 3.18 | .78 | 2.96 | .75 | 3.00 | .71 |
| | 7.3 | 3.05 | .74 | 2.89 | .75 | 2.89 | .79 | 3.04 | .72 | 2.91 | .71 |

Anmerkung: MZP: Messzeitpunkt; 7.1, 7.2, 7.3 erster, zweiter und dritter Messzeitpunkt in der 7. Jahrgangsstufe; $\bar{x}$ : Mittelwert; *SD*: Standardabweichung

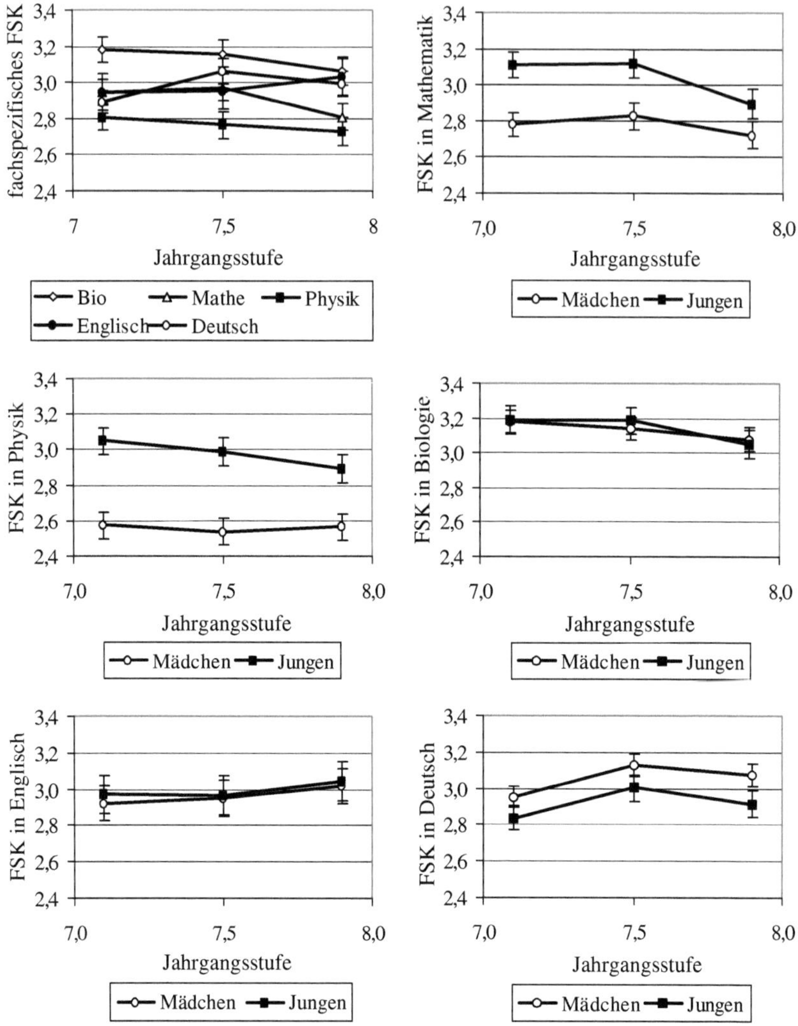


Anmerkung: 7.1: Beginn der 7. Jahrgangsstufe, 7.5: Mitte der 7. Jahrgangsstufe, 7.9: Ende der 7. Jahrgangsstufe. Die Ordinate ist so gewählt, dass Unterschiede im Verlauf graphisch deutlich werden. Der *theoretische Range* beträgt 3. Zu jedem Messzeitpunkt sind die 95%-Konfidenzintervalle der Interessenmittelwerte für die einzelnen Fächer dargestellt.

*Abbildung 12.1:* Veränderung fachspezifischer Fähigkeitsselbstkonzepte in allen Schulfächern in der 7. Jahrgangsstufe (Graphik oben links) und Veränderung nach Geschlecht getrennter fachspezifischer Fähigkeitsselbstkonzepte in Mathematik, Physik, Biologie, Englisch und Deutsch in der 7. Jahrgangsstufe (übrige Graphiken)

In allen Fächern ergeben sich signifikante Haupteffekte für die Veränderung der fachspezifischen Fähigkeitsselbstkonzepte über die Zeit. Tabelle 12.1 und 12.2 sowie die Abbildung 12.1 zeigen, dass die fachspezifischen Fähigkeitsselbstkonzepte in den mathematisch-naturwissenschaftlichen Fächern in der 7. Jahrgangsstufe signifikant abnehmen. In Standardabweichungen ausgedrückt sinkt das Fähigkeitsselbstkonzept in Mathematik um *SD* = .21, in Biologie um *SD* = .17 und in Physik um *SD* = .11, wobei die Abnahme des Fähigkeitsselbstkonzepts in Mathematik allein auf das zweite Schulhalbjahr zurückgeht. Im Gegensatz dazu nehmen die fachspezifischen Fähigkeitsselbstkonzepte in den sprachlichen Fächern signifikant zu. In Standardabweichungen ausgedrückt steigt das Fähigkeitsselbstkonzept in der 7. Jahrgangsstufe in Deutsch um *SD* = .16 und in Englisch um *SD* = .12, wobei die Zunahme des Fähigkeitsselbstkonzepts in Deutsch allein auf einen Anstieg im ersten Schulhalbjahr zurückgeht.

*Tabelle 12.2:* Ergebnisse der zweifaktoriellen Varianzanalysen mit Messwiederholung zum Einfluss des Geschlechts auf den Verlauf der fachspezifischen Fähigkeitsselbstkonzepte in der 7. Jahrgangsstufe

| Variable | | HE: Geschlecht | | | HE: Zeit | | | Interaktionseffekt | | |
|---|---|---|---|---|---|---|---|---|---|---|
| | *N* | *df* | *F* | *p* | *df* | *F* | *p* | *df* | *F* | *p* |
| FSK in Biologie | 683 | 1, 682 | .07 | .79 | 2, 681 | 10.37 | < .001 | 2, 681 | .80 | .45 |
| FSK in Physik | 700 | 1, 699 | 89.55 | < .001 | 2, 698 | 4.17 | < .05 | 2, 698 | 3.85 | < .05 |
| FSK in Mathe | 753 | 1, 752 | 36.50 | < .001 | 2, 751 | 23.41 | < .001 | 2, 751 | 5.09 | < .01 |
| FSK in Englisch | 369 | 1, 368 | .20 | .65 | 2, 368 | 3.83 | < .05 | 2, 368 | .18 | .83 |
| FSK in Deutsch | 741 | 1, 740 | 12.25 | < .001 | 2, 739 | 25.97 | < .001 | 2, 739 | .50 | .61 |

Anmerkung: FSK: fachspezifisches Fähigkeitsselbstkonzept; Mathe: Mathematik; HE: Zeit: Haupteffekt: Veränderung im Fähigkeitsselbstkonzept über den Zeitraum von der 7. Jahrgangsstufe; Interaktionseffekt: Interaktion zwischen dem Geschlecht und der Veränderung im Fähigkeitsselbstkonzept

In einigen Fächern ergeben sich signifikante Haupteffekte für das Geschlecht. Tabelle 12.1 und 12.2 sowie der Abbildung 12.1 lässt sich entnehmen, dass die Jungen signifikant höhere Fähigkeitsselbstkonzepte in den Fächern Physik und Mathematik und die Mädchen signifikant höhere Fähigkeitsselbstkonzept in Deutsch aufweisen. In den Fächern Biologie und Englisch dagegen zeigt sich kein signifikanter Unterschied im Fähigkeitsselbstkonzept zwischen Jungen und Mädchen. Interaktionseffekte, die den Einfluss des Geschlechts auf den Verlauf der fachspezifischen Fähigkeitsselbstkonzepte widerspiegeln, sind in den „harten" mathematisch-naturwissenschaftlichen Fächern zu beobachten. Tabelle 12.1 und 12.2 sowie Abbildung 12.2 machen deutlich, dass der Rückgang der Fähigkeitsselbstkonzepte in Mathematik und Physik bei den Jungen signifikant stärker ausgeprägt als bei den Mädchen (*Mathematik*: *SD* = .41 für Jungen, *SD* = .05 für Mädchen, $p < .01$; *Physik*: *SD* = .22 für Jungen vs. *SD* = .01 für Mädchen, $p < .05$ ). Das Fähigkeitsselbstkonzept der Jungen in diesen Fächern fällt somit von einem höheren Ausgangsniveau stärker ab und nähert sich dem deutlich niedrigeren Niveau des Fähigkeitsselbstkonzepts der Mädchen an. In den Fächern Biologie, Englisch und Deutsch zeigt sich kein wesentlicher Unterschied in der Abnahme des Fähigkeitsselbstkonzepts zwischen Jungen und Mädchen (*Biologie*: *SD* = .19 für Jungen vs. *SD* = .16, *n.s.*; *Englisch*: *SD* = .14 für Mädchen vs. *SD* =.10 für Jungen, *n.s.*; *Deutsch*: *SD* = .20 für Mädchen vs. *SD* = .18 für Jungen, *n.s.*).

Es lässt sich festhalten, dass die Fähigkeitsselbstkonzepte im Verlauf der 7. Jahrgangsstufe durchaus nicht in allen Fächern abnehmen und zwischen den mathematisch-naturwissenschaftlichen Fächern, in denen es generell eher zu einer Abnahme kommt, und den sprachlichen Fächern, in denen es generell eher zu einer Zunahme kommt, unterschieden werden muss. Hinzu kommt, dass die Mädchen ein deutlich niedrigeres Fähigkeitsselbstkonzept in Mathematik und Physik aufweisen, auch wenn sich die Geschlechtsunterschiede in Verlauf der 7. Jahrgangsstufe etwas verringern. Die Jungen weisen dagegen in Deutsch ein etwas niedrigeres Fähigkeitsselbstkonzept auf. In Biologie und Englisch finden sich keine geschlechtsspezifischen Unterschiede.

Vergleicht man Abbildung 12.1 zum Verlauf der nach Geschlecht getrennten fachspezifischen Fähigkeitsselbstkonzepte mit Abbildung 11.5 zum Verlauf der nach Geschlecht getrennten fachspezifischen Interessen, fallen in den mathematisch-naturwissenschaftlichen Fächern Ähnlichkeiten in der Entwicklung auf. In Mathematik und Physik kommt es bezüglich beider Konstrukte zu einer Abnahme, bei beiden Konstrukten zeigen sich deutliche Geschlechtsdifferenzen zugunsten der Jungen und bei beiden Konstrukten nähern sich die Kurven von Jungen und Mädchen im Verlauf der 7. Jahrgangsstufe einander an. In Biologie zeigt sich ebenfalls bei beiden Konstrukten eine Abnahme, und bei beiden Konstrukten ist in der 7. Jahrgangsstufe keine Geschlechterdifferenz zu erkennen. In Englisch und Deutsch fallen dagegen sowohl Ähnlichkeiten als auch Unterschiede in der Entwicklung des Fähigkeitsselbstkonzepts und Interesses auf. Eine Ähnlichkeit zwischen den Konstrukten besteht darin, dass sich in Englisch bezüglich beider Konstrukte keine geschlechtsspezifischen Unterschiede und in Deutsch bezüglich beider Konstrukte geschlechtsspezifische Unterschiede zugunsten der Mädchen zeigen. Ein Unterschied zwischen den Konstrukten besteht darin, dass sich in den beiden sprachlichen Fächern eine Zunahme im Fähigkeitsselbstkonzept, aber eine Abnahme im Interesse ergibt. Insgesamt betrachtet ist eine Parallelität beider Konstrukte somit bis auf den Unterschied im Verlauf in den sprachlichen Fächern gegeben.

**Der Zusammenhang zwischen fachspezifischen Fähigkeitsselbstkonzepten und den Interessen.** Im zweiten Schritt wurde geprüft, wie stark das fachspezifische Fähigkeitsselbstkonzept und das Interesse der Schülerinnen und Schüler in den verschiedenen Schulfächern zusammenhängen. Tabelle 12.3 enthält die Koeffizienten der einfachen Korrelationen für die Gesamtstichprobe und die geschlechtsspezifischen Teilstichproben.

*Tabelle 12.3:* Korrelationen zwischen fachspezifischen Fähigkeitsselbstkonzepten und schulischen Interessen nach Schulfach, Messzeitpunkt und Geschlecht getrennt

| | Biologie (TI) | | | Physik (TI) | | | Mathematik (FI) | | | Englisch (FI) | | | Deutsch (FI) | | |
|---|---|---|---|---|---|---|---|---|---|---|---|---|---|---|---|
| MZP | Mä. | Ju. | Ges. | Mä. | Ju. | Ges. | Mä. | Ju. | Ges. | Mä. | Ju. | Ges. | Mä. | Ju. | Ges. |
| 7.1 | **.24** | **.24** | **.24** | **.24** | **.25** | **.34** | **.47** | **.50** | **.50** | **.46** | **.48** | **.47** | **.33** | **.36** | **.35** |
| 7.2 | **.15** | **.13** | **.13** | **.15** | **.21** | **.26** | **.41** | **.30** | **.38** | **.43** | **.46** | **.44** | **.30** | **.24** | **.27** |
| 7.3 | **.13** | .04 | .04 | .10 | -.02 | **.10** | **.32** | **.20** | **.28** | **.42** | **.40** | **.41** | **.27** | **.13** | **.20** |

Anmerkung: TI: *Topologisches Interesse*, FI: *Fachinteresse*; Mä.: Mädchen; Ju.: Jungen; Ges.: Gesamt; fach. FSK: fachspezifisches Fähigkeitsselbstkonzept; MZP: Messzeitpunkt; 7.1, 7.2, 7.3: erster, zweiter und dritter Messzeitpunkt in der 7. Jahrgangsstufe. Werte mit einem Signifikanzniveau von $p < .05$ sind hervorgehoben.

Der Tabelle lässt sich entnehmen, dass die Gesamtkorrelationen zwischen den Fähigkeitsselbstkonzepten und den Interessen in fast allen Fällen signifikant positiv ausfallen und auf einen mittleren bis starken Zusammenhang zwischen Fähigkeitsselbstkonzepten und Interessen hinweisen. Die Korrelationen zwischen den fachspezifischen Fähigkeitsselbstkonzepten und den Interessen sind dabei in verschiedenen Fächern unterschiedlich stark ausgeprägt. Sie variieren zwischen vergleichsweise hohen positiven Korrelationen in Mathematik und Englisch, mittleren positiven Korrelationen in Deutsch und vergleichsweise niedrigeren Korrelationen in Biologie und Physik. Ein Teil der Unterschiede ist dabei auf die unterschiedlichen Interessenskalen zurückzuführen, da in Mathematik, Englisch und Deutsch das *Fachinteresse*, in Biologie und Physik das *Topologische Interesse* verwendet wurde. Verwendet man zum dritten Messzeitpunkt in der 7. Jahrgangsstufe in Biologie und Physik statt des *Topologischen Interesses* das *Fachinteresse,* zeigen sich auch in diesen Fächern mittlere positive Zusammenhänge (in *Biologie*: $r = .21$, in *Physik*: $r = .25$). Dies zeigt, dass das Interesse am Schulfach offensichtlich stärker mit dem fachspezifischen Fähigkeitsselbstkonzept zusammen hängt als das Interesse an spezifischen Inhalten, Tätigkeiten oder Kontexten. Aufgrund der unterschiedlichen Erhebungsinstrumente ist eine Vergleichbarkeit der Korrelationen von Fähigkeitsselbstkonzept und Interesse in Mathematik, Englisch und Deutsch auf der einen Seite sowie Korrelationen von Fähigkeitsselbstkonzept und Interesse in Biologie und Physik auf der anderen Seite nur bedingt möglich. Da die Korrelationskoeffizienten – bei je nach Fach unterschiedlichen Stichprobengrößen – z.T. auf voneinander abhängigen Daten basieren, kann zudem nicht geklärt werden, inwiefern sich die Korrelationskoeffizienten in ihrer Höhe signifikant voneinander unterscheiden. Wie in der Diskussion näher ausgeführt wird, können die Unterschiede in den Korrelationen auf die unterschiedliche Schwierigkeit der Fächer und die unterschiedliche Häufigkeit von Rückmeldungen zurückgeführt werden.

Die anhand eines Tests von Steiger (1980; s. Bortz, 1993, S. 205) berechneten z-Werte für abhängige Stichproben belegen, dass die Korrelationen zwischen fachspezifischen Fähigkeitsselbstkonzepten und Interessen am Ende des Schuljahres in vier der fünf

Fächer signifikant niedriger ausfallen als zu Beginn des Schuljahres: in Mathematik ($z = 5.74$, $p < .001$), Deutsch ($z = 3.41$, $p < .01$), Physik ($z = 5.04$, $p < .001$) und Biologie ($z = 4.19$, $p < .001$). Lediglich in Englisch zeigt sich über den gesamten Zeitraum der 7. Jahrgangsstufe keine signifikante Abnahme in den Korrelationen ($z = 1.07$, *n.s.*). Die z-Werte für voneinander unabhängige Stichproben (vgl. Bortz, 1993, S. 203) zeigen zudem, dass ein signifikanter geschlechtsspezifischer Unterschied in den Korrelationen von Jungen und Mädchen nur in drei Ausnahmen zu finden war. Der Zusammenhang zwischen Fähigkeitsselbstkonzept und Interesse in Biologie zum dritten Messzeitpunkt und in Deutsch zum zweiten und dritten Messzeitpunkt fiel bei den Mädchen signifikant höher aus als bei den Jungen ($2.17 \leq z \leq 4.20$, $p < .05$ und $p < .001$). Die Unterschiede in den Korrelationen der geschlechtsspezifischen Untergruppen können – angesichts der Vielzahl der durchgeführten Korrelationen – allerdings auch zufallsbedingt sein (vgl. Bortz, 1993, S. 248 f.).

Hält man die Ergebnisse fest, zeigt sich, dass der Zusammenhang zwischen fachspezifischen Fähigkeitsselbstkonzepten und individuellen fachspezifischen Interessen je nach Fachgebiet etwas variiert. In Mathematik und Englisch ist der Zusammenhang zwischen Fähigkeitsselbstkonzept und Interesse am stärksten ausgeprägt, in Physik und Biologie am geringsten. Dies ist u.a. aber darauf zurückzuführen, dass in Biologie und Physik die Skala *Topologisches Interesse* verwendet wurde. Die Korrelationen zwischen Fähigkeitsselbstkonzept und individuellen Interessen nehmen im Verlauf des Schuljahrs in allen Fächern bis auf Englisch signifikant ab. Geschlechtsspezifische Unterschiede bezüglich des Zusammenhangs zwischen Fähigkeitsselbstkonzept und Interesse sind – mit Ausnahme des dritten Messzeitpunkts im Fach Biologie und des zweiten und dritten Messzeitpunkts im Fach Deutsch – nicht zu beobachten.

**Der Einfluss des Fähigkeitsselbstkonzepts auf den Interessenverlauf.** In einem dritten Schritt wurde anhand von multiplen linearen Regressionsanalysen der Frage nach dem Einfluss des Fähigkeitsselbstkonzepts auf den Interessenverlauf in der 7. Jahrgangsstufe nachgegangen. Wie im Methodenteil beschrieben wurden pro Prädiktor und Schulfach jeweils multiple lineare Regressionsanalyse durchgeführt. Der Einfluss des Fähigkeitsselbstkonzepts zum ersten Messzeitpunkt auf das Interesse zum zweiten Messzeitpunkt und der Einfluss des Fähigkeitsselbstkonzepts zum zweiten Messzeitpunkt auf das Interesse zum dritten Messzeitpunkt untersucht wurden dabei gesondert untersucht. Als Kontrollvariablen gingen neben dem fachspezifischen Fähigkeitsselbstkonzept in die auf das erste Schulhalbjahr bezogenen Analysen das fachspezifische Interesse zum ersten Messzeitpunkt, in die auf das zweite Schulhalbjahr bezogenen Analysen das fachspezifische Interesse zum ersten und das fachspezifische Interesse zweiten Messzeitpunkt ein. Es sei daran erinnert, dass dies für die Vorhersage des Interesses zum dritten Messzeitpunkt ein sehr konservatives Verfahren darstellt. Die Ergebnisse der pro Schulfach durchgeführten Regressionsanalysen zur Vorhersage des Interesses zum zweiten Messzeitpunkt sind in Tabelle 12.4, die Ergebnisse zur Vorhersage des Interesses zum dritten Messzeitpunkt in Tabelle 12.5 aufgeführt. Die

Ergebnisse für ein weniger konservatives Vorgehen in den auf das zweite Schulhalbjahr bezogenen Analysen, bei dem nur das Interesse zum unmittelbar vorangegangenen Zeitpunkt einbezogen wurde, werden nur bei Abweichung von den Ergebnissen des konservativeren Vorgehens im Text berichtet.

*Tabelle 12.4:* Ergebnisse der multiplen linearen Regressionsanalysen zur Vorhersage des schulischen Interesses zum zweiten Messzeitpunkt durch das Fähigkeitsselbstkonzept zum ersten Messzeitpunkt für alle Schulfächer

| Vorhersage des Interesses zu 7.2 am Schulfach ... | durch Interesse zu 7.1 | | | durch das FSK zu 7.1 | | |
|---|---|---|---|---|---|---|
| | $\beta$ | $t$ | $p$ | $\beta$ | $t$ | $p$ |
| Biologie | .51 | 15.19 | < .001 | .07 | 2.07 | < .05 |
| Physik | .46 | 13.37 | < .001 | .15 | 4.50 | < .001 |
| Mathematik | .55 | 16.19 | < .001 | .08 | 2.38 | < .05 |
| Englisch | .57 | 12.18 | < .001 | .06 | 1.22 | .22 |
| Deutsch | .52 | 15.75 | < .001 | .05 | 1.67 | .09 |

Anmerkung: 7.1, 7.2: 1. und 2. Messzeitpunkt in der 7. Jahrgangsstufe; FSK: Fähigkeitsselbstkonzept. Kontrolliert wurde um das Interesse zum ersten Messzeitpunkt.

*Tabelle 12.5:* Ergebnisse der multiplen linearen Regressionsanalysen zur Vorhersage des schulischen Interesses zum dritten Messzeitpunkt durch das Fähigkeitsselbstkonzept zum zweiten Messzeitpunkt für alle Schulfächer

| Vorhersage des Interesses zu 7.3 am Schulfach ... | durch Interesse zu 7.1 | | | durch Interesse zu 7.2 | | | durch das FSK zu 7.2 | | |
|---|---|---|---|---|---|---|---|---|---|
| | $\beta$ | $t$ | $p$ | $\beta$ | $t$ | $p$ | $\beta$ | $t$ | $p$ |
| Biologie | .20 | 5.35 | < .001 | .44 | 11.93 | < .001 | -.00 | -.15 | .88 |
| Physik | .23 | 6.31 | < .001 | .41 | 11.39 | < .001 | .09 | 2.79 | < .01 |
| Mathematik | .22 | 6.10 | < .001 | .45 | 12.43 | < .001 | .07 | 2.18 | < .05 |
| Englisch | .15 | 3.06 | < .01 | .49 | 9.48 | < .001 | .14 | 3.07 | < .01 |
| Deutsch | .21 | 6.03 | < .001 | .47 | 13.65 | < .001 | .03 | 1.16 | .25 |

Anmerkung: 7.1, 7.2, 7.3: erster, zweiter und dritter Messzeitpunkt in der 7. Jahrgangsstufe; FSK: Fähigkeitsselbstkonzept. Kontrolliert wurde um das Interesse zum ersten und zweiten Messzeitpunkt.

Den Tabellen 12.4 und 12.5 lässt sich entnehmen, dass das physikbezogene Fähigkeitsselbstkonzept das Interesse in Physik – unter Kontrolle des jeweils vorangegangenen Interesses am Schulfach – sowohl zum zweiten als auch dritten Messzeitpunkt signifikant vorhersagt. Auch in Mathematik sagt das zum jeweils vorangegangenen Messzeitpunkt erhobene Fähigkeitsselbstkonzept das Interesse in beiden Schulhalbjahren signifikant vorher. Im Fach Biologie wird das Interesse zum zweiten Messzeitpunkt durch das vorangegangene Fähigkeitsselbstkonzept signifikant vorhergesagt, nicht aber das Interesse zum dritten Messzeitpunkt. In Englisch fällt der Regressionskoeffizient in beiden Schulhalbjahren in der erwarteten Richtung aus, erreicht aber nur im zweiten Schulhalbjahr das Signifikanzniveau. In Deutsch wird keiner der Regressionskoeffizienten signifikant, allerdings weisen auch hier die Regressionsgewichte in die erwartete Richtung. Geht man zum dritten Messzeitpunkt weniger konservativ vor, indem man neben dem Fähigkeitsselbstkonzept nur das Interesse zum zweiten Messzeitpunkt eingibt, verfehlt der Regressionskoeffizient in Deutsch nur knapp das Signifikanzniveau ($\beta = .06$; $t = 1.95$, $p = .051$).

Anhand weiterer Regressionsanalysen wurde geprüft, ob das Geschlecht den Einfluss des Fähigkeitsselbstkonzepts auf den Interessenverlauf moderiert, d.h. ob der Einfluss des Fähigkeitsselbstkonzepts auf das Interesse bei Jungen und Mädchen unterschiedlich stark ausfällt. Die Analysen sind nicht aufgeführt, da in keinem der Schulfächer zu keinem Zeitpunkt ein moderierender Effekt des Geschlechts gefunden wurde. Somit ist auszuschließen, dass es Unterschiede zwischen Mädchen und Jungen in der Wirkung der fachspezifischen Fähigkeitsselbstkonzepte auf die fachlichen individuellen Interessen gibt.

Die hier durchgeführten Regressionsanalysen zeigen, dass der Einfluss des Fähigkeitsselbstkonzepts auf den Interessenverlust in Physik und Mathematik (den beiden als schwierig geltenden Fächern) relativ stark ausgeprägt ist. Sowohl in der ersten als auch in der zweiten Hälfte des Schuljahrs führt ein hohes physikbezogenes bzw. mathematisches Fähigkeitsselbstkonzept dazu, dass die Schüler das Interesse an Physik bzw. Mathematik weniger stark verlieren, ein niedriges physikbezogenes bzw. mathematisches Fähigkeitsselbstkonzept dazu, dass die Schüler das Interesse an Physik bzw. Mathematik stärker verlieren. Der Einfluss des Fähigkeitsselbstkonzepts findet sich auch in den Fächern Englisch und Biologie. In Englisch ist dieser Einfluss in der zweiten Schuljahreshälfte zu beobachten und in Biologie in der ersten Schuljahreshälfte. Auch in diesen Fächern führt also ein hohes fachbezogenes Fähigkeitsselbstkonzept dazu, dass die Schüler das fachliche Interesse mindestens in einem Schulhalbjahr weniger stark verlieren, während ein niedriges Fähigkeitsselbstkonzept dazu führt, dass sie das fachliche Interesse in diesem Schulhalbjahr stärker verlieren. Im Fach Deutsch weist das Vorzeichen in die theoretisch angenommene Richtung, der Einfluss des Fähigkeitsselbstkonzepts auf das Interesse wird aber nicht signifikant.

## 12.2 Befunde zu Geschlechtsrollenvorstellungen

In diesem Abschnitt wird der Frage nachgegangen, ob in der Pubertät verstärkte stereotype Vorstellungen über die weibliche und männliche Geschlechtsrolle für die Abnahme der fachspezifischen Interessen in der 7. Jahrgangsstufe verantwortlich sind. Damit wird untersucht, ob eine Intensivierung der Geschlechtsrollenvorstellungen zu einer Abnahme des Interesses in Fächern führt, die nicht mit der eigenen Geschlechtsrolle übereinstimmen. Zunächst wurde wieder der korrelative Zusammenhang zwischen Geschlechtsrollenvorstellungen und fachspezifischen Interessen untersucht, dann der Einfluss von Geschlechtsrollenvorstellungen auf die fachlichen Interessen. Verwendet wurde die zum ersten Messzeitpunkt eingesetzte Skala *Traditionelle Geschlechtsrollenorientierung*.

**Der Zusammenhang zwischen Geschlechtsrollenvorstellungen und fachlichen Interessen.** In Tabelle 12.6 ist anhand einfacher Korrelationen aufgezeigt, inwiefern die zum ersten Messzeitpunkt gemessenen geschlechtsrollenstereotypen Vorstellungen mit den zu diesem Messzeitpunkt erhobenen fachspezifischen Interessen zusammenhängen. Die Korrelationen sind dabei sowohl für Mädchen und Jungen getrennt als auch als Gesamtkorrelation aufgeführt.

*Tabelle 12.6:* Korrelationen zwischen den Geschlechtsrollenstereotypen und den schulischen Interessen nach Schulfach und Geschlecht getrennt

| Biologie (TI) | | | Physik (TI) | | | Mathematik (FI) | | | Englisch (FI) | | | Deutsch (FI) | | |
|---|---|---|---|---|---|---|---|---|---|---|---|---|---|---|
| Mä. | Ju. | Ges. | Mä. | Ju. | Ges. | Mä. | Ju. | Ges. | Mä. | Ju. | Ges. | Mä. | Ju. | Ges. |
| -.04 | -.07 | -.05 | -.01 | -.05 | **.16** | .00 | **-.11** | .03 | -.05 | -.11 | -.08 | -.05 | -.09 | **-.10** |

Anmerkung: TI: *Topologisches Interesse*, FI: *Fachinteresse*; Mä.: Mädchen; Ju.: Jungen; Ges.: Gesamt. Werte mit einem Signifikanzniveau von $p < .05$ sind hervorgehoben.

Der Tabelle lässt sich entnehmen, dass die Korrelationen insgesamt sehr niedrig ausfallen und kaum das Signifikanzniveau erreichen. Betrachtet man die Gesamtkorrelationen, zeigt sich für die geschlechtsrollenstereotypen Vorstellungen und das Physikinteresse ein geringer signifikant positiver Zusammenhang von $r = .16$, in Deutsch eine geringe signifikant negative Korrelation von r = -.10. Beide Korrelationen finden sich aber in den geschlechtsspezifischen Untergruppen nicht wieder. Der Zusammenhang in der Gesamtkorrelation kann darauf zurückgeführt werden, dass Mädchen sowohl weniger geschlechtsstereotype Vorstellungen als auch ein geringeres Interesse an Physik haben, während Jungen stärkere geschlechtsstereotype Vorstellungen haben und sich mehr für Physik interessieren: Ein Mittelwertvergleich zeigt, dass Mädchen geringere geschlechtsstereotype Vorstellungen haben als Jungen (Mädchen: $\bar{x}_{7.1} = 1.77$, $SD = .37$, $N = 366$; Jungen: $\bar{x} = 2.25$, $SD = .48$, $N = 334$; $t(631) = -15.16$, $p < .001$ – verwendet wurde ein *t*-Test für voneinander unabhängige Stichproben mit korrigierten Prüfgrößen, da sich Unterschiede in den Varianzen zwischen der Gruppe der Mädchen und Jungen ergaben: $F(2,751) = 9.12$, $p < .01$). Gleichzeitig fällt das Interesse der Jungen an Physik signifikant höher aus als das der Mädchen, und auch dieser Unterschied ist signifikant (Jungen: $\bar{x}_{7.1} = 3.54$, $SD = .88$, $N = 334$, Mädchen: $\bar{x}_{7.1} = 2.85$, $SD = .83$; $N = 366$; $t(628) = -14.48$, $p < .001$). Graphisch ließe sich dies darin ausdrücken, dass die Mädchen eher einen Punkteschwarm im unteren linken Quadranten, die Jungen dagegen eher eine Punktewolke im rechten oberen Quadranten bilden. Analog ist die schwache negative Gesamtkorrelation zwischen den Geschlechtsstereotypen und dem Interesse an Deutsch darauf zurückzuführen, dass – wie oben ausgeführt –

Jungen stärkere geschlechtsstereotype Vorstellungen haben als die Mädchen und – in diesem Fall – weniger Interesse an Deutsch als die Mädchen. Umgekehrt haben die Mädchen weniger starke geschlechtsstereotype Vorstellungen als die Jungen und ein stärkeres Interesse an Deutsch. In Mathematik, Englisch und Biologie treten keine signifikanten Korrelationen auf. In den geschlechtsspezifischen Untergruppen findet sich lediglich in Mathematik bei den Jungen eine geringfügige signifikant negative Korrelation von $r = -.11$ zwischen den Geschlechtsrollenvorstellungen und den fachspezifischen Interessen. Jungen mit ausgeprägteren geschlechtsstereotypen Vorstellungen scheinen sich geringfügig weniger für Mathematik zu interessieren als Jungen mit geringeren geschlechtsstereotypen Vorstellungen. Allerdings kann der Zusammenhang bei der Vielzahl an Korrelationen und des dadurch bedingten $\alpha$-Fehlers auch zufallsbedingt sein. Die für abhängige Stichproben berechneten z-Werte (vgl. Bortz, 1993, S. 203) belegen zudem, dass die Unterschiede in den Korrelationen zwischen den geschlechtsstereotypen Vorstellungen und fachspezifischen Interessen von Jungen und Mädchen in keinem Fach signifikant werden. Ein deutlicher Zusammenhang zwischen dem Ausprägungsgrad an Geschlechtsstereotypen und den Interessen lässt sich also insgesamt nicht nachweisen.

**Der Einfluss von geschlechtsstereotypen Vorstellungen auf den Interessenverlauf.** Trotz eines fehlenden deutlichen Zusammenhangs zwischen den geschlechtsstereotypen Vorstellungen und den fachspezifischen Interessen, wird in einem zweiten Schritt anhand von multiplen linearen Regressionsanalysen der Frage nachgegangen, inwieweit vermehrte geschlechtsstereotype Vorstellungen dazu führen, dass das Interesse an den Schulfächern im Verlauf der 7. Jahrgangsstufe abnimmt. Die Regressionsanalysen wurden zunächst ohne Einbeziehung des Geschlechts und dann unter Einbeziehung des Geschlechts durchgeführt. Zum einen lässt sich auf diese Weise prüfen, ob der Einfluss von Geschlechtsrollenvorstellungen auf das Interesse durch die Geschlechtszugehörigkeit moderiert wird. Zum anderen lässt sich so die Frage beantworten, ob das Interesse der Mädchen an den mathematisch-naturwissenschaftlichen Fächern und das Interesse der Jungen an den sprachlichen Fächern bei ausgeprägten Geschlechtsrollenvorstellungen stärker abnimmt. Um Veränderungen im Interesse feststellen zu können, wurden in die Analysen jeweils wieder die Interessenwerte der vorangegangenen Zeitpunkte einbezogen. Ergebnisse zum etwas weniger konservativen Vorgehen bei der Vorhersage des Interesses zum dritten Messzeitpunkt – bei dem nur das Interesse zum zweiten Messzeitpunkt, nicht aber zum ersten Messzeitpunkt einbezogen wurde – werden nur bei abweichenden Ergebnissen berichtet.

Die Ergebnisse zur Vorhersage des Interesses durch Geschlechtsrollenvorstellungen ohne Einbeziehung des Geschlechts sind für das erste Schulhalbjahr in Tabelle 12.7 und für das zweite Schulhalbjahr in Tabelle 12.8 aufgeführt. Den Tabellen lässt sich entnehmen, dass sich das Physikinteresse ohne Einbeziehung des Geschlechts sowohl im ersten Schulhalbjahr als auch im zweiten Schulhalbjahr signifikant durch geschlechtsstereotype Vorstellungen vorhersagen lässt – wieder jeweils unter Kontrolle des Interesses zu den vorangegangenen Zeitpunkten. Haben Jugendliche ausgeprägtere geschlechtsstereotype Vorstellungen, verlieren sie das Interesse am Fach Physik signifikant weniger. Umgekehrt lässt sich für die Vorhersage des Interesses an Englisch zum dritten Messzeitpunkt ein leichter signifikant negativer Einfluss der Geschlechtsrollenvorstellungen feststellen. Jugendliche, die geringere geschlechtsstereotype Vorstellungen aufweisen, verlieren das Interesse am Fach Englisch signifikant weniger.

*Tabelle 12.7:* Ergebnisse der multiplen linearen Regressionsanalysen zur Vorhersage des Interesses zum zweiten Messzeitpunkt durch geschlechtsstereotype Vorstellungen zum ersten Messzeitpunkt

| Vorhersage des Interesses zu 7.2 am Schulfach ... | durch Interesse zu 7.1 | | | durch GS zu 7.1 | | |
|---|---|---|---|---|---|---|
| | $\beta$ | $t$ | $p$ | $\beta$ | $t$ | $p$ |
| Biologie | .52 | 16.10 | < .001 | -.04 | -1.11 | .26 |
| Physik | .49 | 14.96 | < .001 | .11 | 3.28 | < .01 |
| Mathematik | .59 | 19.97 | < .001 | -.01 | -.32 | .75 |
| Englisch | .60 | 14.34 | < .001 | -.05 | -1.29 | .20 |
| Deutsch | .54 | 17.22 | < .001 | -.03 | -1.10 | .27 |

Anmerkung: 7.1, 7.2: erster und zweiter Messzeitpunkt in der 7. Jahrgangsstufe; GS: Geschlechtsstereotype. Kontrolliert wurde um das Interesse zum ersten Messzeitpunkt.

*Tabelle 12.8:* Ergebnisse der multiplen linearen Regressionsanalysen zur Vorhersage des Interesses zum dritten Messzeitpunkt durch geschlechtsstereotype Vorstellungen zum ersten Messzeitpunkt

| Vorhersage des Interesses am Schulfach ... | durch Interesse zu 7.1 | | | durch Interesse zu 7.2 | | | durch GS zu 7.1 | | |
|---|---|---|---|---|---|---|---|---|---|
| | $\beta$ | $t$ | $p$ | $\beta$ | $t$ | $p$ | $\beta$ | $t$ | $p$ |
| Biologie zu 7.3 | .20 | 5.39 | < .001 | .44 | 11.97 | < .001 | .01 | .39 | .69 |
| Physik zu 7.3 | .23 | 6.48 | < .001 | .41 | 11.56 | < .001 | .10 | 3.17 | < .01 |
| Mathematik zu 7.3 | .23 | 6.49 | < .001 | .47 | 13.36 | < .001 | .04 | 1.29 | .20 |
| Englisch zu 7.3 | .17 | 3.44 | < .001 | .53 | 10.69 | < .001 | -.08 | -2.11 | < .05 |
| Deutsch zu 7.3 | .22 | 6.34 | < .001 | .48 | 14.05 | < .001 | .02 | .66 | .51 |

Anmerkung: 7.1, 7.2, 7.3: erster, zweiter und dritter Messzeitpunkt in der 7. Jahrgangsstufe; GS: Geschlechtsstereotype. Kontrolliert wurde um das Interesse zum ersten und zweiten Messzeitpunkt.

Im Folgenden wird geprüft, ob der Einfluss der Geschlechtsrollenvorstellungen auf das Interesse durch die Geschlechtszugehörigkeit moderiert wird und ob geschlechtsstereotype Vorstellungen dazu führen, dass Mädchen das Interesse stärker an den mathematisch-naturwissenschaftlichen Fächern verlieren und Jungen das Interesse stärker an den sprachlichen Fächern. Die Ergebnisse der Regressionsanalysen unter Einbeziehung des Geschlechts sind in den Tabellen 12.9 und 12.10 aufgeführt.

*Tabelle 12.9:* Ergebnisse der multiplen linearen Regressionsanalysen zum Einfluss des Geschlechts und der Geschlechtsstereotype zum ersten Messzeitpunkt auf das Interesse zum zweiten Messzeitpunkt pro Schulfach

| | Prädiktoren | | | | | |
|---|---|---|---|---|---|---|
| | Physikinteresse zu 7.2 | | | Mathematikinteresse zu 7.2 | | |
| Variablen zu 7.1 | *β* | *t* | *p* | *β* | *t* | *p* |
| Interesse | .45 | 12.97 | < .001 | .58 | 19.34 | < .001 |
| Geschlecht | .13 | 3.25 | < .01 | .09 | 2.71 | < .01 |
| GS | .06 | 1.53 | .13 | -.05 | -1.51 | .13 |
| Geschl. x GS | -.03 | -.82 | .41 | -.01 | -.24 | .81 |

| | Prädiktoren | | | | | | | | |
|---|---|---|---|---|---|---|---|---|---|
| | Biologieinteresse zu 7.2 | | | Englischinteresse zu 7.2 | | | Deutschinteresse zu 7.2 | | |
| Variablen zu 7.1 | *β* | *t* | *p* | *β* | *t* | *p* | *β* | *t* | *p* |
| Interesse | .52 | 16.09 | < .001 | .60 | 14.30 | < .001 | .54 | 17.21 | < .001 |
| Geschlecht | -.02 | -.48 | .63 | .01 | .14 | .89 | .02 | .67 | .50 |
| GS | -.03 | -.70 | .48 | -.05 | -.95 | .34 | -.04 | -1.19 | .23 |
| Geschl. x GS | -.01 | -.06 | .95 | -.01 | -.14 | .89 | -.01 | -.24 | .81 |

Anmerkung: GS: Geschlechtsstereotyp; 7.1, 7.2, 7.3: erster, zweiter und dritter Messzeitpunkt in der 7. Jahrgangsstufe. Kontrolliert wurde um das Interesse zum ersten Messzeitpunkt.

*Tabelle 12.10:* Ergebnisse der multiplen linearen Regressionsanalysen zum Einfluss des Geschlechts und der Geschlechtsstereotype zum zweiten Messzeitpunkt auf das Interesse zum dritten Messzeitpunkt pro Schulfach

| | Prädiktoren | | | | | |
|---|---|---|---|---|---|---|
| | Physikinteresse zu 7.3 | | | Mathematikinteresse zu 7.3 | | |
| Variablen | *β* | *t* | *p* | *β* | *t* | *p* |
| Interesse zu 7.1 | .21 | 5.86 | < .001 | .23 | 6.42 | < .001 |
| Interesse zu 7.2 | .40 | 11.25 | < .001 | .47 | 13.25 | < .001 |
| Geschlecht | .06 | 1.56 | .12 | .01 | .18 | .85 |
| GS zu 7.1 | .08 | 2.16 | < .05 | .04 | 1.19 | .23 |
| Geschl. x GS zu 7.1 | -.02 | -.55 | .58 | -.02 | -.86 | .39 |

| | Prädiktoren | | | | | | | | |
|---|---|---|---|---|---|---|---|---|---|
| | Biologieinteresse zu 7.3 | | | Englischinteresse zu 7.3 | | | Deutschinteresse zu 7.3 | | |
| Variablen | *β* | *t* | *p* | *β* | *t* | *p* | *β* | *t* | *p* |
| Interesse zu 7.1 | .20 | 5.37 | < .001 | .17 | 3.40 | < .001 | .22 | 6.35 | < .001 |
| Interesse zu 7.2 | .44 | 11.96 | < .001 | .53 | 10.71 | < .001 | .48 | 14.01 | < .001 |
| Geschlecht | .01 | .29 | .77 | .08 | 1.67 | .10 | .02 | .64 | .52 |
| GS zu 7.1 | .01 | .26 | .79 | -.13 | -2.62 | < .01 | .01 | .39 | .70 |
| Geschl. x GS zu 7.1 | -.01 | -.30 | .76 | -.01 | -.10 | .92 | -.02 | -.56 | .57 |

Anmerkung: GS: Geschlechtsstereotype; 7.1, 7.2, 7.3: erster, zweiter und dritter Messzeitpunkt in der 7. Jahrgangsstufe. Kontrolliert wurde um das Interesse zum ersten und zweiten Messzeitpunkt.

Tabelle 12.9 lässt sich entnehmen, dass der Einfluss von Geschlechtsrollenvorstellungen auf das Physikinteresse unter Einbeziehung des Geschlechts nicht mehr signifikant wird. Der Einfluss der Geschlechtsrollenvorstellungen auf das Interesse an Physik zum zweiten Messzeitpunkt ist somit auf einen Geschlechtseffekt zurückzuführen. Die Vorhersage des Interesses durch geschlechtstereotype Vorstellungen zum dritten Messzeitpunkt ist dagegen – wie sich Tabelle 12.10 entnehmen lässt – nicht durch einen Geschlechtseffekt zustande gekommen. Am Ende des zweiten Schulhalbjahrs verlieren Jugendliche beiderlei Geschlechts mit weniger ausgeprägten geschlechtsstereotypen Vorstellungen – auch nach Kontrolle des Geschlechts – das Interesse am „harten" naturwissenschaftlichen Fach Physik deutlicher und das Interesse am sprachlichen Kernfach Englisch weniger stark als Jugendliche mit stärker ausgeprägten geschlechtsstereotypen Vorstellungen. Die Analysen belegen dagegen nicht dic aus der Forschungsliteratur abgeleitete Annahme, dass Mädchen mit stärkeren geschlechtsstereotypen Vorstellungen das Interesse an Mathematik und Physik stärker verlieren und Jungen mit stärkeren geschlechtsstereotypen Vorstellungen das Interesse an den sprachlichen Fächern stärker verlieren.

Fasst man die Ergebnisse zusammen, ergibt sich folgendes Bild: Die schwache signifikant positive Gesamtkorrelation in Physik und die schwache signifikant negative Korrelation in Deutsch zwischen den geschlechtsstereotypen Vorstellungen und den fachspezifischen Interessen fand sich nicht in den geschlechtsspezifischen Untergruppen wieder. In Physik war sie dadurch bedingt, dass die Mädchen gleichzeitig weniger geschlechtsstereotype Vorstellungen und weniger Interesse an Physik hatten als die Jungen. In Deutsch war sie dadurch bedingt, dass die Mädchen weniger geschlechtsstereotype Vorstellungen und mehr Interesse an Deutsch hatten als die Jungen. Jungen mit stärker ausgeprägten geschlechtsstereotypen Vorstellungen zeigten zum ersten Messzeitpunkt zwar etwas weniger Interesse an Mathematik, es bestand aber kein signifikanter Unterschied zur Korrelation bei den Mädchen. Die Korrelation fiel dabei zudem so gering aus, dass sie – angesichts der Vielzahl an durchgeführten Korrelationen – auch zufallsbedingt sein konnte. Bezüglich der Vorhersage des Interesses kann festgehalten werden, dass Jugendliche mit geringer ausgeprägten geschlechtsstereotypen Vorstellungen am Ende des zweiten Schulhalbjahrs das Interesse an Physik signifikant stärker verloren und das Interesse an Englisch signifikant weniger stark verloren als Jugendliche mit stärker ausgeprägten geschlechtsstereotypen Vorstellungen (wohingegen der Effekt für die geschlechtsstereotypen Vorstellungen auf das Physikinteresse zum zweiten Messzeitpunkt auf einen Geschlechtseffekt zurückzuführen war). Die Hypothese, dass eine Intensivierung geschlechtsstereotyper Vorstellungen bei den Mädchen zu vermehrtem Interessenverlust in den mathematisch-naturwissenschaftlichen Fächern führt und eine Intensivierung geschlechtsstereotyper Vorstellungen bei den Jungen zu einem Interessenverlust in den sprachlichen Fächern, konnte somit nicht belegt werden.

## 12.3 Befunde zu anstehenden Entwicklungsaufgaben

Dieser Abschnitt berichtet die Ergebnisse zu der Frage, ob die Beschäftigung mit im Jugendalter anstehenden Entwicklungsaufgaben den Verlauf schulischer Interessen beeinflusst. Damit wird geprüft, ob Jugendliche, die in naher Zukunft verschiedene Entwicklungsaufgaben zu bewältigen haben, weniger Interesse an schulischen Inhalten zeigen und das Interesse an diesen Inhalten in der 7. Jahrgangsstufe stärker verlieren als Jugendliche, für die solche Entwicklungsaufgaben nicht anstehen. Die Fragestellung wurde mit der Skala *Anstehende Entwicklungsaufgaben* geprüft, die den Schülerinnen und Schülern zum zweiten Messzeitpunkt in der 7. Jahrgangsstufe vorgelegt wurde. Mit der Skala wurden interindividuelle Differenzen zwischen mehr oder weniger weit entwickelten Schülerinnen und Schülern erfasst. Die Erhebung der anstehenden Entwicklungsaufgaben in der Mitte der 7. Jahrgangsstufe zwingt in den Analysen zur Vorhersage des Interesses dazu, bezüglich des Interesses zum zweiten Messzeitpunkts vom gleichen Erhebungszeitpunkt aus Vorhersagen zu machen. Ein solches Vorgehen ist nur dann unproblematisch, wenn davon ausgegangen werden kann, dass die interindividuelle Rangfolge zwischen den ersten beiden Messzeitpunkten invariant ist. Da dies eine recht starke Annahme ist und Veränderungen in der interindividuellen Rangfolge nicht ganz auszuschließen sind, ist eine Interpretation der Ergebnisse nur mit gewisser Einschränkung möglich. Zunächst wurde wieder geprüft, ob ein korrelativer Zusammenhang zwischen den anstehenden Entwicklungsaufgaben und den fachspezifischen Interessen besteht, danach, ob die anstehenden Entwicklungsaufgaben einen Einfluss auf die Interessenentwicklung in der 7. Jahrgangsstufe haben.

**Der Zusammenhang zwischen anstehenden Entwicklungsaufgaben der Schülerinnen und Schüler und den fachlichen Interessen.** Tabelle 12.11 gibt für Mädchen und Jungen getrennt sowie als Gesamtkorrelation wieder, inwieweit die zum zweiten Messzeitpunkt erhobene Beschäftigung mit anstehenden Entwicklungsaufgaben mit den fachlichen Interessen zum zweiten Messzeitpunkt in der 7. Jahrgangsstufe korreliert. Der Tabelle lässt sich entnehmen, dass der Grad der anstehenden Entwicklungsaufgaben überhaupt nicht mit den fachspezifischen Interessen korreliert ist. Es zeigt sich keine einzige signifikante Korrelation. Dies gilt auch, wenn man die Korrelationen nach Geschlecht getrennt betrachtet.

*Tabelle 12.11:* Korrelationen zwischen anstehenden Entwicklungsaufgaben und den schulischen Interessen zum zweiten Messzeitpunkt in der 7. Jahrgangsstufe nach Schulfach und Geschlecht getrennt

| Biologie (TI) | | | Physik (TI) | | | Mathematik (FI) | | | Englisch (FI) | | | Deutsch (FI) | | |
|---|---|---|---|---|---|---|---|---|---|---|---|---|---|---|
| Mä. | Ju. | Ges. | Mä. | Ju. | Ges. | Mä. | Ju. | Ges. | Mä. | Ju. | Ges. | Mä. | Ju. | Ges. |
| -.01 | .00 | .00 | -.04 | .01 | .01 | -.01 | -.01 | -.01 | .05 | .03 | .03 | .04 | .01 | .01 |

Anmerkung: TI: *Topologisches Interesse*, FI: *Fachinteresse*; Mä.: Mädchen; Ju.: Jungen; Ges.: Gesamt. Werte mit einem Signifikanzniveau von $p < .05$ sind hervorgehoben.

**Der Einfluss der anstehenden Entwicklung auf den Interessenverlauf.** Um zu prüfen, ob die anstehenden Entwicklungsaufgaben dennoch einen Einfluss auf die Interessenentwicklung in der 7. Jahrgangsstufe nehmen, wurde eine Varianzanalyse mit Messwiederholung durchgeführt. Dieses Vorgehen wurde gewählt, da die Itemformulierungen der Entwicklungsaufgaben dreistufige Antwortkategorien vorgeben und so drei Gruppen von Schülerinnen und Schülern entstehen, für die diese Entwicklung „noch nicht", „schon etwas" oder „ganz klar" ansteht. Die Skala *Anstehende Entwicklungsaufgaben* bildet dabei jeweils die unabhängige Variable, das Interesse zu den drei Messzeitpunkten in der 7. Jahrgangsstufe die abhängige Variable. Die Interessenmittelwerte und Standardabweichungen der drei Gruppen von Jugendlichen, die sich in ihrer im nächsten Jahr anstehenden Entwicklung unterscheiden, sind in Tabelle 12.12 aufgeführt. Die Verteilung der Jugendlichen auf die Gruppen fällt unterschiedlich hoch aus. Je nach Schulfach zeigen 22 bis 36 Jugendliche eine geringe Ausprägung und 90 bis 101 Jugendliche eine starke Ausprägung bezüglich anstehender Entwicklungsaufgaben. Der Hauptteil der Jugendlichen – je nach Schulfach 294 bis 616 Jugendliche – hat einen mittleren Grad anstehender Entwicklungsaufgaben. Die unterschiedliche Verteilung ist z.T. auf die Mittelwertbildung für die Gesamtskala zurückzuführen. Weist ein Jugendlicher in einigen Items einen hohen Wert auf und in anderen Items einen niedrigen Wert, ergibt sich ein mittlerer Gesamtwert für die Skala. Aufgrund der relativen Heterogenität der Entwicklungsitems kommt dies vergleichsweise häufig vor (vgl. Kapitel 8 zur Skalenreliabilität von $\alpha = .66$).

*Tabelle 12.12:* Mittelwerte und Standardabweichungen im fachspezifischen Interesse der drei Gruppen von Jugendlichen mit unterschiedlichem Grad an im nächsten Jahr anstehendem Entwicklungsaufgaben pro Schulfach und Messzeitpunkt

| Interesse | | Biologie | | | Physik | | | Mathematik | | | Englisch | | | Deutsch | | |
|---|---|---|---|---|---|---|---|---|---|---|---|---|---|---|---|---|
| zu ... | | + | ++ | +++ | + | ++ | +++ | + | ++ | +++ | + | ++ | +++ | + | ++ | +++ |
| | *N* | 32 | 561 | 90 | 31 | 576 | 92 | 36 | 616 | 101 | 22 | 294 | 52 | 36 | 606 | 99 |
| 7.1 | $\bar{x}$ | 3.16 | 3.16 | 3.20 | 3.30 | 3.16 | 3.22 | 3.67 | 3.62 | 3.63 | 3.55 | 3.54 | 3.65 | 3.31 | 3.33 | 3.39 |
| | *SD* | .89 | .78 | .75 | .94 | .91 | .99 | .85 | .77 | .84 | .81 | .79 | .86 | .72 | .68 | .72 |
| 7.2 | $\bar{x}$ | 2.83 | 2.94 | 2.86 | 3.03 | 2.89 | 2.89 | 3.48 | 3.50 | 3.46 | 3.45 | 3.49 | 3.56 | 3.29 | 3.27 | 3.34 |
| | *SD* | .97 | .82 | .89 | 1.01 | .92 | 1.04 | .94 | .85 | .94 | .88 | .80 | .87 | .82 | .79 | .82 |
| 7.3 | $\bar{x}$ | 2.92 | 2.83 | 2.77 | 3.05 | 2.83 | 2.82 | 3.44 | 3.36 | 3.33 | 3.40 | 3.44 | 3.52 | 3.13 | 3.17 | 3.17 |
| | *SD* | 1.01 | .83 | .92 | 1.01 | .93 | 1.03 | .97 | .79 | .92 | .72 | .81 | .88 | .90 | .80 | .92 |

Anmerkung: *N*: Stichprobe; 7.1, 7.2, 7.3: 1., 2. und 3. Messzeitpunkt in der 7. Jahrgansstufe; $\bar{x}$ : Mittelwerte, *SD*: Standardabweichungen; +, ++, +++: Schüler mit geringem Grad (+), mittlerem Grad (++) und hohem Grad (+++) an anstehenden Entwicklungsaufgaben

Tabelle 12.13 gibt die Ergebnisse der Varianzanalyse mit Messwiederholung für die anstehenden Entwicklungsaufgaben wieder. In keinem Schulfach tritt ein signifikanter Haupteffekt für die anstehenden Entwicklungsaufgaben oder ein signifikanter Interaktionseffekt der anstehenden Entwicklungsaufgaben mit dem Interesse zu den drei Messzeitpunkten auf. Da sich dies auch nicht ändert, wenn das Geschlecht in die Analysen einbezogen wird, sind die Ergebnisse hierzu nicht eigens aufgeführt.

*Tabelle 12.13:* Ergebnisse der Varianzanalysen mit Messwiederholung für das Interesse in Abhängigkeit der zum zweiten Messzeitpunkt erhobenen anstehenden Entwicklungsaufgaben

| Interesse an ... | Haupteffekt: Zeit | | | Haupteffekt: Entwicklungsaufgaben | | | Interaktionseffekt: Zeit x Entwicklungsaufgaben | | |
|---|---|---|---|---|---|---|---|---|---|
| | *df* | *F* | *p* | *df* | *F* | *p* | *df* | *F* | *p* |
| Biologie | 2, 681 | 19.98 | < .001 | 2, 681 | .08 | .92 | 4, 679 | .87 | .48 |
| Physik | 2, 698 | 15.27 | < .001 | 2, 698 | .67 | .51 | 4, 696 | .22 | .93 |
| Mathematik | 2, 751 | 13.84 | < .001 | 2, 751 | .08 | .92 | 4, 749 | .21 | .93 |
| Englisch | 2, 367 | 2.01 | .13 | 2, 367 | .41 | .66 | 4, 365 | .05 | .99 |
| Deutsch | 2, 739 | 8.12 | < .001 | 2, 739 | .23 | .80 | 4, 737 | .26 | .91 |

Die Skala zu den Entwicklungsaufgaben umfasst ganz verschiedene Aspekte der Entwicklung: die Entwicklung der eigenen Person, das Streben nach Eigenständigkeit und Unabhängigkeit von den Eltern, die Bildung von Freundschaften und Partnerschaften, die Herausbildung beruflicher Vorstellungen. Aufgrund der Heterogenität der Items könnten sich spezifische Zusammenhangsmuster zwischen einzelnen Items und den schulischen Interessen ergeben oder einzelne Items könnten in ihrer Wirkungsweise auf das Interesse unterschiedlich sein. Die Zusammenhänge zwischen den Einzelitems und den Interessen wurde daher zusätzlich untersucht (ausgenommen die Items zu Freundschaften und Partnerschaften, die aufgrund der spezifisch für diese formulierten Hypothesen im nächsten Abschnitt behandelt werden). Wie bei der Gesamtskala zeigen sich auch bei den einzelnen Items zur anstehenden Entwicklung kaum signifikante Korrelationen, und wenn diese auftreten, sind sie vernachlässigenswert gering. Eine sehr geringe signifikant negative Gesamtkorrelation bezüglich des Wunsches, das eigene Aussehen selbst zu bestimmen (Physik: $r$ = -.09), zeigt sich nicht in den geschlechtsspezifischen Untergruppen. Auch leichte signifikant positive Korrelationen in der Gesamtgruppe bezüglich des Wunsches, bald mit einer Berufsausbildung zu beginnen (Physik: $r$ = .09; Mathematik: $r$ = .08; Deutsch: $r$ = .10), zeigen sich – mit Ausnahme einer leicht positiven Korrelation klarer Berufsvorstellungen mit dem Deutschinteresse der Mädchen ($r$ = .10) – nicht in den geschlechtsspezifischen Untergruppen. Da auf Basis der Einzelitems sehr viele Korrelationen durchgeführt wurden, fielen diese nach einer $\alpha$-Fehler-Korrektur (vgl. Bortz, 1993, S. 248 f.) nicht mehr signifikant aus. Konsistente Zusammenhänge ergeben sich somit nicht. Um das Gesamtbild zu ergänzen, wurde anhand von Varianzanalysen mit Messwiederholung – mit und ohne Einbeziehung des Geschlechts – auch der Einfluss der Einzelitems der anstehenden Entwicklungsaufgaben auf die Interessenentwicklung geprüft. Vereinzelt treten Haupteffekte der anstehenden Entwicklungsaufgaben auf das Interesse auf. Der scheinbare Effekt, dass Jugendliche, die ihr Aussehen in naher Zukunft selbst bestimmen möchten, in Physik ein geringeres Fachinteresse aufweisen ($F(2, 698) = 4.28$, $p < .05$), ist auf einen Geschlechtseffekt zurückzuführen ($F(1, 694) = 1.31$, *n.s.*). Dagegen weisen Jugendliche, die ihre eigene Persönlichkeit in ihrer Kleidung ausdrücken möchten, ein signifikant höheres Interesse an Deutsch auf ($F(2, 739) = 3.51$, $p < .05$) – auch nachdem das Geschlecht in die Analysen einbezogen wurde ($F(2, 735) = 3.32$, $p < .05$). Haupteffekte, die angeben, dass Jugendliche, die bald mit ihrer Berufsausbildung beginnen wollen, mehr Interesse an Physik und Deutsch aufweisen (*Physik*: $F(2, 698) = 3.57$, $p < .05$; *Deutsch*: $F(2, 739) = 5.56$, $p < .01$), zeigen sich nach Einbeziehung des Geschlechts nur noch für das Interesse an Deutsch ($F(2, 735) = 5.28$, $p < .01$). Bei der Summe der durchgeführten Varianzanalysen ist es allerdings wiederum sehr wahrscheinlich, dass die beiden nach Kontrolle des Geschlechts noch bestehenden geringfügigen Effekte zufällig aufgetreten sind, zumal sie bei einer $\alpha$-Fehler-Korrektur nicht mehr signifikant würden. Entscheidend für die verfolgte Fragestellung ist, dass sich bezüglich der Einzelitems in keinem Fach ein Interaktionseffekt zwischen den anstehenden Entwicklungsaufgaben und dem Interesse zeigt. Somit konnte auch bezüglich einzelner Aspekte der anstehenden Entwicklung kein Effekt auf den Interessenverlust in der 7. Jahrgangsstufe nachgewiesen werden.

Die Ergebnisse zeigen, dass die anhand der Gesamtskala zur Beschäftigung mit anstehenden Entwicklungsaufgaben gemessenen Unterschiede zwischen den Jugendlichen keinen Einfluss auf den Interessenverlust in der 7. Jahrgangsstufe nehmen. Allerdings ist zu bedenken, dass die gewünschte Entwicklung nur zum zweiten Messzeitpunkt erhoben wurde. Daher ist nicht auszuschließen, dass der fehlende Effekt durch eine Änderung der interindividuellen Rangfolge bezüglich der anstehenden Entwicklungsaufgaben innerhalb der 7. Jahrgangsstufe verursacht sein könnte. Dies würde nämlich den Effekt der anstehenden Entwicklung auf das Interesse vermindern. Da die leicht eingeschränkte Reliabilität der Skala eine gewisse Heterogenität der Items nahe legt, wurden zudem die Einzelitems analysiert, um auszuschließen, dass ein Einfluss spezifischer Entwicklungsaufgaben auf die Interessenentwicklung übersehen wurde. Auch auf Ebene der Einzelitems zeigten sich nur zwei Haupteffekte. Jugendliche, die von ihren Eltern in Bezug auf die Selbstbestimmung ihres Aussehens unabhängiger sein wollen und die sich wünschen, bald mit einer Berufsausbildung anzufangen, sind stärker an Deutsch interessiert als Jugendliche, für die dies nicht gilt. Die Haupteffekte fallen aber so gering aus und treten so vereinzelt auf, dass ein zufälliges Auftreten der Effekte nicht auszuschließen war. Ein Effekt einzelner anstehender Entwicklungsaufgaben auf den Interessenverlauf zeigt sich überhaupt nicht. Die Hypothese, der zufolge Jugendliche umso weniger Interesse an fachspezifischen Inhalten haben und das Interesse an diesen Inhalten umso stärker verlieren, je mehr sie mit den Entwicklungsaufgaben in der Adoleszenz beschäftigt sind, konnte somit nicht belegt werden. Da für Freundschafts- und Partnerschaftsbeziehungen gesonderte Hypothesen formuliert wurden, werden diese Aspekte im folgenden Abschnitt behandelt.

## 12.4 Befunde zu veränderten Beziehungen zu Gleichaltrigen

In diesem Abschnitt werden Ergebnisse zum Einfluss der Beziehungen zu Gleichaltrigen und zum anderen Geschlecht auf die Entwicklung schulischer Interessen dargestellt. Es wird geprüft, ob eine Ausweitung bzw. eine vermehrte Bedeutung dieser Beziehungen den Verlust des Interesses in der 7. Jahrgangsstufe bedingen. Erhebungsinstrumente waren jeweils die zum zweiten Messzeitpunkt erhobenen Items zu aktuellen und gewünschten Freundschaften und zu einer aktuellen oder gewünschten Partnerschaft aus den Entwicklungsskalen von Fend und Prester (1986), ein zum ersten Messzeitpunkt eingesetztes Item zum Interesse an Unternehmungen mit Freunden aus dem Interessenfragebogen von Todt (1967) und ein zum dritten Messzeitpunkt eingesetztes Item zur Zugehörigkeit zu einer Clique. Da aufgrund der Erfassung mit jeweils nur einem Item keine Reliabilitäten berechnet werden konnten, wird die Beurteilung der Ergebnisse mit der gebotenen Vorsicht vorgenommen.

**Der Zusammenhang zwischen der Beziehung zu Gleichaltrigen und den fachlichen Interessen.** In Tabelle 12.14 werden die Korrelationen mit dem Interesse zum gleichen Messzeitpunkt berichtet.

*Tabelle 12.14:* Korrelationen zur Beziehung zwischen schulischen Interessen und aktuellen oder gewünschten Freundschaften und Partnerschaften, Unternehmungen mit Freunden und einer Cliquenzugehörigkeit nach Schulfach und Geschlecht getrennt

| | Biologie (TI) | | | Physik (TI) | | | Mathematik (FI) | | | Englisch (FI) | | | Deutsch (FI) | | |
|---|---|---|---|---|---|---|---|---|---|---|---|---|---|---|---|
| | Mä. | Ju. | Ges. | Mä. | Ju. | Ges. | Mä. | Ju. | Ges. | Mä. | Ju. | Ges. | Mä. | Ju. | Ges. |
| F(a), 7.2 | .01 | -.03 | -.01 | .00 | -.02 | -.06 | .04 | .03 | .01 | .01 | .00 | .01 | .01 | -.01 | .01 |
| F(g), 7.2 | .01 | .00 | .01 | -.06 | .04 | -.06 | .02 | .09 | .03 | .05 | .01 | .03 | .02 | .04 | .03 |
| P(a), 7.2 | -.05 | .01 | -.02 | -.03 | -.04 | -.04 | .03 | .04 | .03 | .04 | .01 | .02 | -.01 | .05 | .02 |
| P(g), 7.2 | -.03 | -.02 | -.02 | -.06 | -.03 | **-.08** | -.01 | .01 | -.02 | .00 | .02 | .02 | -.01 | .01 | .00 |
| FU, 7.1 | .04 | .10 | .07 | .00 | .04 | -.04 | .06 | .07 | .04 | .08 | .02 | .05 | **.11** | **.11** | **.13** |
| Cliq., 7.3 | .03 | .03 | .03 | .03 | .04 | .03 | .02 | .07 | .03 | .01 | .13 | .06 | .00 | .06 | .03 |

Anmerkung: TI: *Topologisches Interesse*, FI: *Fachinteresse*; Mä.: Mädchen; Ju.: Jungen; Ges.: Gesamt; 7.1, 7.2 und 7.3: erster, zweiter und dritter Messzeitpunkt; F(a): aktuelle Freundschaften; F(g): gewünschte Freundschaften; P(a): aktuelle Partnerschaft; P(g): gewünschte Partnerschaft; FU: Interesse an Freizeitunternehmungen mit Freunden; Cliq.: Zugehörigkeit zu einer Clique bzw. Gruppe. Werte mit einem Signifikanzniveau von $p < .05$ sind hervorgehoben.

Die Tabelle zeigt, dass keine negativen Korrelationen der Items zu Freundschaften und Partnerschaften und zur Zugehörigkeit zu einer Clique mit den schulischen Interessen zu beobachten sind. Eine geringe signifikant negative Gesamtkorrelation von $r = -.08$ zwischen dem Wunsch nach einer Partnerschaft und dem Interesse an Physik findet sich nicht in den geschlechtsspezifischen Untergruppen wieder. Es findet sich ansonsten nur eine geringe signifikant positive Korrelation zwischen den Unternehmungen mit Freunden und dem Interesse an Deutsch (sowohl in der Gesamtgruppe als auch in den geschlechtsspezifischen Untergruppen). Allerdings sind die Korrelationen auch hier so gering, dass sie nach einer α-Fehler-Korrektur nicht mehr signifikant würden.

**Der Einfluss von aktuellen und gewünschten Freundschaften auf die Interessenentwicklung.** Auch wenn ein Zusammenhang aufgrund der praktisch nicht vorhandenen Korrelationen unwahrscheinlich ist, wurde geprüft, ob die Beziehungen zu Gleichaltrigen einen Einfluss auf das schulische Interesse zum jeweils nachfolgenden Messzeitpunkt haben. Bezüglich der Items zu aktuellen und gewünschten Freundschaften und Partnerschaften wurde eine Varianzanalyse mit Messwiederholung durchgeführt, da aufgrund der Antworten drei Gruppen von Jugendlichen mit geringen, mittleren und hohen Werten gebildet werden konnten. Die Interessenmittelwerte und Standardabweichungen der Gruppen von Jugendlichen mit unterschiedlichem Grad bezüglich der aktuellen und gewünschten Freundschaften finden sich in Tabelle 12.15 aufgeführt.

*Tabelle 12.15:* Mittelwerte und Standardabweichungen der fachspezifischen Interessen der drei Gruppen von Jugendlichen mit verschiedenem Grad an aktuellen und gewünschten Freundschaften

| | | | *aktuelle Freundschaften* | | | | | | | *gewünschte Freundschaften* | | | | | |
|---|---|---|---|---|---|---|---|---|---|---|---|---|---|---|---|
| | | | Int. zu 7.1 | | Int. zu 7.2 | | Int. zu 7.3 | | | Int. zu 7.1 | | Int. zu 7.2 | | Int. zu 7.3 | |
| SF | Ew. | *N* | $\bar{x}$ | *S* | $\bar{x}$ | *SD* | $\bar{x}$ | *SD* | *N* | $\bar{x}$ | *SD* | $\bar{x}$ | *SD* | $\bar{x}$ | *SD* |
| Biologie | + | 79 | 3.15 | .84 | 2.88 | .94 | 2.90 | .89 | 59 | 3.08 | .90 | 2.84 | .94 | 2.81 | .94 |
| | ++ | 356 | 3.18 | .76 | 2.96 | .80 | 2.85 | .84 | 191 | 3.18 | .82 | 2.95 | .83 | 2.85 | .88 |
| | +++ | 248 | 3.13 | .78 | 2.89 | .84 | 2.77 | .84 | 433 | 3.17 | .74 | 2.93 | .82 | 2.81 | .82 |
| Physik | + | 88 | 3.29 | .89 | 3.03 | .97 | 3.00 | 1.01 | 58 | 3.23 | .96 | 2.98 | 1.02 | 3.06 | .95 |
| | ++ | 391 | 3.19 | .90 | 2.90 | .90 | 2.85 | .92 | 203 | 3.29 | .87 | 2.98 | .89 | 2.95 | .89 |
| | +++ | 261 | 3.12 | .96 | 2.85 | .99 | 2.77 | .97 | 439 | 3.12 | .93 | 2.85 | .95 | 2.76 | .97 |
| Mathe | + | 90 | 3.64 | .81 | 3.51 | .91 | 3.43 | .86 | 66 | 3.59 | .82 | 3.45 | .94 | 3.37 | .93 |
| | ++ | 397 | 3.60 | .77 | 3.47 | .85 | 3.34 | .79 | 208 | 3.63 | .80 | 3.47 | .88 | 3.35 | .81 |
| | +++ | 266 | 3.65 | .81 | 3.52 | .87 | 3.35 | .85 | 479 | 3.63 | .78 | 3.51 | .85 | 3.36 | .80 |
| Englisch | + | 49 | 3.57 | .81 | 3.46 | .83 | 3.39 | .91 | 39 | 3.58 | .79 | 3.44 | .89 | 3.38 | .87 |
| | ++ | 189 | 3.56 | .78 | 3.51 | .79 | 3.47 | .78 | 100 | 3.56 | .79 | 3.48 | .80 | 3.42 | .79 |
| | +++ | 131 | 3.55 | .82 | 3.49 | .85 | 3.43 | .84 | 231 | 3.55 | .80 | 3.52 | .81 | 3.47 | .82 |
| Deutsch | + | 88 | 3.27 | .71 | 3.27 | .81 | 3.18 | .87 | 65 | 3.28 | .73 | 3.23 | .87 | 3.09 | .95 |
| | ++ | 391 | 3.33 | .67 | 3.28 | .77 | 3.17 | .79 | 206 | 3.30 | .69 | 3.26 | .80 | 3.16 | .80 |
| | +++ | 261 | 3.35 | .71 | 3.29 | .82 | 3.15 | .86 | 470 | 3.35 | .68 | 3.30 | .78 | 3.18 | .82 |

Anmerkung: SF: Schulfach; Ew.: Entwicklungsaufgabe; +: gering; ++: mittel, +++: hoch; Mathe: Mathematik; $\bar{x}$ : Mittelwert; *SD*: Standardabweichung; Int. zu 7.1, Int. zu 7.2, Int. zu 7.3: Interesse zum 1., 2. und 3. Messzeitpunkt in der 7. Jahrgangsstufe

Tabelle 12.15 lässt sich entnehmen, dass die Gruppe von Jugendlichen, die angeben, keinen Freundeskreis zu haben und/oder sich keine Freundschaften zu wünschen im Vergleich zu den beiden anderen Gruppen eher klein ist. Die Ergebnisse der Varianzanalyse mit Messwiederholung sind in Tabelle 12.16 aufgeführt. Tabelle 12.15 und 12.16 zeigen, dass ein Interaktionseffekt, der darauf hindeutet, dass das schulische Interesse bei Jugendlichen mit mehr aktuellen und gewünschten Freundschaften stärker verloren geht, nicht zu beobachten ist. Ein signifikanter Haupteffekt besteht einzig für das Fach Physik bezüglich der gewünschten Freundschaften. Je mehr sich Jugendliche gleichgeschlechtliche Freunde wünschen, umso geringer ist scheinbar ihr Interesse an Physik.

*Tabelle 12.16:* Ergebnisse der Varianzanalysen mit Messwiederholung zur Prüfung der Frage, ob aktuelle oder gewünschte Freundschaften den Interessenverlauf in den Schulfächern der 7. Jahrgangsstufe beeinflussen

| | Interesse am SF ... | Haupteffekt: Zeitpunkt | | | Haupteffekt: „Freunde" | | | Interaktionseffekt „Zeitpunkt x Freunde" | | |
|---|---|---|---|---|---|---|---|---|---|---|
| | | *df* | *F* | *p* | *df* | *F* | *p* | *df* | *F* | *p* |
| gegenwärtige Freundschaft | Biologie | 2, 681 | 37.96 | < .001 | 2, 681 | .65 | .52 | 4, 679 | .56 | .69 |
| | Physik | 2, 698 | 33.38 | < .001 | 2, 698 | 2.05 | .13 | 4, 696 | .12 | .97 |
| | Mathe | 2, 751 | 29.07 | < .001 | 2, 751 | .39 | .68 | 4, 749 | .35 | .84 |
| | Englisch | 2, 367 | 4.01 | < .05 | 2, 367 | .09 | .91 | 4, 365 | .17 | .95 |
| | Deutsch | 2, 739 | 11.77 | < .001 | 2, 739 | .06 | .94 | 4, 737 | .36 | .84 |
| gewünschte Freundschaft | Biologie | 2, 681 | 29.13 | < .001 | 2, 681 | .32 | .72 | 4, 679 | .20 | .94 |
| | Physik | 2, 698 | 22.85 | < .001 | 2, 698 | 4.00 | < .05 | 4, 696 | .72 | .58 |
| | Mathe | 2, 751 | 23.01 | < .001 | 2, 751 | .07 | .93 | 4, 749 | .22 | .92 |
| | Englisch | 2, 367 | 4.11 | < .05 | 2, 367 | .08 | .92 | 4, 365 | .32 | .86 |
| | Deutsch | 2, 739 | 1.87 | < .001 | 2, 739 | .52 | .59 | 4, 737 | .11 | .98 |

Anmerkung: SF: Schulfach; Mathe: Mathematik; „Haupteffekt: Zeitpunkt": Haupteffekt zwischen den drei Messzeitpunkten bezüglich des Interesses; „Haupteffekt: Freunde": Haupteffekt zwischen den drei Gruppen mit unterschiedlichem Grad an Freundschaften. Interaktionseffekt „Zeitpunkt x Freunde": Interaktion zwischen den zu den Messzeitpunkten gemessenen Interessen und dem Grad an Freundschaften

Mit einer zusätzlichen Varianzanalyse, die auch das Geschlecht als unabhängige Variable einbezog, wurde geprüft, ob es sich hierbei um einen verdeckten Geschlechtseffekt handelt. Die Analysen zeigen, dass der Effekt des Wunsches nach einer Freundschaft auf das Interesse nach Einbeziehung des Geschlechts nicht mehr signifikant wird ($F(1, 694) = .49$, *n.s.*). Der Effekt ist also vielmehr auf die starken Geschlechtsdifferenzen im Fach Physik zurückzuführen. Mädchen haben ein stärkeres Bedürfnis nach Freundschaften und interessieren sich gleichzeitig weniger für Physik. Jungen dagegen haben ein weniger ausgeprägtes Bedürfnis nach Freundschaften und interessieren sich gleichzeitig stärker für Physik.

**Der Einfluss von aktuellen und gewünschten Partnerschaften auf die Interessenentwicklung.** Tabelle 12.15 lässt sich entnehmen, dass die Gruppe von Jugendlichen, die angeben, aktuell keine Partnerschaft zu haben vergleichsweise recht groß ist. Dagegen ist die Gruppe von Jugendlichen, die angeben, sich keine Partnerschaft zu wünschen vergleichsweise eher klein. Die Interessenmittelwerte und Standardabweichungen der drei Gruppen von Jugendlichen mit unterschiedlichem Grad bezüglich der aktuellen und gewünschten Partnerschaften finden sich in Tabelle 12.17, die Ergebnisse der Varianzanalyse mit Messwiederholung bezüglich der aktuellen und gewünschten Partnerschaften sind in Tabelle 12.18 aufgeführt.

*Tabelle 12.17:* Mittelwerte und Standardabweichungen in den fachspezifischen Interessen der drei Gruppen von Jugendlichen mit verschiedenem Grad an aktuellen und gewünschten Partnerschaften

| | | *aktuelle Partnerschaft* | | | | | | | *gewünschte Partnerschaft* | | | | | | |
|---|---|---|---|---|---|---|---|---|---|---|---|---|---|---|---|
| | | | Int. zu 7.1 | | Int. zu 7.2 | | Int. zu 7.3 | | | Int. zu 7.1 | | Int. zu 7.2 | | Int. zu 7.3 | |
| SF | Ew. | *N* | $\bar{x}$ | *SD* | $\bar{x}$ | *SD* | $\bar{x}$ | *SD* | *N* | $\bar{x}$ | *SD* | $\bar{x}$ | *SD* | $\bar{x}$ | *SD* |
| Biologie | + | 395 | 3.19 | .74 | 2.93 | .80 | 2.83 | .83 | 59 | 3.08 | .90 | 2.84 | .94 | 2.81 | .94 |
| | ++ | 184 | 3.13 | .83 | 2.95 | .86 | 2.87 | .87 | 191 | 3.18 | .82 | 2.95 | .83 | 2.85 | .88 |
| | +++ | 104 | 3.12 | .82 | 2.87 | .90 | 2.74 | .85 | 433 | 3.17 | .74 | 2.93 | .82 | 2.81 | .82 |
| Physik | + | 416 | 3.21 | .88 | 2.92 | .93 | 2.86 | .93 | 54 | 3.35 | 1.02 | 3.08 | 1.09 | 3.05 | 1.07 |
| | ++ | 183 | 3.12 | .98 | 2.90 | .96 | 2.80 | .98 | 293 | 3.21 | .87 | 2.95 | .90 | 2.87 | .89 |
| | +++ | 10 | 3.17 | .98 | 2.80 | .96 | 2.84 | .97 | 353 | 3.13 | .94 | 2.82 | .95 | 2.79 | .98 |
| Mathe | + | 435 | 3.59 | .77 | 3.46 | .85 | 3.36 | .79 | 62 | 3.68 | .80 | 3.53 | .90 | 3.44 | .86 |
| | ++ | 206 | 3.68 | .78 | 3.54 | .86 | 3.36 | .84 | 321 | 3.61 | .77 | 3.50 | .83 | 3.39 | .76 |
| | +++ | 112 | 3.68 | .85 | 3.53 | .93 | 3.34 | .88 | 369 | 3.63 | .80 | 3.47 | .89 | 3.32 | .86 |
| Englisch | + | 177 | 3.53 | .77 | 3.46 | .78 | 3.42 | .77 | 38 | 3.51 | .81 | 3.48 | .83 | 3.40 | .81 |
| | ++ | 124 | 3.59 | .78 | 3.55 | .80 | 3.48 | .81 | 151 | 3.59 | .74 | 3.50 | .78 | 3.45 | .77 |
| | +++ | 68 | 3.56 | .88 | 3.49 | .93 | 3.45 | .94 | 180 | 3.54 | .84 | 3.50 | .84 | 3.45 | .86 |
| Deutsch | + | 427 | 3.32 | .67 | 3.27 | .77 | 3.17 | .80 | 61 | 3.26 | .72 | 3.21 | .90 | 3.10 | .91 |
| | ++ | 204 | 3.36 | .70 | 3.31 | .80 | 3.18 | .85 | 316 | 3.36 | .67 | 3.31 | .77 | 3.21 | .79 |
| | +++ | 110 | 3.32 | .75 | 3.29 | .86 | 3.13 | .87 | 363 | 3.32 | .69 | 3.27 | .79 | 3.14 | .84 |

Anmerkung: SF: Schulfach; Ew.: Entwicklungsaufgabe; +: gering; ++: mittel, +++: hoch; Mathe: Mathematik. $\bar{x}$ : Mittelwert; *SD*: Standardabweichung; Int. zu 7.1, Int. zu 7.2, Int. zu 7.3: Interesse zum 1., 2. und 3. Messzeitpunkt in der 7. Jahrgangsstufe. Verwendet wurden jeweils effektive Stichproben.

*Tabelle 12.18:* Ergebnisse der Varianzanalysen mit Messwiederholung zur Prüfung der Frage, ob der Grad, in dem Jugendliche eine Partnerschaft eingegangen sind oder sich eine solche wünschen, den Interessenverlauf in den verschiedenen Schulfächern in der 7. Jahrgangsstufe beeinflusst

| Ew. | Interesse am Schulfach ... | Haupteffekt „Zeitpunkt" *df* | *F* | *p* | Haupteffekt „Partner" *df* | *F* | *p* | Interaktionseffekt „Zeitpunkt x Partner" *df* | *F* | *p* |
|---|---|---|---|---|---|---|---|---|---|---|
| gegenwärtig | Biologie | 2, 681 | 45.17 | < .001 | 2, 681 | .52 | .60 | 4, 679 | .58 | .68 |
| | Physik | 2, 698 | 38.36 | < .001 | 2, 698 | .47 | .62 | 4, 696 | .53 | .72 |
| | Mathe | 2, 751 | 4.94 | < .001 | 2, 751 | .58 | .56 | 4, 749 | .81 | .52 |
| | Englisch | 2, 367 | 3.58 | < .05 | 2, 367 | .39 | .68 | 4, 365 | .03 | .99 |
| | Deutsch | 2, 739 | 16.65 | < .001 | 2, 739 | .22 | .80 | 4, 737 | .17 | .95 |
| anstehend | Biologie | 2, 681 | 3.50 | < .001 | 2, 681 | .80 | .45 | 4, 679 | .39 | .82 |
| | Physik | 2, 698 | 25.85 | < .001 | 2, 698 | 3.08 | < .05 | 4, 696 | .19 | .94 |
| | Mathe | 2, 751 | 23.59 | < .001 | 2, 751 | .32 | .73 | 4, 749 | .71 | .58 |
| | Englisch | 2, 367 | 2.65 | .07 | 2, 367 | .08 | .92 | 4, 365 | .19 | .95 |
| | Deutsch | 2, 739 | 1.58 | < .001 | 2, 739 | 1.04 | .35 | 4, 737 | .10 | .98 |

Anmerkung: Mathe: Mathematik; „Haupteffekt: Zeitpunkt": Haupteffekt zwischen den drei „Messzeitpunkten" bezüglich des Interesses; „Haupteffekt: Partner": Haupteffekt zwischen den drei Gruppen mit unterschiedlichem Entwicklungsniveau in Bezug auf Partnerschaften; Interaktionseffekt „Zeitpunkt x Partner": Interaktion zwischen den zu den verschiedenen Messzeitpunkten gemessenen Interessen und dem Grad der Entwicklung von Partnerschaften

Die Tabellen zeigen, dass ein Interaktionseffekt, der darauf hindeutet, dass das schulische Interesse bei Jugendlichen mit mehr aktuellen und gewünschten Partnerschaften stärker verloren geht, nicht zu beobachten ist. Es zeigt sich einzig ein signifikanter Haupteffekt für das Fach Physik bezüglich der gewünschten Partnerschaften. Je mehr Jugendliche sich gegengeschlechtliche Partnerschaften wünschen, desto geringer ist scheinbar ihr Interesse an Physik. Mit einer zusätzlichen Varianzanalyse wurde wiederum geprüft, ob es sich hierbei um einen verdeckten Geschlechtseffekt handelt. Die Analysen zeigen, dass der Effekt des Wunsches nach einer Partnerschaft auf das Interesse nach Einbeziehung des Geschlechts nicht mehr signifikant wird ($F(1, 694) = .70$, *n.s.*). Auch dieser Effekt ist also auf die starken Geschlechtsdifferenzen im Fach Physik zurückzuführen. Mädchen haben ein stärkeres Bedürfnis nach Partnerschaften und interessieren sich gleichzeitig weniger für Physik. Jungen dagegen haben ein weniger ausgeprägtes Bedürfnis nach Partnerschaften und interessieren sich gleichzeitig stärker für Physik.

**Der Einfluss von Unternehmungen mit Freunden und der Cliquenzugehörigkeit auf die Interessenentwicklung.** Zur Vorhersage des schulischen Interesses zum zweiten und dritten Messzeitpunkt durch das Interesse an Unternehmungen mit Freunden wurde wieder eine multiple lineare Regressionsanalyse durchgeführt. Kontrolliert wurde wiederum jeweils um das schulische Interesse zu den vorangegangenen Zeitpunkten. Die Ergebnisse sind in Tabelle 12.19 und 12.20 aufgeführt.

*Tabelle 12.19:* Ergebnisse der multiplen linearen Regressionsanalysen zur Vorhersage des Interesses zum zweiten Messzeitpunkt in der 7. Jahrgangsstufe durch das Item zum Interesse an Unternehmungen mit Freunden zum ersten Messzeitpunkt

| Vorhersage des Interesses zu 7.2 am Schulfach ... | durch Interesse zu 7.1 | | | durch Unternehmungen mit Freunden zu 7.1 | | |
|---|---|---|---|---|---|---|
| | $\beta$ | $t$ | $p$ | $\beta$ | $t$ | $p$ |
| Biologie | .53 | 16.12 | < .001 | -.01 | -.40 | .69 |
| Physik | .51 | 15.47 | < .001 | .00 | .07 | .94 |
| Mathematik | .59 | 19.93 | < .001 | .01 | .29 | .77 |
| Englisch | .60 | 14.43 | < .001 | -.02 | -.44 | .66 |
| Deutsch | .54 | 17.25 | < .001 | -.01 | -.19 | .85 |

Anmerkung: 7.1, 7.2: 1. und 2. Messzeitpunkt in der 7. Jahrgangsstufe

*Tabelle 12.20:* Ergebnisse der multiplen linearen Regressionsanalysen zur Vorhersage des Interesses zum dritten Messzeitpunkt in der 7. Jahrgangsstufe durch das Item zu Unternehmungen mit Freunden zum ersten Messzeitpunkt

| Vorhersage des Interesses zu 7.3 am Schulfach ... | durch Interesse zu 7.1 | | | durch Interesse zu 7.2 | | | durch Unternehmungen mit Freunden zu 7.1 | | |
|---|---|---|---|---|---|---|---|---|---|
| | $\beta$ | $t$ | $p$ | $\beta$ | $t$ | $p$ | $\beta$ | $t$ | $p$ |
| Biologie | .20 | 5.38 | < .001 | .44 | 11.94 | < .001 | .00 | .04 | .96 |
| Physik | .24 | 6.64 | < .001 | .43 | 11.97 | < .001 | -.04 | -1.17 | .24 |
| Mathematik | .23 | 6.58 | < .001 | .47 | 13.34 | < .001 | -.02 | -.74 | .46 |
| Englisch | .17 | 3.42 | < .001 | .54 | 10.84 | < .001 | .02 | .58 | .56 |
| Deutsch | .22 | 6.27 | < .001 | .48 | 14.09 | < .001 | -.01 | -.36 | .72 |

Anmerkung: 7.1, 7.2: 1. und 2. Messzeitpunkt in der 7. Jahrgangsstufe

Die Ergebnisse zeigen, dass die Unternehmungen mit Freunden in keinem Schulfach das Interesse zum zweiten oder dritten Messzeitpunkt vorhersagen. Beide Analysen wurden noch einmal unter Einbeziehung des Geschlechts durchgeführt. Die Analysen sind hier nicht aufgeführt, da sich auch hierbei keine Effekte gezeigt haben.

Zuletzt wurde der Einfluss der zum dritten Messzeitpunkt erhobenen Zugehörigkeit zu einer Clique auf die Veränderung im Interesse zwischen dem zweiten und dritten Messzeitpunkt erhoben. Es ist dabei zu beachten, dass die Zugehörigkeit zu einer Clique zeitgleich mit dem Interesse zum dritten Messzeitpunkt erhoben wurde und somit diesem nicht tatsächlich vorgeordnet ist. Eine Veränderung über die Zeit wurde aber nicht erwartet. Da die Cliquenzugehörigkeit zweistufig (mit „ja" und „nein") kodiert ist, wurden Varianzanalysen mit Messwiederholung durchgeführt. Die in Tabelle 12.21 aufgeführten Ergebnisse zeigen, dass auch die Zugehörigkeit zu einer Clique in keinem Schulfach die Veränderung des Interesses zwischen dem zweiten und dritten Messzeitpunkt vorhersagt. Auch bei zusätzlicher Einbeziehung des Geschlechts in die Analysen zeigt sich in keinem der Schulfächer ein Einfluss der Cliquenzugehörigkeit auf die Interessen, daher sind diese Analysen hier nicht aufgeführt.

*Tabelle 12.21:* Ergebnisse der Varianzanalysen mit Messwiederholung zur Prüfung der Frage, ob die Zugehörigkeit zu einer Clique den Interessenverlauf in der 7. Jahrgangsstufe beeinflusst

| Interesse am Schulfach ... | Haupteffekt: Zeitpunkt | | | Haupteffekt: „Clique" | | | Interaktionseffekt „Clique x Zeitpunkt" | | |
|---|---|---|---|---|---|---|---|---|---|
| | *Df* | *F* | *p* | *df* | *F* | *p* | *df* | *F* | *p* |
| Biologie | 2 | 67.31 | < .001 | 1, 681 | 3.62 | .06 | 2 | 1.57 | .21 |
| Physik | 2 | 52.53 | < .001 | 1, 698 | 8.51 | < .01 | 2 | .46 | .63 |
| Mathematik | 2 | 62.06 | < .001 | 1, 751 | .15 | .70 | 2 | .01 | .99 |
| Englisch | 2 | 9.19 | < .001 | 1, 367 | .22 | .64 | 2 | .09 | .92 |
| Deutsch | 2 | 45.96 | < .001 | 1, 739 | .03 | .87 | 2 | 2.43 | .09 |

Anmerkung: Haupteffekt „Zeitpunkt": Haupteffekt zwischen den drei „Messzeitpunkten" bezüglich des Interesses; Haupteffekt „Clique": Haupteffekt zwischen den Schülern, die einer Clique angehören und die keiner Clique angehören; „Interaktionseffekt": Interaktion zwischen den zu den verschiedenen Messzeitpunkten gemessenen Interessen und der Zugehörigkeit zu einer Clique

Zusammengefasst haben die Ergebnisse gezeigt, dass weder die aktuellen noch die gewünschten gleich- und gegengeschlechtlichen Beziehungen noch das Ausmaß an aktiven Unternehmungen der Jugendlichen mit Freunden in ihrer Freizeit noch die Zugehörigkeit zu einer Clique einen Effekt auf die Entwicklung des Interesses in der Sekundarstufe I haben. Der scheinbare Befund, dass Jugendliche, die sich vermehrt eine Freundschaft oder Partnerschaft wünschten, weniger Interesse am Schulfach Physik aufwiesen, konnte auf einen Unterschied zwischen den Geschlechtern zurückgeführt werden, der darauf beruhte, dass Mädchen das größere Interesse an Freundschaften und Partnerschaften und das geringere Interesse an Physik hatten. Die Hypothese, dass eine generelle Ausweitung der sozialen Beziehungen zu Gleichaltrigen, die sich sowohl in der zunehmenden Bedeutung von Freundschaften, in gemeinsamen Unternehmungen, der Zugehörigkeit zu einer Clique sowie der Beziehungen zum anderen Geschlecht widerspiegelt, den Verlust der schulischen Interessen in der frühen Adoleszenz bedingt, konnte nicht bestätigt werden.

## 12.5 Befunde zur Beziehung zu den Eltern

In diesem Abschnitt werden die Ergebnisse zum Einfluss der Beziehungen zu den Eltern auf die Entwicklung schulischer Interessen in der 7. Jahrgangsstufe dargestellt. Der aus der Forschungsliteratur abgeleiteten Annahme zufolge sollte eine mit dem Ablösungsprozess einhergehende Distanzierung von den Eltern mit einem geringeren Interesse zusammenhängen und eine Abnahme fachlicher schulischer Interessen bedingen. Unter einer differenziellen Perspektive betrachtet, bedeutet dies, dass für eine weiterhin unterstützende Beziehung, in der Jugendliche sich mit ihren Eltern im Gespräch austauschen und die durch gegenseitiges Vertrauen gekennzeichnet ist, ein positiver Einfluss auf das schulische Interesse und den Interessenverlauf angenommen wird, der der Abnahme der fachlichen Interessen entgegenwirkt. Zusätzlich wurde für eine hohe Zufriedenheit der Eltern mit den Schulleistungen ihrer Kinder sowie eine geringe Auseinandersetzung über diese ein positiver Einfluss auf das Interesse und den Interessenverlauf angenommen. Fehlt dagegen eine gute Beziehung, sind die Eltern mit den Schulleistungen ihrer Kinder unzufrieden und haben deswegen häufiger Auseinandersetzungen mit ihnen, dürfte sich dies negativ auf den Interessenverlauf auswirken. Die Beziehung zu den Eltern wurde zum einen anhand der Skala *Gesprächsintensität* und der Skala *Vertrauensverhältnis* zwischen Jugendlichen und ihren Eltern, zum anderen anhand des Items *Zufriedenheit der Eltern mit den Schulleistungen* der Jugendlichen und des Items *Auseinandersetzung über die Schulleistungen* zwischen Eltern und Jugendlichen untersucht. Die Skalen und Einzelitems wurden jeweils zum dritten Messzeitpunkt erhoben. Es wird dabei davon ausgegangen, dass sich die Rangfolge der hier erhobenen interindividuellen Differenzen im Verlauf der 7. Jahrgangsstufe nicht verändert. Die Beurteilung der Ergebnisse der Einzelitems wird wiederum mit der gebotenen Vorsicht vorgenommen.

**Der Zusammenhang zwischen der Beziehung zu den Eltern und den fachlichen Interessen.** In Tabelle 12.22 sind zunächst die einfachen Korrelationen der Skalen der *Intensität der Gespräche* mit den Eltern und des *Vertrauens* zu den Eltern mit den fachspezifischen Interessen sowie die einfachen Korrelationen zwischen der Zufriedenheit der Eltern mit den Schulleistungen ihrer Kinder sowie dem Streit zwischen den Eltern und ihren Kindern über die Schulleistungen und den fachspezifischen Interessen aufgeführt. Die Tabelle zeigt, dass einige moderate signifikant positive Korrelationen zu beobachten sind. Die Skala zur Intensität der Gespräche mit der Mutter korreliert positiv mit dem Interesse an Biologie, Mathematik, Englisch und Deutsch. Die geringere nicht signifikante Gesamtkorrelation von $r = .07$ in Physik spiegelt sich nicht in den geschlechtsspezifischen Untergruppen wieder, in denen signifikant positive Korrelationen zu beobachten sind. Die fehlende Gesamtkorrelation ist auf gegenläufige Geschlechtsunterschiede im Physikinteresse und in der Kommunikation mit der Mutter zurückzuführen: Jungen interessieren sich mehr für Physik, führen aber weniger Gespräche mit der Mutter, Mädchen interessieren sich weniger für Physik, reden aber mehr mit der Mutter. Auch für die Intensität der Gespräche mit dem Vater zeigen sich moderate positive Gesamtkorrelationen mit dem Interesse an Biologie, Physik, Mathematik und Deutsch. Eine Ausnahme bildet nur die nicht signifikante Korrelation in Englisch von $r = .10$ (*n.s.*). Die anhand von z-Werten vorgenommene Signifikanzprüfung der Unterschiede zwischen den Korrelationen von Jungen und Mädchen ergab in keinem der Fächer signifikante Geschlechtsunterschiede. Da die Skala *Gesprächsintensität* ganz unterschiedliche Themen – wie das Sprechen über die Schule, Berufsvorstellungen, Freizeitbeschäftigung und eigene Probleme – umfasst, wurde zudem geprüft, ob sich spezifische Zusammenhangsmuster zwischen einzelnen Items und den schulischen Interessen ergaben. Bei Betrachtung der Einzelitems ergaben sich keine spezifische Zusammenhänge.

*Tabelle 12.22:* Korrelationen zwischen schulischen Interessen und der Beziehung zu den Eltern zum dritten Messzeitpunkt nach Schulfach und Geschlecht

| Bez. | Biologieinteresse | | | Physikinteresse | | | Mathematikint. | | | Englischinteresse | | | Deutschinteresse | | |
|---|---|---|---|---|---|---|---|---|---|---|---|---|---|---|---|
| zu 7.3 | Mä. | Ju. | Ges. | Mä. | Ju. | Ges. | Mä. | Ju. | Ges. | Mä. | Ju. | Ges. | Mä. | Ju. | Ges. |
| $G_{Mu}$ | **.14** | **.19** | **.16** | **.13** | **.14** | **.07** | **.16** | **.20** | **.16** | **.15** | **.17** | **.16** | **.17** | **.18** | **.17** |
| $G_{Va}$ | **.16** | **.21** | **.18** | **.13** | **.19** | **.18** | **.15** | **.15** | **.16** | .07 | .14 | .10 | **.16** | **.17** | **.16** |
| $V_{Mu}$ | .07 | .06 | .07 | .04 | .08 | .03 | **.15** | **.16** | **.14** | .06 | .12 | .09 | **.17** | .10 | **.14** |
| $V_{Va}$ | .07 | .04 | .05 | .07 | .09 | .06 | **.16** | **.15** | **.14** | .02 | .07 | .04 | **.19** | **.11** | **.16** |
| Zufr. | .06 | .10 | **.08** | **.12** | **.14** | **.09** | **.17** | **.20** | **.17** | **.19** | **.19** | **.19** | **.12** | **.12** | **.12** |
| Streit | -.05 | -.01 | -.03 | -.04 | -.05 | -.04 | -.08 | -.04 | -.06 | -.05 | -.08 | -.06 | -.02 | -.04 | -.03 |

Anmerkung: Bez. zu 7.3: zum dritten Messzeitpunkt erhobene Items zur Beziehung mit den Eltern; Mathematikint.: Mathematikinteresse; Mä.: Mädchen; Ju.: Jungen; Ges.: Gesamt; $G_{Mu}$: Skala *Intensität der Gespräche* mit der Mutter; $V_{Mu}$: Skala *Vertrauensverhältnis* zur Mutter; $G_{Va}$: Skala: *Intensität der Gespräche* mit dem Vater; $V_{Va}$: Skala *Vertrauensverhältnis* zum Vater; Zufr.: Item *Zufriedenheit der Eltern mit den Schulleistungen*; Streit: Item *Auseinandersetzung mit den Eltern über die Schulleistungen.* Werte mit einem Signifikanzniveau von $p < .05$ sind hervorgehoben.

Aus Tabelle 12.22 wird ersichtlich, dass sich für die Skala *Vertrauensverhältnis* zu Mutter und Vater ein geringfügiger signifikant positiver Zusammenhang mit dem schulischen Interesse an Mathematik und Deutsch, nicht aber in den anderen Fächern, ergibt. Ein signifikanter Unterschied zwischen den Geschlechtern, d.h. ein bei den Jungen im Vergleich zu den Mädchen schwächerer Zusammenhang in Deutsch ist – wie die ermittelten z-Werte für unabhängige Stichproben (vgl. Bortz, 1993, S. 203) zeigen, nicht zu beobachten. Auch die Skala *Vertrauensverhältnis* beinhaltet leicht unterschiedliche Aspekte. Daher wurde geprüft, ob Aspekte wie das aufmerksame Zuhören, wenn Jugendliche etwas erzählen, einen anderen Zusammenhang mit den schulischen Interessen aufweisen als z.B. die Tatsache, dass man mit den Eltern keinen Streit hat. Die hier nicht aufgeführten Zusammenhänge zwischen einzelnen Items der Skala und den fachspezifischen Interessen ergeben leicht mehr signifikante Korrelationen für die Items zum Verständnis der Eltern und zur Aufmerksamkeit beim Zuhören als für die anderen Items. Insgesamt sind die Unterschiede in den Korrelationen zwischen den Items aber so gering, dass auch hier nicht von spezifischen Zusammenhängen gesprochen werden kann.

Tabelle 12.22 lässt sich zudem eine moderate signifikante Gesamtkorrelation zwischen der Zufriedenheit der Eltern mit den Schulleistungen ihrer Kinder und den fachspezifischen Interessen für die Fächer Mathematik, Englisch und Deutsch entnehmen, sowie geringfügige Gesamtkorrelationen für die Fächer Physik und Biologie. Die im Gegensatz zu den geschlechtsspezifischen Untergruppen leicht geringere Gesamtkorrelation in Physik ist wieder auf gegenläufige Geschlechtsunterschiede zurückzuführen: Jungen sind an Physik interessierter, die Eltern sind aber etwas weniger zufrieden mit deren Schulleistungen in Physik; Mädchen sind an Physik weniger interessiert, die Eltern sind aber mit deren Schulleistungen etwas zufriedener. In Biologie wird die mit $r = .08$ geringfügig positive Gesamtkorrelation in den geschlechtsspezifischen Untergruppen aufgrund der Halbierung der Stichprobe nicht mehr signifikant. Bezüglich der Auseinandersetzungen mit den Eltern über die Schulleistungen zeigen sich keine signifikanten Korrelationen mit den fachspezifischen Interessen. Allerdings entsprechen die Vorzeichen durchweg dem erwarteten negativen Zusammenhang.

**Der Einfluss der Beziehung der Jugendlichen zu ihren Eltern auf die Interessenentwicklung.** Zur Prüfung der Annahme, ob die Beziehung der Jugendlichen zu ihren Eltern einen Einfluss auf die Abnahme der Interessen in der 7. Jahrgangsstufe nimmt, wurden wieder multiple lineare Regressionsanalysen durchgeführt. Mit den Skalen wurden die interindividuelle Differenzen zwischen den Jugendlichen mit mehr oder weniger guter Beziehung zu den Eltern erfasst und in Beziehung zur Entwicklung des Interesses gesetzt. Da die Skalen in der BIJU-Studie allerdings nur zum dritten Messzeitpunkt eingesetzt wurden, sind sie den fachlichen Interessen nicht zeitlich vorgeordnet. Wie im Methodenteil dargelegt setzt ein solches Vorgehen voraus, dass sich die interindividuelle Rangfolge bezüglich der Qualität der Beziehung zu den Eltern innerhalb der 7. Jahrgangsstufe nicht ändert. Ändert sich die interindividuelle Rangfolge der Beziehung zu den Eltern im Verlauf der 7. Jahrgangsstufe doch, ergeben sich Probleme bei der Interpretation der Ergebnisse. Dies soll bei der Interpretation in Betracht gezogen werden. Kontrolliert wird um das Interesse zu den jeweils vorangegangenen Messzeitpunkten. Um Geschlechtseffekte aufzudecken, wurden alle Analysen unter Einbeziehung des Geschlechts wiederholt. Die Koeffizienten dieser Effekte werden nur aufgeführt, wenn sie von den Ergebnissen ohne Kontrolle des Geschlechts abweichen. Die Koeffizienten der Ergebnisse zu den Analysen mit dem etwas weniger konservativen Vorgehen bezüglich der Vorhersage des Interesses zum dritten Messzeitpunkt, bei denen nur das Interesse zum unmittelbar vorangegangenen Messzeitpunkt einbezogen wurde, werden ebenfalls nur berichtet, wenn sie von den in den Tabellen aufgeführten Ergebnissen abweichen.

**Der Einfluss der Intensität der Gespräche mit den Eltern auf die Interessenentwicklung.** Im Folgenden wird der Einfluss der Skala zur *Intensität der Gespräche* auf die Entwicklung fachlicher Interessen analysiert. Die Ergebnisse der Analysen für die Vorhersage der fachlichen Interessen zum zweiten Messzeitpunkt sind in Tabelle 12.23 dargestellt. Tabelle 12.24 gibt die Ergebnisse für die Vorhersage der fachlichen Interessen zum dritten Messzeitpunkt wieder.

*Tabelle 12.23:* Ergebnisse der multiplen linearen Regressionsanalysen zur Vorhersage des schulischen Interesses zum zweiten Messzeitpunkt durch die Intensität der Gespräche mit Mutter und Vater pro Schulfach

| Bez. zu ... | Vorhersage des Interesses zu 7.2 am Schulfach ... | durch Interesse zu 7.1 | | | durch Gesprächsintensität zu 7.3 | | |
|---|---|---|---|---|---|---|---|
| | | $\beta$ | $t$ | $p$ | $\beta$ | $t$ | $p$ |
| Mutter | Biologie | .51 | 15.62 | < .001 | .11 | 3.38 | .001 |
| | Physik | .50 | 15.46 | < .001 | .04 | 1.31 | .19 |
| | Mathematik | .58 | 19.67 | < .001 | .07 | 2.55 | < .05 |
| | Englisch | .59 | 14.02 | < .001 | .07 | 1.65 | .10 |
| | Deutsch | .52 | 16.66 | < .001 | .12 | 3.89 | < .001 |
| Vater | Biologie | .51 | 15.55 | < .001 | .10 | 3.08 | < .01 |
| | Physik | .49 | 15.00 | < .001 | .13 | 3.95 | < .001 |
| | Mathematik | .58 | 19.48 | < .001 | .06 | 2.01 | < .05 |
| | Englisch | .60 | 14.20 | < .001 | .03 | .61 | .54 |
| | Deutsch | .52 | 16.83 | < .001 | .10 | 3.37 | < .01 |

Anmerkung: 7.1, 7.2, 7.3: 1., 2. und 3. Messzeitpunkt in der 7. Jahrgangsstufe. Kontrolliert wurde um das Interesse zum ersten Messzeitpunkt.

Tabelle 12.23 zeigt, dass in fast allen Schulfächern ein leichter Effekt der Intensität der Gespräche zwischen den Eltern und ihren Kindern auf die schulischen Interessen zum zweiten Messzeitpunkt zu verzeichnen ist. So zeigt sich ohne und mit Kontrolle des Geschlechts ein signifikant positiver Einfluss des Gesprächs mit beiden Eltern auf das Interesse an Biologie, Mathematik und Deutsch. In Physik zeigt sich – ohne und mit Kontrolle des Geschlechts – ein signifikant positiver Einfluss des Gesprächs mit dem Vater auf das Interesse, und wenn das Geschlecht in die Analysen einbezogen wird auch ein signifikant positiver Einfluss des Gesprächs mit der Mutter ($\beta = .07$; $t = 2.28$, $p < .05$). Nur auf das zum zweiten Messzeitpunkt gemessene Interesse an Englisch zeigt sich unter keiner Bedingung ein Einfluss der Gesprächsintensität. Tabelle 12.24 zeigt, dass – mit und ohne Kontrolle des Geschlechts – für das Gespräch mit der Mutter ein leichter signifikant positiver Effekt auf das Mathematikinteresse zum dritten Messzeitpunkt auftritt. Allerdings ist der Betakoeffizient gering ($\beta \leq .07$). Ein Einfluss der Intensität der Gespräche mit der Mutter wird dagegen für Biologie und Physik nur sichtbar, wenn man gleichzeitig weniger konservativ vorgeht und das Geschlecht einbezieht (Biologie: $\beta = .07$; $t = 2.02$, $p < .05$, Physik: $\beta = .07$; $t = 2.06$, $p < .05$).

*Tabelle 12.24:* Ergebnisse der multiplen linearen Regressionsanalysen zur Vorhersage des schulischen Interesses zum dritten Messzeitpunkt durch die Intensität der Gespräche mit Mutter und Vater pro Schulfach

| Bez. zu ... | Vorhersage des Interesses zu 7.3 am Schulfach ... | durch Interesse zu 7.1 | | | durch Interesse zu 7.2 | | | durch Gesprächsintensität zu 7.3 | | |
|---|---|---|---|---|---|---|---|---|---|---|
| | | *β* | *t* | *p* | *β* | *t* | *p* | *β* | *t* | *p* |
| Mutter | Biologie | .19 | 5.29 | < .001 | .43 | 11.66 | < .001 | .05 | 1.68 | .09 |
| | Physik | .24 | 6.66 | < .001 | .42 | 11.92 | < .001 | .03 | 1.02 | .31 |
| | Mathematik | .23 | 6.46 | < .001 | .46 | 13.11 | < .001 | .07 | 2.40 | < .05 |
| | Englisch | .17 | 3.39 | < .001 | .53 | 10.66 | < .001 | .04 | 1.08 | .28 |
| | Deutsch | .21 | 6.26 | < .001 | .47 | 13.66 | < .001 | .04 | 1.21 | .23 |
| Vater | Biologie | .19 | 5.21 | < .001 | .43 | 11.65 | < .001 | .07 | 2.27 | < .05 |
| | Physik | .23 | 6.60 | < .001 | .42 | 11.58 | < .001 | .06 | 1.94 | .05 |
| | Mathematik | .22 | 6.35 | < .001 | .46 | 13.19 | < .001 | .05 | 1.89 | .06 |
| | Englisch | .17 | 3.43 | < .001 | .53 | 10.76 | < .001 | .01 | .36 | .72 |
| | Deutsch | .21 | 6.26 | < .001 | .47 | 13.69 | < .001 | .04 | 1.50 | .13 |

Anmerkung: 7.1, 7.2: 1. und 2. Messzeitpunkt in der 7. Jahrgangsstufe. Kontrolliert wurde um das Interesse zum ersten und zweiten Messzeitpunkt.

Unter keiner Bedingung zeigt sich zum dritten Messzeitpunkt dagegen ein Effekt des Gesprächs mit der Mutter auf das Englisch- und Deutschinteresse. Für das Gespräch mit dem Vater zeigt sich – mit und ohne Kontrolle des Geschlechts – ein leichter signifikant positiver Einfluss auf das Biologieinteresse. Ein Einfluss auf das Physikinteresse wird erst signifikant, wenn das Geschlecht einbezogen wird ($\beta$ = .06; $t$ = 1.99, $p < .05$). Ein Einfluss auf das Mathematikinteresse wird ebenfalls erst signifikant weniger konservativ vorgegangen wird (ohne Einbeziehung des Geschlechts: $\beta$ = .07; $t$ = 2.37, $p < .05$; mit Einbeziehung des Geschlechts: $\beta$ = .07; $t$ = 2.31, $p < .05$). Der Einfluss des Gesprächs mit dem Vater auf das Interesse an Englisch und Deutsch zum dritten Messzeitpunkt wird unter keiner Bedingung signifikant. Es lässt sich somit festhalten, dass nur unter der weniger konservativen Bedingung eine gesprächsintensive Beziehung zwischen Eltern und Jugendlichen relativ durchgängig dem Interessenverlust in den mathematisch-naturwissenschaftlichen Fächern entgegenwirkt (allerdings waren die Betakoeffizienten im zweiten Schulhalbjahr mit $\beta \leq .07$ sehr gering). Im Fach Deutsch war ein solcher Effekt nur für die Entwicklung des Interesses im ersten Schulhalbjahr beobachtbar. Für die Interessenentwicklung im Fach Englisch spielte die Gesprächsintensität keine Rolle.

**Der Einfluss des Vertrauensverhältnisses zu den Eltern auf die Interessenentwicklung.** Die Ergebnisse der Analysen zum Einfluss der Skala *Vertrauensverhältnis* auf die fachspezifischen Interessen sind für den zweiten Messzeitpunkt in Tabelle 12.25, für den dritten Messzeitpunkt in Tabelle 12.26 aufgeführt.

*Tabelle 12.25:* Ergebnisse der multiplen linearen Regressionsanalysen zur Vorhersage des schulischen Interesses zum zweiten Messzeitpunkt durch das Vertrauensverhältnis zu Mutter und Vater pro Schulfach

| Bez. zu ... | Vorhersage des Interesses zu 7.2 am Schulfach ... | durch Interesse zu 7.1 | | | durch Vertrauen zu 7.3 | | |
|---|---|---|---|---|---|---|---|
| | | *β* | *t* | *p* | *β* | *t* | *p* |
| Mutter | Biologie | .52 | 15.97 | < .001 | .07 | 2.01 | < .05 |
| | Physik | .51 | 15.51 | < .001 | .01 | .40 | .69 |
| | Mathematik | .58 | 19.67 | < .001 | .06 | 1.97 | < .05 |
| | Englisch | .60 | 14.38 | < .001 | .04 | 1.02 | .31 |
| | Deutsch | .53 | 16.91 | < .001 | .08 | 2.67 | < .01 |
| Vater | Biologie | .52 | 16.02 | < .001 | .04 | 1.32 | .19 |
| | Physik | .51 | 15.48 | < .001 | .01 | .36 | .72 |
| | Mathematik | .58 | 19.67 | < .001 | .06 | 2.05 | < .05 |
| | Englisch | .60 | 14.41 | < .001 | .03 | .79 | .43 |
| | Deutsch | .53 | 16.99 | < .001 | .06 | 1.91 | .06 |

Anmerkung: 7.1, 7.2, 7.3: 1., 2. und 3. Messzeitpunkt in der 7. Jahrgangsstufe. Kontrolliert wurde um das Interesse zum ersten Messzeitpunkt.

*Tabelle 12.26:* Ergebnisse der multiplen linearen Regressionsanalysen zur Vorhersage des schulischen Interesses zum dritten Messzeitpunkt durch das Vertrauensverhältnis zu Mutter und Vater pro Schulfach

| Bez. zu ... | Vorhersage des Interesses zu 7.3 am Schulfach ... | durch Interesse zu 7.1 | | | durch Interesse zu 7.2 | | | durch Vertrauen zu 7.3 | | |
|---|---|---|---|---|---|---|---|---|---|---|
| | | *β* | *t* | *p* | *β* | *t* | *p* | *β* | *t* | *p* |
| Mutter | Biologie | .20 | 5.38 | < .001 | .44 | 11.92 | < .001 | .00 | .01 | .99 |
| | Physik | .24 | 6.67 | < .001 | .43 | 11.97 | < .001 | .01 | .22 | .82 |
| | Mathematik | .22 | 6.42 | < .001 | .46 | 13.19 | < .001 | .06 | 2.05 | < .05 |
| | Englisch | .17 | 3.48 | < .001 | .53 | 10.73 | < .001 | .04 | .97 | .33 |
| | Deutsch | .21 | 6.27 | < .001 | .47 | 13.81 | < .001 | .03 | .93 | .35 |
| Vater | Biologie | .20 | 5.38 | < .001 | .44 | 11.94 | < .001 | .00 | -.01 | .99 |
| | Physik | .24 | 6.64 | < .001 | .43 | 11.97 | < .001 | .02 | .70 | .48 |
| | Mathematik | .22 | 6.43 | < .001 | .46 | 13.19 | < .001 | .06 | 1.99 | < .05 |
| | Englisch | .17 | 3.49 | < .001 | .53 | 10.77 | < .001 | .00 | .10 | .92 |
| | Deutsch | .21 | 6.17 | < .001 | .47 | 13.82 | < .001 | .06 | 2.06 | < .05 |

Anmerkung: 7.1, 7.2: 1. und 2. Messzeitpunkt in der 7. Jahrgangsstufe. Kontrolliert wurde um das Interesse zum ersten und zweiten Messzeitpunkt.

Tabelle 12.25 lässt sich entnehmen, dass nur in einigen Schulfächern ein leichter signifikant positiver Effekt des Vertrauensverhältnisses zu den Eltern auf das schulische Interesse zum zweiten Messzeitpunkt zu beobachten ist, wobei auch hier alle Betakoeffizienten sehr gering ausfallen ($\beta \leq .06$). Auf das Interesse in Mathematik hat das Vertrauensverhältnis zu beiden Eltern – mit und ohne Kontrolle des Geschlechts – einen leichten Einfluss. Der Einfluss des Vertrauensverhältnisses auf das Deutschinteresse zum zweiten Messzeitpunkt fällt – mit und ohne Kontrolle des Geschlechts – nur für die Mutter signifikant aus, während er für den Vater das Signifikanzniveau knapp verfehlt. In Biologie wird der Einfluss des Vertrauensverhältnisses zur Mutter auf das Interesse zum zweiten Messzeitpunkt knapp nicht mehr signifikant, wenn das Geschlecht in die Analyen einbezogen wird ($\beta = .06$; $t = 1.92$, $p = .055$). Für den Vater wird der Einfluss des Vertrauensverhältnisses auf das Biologieinteresse unter keiner Bedingung signifikant. Unter keiner Bedingung nimmt das Vertrauensverhältnis zu den Eltern einen Einfluss auf das Interesse an den Fächern Physik und Englisch. Tabelle 12.26 zeigt, dass ein leichter Einfluss des Vertrauens auf das Interesse zum dritten Messzeitpunkt für beide Eltern – mit und ohne Kontrolle des Geschlechts – nur in Mathematik zu beobachten ist. Bezüglich des Vaters zeigt sich ein Einfluss des Vertrauens auf das Interesse zum dritten Messzeitpunkt – mit und ohne Kontrolle des Geschlechts – zusätzlich in Deutsch. In den übrigen Schulfächern zeigt sich unter keiner Bedingung kein Einfluss des Vertrauensverhältnisses auf das Interesse zum dritten Messzeitpunkt. Zusammengefasst zeigt sich ein durchgängiger Einfluss des Vertrauens nur für das Mathematikinteresse. Ein Einfluss auf das Deutschinteresse ist im ersten Schulhalbjahr für die Mutter, im zweiten Schulhalbjahr für den Vater beobachtbar. In den anderen Fächern ist nach Kontrolle des Geschlechts kein Einfluss zu verzeichnen.

**Der Einfluss der Zufriedenheit der Eltern mit den Schulleistungen ihrer Kinder auf die Interessenentwicklung.** Tabelle 12.27 gibt den zum ersten Messzeitpunkt erhobenen Einfluss der Zufriedenheit der Eltern mit den Schulleistungen der Jugendlichen auf das Interesse zum zweiten Messzeitpunkt wieder. Tabelle 12.28 zeigt den Einfluss der Zufriedenheit der Eltern mit den Schulleistungen der Jugendlichen auf das Interesse zum dritten Messzeitpunkt.

*Tabelle 12.27:* Ergebnisse der multiplen linearen Regressionsanalysen zur Vorhersage des schulischen Interesses zum zweiten Messzeitpunkt durch die Zufriedenheit der Eltern mit den Schulleistungen der Jugendlichen für die verschiedenen Schulfächer

| | Vorhersage des Interesses zu 7.2 am Schulfach ... | durch Interesse zu 7.1 | | | durch Zufriedenheit zu 7.3 | | |
|---|---|---|---|---|---|---|---|
| | | $\beta$ | $t$ | $p$ | $\beta$ | $t$ | $p$ |
| Zufriedenheit | Biologie | .52 | 15.99 | < .001 | .05 | 1.45 | .15 |
| | Physik | .50 | 15.39 | < .001 | .05 | 1.56 | .12 |
| | Mathematik | .58 | 19.65 | < .001 | .05 | 1.78 | .08 |
| | Englisch | .59 | 13.92 | < .001 | .08 | 1.81 | .07 |
| | Deutsch | .53 | 17.10 | < .001 | .10 | 3.13 | < .01 |

Anmerkung: 7.1, 7.2, 7.3: 1., 2. und 3. Messzeitpunkt in der 7. Jahrgangsstufe. Kontrolliert wurde um das Interesse zum ersten Messzeitpunkt.

*Tabelle 12.28:* Ergebnisse der multiplen linearen Regressionsanalyse zur Vorhersage des schulischen Interesses zum dritten Messzeitpunkt durch die Zufriedenheit der Eltern mit den Schulleistungen der Jugendlichen für die verschiedenen Schulfächer

| | Vorhersage des Interesses zu 7.3 am Schulfach ... | durch Interesse zu 7.1 $\beta$ | $t$ | $p$ | durch Interesse zu 7.2 $\beta$ | $t$ | $p$ | durch Zufriedenheit zu 7.3 $\beta$ | $t$ | $p$ |
|---|---|---|---|---|---|---|---|---|---|---|
| Zufriedenheit | Biologie | .20 | 5.34 | < .001 | .44 | 11.90 | < .001 | .02 | .79 | .43 |
| | Physik | .24 | 6.64 | < .001 | .42 | 11.89 | < .001 | .04 | 1.22 | .22 |
| | Mathematik | .22 | 6.35 | < .001 | .46 | 13.19 | < .001 | .08 | 2.97 | < .01 |
| | Englisch | .17 | 3.34 | < .001 | .53 | 10.62 | < .001 | .06 | 1.57 | .12 |
| | Deutsch | .22 | 6.33 | < .001 | .47 | 13.78 | < .001 | .02 | .80 | .42 |

Anmerkung: 7.1, 7.2, 7.3: 1., 2. und 2. Messzeitpunkt in der 7. Jahrgangsstufe. Kontrolliert wurde um das Interesse zum ersten und zweiten Messzeitpunkt.

Wie aus Tabelle 12.27 hervorgeht, wird ohne Einbeziehung des Geschlechts in die Analysen nur der Koeffizient für Deutsch signifikant. Bezieht man das Geschlecht ein, werden daneben auch die Koeffizienten für Physik ($\beta = .07$; $t = 2.18$, $p < .05$) und Mathematik ($\beta = .06$; $t = 2.00$, $p < .05$) signifikant. In Englisch wird das Signifikanzniveau auch nach Einbeziehung des Geschlechts noch knapp verfehlt. Wie sich Tabelle 12.28 entnehmen lässt, zeigt sich zum dritten Messzeitpunkt ein Einfluss der Zufriedenheit der Eltern mit den Schulleistungen auf das Interesse nur für Mathematik. Wird weniger konservativ vorgegangen und zudem das Geschlecht einbezogen, zeigt sich ein solcher Einfluss auch für Physik ($\beta = .06$; $t = 2.00$, $p < .05$). Zusammengefasst bedeutet dies, dass sich nur bei weniger konservativem Vorgehen für Mathematik und Physik in beiden Schulhalbjahren und in Deutsch im ersten Schulhalbjahr ein Einfluss der Zufriedenheit mit den Schulleistungen auf die Interessenentwicklung zeigt.

**Der Einfluss der Auseinandersetzungen der Eltern mit ihren Kindern über die Schulleistungen auf die Interessenentwicklung.** Tabelle 12.29 zeigt den zum ersten Messzeitpunkt erhobenen Einfluss der Auseinandersetzungen der Eltern mit ihren Kindern über die Schulleistungen auf das Interesse zum zweiten Messzeitpunkt. Tabelle 12.30 gibt den Einfluss der Auseinandersetzungen der Eltern mit ihren Kindern über die Schulleistungen auf das Interesse zum dritten Messzeitpunkt wieder. Den Tabellen 12.29 und 12.30 lässt sich entnehmen, dass die Auseinandersetzungen mit den Eltern über die Schulleistungen zu keinem Messzeitpunkt einen Einfluss auf das Interesse zeigen. Dies gilt auch, wenn um das Geschlecht kontrolliert wird und wenn weniger konservativ vorgegangen wird.

*Tabelle 12.29:* Ergebnisse der multiplen linearen Regressionsanalysen zur Vorhersage des schulischen Interesses zum zweiten Messzeitpunkt durch die Auseinandersetzung der Eltern mit den Jugendlichen über ihre Schulleistungen für die verschiedenen Schulfächer

| | Vorhersage des Interesses zu 7.2 am Schulfach ... | durch Interesse zu 7.1 | | | durch Auseinandersetzungen zu 7.3 | | |
|---|---|---|---|---|---|---|---|
| | | *β* | *t* | *p* | *β* | *t* | *p* |
| Auseinander-setzung | Biologie | .52 | 16.08 | < .001 | -.03 | -.99 | .32 |
| | Physik | .50 | 15.49 | < .001 | -.05 | -1.54 | .12 |
| | Mathematik | .59 | 19.84 | < .001 | -.02 | -.67 | .50 |
| | Englisch | .60 | 14.43 | < .001 | -.00 | -.09 | .93 |
| | Deutsch | .54 | 17.42 | < .001 | .01 | .48 | .63 |

Anmerkung: 7.1, 7.2, 7.3: 1., 2. und 3. Messzeitpunkt in der 7. Jahrgangsstufe. Kontrolliert wurde um das Interesse zum ersten Messzeitpunkt.

*Tabelle 12.30:* Ergebnisse der multiplen linearen Regressionsanalysen zur Vorhersage des schulischen Interesses zum dritten Messzeitpunkt durch die Auseinandersetzungen der Eltern mit den Jugendlichen über ihre Schulleistungen für die verschiedenen Schulfächer

| | Vorhersage des Interesses zu 7.3 am Schulfach ... | durch Interesse zu 7.1 | | | durch Interesse zu 7.2 | | | durch Auseinander-setzungen zu 7.3 | | |
|---|---|---|---|---|---|---|---|---|---|---|
| | | *β* | *t* | *p* | *β* | *t* | *p* | *β* | *t* | *p* |
| Auseinander-setzung | Biologie | .20 | 5.38 | < .001 | .44 | 11.95 | < .001 | .01 | .18 | .85 |
| | Physik | .24 | 6.68 | < .001 | .43 | 11.96 | < .001 | .00 | .09 | .93 |
| | Mathematik | .23 | 6.50 | < .001 | .47 | 13.33 | < .001 | -.00 | -.07 | .94 |
| | Englisch | .17 | 3.46 | < .001 | .53 | 10.79 | < .001 | -.04 | -1.01 | .31 |
| | Deutsch | .22 | 6.33 | < .001 | .48 | 13.97 | < .001 | -.01 | -.39 | .69 |

Anmerkung: 7.1, 7.2, 7.3: 1., 2. und 2. Messzeitpunkt in der 7. Jahrgangsstufe. Kontrolliert wurde um das Interesse zum ersten und zweiten Messzeitpunkt.

**Konfundierung mit dem Bildungshintergrund der Eltern.** Eine intensive Beziehung zu den Eltern, insbesondere eine hohe Intensität der Gespräche mit den Eltern, kann mit dem Bildungsniveau der Eltern korreliert sein, womit eine Konfundierung beider Variablen vorläge. Um zu überprüfen, ob eine solche Konfundierung gegeben ist, wurden bivariate Korrelationen des Bildungsabschlusses von Mutter und Vater mit den hier untersuchten Variablen zur Elternbeziehung durchgeführt. Der Bildungsabschluss des Vaters korrelierte leicht signifikant positiv mit der Gesprächsintensität mit dem Vater ($r = .14$, $p < .01$) und dem Vertrauensverhältnis zum Vater ($r = .15$, $p < .01$), der Bildungsabschluss der Mutter leicht signifikant positiv mit dem Vertrauensverhältnis zur Mutter (r = .10, p < .01). Die Korrelationen fielen aber insgesamt zu gering aus, um von einer Konfundierung der Variablen auszugehen.

Fasst man die Ergebnisse zum Einfluss der Beziehungen zwischen den Jugendlichen und ihren Eltern auf den Interessenverlauf zusammen, ist in fast allen Schulfächern ein leichter positiver Effekt der *Intensität des Gesprächs* zwischen den Jugendlichen und ihren Eltern auf die fachlichen Interessen zu verzeichnen – für den dritten Messzeitpunkt allerdings nur, wenn weniger konservativ vorgegangen wurde. Kein Einfluss der Intensität der Gespräche mit den Eltern zeigte sich durchgängig bezüglich des Englischinteresses, und zum dritten Messzeitpunkt auch bezüglich des Deutschinteresses. Insgesamt waren die Effekte allerdings sehr gering, da sie bei konservativerem Vorgehen für die Vorhersage des Interesses zum dritten Messzeitpunkt verschwanden und sich nur noch ein geringfügiger Einfluss des Gesprächs mit der Mutter auf das Mathematikinteresse und des Gesprächs mit dem Vater auf das Biologie- und Physikinteresse zeigte. Für die Skala *Vertrauensverhältnis* zeigte sich durchgängig ein leichter positiver Einfluss des Vertrauens zwischen Eltern und Jugendlichen auf das Mathematikinteresse. Ein geringer positiver Einfluss auf das Deutschinteresse zeigte sich zum zweiten Messzeitpunkt bezüglich des Vertrauens zur Mutter, zum dritten Messzeitpunkt bezüglich des Vertrauens zum Vater. Auch ergab sich zu beiden Messzeitpunkten ein positiver Einfluss der Zufriedenheit der Eltern mit den Schulnoten auf das Interesse an Mathematik und – bei konservativerem Vorgehen – auch an Physik. Ein Einfluss dieser Variable auf das Interesse an Deutsch zeigte sich nur zum zweiten Messzeitpunkt. Kein Einfluss zeigte sich für die Auseinandersetzung bezüglich der Schulleistungen.

Es kann festgehalten werden, dass ein gutes Verhältnis zu den Eltern in der 7. Jahrgangsstufe am ehesten dem Interessenverlust in den harten mathematisch-naturwissenschaftlichen Fächern entgegenwirkt. In Deutsch zeigten sich z.T. ebenfalls signifikante Effekte. Für das Interesse an Englisch spielte die Beziehung zu den Eltern keine Rolle. Allerdings fielen die Effekte für die Beziehung zu den Eltern auf das Interesse insgesamt nicht besonders hoch aus. Zudem wurden – aufgrund der Stichprobengröße – auch Betakoeffizienten statistisch signifikant, die praktisch von nur sehr geringer Relevanz sind (z.B. $\beta \leq .07$).

## 12.6 Befunde zu Freizeitinteressen

Dieser Abschnitt behandelt die Frage, inwieweit sich Freizeitinteressen auf den Verlauf der schulischen Interessen in der 7. Jahrgangsstufe auswirken. Hiermit wird die aus der Forschungsliteratur zum Jugendalter abgeleitete Annahme überprüft, dass Freizeitinteressen im Sinne konkurrierender Interessen die Abnahme der fachlichen Interessen mitbedingen. In den Analysen wurden die zum ersten Messzeitpunkt eingesetzten Skalen *Interesse an Sozialpflege/Erziehung, Politik/Wirtschaft, Musik* und *Kunst* verwendet. Es sei daran erinnert, dass bildungsferne Freizeitinteressen wie Sport und Unterhaltung aufgrund der geringen Reliabilität der Skalen ($\alpha = .42$ und $\alpha = .43$) nicht verwendet werden konnten.

Aus der Forschungsliteratur lässt sich ableiten, dass die Freizeitinteressen von Jungen und Mädchen geschlechtsspezifisch ausfallen. Ob dies bei den in der BIJU-Studie erhobenen Freizeitinteressen ebenfalls der Fall ist, wurde mit einem *t*-Test für unabhängige Stichproben vorab geprüft. Aufgrund der Inhomogenität der Varianzen der beiden verglichenen geschlechtsspezifischen Gruppen wurden korrigierte Prüfgrößen berechnet. In Tabelle 12.31 sind exemplarisch die Mittelwertvergleiche für die effektive Stichprobe der Schülerinnen und Schüler aufgeführt, die Mathematikunterricht erhalten haben. Die Mittelwertvergleiche für die anderen fachspezifischen Teilstichproben sind diesen vergleichbar.

*Tabelle 12.31:* Mittelwertvergleich im Freizeitinteresse von Mädchen und Jungen mit dem *t*-Test für unabhängige Stichproben an der effektiven Stichprobe in Mathematik

| | Mädchen | | Jungen | | Test auf Varianzenhomogenität | | | | | |
|---|---|---|---|---|---|---|---|---|---|---|
| Interesse an ... | $\bar{x}$ | $s$ | $\bar{x}$ | $s$ | $F$ | $p$ | $t$ | $df$ | $p$ (2seit.) | $\bar{x}$ - Diff. |
| Soz./Erz. | 3.76 | .72 | 2.97 | .84 | 6.14 | < .05 | 13.86 | 677 | < .001 | .79 |
| Pol./Wirt. | 2.06 | .77 | 2.42 | .93 | 9.91 | < .01 | -5.68 | 664 | < .001 | -.36 |
| Musik | 2.76 | .93 | 1.91 | .83 | 4.81 | < .05 | 13.24 | 748 | < .001 | .85 |
| Kunst | 3.85 | .77 | 3.18 | .91 | 10.96 | < .01 | 10.77 | 670 | < .001 | .67 |

Anmerkung: Soz./Erz.: Sozialpflege/Erziehung; Pol./Wirt.: Politik/Wirtschaft; $\bar{x}$ -Diff.: Mittelwertdifferenz; Stichprobe: 410 Schülerinnen, 343 Schüler. Aufgrund der Inhomogenität der Varianzen der geschlechtsspezifischen Gruppen wurden in allen Fächern korrigierte Prüfgrößen verwendet.

Der Tabelle lässt sich entnehmen, dass das Freizeitinteresse der Jungen an Politik/Wirtschaft signifikant stärker ausgeprägt ist als das Interesse der Mädchen an diesem Bereich. Die Mädchen hingegen interessieren sich im Vergleich zu den Jungen außerhalb der Schule signifikant mehr dafür zu musizieren oder sich künstlerisch zu beschäftigen und haben auch signifikant mehr Interesse an Sozialpflege/Erziehung.

**Der Zusammenhang zwischen außerschulischen und fachspezifischen schulischen Interessen.** Um zu prüfen, inwieweit die Freizeitinteressen mit den fachlichen Interessen zusammenhängen, wurden zunächst wieder einfache Korrelationen berechnet. In Tabelle 12.32 werden die Korrelationen der zum ersten Messzeitpunkt in der 7. Jahrgangsstufe erhobenen Freizeitinteressen mit den zum ersten Messzeitpunkt erhobenen fachlichen Interessen berichtet.

*Tabelle 12.32:* Korrelationen für die schulischen Interessen und erhobenen Freizeitinteressen pro Fach zum ersten Messzeitpunkt (Mädchen, Jungen, Gesamt)

| | Biologieinteresse | | | Physikinteresse | | | Mathematikint. | | | Englischinteresse | | | Deutschinteresse | | |
|---|---|---|---|---|---|---|---|---|---|---|---|---|---|---|---|
| | Mä. | Ju. | Ges. | Mä. | Ju. | Ges. | Mä. | Ju. | Ges. | Mä. | Ju. | Ges. | Mä. | Ju. | Ges. |
| P/W | **.28** | **.22** | **.24** | **.36** | **.28** | **.36** | **.24** | **.23** | **.26** | **.19** | **.31** | **.24** | **.31** | **.29** | **.28** |
| Soz. | **.27** | **.25** | **.23** | **.25** | **.21** | .01 | **.21** | **.22** | **.12** | **.17** | **.23** | **.19** | **.25** | **.26** | **.26** |
| Mus. | **.29** | **.22** | **.23** | **.19** | **.18** | -.02 | **.17** | **.18** | **.09** | **.16** | **.16** | **.16** | **.20** | **.23** | **.22** |
| Ku. | **.29** | **.34** | **.30** | **.16** | **.21** | .02 | **.16** | **.13** | **.08** | **.16** | **.20** | **.17** | **.16** | **.25** | **.22** |

Anmerkung: Mä.: Mädchen; Ju.: Jungen; Ges.: Gesamt; Soz.: Sozialpflege/Erziehung, P/W: Politik/Wirtschaft; Mus.: Musik, Ku.: Kunst. Werte mit einem Signifikanzniveau von $p < .05$ sind hervorgehoben.

Die Tabelle zeigt eine Reihe moderater signifikant positive Korrelationen des Interesses mit den Freizeitinteressen. Korrelationsunterschiede in den geschlechtsspezifischen Untergruppen wurden in keinem Fall signifikant ($1.22 \leq z \leq -1.27$, alle *n.s.*). Moderate positive Korrelationen mit allen Freizeitinteressen zeigen sich für das Interesse an Biologie ($r \geq .23$), Deutsch ($r \geq .22$) und Englisch ($r \geq .16$). Die Korrelation des Physikinteresses mit dem außerschulischen Interesse an Wirtschaft/Politik ist vergleichsweise hoch ($r = .36$). Zwischen dem Physikinteresse und dem Interesse an Sozialpflege/Erziehung, Musik und Kunst ergeben sich in der Gesamtgruppe ($-.02 \leq r \leq .01$) Nullkorrelationen, während die Korrelationen in den geschlechtsspezifischen Gruppen mit Koeffizienten zwischen moderat bis hoch ausfallen ($.16 \leq r \leq .36$). Dies liegt daran, dass die Jungen im Durchschnitt signifikant mehr Interesse am schulischen Fach Physik aufweisen als die Mädchen und die geschlechtsspezifischen Unterschiede in den Freizeitinteressen diesem Unterschied genau entgegengesetzt sind: Wie weiter oben dargelegt, weisen Mädchen im Vergleich zu Jungen ein signifikant höheres Interesse an Sozialpflege/Erziehung, Musik und Kunst auf. Die gegenläufige Interessenlage ist dafür verantwortlich, dass bestehende Zusammenhänge in der Gesamtgruppe nicht deutlich werden. Bezüglich des Mathematikinteresses ergibt sich ein ähnliches Muster wie für das Physikinteresse. Das Interesse an Mathematik korreliert mit dem außerschulischen Interesse an Politik/Wirtschaft zu $r = .26$. Der etwas höhere Wert in der Gesamtgruppe im Vergleich zu den geschlechtsspezifischen Untergruppen liegt an dem gleichzeitig stärkeren Interesse der Jungen sowohl an Mathematik als auch an Politik/Wirtschaft. Bezüglich des Interesses an Sozialpflege/Erziehung, Musik und Kunst sind dagegen auch hier die Korrelationen in der Untergruppe der Mädchen und Jungen etwas größer als in der Gesamtgruppe, was wieder auf die gegenläufigen Interessenlagen von Jungen und Mädchen zurückzuführen ist. Es ergeben sich somit auch für das Interesse an Mathematik moderate Zusammenhänge mit dem Freizeitinteresse an Sozialpflege/Erziehung und Politik/Wirtschaft und etwas geringere Zusammenhänge bezüglich des Freizeitinteresses an Musik und Kunst.

Fasst man die korrelativen Befunde zusammen, ergaben sich fächerübergreifend moderate Zusammenhänge der schulischen Interessen mit den außerschulischen Freizeitinteressen. Aus dem Rahmen fielen auf den ersten Blick nur die Nullkorrelationen der Gesamtgruppe bezüglich des Physik- und Mathematikinteresses mit dem Interesse an Sozialpflege/Erziehung, Musik und Kunst. Diese ließen sich aber durch gegenläufige geschlechtsspezifische Unterschiede im Physik- bzw. Mathematikinteresse und in den Freizeitinteressen erklären. Unterschiede in der Höhe der Korrelationen zwischen der Untergruppe von Mädchen und Jungen waren in keinem der Fächer signifikant.

**Der Einfluss von Freizeitinteressen auf den Interessenverlauf.** Im Folgenden sind die Ergebnisse der multiplen linearen Regressionsanalysen zur Beantwortung der Frage aufgeführt, ob mit den schulischen Inhalten konkurrierende Freizeitinteressen fachspezifische schulische Interessen negativ beeinflussen und somit eine Abnahme schulischer Interessen bedingen. Im ersten Schritt wurde der Einfluss der Freizeitinteressen – unter Kontrolle des zum ersten Messzeitpunkt erhobenen fachlichen Interesses – auf das zum zweiten Messzeitpunkt erhobene Interesse am Schulfach geprüft. Im zweiten Schritt wurde der Einfluss der Freizeitinteressen – bei konservativerem Vorgehen unter Kontrolle des zum ersten und zweiten Messzeitpunkt erhobenen Interesses am Schulfach, bei weniger konservativem Vorgehen unter Kontrolle des zum zweiten Messzeitpunkt erhobenen Interesses am Schulfach – auf das zum dritten Messzeitpunkt erhobene fachliche Interesse untersucht. Die Analysen wurden unter Kontrolle des Geschlechts wiederholt. Bei von den in den Tabellen aufgeführten Ergebnissen abweichenden Ergebnissen der Analysen unter Kontrolle des Geschlechts werden diese im Text aufgeführt. Die Ergebnisse für die Analysen zur Vorhersage des schulischen Interesses zum zweiten Messzeitpunkt sind in der Tabelle 12.33 aufgeführt. Ohne und mit Kontrolle des Geschlechts – sagen alle Freizeitinteressen das Biologieinteresse am Ende des ersten Schulhalbjahrs signifikant positiv vorher. Einen signifikant positiven Einfluss auf das fachliche Physikinteresse hat – ohne und mit Kontrolle des Geschlechts – das außerschulische Interesse an Politik/Wirtschaft und – wenn um das Geschlecht kontrolliert wird – das Interesse an Musik ($\beta = .08$; $t = 2.15$, $p < .05$). Ohne Einbeziehung des Geschlechts hat keine der Freizeitinteressen einen Einfluss auf das Interesse am Fach Mathematik, unter Einbeziehung des Geschlechts zeigt sich ein signifikant positiver Effekt des Interesses an Sozialpflege/Erziehung ($\beta = .08$; $t = 2.24$, $p < .05$). Einen signifikant positiven Einfluss auf das Interesse an Deutsch haben – ohne und mit Einbeziehung des Geschlechts – das außerschulische Interesse an Sozialpflege/Erziehung und Musik. Das Englischinteresse wird dagegen durch keine der Freizeitinteressen signifikant vorhergesagt (beim Musikinteresse wird das Signifikanzniveau allerdings – mit und ohne Einbeziehung des Geschlechts – knapp verfehlt).

*Tabelle 12.33:* Ergebnisse der multiplen linearen Regressionsanalysen zur Vorhersage des Interesses zum zweiten Messzeitpunkt durch Interesse und Freizeitinteressen zum ersten Messzeitpunkt in den verschiedenen Schulfächern

| | | Prädiktoren | | | | | |
|---|---|---|---|---|---|---|---|
| | | Interesse zu 7.1 am Schulfach ... | | | Interesse zu 7.1 an der Freizeitbeschäftigung ... | | |
| Schulfach | Freizeitaktivität | $\beta$ | $t$ | $p$ | $\beta$ | $t$ | $p$ |
| Biologie | Sozialpflege/Erziehung | .50 | 15.10 | < .001 | .10 | 2.92 | < .01 |
| | Politik/Wirtschaft | .50 | 15.09 | < .001 | .09 | 2.73 | < .01 |
| | Musik | .51 | 15.22 | < .001 | .08 | 2.32 | < .05 |
| | Kunst | .50 | 14.65 | < .001 | .10 | 2.84 | < .01 |
| Physik | Sozialpflege/Erziehung | .51 | 15.50 | < .001 | -.03 | -1.02 | .31 |
| | Politik/Wirtschaft | .46 | 13.33 | < .001 | .12 | 3.40 | < .01 |
| | Musik | .51 | 15.47 | < .001 | -.01 | -.26 | .79 |
| | Kunst | .51 | 15.48 | < .001 | -.01 | -.18 | .86 |
| Mathematik | Sozialpflege/Erziehung | .59 | 19.70 | < .001 | .03 | .89 | .37 |
| | Politik/Wirtschaft | .57 | 18.86 | < .001 | .05 | 1.74 | .08 |
| | Musik | .59 | 19.94 | < .001 | -.02 | -.60 | .55 |
| | Kunst | .59 | 19.88 | < .001 | .00 | .18 | .86 |
| Englisch | Sozialpflege/Erziehung | .59 | 13.97 | < .001 | .05 | 1.12 | .26 |
| | Politik/Wirtschaft | .59 | 13.71 | < .001 | .06 | 1.33 | .18 |
| | Musik | .59 | 14.02 | < .001 | .08 | 1.83 | .07 |
| | Kunst | .59 | 14.02 | < .001 | .05 | 1.20 | .23 |
| Deutsch | Sozialpflege/Erziehung | .52 | 16.25 | < .001 | .07 | 2.35 | < .05 |
| | Politik/Wirtschaft | .53 | 16.34 | < .001 | .04 | 1.24 | .22 |
| | Musik | .52 | 16.47 | < .001 | .08 | 2.56 | < .05 |
| | Kunst | .53 | 16.70 | < .001 | .04 | 1.30 | .19 |

Anmerkung: 7.1, 7.2 erster und zweiter Messzeitpunkt in der 7. Jahrgangsstufe. Jede Zeile gibt das Ergebnis einer Regressionsanalyse wieder. Die erste Zeile gibt z.B. die Vorhersage des Interesses an Biologie zu 7.2 durch das Interesse an der Freizeitbeschäftigung Sozialpflege/Erziehung und das Interesse an Biologie zu 7.1 wieder.

Im zweiten Schritt wurde geprüft, wie sich das zum ersten Messzeitpunkt erhobene Freizeitinteresse auf die fachlichen Interessen am Ende des Schuljahrs auswirkt. Die Ergebnisse der Analysen finden sich in Tabelle 12.34. Bei konservativerem Vorgehen zeigt sich bezüglich des Biologie-, Mathematik- und Englischinteresses kein Einfluss eines Freizeitinteresses, auch nicht, wenn das Geschlecht einbezogen wird. Der positive Einfluss des Freizeitinteresses an Politik/Wirtschaft auf das Interesse am Fach Physik wird knapp nicht mehr signifikant, wenn das Geschlecht einbezogen wird ($\beta = .06$; $t = 1.92$, $p = .055$). Dagegen zeigt sich in Deutsch – mit und ohne Kontrolle des Geschlechts – ein leichter Einfluss des Interesses an Politik/Wirtschaft auf das fachspezifische Interesse. Das Bild ändert sich leicht, wenn – unter Einbeziehung des Geschlechts – weniger konservativ vorgegangen wird: Es zeigt sich wieder ein positiver Einfluss von Politik/Wirtschaft ($\beta = .08$; $t = 2.23$, $p < .05$), Musik ($\beta = .08$; $t = 2.23$, $p < .05$) und Kunst ($\beta = .08$; $t = 2.36$, $p < .05$) auf das Biologieinteresse, und das Freizeitinteresse an Politik/Wirtschaft übt einen positiven Einfluss auf das Interesse an Physik und Mathematik aus (*Physik*: $\beta = .11$; $t = 3.22$, $p < .001$; *Mathematik*: $\beta = .06$; $t = 2.04$, $p < .05$). Unter dieser Bedingung nimmt auch das Interesse an Sozialpflege/Erziehung einen positiven Einfluss auf das Interesse an Deutsch ($\beta = .07$; $t = 2.11$, $p < .05$). Wieder beeinflusste keine der Freizeitinteressen das Interesse an Englisch.

*Tabelle 12.34:* Ergebnisse der multiplen linearen Regressionsanalysen zur Vorhersage des fachlichen Interesses zum dritten Messzeitpunkt durch das fachliche Interesse zum ersten und zweiten und die Freizeitinteressen zum ersten Messzeitpunkt

| | | Prädiktoren<br>Interesse zu 7.1 am Schulfach ... | | | Interesse zu 7.2 am Schulfach ... | | | Interesse zu 7.1 an der Freizeitaktivität ... | | |
|---|---|---|---|---|---|---|---|---|---|---|
| Schulfach | Freizeitaktivität | $\beta$ | $t$ | $p$ | $\beta$ | $t$ | $p$ | $\beta$ | $t$ | $p$ |
| Biologie | Soz./Erz. | .20 | 5.32 | < .001 | .44 | 11.86 | < .001 | .00 | .06 | .95 |
| | Pol./Wirt. | .19 | 5.12 | < .001 | .44 | 11.75 | < .001 | .05 | 1.42 | .16 |
| | Musik | .19 | 5.18 | < .001 | .44 | 11.82 | < .001 | .03 | .98 | .33 |
| | Kunst | .19 | 5.10 | < .001 | .44 | 11.78 | < .001 | .03 | .90 | .37 |
| Physik | Soz./Erz. | .24 | 6.70 | < .001 | .42 | 11.92 | < .001 | -.03 | -.97 | .33 |
| | Pol./Wirt. | .22 | 5.94 | < .001 | .42 | 11.64 | < .001 | .07 | 2.00 | < .05 |
| | Musik | .24 | 6.67 | < .001 | .43 | 11.95 | < .001 | -.02 | -.55 | .58 |
| | Kunst | .24 | 6.69 | < .001 | .43 | 11.96 | < .001 | -.02 | -.54 | .59 |
| Mathe | Soz./Erz. | .23 | 6.55 | < .001 | .47 | 13.33 | < .001 | -.01 | -.20 | .84 |
| | Pol./Wirt. | .22 | 6.24 | < .001 | .46 | 13.24 | < .001 | .04 | 1.26 | .21 |
| | Musik | .23 | 6.54 | < .001 | .47 | 13.33 | < .001 | -.00 | -.05 | .96 |
| | Kunst | .23 | 6.50 | < .001 | .47 | 13.33 | < .001 | .02 | .90 | .42 |
| Englisch | Soz./Erz. | .17 | 3.45 | .001 | .54 | 10.82 | < .001 | -.01 | -.20 | .84 |
| | Pol./Wirt. | .17 | 3.33 | .001 | .53 | 10.76 | < .001 | .02 | .54 | .59 |
| | Musik | .17 | 3.46 | .001 | .54 | 10.80 | < .001 | -.01 | -.24 | .81 |
| | Kunst | .17 | 3.40 | .001 | .54 | 10.78 | < .001 | .01 | .33 | .74 |
| Deutsch | Soz./Erz. | .21 | 6.07 | < .001 | .48 | 13.99 | < .001 | .02 | .60 | .55 |
| | Pol./Wirt. | .19 | 5.61 | < .001 | .48 | 14.02 | < .001 | .07 | 2.44 | < .05 |
| | Musik | .21 | 6.17 | < .001 | .48 | 14.00 | < .001 | .01 | .30 | .76 |
| | Kunst | .21 | 6.14 | < .001 | .48 | 14.06 | < .001 | .01 | .29 | .77 |

Anmerkung: Soz./Erz.: Sozialpflege/Erziehung; Pol./Wirt.: Politik/Wirtschaft; Mathe: Mathematik; 7.1, 7.2 erster und zweiter Messzeitpunkt in der 7. Jahrgangsstufe. Jede Zeile gibt das Ergebnis einer Regressionsanalyse wieder. Die erste Zeile gibt z.B. die Vorhersage des Interesses an Biologie zu 7.3 durch das Interesse an der Freizeitbeschäftigung Sozialpflege/Erziehung und das Interesse an Biologie zu 7.1 und 7.2 wieder.

**Konfundierung mit dem Bildungshintergrund der Eltern.** Bildungsnahe Freizeitinteressen könnten verstärkt in Familien mit höherem Bildungsniveau vorkommen, so dass eine Konfundierung beider Aspekte vorliegen könnte. Der positive Einfluss auf die Interessenentwicklung wäre in diesem Fall durch eine sich in den Freizeitinteressen widerspiegelnde Bildungsorientierung bedingt. Um zu prüfen, ob eine Konfundierung vorliegt, wurden bivariate Korrelationen der Freizeitinteressen mit dem Bildungsabschluss der Eltern durchgeführt. Die Korrelationen sind eher gering: Das Freizeitinteresse an Politik/Wirtschaft korrelierte geringfügig signifikant positiv mit dem Bildungsabschluss beider Eltern ($r_{Mutter}$ $r$ = .11, $r_{Vater}$ = .12, beide $p < .01$) und das Freizeitinteresse an Musik korrelierte geringfügig signifikant positiv mit dem Bildungsabschluss der Mutter ($r_{Mutter}$ = -.07, r < .05). Das Freizeitinteresse an Sozialpflege/Erziehung korrelierte sogar geringfügig negativ mit dem Bildungsabschluss beider Eltern ($r_{Mutter}$ = -.08, $r_{Vater}$ = -.09, beide $p < .05$). Die Korrelationen sind auch hier zu gering, um von einer deutlichen Konfundierung der Variablen auszugehen.

Entgegen der Annahme, dass außerschulische Interessen mit schulischen Interessen konkurrieren und die Interessenentwicklung negativ beeinflussen, ergab sich eher ein positiver Einfluss der Freizeitinteressen auf den Interessenverlauf in der 7. Jahrgangsstufe. Der positive Effekt der Freizeitinteressen auf das Biologieinteresse war dabei bei weniger konservativem Vorgehen – bis auf einen fehlenden Einfluss des Interesses an Sozialpflege/Erziehung im zweiten Schulhalbjahr – durchgängig signifikant, trat allerdings bei konservativerem Vorgehen im zweiten Schulhalbjahr nicht mehr auf. Die Effekte in den anderen Fächern waren uneinheitlicher. Auf den Verlauf des Physikinteresses zeigte sich in beiden Schulhalbjahren ein positiver Einfluss des Interesses an Politik/Wirtschaft, für das Interesse an Deutsch zeigte sich in beiden Schulhalbjahren ein Effekt des Interesses an Sozialpflege/Erziehung – allerdings zum Ende des Schuljahrs nur unter Kontrolle des Geschlechts und weniger konservativem Vorgehen. Weitere Effekte traten entweder in der ersten oder zweiten Schuljahreshälfte auf: der positive Einfluss des Interesses an Musik auf das Physik- und Deutschinteresse und des Interesses an Sozialhilfe/Erziehung auf das Mathematikinteresse im ersten Schulhalbjahr sowie der positive Einfluss des Interesses an Wirtschaft/Politik auf das Deutsch- und Mathematikinteresse im zweiten Schulhalbjahr, wobei der Effekt von Wirtschaft/Politik auf das Mathematikinteresse bei konservativerem Vorgehen ebenfalls nicht mehr auftrat. Unter keiner Bedingung zeigte sich ein Effekt der Freizeitinteressen auf das Englischinteresse. Insgesamt wird somit belegt, dass außerschulische Interessen nicht dazu führen, das die schulischen Interessen stärker abnehmen. Auch wenn die Effekte nicht besonders stark ausfielen und nicht durchgängig auftraten, führten die hier erhobenen bildungsnahen Freizeitinteressen eher dazu, dass das Interesse an schulischen Inhalten bestehen blieb, und konkurrierten nicht – wie aufgrund der Forschungsliteratur angenommen – mit fachlichen schulischen Interessen. Im nun folgenden Kapitel werden die Ergebnisse zum Einfluss verschiedener Unterrichtsbedingungen auf das Interesse und die Interessenentwicklung aufgeführt.

# 13 Ergebnisse zu Unterrichtsbedingungen

Dieses Kapitel beschäftigt sich mit der Frage, inwiefern verschiedene Unterrichtsbedingungen die Entwicklung schulischer Interessen beeinflussen. Abgeleitet aus der Selbstbestimmungstheorie wurde ein Einfluss auf die Interessenentwicklung für Unterrichtsaspekte angenommen, die das Erleben von Kompetenz, Selbstbestimmung und sozialer Eingebundenheit fördern. Abschnitt 13.1 fasst die Ergebnisse zum Einfluss von kompetenzfördernden Unterrichtsmerkmalen – von einem gut strukturierten, klar verständlichen sowie vom Unterrichtstempo her angemessenen Unterricht mit geringem Leistungsdruck – auf den Interessenverlauf zusammen. Abschnitt 13.2 gibt den Einfluss von Unterrichtselementen auf die Interessenentwicklung wieder, die direkt auf eine Förderung des Selbstkonzepts und der Selbstwirksamkeit zielen: von einer am individuellen Leistungsstand bzw. an den Fähigkeiten der Lernenden orientierten Aufgabenstellung sowie von einer intraindividuellen Rückmeldung. In Abschnitt 13.3 wird der Einfluss einer Aktivierung eigenständiger kognitiver Prozesse auf den Interessenverlauf erfasst, die das Kompetenz- und Autonomieerleben fördern sollten. Abschnitt 13.4 präsentiert die Ergebnisse zum Einfluss von auf das Autonomieerleben zielenden Mitbestimmungsmöglichkeiten der Schülerinnen und Schüler auf die Interessenentwicklung. Abschnitt 13.5 gibt die Ergebnisse zum Einfluss einer gelungenen sozialen Lehrer-Schüler-Interaktion auf die Veränderung im Interesse wieder, für die eine Förderung sozialer Einbindung erwartet wurde. In Abschnitt 13.6 erfolgt eine Bewertung der Ergebnisse unter dem Aspekt, wie viel Varianz auf Individual- und Klassenebene durch die Unterrichtsmerkmale aufgeklärt wird.

Die Analysen wurden exemplarisch für den Verlauf des Interesses am Fach Mathematik in der 7. Jahrgangsstufe durchgeführt. Das Fach Mathematik wurde gewählt, weil es ein Fach ist, in dem das Interesse innerhalb der 7. Jahrgangsstufe besonders stark abnimmt. Wie im Theorieteil dargelegt wurde, werden für die vermehrte Abnahme des Interesses in den mathematisch-naturwissenschaftlichen Fächern mehrere Gründe angenommen. Zentrale Aspekte hierbei waren u.a. die vergleichsweise größere Schwierigkeit dieser Fächer, die geringere Selbständigkeit der Schülerinnen und Schüler beim Lernen mathematisch-naturwissenschaftlicher Inhalte, eine fehlende Anknüpfung dieser Inhalte an Alltagserfahrungen und eine mangelnde Verdeutlichung der Relevanz mathematisch-naturwissenschaftlicher Fragestellungen. Betont wurde auch die mangelnde Möglichkeit zur Selbstverwirklichung und die fehlende soziale Interaktion in diesen Fachgebieten. Neben den inhaltlichen Aspekten spielten auch pragmatische Überlegungen für die Auswahl des Mathematikunterrichts eine Rolle. Für Mathematik lag in der BIJU-Studie eine ausreichend große Stichprobe vor. Gleichzeitig wurden die entsprechenden Unterrichtsvariablen erhoben. Die anderen Fächer eigneten sich dagegen aus verschiedenen Gründen nicht für die hier durchgeführten HLM-Analysen: Die Fächer Biologie und Physik wurde nicht in allen Klassen unterrichtet, so dass die Stichprobe nach Ausschluss von Klassen mit zu geringen Schülerzahlen mit vollständigen Daten zu klein war, um sinnvoll HLM-Analysen durchführen zu können. Das gleiche galt für das Fach Englisch, das zu Beginn der 7. Jahrgangsstufe nur in westdeutschen Klassen unterrichtet wurde. Im Fach Deutsch, das eine genügend große Stichprobe aufwies, lagen keine Daten zu Unterrichtsvariablen vor. Daher war ein Vergleich des Einflusses der Unterrichtsmerkmale auf das Interesse und die Interessenentwicklung in verschiedenen Fächern (z.B. eines mathematisch-naturwissenschaftlichen Fachs und eines sprachlichen Fachs) nicht möglich.

Die Stichprobe in Mathematik bestand aus dem Bruttosample der 3787 Schülerinnen und Schüler, für die zu jedem der drei Messzeitpunkte in der 7. Jahrgangsstufe Daten zum *Fachinteresse*, zur individuellen Leistung, zum Fähigkeitsselbstkonzept sowie (zum dritten Messzeitpunkt) Daten für verschiedene Unterrichtsvariabeln vorlagen. Wie im Methodenteil beschrieben, soll mit Hilfe von HLM-Analysen mit drei Ebenen separat der Einfluss jeder sowohl auf Individual- als auch auf Klassenebene eingeführten Unterrichtsvariablen auf das Interesse und den Interessenverlauf geprüft werden. Auf diese Weise kann zwischen der individuellen Schülerwahrnehmung und der über die Klasse gemittelten Wahrnehmung des Unterrichtseinflusses unterschieden werden. Dies berücksichtigt einerseits, dass die subjektive Wahrnehmung einzelner Schülerinnen und Schüler ein wichtiger Faktor für die Vorhersage der Interessenentwicklung sein könnte. Andererseits berücksichtigt dies, dass die auf Individual- und Klassenebene erhobenen Unterrichtsmerkmale unterschiedliche Konstrukte abbilden können und die Zusammenhänge auf Individualebene andere sein können als die auf Aggregatebene. Um sinnvoll zwischen Effekten auf Individual- und Klassenebene trennen zu können, wurden Klassen, in denen nur für weniger als 10 Schülerinnen und Schüler Daten zu den einbezogenen Variablen vorlagen, von den Analysen ausgeschlossen. Die verbleibende Stichprobe umfasste in Mathematik 2102 Schülerinnen und Schüler aus 133 Klassen.

Wie im Methodenteil beschrieben, kann die individuelle Leistungsposition bzw. das Fähigkeitsselbstkonzept einer Schülerin oder eines Schülers einen Effekt auf den Einfluss verschiedener Unterrichtsmerkmale auf das Interesse bzw. die Interessenentwicklung haben. Daher wurden alle Analysen zunächst ohne Kontrollvariablen, dann unter Kontrolle der Leistung und schließlich unter Kontrolle des Fähigkeitsselbstkonzepts durchgeführt. Der Veränderung der Werte lässt sich entnehmen, ob die Leistungsposition bzw. das Fähigkeitsselbstkonzept den Einfluss der Unterrichtsmerkmale auf das Interesse und die Interessenentwicklung verändert. Eine tabellarische Darstellung der Ergebnisse unter Kontrolle der Leistungsposition und des Fähigkeitsselbstkonzepts wird aus Gründen der Übersichtlichkeit nicht vorgenommen. Die entsprechenden Werte werden nur berichtet, wenn es hierdurch zu einer Veränderung der Ergebnisse kommt. Um eventuelle Schulformeffekte auszuschließen, wurden die Analysen zusätzlich noch einmal unter Einbeziehung der Schulform durchgeführt. Da – wie nicht anders zu erwarten war – in keinem Fall über die Effekte der unterschiedlichen Leistungen und Fähigkeitsselbstkonzepte hinausgehende Effekte der Schulform zu beobachten waren, wurde auf eine Darstellung der hierzu durchgeführten Analysen verzichtet.

## 13.1 Befunde zu kompetenzfördernden Maßnahmen

In diesem Abschnitt werden Aspekte des Unterrichts untersucht, für die angenommen wurde, dass sie das Interesse und die Interessenentwicklung – vermittelt über die Kompetenzwahrnehmung – beeinflussen. Die Annahme war, dass sich Interesse entwickelt, wenn Schülerinnen und Schüler einen gut strukturierten und vom Unterrichtstempo und den Leistungsanforderungen angemessenen Unterricht erhalten. Für das Konstrukt *Klarheit und Strukturiertheit der Instruktion*, das die Verständlichkeit der Erklärungen der Lehrkraft und die Anwendung von Strukturierungshilfen umfasst, wurde ein positiver Einfluss auf die Interessenentwicklung angenommen. Ein ebenfalls positiver Effekt auf die Veränderung der fachlichen Interessen wurde für die *Angemessenheit des Unterrichtstempos* erwartet, d.h. für ein zügiges, aber nicht überforderndes Voranschreiten im Unterrichtsstoff. Negativ auf den Interessenverlauf dagegen sollte sich der wahrgenommene *Leistungsdruck* auswirken, also ein hohes Ausmaß kaum zu bewältigender Anforderungen. Die Tabellen 13.1 bis 13.3 geben den Einfluss dieser Unterrichtsmerkmale auf das *Fachinteresse* und den Interessenverlauf ohne Kontrolle der Leistung oder des Fähigkeitsselbstkonzepts wieder.

Tabelle 13.1 zeigt, dass sich die Klarheit und Strukturiertheit des Unterrichts auf das Interesse am Fach Mathematik zum zweiten Messzeitpunkt sowohl auf Individual- als auch auf Klassenebene signifikant positiv auswirkt, wobei der Effekt auf Individualebene deutlich stärker ausfällt als auf Klassenebene. Einen signifikant positiven Einfluss auf den Verlauf des Mathematikinteresses hat das Merkmal dagegen nur auf Individualebene.

*Tabelle 13.1:* Der Einfluss eines verständlichen und gut strukturierten Unterrichts auf das Interesse und den Interessenverlauf in Mathematik

| *Klarheit und Strukturiertheit des Unterrichts* | | *Koeff.* | *SE* | *t* | *p* |
|---|---|---|---|---|---|
| | Interesse zu 7.2 ($\gamma_{000}$) | -.18 | .03 | -6.32 | < .001 |
| *Einfluss auf das Interesse zu 7.2:* | Klarheit/Strukturiertheit auf KE ($\gamma_{001}$) | .13 | .06 | 2.39 | < .05 |
| | Klarheit/Strukturiertheit auf IE ($\gamma_{010}$) | .26 | .02 | 11.19 | < .001 |
| | Interessenverlauf ($\gamma_{100}$) | -.19 | .01 | -13.29 | < .001 |
| *Einfluss auf den Interessenverlauf:* | Klarheit/Strukturiertheit auf KE ($\gamma_{101}$) | -.03 | .03 | -1.16 | .25 |
| | Klarheit/Strukturiertheit auf IE ($\gamma_{110}$) | .09 | .01 | 6.10 | < .001 |

Anmerkung: Koeff.: Koeffizient; *SE*: Standardfehler; KE: Klassenebene; IE: Individualebene

Unter Kontrolle der Leistung und des Fähigkeitsselbstkonzepts wird der Einfluss der Klarheit und Strukturiertheit des Unterrichts auf das Mathematikinteresse zum zweiten Messzeitpunkt auf Klassenebene nicht mehr signifikant (unter Kontrolle der Leistung: $\gamma_{001}$ = .09, *SE* = .06, *t* = 1.60, *n.s.*; unter Kontrolle des Fähigkeitsselbstkonzepts: $\gamma_{001}$ = .06, *SE* = .05, *t* = 1.21, *n.s.*). Das bedeutet, dass sich nach Kontrolle von Leistung und Fähigkeitsselbstkonzept nur noch Effekte auf Individualebene zeigen. Schülerinnen und Schüler, die innerhalb ihrer Klassen mehr Klarheit und Strukturiertheit im Unterricht wahrnehmen, zeigen insgesamt mehr Mathematikinteresse und verlieren das Interesse am Mathematikunterricht im Verlauf der 7. Jahrgangsstufe weniger stark als Schülerinnen und Schüler, die den Unterricht als weniger strukturiert und die Erklärungen als weniger verständlich wahrnehmen.

Tabelle 13.2 gibt wieder, dass sich auch ein als *angemessen erlebtes Unterrichtstempo* sowohl auf Individual- als auch auf Klassenebene signifikant positiv auf das Mathematikinteresse zum zweiten Messzeitpunkt auswirkt. Auf den Interessenverlauf zeigt sich ein signifikant positiver Einfluss wiederum nur auf Individualebene.

*Tabelle 13.2:* Der Einfluss eines angemessenen Unterrichtstempos auf das Interesse und den Interessenverlauf in Mathematik

| *Angemessenes Voranschreiten im Unterricht, Pacing* | | *Koeff.* | *SE* | *t* | *p* |
|---|---|---|---|---|---|
| | Interesse zu 7.2 ($\gamma_{000}$) | -.17 | .03 | -5.38 | < .001 |
| *Einfluss auf das* | Pacing auf KE ($\gamma_{001}$) | .39 | .10 | 4.00 | < .001 |
| *Interesse zu 7.2:* | Pacing auf IE ($\gamma_{010}$) | .08 | .02 | 3.85 | < .001 |
| | Interessenverlauf ($\gamma_{100}$) | -.19 | .01 | -12.92 | < .001 |
| *Einfluss auf den* | Pacing auf KE ($\gamma_{010}$) | -.00 | .05 | .01 | .99 |
| *Interessenverlauf:* | Pacing auf IE ($\gamma_{110}$) | .04 | .01 | 2.94 | < .01 |

Anmerkung: Koeff.: Koeffizient; *SE*: Standardfehler; KE: Klassenebene; IE: Individualebene

Die Effekte ändern sich nach Kontrolle der Leistung und des Fähigkeitsselbstkonzepts nicht. Allerdings verändert sich – besonders nach Kontrolle des Fähigkeitsselbstkonzepts – die Gewichtung. So ist der Einfluss des angemessenen Unterrichtstempos auf das Interesse nach Kontrolle des Fähigkeitsselbstkonzepts auf Individualebene etwas größer als auf Klassenebene (auf Individualebene beträgt er $\gamma_{020}$ = .09, *SE* = .02, $t = 4.34$, $p < .001$, auf Klassenebene $\gamma_{001}$= .24, *SE* = .08, $t = 2.85$, $p < .01$).

Klassen, die das Unterrichtstempo eher als angemessen empfinden, weisen zwar insgesamt mehr Interesse am Fach Mathematik auf als Klassen, die das Unterrichtstempo eher als unangemessen empfinden. Diese Unterschiede wirken sich aber nicht zusätzlich auf die Veränderung im Interesse innerhalb der 7. Jahrgangsstufe aus. Darüber hinaus ist bei Schülerinnen und Schülern, die *innerhalb* der Klasse das Tempo als angemessener als andere Schülerinnen und Schüler empfinden (unabhängig von ihrer Leistungsposition oder ihrem Fähigkeitsselbstkonzept innerhalb der 7. Jahrgangsstufe) sowohl insgesamt mehr Interesse am Fach Mathematik als auch eine geringere Abnahme des Interesses an Mathematik zu beobachten. Auch hier zeigt sich ein positiver Einfluss des Unterrichtsmerkmals auf den Interessenverlauf somit allein auf Ebene der individuellen Wahrnehmung der Schülerinnen und Schüler innerhalb der Klasse.

Tabelle 13.3 lässt sich entnehmen, dass ein hoher Leistungsdruck sowohl auf Individual- als auch auf Klassenebene einen signifikant negativen Effekt auf das Interesse an Mathematik zum zweiten Messzeitpunkt hat. Auf die Veränderung des Mathematikinteresses zeigt sich ohne Kontrolle von Leistung und Fähigkeitsselbstkonzept weder auf Individual- noch auf Klassenebene ein Effekt des Leistungsdrucks. Erst wenn um das Fähigkeitsselbstkonzept kontrolliert wird, wird der Einfluss des Leistungsdrucks auf den Interessenverlauf auf Individualebene signifikant negativ ($\gamma_{120}$ = -.04, $SE$ = .01, $t$ = -2.63, $p$ < .01). Klassen, in denen ein stärkerer Leistungsdruck empfunden wird, weisen somit insgesamt weniger Interesse an Mathematik auf als Klassen, in denen weniger Leistungsdruck wahrgenommen wird, dies wirkt sich aber nicht auf den Interessenverlauf aus. Darüber hinaus haben Schülerinnen und Schüler, die innerhalb der Klasse stärkeren Leistungsdruck empfinden, weniger Mathematikinteresse als Schülerinnen und Schüler, die weniger Leistungsdruck wahrnehmen. Bei den Schülerinnen und Schülern, die innerhalb der Klasse einen stärkeren Leistungsdruck empfinden, zeigt sich zudem nach Kontrolle des Fähigkeitsselbstkonzepts ein stärkerer Verlust des Mathematikinteresses als bei Schülerinnen und Schülern, die weniger Leistungsdruck wahrnehmen. Hier spielt offenbar die individuelle Einschätzung eigener Fähigkeiten eine entscheidende Rolle dafür, inwieweit sich der innerhalb einer Klasse individuell empfundene Leistungsdruck negativ auf die Entwicklung von fachlichem Interesse auswirkt.

*Tabelle 13.3:* Der Einfluss des Leistungsdrucks auf das Interesse und den Interessenverlauf in Mathematik

| *Leistungsdruck* | | *Koeff.* | *SE* | *t* | *p* |
|---|---|---|---|---|---|
| | Interesse zu 7.2 ($\gamma_{000}$) | -.18 | .03 | -5.96 | < .001 |
| *Einfluss auf das Interesse zu 7.2:* | Leistungsdruck auf KE ($\gamma_{001}$) | -.28 | .08 | -3.67 | < .001 |
| | Leistungsdruck auf IE ($\gamma_{010}$) | -.14 | .02 | -6.01 | < .001 |
| | Interessenverlauf ($\gamma_{100}$) | -.19 | .01 | -12.92 | < .001 |
| *Einfluss auf den Interessenverlauf:* | Leistungsdruck auf KE ($\gamma_{101}$) | -.01 | .04 | -.27 | .79 |
| | Leistungsdruck auf IE ($\gamma_{110}$) | -.02 | .01 | -1.19 | .234 |

Anmerkung: Koeff.: Koeffizient; *SE*: Standardfehler; KE: Klassenebene; IE: Individualebene

Die Hypothese, dass ein klarer, gut strukturierter Unterricht mit einem angemessenen Unterrichtstempo und geringem Leistungsdruck die Entwicklung von fachlichem Interesse fördert, wird durch die Ergebnisse gestützt. Für die Unterrichtsmerkmale, die die Klarheit und Strukturiertheit der Vermittlung des Unterrichtsstoffs, die Angemessenheit des Unterrichtstempos und die Unangemessenheit der allgemeinen Leistungsanforderungen abbilden, ergab sich insgesamt folgendes Muster: Zwar wiesen Klassen, in denen ein unangemessenes Tempo beim Durchnehmen des mathematischen Stoffs und ein hoher Leistungsdruck wahrgenommen wurde, weniger Interesse an Mathematik auf, diese Merkmale wirkten sich auf Klassenebene aber nicht auf den Verlauf des Mathematikinteresses aus. Darüber hinaus zeigten Schülerinnen und Schüler, die innerhalb der Klasse eher eine wenig verständliche und schlecht strukturierte Darstellung des Unterrichtsstoffs, ein unangemessenes Tempo bei der Vermittlung mathematischer Inhalte und (bei Kontrolle des Fähigkeitsselbstkonzepts) einen hohen Leistungsdruck wahrnahmen, nicht nur weniger Interesse an Mathematik, sondern verloren das Mathematikinteresse innerhalb der 7. Jahrgangsstufe auch stärker als Schülerinnen und Schüler, die den Unterricht als klarer und strukturierter, das Unterrichtstempo als angemessener und (bei Kontrolle des Fähigkeitsselbstkonzepts) den Leistungsdruck als geringer einschätzten. Der Einfluss dieser Unterrichtsmerkmale auf den Interessenverlauf beruht somit allein auf der individuellen Wahrnehmung durch die Schülerinnen und Schüler innerhalb einer Klasse und nicht auf der Wahrnehmung von Unterschieden in diesen Merkmalen durch ganze Klassen.

## 13.2 Befunde zu Maßnahmen der Individualisierung

Ein Einfluss auf das Interesse und die Interessenentwicklung wurde auch von Unterrichtsaspekten angenommen, die die Selbständigkeit und das Selbstkonzept der Schüler stärken, indem an den individuellen Fähigkeiten der Schülerinnen und Schülern orientierte Aufgaben gestellt und die Bewertung – unabhängig von der Leistungsposition innerhalb der Klasse – anhand individueller Verbesserungen der Leistung erfolgt. Diese Unterrichtsmerkmale wurden mit den Konstrukten *Individualisierter Unterricht* und *Individuelle Bezugsnormorientierung* erfasst. Tabelle 13.4 gibt wieder, dass sich ein individualisierter Unterricht nur auf Individualebene signifikant positiv auf das Interesse zum zweiten Messzeitpunkt auswirkt, was sich auch nach Kontrolle der Leistung und des Fähigkeitsselbstkonzepts nicht ändert. Schülerinnen und Schüler, die innerhalb ihrer Klasse vermehrt individualisierte Unterrichtsstrategien wahrnehmen, zeigen somit insgesamt mehr Interesse an Mathematik als Schülerinnen und Schüler, die weniger individualisierte Strategien wahrnehmen. Der Tabelle lässt sich auch entnehmen, dass sich wider Erwarten auf Individualebene kein Effekt, auf Klassenebene sogar ein negativer Effekt des individualisierten Unterrichts auf den Verlauf des Mathematikinteresses zeigt. Auch hier ändern sich die Ergebnisse nicht durch die Einführung der Leistung oder des Fähigkeitsselbstkonzepts in die Analysen. Offenbar spielt es für die Veränderung im Mathematikinteresse keine Rolle, ob Schülerinnen und Schüler innerhalb ihrer Klassen an den individuellen Leistungsstand angepasste Maßnahmen wahrnehmen. Dagegen spielt es eine Rolle, ob Klassen eine vermehrte Binnendifferenzierung wahrnehmen. In solchen Klassen geht das Mathematikinteresse im Verlauf der 7. Jahrgangsstufe stärker verloren als in Klassen, die dies im Unterricht nicht so stark wahrnehmen.

*Tabelle 13.4:* Der Einfluss individualisierter Unterrichtsinstruktion auf das Interesse und den Interessenverlauf in Mathematik

| *Individualisierter Unterricht* | | *Koeff.* | *SE* | *t* | *p* |
|---|---|---|---|---|---|
| | Interesse zu 7.2 ($\gamma_{000}$) | -.16 | .03 | -4.59 | < .001 |
| *Einfluss auf das Interesse zu 7.2:* | Individualisierter Unterricht auf KE ($\gamma_{001}$) | .03 | .10 | .30 | .76 |
| | Individualisierter Unterricht auf IE ($\gamma_{010}$) | .07 | .02 | 3.08 | < .01 |
| | Interessenverlauf ($\gamma_{100}$) | -.19 | .01 | -13.32 | < .001 |
| *Einfluss auf den Interessenverlauf:* | Individualisierter Unterricht auf KE ($\gamma_{101}$) | -.10 | .05 | -2.28 | < .05 |
| | Individualisierter Unterricht auf IE ($\gamma_{110}$) | .00 | .01 | .13 | .90 |

Anmerkung: Koeff.: Koeffizient; *SE*: Standardfehler; KE: Klassenebene; IE: Individualebene

Wie oben dargelegt, können die auf Individual- und Klassenebene erhobenen Unterrichtsmerkmale z.T. unterschiedliche Konstrukte abbilden, so dass die Zusammenhänge auf Individual- und Aggregatebene erheblich variieren und sich u.U. sogar umkehren können. Es sei somit noch einmal daran erinnert, dass die hier als *Individualisierter Unterricht* bezeichnete Skala, in der diverse binnendifferenzierende Maßnahmen abgebildet sind, auf Klassenebene durchaus eine andere Bedeutung haben kann als auf Individualebene. Auf eine mögliche Bedeutungsveränderung auf Klassenebene wird im Diskussionsteil näher eingegangen.

Tabelle 13.5 lässt sich entnehmen, dass für die individuelle Bezugsnormorientierung sowohl auf Klassen- als auch auf Individualebene ein signifikant positiver Einfluss auf das Mathematikinteresse zu verzeichnen ist, wobei der Einfluss auf Individualebene insgesamt höher ausfällt als der Einfluss auf Klassenebene. Auf den Verlauf des Mathematikinteresses findet sich ein signifikant positiver Effekt wiederum nur auf Individualebene. Dieses Muster bleibt nach Kontrolle von Leistung und Fähigkeitsselbstkonzept bestehen. Hier schwächt sich der Einfluss der *individuellen Bezugsnormorientierung* auf Klassenebene auf das Mathematikinteresse allerdings noch einmal leicht ab (bei Kontrolle der Leistung: $\gamma_{001} = -.17$, $SE = .08$, $t = 2.31$, $p < .05$; bei Kontrolle des Fähigkeitsselbstkonzepts: $\gamma_{001} = -.13$, $SE = .06$, $t = 1.98$, $p < .05$). Klassen, in denen aus Schülersicht insgesamt eine stärkere individuelle Bezugsnorm angewendet wird, zeigen somit insgesamt etwas mehr Mathematikinteresse als Klassen, in denen der Bewertungsmaßstab weniger individuell ausfällt. Auf die Veränderung des mathematischen Interesses hat dies keinen Einfluss. Allerdings weisen Schülerinnen und Schüler, die innerhalb der Klasse häufiger eine intraindividuelle Bewertung wahrnehmen, nicht nur mehr Interesse an Mathematik auf, sondern sie verlieren das Interesse am Mathematikunterricht auch weniger stark als Schülerinnen und Schüler, die weniger Bewertungen anhand der eigenen Leistungen wahrnehmen. Auch hier spielt somit die individuelle Wahrnehmung der Schülerinnen und Schüler innerhalb ihrer Klassen die entscheidende Rolle für einen Einfluss auf die Veränderung im Interesse.

*Tabelle 13.5:* Der Einfluss der individuellen Bezugsnormorientierung auf das Interesse und den Interessenverlauf in Mathematik

| *Individuelle Bezugsnormorientierung* | | *Koeff.* | *SE* | *t* | *p* |
|---|---|---|---|---|---|
| | Interesse zu 7.2 ($\gamma_{000}$) | -.17 | .03 | -5.49 | < .001 |
| *Einfluss auf das* | Individuelle Bezugsnorm auf KE ($\gamma_{001}$) | .23 | .07 | 3.02 | < .01 |
| *Interesse zu 7.2:* | Individuelle Bezugsnorm auf IE ($\gamma_{010}$) | .19 | .02 | 8.57 | < .001 |
| | Interessenverlauf ($\gamma_{100}$) | -.19 | .01 | -13.02 | < .001 |
| *Einfluss auf den* | Individuelle Bezugsnorm auf KE ($\gamma_{101}$) | -.02 | .04 | -.52 | .60 |
| *Interessenverlauf:* | Individuelle Bezugsnorm auf IE ($\gamma_{110}$) | .07 | .01 | 4.82 | < .001 |

Anmerkung: Koeff.: Koeffizient; *SE*: Standardfehler; KE: Klassenebene; IE: Individualebene

Die Ergebnisse zum Einfluss der Unterrichtsmerkmale zur Förderung des Selbstkonzepts und der Selbstwirksamkeit zeigen insgesamt ein leicht widersprüchliches Bild und unterstützen somit nur z.T. die hierzu formulierten Hypothesen. Schülerinnen und Schüler, die innerhalb einer Klasse stärker eine individualisierte Unterrichtsinstruktion und eine intraindividuelle Rückmeldung erfuhren, wiesen zwar mehr Interesse an Mathematik auf als Schülerinnen und Schüler, die solche Maßnahmen innerhalb der Klasse weniger wahrnahmen. Dagegen wirkte sich auf eine Veränderung im Mathematikinteresse im Verlauf der 7. Jahrgangsstufe nur positiv aus, inwieweit sich Schülerinnen und Schüler innerhalb einer Klasse an ihren eigenen Leistungen gemessen fühlten, nicht aber, inwieweit sie innerhalb der Klasse ihrem eigenen Leistungsstand angemessene Anforderungen wahrnahmen. Auf Klassenebene zeigte sich – nach Kontrolle des Fähigkeitsselbstkonzepts – weder für eine individualisierte Unterrichtsinstruktion noch für eine individuelle Bezugsnormorientierung ein Effekt auf das Interesse. Allerdings ergab sich auf Klassenebene wider Erwarten ein negativer Effekt binnendifferenzierender Maßnahmen auf den Interessenverlauf. Dieser Effekt kann aber – wie im Diskussionsteil erläutert – auch auf eine Veränderung der Bedeutung des Konstrukts zurückzuführen sein.

## 13.3 Befunde zur Aktivierung kognitiver Prozesse

Im Folgenden wird der Einfluss einer Aktivierung eigenständiger kognitiver Prozesse auf den Interessenverlauf erfasst. Wie im Theorieteil ausgeführt, ist in der Forschungsliteratur vielfach belegt, dass durch ein sokratisches Vorgehen im Unterricht Fähigkeiten und Wissen sowie eigenständiges Denken angeregt werden. Dabei werden die Schülerinnen und Schüler am Erkenntnisprozess beteiligt, indem ihre Alltagsvorstellungen aufgegriffen und durch Nachfragen modifiziert und erweitert werden. Hier wurde dabei angenommen, dass sich das sokratische Vorgehen aus diesem Grund – vermittelt über das Kompetenz- und Autonomieerleben – positiv auf das Interesse und den Interessenverlauf auswirkt.

Tabelle 13.6 zeigt, dass ohne Kontrollvariablen sowohl auf Klassenebene als auch auf Individualebene ein signifikant positiver Einfluss des sokratischen Unterrichts auf das Mathematikinteresse zu finden ist. Dabei fällt der Einfluss auf Individualebene deutlich höher aus als auf Klassenebene.

*Tabelle 13.6:* Der Einfluss des sokratischen Vorgehens auf das Interesse und den Interessenverlauf in Mathematik

| *Sokratisches Vorgehen* | | *Koeff.* | *SE* | *t* | *p* |
|---|---|---|---|---|---|
| | Interesse zu 7.2 ($\gamma_{000}$) | -.17 | .03 | -5.34 | < .001 |
| *Einfluss auf das* | sokratisches Vorgehen auf KE ($\gamma_{001}$) | .23 | .09 | 2.70 | < .01 |
| *Interesse zu 7.2:* | sokratisches Vorgehen auf IE ($\gamma_{010}$) | .18 | .02 | 8.11 | < .001 |
| | Interessenverlauf ($\gamma_{100}$) | -.19 | .01 | -12.86 | < .001 |
| *Einfluss auf den* | sokratisches Vorgehen auf KE ($\gamma_{101}$) | -.03 | .04 | -.80 | .42 |
| *Interessenverlauf:* | sokratisches Vorgehen auf IE ($\gamma_{100}$) | .04 | .01 | 3.06 | < .01 |

Anmerkung: Koeff.: Koeffizient; *SE*: Standardfehler; KE: Klassenebene; IE: Individualebene

Auf der Klassenebene wird der signifikant positive Effekt des sokratischen Vorgehens auf das Interesse zum zweiten Messzeitpunkt nach Kontrolle der Leistung nur noch knapp ($\gamma_{001}$ = -.18, $SE$ = .09, $t$ = 2.09, $p$ < .05), nach Kontrolle des Fähigkeitsselbstkonzept gar nicht mehr signifikant ($\gamma_{001}$ = -.11, $SE$ = .07, $t$ = 1.48, *n.s.*). Auf Individualebene bleibt er auch nach Kontrolle von Fähigkeitsselbstkonzept und Leistung bestehen. Auf Individualebene findet sich zudem – ohne und mit Kontrolle der Leistung und des Fähigkeitsselbstkonzepts – ein signifikant positiver Einfluss auf die Veränderung im Mathematikinteresse. Bei Berücksichtigung des Fähigkeitsselbstkonzepts zeigte sich somit nur noch ein Einfluss auf Individualebene: Schülerinnen und Schüler, die innerhalb einer Klasse vermehrt wahrnahmen, dass die Lehrkraft sie, an ihre Alltagsvorstellungen anknüpfende eigene Vermutungen überprüfen lässt, entwickelten mehr Interesse am Mathematikunterricht als Schülerinnen und Schüler, die eine solches Vorgehen weniger stark wahrnahmen. Offenbar spielt auch für das sokratische Vorgehen – nach Kontrolle des Fähigkeitsselbstkonzepts – nur die individuelle Wahrnehmung der Schülerinnen und Schüler innerhalb von Klassen für die Effekte auf das Interesse und den Interessenverlauf eine Rolle. Für den Einfluss auf Individualebene können die Hypothesen somit als belegt gelten.

## 13.4 Befunde zur Schülermitbestimmung

In diesem Abschnitt werden die Ergebnisse zum Einfluss der Schülermitbestimmung auf die Entwicklung von Interesse präsentiert. Erfasst wurde, inwieweit sich durch die Schüler wahrgenommene Möglichkeiten, den Unterricht mitzugestalten und ihre Wünsche bei der Auswahl von Aufgaben oder Themenbereichen einzubringen, auf das Interesse und die Interessenentwicklung auswirken. Dabei wurde angenommen, dass die wahrgenommenen Mitbestimmungsmöglichkeiten – aufgrund der Vermittlung des Gefühls von Selbstbestimmung und Eigenverantwortlichkeit – einen positiven Einfluss auf das fachliche Interesse und die Interessenentwicklung haben. Tabelle 13.7 zeigt, dass sich die Mitbestimmungsmöglichkeiten der Schülerinnen und Schüler auf das Mathematikinteresse zum zweiten Messzeitpunkt sowohl auf Individual- als auch auf Klassenebene signifikant positiv auswirken.

*Tabelle 13.7:* Der Einfluss von Möglichkeiten zur Schülermitbestimmung auf das Interesse und den Interessenverlauf in Mathematik

| *Schülermitbestimmung (Partizipationsmöglichkeiten)* | | *Koeff.* | *SE* | *t* | *p* |
|---|---|---|---|---|---|
| | Interesse zu 7.2 ($\gamma_{000}$) | -.15 | .03 | -4.52 | < .001 |
| *Einfluss auf das* | Schülermitbestimmung auf KE ($\gamma_{001}$) | .04 | .08 | 0.49 | .62 |
| *Interesse zu 7.2:* | Schülermitbestimmung auf IE ($\gamma_{010}$) | .12 | .02 | 5.11 | < .001 |
| | Interessenverlauf ($\gamma_{100}$) | -.19 | .01 | -12.63 | < .001 |
| *Einfluss auf den* | Schülermitbestimmung auf KE ($\gamma_{101}$) | -.01 | .04 | -.30 | .76 |
| *Interessenverlauf:* | Schülermitbestimmung auf IE ($\gamma_{110}$) | .02 | .01 | 1.77 | .07 |

Anmerkung: Koeff.: Koeffizient; *SE*: Standardfehler; KE: Klassenebene; IE: Individualebene

Das Bild ändert sich aber, wenn um den Einfluss der Leistung und des Fähigkeitsselbstkonzepts kontrolliert wird. In diesem Fall wird auf Klassenebene der Einfluss der Schülermitbestimmung auf das Interesse an Mathematik nicht mehr signifikant (unter Kontrolle der Leistung: $\gamma_{001} = .09$, $SE = .08$, $t = 1.08$, *n.s.*; unter Kontrolle des Fähigkeitsselbstkonzepts: $\gamma_{001} = .01$, $SE = .07$, $t = .06$, *n.s.*), während der Effekt auf Individualebene bestehen bleibt und lediglich etwas abnimmt (unter Kontrolle der Leistung: $\gamma_{020} = .12$, $SE = .02$, $t = 5.37$, $p < .001$; unter Kontrolle des Fähigkeitsselbstkonzepts: $\gamma_{020} = .11$, $SE = .02$, $t = 5.17$, $p < .001$). Auf den Verlauf des Mathematikinteresses zeigt sich ein signifikant positiver Einfluss wiederum nur auf Individualebene. Allerdings wird dieser knapp nicht mehr signifikant, wenn um die Leistung kontrolliert wird ($\gamma_{120} = .02$, $SE = .01$, $t = 1.76$, *n.s.*), auch wenn er bei Kontrolle des Fähigkeitsselbstkonzepts signifikant bleibt ($\gamma_{120} = .03$, $SE = .01$, $t = 2.00$, $p < .05$).

Die Ergebnisse stützen die Annahme eines positiven Einflusses von Mitbestimmungsmöglichkeiten auf Individualebene. Sie haben gezeigt, dass Schülerinnen und Schüler, die nach Kontrolle des Fähigkeitsselbstkonzepts ihrer Einschätzung nach im Unterricht mehr Mitbestimmungsmöglichkeiten hatten, insgesamt mehr Interesse an den mathematischen Inhalten aufwiesen und das Interesse an Mathematik auch weniger stark verloren als Schülerinnen und Schüler, die innerhalb der Klasse weniger Mitbestimmungsmöglichkeiten für sich wahrnahmen. Auch hier wirkte sich das Unterrichtsmerkmal nach Kontrolle des Fähigkeitsselbstkonzepts somit allein auf der individuellen Ebene aus.

## 13.5 Befunde zur sozialen Orientierung der Lehrkraft

In diesem Abschnitt wird der Einfluss einer gelungenen sozialen Interaktion zwischen der Lehrkraft und den Schülerinnen und Schülern auf das Interesse und die Veränderung im Interesse erfasst. Ein positiver Einfluss wird erwartet, wenn die Lehrkraft aus Sicht der Schülerinnen und Schüler diagnostische Kompetenz im Sozialbereich besitzt, d.h. wenn sie Probleme sowie soziale Spannungen wahrnimmt. Auch für eine Sozialorientierung der Lehrkraft aus Schülersicht wurde ein positiver Effekt erwartet, d.h. dann, wenn sich die Lehrkraft für die persönlichen Wünsche und Bedürfnisse der Jugendlichen interessiert und sie bei Sorgen und Problemen unterstützt. Für beide Unterrichtsmerkmale wurde angenommen, dass sie vermittelt über das Gefühl sozialer Einbindung auf das fachliche Interesse und die Interessenentwicklung wirken. Tabelle 13.8 gibt den Einfluss der diagnostische Kompetenz im Sozialbereich auf das Interesse und die Interessenentwicklung ohne Kontrollvariablen wieder.

*Tabelle 13.8:* Der Einfluss von Möglichkeiten zur diagnostischen Kompetenz im Sozialbereich auf das Interesse und den Interessenverlauf in Mathematik

| *Diagnostische Kompetenz im Sozialbereich* | | *Koeff.* | *SE* | *t* | *p* |
|---|---|---|---|---|---|
| | Interesse zu 7.2 ($\gamma_{000}$) | -.16 | .03 | -5.05 | < .001 |
| *Einfluss auf das* | soziale Kompetenz auf KE ($\gamma_{001}$) | .25 | .08 | 3.00 | < .01 |
| *Interesse zu 7.2:* | soziale Kompetenz auf IE ($\gamma_{010}$) | .12 | .02 | 5.24 | < .001 |
| | Interessenverlauf ($\gamma_{100}$) | -.19 | .01 | -12.94 | < .001 |
| *Einfluss auf den* | soziale Kompetenz auf KE ($\gamma_{101}$) | .02 | .04 | .54 | .59 |
| *Interessenverlauf:* | soziale Kompetenz auf IE ($\gamma_{110}$) | .03 | .01 | 2.55 | < .05 |

Anmerkung: Koeff.: Koeffizient; *SE*: Standardfehler; KE: Klassenebene; IE: Individualebene

Der Tabelle lässt sich entnehmen, dass die diagnostische Kompetenz im Sozialbereich auf Klassen- und Individualebene einen signifikant positiven Einfluss auf das Interesse zum zweiten Messzeitpunkt hat. Auch zeigt sich – allerdings wieder nur auf Individualebene – ein signifikant positiver Einfluss auf den Interessenverlauf. Diese Effekte verändern sich nach Einfluss der Leistung und des Fähigkeitsselbstkonzepts nicht. Das bedeutet, dass einerseits ganze Klassen, deren Mathematiklehrkraft eher mitbekommt, wenn Spannungen zwischen Schülerinnen und Schülern herrschen oder Probleme bestehen, andererseits auch Schülerinnen und Schüler, die innerhalb einer Klasse stärker wahrnehmen, dass die Lehrkraft Spannungen und Probleme zwischen ihnen erfasst, mehr Interesse am Fach Mathematik aufweisen. Darüber hinaus verlieren Schülerinnen und Schüler, die innerhalb ihrer Klasse die diagnostische Kompetenz der Mathematiklehrkraft im Sozialbereich höher einschätzen, das fachliche Interesse weniger stark als Schülerinnen und Schüler, die der Mathematiklehrkraft diesbezüglich weniger Kompetenz zusprechen.

Tabelle 13.9 lässt sich entnehmen, dass auch eine Sozialorientierung der Lehrkraft sowohl auf Klassen- als auch auf Individualebene einen signifikant positiven Einfluss auf das Mathematikinteresse zum zweiten Messzeitpunkt und auf Individualebene einen signifikant positiven Einfluss auf den Verlauf des Interesses am Fach Mathematik hat. Dieser Effekt verändert sich nach Einfluss der Leistung und des Fähigkeitsselbstkonzepts ebenfalls nicht. Das bedeutet, dass auch hier Klassen, deren Mathematiklehrkraft sich eher um die Belange der Schülerinnen und Schüler kümmert und ihre Wünsche und Bedürfnisse berücksichtigt, mehr Interesse am Fach aufweisen als Klassen, in denen das weniger der Fall ist. Auch haben Schülerinnen und Schüler, die innerhalb einer Klasse eine stärkere Sozialorientierung der Lehrkraft wahrnehmen, insgesamt mehr Interesse an Mathematik und verlieren darüber hinaus das fachliche Interesse innerhalb der 7. Jahrgangsstufe weniger stark.

*Tabelle 13.9:* Der Einfluss von Möglichkeiten zur Sozialorientierung der Lehrkraft auf das Interesse und den Interessenverlauf in Mathematik

| *Sozialorientierung* | | *Koeff.* | *SE* | *t* | *p* |
|---|---|---|---|---|---|
| | Interesse zu 7.2 ($\gamma_{000}$) | -.18 | .03 | -6.01 | < .001 |
| *Einfluss auf das Interesse zu 7.2:* | Sozialorientierung auf KE ($\gamma_{001}$) | .21 | .06 | 3.34 | < .001 |
| | Sozialorientierung auf IE ($\gamma_{010}$) | .19 | .02 | 8.18 | < .001 |
| | Interessenverlauf ($\gamma_{100}$) | -.19 | .01 | -12.89 | < .001 |
| *Einfluss auf den Interessenverlauf:* | Sozialorientierung auf KE ($\gamma_{101}$) | -.03 | .03 | -.92 | .36 |
| | Sozialorientierung auf IE ($\gamma_{110}$) | .05 | .01 | 3.57 | < .001 |

Anmerkung: Koeff.: Koeffizient; *SE*: Standardfehler; KE: Klassenebene; IE: Individualebene

Die Ergebnisse zeigen, dass soziale Aspekte und die Art, wie die Lehrkraft sich für die Schülerinnen und Schüler einsetzt, auf diese eingeht, ihre Wünsche berücksichtigt und diese einbindet, einen Einfluss auf die Entwicklung des fachlichen Interesses nimmt. Die theoretischen Überlegungen zur Interessenentwicklung haben darauf hingewiesen, dass die soziale Eingebundenheit einen wichtigen Faktor bei der Genese von Interesse darstellt. Die Ergebnisse stützen diese Überlegungen. Dabei zeigt sich auch hier das bei den anderen Unterrichtsmerkmalen häufig zu beobachtende Muster, dass zwar Unterschiede in der Wahrnehmung der Unterrichtsmerkmale sowohl durch die Klassen als auch durch die Schülerinnen und Schüler innerhalb der Klassen einen Effekt auf das Interesse haben, dass aber auf den Verlauf des Interesses nur die Unterschiede in der Wahrnehmung der Unterrichtsmerkmale durch die individuellen Schülerinnen und Schüler innerhalb einer Klasse einen Einfluss haben.

Abschließend werden die Ergebnisse zum Einfluss der Unterrichtsmerkmale auf das Interesse und den Interessenverlauf noch einmal in Tabelle 13.10 zusammengefasst. Der Tabelle lässt sich entnehmen, dass sich bei allen Unterrichtsmerkmalen – nach Kontrolle des Fähigkeitsselbstkonzepts – auf Individualebene der erwartete Einfluss auf das Niveau des Mathematikinteresses und – mit Ausnahme des individualisierten Unterrichts – auch der erwartete Effekt auf eine Veränderung im Mathematikinteresse innerhalb der 7. Jahrgangsstufe zeigt. Auf Klassenebene zeigt sich ohne Kontrolle des Fähigkeitsselbstkonzepts bis auf den Individualisierten Unterricht ein Einfluss aller Prädiktoren auf das Interessenniveau. Allerdings ergibt sich nach Kontrolle des Fähigkeitsselbstkonzepts ein Einfluss auf das Niveau des Interesses nur noch für ein angemessenes Unterrichtstempo, den wahrgenommenen Leistungsdruck, eine individuelle Bezugsnormorientierung, eine sozialdiagnostische Kompetenz und eine Sozialorientierung der Lehrkraft. Auf Klassenebene ist bis auf den signifikant negativen Effekt des individualisierten Unterrichts kein Effekt der Unterrichtsvariablen auf den Verlauf des Mathematikinteresses zu beobachten.

*Tabelle 13.10:* Überblick über die Ergebnisse zum Einfluss der Unterrichtsmerkmale auf das Interesse und den Interessenverlauf in Mathematik in der 7. Jahrgangsstufe (wiedergegeben sind die Betakoeffizienten)

| | Einfluss auf Interesse zu 7.2 | | | | | | Einfluss auf den Interessenverlauf | | | | | |
|---|---|---|---|---|---|---|---|---|---|---|---|---|
| Koeff. auf: | Klassenebene | | | Individualebene | | | Klassenebene | | | Individualebene | | |
| | o. K. | Leist. | FSK | o. K. | Leist. | FSK | o. K. | Leist. | FSK | o. K. | Leist. | FSK |
| Klarheit | **.13** | .09 | .06 | **.26** | **.26** | **.23** | -.03 | -.03 | -.01 | **.09** | **.09** | **.10** |
| Pacing | **.39** | **.31** | **.24** | **.08** | **.08** | **.09** | -.00 | .00 | .04 | **.04** | **.04** | **.04** |
| Druck | **- .28** | **-.23** | **-.21** | **-.14** | **-.13** | **-.07** | -.01 | -.01 | -.03 | -.02 | -.02 | **-.04** |
| Individual. | .03 | .05 | .03 | **.07** | **.06** | **.07** | **-.10** | **-.11** | **-.10** | .00 | .00 | .00 |
| IBNO | **.23** | **.17** | **.13** | **.19** | **.19** | **.17** | -.02 | -.02 | .01 | **.07** | **.07** | **.07** |
| sokrat. Unt. | **.23** | **.18** | .11 | **.18** | **.17** | **.17** | -.03 | -.03 | -.00 | **.04** | **.04** | **.04** |
| Partizipation | .04 | .09 | .00 | **.12** | **.12** | **.11** | -.01 | -.01 | -.00 | .02 | .02 | .03 |
| soz. Komp. | **.25** | **.23** | **.16** | **.12** | **.11** | **.10** | .02 | .02 | .05 | **.03** | **.03** | **.04** |
| Sozialorient. | **.21** | **.18** | **.11** | **.19** | **.19** | **.17** | -.03 | -.03 | -.00 | **.05** | **.05** | **.06** |

Anmerkung: o. K.: ohne Kontrollvariablen; Leist.: mit der Testleistung als Kontrollvariable; FSK: mit der Skala *Fachspezifisches Fähigkeitsselbstkonzept* als Kontrollvariable; Klarheit: *Klarheit und Strukturiertheit des Unterrichts*; Pacing: *Angemessenes Unterrichtstempo*; Druck: *Leistungsdruck*; Individual.: *Individualisierung*; IBNO: *Intraindividuelle Bezugsnormorientierung*; sokrat. Unt.: *Sokratisches Vorgehen im Unterricht*; Partizipation: *Schülermitbestimmung*; soz. Komp.: *soziale Kompetenz*; Sozialorient.: *Sozialorientierung*. Werte mit einem Signifikanzniveau von $p < .05$ sind hervorgehoben.

## 13.6 Durch die Unterrichtsmerkmale erklärte Varianz

In diesem Abschnitt werden die Ergebnisse unter dem Aspekt beleuchtet, wie viel Varianz im Interesse und in der Veränderung des Interesses an Mathematik im Verlauf der 7. Jahrgangsstufe durch die genannten Unterrichtsbedingungen auf Individual- und Klassenebene erklärt wird. Wie in Kapitel 9 beschrieben, kann die Differenz zwischen der (Residual-)Varianz im Basismodell und der (Residual-)Varianz nach Einführung eines Unterrichtsmerkmals (als Prädiktor) als Anteil der durch den Prädiktor erklärten Varianz interpretiert werden, der wiederum als Anteil der auf der jeweiligen Ebene erklärten Varianz oder als Anteil der Gesamtvarianz ausgedrückt werden kann. So kann die aufgeklärte Varianz in den auf Individualebene und auf Klassenebene zurückgehenden Varianzanteil sowohl für das Interesse zum zweiten Messzeitpunkt als auch für den Interessenverlauf aufgeteilt werden. Die Anteile der durch die Unterrichtsmerkmale aufgeklärten Varianz für das Interesse und den Interessenverlauf sind für alle Analysen, in denen die Effekte ohne Kontrollvariablen signifikant wurden, in Tabelle 13.11 aufgeführt.

*Tabelle 13.11:* Durch die Unterrichtsmerkmale auf Individual- und Klassenebene aufgeklärte Varianz ($R^2$) im Interesse zum zweiten Messzeitpunkt und in der Veränderung des Interesses innerhalb der 7. Jahrgangsstufe (alle Angaben in Prozent)

| | Interesse zu 7.2 | | | | Interessenverlauf | | | |
|---|---|---|---|---|---|---|---|---|
| | KE | | IE | | KE | | IE | |
| | $R^{2\,1)}$ | $R^{2\,2)}$ | $R^{2\,1)}$ | $R^{2\,2)}$ | $R^{2\,1)}$ | $R^{2\,2)}$ | $R^{2\,1)}$ | $R^{2\,2)}$ |
| Klarheit/Strukturiertheit | 46.4 | 6.5 | 7.5 | 6.4 | – | – | 9.6 | 8.1 |
| Unterrichtstempo | 24.2 | 3.4 | 9.9 | 8.5 | – | – | 2.2 | 1.8 |
| Leistungsdruck | 30.2 | 4.2 | 2.2 | 1.9 | – | – | 0.2 | 0.2 |
| Individualisierter Unterricht | – | – | 0.6 | 0.5 | 15.1 | 2.4 | - | - |
| Individuelle Bezugsnorm | 29.6 | 4.1 | 4.5 | 3.9 | – | – | 6.0 | 5.0 |
| Sokratisches Vorgehen | 22.9 | 3.2 | 4.0 | 3.4 | – | – | 2.5 | 2.1 |
| Schülermitbestimmung | – | – | 1.6 | 1.4 | – | – | – | – |
| sozialdiagnostische Kompetenz | 20.5 | 2.9 | 1.8 | 1.5 | – | – | 1.9 | 1.6 |
| Sozialorientierung | 39.5 | 5.5 | 4.2 | 3.6 | – | – | 3.5 | 2.9 |

Anmerkung: KE: Klassenebene; IE: Individualebene; [1)]Anteil der durch das Merkmal aufgeklärten Varianz am Gesamtanteil der auf der jeweiligen Ebene aufgeklärten Varianz; [2)]Anteil der durch das Merkmal aufgeklärten Varianz bezogen auf die insgesamt aufgeklärte Varianz

In der Tabelle werden jeweils zwei Werte aufgeführt. Der Wert in der jeweils ersten Rubrik in der Tabelle gibt an, wie groß der Anteil der durch das Unterrichtsmerkmal aufgeklärten Varianz an der auf der jeweiligen Ebene zu erklärenden Varianz ist. Dies zeigt, dass z.B. der auf Klassenebene durch die Unterrichtsmerkmale aufgeklärte Varianzanteil im Interesse zum zweiten Messzeitpunkt relativ hoch ist, wohingegen der auf

Individualebene durch die Unterrichtsmerkmale aufgeklärte Varianzanteil am Interesse zum zweiten Messzeitpunkt relativ gering ist. Dies liegt daran, dass die auf Individualebene aufgeklärte Varianz im Interesse noch auf eine Vielzahl anderer Faktoren zurückzuführen ist. Der Wert in der jeweils zweiten Rubrik gibt dagegen an, wie groß der Anteil der durch das Unterrichtsmerkmal aufgeklärten Varianz an der Gesamtvarianz ist. Beim zweiten Wert wird somit berücksichtigt, dass – wie die Intraklassenkorrelationen des Nullmodells für Mathematik in Kapitel 11 gezeigt haben – der Anteil an Varianz im Interesse und in der Interessenentwicklung, der auf Unterschiede zwischen den Klassen zurückzuführen ist (14 Prozent beim Mathematikinteresse zum zweiten Messzeitpunkt, 16 Prozent beim Verlauf des Mathematikinteresses), im Vergleich zum Anteil an Varianz, der auf Unterschiede zwischen Schülerinnen und Schülern innerhalb von Klassen zurückzuführen ist (86 Prozent beim Mathematikinteresse zum zweiten Messzeitpunkt und 84 Prozent beim Verlauf des Mathematikinteresses), relativ gering ist. Ist von Interesse, wie viel Varianz im Vergleich zur Gesamtvarianz durch die Unterrichtsmerkmale aufgeklärt wird, ist es wichtig, dies zu berücksichtigen. Der jeweils zweite Werte in Tabelle 13.11 gibt somit den Anteil der durch die Prädiktoren aufgeklärten Varianz unter Berücksichtigung der auf den verschiedenen Ebenen aufgeklärten Gesamtvarianz wieder.

Der jeweils erste Wert in Tabelle 13.11 macht deutlich, dass der Anteil aufgeklärter Varianz bezüglich des Mittelwerts im Mathematikinteresse zum zweiten Messzeitpunkt am Anteil der auf Klassenebene insgesamt aufgeklärten Varianz relativ hoch ist. Die durch die Unterrichtsmerkmale aufgeklärte Varianz zwischen Klassen am Gesamtanteil der auf Klassenebene aufgeklärten Varianz im Interesse zum zweiten Messzeitpunkt beträgt zwischen 22.9 und 46.4 Prozent, d.h. mindestens ein fünftel bis die Hälfte der auf Klassenebene erklärten Varianz im Interesse zum zweiten Messzeitpunkt wird durch das jeweilige Unterrichtsmerkmal erklärt. Da die Unterrichtsmerkmale nicht gemeinsam, sondern je separat als Prädiktoren in die Analysen eingeführt wurden, handelt es sich hierbei allerdings um mit anderen Unterrichtsmerkmalen konfundierte Varianz (daher addiert sich auch die aufgeklärte Varianz in der Rubrik nicht zu 100 Prozent). Die größte Varianzaufklärung ist hier für die Klarheit und Strukturiertheit des Unterrichts, die Sozialorientierung der Lehrkraft, den Leistungsdruck und die individuelle Bezugsnormorientierung zu finden. Auf Klassenebene klärt der individualisierte Unterricht zudem 15.1 Prozent der Varianz bezüglich der Veränderung des Mathematikinteresses auf. Auf Individualebene beträgt der Anteil aufgeklärter Varianz bezüglich des Mittelwerts im Mathematikinteresse je nach Unterrichtsmerkmal 0.6 bis 9.9 Prozent aller auf Individualebene aufgeklärten Varianz im Interesse zum zweiten Messzeitpunkt. Bezüglich der individuellen Wahrnehmung der Unterrichtsmerkmale innerhalb einer Klasse findet sich die größte Varianzaufklärung für das Unterrichtstempo und die Klarheit und Strukturiertheit des Unterrichts, gefolgt von der individuellen Bezugsnormorientierung, dem sokratisches Vorgehen und der Sozialorientierung. Bezüglich der Veränderung im Mathematikinteresse klären die Effekte auf Individualebene 0.2 bis 9.6 Prozent der Varianz zwischen Schülerinnen und Schülern innerhalb der Klassen auf. Hier findet sich die größte Varianzaufklärung für die Klarheit und Strukturiertheit des Unterrichts, eine individuelle Bezugsnormorientierung und eine Sozialorientierung der Lehrkraft.

Der jeweils zweite Wert in Tabelle 13.11 gibt an, wie groß diese Effekte sind, wenn man den Anteil der erklärten Varianz an der Gesamtvarianz misst. Unter dieser Betrachtungsweise verringern sich die Werte deutlich. Auf Klassenebene erklären die Klarheit und Strukturiertheit des Unterrichts, die Sozialorientierung der Lehrkraft, der Leistungsdruck, die individuelle Bezugsnormorientierung, das Unterrichtstempo, das sokratische Vorgehen und die sozialdiagnostische Kompetenz der Lehrkraft dann jeweils nur noch zwischen 2.86 und 6.5 Prozent der Varianz im Interesse zum zweiten Messzeitpunkt. Von geringer oder gar keiner Bedeutung für das Interesse zum zweiten Messzeitpunkt auf Klassenebene sind die Schülermitbestimmung ($R^2$ = 0.6) und der individualisierte Unterricht (unter der Signifikanzgrenze liegender Wert). Auf Klassenebene werden zudem 2.42 Prozent der Varianz in der Veränderung des Interesses durch den individualisierten Unterricht erklärt. Insgesamt macht dies deutlich, dass der Anteil der durch den auf Klassenebene eingeführten Prädiktor aufgeklärten Varianz nicht so groß ist, wie es scheint, wenn man – wie bei den jeweiligen Werten in der ersten Rubrik der Tabelle – nicht berücksichtigt, dass insgesamt wenig Varianz im Interesse und im Interessenverlauf auf Klassenebene erklärt wird. Auf Individualebene erklären das Unterrichtstempo, die Klarheit und Strukturiertheit des Unterrichts, der Grad individueller Bezugsnormorientierung, die Sozialorientierung der Lehrkraft und ein sokratisches Vorgehen 3.44 bis 8.51 Prozent der Varianz. Von geringerer Bedeutung sind der Leistungsdruck, die Schülermitbestimmung, die sozialdiagnostische Kompetenz und ein individualisierter Unterricht, die 0.52 bis 1.89 Prozent der Varianz erklären. Auf Individualebene wird am meisten Varianz in der Veränderung des Interesses mit 8.06 Prozent durch die Klarheit und Strukturiertheit des Unterrichts aufgeklärt, gefolgt von der individuellen Bezugsnormorientierung mit 5.04 Prozent. Ferner wird durch die Sozialorientierung der Lehrkraft (2.94 Prozent), das sokratische Vorgehen (2.1 Prozent), das Unterrichtstempo (1.85 Prozent) und die sozialdiagnostische Kompetenz der Lehrkraft (1.6 Prozent) der Varianz in der Veränderung des Interesse auf Individualebene aufgeklärt. Vergleichsweise gering ist der durch die Schülermitbestimmung (0.84 Prozent) und der durch den Leistungsdruck (0.17 Prozent) aufgeklärte Varianzanteil in der Veränderung im Interesse auf Individualebene. Der individualisierte Unterricht spielt keine Rolle. Insgesamt wird damit deutlich, dass eher ein geringer Anteil der Gesamtvarianz durch die Unterrichtsmerkmale aufgeklärt wird.

In diesem Kapitel wurden die Ergebnisse zum Einfluss verschiedener Unterrichtsbedingungen auf die Interessen und die Interessenentwicklung aufgeführt. Im folgenden Kapitel werden die Ergebnisse zur Annahme präsentiert, dass die Abnahme im Interesse Folge einer Differenzierung von fachlichen Interessen ist.

# 14 Ergebnisse zur Differenzierung der Interessen

Als eine weitere mögliche Ursache für den Interessenverlust in der mittleren Adoleszenz wurde eine Differenzierung der Interessen innerhalb des schulischen Bereichs angenommen. In diesem Kapitel wird daher anhand der BIJU-Daten des ersten Längsschnitts geprüft, ob es im Verlauf der Sekundarstufe I zu einer die Abnahme der Interessen bedingenden Differenzierung der Interessen kommt und welcher Mechanismus hierfür verantwortlich ist. In Abschnitt 14.1 werden korrelative Befunde für die fachspezifischen Interessen berichtet, da eine Abnahme der Korrelationen zwischen den Interessen in verschiedenen Fächern im Verlauf der Sekundarstufe I auf eine Differenzierung der Interessen hinwiese. Anschließend wird die Rolle der fachspezifischen Fähigkeitsselbstkonzepte im Prozess der Interessendifferenzierung untersucht. In Abschnitt 14.2 wird anhand von Strukturgleichungsmodellen geprüft, ob sich – wie angenommen – hohe fachspezifische Fähigkeitsselbstkonzepte fächerübergreifend positiv auf die Entwicklung fachspezifischer Interessen im Verlauf der Sekundarstufe I auswirken. Gemäß der vorgeschlagenen Weiterentwicklung des Bezugsrahmenmodells wird dann in Abschnitt 14.3 analysiert, ob sich ein hohes Fähigkeitsselbstkonzept in einem Fach nicht nur positiv auf das Interesse am selben Fach, sondern auch negativ auf das Interesse an einem anderen Fach auswirkt. Dies wäre ein deutlicher Beleg für eine durch das Fähigkeitsselbstkonzept gesteuerte Differenzierung der Interessen.

## 14.1 Korrelative Befunde zur Interessendifferenzierung

Um eine mögliche Veränderung in der Interessenstruktur zu dokumentieren, werden im Folgenden die korrelativen Beziehungen zwischen den fachspezifischen Interessen von der 7. bis 10. Jahrgangsstufe dargestellt. Der Differenzierungshypothese zufolge sollte einerseits eine Abnahme der korrelativen Beziehungen der Interessenwerte in den meisten Schulfächern zu beobachten sein. Andererseits sollten differentielle Unterschiede in der Interessenkorrelation der einzelnen Fächer – im Sinne niedrigerer Korrelationen bei nicht miteinander verwandten Fächern – bestehen.

Für die Berechnung der Korrelationskoeffizienten wurden – da hier nur Daten auf Individualebene untersucht wurden – die effektiven Stichprobengrößen der fachspezifischen Teilstichproben der 1587 Schülerinnen und Schüler mit echten Längsschnittdaten zu allen vier Messzeitpunkten in der 7. bis 10. Jahrgangsstufe verwendet (vgl. Tabelle 9.3 in Kapitel 9). Die fehlenden Daten wurden imputiert. Da jeweils Interessenwerte aus zwei Fächern miteinander korreliert wurden, wurde pro Korrelation der Stichprobenumfang des Schulfachs mit der kleineren Stichprobe gewählt (vgl. die Rubrik $N_{SRS}$ in Tabelle 14.1). Wie in Kapitel 9 beschrieben, wurde aufgrund des bereits relativ konservativen Vorgehens durch Verwendung von effektiven Stichprobengrößen auf eine Bonferoni-Korrektur des $\alpha$-Fehlers verzichtet. Für Biologie und Physik wurde das *Topologische Interesse*, für Mathematik, Englisch und Deutsch das *Fachinteresse* verwendet. Das Gesamtbild zur Veränderung in der Interessenstruktur von der 7. bis 10. Jahrgangsstufe wird dadurch eingeschränkt, dass in der 10. Jahrgangsstufe nicht in allen Fächern Interessenwerte erhoben wurden. Da erhebungsbedingt in Deutsch in der 10. Jahrgangsstufe keine Interessenwerte vorlagen, konnten die Korrelationen mit dem Fach Deutsch nur für die 7. Jahrgangsstufe berechnet werden. In der 10. Jahrgangsstufe konnte keine Korrelation zwischen Biologie- und Englischinteresse festgestellt werden, da die Interessenskalen für Biologie und Englisch dort alternierend eingesetzt wurden. Die linke Hälfte von Tabelle 14.1 führt die korrelativen Beziehungen der Interessenwerte zwischen den verschiedenen Schulfächern auf. Da eine Berechnung der z-Werte zum Vergleich von Korrelationskoeffizienten für voneinander unabhängige Stichproben keine signifikanten Unterschiede in den Korrelationen von Jungen und Mädchen ergab, sind hier nur die Korrelationskoeffizienten für die Gesamtgruppe wiedergegeben. In der rechten Hälfte von Tabelle 14.1 sind die mit dem Test von Steiger (1980) zum Vergleich von zwei Korrelationskoeffizienten bei abhängigen Stichproben berechneten z-Werte aufgeführt (vgl. Bortz, 1993). Diese geben an, ob die Differenz zwischen zwei Korrelationsmaßen über zwei Messzeitpunkte hinweg signifikant ausfällt, und somit, ob es über die Zeit hinweg zu einer signifikanten Veränderung in der Höhe der Korrelationskoeffizienten kommt. Die hier aufgeführten z-Werte geben an, ob sich die Differenzwerte für den ersten und zweiten Messzeitpunkt, den ersten und dritten Messzeitpunkt und den ersten und vierten Messzeitpunkt signifikant voneinander unterscheiden. Ist die Korrelation zum späteren Messzeitpunkt höher als zum früheren Messzeitpunkt, fällt das Vorzeichen negativ aus, ist sie niedriger als die zum früheren Messzeitpunkt, fällt das Vorzeichen positiv aus.

*Tabelle 14.1:* Korrelationen der Interessenwerte von der 7. bis 10. Jahrgangsstufe für die effektive Stichprobe der Fächer Biologie, Physik, Mathematik, Englisch und Deutsch und z-Werte für die Differenz in den Korrelationen

| | | Korrelationskoeffizient r | | | | z-Werte für die Differenz zwischen | | |
|---|---|---|---|---|---|---|---|---|
| | $N_{SRS}$ | 7.1 | 7.2 | 7.3 | 10 | 7.1-7.2 | 7.1–7.3 | 7.1–10 |
| Physik/Mathematik | 323 | **.39** | **.39** | **.36** | **.38** | .09 | .64 | .25 |
| Physik/Biologie | 323 | **.54** | **.45** | **.46** | **.37** | 1.83 | 1.27 | **2.39** |
| Mathematik/Biologie | 419 | .30 | .21 | .23 | .12 | 1.64 | 1.10 | 2.85 |
| Englisch/Mathematik | 208 | .28 | .20 | .19 | .04 | .96 | 1.12 | 2.53 |
| Englisch/Physik | 208 | .23 | .16 | .16 | .01 | .95 | .83 | 2.45 |
| Englisch/Biologie | 208 | .28 | .17 | .20 | – | 1.45 | 1.01 | – |
| Deutsch/Mathematik | 499 | .39 | .37 | .36 | – | .35 | .50 | – |
| Deutsch/Physik | 323 | .29 | .24 | .20 | – | .73 | 1.27 | – |
| Deutsch/Englisch | 208 | .34 | .36 | .29 | – | -.35 | .60 | – |
| Deutsch/Biologie | 419 | **.32** | **.27** | **.24** | – | .87 | 1.33 | – |

Anmerkung: In Deutsch wurden in der 10. Jahrgangsstufe keine Interessenwerte erhoben. Die Interessentests für Englisch und Biologie wurden in der 10. Jahrgangsstufe alternierend eingesetzt. Werte mit einem Signifikanzniveau von $p < .05$ sind hervorgehoben.

Die aus der Forschungsliteratur abgeleitete Annahme lautete, dass die Korrelationen zwischen verschiedenen Schulfächern – mit Ausnahme von Fächern, in denen es inhaltlich starke Überschneidungen gibt – innerhalb der Sekundarstufe I signifikant abnehmen. Tabelle 14.1 zeigt, dass die Korrelationen zwischen den Interessenwerten in den beiden ähnlichen Fachgebieten Mathematik und Physik im gesamten Zeitraum der Sekundarstufe I auf einem vergleichsweise hohen Niveau relativ konstant bleiben (alle $r \geq .36$, $p < .001$; $z = .25$, *n.s.*). Die z-Werte der übrigen Fächer, für die Korrelationswerte für die Interessen in der 10. Jahrgangsstufe berechnet werden konnten, weisen auf eine signifikante Abnahme in der Höhe der Korrelationen zwischen den Fächern zwischen dem ersten Messzeitpunkt in der 7. Jahrgangsstufe und dem Messzeitpunkt in der 10. Jahrgangsstufe hin (alle $z \geq 2.39$, $p < .05$). Die Korrelation der Interessenwerte der beiden naturwissenschaftlichen Fächer Physik und Biologie beginnt mit $r = .54$ ($p < .001$) zum ersten Messzeitpunkt auf einem etwas höheren Ausgangsniveau als die Korrelation in Mathematik und Physik und sinkt innerhalb der Sekundarstufe signifikant auf ein der Korrelation in Mathematik und Physik vergleichbares Niveau ab. Die Korrelation der Interessenwerte in Mathematik und Biologie fällt von einem moderaten Niveau von $r = .30$ ($p < .001$) auf ein signifikant niedrigeres Niveau von $r = .12$ ($p < .05$). Bei inhaltlich stark voneinander unterschiedenen Fachgebieten nimmt die Korrelation sogar auf eine Korrelation nahe Null ab. So fallen die zu Beginn der 7. Jahrgangsstufe moderaten Korrelationen zwischen den Interessenwerten in Englisch und Mathematik sowie Englisch und Physik (beide $r \geq .23$, $p < .001$) innerhalb der Sekundarstufe I signifikant auf Nullkorrelationen ab (beide $r \leq .04$). Wie bereits erwähnt, konnten für die übrigen Fächerkombinationen nur Korrelationen für den Verlauf innerhalb der 7. Jahrgangsstufe berechnet werden. Die z-Werte der Tabelle 14.1 weisen darauf hin, dass die Korrelationen der Interessenwerte Deutsch-Mathematik, Deutsch-Physik, Deutsch-Englisch sowie Biologie-Englisch im gesamten Verlauf der 7. Jahrgangsstufe geringer werden, die Differenz in den Korrelationen aber in diesem Zeitraum für keines der Fächer signifikant ausfällt (alle $z \leq$. 1.45, *n.s.*).

Insgesamt lässt sich festhalten, dass die Abnahme der Korrelationen innerhalb der 7. Jahrgangsstufe nicht signifikant wird. Die Abnahme der Korrelationen über den gesamten Zeitraum von der 7. bis zur 10. Jahrgangsstufe hingegen wurde für die Fächer, in denen Korrelationswerte zwischen den Interessen für die 10. Jahrgangsstufe vorlagen, mit Ausnahme der Korrelation zwischen dem Interesse an den inhaltlich z.T. sehr ähnlichen Fächern Mathematik und Physik signifikant. Mit diesem Befund kann eine Abnahme der Zusammenhänge im Interesse an Fächern aus unterschiedlichen Bereichen in der Sekundarstufe I als abgesichert gelten. Allerdings muss einschränkend gesagt werden, dass die Aussage nur für die hier untersuchten Fächer als belegt gelten kann. Es kann lediglich vermutet werden, dass sich ein ähnliches Muster auch für die Fächer finden ließe, für die keine Korrelationswerte für die Interessen in der 10. Jahrgangsstufe vorlagen.

Anhand der Korrelationen der Interessenwerte lässt sich nicht nur feststellen, ob diese signifikant abnehmen, sondern auch, ob es zu einer Fokussierung auf ausgewählte Interessenbereiche kommt. Die entsprechende aus der Forschungsliteratur zur Interessenentwicklung abgeleitete Annahme lautete, dass sich ein eher generelles schulisches Interesse zu Beginn der Sekundarstufe I am Ende der Sekundarstufe I in ein eher verbales Interesse auf der einen Seite und ein eher mathematisch-naturwissenschaftliches Interesse auf der anderen Seite wandelt. Tabelle 14.1 zeigt, dass die Korrelationen zu Beginn der 7. Jahrgangsstufe zwar je nach Fachgebiet leicht unterschiedliche, aber doch nahe beieinander liegende Ausgangsniveaus aufweisen. Vergleichsweise hoch fallen die Korrelationen der Interessenwerte der einander ähnlichen mathematisch-naturwissenschaftlichen Fächer Physik-Biologie und Physik-Mathematik sowie die Korrelation der Interessenwerte der sprachlichen Fächer Englisch-Deutsch, aber auch die Korrelation der Kombination Mathematik-Deutsch aus (zwischen $r = .34$ und $r = .54$, beide $p < .001$). Nur geringfügig niedriger fallen die Korrelationen der Interessenwerte der beiden Hauptfächer Deutsch und Mathematik mit dem humanwissenschaftlichen Fach Biologie aus ($r = .30$ bzw. $r = .32$, beide $p < .001$). Wiederum etwas geringere, wenn auch noch moderate Korrelationen der Interessenwerte zeigen sich zwischen den sprachlichen Fächern und den mathematisch-naturwissenschaftlichen Fächern (mit Ausnahme der oben erwähnten Korrelation Deutsch-Mathematik alle zwischen $r = .23$ und $r = .29$, beide $p < .001$). In der 7. Jahrgangsstufe ist demnach nur im Ansatz ein differentielles Muster vorhanden, so dass hier eher noch ein allgemeines akademisches Interesse vorliegt. Am Ende der Sekundarstufe I hingegen ist für die Fächer, für die Korrelationswerte in der 10. Jahrgangsstufe berechnet werden konnten, ein ausgeprägtes differentielles Muster zu beobachten. So lässt sich zwischen einigen Fächern noch ein mittleres Korrelationsniveau, zwischen anderen Fächern überhaupt keine Korrelation mehr beobachten. Erwartungsgemäß ergeben sich vergleichsweise hohe Korrelationen innerhalb des mathematisch-naturwissenschaftlichen Bereichs zwischen Mathematik-Physik sowie Physik-Biologie ($r = .38$ und $r = .37$, beide $p < .001$) und eine deutlich geringere Korrelation für Mathematik-Biologie ($r = .12$, $p < .05$). Zwischen dem sprachlichen Fach und den beiden sog. harten mathematisch-naturwissenschaftlichen Fächern finden sich wie erwartet keine signifikante Korrelationen mehr ($r = .04$ und $r = .01$). Die Korrelationen des Interesses innerhalb des mathematisch-naturwissenschaftlichen Bereichs fallen somit deutlich höher aus als zwischen dem mathematisch-naturwissenschaftlichen Bereich und dem mit dem Fach Englisch untersuchten verbalen Bereich. Mit diesem Befundmuster wird die Annahme gestützt, dass sich die Interessenstruktur innerhalb der Adoleszenz im Sinne einer bereichsspezifischen Differenzierung ändert. Die zu Beginn der 7. Jahrgangsstufe im Ansatz vorhandene differentielle Interessenstruktur hat sich zum Ende der Sekundarstufe I hin verstärkt, so dass hier eine Interessenstruktur mit einem eher verbalen Interesse auf der einen Seite und einem eher mathematisch-naturwissenschaftlichen Interesse auf der anderen Seite besteht. Auch hier muss einschränkend wieder gesagt werden, dass keine Aussage über die Fächer, in denen keine Korrelationswerte für die

10. Jahrgangsstufe vorlagen, gemacht werden kann und lediglich die Vermutung nahe liegt, dass sich hier ein ähnliches Bild ergeben würde.

Die Befunde haben gezeigt, dass es im Zeitraum von der 7. bis 10. Jahrgangsstufe zu einer Abnahme der Korrelationen in allen hier untersuchten Fächern (mit Ausnahme von Mathematik und Physik) gekommen ist, wobei leichte differentielle Unterschiede in der Höhe der Abnahme beobachtet werden konnten. Die Abnahme der Interessenkorrelation sowie das differentielle Muster zwischen den Korrelationen der Interessenwerte weisen damit auf eine Differenzierung der Interessen innerhalb des akademischen Bereichs hin. Innerhalb des Zeitraums der 7. Jahrgangsstufe zeigte sich keine signifikante Abnahme der Korrelationen. Auch war das differentielle Muster nicht besonders stark ausgeprägt. Weitgehend kann hier also von einem allgemeinen akademischen Interesse gesprochen werden. Am Ende der 10. Jahrgangsstufe zeigte sich die Interessenstruktur hingegen für die hier untersuchten Fächer deutlich verändert: Die korrelativen Beziehungen im mathematisch-naturwissenschaftlichen Bereich (Physik/Mathematik, Physik/Biologie) waren weiterhin eng, die Korrelationen der Interessenwerte zwischen dem für den verbalen Bereich untersuchten Fach Englisch und dem (harten) mathematisch-naturwissenschaftlichen Bereich (also den Fächern Mathematik/Physik) waren auf Null reduziert. Es lassen sich somit am Ende der 10. Jahrgangsstufe sprachliche Interessen auf der einen Seite und mathematisch-naturwissenschaftliche Interessen auf der anderen Seite unterscheiden. Die Korrelation von Mathematik mit dem humanwissenschaftlichen Fach Biologie nahm dabei eine Zwischenstellung ein. Auch an dieser Stelle sei wieder darauf hingewiesen, dass sich für die Fächer, für die in der 10. Jahrgangsstufe keine Korrelationen mehr vorlagen, lediglich vermuten lässt, dass ein ähnliches Muster vorliegt.

Um zu prüfen, wie sich der Differenzierungsprozess der Interessen vollzieht, wird im Folgenden auf den Mechanismus eingegangen, der für diesen Prozess verantwortlich sein könnte. Die beiden nachfolgenden Abschnitte beschäftigen sich dabei mit der Frage, ob den fachspezifischen Fähigkeitsselbstkonzepten eine entscheidende Rolle im Prozess der Interessendifferenzierung zukommt.

## 14.2 Der Einfluss der Fähigkeitsselbstkonzepte auf die Interessen

Auf der Basis theoretischer Überlegungen sowie bisheriger Forschungsergebnisse wurde angenommen, dass sich hohe fachspezifische Fähigkeitsselbstkonzepte positiv auf die Entwicklung eines Interesses am selben Fach auswirken. Anhand von Strukturgleichungsmodellen wird hier daher der Einfluss fachspezifischer Fähigkeitsselbstkonzepte auf die Entwicklung fachspezifischer Interessen untersucht. Die Modelle für die Fächer Biologie, Physik, Mathematik und Englisch umfassten den Zeitraum von der 7. bis 10. Jahrgangsstufe, das Modell für das Fach Deutsch – da hier keine Werte für die 10. Jahrgangsstufe vorlagen – den Zeitraum innerhalb der 7. Jahrgangsstufe. Um die Analysen nicht unnötig komplex zu gestalten, wurden für die Fächer Biologie, Physik, Mathematik und Englisch der erste Messzeitpunkt zu Beginn der 7. Jahrgangsstufe, der dritte Messzeitpunkt am Ende der 7. Jahrgangsstufe und der vierte Messzeitpunkt am Ende der 10. Jahrgangsstufe, für das Fach Deutsch die drei Messzeitpunkte in der 7. Jahrgangsstufe einbezogen. In den Analysen wurden die Skalen zum *fachspezifischen Fähigkeitsselbstkonzept,* zum *Fachinteresse* an Mathematik, Englisch und Deutsch und zum *Topologischen Interesse* an Biologie und Physik eingesetzt. Wie auch bei den vorhergehenden Analysen wurden die fehlenden Werte imputiert sowie effektive Stichprobengrößen verwendet. Die entsprechenden effektiven Stichprobengrößen sind unter der Rubrik $N_{SRS}$ in Tabelle 14.2 aufgeführt (für die Ausgangsstichprobe und die Berechung der effektiven Stichproben vgl. Tabelle 9.5 in Kapitel 9).

Die Strukturgleichungsmodelle wurden unter Verwendung des Datenverarbeitungsprogramms LISREL (Jöreskog & Sörbom, 1996) berechnet. Das Strukturmodell sei zur Erinnerung noch einmal in Abbildung 14.1 aufgeführt.

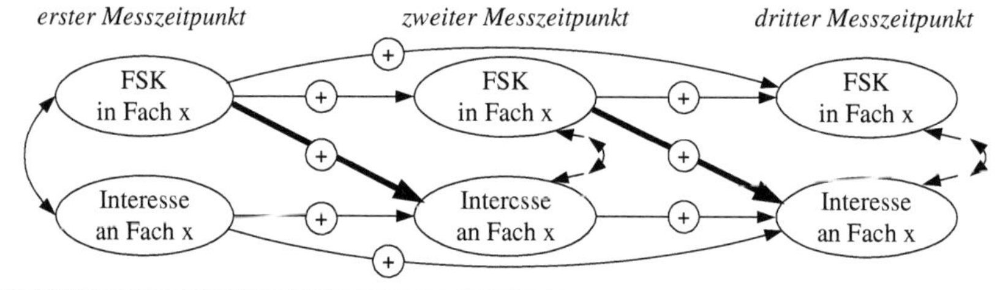


Anmerkung: FSK: Fähigkeitsselbstkonzept. Angegeben ist das Strukturmodell, auf die Wiedergabe der Messmodelle wurde verzichtet.

*Abbildung 14.1:* Strukturmodell zum Einfluss des Fähigkeitsselbstkonzepts auf das Interesse

Wie in Kapitel 9 beschrieben, wurde das Modell pro Schulfach so spezifiziert, dass für das Fähigkeitsselbstkonzept und das Interesse zu jedem der verwendeten Messzeitpunkte jeweils latente Variablen gebildet wurden. Die Indikatoren bildeten je zwei Subskalen der Konstrukte. Die Ladungen der Faktoren auf die Indikatoren wurden über die jeweiligen Messzeitpunkte gleichgesetzt, wenn der $\chi^2$-Differenzentest ergab, dass ein solches Modell besser auf die Daten passte als ein Modell ohne gleichgesetzte Ladungen. Neben der durch die autoregressiven Pfade abgebildeten Stabilität beider Variablen wurden zwei *cross-lagged-Pfade* vom Fähigkeitsselbstkonzept auf das Interesse zugelassen: der Pfad vom Fähigkeitsselbstkonzept zum ersten Messzeitpunkt auf das Interesse zum zweiten Messzeitpunkt sowie der Pfad vom Fähigkeitsselbstkonzept zum zweiten Messzeitpunkt auf das Interesse zum dritten Messzeitpunkt. Auch wurden zu jedem Messzeitpunkt Korrelationen zwischen Fähigkeitsselbstkonzept und Interesse (bzw. Korrelationen der Residuen von Fähigkeitsselbstkonzept und Interesse) zugelassen. Da die Korrelationen der Messfehler der Subskalen über die Zeit hinweg nahe Null lagen, wurden sie nicht modelliert.

Im ersten Schritt wird geprüft, ob das Modell pro Schulfach hinreichend gut auf die Daten passt. In allen Fächern kann das Modell eindeutig identifiziert werden. Zudem sind alle Parameter statistisch plausibel. Tabelle 14.2 führt den Fit für die Modelle der verschiedenen Schulfächer auf.

*Tabelle 14.2:* Anpassungsgüte der Strukturgleichungsmodelle zum Einfluss der fachspezifischen Fähigkeitsselbstkonzepte auf das Interesse an den verschiedenen Schulfächern Biologie, Physik, Mathematik und Englisch in der 7. bis 10. Jahrgangsstufe sowie Deutsch in der 7. Jahrgangsstufe

| Schulfach | $N_{SRS}$ | *df* | $\chi^2$-*Wert* | *p* | *RMSEA* | *AGFI* |
|---|---|---|---|---|---|---|
| Biologie (TI)[1] | 564 | 47 | 206.77 | < .001 | .08 | .90 |
| Physik (TI) | 664 | 43 | 127.14 | < .001 | .05 | .94 |
| Mathematik (FI)[1] | 695 | 47 | 96.44 | < .001 | .04 | .96 |
| Englisch (FI) | 453 | 43 | 97.24 | < .001 | .05 | .94 |
| Deutsch (FI)[1] [2] | 672 | 47 | 140.63 | < .001 | .05 | .94 |

Anmerkung: TI: *Topologisches Interesse*, FI: *Fachinteresse*; $N_{SRS}$: effektive Stichprobengröße. [1]In diesen Modellen wurden die Ladungen der Faktoren auf die Indikatoren gleichgesetzt, weil dies zu einem besseren Modellfit führte. [2]Da in der 10. Jahrgangsstufe erhebungsbedingt keine Daten für das Fach Deutsch vorlagen, wurde das Modell nur innerhalb der 7. Jahrgangsstufe berechnet.

Für die Schulfächer Biologie, Mathematik und Deutsch konnten die restriktiveren Modelle verwendet werden, in denen die Ladungen der Faktoren auf die Indikatoren über die Messzeitpunkte hinweg gleichgesetzt wurden. Der Tabelle lässt sich entnehmen, dass die alternativen Fitindizes für das Modell in Mathematik einen sehr guten Modellfit anzeigen, für die Modelle für Physik, Englisch und Deutsch einen akzeptablen Fit. Leicht grenzwertig, wenn auch noch akzeptabel, sind lediglich die Fitindizes in Biologie. Der signifikante $\chi^2$-Wert ist auf die vergleichsweise großen Stichproben zurückzuführen, da zusätzliche Berechnungen der Modelle anhand von jeweils zwei Zufallsstichproben von 150 Schülerinnen und Schülern zeigen, dass der $\chi^2$-Wert bei kleineren Stichproben für keines der Modelle mehr signifikant wird.

Die Ergebnisse der Strukturgleichungsanalysen für die verschiedenen Schulfächer sind in Abbildung 14.2 dargestellt. Die Betakoeffizienten und *t*-Werte für die *cross-lagged*-Pfade sind in Tabelle 14.3 aufgeführt.

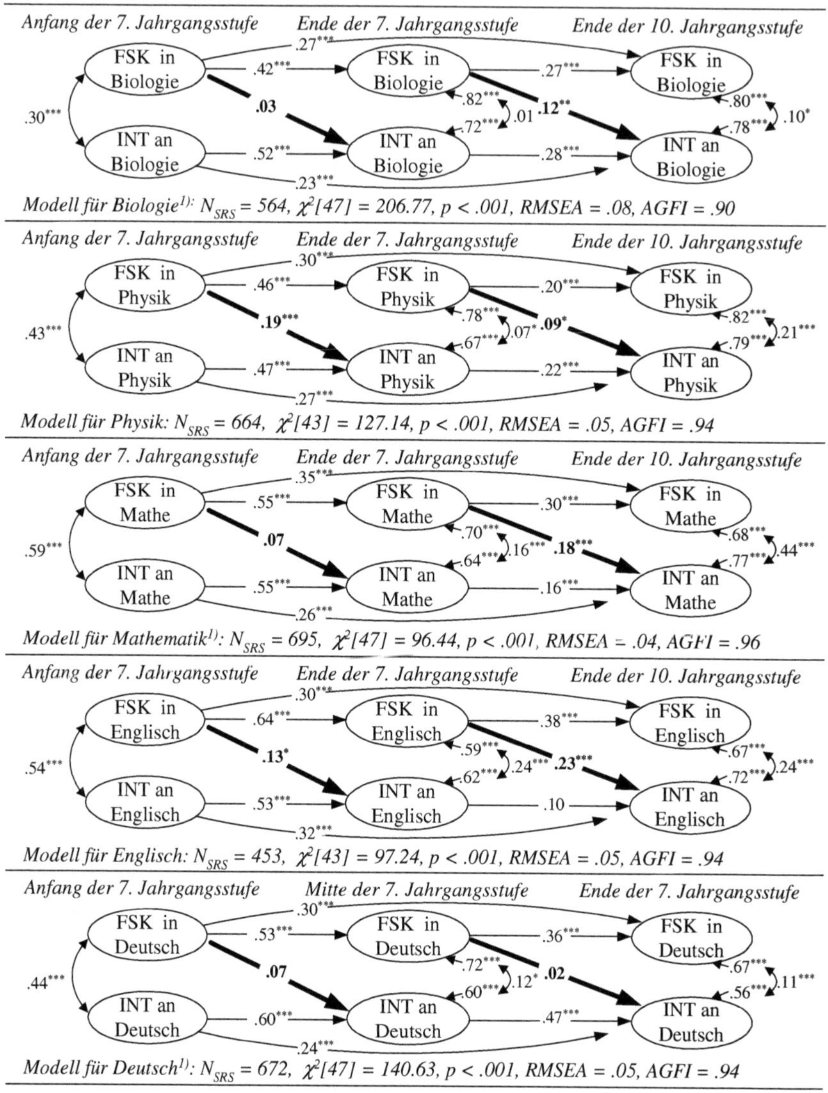


Anmerkung: FSK: Fähigkeitsselbstkonzept; INT: Interesse; Mathe: Mathematik; * auf dem 5%-Niveau signifikant; ** auf dem 1%-Niveau signifikant; *** auf dem .01%-Niveau signifikant. Angegeben sind die Strukturmodelle, auf die Messmodelle wurde der Einfachheit halber verzichtet. [1)]Die Ladungen der Faktoren auf die Indikatoren wurden gleichgesetzt, weil dies zu einem besseren Modellfit führte.

*Abbildung 14.2:* Ergebnisse der Strukturgleichungsmodelle zum Einfluss des Fähigkeitsselbstkonzepts auf Interesse innerhalb eines Fachs für die Schulfächer

Abbildung 14.2 lässt sich entnehmen, dass die Stabilität beider Konstrukte – des Fähigkeitsselbstkonzepts und des Interesses – relativ hoch ist: Die Koeffizienten der autoregressiven Pfade zwischen den ersten beiden Messzeitpunkten fallen für das Fähigkeitsselbstkonzept und das Interesse über alle Fächer hinweg relativ hoch aus ($\beta \geq .42$, $t = 9.73$, $p < .001$). Die autoregressiven Pfade vom ersten und zweiten Messzeitpunkt auf den dritten Messzeitpunkt fallen naturgemäß etwas niedriger aus. Für die hier interessierenden Pfade des fachspezifischen Fähigkeitsselbstkonzepts auf das Interesse in den verschiedenen Schulfächern zeigt sich, dass die Koeffizienten für den Einfluss des Fähigkeitsselbstkonzepts auf das Interesse in allen Fächern zu beiden Messzeitpunkten positiv ausfallen, wobei die Pfadkoeffizienten in sechs von zehn Fällen signifikant werden. Abbildung 14.2 sowie Tabelle 14.3 lässt sich entnehmen, dass die Koeffizienten für beide *cross-lagged*-Pfade vom Fähigkeitsselbstkonzept auf das Interesse für Physik und für Englisch signifikant positiv ausfallen. Auch der Pfad des Fähigkeitsselbstkonzepts in Biologie am Ende der 7. Jahrgangsstufe auf das Interesse an Biologie am Ende der 10. Jahrgangsstufe sowie der Pfad des Fähigkeitsselbstkonzepts in Mathematik am Ende der 7. Jahrgangsstufe auf das Interesse an Mathematik am Ende der 10. Jahrgangsstufe fallen signifikant positiv aus. Nicht signifikant dagegen werden die Koeffizienten für den Pfad vom Fähigkeitsselbstkonzept auf das Interesse innerhalb der 7. Jahrgangsstufe in Biologie, Deutsch und Mathematik.

*Tabelle 14.3:* Koeffizienten der Pfade vom Fähigkeitsselbstkonzept auf das Interesse zwischen dem ersten und zweiten Messzeitpunkt und dem zweiten und dritten Messzeitpunkt in den Schulfächern

| | Pfad zwischen dem Fähigkeitsselbstkonzept zum 1. MZP und dem Interesse zum 2. MZP | | | Pfad zwischen dem Fähigkeitsselbstkonzept zum 2. MZP und dem Interesse zum 3. MZP | | |
|---|---|---|---|---|---|---|
| | $\beta$ | $t$ | $p$ | $\beta$ | $t$ | $P$ |
| Biologie | .03 | .69 | *n.s.* | .12 | 2.98 | < .01 |
| Physik | .19 | 4.80 | < .001 | .09 | 2.32 | < .05 |
| Mathematik | .07 | 1.43 | *n.s.* | .18 | 4.72 | < .001 |
| Englisch | .13 | 2.37 | < .05 | .23 | 4.31 | < .001 |
| Deutsch | .07 | 1.45 | *n.s* | .02 | .62 | *n.s.* |

Anmerkung: 1., 2. und 3. MZP: erster, zweiter und dritter Messzeitpunkt. Für alle Fächer ist der erste Messzeitpunkt die erste Erhebung in der 7. Jahrgangsstufe. Für Biologie, Physik, Mathematik und Englisch korrespondiert der zweite Messzeitpunkt mit der dritten Erhebung in der 7. Jahrgangsstufe und der dritte Messzeitpunkt mit der vierten Erhebung in der 10. Jahrgangsstufe. Für Deutsch korrespondiert der zweite Messzeitpunkt mit der zweiten Erhebung und der dritte Messzeitpunkt mit der dritten Erhebung in der 7. Jahrgangsstufe.

Zusammengefasst wird somit für alle untersuchten Fächer der Einfluss vom Fähigkeitsselbstkonzept auf das Interesse zwischen der 7. und 10. Jahrgangsstufe signifikant, für die Fächer Englisch und Physik auch innerhalb der 7. Jahrgangsstufe. Da es sich beim Einfluss des Fähigkeitsselbstkonzepts zum dritten Messzeitpunkt in der

7. Jahrgangsstufe auf das Interesse zum Messzeitpunkt in der 10. Jahrgangsstufe um einen vergleichsweise großen Zeitraum handelt, ist davon auszugehen, dass der Effekt relativ stark ist.

Da in der Forschungsliteratur oft auch ein Einfluss des Interesses auf das Fähigkeitsselbstkonzept und/oder ein wechselseitiger Einfluss zwischen Fähigkeitsselbstkonzept und Interesse berichtet wird, wurde zusätzlich geprüft, ob ein Modell, in dem Pfade vom Interesse auf das Fähigkeitsselbstkonzept zugelassen wurden und/oder ein Modell, in dem ein wechselseitiger Einfluss zugelassen wurde, besser auf die Daten passt. In Tabelle 14.4 wird der Fit dieser Modelle berichtet.

*Tabelle 14.4:* Anpassungsgüte der Strukturgleichungsmodelle für ein Modell mit Pfaden vom Interesse auf das Fähigkeitsselbstkonzept und ein Modell zum wechselseitigen Einfluss von Fähigkeitsselbstkonzept und Interesse in den Schulfächern Biologie, Physik, Mathematik und Englisch in der 7. bis 10. Jahrgangsstufe sowie in Deutsch in der 7. Jahrgangsstufe

| | Schulfach | $N_{SRS}$ | *df* | $\chi^2$-*Wert* | *p* | *RMSEA* | *AGFI* |
|---|---|---|---|---|---|---|---|
| INT ⇒ FSK | Biologie (TI)[1)] | 564 | 47 | 209.51 | < .001 | .08 | .90 |
| | Physik (TI) | 664 | 43 | 150.91 | < .001 | .06 | .93 |
| | Mathematik (FI)[1)] | 695 | 47 | 110.91 | < .001 | .04 | .96 |
| | Englisch (FI) | 453 | 43 | 111.48 | < .001 | .06 | .93 |
| | Deutsch (FI)[1)] | 672 | 47 | 139.23 | < .001 | .05 | .94 |
| FSK ⇔ INT | Biologie (TI)[1)] | 564 | 45 | 199.73 | < .001 | .08 | .90 |
| | Physik (TI) | 664 | 41 | 125.32 | < .001 | .06 | .94 |
| | Mathematik (FI)[1)] | 695 | 45 | 93.46 | < .001 | .04 | .96 |
| | Englisch (FI) | 453 | 41 | 90.90 | < .001 | .05 | .94 |
| | Deutsch (FI)[1)] | 672 | 45 | 137.44 | < .001 | .05 | .94 |

Anmerkung: INT ⇒ FSK: Modell zum Einfluss des Interesses auf das Fähigkeitsselbstkonzept; FSK⇔ INT: Modell zum wechselseitigen Einfluss von Interesse und Fähigkeitsselbstkonzept. TI: *Topologisches Interesse*, FI: *Fachinteresse*; $N_{SRS}$: effektive Stichprobengröße. [1)]In diesem Modell sind die Ladungen der Faktoren auf die Indikatoren über die Messzeitpunkte hinweg gleichgesetzt, weil dies zu einem besseren Modellfit führte.

Der Tabelle lässt sich entnehmen, dass das Modell für Mathematik wiederum einen sehr guten Fit zeigt und die Modelle für die Fächer Physik, Englisch und Deutsch einen akzeptablen Fit aufweisen. Leicht grenzwertig, wenn auch noch akzeptabel, sind wiederum lediglich die Fitindizes in Biologie. Die signifikanten $\chi^2$-Werte sind auch hier auf die vergleichsweise großen Stichproben zurückzuführen, wie die hier nicht aufgeführten zusätzlichen Berechnungen der Modelle anhand von jeweils zwei Zufallsstichproben von 150 Fällen gezeigt haben.

Da das Modell, das einen Einfluss des Fähigkeitsselbstkonzepts auf das Interesse annimmt, und das vorgeschlagene alternative Modell zum Einfluss des Interesses auf das

Fähigkeitsselbstkonzept nicht genestet sind, kann zum Vergleich beider Modelle nur der *Comparative Fit Index* (*CFI*) und des *Expected Cross Validation Index* (*ECVI*) herangezogen werden. Das Modell, das einen Einfluss des Fähigkeitsselbstkonzepts auf das Interesse annimmt, und das vorgeschlagene alternative Modell zum wechselseitigen Einfluss von Fähigkeitsselbstkonzept und Interesse sind dagegen genestet und können zusätzlich anhand des $\chi^2$-Differenzentests verglichen werden. Tabelle 14.5 lässt sich der Vergleich aller Modelle anhand des CFI und ECVI entnehmen. Es zeigt sich, dass das Modell zum Einfluss des Fähigkeitsselbstkonzepts auf das Interesse und das Modell zum wechselseitigen Einfluss in Physik, Mathematik und Deutsch gleich gute Fitindizes aufweisen, so dass – aufgrund der größeren Anzahl der Freiheitsgrade – das Modell zum Einfluss des Fähigkeitsselbstkonzepts auf das Interesse beibehalten wird. In Englisch und Biologie weist das Modell zum wechselseitigen Einfluss von Fähigkeitsselbstkonzept und Interesse den besten Fit im ECVI auf, so dass hier dieses Modell vorzuziehen ist.

*Tabelle 14.5:* Vergleich des Modells, das einen Einfluss des Fähigkeitsselbstkonzepts auf das Interesse annimmt, mit alternativen Modellen zum Einfluss von Fähigkeitsselbstkonzept und Interesse für verschiedene Schulfächer anhand von CFI und ECVI

| | Biologie (TI)[1)] | | Physik (TI) | | Mathe (FI)[1)] | | Englisch (FI) | | Deutsch (FI) | |
|---|---|---|---|---|---|---|---|---|---|---|
| | CFI | ECVI | CFI | ECVI | CFI | ECVI | CFI | ECVI | CFI | ECVI |
| FSK ⇒ INT | .96 | .48 | **.99** | **.30** | **.99** | **.23** | .99 | .37 | **.99** | **.30** |
| INT ⇒ FSK | .96 | .48 | .98 | .33 | .99 | .25 | .99 | .40 | .99 | .30 |
| FSK ⇔ INT | **.96** | **.47** | .99 | .30 | .99 | .23 | **.99** | **.36** | .99 | .30 |

Anmerkung: Mathe: Mathematik; FSK ⇒ INT: Modell zum Einfluss des Fähigkeitsselbstkonzepts auf das Interesse; INT ⇒ FSK: Modell zum Einfluss des Interesses auf das Fähigkeitsselbstkonzept; FSK ⇔ INT: Modell, zum wechselseitigen Einfluss von Fähigkeitsselbstkonzept und Interesse; TI: *Topologisches Interesse*, FI: *Fachinteresse*. [1)]Hier konnte das restriktivere Modell mit über die Messzeitpunkte hinweg gleichgesetzten Ladungen der Faktoren auf die Indikatoren verwendet werden. *CFI: Comparative Fit Index; ECVI: Expected Cross-Validation Index.* Beim *CFI* spricht ein höherer Wert für den besseren Modellfit, beim *ECVI* spricht ein niedrigerer Wert für den besseren Modellfit.

In Tabelle 14.6 ist der Vergleich des Modells zum Einfluss des Einfluss des Fähigkeitsselbstkonzepts auf das Interesse mit dem Modell zum wechselseitigen Einfluss von Fähigkeitsselbstkonzept und Interesse anhand des $\chi^2$-Differenzentests aufgeführt. Ein negatives Vorzeichen gibt an, dass das Modell zum wechselseitigen Einfluss von Fähigkeitsselbstkonzept und Interesse einen schlechteren Modellfit aufweist, ein positives Vorzeichen, dass dieses Modell einen besseren Modellfit aufweist. Auch anhand des $\chi^2$-Differenzentests zeigt sich, dass sich das Modell, in dem ein wechselseitiger Einfluss von Fähigkeitsselbstkonzept und Interesse angenommen wird, in Physik, Mathematik und Deutsch nicht signifikant von dem Modell, in dem nur ein Einfluss vom Fähigkeitsselbstkonzept auf das Interesse angenommen wird, unterscheidet.

*Tabelle 14.6:* $\chi^2$-Differenzwert zwischen dem Modell, das einen Einfluss des Fähigkeitsselbstkonzepts auf das Interesse annimmt, und dem Modell zum wechselseitigen Einfluss von Fähigkeitsselbstkonzept und Interesse für die verschiedenen Schulfächer

| | $\Delta df$ | Biologie (TI)[1)] | Physik (TI) | Mathe (FI)[1)] | Englisch (FI) | Deutsch (FI) |
|---|---|---|---|---|---|---|
| $\chi^2$-Differenzwert zwischen FSK $\Rightarrow$ INT und FSK $\Leftrightarrow$ INT | 2 | **7.04** | -1.82 | 2.98 | **6.34** | 3.19 |

Anmerkung: Mathe: Mathematik; FSK $\Rightarrow$ INT: Modell zum Einfluss des Fähigkeitsselbstkonzepts auf das Interesse; FSK $\Leftrightarrow$ INT: Modell, zum wechselseitigen Einfluss von Fähigkeitsselbstkonzept und Interesse; TI: *Topologisches Interesse*, FI: *Fachinteresse*. [1)]Hier konnte das restriktivere Modell mit über die Messzeitpunkte hinweg gleichgesetzten Ladungen der Faktoren auf die Indikatoren verwendet werden. Werte mit einem Signifikanzniveau von $p < .05$ sind hervorgehoben.

Der Modellfit für die Fächer Biologie und Englisch verbessert sich dagegen signifikant, wenn anstelle eines einseitigen Einflusses vom Fähigkeitsselbstkonzept auf das Interesse ein wechselseitiger Einfluss angenommen wird. Im Gegensatz zu den Fächern Mathematik und Physik spielt somit in Englisch und Biologie zusätzlich der Einfluss des Interesses auf das Fähigkeitsselbstkonzept eine Rolle. Wie sich der Tabelle 14.7 entnehmen lässt, verändern sich durch das Hinzukommen der Pfade vom Interesse auf das Fähigkeitsselbstkonzept die Pfadkoeffizienten vom Fähigkeitsselbstkonzept auf das Interesse nicht wesentlich.

*Tabelle 14.7:* Koeffizienten der Pfade vom Fähigkeitsselbstkonzept auf das Interesse zwischen dem ersten und zweiten Messzeitpunkt und dem zweiten und dritten Messzeitpunkt in den Schulfächern Biologie und Englisch für das Modell zum wechselseitigen Einfluss von Fähigkeitsselbstkonzept und Interesse

| | Pfad zwischen dem Fähigkeitsselbstkonzept zum 1. MZP und dem Interesse zum 2. MZP | | | Pfad zwischen dem Fähigkeitsselbstkonzept zum 2. MZP und dem Interesse zum 3. MZP | | |
|---|---|---|---|---|---|---|
| | $\beta$ | $t$ | $p$ | $\beta$ | $t$ | $P$ |
| Biologie | .03 | .70 | *n.s.* | **.12** | 2.97 | < .01 |
| Englisch | **.13** | 2.20 | < .05 | **.14** | 3.80 | < .001 |

Anmerkung: 1., 2. und 3. MZP: erster, zweiter und dritter Messzeitpunkt. Der erste Messzeitpunkt ist die erste Erhebung in der 7. Jahrgangsstufe, der zweite Messzeitpunkt die dritte Erhebung in der 7. Jahrgangsstufe und der dritte Messzeitpunkt die vierten Erhebung in der 10. Jahrgangsstufe.

Fasst man die Ergebnisse zusammen, zeigt sich, dass das Fähigkeitsselbstkonzept das Interesse im Zeitraum von der 7. bis 10. Jahrgangsstufe in verschiedenen Fächern signifikant positiv beeinflusst. In allen Fächern wiesen die *cross-lagged*-Pfade positive Vorzeichen auf. Für die Fächer Physik und Englisch fiel der Pfad zwischen allen drei Messzeitpunkten innerhalb der Sekundarstufe I signifikant positiv aus. Für die Fächer

Mathematik und Biologie fiel der Pfad für den Zeitraum zwischen der 7. und 10. Jahrgangsstufe signifikant positiv aus. Dass sich der Effekt zwischen der 7. und 10. Jahrgangsstufe nach einem vergleichsweise großen Zeitraum von drei Schuljahren noch zeigt, ist ein Hinweis darauf, dass der Effekt relativ stark ist. Auch wenn sich der Modellfit für die Fächer Englisch und Biologie signifikant verbesserte, wenn ein wechselseitiger Einfluss angenommen wurde, wirkte sich dies nicht auf die Koeffizienten der hier interessierenden *cross-lagged*-Pfade aus. Ein signifikant positiver Einfluss der fachspezifischen Fähigkeitsselbstkonzepte auf die fachlichen Interessen kann also für den Zeitraum zwischen der 7. und 10. Jahrgangsstufe als belegt gelten. Für die Überprüfung der Annahme zur Differenzierung der Interessen ist der im nächsten Abschnitt untersuchte Einfluss des Fähigkeitsselbstkonzepts in einem Fach auf das Interesse an einem anderen Fach entscheidend.

## 14.3 I/E-Effekte der Fähigkeitsselbstkonzepte auf die Interessen

Der Frage, ob dem fachspezifischen Fähigkeitsselbstkonzept eine entscheidende Rolle bei der Differenzierung der Interessen zukommt, wird in diesem Abschnitt nachgegangen. Gemäß den theoretischen Überlegungen und der vorgeschlagenen Weiterentwicklung des Bezugsrahmenmodells wurde angenommen, dass sich das Fähigkeitsselbstkonzept in einem Fach nicht nur positiv auf das Interesse an demselben Fach auswirkt, sondern auch negativ auf das Interesse an einem anderen Fach. Diese Hypothese wird anhand von Strukturgleichungsmodellen für alle Fächer zunächst innerhalb der 7. Jahrgangsstufe, dann im Zeitraum von der 7. bis 10. Jahrgangsstufe überprüft. Um die Modelle möglichst einfach zu gestalten, wurden – wie in Kapitel 9 beschrieben – Modelle mit nur zwei Messzeitpunkten gerechnet. In die Analysen innerhalb der 7. Jahrgangsstufe wurden der erste und dritte Messzeitpunkt einbezogen, in die Analysen in der 10. Jahrgangsstufe der dritte Messzeitpunkt in der 7. Jahrgangsstufe und der vierte Messzeitpunkt in der 10. Jahrgangsstufe. Pro Analyse wurden je zwei Fächerpaare gebildet. Jedes Fach wurde dabei mit jedem anderen Fach kombiniert. Da für den Zeitraum von der 7. bis 10. Jahrgangsstufe für Deutsch keine Daten vorlagen und die Daten für die Fächer Englisch und Biologie alternierend erhoben wurden, konnten die entsprechenden Fächerkombinationen nicht gebildet werden. Für diese Fächer lässt sich somit keine Aussage über einen entsprechenden I/E-Effekt im Zeitraum von der 7. bis 10. Jahrgangsstufe machen. Die Fähigkeitsselbstkonzepte wurden wieder mit der Skala *Selbstkonzept der Begabung* erhoben. Für das Interesse wurden innerhalb der 7. Jahrgangsstufe für die Fächer Mathematik, Englisch und Deutsch das *Fachinteresse*, für die Fächer Biologie und Physik das *Topologische Interesse* verwendet. Für die Analysen von der 7. bis 10. Jahrgangsstufe konnten alternativ auch Daten der anderen Interessenkonstrukte (d.h. das *Topologische Interesse* und das *Sachinteresse*) verwendet werden. Die Ausgangsstichprobe für die Analysen innerhalb der 7. Jahrgangsstufe bildete die in Kapitel 9 beschriebene Teilstichprobe von 4143 Schülern, für die Daten zum ersten und dritten Messzeitpunkt vorlagen. Die Stichprobe für die Analysen für den Zeitraum zwischen der 7. und 10. Jahrgangsstufe bildete die ebenfalls in Kapitel 9 beschriebene Teilstichprobe von 1955 Schülerinnen und Schülern, die an der dritten und vierten Erhebungswelle teilgenommen haben. Die fehlenden Werte wurden wieder durch plausible Werte ersetzt. Die Modellspezifikation erfolgte jeweils analog zur Spezifikation der Modelle in den Analysen zum Einfluss des Fähigkeitsselbstkonzepts auf das Interesse innerhalb eines Fachgebiets mit dem Unterschied, dass hier pro Fächerkombination jeweils die Daten beider untersuchten Fächer verwendet wurden. Den Analysen lagen effektive Stichprobengrößen zugrunde, die in der Rubrik $N_{SRS}$ in Tabelle 14.8 aufgeführt sind (vgl. Tabelle 9.6 in Kapitel 9). Die Hypothese zur Beziehung zwischen den fachspezifischen Fähigkeitsselbstkonzepten und den Interessen wurde wiederum anhand von Strukturgleichungsmodellen mit dem Programmpaket LISREL (Jöreskog & Sörbom, 1996) untersucht. Das Grundmodell ohne Indikatoren sei zur Erinnerung noch einmal in Abbildung 14.3 dargestellt.

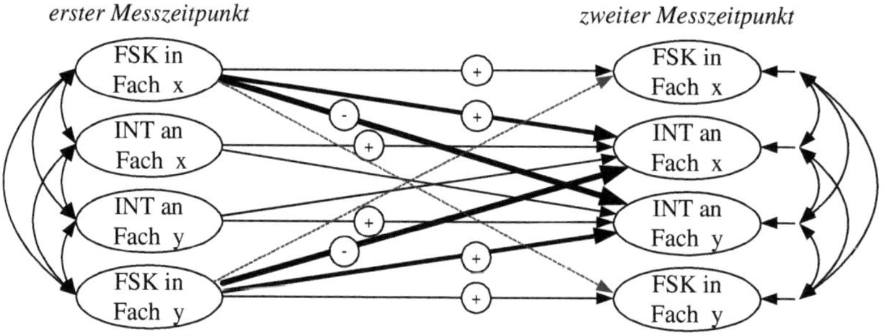


Anmerkung: FSK: Fähigkeitsselbstkonzept; INT: Interesse. Angegeben ist das angenommene Strukturmodell, auf die Wiedergabe der Messmodelle wurde verzichtet.

*Abbildung: 14.3:* Strukturmodell zum Einfluss fachspezifischer Fähigkeitsselbstkonzepte zweier verschiedener Fächer auf das Interesse an zwei verschiedenen Fächern

Wie in Kapitel 9 beschrieben, wurden pro Modell jeweils zwei Fächern einbezogen. Pro Fächerkombination wurde das Modell innerhalb der 7. Jahrgangsstufe und von der 7. bis 10. Jahrgangsstufe berechnet. Je zwei Subskalen bildeten die Indikatoren für die latenten Konstrukte. Die Stabilität der Konstrukte wurde durch autoregressive Pfade zwischen den Messzeitpunkten abgebildet. Zugelassen wurden alle Korrelationen zwischen den exogenen latenten Variablen und den Residuen der endogenen latenten Variablen, die den Zusammenhang zwischen den fachspezifischen Fähigkeitsselbstkonzepten und den Interessen wiedergeben. Ein restriktiveres Modell, das nur Korrelationen zwischen den Residuen *innerhalb* eines Fachs zuließ, wies – wie mit dem $\chi^2$-Differenzentest geprüft – einen durchweg schlechteren Modellfit auf als die hier spezifizierten Modelle. Das Zulassen aller Korrelationen zwischen den Residuen hatte keine wesentlichen Veränderungen der hier interessierenden negativen Pfadkoeffizienten vom Fähigkeitsselbstkonzept auf das Interesse zur Folge. Die Ladungen der Faktoren auf die Indikatoren wurden über die Zeit hinweg gleichgesetzt, wenn sich der Modellfit hierdurch nicht verschlechterte. Da die Korrelationen zwischen den Messfehlern nahe Null lagen, wurden sie nicht modelliert. Die hier interessierenden *cross-lagged*-Pfade vom Fähigkeitsselbstkonzept auf das Interesse im gleichen Fach und vom Fähigkeitsselbstkonzept auf das Interesse am anderen Fach sind farblich hervorgehoben und entsprechend der Hypothesen mit einem Plus- oder Minuszeichen versehen.

**Analysen innerhalb der 7. Jahrgangsstufe.** Im Folgenden werden die Ergebnisse der Analysen zum Einfluss de Fähigkeitsselbstkonzept auf das Interesse im gleichen und in einem anderen Fach innerhalb der 7. Jahrgangsstufe berichtet. In Tabelle 14.8 ist die Anpassungsgüte der Strukturgleichungsmodelle für die verschiedenen Fächerkombinationen innerhalb der 7. Jahrgangsstufe aufgeführt.

*Tabelle 14.8:* Anpassungsgüte der Strukturgleichungsmodelle zum Einfluss der Fähigkeitsselbstkonzepte zu Beginn der 7. Jahrgangsstufe auf das Fach- und Topologische Interesse im selben und in einem anderen Fach Ende der 7. Jahrgangsstufe

| Fächerkombination | | | $N_{SRS}$ | *df* | $\chi^2$-*Wert* | *p* | *RMSEA* | *AGFI* |
|---|---|---|---|---|---|---|---|---|
| Deutsch (FI) | - | Physik (TI) | 920 | 82 | 176.85 | < .001 | .03 | .96 |
| Englisch (FI) | - | Physik (TI)[1)] | 510 | 86 | 89.25 | 0.38 | .01 | .97 |
| Mathematik (FI) | - | Deutsch (FI)[1)] | 1105 | 86 | 270.69 | < .001 | .04 | .95 |
| Mathematik (FI) | - | Englisch (FI)[1)] | 732 | 86 | 176.63 | < .001 | .04 | .95 |
| Deutsch (FI) | - | Biologie (TI)[1)] | 899 | 86 | 231.04 | < .001 | .04 | .95 |
| Englisch (FI) | - | Biologie (TI)[1)] | 584 | 86 | 127.36 | < .001 | .03 | .96 |
| Mathematik (FI) | - | Biologie (TI)[1)] | 908 | 86 | 198.27 | < .001 | .04 | .96 |
| Biologie (TI) | - | Physik (TI)[1)] | 842 | 86 | 250.46 | < .001 | .05 | .94 |
| Mathematik (FI) | - | Physik (TI)[1)] | 939 | 86 | 240.96 | < .001 | .04 | .95 |
| Englisch (FI) | - | Deutsch (FI)[1)] | 687 | 86 | 196.39 | < .001 | .04 | .95 |

Anmerkung: $N_{SRS}$: effektive Stichprobengröße; FI: *Fachinteresse*; TI: *Topologisches Interesse*. [1)]In diesem Modell sind die Ladungen der Faktoren auf die Indikatoren über die Messzeitpunkte hinweg gleichgesetzt, weil dies zu einem besseren Modellfit führte.

In allen Fächern kann das Modell eindeutig identifiziert werden, alle Parameter sind statistisch plausibel. Außer für die Fächerkombination Deutsch-Physik konnten jeweils restriktivere Modelle verwendet werden, in denen die Ladungen der Faktoren auf die Indikatoren über die Messzeitpunkte hinweg gleichgesetzt wurden. Alle Modelle weisen jeweils einen sehr guten Modellfit auf. Der RMSEA liegt jeweils unter .05, der AGFI jeweils über .95. Die signifikanten $\chi^2$-Werte sind wieder auf die vergleichsweise großen Stichproben zurückzuführen, wie hier nicht aufgeführte zusätzliche Berechnungen der Modelle anhand von jeweils zwei Zufallsstichproben von 150 Schülerinnen und Schülern gezeigt haben. Die Abbildungen 14.5a und 14.5b geben die Ergebnisse der Strukturgleichungsanalysen für die verschiedenen Fächerkombinationen wieder.

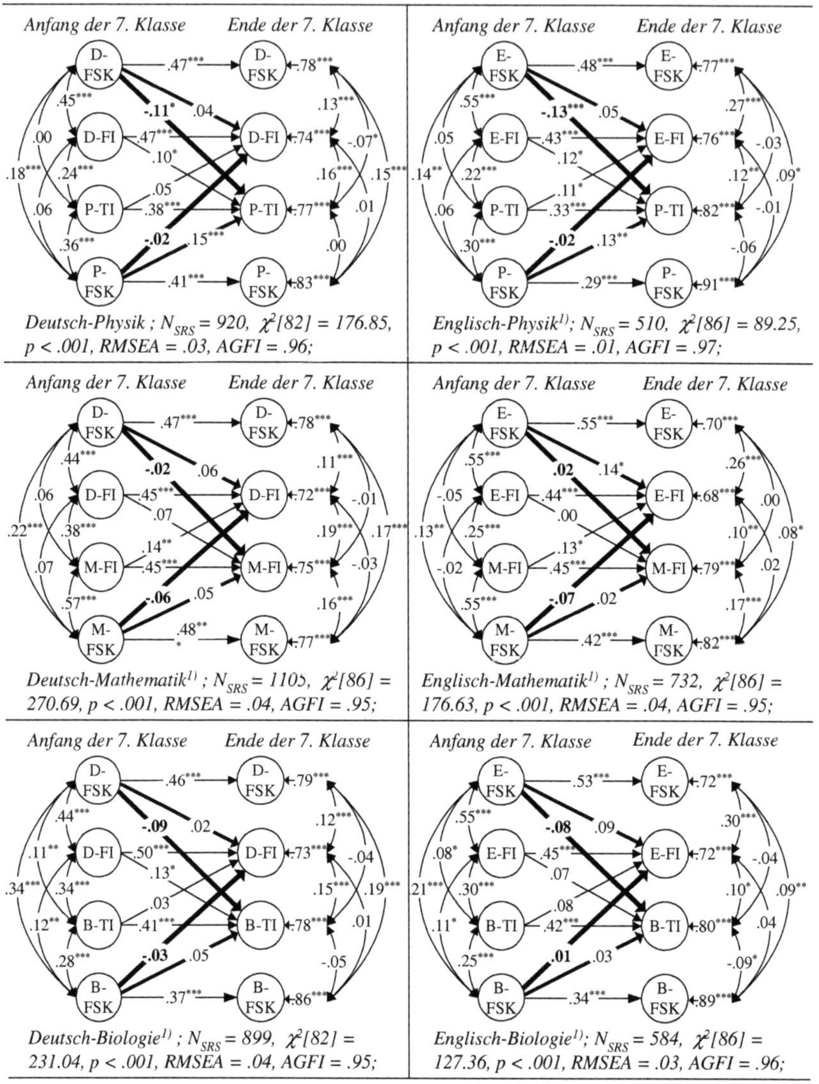


Anmerkung: B: Biologie; P: Physik; M: Mathematik; E: Englisch; D: Deutsch; FSK: Fähigkeitsselbstkonzept; FI: *Fachinteresse*; TI: *Topologisches Interesse*. [1]Hier wurden die Ladungen der Faktoren auf die Indikatoren über die Messzeitpunkte hinweg gleichgesetzt, weil das zu einem besseren Modellfit führte.

*Abbildung 14.4a:* Ergebnisse der Strukturgleichungsmodelle zum Einfluss fachspezifischer Fähigkeitsselbstkonzepte auf das Interesses im selben und einem anderen Fach in der 7. Jahrgangsstufe

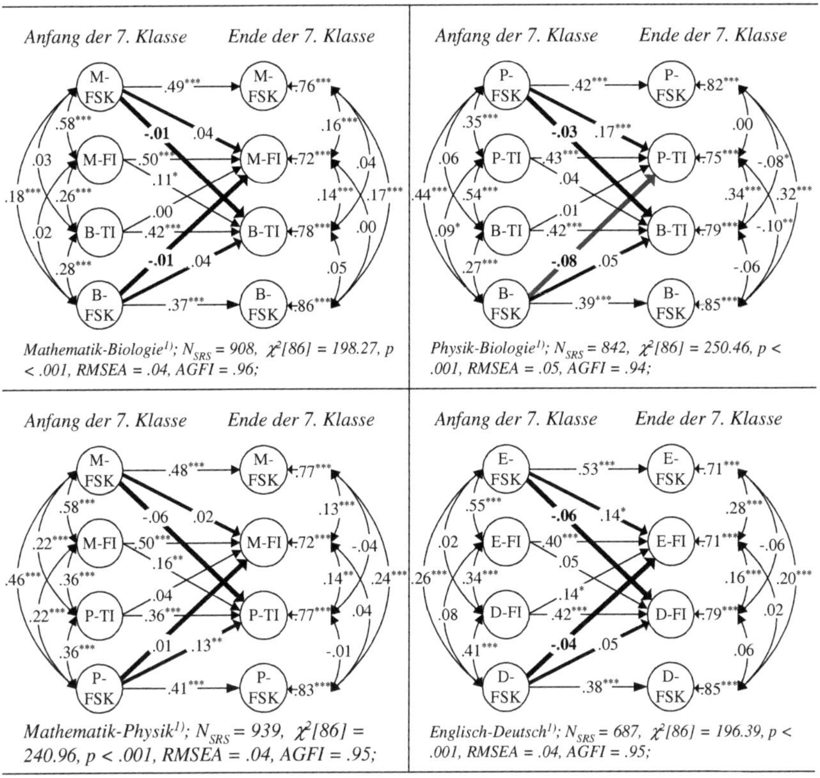


Anmerkung: B: Biologie; P: Physik; M: Mathematik; E: Englisch; D: Deutsch; FSK: Fähigkeitsselbstkonzept; FI: *Fachinteresse*; TI: *Topologisches Interesse*. [1)]In diesem Modell sind die Ladungen der Faktoren auf die Indikatoren über die Messzeitpunkte hinweg gleichgesetzt, weil dies zu einem besseren Modellfit führte.

*Abbildung 14.4b:* Ergebnisse der Strukturgleichungsmodelle zum Einfluss fachspezifischer Fähigkeitsselbstkonzepte auf das Interesses im selben und einem anderen Fach in der 7. Jahrgangsstufe

Betrachtet man die Modelle in den Abbildungen, zeigt sich auch hier eine relativ hohe Stabilität der Konstrukte (alle $\beta \geq .33$, $t = 6.97$, $p < .001$). Auch bezüglich der Korrelationen der Konstrukte zu Beginn der 7. Jahrgangsstufe zeigt sich das erwartete Muster. Es ergeben sich jeweils moderate bis hohe signifikant positive Korrelationen zwischen dem Fähigkeitsselbstkonzept und dem Interesse innerhalb eines Fachs (alle $r \geq .25$, $p < .001$), während das Fähigkeitsselbstkonzept und das Interesse der verschiedenen Fächer in den Modellen gar nicht oder nur sehr gering (alle $r \leq .12$, $p < .01$) positiv miteinander korrelieren. Eine Ausnahme hiervon bildet nur die Fächerkombination

Mathematik-Physik, da hier die Konstrukte *zwischen* den Fächern deutlich positiv miteinander korreliert sind (beide $r = .22$, $p < .001$). Am Ende der 7. Jahrgangsstufe hat sich das Bild etwas gewandelt. *Innerhalb* eines Fachs finden sich für das Fähigkeitsselbstkonzept und das Interesse für Englisch weiterhin moderate signifikant positive Korrelationen zwischen den Residuen (alle $r \geq .26$, $p < .001$), für Deutsch und Mathematik – mit Ausnahme einer Korrelation nahe Null – geringe signifikant positive Korrelationen (alle $r \leq .16$, $p < .001$) und für Physik geringfügige negative Korrelationen (wobei nur in einem Fall das Signifikanzniveau erreicht wurde). Dies weist darauf hin, dass die gemeinsame Varianz in Englisch, Mathematik und Deutsch offenbar zu einem relativ großen Anteil und in Physik vollständig durch die Ausprägung in den Variablen zum vorangegangenen Zeitpunkt erklärt wird. *Zwischen* den Fächern zeigen sich am Ende der 7. Jahrgangsstufe erwartungsgemäß überhaupt keine bzw. leichte signifikant negative Korrelationen zwischen den Residuen ($r \leq .04$).

Für die hier aufgeworfene Fragestellung entscheidend ist der im Folgenden beschriebene Einfluss der *cross-lagged*-Pfade der fachspezifischen Fähigkeitsselbstkonzepte auf die fachlichen Interessen. Zunächst werden dabei die Ergebnisse der Pfade für den Einfluss des Fähigkeitsselbstkonzepts auf das Interesse innerhalb eines Fachs beschrieben, dann die Ergebnisse der Pfade für den Einfluss des Fähigkeitsselbstkonzepts auf das Interesse zwischen den Fächern. Analog zum im vorherigen Abschnitt berechneten Modell zum Einfluss des Fähigkeitsselbstkonzepts auf das Interesse innerhalb eines Fachs werden die Koeffizienten der Pfade für den Einfluss des Fähigkeitsselbstkonzepts auf das *Topologische Interesse* an Physik über alle Modelle hinweg signifikant (er liegt je nach Modell zwischen $\beta = .13$; $t = 2.08$, $p < .05$, und $\beta = .17$, $t = 3.73$, $p < .001$). In Englisch variiert der Pfadkoeffizient zwischen $\beta = .05$ ($t = .88$, *n.s.*) und $\beta = .14$. ($t = 2.52$, $p < .05$). Für die Fächer Deutsch, Mathematik und Biologie zeigen sich bezüglich des Einflusses des Fähigkeitsselbstkonzepts auf das Interesse *innerhalb* eines Fachs – wie in den Modellen im vorangegangenen Abschnitt – innerhalb der 7. Jahrgangsstufe dagegen keine signifikant positiven *cross-lagged*-Pfade. Da hier mehr Prädiktoren in die Analysen eingingen, fällt der Koeffizient für den Einfluss des Fähigkeitsselbstkonzepts in den hier aufgeführten Modellen etwas geringer aus als in den im vorherigen Abschnitt berechneten Modellen, bei denen nur das Fähigkeitsselbstkonzept und das Interesse *innerhalb* eines Fachs einbezogen wurden. Wie schon im vorangegangenen Abschnitt weisen die Ergebnisse darauf hin, dass innerhalb der 7. Jahrgangsstufe ein positiver Einfluss vom Fähigkeitsselbstkonzept auf das Interesse durchgängig für Physik, und in zwei Fächerkombinationen auch für Englisch zu verzeichnen ist.

Für die Klärung der Frage nach dem die Interessendifferenzierung steuernden Mechanismus sind die Ergebnisse zum Einfluss der Pfade vom fachspezifischen Fähigkeitsselbstkonzept auf das fachliche Interesse eines anderen Fachs entscheidend. Die entsprechenden Betakoeffizienten und $t$-Werte sind in Tabelle 14.9 aufgeführt.

*Tabelle 14.9:* Koeffizienten der Pfade vom Fähigkeitsselbstkonzept auf das Interesse in demselben und in einem anderen Fach innerhalb der 7. Jahrgangsstufe

| Fächerkombination | | | | *Fach 1 → Fach 2* | | | *Fach 2 → Fach 1* | | |
|---|---|---|---|---|---|---|---|---|---|
| *Fach 1* | | *Fach 2* | $N_{SRS}$ | $\beta$ | *t* | *p* | $\beta$ | *t* | *p* |
| Deutsch (FI) | – | Physik (TI) | 920 | -.11 | -2.56 | < .05 | -.02 | -.46 | *n.s.* |
| Englisch (FI) | – | Physik (TI)[1)] | 510 | -.13 | -2.30 | < .05 | -.02 | -.54 | *n.s.* |
| Mathematik (FI) | – | Deutsch (FI)[1)] | 1105 | -.06 | -1.42 | *n.s.* | -.02 | -.49 | *n.s.* |
| Mathematik (FI) | – | Englisch (FI)[1)] | 732 | -.07 | -1.42 | *n.s.* | 0.2 | .28 | *n.s.* |
| Deutsch (FI) | – | Biologie (TI)[1)] | 899 | -.09 | -1.91 | *n.s.* | -.03 | -.73 | *n.s.* |
| Englisch (FI) | – | Biologie (TI)[1)] | 584 | -.08 | -1.33 | *n.s.* | .01 | .28 | *n.s.* |
| Mathematik (FI) | – | Biologie (TI)[1)] | 908 | -.01 | -.30 | *n.s* | -.01 | -.30 | *n.s* |
| Biologie (TI) | – | Physik (TI)[1)] | 842 | -.08 | -1.89 | *n.s.* | -.03 | -.72 | *n.s.* |
| Mathematik (FI) | – | Physik (TI)[1)] | 939 | -.06 | -1.36 | *n.s.* | .01 | .30 | *n.s.* |
| Englisch (FI) | – | Deutsch (FI)[1)] | 687 | -.06 | -1.04 | *n.s.* | -.04 | -.88 | *n.s.* |

Anmerkung: $N_{SRS}$: effektive Stichprobengröße; FI: *Fachinteresse*; TI: *Topologisches Interesse.* [1)]In diesem Modell sind die Ladungen der Faktoren auf die Indikatoren über die Messzeitpunkte hinweg gleichgesetzt, weil dies zu einem besseren Modellfit führte.

Die Tabelle zeigt, dass sich für die Pfade vom Fähigkeitsselbstkonzept im einen Fach auf das Interesse am anderen Fach wie erwartet fast durchweg Koeffizienten mit negativem Vorzeichen ergeben. Ein signifikant negativer Einfluss zeigt sich allerdings nur für das Fähigkeitsselbstkonzept in Deutsch und Englisch auf das Physikinteresse. Hier beträgt der Betakoeffizient einmal $\beta = -.11$ ($t = -2.56$, $p < .05$) und einmal $\beta = -.13$ ($t = -2.30$, $p < .05$). Das bedeutet, dass Schülerinnen und Schüler das Interesse an Physik innerhalb der 7. Jahrgangsstufe stärker verlieren, wenn sie ein höheres Fähigkeitsselbstkonzept in den sprachlichen Fächern Deutsch oder Englisch haben. Die meisten übrigen Pfadkoeffizienten fallen in der erwarteten Richtung aus, erreichen aber nicht das Signifikanzniveau: Dies gilt für eine Abnahme des Interesses an Physik durch ein höheres Fähigkeitsselbstkonzept in Biologie und Mathematik, für eine Abnahme des Interesses an Biologie durch ein höheres Fähigkeitsselbstkonzept in Englisch und Deutsch, für eine Abnahme des Interesses an den sprachlichen Fächern durch ein höheres Fähigkeitsselbstkonzept in Mathematik sowie für einen wechselseitig negativen Einfluss eines hohen Fähigkeitsselbstkonzepts in Deutsch und Englisch auf das Interesse am jeweils anderen sprachlichen Fach. Ein positives Vorzeichen zeigt sich bei den *cross-lagged*-Pfaden aller Fächerkombinationen dagegen nur in wenigen Ausnahmen: beim Betakoeffizient für den Pfad vom Fähigkeitsselbstkonzept in Englisch auf das Interesse an Mathematik und Biologie sowie beim Betakoeffizient für den Pfad vom Fähigkeitsselbstkonzept in Physik auf das Interesse an Mathematik. Diese Betakoeffizienten liegen aber praktisch bei Null. Fast man die Ergebnisse zusammen, zeigt sich der erwartete negative Einfluss des Fähigkeitsselbstkonzepts auf das fachdiskordante Interesse am deutlichsten beim Einfluss des Fähigkeitsselbstkonzepts der sprachlichen Fächer auf das Interesse an Physik. In den meisten der übrigen Fächer zeigten zudem die Vorzeichen in der erwarteten Richtung. Hier nicht eigens aufgeführte Ergebnisse von Kontrollanalysen haben gezeigt, dass sich die hier interessierenden Pfade der Fähigkeitsselbstkonzepte auf die nachfolgenden Interessen im jeweils anderen Fach nicht wesentlich ändern, wenn Pfade von den Fähigkeitsselbstkonzepten auf die nachfolgenden Fähigkeitsselbstkonzepte des jeweils anderen Fachs mitmodelliert werden. Auch ergab sich in zusätzlichen Analysen kein Hinweis darauf, dass der Effekt des Selbstkonzepts auf das Interesse am jeweils anderen Fach lediglich über das Selbstkonzept im jeweils anderen Fach mediiert sein könnte.

**Analysen im Zeitraum von der 7. bis 10. Jahrgangsstufe.** Für die Analysen im Zeitraum von der 7. bis 10. Jahrgangsstufe standen die Fächer Biologie, Physik, Mathematik und Englisch zur Verfügung. Analog zum Vorgehen in der 7. Jahrgangsstufe wurde für die Fächer Mathematik und Englisch das *Fachinteresse* und für die Fächer Biologie und Physik das *Topologische Interesse* verwendet. Zusätzlich wurden Analysen durchgeführt, in denen für alle Fächer das *Fachinteresse* oder für alle Fächer das *Sachinteresse* verwendet wurde und Analysen, in denen das *Topologische Interesse* mit dem *Sachinteresse* kombiniert wurde. Die Verwendung der unterschiedlichen Interessenkonstrukte ermöglicht es zu prüfen, ob sich die Effekte für den Einfluss des Fähigkeitsselbstkonzepts auf das Interesse am jeweils anderen Fach bei den verschiedenen Interessenkonstrukten gleichermaßen zeigen. In Tabelle 14.10 ist die Anpassungsgüte der Strukturgleichungsmodelle zum Einfluss der fachspezifischen Fähigkeitsselbstkonzepte auf das *Fach-* bzw. *Topologische Interesse* am selben Fach sowie auf das *Fach-* bzw. *Topologische Interesse* am anderen Fach für die verschiedenen Fächerkombinationen im Zeitraum von der 7. bis 10. Jahrgangsstufe dargestellt.

*Tabelle 14.10:* Anpassungsgüte der Strukturgleichungsmodelle zum Einfluss fachspezifischer Fähigkeitsselbstkonzepte Ende der 7. Jahrgangsstufe auf das Fach- und Topologische Interesse im selben und in einem anderen Fach Ende der 10. Jahrgangsstufe

| Fächerkombination | | | $N_{SRS}$ | *df* | $\chi^2$-*Wert* | *p* | *RMSEA* | *AGFI* |
|---|---|---|---|---|---|---|---|---|
| Mathematik (FI) | – | Physik (TI) | 603 | 82 | 197.18 | < .001 | .05 | .93 |
| Mathematik (FI) | – | Physik (FI) | 608 | 82 | 230.80 | < .001 | .05 | .92 |
| Mathematik (FI) | – | Biologie (TI) | 628 | 82 | 211.59 | < .001 | .05 | .93 |
| Mathematik (FI) | – | Biologie (FI) | 619 | 82 | 229.65 | < .001 | .05 | .93 |
| Physik (TI) | – | Biologie (TI) | 538 | 82 | 270.75 | < .001 | .06 | .90 |
| Physik (FI) | – | Biologie (FI) | 533 | 82 | 257.25 | < .001 | .06 | .91 |
| Physik (TI) | – | Englisch (FI) | 372 | 82 | 166.07 | < .001 | .05 | .91 |
| Physik (FI) | – | Englisch (FI) | 370 | 82 | 240.05 | < .001 | .07 | .88 |
| Mathematik (FI) | – | Englisch (FI) | 502 | 82 | 205.19 | < .001 | .05 | .92 |

Anmerkung: TI: *Topologisches Interesse*, FI: *Fachinteresse*; $N_{SRS}$: effektive Stichprobengröße

In allen Fächern kann das Modell eindeutig identifiziert werden. Alle Parameter sind wieder statistisch plausibel. Restriktivere Modelle, in denen die Ladungen der Faktoren auf die Indikatoren über die Messzeitpunkte hinweg gleichgesetzt wurden, konnten nicht verwendet werden, da diese Modelle in allen Schulfächern zu einem schlechteren Modellfit führten. Die Modelle für die meisten Fächerkombinationen weisen jeweils einen akzeptablen Modellfit auf. Grenzwertig, wenn auch noch akzeptabel, ist der Modellfit für die Kombination Physik-Biologie, wenn das *Topologische Interesse* verwendet wurde (hier betrug der AGFI .90). Nicht mehr akzeptabel ist der Modellfit für die Fächerkombination Englisch-Physik, wenn jeweils das *Fachinteresse* verwendet wurde (hier betrug der AGFI .88). Der Fit dieses Modells konnte auch nicht durch von im LISREL-Programm vorgeschlagene Modifikationen (z.B. durch das Zulassen eines zusätzlichen Pfades vom Interesse in Englisch auf das Fähigkeitsselbstkonzept in Englisch) verbessert werden. Das Modell wurde daher nicht verändert und wird nur unter gewissem Vorbehalt interpretiert. Der signifikante $\chi^2$-Wert in allen Modellen ist auf die vergleichsweise großen Stichproben zurückzuführen, wie die nicht aufgeführten zusätzlichen Analysen anhand von Zufallsstichproben mit 150 Fällen ergaben.

Die Abbildungen 14.6a und 14.6b geben die Ergebnisse der Strukturgleichungsanalysen für die verschiedenen Fächerkombinationen wieder. Der angegebene erste Pfadkoeffizient gibt jeweils die Ergebnisse der Analysen unter Verwendung des *Topologischen Interesses* für Biologie und Physik wieder, der angegebene zweite Pfadkoeffizient die Ergebnisse der Analysen unter Verwendung des *Fachinteresses* für Biologie und Physik (was für die Analysen zum dritten und vierten Messzeitpunkt möglich war, weil hier in Biologie und Physik auch das *Fachinteresse* eingesetzt wurde). Für die Fächer Mathematik und Englisch wurde jeweils nur das *Fachinteresse* verwendet.

In allen Modellen fällt die Stabilität des Selbstkonzepts relativ hoch aus (vor allem, wenn man bedenkt, dass hier drei Schuljahre zwischen den Erhebungszeitpunkten liegen): Die Koeffizienten der autoregressiven Pfade liegen für das Fähigkeitsselbstkonzept über alle Fächer hinweg über $\beta \geq .31$ ($t = 7.30$, $p < .001$). Für das Interesse liegen sie zum Teil etwas niedriger, aber alle noch über $\beta \geq .13$ ($t = 2.98$, $p < .001$). Die Korrelationen zwischen den Fächern ergeben das erwartete Muster. Zu Beginn der 7. Jahrgangsstufe zeigen sich erwartungsgemäß hohe positive Korrelationen zwischen dem Fähigkeitsselbstkonzept und dem *Fachinteresse innerhalb* eines Fachs ($.26 \geq r \geq .52$, beide $p < .001$) und etwas niedrigere positive Korrelationen zwischen dem Fähigkeitsselbstkonzept und dem *Topologischen Interesse innerhalb* eines Fachs ($.10 \geq r \geq .23$, $p < .05$ und p $< .001$). *Zwischen* den Fächern zeigen sich wie erwartet sehr geringe oder Nullkorrelationen zwischen Fähigkeitsselbstkonzept und Interesse ($-.01 \geq r \geq .19$, *n.s.* und $p < .001$), wobei die positiven Korrelationen in der Kombination Mathematik-Physik mit $r = .18$ ($p < .001$) und $r = .19$ ($p < .001$) im Vergleich zu den anderen Fächern auffallend hoch ausfallen.

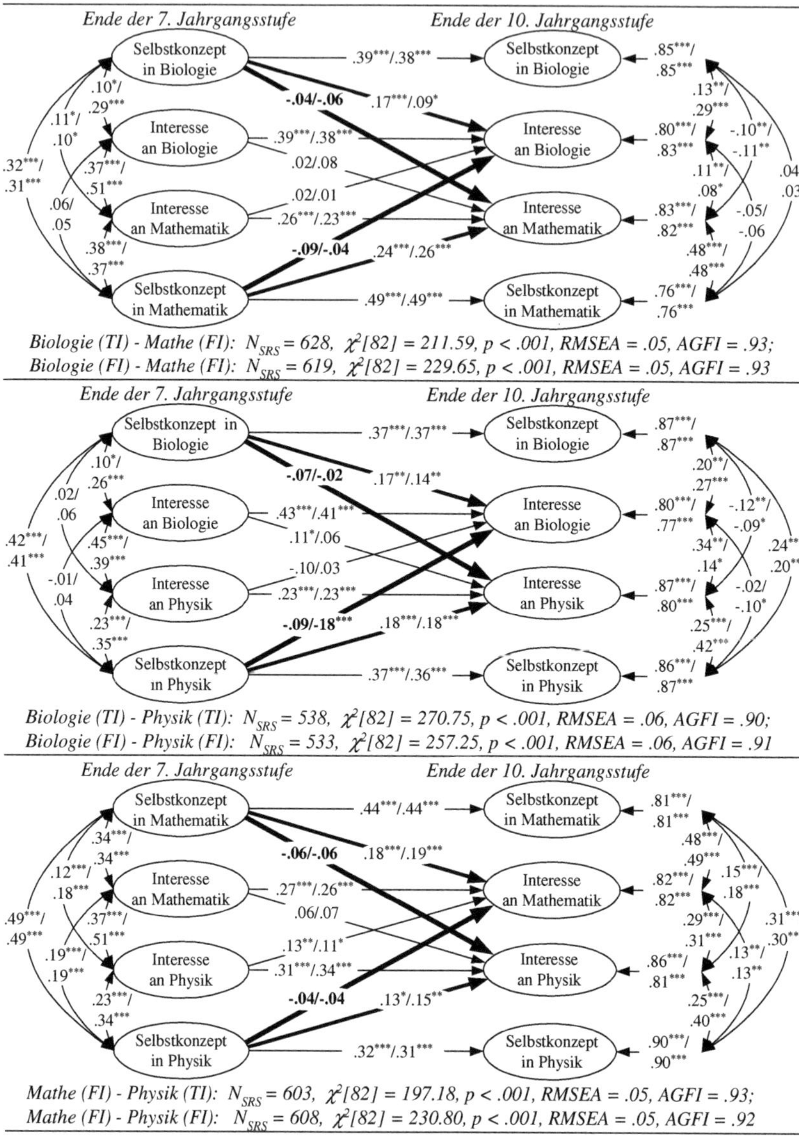


Anmerkung: Mathe: Mathematik; FI: *Fachinteresse*; TI: *Topologisches Interesse*. Für den ersten Pfadkoeffizienten wurde für Biologie und Physik das *Topologische Interesse* verwendet, für den zweiten Pfadkoeffizienten wurde für alle Fächer das *Fachinteresse* verwendet.

*Abbildung 14.5a:* Ergebnisse der Strukturgleichungsmodelle zum Einfluss der Fähigkeitsselbstkonzepte auf das Interesse in zwei Fächern von der 7. bis 10. Jahrgangsstufe

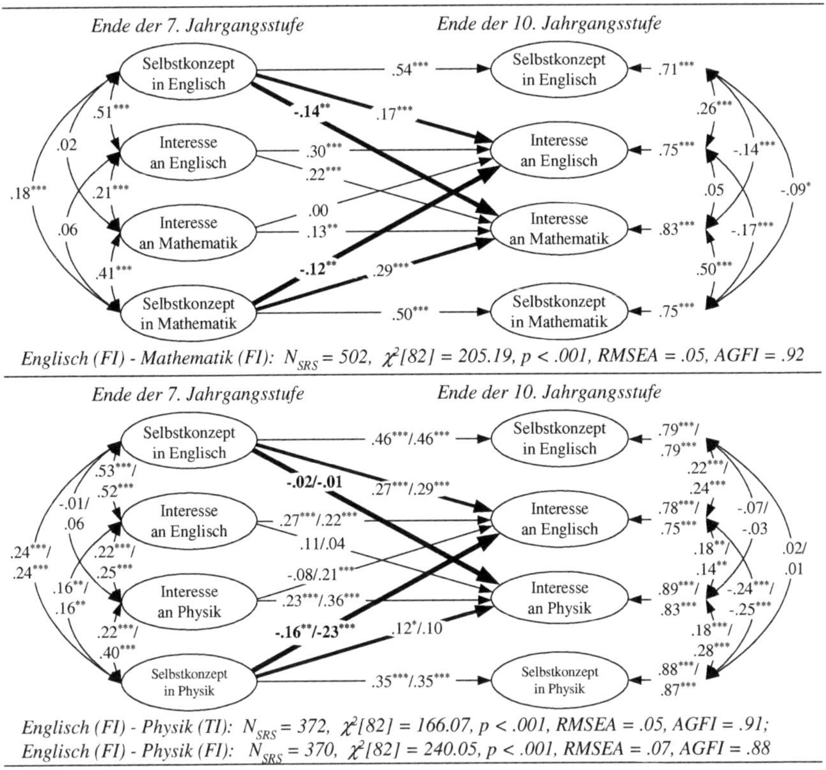


Anmerkung: FI: *Fachinteresse*; TI: *Topologisches Interesse*. Für den ersten Pfadkoeffizienten wurde für die Fächer Biologie und Physik das *Topologische Interesse* verwendet, für den zweiten Pfadkoeffizienten wurde für alle Fächer das *Fachinteresse* verwendet.

*Abbildung 14.5b:* Ergebnisse der Strukturgleichungsmodelle zum Einfluss der Fähigkeitsselbstkonzepte auf das Interesse in zwei Fächern von der 7. bis 10. Jahrgangsstufe

Am Ende der 10. Jahrgangsstufe finden sich für das Fähigkeitsselbstkonzept und das Interesse *innerhalb* eines Fachs für das *Fachinteresse* noch moderate bis hohe positive Korrelationen zwischen den Residuen (.24 $\geq r \geq$ .50, beide $p < .001$), für das *Topologische Interesse* etwas niedrigere, aber ebenfalls noch moderate positive Korrelationen (.13, $p < .01$, $\geq r \geq$ .29, $p < .001$). Der Koeffizient der Korrelation zwischen Fähigkeitsselbstkonzept und Interesse *zwischen* den Fächern fällt dagegen für alle Fächer bis auf eine Ausnahme negativ aus, wobei er in der Mehrzahl der Kombinationen signifikant wird (-.02, *n.s.*, $\geq r \geq$ -.25, $p < .001$). Die Ausnahme bilden hier lediglich die Korrelationen von Fähigkeitsselbstkonzept und Interesse zwischen den Fächern Mathematik und Physik, die signifikant positiv ausfallen (.13, $p < .01$, $\geq r \geq$ .18, $p < .001$).

Das Hauptinteresse gilt auch hier wieder den Pfaden der fachspezifischen Fähigkeitsselbstkonzepte auf das Interesse an den verschiedenen Schulfächern. Zunächst werden dabei wieder die Ergebnisse der Pfade für den Einfluss des Fähigkeitsselbstkonzepts auf das Interesse *innerhalb* eines Fachs beschrieben, danach wieder die Ergebnisse der Pfade für den Einfluss des Fähigkeitsselbstkonzepts auf das Interesse *zwischen* den Fächern. Die Koeffizienten der hier interessierenden *cross-lagged*-Pfade sind dabei zusätzlich noch einmal in Tabelle 14.11 aufgeführt.

*Tabelle 14.11:* Koeffizienten der Pfade vom Fähigkeitsselbstkonzept auf das Interesse in demselben und in einem anderen Fach von der 7. bis 10. Jahrgangsstufe

| Fächerkombination | | | | *Fach 1 → Fach 2* | | | *Fach 2 → Fach 1* | | |
|---|---|---|---|---|---|---|---|---|---|
| *Fach 1* | | *Fach 2* | $N_{SRS}$ | $\beta$ | *t* | *p* | $\beta$ | *t* | *p* |
| Mathematik (FI) | – | Physik (TI) | 603 | -.06 | -1.28 | *n.s.* | -.04 | -.83 | *n.s.* |
| Mathematik (FI) | – | Physik (FI) | 608 | -.06 | -1.28 | *n.s.* | -.04 | -.83 | *n.s.* |
| Mathematik (FI) | – | Biologie (TI) | 628 | -.09 | -1.89 | *n.s.* | -.04 | -1.17 | *n.s.* |
| Mathematik (FI) | – | Biologie (FI) | 619 | -.04 | -.92 | *n.s.* | -.06 | -1.68 | *n.s.* |
| Physik (TI) | – | Biologie (TI) | 538 | -.09 | -1.77 | *n.s.* | -.07 | -1.43 | *n.s.* |
| Physik (FI) | – | Biologie (FI) | 533 | -.18 | -3.69 | < .001 | -.02 | -.41 | *n.s.* |
| Physik (TI) | – | Englisch (FI) | 372 | -.16 | -3.09 | < .01 | -.02 | -.23 | *n.s.* |
| Physik (FI) | – | Englisch (FI) | 370 | -.23 | -4.15 | < .001 | -.01 | -.23 | *n.s.* |
| Mathematik (FI) | – | Englisch (FI) | 502 | -.12 | -2.69 | < .01 | -.14 | -2.78 | < .01 |

Anmerkung: TI: *Topologisches Interesse*; FI: *Fachinteresse*; $N_{SRS}$: effektive Stichprobengröße

Die Abbildungen 14.6a und 14.6b zeigen zunächst einmal, dass die Pfadkoeffizienten für den Einfluss des Fähigkeitsselbstkonzepts auf das Interesse am selben Fach erwartungsgemäß in fast allen Fächern signifikant positiv ausfallen (zwischen $\beta$ = .09, $t$ = 2.03, $p$ < .05 und $\beta$ = .29, $t$ = 5.72, $p$ < .001). Nicht signifikant wird lediglich der Pfad vom Fähigkeitsselbstkonzept in Physik auf das *Fachinteresse* an Physik in der Kombination Englisch-Physik ($\beta$ = .10, $t$ = 1.64, *n.s.)*. Dies kann allerdings darauf zurückzuführen sein, dass die Stichprobe dieser Kombination deutlich kleiner ist. Auch war hier der Fit für das Modell mit AGFI = .88 nicht besonders gut.

Für die Klärung der Frage nach dem steuernden Mechanismus für die Differenzierung der Interessen sind wiederum die Ergebnisse zum Einfluss des fachspezifischen Fähigkeitsselbstkonzepts auf das fachliche Interesse am anderen Fach entscheidend. Tabelle 14.11 zeigt, dass sich für die Pfade vom Fähigkeitsselbstkonzept in einem Fach auf das Interesse an einem anderen Fach bei den inhaltlich stark unterschiedlichen Fächern Mathematik und Englisch wechselseitig signifikant negative Pfadkoeffizienten ergeben. Hier beträgt der Betakoeffizient für den Pfad von Englisch auf Mathematik: $\beta$= -.14 ($t$ = -2.78, $p$ < .01) und von Mathematik auf Englisch $\beta$ = -.12 ($t$ = -2.69, $p$ < .01). Für die inhaltlich ebenfalls stark unterschiedenen Fächer Physik und Englisch ergibt sich vor allem ein signifikant negativer Pfad vom Fähigkeitsselbstkonzept in Physik auf das Interesse an Englisch.

Für das Modell mit dem *Topologischen Interesse* beträgt der Betakoeffizient $\beta$ = -.16 ($t$ = -3.09, $p$ < .01), für das Modell mit dem *Fachinteresse* beträgt er $\beta$ = -.23 ($t$ = -4.15, $p$ < .001). Auch für die Fächerkombination Biologie-Physik zeigt sich ein signifikant negativer Pfad des Fähigkeitsselbstkonzepts in Physik auf das *Fachinteresse* an Biologie von $\beta$ = -.18 ($t$ = -3.69, $p$ < .001), während der Pfad auf das *Topologischen Interesse* das Signifikanzniveau mit $\beta$ = -.09 ($t$ = -1.77, *n.s.*) knapp verfehlt. Die *Cross-lagged*-Pfade aller weiteren Fächerkombinationen weisen ebenfalls negative Vorzeichen auf, erreichen aber nicht mehr das Signifikanzniveau. Die Kombination Mathematik und Physik bildet hier keine Ausnahme (Mathematik → Physik: $\beta$ = -.06, $t$ = -1.28, *n.s.*; Physik → Mathematik: $\beta$ = -.04, $t$ = -.83, *n.s.*). Es zeigt sich somit durchgängig ein negatives Vorzeichen bei den Pfaden des Fähigkeitsselbstkonzepts in einem Fach auf das Interesse am anderen Fach.

Zusätzlich zu den hier aufgeführten Modellen wurden weitere Modelle gerechnet, in denen das *Sachinteresse* verwendet wurde. Die Modelle sind hier aus Gründen der Übersichtlichkeit nicht aufgeführt. Der Modellfit war für alle Modelle akzeptabel. Der RMSEA lag für alle Modelle unter .06, der AGFI für alle Modelle über .90. Bis auf die Fächerkombination Physik-Englisch fiel der Pfad vom Fähigkeitsselbstkonzept auf das Interesse am selben Fach in allen Fächerkombinationen signifikant positiv aus. Der Betakoeffizient lag jeweils zwischen $\beta$ = .11 ($t$ = 2.66, $p$ < .01) und $\beta$ = .25 ($t$ = 5.25, $p$ < .001). Für die Fächerkombination Physik-Englisch verfehlte der Koeffizient für einen der Pfade in beiden Modellen das Signifikanzniveau knapp (Modell, in dem nur das *Sachinteresse* verwendet wurde: $\beta$ = .10, $t$ = 1.63, *n.s*; Modell, in dem die Skalen *Sachinteresse* und *Topologisches Interesse* kombiniert wurden: $\beta$ = .12, $t$ = 1.95, *n.s.*). Auch fielen in allen zusätzlich gerechneten Modellen die Vorzeichen der hier in erster Linie interessierenden Pfade vom Fähigkeitsselbstkonzept in einem Fach auf das Interesse am anderen Fach negativ aus. Sie betrugen zwischen $\beta$ = -.03 ($t$ = -.50, *n.s.*) und $\beta$ = -.17 ($t$ = 2.83, $p$ < .01). Das Signifikanzniveau wurde hier allerdings jeweils nur für einen Pfad vom *Sachinteresse* an Englisch auf das *Sachinteresse* an Physik ($\beta$ = -.17, $t$ = 2.83, $p$ < .01) sowie für einen Pfad vom *Sachinteresse* an Englisch auf das *Sachinteresse* an Mathematik ($\beta$ = -.11, $t$ = 2.65 , $p$ < .01) erreicht. Dieser zusätzliche Befund zeigt, dass der Effekt nicht nur für das *Fachinteresse*, sondern auch für das *Sachinteresse* zu beobachten ist, wenn auch in leicht abgeschwächter Form.

Zusammengefasst zeigt sich somit, dass der Pfad vom Selbstkonzept am Ende der 7. Jahrgangsstufe auf das Interesse am Ende der 10. Jahrgangsstufe innerhalb des gleichen Fachs in allen hier untersuchten Fächerkombinationen (bis auf die Fächerkombination Englisch-Physik) signifikant positiv ausfällt. Der hier besonders interessierende Pfad vom Selbstkonzept im einen Fach am Ende der 7. Jahrgangsstufe auf das Interesse an einem anderen Fach am Ende der 10. Jahrgangsstufe fällt für alle hier untersuchten Fächerkombinationen entweder signifikant negativ aus oder aber das Vorzeichen zeigt in die erwartete Richtung. Hier nicht eigens aufgeführte Ergebnisse von Kontrollanalysen haben gezeigt, dass sich die hier interessierenden Pfade der Fähigkeitsselbstkonzepte auf die nachfolgenden Interessen im jeweils anderen Fach nicht wesentlich ändern, wenn Pfade von den Fähigkeitsselbstkonzepten auf die nachfolgenden Fähigkeitsselbstkonzepte des jeweils anderen Fachs mitmodelliert werden. Auch ergab sich in zusätzlichen Analysen kein Hinweis darauf, dass der Effekt des Selbstkonzepts auf das Interesse am jeweils anderen Fach lediglich über das Selbstkonzept im jeweils anderen Fach mediiert sein könnte.

Fasst man die Ergebnisse für die Analysen im Zeitraum von der 7. bis 10. Jahrgangsstufe zusammen, konnte über alle Modelle hinweg ein relativ konsistentes Muster gefunden werden, und zwar unabhängig davon, ob das *Fach-* oder *Sach-* bzw. *Topologische Interesse* in die Analysen einbezogen wurde. Schon bezüglich der Korrelationen der Konstrukte innerhalb und zwischen den Fächern haben die Ergebnisse das erwartete Muster ergeben: Sowohl in den Analysen innerhalb der 7. Jahrgangsstufe als auch im gesamten Zeitraum der Sekundarstufe I fanden sich zum jeweils ersten Messzeitpunkt hohe positive Korrelationen zwischen dem Fähigkeitsselbstkonzept und dem Interesse *innerhalb* eines Fachs, während das Fähigkeitsselbstkonzept und das Interesse *zwischen* den verschiedenen Fächern – mit Ausnahme der moderaten positiven Korrelation in der Kombination Mathematik-Physik – gar nicht oder nur sehr gering miteinander korrelierten. Zum jeweils zweiten Messzeitpunkt fanden sich zwischen den Residuen des Fähigkeitsselbstkonzepts und des Interesses *innerhalb* eines Fachs – bis auf die Fächer Biologie und Physik in der 7. Jahrgangsstufe – durchweg positive Korrelationen (auch wenn diese in der Kombination für Deutsch in einem Fall nicht signifikant wurden), während sich *zwischen* den Fächern erwartungsgemäß – wieder mit Ausnahme der moderaten positiven Korrelation in der Kombination Mathematik-Physik – durchweg überhaupt keine oder negative Korrelationen zeigten. Im Zeitraum von der 7. bis 10. Jahrgangsstufe war das Muster dabei ausgeprägter als in der 7. Jahrgangsstufe. Allerdings haben die Ergebnisse auch gezeigt, dass der Zusammenhang zwischen Fähigkeitsselbstkonzept und Interesse bereits zu Beginn der 7. Jahrgangsstufe relativ hoch ist – was dafür spricht, dass ein Einfluss des Fähigkeitsselbstkonzepts auf das Interesse schon in vorangegangenen Schuljahren wirksam gewesen ist. Für den Einfluss des Fähigkeitsselbstkonzepts auf das Interesse innerhalb eines Fachs ergaben sich – wie erwartetet – durchgängig positive Vorzeichen. In der 7. Jahrgangsstufe wurden diese nur für alle Kombinationen für das Schulfach Physik und für zwei Kombinationen für das Schulfach Englisch signifikant, in der 10. Jahrgangsstufe wurden bis auf einen alle Koeffizienten signifikant. Der Pfad vom Fähigkeitsselbstkonzept auf das *Fachinteresse* an Physik in der Kombination Englisch-Physik wurde aufgrund der deutlich geringeren Stichprobe dieser Kombination nicht signifikant. Auch war hier der Modellfit mit einem AGFI von .88 nicht mehr akzeptabel. Der Einfluss des Fähigkeitsselbstkonzepts auf das Interesse im Zeitraum zwischen dem 7. und 10. Schuljahr fiel somit stärker aus als für den Zeitraum innerhalb der 7. Jahrgangsstufe, vor allem, wenn man bedenkt, dass hier drei Schuljahre zwischen der Erhebung des Fähigkeitsselbstkonzepts und des Interesses liegen.

Auch bezüglich der Pfade vom Fähigkeitsselbstkonzept auf das Interesse an einem anderen Fach konnten die Hypothesen belegt werden. Die Pfade vom Fähigkeitsselbstkonzept auf das Interesse am anderen Fach wiesen alle mit ganz wenigen nahe Null liegenden Ausnahmen – wie erwartet – ein negatives Vorzeichen auf. In der 7. Jahrgangsstufe erreichte der negative Einfluss des Fähigkeitsselbstkonzepts der beiden sprachlichen Fächer Englisch und Deutsch auf das Physikinteresse auch das Signifikanzniveau. In der 10. Jahrgangsstufe ergaben sich wechselseitig signifikant negative *cross-lagged*-Pfade bei den inhaltlich stark unterschiedlichen Fächern Mathematik und Englisch. Auch ergab sich jeweils ein signifikant negativer Pfad vom Fähigkeitsselbstkonzept in Physik auf das *Fachinteresse* an Englisch und an Biologie. Die *cross-lagged*-Pfade aller weiteren Fächerkombinationen wiesen – wie erwartet – ebenfalls negative Vorzeichen auf. Sogar bei der Kombination der ähnlichen Fächer Mathematik und Physik zeigten sich negative, wenn auch nicht signifikante Koeffizienten. Somit waren dem Vorzeichen nach durchgängig negative Koeffizienten des Fähigkeitsselbstkonzepts in einem Fach auf das Interesse am anderen Fach zu beobachten. Bei inhaltlich stark voneinander unterschiedenen Fächern zeigten sich signifikante negative Effekte der Fähigkeitsselbstkonzepte auf die fachdiskordanten Interessen. Die Durchführung zusätzlicher Analysen unter Verwendung des *Topologischen Interesses* und des *Sachinteresses* hat gezeigt, dass der Effekt für das *Fachinteresse* zwar stärker ausgeprägt ist, aber auch für das *Sachinteresse* gilt. Die hier durchgeführten Analysen, die I/E-Effekte für den Einfluss des Fähigkeitsselbstkonzepts auf das Interesse belegen, unterstützen somit die Differenzierungshypothese.

# 15 Zusammenfassung und Diskussion

Im Zentrum der vorliegenden Arbeit steht die Entwicklung individueller schulischer Interessen im Verlauf der Sekundarstufe I. Im theoretischen Teil wurde Interesse definiert und zu Modellen der Lern- und Leistungsmotivation in Beziehung gesetzt. Interesse besteht demzufolge aus einer emotionalen und wertbezogenen Komponente und kann auch als fach- bzw. gegenstandsspezifische intrinsische Motivation interpretiert werden. Ausgehend von der Selbstbestimmungstheorie von Deci und Ryan (z.B. Deci & Ryan, 2002) wurde die Befriedigung der grundlegenden Bedürfnisse nach Kompetenz, Selbstbestimmung und sozialer Eingebundenheit als für die Genese individueller Interessen bedeutsam angesehen. In Anlehnung an ein Genesemodell von Barak (z.B. Barak et al., 1989) wurde die wahrgenommene Fähigkeit und der Aufbau einer Erwartung über zukünftigen Erfolg bzw. über die Befriedigung des Kompetenzbedürfnisses als entscheidender Faktor für die Interessenentwicklung hervorgehoben. Dies korrespondierte mit den Modellannahmen von Todt (z.B. Todt & Schreiber, 1998), denen zufolge die Interessen im Verlauf der Entwicklung am Selbstkonzept ausgerichtet werden, im schulischen Kontext am Fähigkeitsselbstkonzept.

Da es ein Hauptanliegen der Arbeit ist, die Abnahme fachspezifischer schulischer Interessen in der Sekundarstufe I zu erklären, wurden zunächst verschiedene Forschungsarbeiten dargestellt, die eine Abnahme der Interessen in der Sekundarstufe I belegen (Baumert & Köller, 1998; Gottfried et al., 2001; Häußler & Hoffmann, 1995; Hoffmann et al., 1998). Anschließend wurden Ansätze aufgeführt, die die Verringerung der Interessen erklären können. Diese beziehen sich erstens auf entwicklungsbedingte Veränderungen im Jugendalter (vgl. Harter, 1990b; Wigfield et al., 1996), zweitens auf verschiedene Bedingungen des Unterrichts und eine mangelnde Passung zwischen diesen und den Bedürfnissen der Schülerinnen und Schüler (vgl. Eccles & Midgley, 1989; Roeser et al., 2000; Wigfield et al., 1996) und drittens auf eine Differenzierung der Interessen (s. Krapp, 2000, 2007; Todt & Schreiber, 1998), die in erster Linie über fachspezifische Kompetenzwahrnehmungen und inter- und intraindividuelle Vergleichsprozesse gesteuert wird.

Im Folgenden werden die Ergebnisse der Arbeit zu den verschiedenen Erklärungsansätzen zusammengefasst und diskutiert. Der Ansatzpunkt der Arbeit liegt darin, die Angemessenheit der Ansätze für den angenommenen Interessenabfall zu überprüfen. Die Zusammenfassung und Diskussion orientiert sich an folgenden Gliederungspunkten: (1) Datengrundlage und Umgang mit Stichprobenausfällen, (2) Validierung des Interessenkonstrukts, (3) Entwicklung der Interessen in der Sekundarstufe I, (4) Varianz in der Interessenentwicklung, (5) Erklärung des Interessenabfalls anhand von entwicklungsbedingten Veränderungen, (6) Erklärung des Interessenabfalls anhand einer mangelnden Passung von Unterrichtsbedingungen und Bedürfnissen der Jugendlichen, (7) Erklärung des Interessenabfalls anhand einer über fachspezifische Fähigkeitsselbstkonzepte gesteuerten Differenzierung der Interessen, (8) Grenzen der Studie, Integration der Befunde und offene Fragen.

## 15.1 Datengrundlage und Umgang mit Stichprobenausfällen

Als Grundlage für die Untersuchung der Fragestellung wurden Teildatensätze der Mehrkohortenlängsschnittstudie *Bildungsprozesse und psychosoziale Entwicklung im Jugendalter* (*BIJU*) des Max-Planck-Instituts für Bildungsforschung und des Leibniz-Instituts für die Pädagogik der Naturwissenschaften (IPN) in Kiel verwendet (vgl. Baumert et al., 2003; Baumert, Roeder, Gruehn, Heyn & Köller, 1996). Aufgrund der großen Bandbreite der in der Studie berücksichtigten entwicklungsrelevanten Konstrukte, konnte anhand der Daten sowohl die Entwicklung individueller Interessen von der 7. bis 10. Jahrgangsstufe als auch die Gültigkeit der verschiedenen Erklärungsansätze des Interessenabfalls untersucht werden. So erlaubte es die Studie, verschiedene, den Interessenabfall beeinflussende Faktoren (entwicklungsbedingte Veränderungen, Unterrichtsmerkmale etc.) in den Blick zu nehmen. Der hier verwendete vergleichsweise groß angelegte Längsschnittdatensatz umfasst Schülerinnen und Schüler aus allen Schulformen der Sekundarstufe I aus den Bundesländern Nordrhein-Westfalen, Mecklenburg-Vorpommern und Sachsen-Anhalt. Bei der Erhebung wurde zunächst pro Bundesland und Schulform eine zufällige Stichprobe der Schulen, dann eine zufällige Stichprobe zweier Klassen aus diesen Schulen gezogen. Aufgrund des zweistufigen Verfahrens bei der Ziehung der Stichprobe konnten Merkmale verschiedener Wirkungsebenen analytisch voneinander getrennt werden. Zum einen konnte zwischen Schulen, Schulklassen und Schülerinnen/Schüler unterschieden werden, zum anderen konnten Entwicklungsverläufe modelliert werden, um Schulklassen, Individuen der Schulklassen und Messzeitpunkte der Individuen gesondert zu untersuchen.

In der BIJU-Studie kommt es zu einer nicht unbeträchtlichen Panelmortalität. Betrachtet man die verwendete Längsschnittkohorte der Schülerinnen und Schüler, für die zu allen Messzeitpunkten gültige Werte vorlagen, zeigt sich eine Reduktion von 5948 Schülerinnen und Schülern der Ausgangsstichprobe auf 3787 Schülerinnen und Schüler Ende der 7. Jahrgangsstufe und schließlich auf 1587 Schülerinnen und Schüler Ende der 10. Jahrgangsstufe. Der erhebliche Stichprobenausfall mag auf den ersten Blick als eine Schwäche der Studie angesehen werden. Wie im Folgenden näher erläutert werden soll, zeigt sich bei näherer Betrachtung jedoch, dass sich die Stichprobenreduktion im Rahmen dessen bewegt, was bei groß angelegten Surveystudien im schulischen Bereich zu erwarten ist.

Aufgrund des gestuften Ziehungsverfahrens kommt es nicht nur zu Ausfällen auf Schülerebene, sondern auch zu Ausfällen auf Schul- und Klassenebene, wobei letztere jeweils immer einen Ausfall einer großen Anzahl von Schülerinnen und Schülern bedeuten. Bei der Beurteilung der Ausfälle ist zu berücksichtigen, dass die Ausfälle unterschiedlich begründet sind. So bedeutet eine starke Reduktion der Stichprobe nicht automatisch, dass die Teilnahmemotivation gering war. Die Ausfälle auf Schul- und Klassenebene waren z.B. vollständig zufallsbedingt (Baumert, Köller et al., 2000). Die Ausfälle auf Individualebene setzten sich aus strukturbedingten Ausfällen, die durch Klassenwiederholung, Schulformwechsel oder Schulwechsel zustande kommen (jährlich ca. zehn Prozent), punktuell bedingten Ausfällen durch ein Fehlen am Erhebungstag (ca. acht Prozent) und fehlenden einzelnen Werten durch unvollständige, falsche oder fehlende Antworten bei einzelnen Skalen zusammen. Durch einen Vergleich der zu erwartenden und der in der BIJU-Studie gefundenen Quote der Schülerinnen und Schüler, für die längsschnittlich Daten vorlagen, konnten Baumert et al. (2000) nachweisen, dass die Stichprobenausfälle der BIJU-Studie aufgrund mangelnder Motivation zwischen weniger als fünf Prozent der Ausgangsstichprobe am Gymnasium und maximal 20 Prozent der Ausgangsstichprobe in den anderen Schulformen lagen. Die Wiederaufnahmequote in der BIJU-Studie kann somit – zumal keine Nacherhebung erfolgte – als erwartungsgemäß angesehen werden, was bedeutet, dass in solch umfassenden Längsschnittstudien in etwa mit einer der BIJU-Studie vergleichbaren Stichprobenreduktion zu rechnen ist (vgl. den Jugendlängsschnitt von Fend, 1997).

Mit fehlenden Werten sind in der Regel dreierlei Probleme verbunden: erstens ein Verlust an Effizienz, da die Stichprobengröße eingeschränkt ist; zweitens ein erschwerter Umgang mit den Daten, weil die statistischen Standardverfahren vollständige Datenmatrizen voraussetzen; drittens – aufgrund möglicher Unterschiede zwischen den beobachteten und den fehlenden Daten – die Gefahr verzerrter Parameterschätzungen. Das Problem einer durch systematische Zusammenhänge der Stichprobenausfälle mit den Werten der untersuchten Variablen bedingte Verzerrungstendenz ist dabei am gravierendsten. Um trotz der erheblichen Stichprobenausfälle zu vergleichsweise validen Befunden in den statistischen Analysen zu gelangen, wurde in der BIJU-Studie auf zweierlei Weise vorgegangen: Zum einen wurde eine umfassende Ausfallanalyse der Daten vorgenommen, zum anderen wurde ein Verfahren zu Schätzung fehlender Werte eingesetzt.

Die Stichprobenausfälle in der BIJU-Studie wurden zunächst daraufhin analysiert, inwieweit es zu einer – mit den Werten der untersuchten Variablen in Zusammenhang stehenden – Verzerrung des Längsschnitts kommt. In Schuluntersuchungen ist es unvermeidbar, dass Schülerinnen und Schüler, die man längsschnittlich über einen Zeitraum mehrerer Jahre untersucht, eine positive Auswahl der Stichprobe darstellen. Klassenwiederholungen und Schulabgang stehen notgedrungen in engem Zusammenhang mit Leistungsschwächen. Verzerrungstendenzen dieser Art können kontrolliert werden, wenn die Variablen, die mit dem Ausfallprozess verbunden sind, ebenfalls erhoben und als unabhängige Variablen oder Kovariaten in die Analysen einbezogen werden und/oder fehlende Werte aus diesen Variablen geschätzt und durch plausible Werte ersetzt werden. Wie dargelegt wurde, sind Verzerrungstendenzen nicht *per se* problematisch. Die Problematik liegt vielmehr in einer eventuellen differenziellen Wirksamkeit der Verzerrungen. Daher wurde in entsprechenden Analysen – anhand eines Vergleichs von echten Längsschnittdaten mit den zu jedem Messzeitpunkt erhobenen Querschnittdaten – geprüft, ob sich die für den Ausfallprozess verantwortlichen Leistungsunterschiede *differenziell* auf die Entwicklung fachlicher Interessen auswirken. Die Analysen ergaben keinen Hinweis auf eine diesbezügliche Verzerrungstendenz. In der Folge wurden die fehlenden Werte durch andere, in der Untersuchung miterhobene und mit den fehlenden Werten potenziell in einem Zusammenhang stehende Variablen (z.B. kognitive Fähigkeiten, fachliche Leistungen) geschätzt und imputiert. Wie in der Literatur (z.B. Allison, 2001; Lüdtke et al., 2007; Schafer & Graham, 2002) vielfach belegt, liefert die Methode der Imputation selbst bei unbekannten Ausfallsprozessen deutlich bessere Schätzungen als andere Methoden zum Umgang mit fehlenden Werten (z.B. *pairwise* oder *listwise deletion*). Gleichwohl besteht – wie kritisch anzumerken ist – bei der Schätzung der fehlenden Daten immer das Risiko, dass unbekannte Prozesse, die nicht im Imputationsmodell berücksichtigt wurden, für einen *Bias* in den erzeugten Daten sorgen. Einschränkend ist zudem anzumerken, dass das hier verwendete Verfahren der *single imputation* zu einer leichten Unterschätzung der Varianzen und einer Überschätzung der Korrelationen und Kovarianzen führt. Dennoch erscheint das Verfahren der Imputation fehlender Werte die Methode der Wahl – vor allem wenn man bedenkt, welche vielfältigen Faktoren auf Schul-, Klassen- und Individualebene den Ausfallprozess mitbedingen.

## 15.2 Validierung des Interessenkonstrukts

In der Studie wurden zu unterschiedlichen Messzeitpunkten verschiedene Interessenskalen eingesetzt (*Multitrait-Multimethod-Design*): Mit dem *Fachinteresse* wurde die Freude am Unterricht und die persönliche Bedeutsamkeit des Schulfachs erfasst (vgl. Schiefele, 1996). Das *Sachinteresse* umfasste neben der emotionalen und wertbezogenen Komponente des Interessenkonstrukts auch intrinsische Aspekte wie das Flow-Erleben und die selbstbestimmte Auseinandersetzung mit dem Gegenstand des Interesses. Mit dem *Topologischen Interesse* wurden bestimmte Themengebiete, verschiedene fachbezogene Tätigkeiten und unterschiedliche fachliche Kontexte abgedeckt (Häußler, 1987; Hoffmann & Lehrke, 1986). Das *Multitrait-Multimethod-Design* ermöglicht eine Validierung des Interessenkonstrukts. D.h. es konnte geprüft werden, inwiefern die drei verwendeten Skalen des Interesses das Interessenkonstrukt repräsentieren und/oder inwiefern sie je unterschiedliche Aspekte schulischer Interessen abbilden. Hierfür wurden vier verschiedene Grundmodelle bezüglich ihrer Passung auf die empirischen Daten überprüft: (1) ein *General-Faktor-Modell*, in dem das Interessenkonstrukt durch einen generellen Faktor erklärt wird, auf dem alle beobachteten Variablen laden – ohne dass es klar voneinander unterscheidbare Effekte der verschiedenen theoretischen Konzeptionen des Interesses gibt, (2) ein *Modell mit korrelierten Faktoren*, in dem die unterschiedlichen Konzeptionen des Interesses auf je spezifischen miteinander korrelierenden Faktoren laden, die Varianz in den beobachteten Variablen erklären, (3) ein *Higher-Order-Modell*, in dem die unterschiedlichen Konzeptionen des Interesses auf je spezifischen korrelierten Faktoren laden, die wiederum auf einem Faktor höherer Ordnung laden, der für die Interkorrelationen der spezifischen Faktoren verantwortlich ist und (4) ein *Modell mit genesteten Faktoren,* in dem sowohl ein allgemeiner Faktor angenommen wird, der auf vielen bzw. allen beobachteten Variablen lädt, als auch spezifische Faktoren, die auf einigen wenigen beobachteten Variablen laden. Das Modell mit genesteten Faktoren wurde u.a. einbezogen, weil es im Gegensatz zum Higher-Order-Modell ermöglicht, die Varianzanteile des generellen Faktors und der spezifischen Faktoren direkt abzulesen.

Die Ergebnisse der konfirmatorischen Faktorenanalysen zeigen, dass sich das Interessenkonstrukt gleichermaßen gut durch ein Modell mit korrelierten Faktoren, ein Higher-Order-Modell und ein Modell mit genesteten Faktoren repräsentieren ließ. Dies ergab sich unabhängig davon, ob jeweils nur ein Messzeitpunkt oder zwei Messzeitpunkte einbezogen wurden. Beim Modell über zwei Messzeitpunkte legten Modifikationsindizes nahe, für das *Topologische Interesse* an Biologie und Physik eine Messfehlerkorrelation über die zwei Messzeitpunkte anzunehmen. Anschließende Analysen zeigten, dass sich die Passung aller Modelle verbesserte, wenn zusätzlich Korrelationen der Messfehler des *Topologischen Interesses* an Biologie und Physik angenommen wurden. Aufgrund theoretischer Überlegungen wurde ein Higher-Order-Modell präferiert, das impliziert, dass die Komponenten *Fach- Sach-* und *Topologisches Interesse* jeweils unter das Interessenkonstrukt subsumiert werden können. Insgesamt belegen die Analysen somit die Konstruktvalidität des Interesses.

## 15.3 Entwicklung fachlicher Interessen in der Sekundarstufe I

Ausgangspunkt für die weiterführende Fragestellung war eine in zahlreichen Studien berichtete Abnahme der fachlichen Interessen der Schülerinnen und Schüler in der Sekundarstufe I, einschließlich der dort konstatierten fach- und geschlechtsspezifischen Differenzen (vgl. Baumert & Köller, 1998; Gottfried et al., 2001; Köller, Baumert et al., 2000; Hoffmann & Lehrke, 1986; Hoffmann et al., 1998; Krapp, 1996; Prenzel, 1998, Todt, 1990). Daher wurde zunächst geprüft, ob sich der in der Forschungsliteratur berichtete Interessenverlauf – einschließlich der fach- und geschlechtsspezifischen Unterschiede bezüglich dieses Verlaufs – anhand der groß angelegten längsschnittlichen BIJU-Studie bestätigen lässt.

**Schulfachspezifische Unterschiede im Interessenniveau.** Aufgrund des Multitrait-Multimethod-Designs wurden nicht zu allen Messzeitpunkten dieselben Interessenskalen eingesetzt. Ein direkter Vergleich der Interessenniveaus verschiedener Fächer konnte nur dort erfolgen, wo zu einem Messzeitpunkt in verschiedenen Fächern dieselbe Skala vorlag. Die Skala *Fachinteresse* bot sich für einen Niveauvergleich an, da sie in Englisch und Mathematik zu allen vier Messzeitpunkten, in Deutsch zu den drei Messzeitpunkten in der 7. Jahrgangsstufe und in Biologie und Physik zum dritten und vierten Messzeitpunkt eingesetzt wurde. Bezüglich des *Fachinteresses* zeigten sich folgende fachspezifische Unterschiede im Interessenniveau: Das Interesse an den Fächern Mathematik und Englisch fiel zu allen vier Messzeitpunkten vergleichsweise hoch aus. Vergleichbar hoch zeigte sich allerdings auch das zum dritten und vierten Messzeitpunkt erhobene Interesse am Fach Biologie. Das innerhalb der 7. Jahrgangsstufe erhobene Interesse am Fach Deutsch fiel zu allen drei Messzeitpunkten etwas niedriger aus. Verglichen mit den anderen Fächern am geringsten fiel das zum dritten und vierten Messzeitpunkt erhobene Interesse am Fach Physik aus.

Vergleicht man zum dritten und vierten Messzeitpunkt das mit der Skala *Fachinteresse* erhobene Interesse mit dem mit der Skala *Topologisches Interesse* erhobenen Interesse, unterschied sich das mit den beiden Skalen ermittelte Interessenniveau zwar in Physik nicht signifikant voneinander, wohl aber in Biologie, wo es offenbar von der Erhebungsmethode abhängig war, wie hoch die Interessenmittelwerte ausfielen. Das *Topologisches Interesse* in Biologie lag nämlich signifikant unter dem *Fachinteresse* in Biologie und fiel dem durchschnittlichen Physikinteresse vergleichbar aus. Das je nach Erhebungsmethode variierende Niveau des Interesses in Biologie macht deutlich, dass die verschiedenen Erhebungsinstrumente einen Einfluss haben können, da je unterschiedliche Aspekte erfasst werden. Das Interesse am Fach Biologie hängt offenbar nicht nur von fachlichen Inhalten ab, sondern auch von schulfachspezifischen Bedingungen. So gilt Biologie z.B. als vergleichsweise leichtes Fach, das es den Schülerinnen und Schülern ermöglicht, höhere Fähigkeitsselbstkonzepte auszubilden und aufgrund dieser auch mehr Interesse am Fach zu entwickeln.

Die Ergebnisse zu den fachspezifischen Unterschieden im Interesse sind weitgehend mit den Forschungsergebnissen des Kieler Leibniz-Instituts im Einklang (vgl. Hoffmann et al., 1998; vgl. Häußler & Hoffmann, 1995; Hoffmann & Lehrke, 1986). Anders als in den hier durchgeführten Analysen fiel das Interesse am Fach Deutsch in der Kieler Studie zu Beginn der 7. Jahrgangsstufe allerdings eher gering aus, während sich eine Mittelstellung erst zu den weiteren Messzeitpunkten (8., 9. und 10. Jahrgangsstufe) zeigte. Zudem wurde Biologie als am interessantesten eingestuft. Diese Unterschiede können auf die unterschiedliche Vorgehensweise bei der Erhebung zurückgehen: In der Kieler Studie wurden die Schüler anhand eines Vergleichs gefragt, wie interessant sie verschiedene Unterrichtsfächer fanden, indem sie nebeneinander aufgelistete Unterrichtsfächer auf einer fünfstufigen Skala einschätzen sollten. Anders als in der BIJU-Studie wurden die Fächer damit direkt miteinander verglichen, wodurch Differenzen zwischen den Schulfächern deutlicher hervorgetreten sein könnten.

Die Ergebnisse der BIJU-Studie unterscheiden sich auch etwas von der Studie von A.E. Gottfried et al. (2001), in der das Interesse bzw. die intrinsische Motivation verschiedener Schulfächer miteinander verglichen wurde. Zwar zeigten sich in dieser Studie ebenfalls je nach Fachgebiet signifikante Unterschiede im Interesse, die fachspezifische Höhe im Interesse fiel aber leicht anders aus als in der BIJU-Studie. Dies mag darauf zurückzuführen sein, dass die Vergleichbarkeit beider Studien eingeschränkt ist. Zum einen unterscheidet sich die Einteilung der Schulfächer in den USA von der in Deutschland, zum anderen wurden in der Studie von A.E. Gottfried et al. (2001) z.T. andere Fächer als in der BIJU-Studie untersucht. So umfasst z.B. das Fach Naturwissenschaften (*Science*) in den USA sowohl Inhalte des Fachs Physik als auch Inhalte des Fachs Biologie. Das muttersprachliche Englisch ist eher dem Fach Deutsch als Muttersprache vergleichbar als dem Fach Englisch als Fremdsprache. In der BIJU-Studie wurde das Fach Gesellschaftswissenschaften bzw. Geschichte nicht untersucht und in der Studie von A.E. Gottfried et al. (2001) wurde keine Fremdsprache einbezogen. Hinzu kommt, dass die absolute Ausprägung der Interessenmittelwerte von der Schwierigkeit der einzelnen Items abhängt, die über die Studien möglicherweise ebenfalls nicht vergleichbar ist. Bezieht man diese Überlegungen ein, wird deutlich, dass sich die Ergebnisse im Detail nur schwer vergleichen lassen.

Festgehalten werden kann, dass in beiden der BIJU-Studie vergleichbaren Studien fachspezifische Unterschiede in der Höhe des Interesses zu beobachten sind – in den USA aufgrund der anderen Fächereinteilung etwas andere als in der deutschen Studie. Die Interessenmittelwerte in den Fächern der deutschen Studie erwiesen sich in ihrer Ausprägung – bis auf leichte Unterschiede in Deutsch und Biologie – als vergleichbar.

**Abnahme der fachspezifischen Interessen in der Sekundarstufe I.** Ein wichtiger und für die weiteren Analysen zentraler Befund dieser Arbeit ist, dass die Gruppenmittelwerte der individuellen Interessen im Verlauf der Sekundarstufe I in allen hier untersuchten Fächern signifikant abnehmen. Die Verringerung des Interesses an schulischen Inhalten erwies sich dabei innerhalb der 7. Jahrgangsstufe über alle Schulfächer hinweg als besonders ausgeprägt, während die Kurve zur 10. Jahrgangsstufe hin fächerübergreifend abflachte. Dabei war der Rückgang im Interesse innerhalb der Sekundarstufe I für die Fächer Physik, Mathematik und Biologie deutlich stärker ausgeprägt als für das Interesse an Deutsch und Englisch. Die anhand der BIJU-Daten beobachteten Befunde zum Verlauf des Mathematik- und Physikinteresses stehen sowohl im Einklang mit Studien aus den USA, die sich mit der Abnahme der positiven Einstellung gegenüber dem naturwissenschaftlichen Unterricht beschäftigen (Simpson, 1987; Yager & Yager, 1985; Yager & Tamir, 1993) als auch im Einklang mit deutschen Studien, die den Rückgang im Interesse an den Fächern Mathematik, Physik und Chemie im Verlauf der Sekundarstufe I belegen (Gardner, 1987; Häußler & Hoffmann, 1995; Hoffmann & Lehrke, 1986; Hoffmann et al., 1998; Krapp, 1996; Prenzel, 1998). So hat die Kieler Interessenstudie Physik gezeigt (Hoffmann et al., 1998; vgl. Häußler & Hoffmann, 1995; Hoffmann & Lehrke, 1986), dass es im Verlauf der Sekundarstufe I zu einem deutlichen Rückgang des physikalischen *Fach-* und *Sachinteresses* kommt und dieser in der 7. Jahrgangsstufe am stärksten ausgeprägt ist. Sowohl für das *Sach-* als auch für das *Fachinteresse* war in der Kieler Studie im weiteren Verlauf der Sekundarstufe I eine weniger deutliche Abnahme zu beobachten, wobei die Abflachung der Interessenkurve für das *Fachinteresse* stärker ausgeprägt war als für das *Sachinteresse*.

Betrachtet man die Studien zur Entwicklung von Interesse, fällt auf, dass sich viele der Studien auf die Abnahme des Interesses an den mathematisch-naturwissenschaftlichen Fächern konzentrieren. Dies dürfte daran liegen, dass die Abnahme im Interesse in diesen Fächern besonders stark ausgeprägt ist (vgl. Baumert & Köller, 1998; Köller, Baumert et al., 2000; Prenzel, 1998 ), wohingegen die Fremdsprache Englisch (vgl. Reiss, 1980) und das Fach Biologie (vgl. Löwe, 1987) weniger stark betroffen sind (vgl. den Übersichtsartikel von Krapp, 1996). Der hierdurch entstehende Eindruck, dass der Rückgang des Interesses nur diese Fächer betrifft, wurde nur durch die amerikanische Studie von Gottfried et al. (2001) leicht modifiziert. In dieser Studie ergab sich – ähnlich wie in der BIJU-Studie – ein signifikanter Abfall fachspezifischer intrinsischer Motivation für die Fächer Mathematik, Naturwissenschaften (Physik/Biologie) und das muttersprachliche Fach Englisch. Nur im Fach Gesellschaftswissenschaften/Geschichte war keine signifikante Veränderung in den Gruppenmittelwerten zu beobachten. Ähnlich wie in der BIJU-Studie nahm die intrinsische Motivation in allen Fächern (bis auf Gesellschaftswissenschaften/Geschichte) im Alter von 9 bis 16 Jahren ab, während sie im Alter von 16 bis 17 Jahren nicht mehr weiter abfiel und in Englisch und Mathematik sogar wieder leicht anstieg. Dies korrespondiert mit der anhand der BIJU-Daten in allen Schulfächern beobachteten Abnahme im Interesse sowie mit der Abflachung der Kurve der Interessenabnahme in der 10. Jahrgangsstufe. Übereinstimmend mit allen übrigen Studien weisen die Ergebnisse somit darauf hin, dass der Prozess des Rückgangs der Interessen (1) relativ fächerübergreifend stattfindet, (2) in der 7. Jahrgangsstufe besonders ausgeprägt ist und (3) sich in der 10. Jahrgangsstufe deutlich verlangsamt.

**Geschlechtsspezifische Unterschiede im Interesse und im Interessenverlauf.** Ein weiterer wichtiger Befund ergibt sich aus den Analysen zu den geschlechtsspezifischen Unterschieden im Interesse und Interessenverlauf. Die BIJU-Daten zeigen, dass es bereits zu Beginn der 7. Jahrgangsstufe Unterschiede zwischen den schulischen Interessen von Mädchen und Jungen gibt: In Physik und – wenn auch etwas weniger ausgeprägt – in Mathematik ergab sich für die Jungen ein signifikant stärkeres Interesse als für die Mädchen. Die Differenz zwischen Jungen und Mädchen verringerte sich dabei im Verlauf der Sekundarstufe I leicht, weil die Jungen das Interesse – ausgehend von einem höheren Anfangsniveau – etwas stärker verloren als die Mädchen. Für Deutsch und Biologie war der Geschlechtseffekt wie erwartet eher umgekehrt: In Deutsch wiesen die Mädchen zu Beginn der 7. Jahrgangsstufe stärkeres Interesse auf als die Jungen. Die Geschlechtsdifferenz fiel allerdings geringfügig aus und nivellierte sich am Ende der 7. Jahrgangsstufe, da die Mädchen das Interesse – ausgehend von einem leicht höheren Ausgangsniveau – etwas stärker verloren als die Jungen. Die

Annäherung des Interessenverlaufs von Jungen und Mädchen spiegelt dabei möglicherweise eine Tendenz der Regression zur Mitte wieder. Biologie war das einzige Fach, in dem die Schere größer wurde, indem sich am Ende der Sekundarstufe I ein Geschlechtseffekt zugunsten der Mädchen zeigte.

Die Befunde stehen in Übereinstimmung mit Forschungsarbeiten, die belegen, dass in den mathematisch-naturwissenschaftlichen Fächern bereits zu Beginn der Adoleszenz deutliche Unterschiede in den Interessen von Jungen und Mädchen bestehen: Mathematisch-naturwissenschaftliche Fächer werden eher von Jungen bevorzugt (zusf. Baumert & Köller, 1998; Krapp, 1996), verbale und humanwissenschaftliche Fächer eher von Mädchen, wobei es in den letzten Jahren zu einer Nivellierung der Unterschiede gekommen ist (Hoffmann et al., 1997). Anders als die Ergebnisse der BIJU-Studie legen die Befunde der am Kieler Leibniz-Institut durchgeführten Studie zum Verlauf des Physikinteresses aber nahe, dass die Unterschiede zwischen Jungen und Mädchen im naturwissenschaftlichen Interesse im Verlauf der Sekundarstufe I noch zunehmen (vgl. Hoffmann et al., 1997; Kubli, 1987). In der Kieler Studie fiel das Interesse der Mädchen am Fach Physik im Verlauf der Sekundarstufe I weiter ab, während das Interesse der Jungen an Physik relativ gleich bleibend verlief (vgl. Häußler & Hoffmann, 1995; Hoffmann et al., 1998). In der BIJU-Stichprobe dagegen nahm die Differenz in den geschlechtsspezifischen Interessen im Verlauf der 7. Jahrgangsstufe – auch im Fach Physik – nicht generell zu, sondern verringerte sich im Gegenteil eher leicht. Die Unterschiede zwischen den Studien können daher rühren, dass die in der Kieler Studie festgestellte Zunahme geschlechtsspezifischer Differenzen im Physikinteresse anhand des Interesses am *Unterrichtsfach* dokumentiert wurde, mit dem in der BIJU-Studie verwendeten *Topologischen Interesse* dagegen eher physikalische Inhalte aus verschiedenen Kontexten erfasst wurden. Möglicherweise führten die in den Items der Skala zum *Topologischen Interesse* angesprochenen physikalischen Inhalte, Kontexte und Tätigkeiten nicht zu einer vergleichsweise stärkeren Verringerung des physikalischen Interesses bei den Mädchen. Dass dies die festgestellten Unterschiede zwischen den Studien begründen kann, zeigt die im Theorieteil dieser Arbeit näher beschriebene Studie von Häußler und Hoffmann (1995). Die Studie belegt, dass der Abfall des Interesses an Physik bei Mädchen stark vom Kontext abhängt und dass bei veränderten Kontextbedingungen – z.B. bei einer stärkeren Orientierung an den Interessen der Mädchen – kein stärkerer Interessenabfall bei den Mädchen zu beobachten ist. Auch Todt (2000) belegt anhand mehrerer empirischer Untersuchungen, dass es möglich ist, durch eine Variation des sprachlichen Kontextes bei der Befragung geschlechtstypische Interessen zu beeinflussen. Möglicherweise fragt die hier verwendete Skala *Topologisches Interesse* eher nach Inhalten und Kontexten, die Mädchen und Jungen gleichermaßen interessieren. Diese Vermutung wird durch den Befund gestützt, dass die Mädchen das *Sachinteresse* an Physik von der 5. bis 10. Jahrgangsstufe – im Gegensatz zum *Fachinteresse* – auch in der Kieler Studie nicht stärker verloren als die Jungen (vgl. Hoffmann et al., 1998). Es handelt sich bei dem Befund anhand der BIJU-Studie somit nur scheinbar um einen Widerspruch zu den Kieler Forschungsergebnissen. Es bleibt aber das interessante Ergebnis, dass sich eine Verstärkung von geschlechtsspezifischen Unterschieden im Interesse an verschiedenen Fächern anhand der BIJU-Daten nicht belegen ließ. Wie weiter unten näher beschrieben wird, scheint der Befund auch der aus der These zur Intensivierung der Geschlechtsrolle abgeleiteten Annahme zu widersprechen, dass sich ein in der Adoleszenz zunehmendes geschlechtsspezifisches Verhalten in Geschlechtsunterschieden im Interessenverlauf widerspiegeln müsse.

## 15.4 Varianz in der Interessenentwicklung

Bevor Faktoren wie verschiedene Entwicklungsbedingungen oder Unterrichtsmerkmale, die das Interesse und die Interessenentwicklung potentiell beeinflussen können, untersucht wurden, war es sinnvoll zu prüfen, inwieweit das Interesse und die Interessenentwicklung zwischen Schülerinnen/Schülern und zwischen Schulklassen variiert, d.h. wie viel Varianz im Interesse und in der Interessenentwicklung auf Individualebene und wie viel Varianz auf Klassenebene zurückzuführen ist. Für die 7. Jahrgangsstufe zeigte sich eine signifikante Variabilität im Interesse und der Interessenentwicklung sowohl zwischen Schülerinnen/Schülern als auch zwischen Schulklassen. Allerdings fiel die Streuung der Parameter sowohl für den Interessenverlauf auf Individualebene als auch für das Interesse und den Interessenverlauf auf Klassenebene – obwohl signifikant – eher gering aus. Offenbar unterscheiden sich Schülerinnen und Schüler untereinander weitaus deutlicher in ihrem bestehenden Interesse als in ihrer Interessenentwicklung. Und offenbar unterscheiden sich Schülerinnen und Schüler einer Schulklasse in ihrem Interesse und ihrer Interessenentwicklung kaum systematisch von Schülerinnen und Schülern anderer Schulklassen. Mit Werten von $s^2 \leq .02$ fiel dabei die Streuung der linearen Trendkomponente (die die Variabilität im Interessenverlauf zwischen Schulklassen anzeigt) besonders gering aus. Daher stellt sich die Frage, inwiefern solch geringe Unterschiede im Interessenverlauf von Klassen überhaupt von praktischer Relevanz sind.

Anhand von Intraklassenkorrelationen wurde darüber hinaus geprüft, welcher Anteil an Varianz im Interesse und der Interessenentwicklung auf Individual- und Klassenebene zurückzuführen ist. Die berechneten Intraklassenkorrelationen zeigen, dass in allen Schulfächern der Prozentsatz an Varianz, der auf Unterschiede zwischen Individuen zurückging, vergleichsweise hoch ausfiel (über 83 Prozent der Varianz im Interesse zum zweiten Messzeitpunkt und über 70 Prozent der Varianz im Interessenverlauf), während der Anteil an Varianz, der auf Unterschiede zwischen den Schulklassen zurückzuführen war, vergleichsweise geringer ausfiel (maximal 17 Prozent der Varianz im Interesse zum zweiten Messzeitpunkt und maximal 30 Prozent der Varianz im Interessenverlauf). Während auf individueller Ebene anzusiedelnde Variablen offenbar einen deutlichen Einfluss auf die Unterschiede in der Interessenentwicklung von Schülerinnen und Schülern haben, ist der differenzielle Einfluss, der von unterschiedlichen Lernkontexten in der natürlichen Schulumgebung ausgeht, offenbar verhältnismäßig gering. Ob eine Schülerin oder ein Schüler mehr oder weniger starkes fachliches Interesse entwickelt, scheint also in stärkerem Maße von individuellen Faktoren abzuhängen als von Faktoren im Klassenkontext.

In diese Richtung weist auch eine auf der Basis der TIMSS-III-Daten durchgeführte Studie von Kunter (2005). Kunter fand ähnlich geringe auf Klasseneffekte zurückgehende Varianzanteile für das Interesse. Während sich mehr als 40 Prozent der Varianz in der Mathematikleistung durch die Klassenzugehörigkeit erklären ließen (wobei die auf die Klassenzugehörigkeit zurückzuführende Leistungsvariabilität auf 11 bis 15 Prozent zurückging, wenn auch die Schulformzugehörigkeit berücksichtigt wurde), fand sich bezüglich der untersuchten Motivationsmaße nur wenig systematische Variation zwischen einzelnen Schulklassen. So gingen nur maximal zehn Prozent der Varianz im Mathematikinteresse von Schülerinnen und Schülern der 8. Jahrgangsstufe auf Klasseneffekte zurück. Der Anteil der Gesamtvarianz im Interesse, der auf Unterschiede zwischen den Klassen zurückzuführen ist, ist auch hier – verglichen mit der Varianz, die durch individuelle Unterschiede zwischen den Personen erklärt wird – relativ klein. Anders als bei der Leistungsentwicklung ist offenbar bei der Motivationsentwicklung der größte Teil der vorgefundenen Merkmalsvariabilität innerhalb der Schulklassen und nicht zwischen den Klassen zu beobachten.

Auch wenn man sich die Frage stellen muss, inwiefern eine Varianzaufklärung angesichts einer solch geringen Variabilität in der Interessenentwicklung von Schulklassen für die pädagogische Praxis von Bedeutung sein kann, schließt das nicht aus, dass unterschiedliche Lernumgebungen differenzielle Einflüsse auf die Interessenentwicklung von Schülerinnen und Schülern aufweisen können. Möglicherweise lassen sich dennoch Kontexte identifizieren, in denen das Interesse besonders stark oder besonders wenig gefördert wird. Fände sich z.B. auf Klassenebene ein vom Muster auf Individualebene abweichendes Zusammenhangsmuster, wäre dies ein Hinweis darauf, dass unterschiedliche Lernkontexte Einfluss auf die Entwicklung nähmen und das bestehende individuelle Muster der Zusammenhänge veränderten. Daher wurde in dieser Arbeit trotz der geringen Streuung der Interessenentwicklung zwischen Klassen und trotz der geringen auf Merkmale auf Klassenebene zurückzuführenden Varianz der Versuch unternommen, solche Kontexte zu identifizieren.

Nachdem somit die vermutete Abnahme der Interessen in der Sekundarstufe I (einschließlich der geschlechtsspezifischen Unterschiede) anhand der BIJU-Studie belegt werden konnte und zumindest eine – wenn auch z.T. geringe – Variabilität im Interesse und der Interessenentwicklung auf Individual- und Klassenebene nachgewiesen werden konnte, wurden die drei in der Forschungsliteratur nahe gelegten Erklärungsmöglichkeiten für die Abnahme des Interesses in der Sekundarstufe I untersucht: erstens der Einfluss entwicklungsbedingter Veränderungen, zweitens der Einfluss einer mangelnden Passung zwischen den Bedürfnissen der Jugendlichen und den Bedingungen des Unterrichts und drittens der Einfluss einer über fachspezifische Fähigkeitsselbstkonzepte gesteuerten Differenzierung der Interessen. Im Folgenden wird zunächst der erste Forschungsansatz geprüft, der die Verringerung des Interesses auf entwicklungsbedingte Veränderungen in der Pubertät zurückführt, die außerhalb des schulischen Kontexts liegen.

## 15.5 Erklärung anhand von entwicklungsbedingten Veränderungen

Der Literatur lässt sich entnehmen, dass der Abfall der Interessen zu Beginn der Sekundarstufe I durch in der Pubertät auftretende Veränderungsprozesse bedingt sein kann. Dies wird nahe gelegt, da der Rückgang schulischer Interessen in der frühen Adoleszenz besonders stark ausgeprägt ist. Jugendliche sind in dieser Zeit intensiv mit den für die Adoleszenz typischen Entwicklungsaufgaben beschäftigt: mit der körperlichen Entwicklung, der Suche nach einer eigenen Identität, dem Aufbau und Ausbau von Beziehungen zu gleich- und gegengeschlechtlichen Gleichaltrigen, der Ablösung von den Eltern und dem Streben nach größerer Unabhängigkeit (Fend, 1997; Mussen et al., 1996; Oerter & Montada, 1995; Wigfield et al., 1996). In dieser Arbeit wurde daher geprüft, ob die in der Adoleszenz auftretenden Veränderungen einen negativen Einfluss auf die Entwicklung schulischer Interessen ausüben. Im Folgenden wird zusammenfassend diskutiert, inwiefern entwicklungsbedingt veränderte fachspezifische Fähigkeitsselbstkonzepte, verstärkte Geschlechtsrollenvorstellungen, anstehende Entwicklungsaufgaben, Veränderungen in der Beziehung zu Gleichaltrigen, Ablösungsprozesse von den Eltern und eine Ausweitung der Freizeitinteressen einen Einfluss auf die Entwicklung schulischer Interessen haben.

Die Untersuchung der entwicklungsbedingten Einflussfaktoren auf die Veränderung des Interesses erfolgte anhand von Varianz- und Regressionsanalysen. Ein methodisches Problem bei der Vorhersage des Interesses durch die genannten Faktoren bestand dabei darin, dass nicht alle Prädiktorvariablen zu einem Messzeitpunkt erhoben werden konnten, der der Erhebung des Interesses tatsächlich voranging. So wurden anstehende Entwicklungsaufgaben sowie aktuelle und gewünschte Freundschaften und Partnerschaften zeitgleich mit dem Interesse zum zweiten Messzeitpunkt erhoben, die Cliquenzugehörigkeit und die Variablen zur Beziehung zu den Eltern zeitgleich mit dem Interesse zum dritten Messzeitpunkt. Dies zwang in den Analysen zu diesen Einflussfaktoren dazu, von einem gleichen oder sogar späteren Erhebungszeitpunkt aus Vorhersagen zu machen. Da interindividuelle Differenzen zwischen Schülerinnen und Schülern erfasst werden, ist ein solches Vorgehen nur dann unproblematisch, wenn die interindividuelle Rangfolge der Differenzen zwischen den Messzeitpunkten invariant ist. Ändert sich dagegen die interindividuelle Rangfolge, entstehen erhebliche Interpretationsprobleme. Da die Invarianz eine recht starke Annahme ist, sind Veränderungen in der Rangfolge nicht ganz auszuschließen.

**Der Einfluss veränderter fachspezifischer Fähigkeitsselbstkonzepte auf die Interessenentwicklung.** In der Forschung wird der Entwicklung fachspezifischer Fähigkeitsselbstkonzepte eine wichtige Bedeutung bei der Entwicklung fachlicher Interessen zugesprochen (z.B. Barak et al., 1989; Baumert et al., 1998; Deci, 1992; Todt & Schreiber, 1998). Daher wurde angenommen, dass eine Abnahme fachspezifischer Fähigkeitsselbstkonzepte im Jugendalter den Abfall fachspezifischer Interessen mitbedingen könnte. Zur Überprüfung dieser Annahme wurde untersucht, inwieweit sich die in der Literatur berichtete Abnahme der Fähigkeitsselbstkonzepte für die BIJU-Studie nachweisen lässt, inwieweit die Entwicklung von fachspezifischen Fähigkeitsselbstkonzepten und fachlichen Interessen parallel verläuft, inwieweit korrelative Zusammenhänge zwischen beiden Konstrukten bestehen und inwieweit das Fähigkeitsselbstkonzept einen Einfluss auf die Interessenentwicklung nimmt.

Die aufgrund der Forschungsliteratur (vgl. Harter, 1990b; Marsh, 1990a; vgl. Marsh, Trautwein et al., 2005) für die Sekundarstufe I angenommene Abnahme der Fähigkeitsselbstkonzepte fand sich in der BIJU-Studie nur in den mathematisch-naturwissenschaftlichen Fächern bestätigt, nicht aber in den sprachlichen Fächern, in denen – entgegen der Erwartung – eine leichte Zunahme der Fähigkeitsselbstkonzepte zu beobachten war. Die aufgrund der Forschungsliteratur erwarteten fachspezifischen Geschlechtsunterschiede (vgl. Marsh, Trautwein et al., 2005; Wigfield et al., 2002; Schilling et al., 2006) konnten dagegen in der BIJU-Studie nachgewiesen werden. Die Mädchen wiesen ein deutlich niedrigeres Fähigkeitsselbstkonzept in Mathematik und Physik auf als die Jungen (wobei sich die Geschlechtsunterschiede in Verlauf der 7. Jahrgangsstufe etwas verringerten), während die Jungen im Vergleich zu den Mädchen in Deutsch ein etwas niedrigeres Fähigkeitsselbstkonzept aufwiesen. In Biologie und Englisch fanden sich keine Unterschiede zwischen den Geschlechtern, was auf die Nivellierung der Unterschiede in den letzten Jahren zurückgeführt werden kann (vgl. Hyde et al., 1990). Übereinstimmend mit den in der Forschungsliteratur berichteten Befunden (vgl. Marsh, 1989a; Marsh, Trautwein et al., 2005) zeigten sich in der Stärke der Abnahme keine weiteren Geschlechtsunterschiede. Ein paralleler Verlauf in der Entwicklung des Fähigkeitsselbstkonzepts und des Interesses zeigte sich in den mathematisch-naturwissenschaftlichen Fächern, da es bei beiden Konstrukten zu einer Abnahme der Gruppenmittelwerte kam. Auch wiesen beide Konstrukte in diesen Fächern Geschlechtsdifferenzen zugunsten der Jungen auf. In diesen Fächern lag daher eine Einflussnahme der Abnahme des Fähigkeitsselbstkonzepts auf die Abnahme im Interesse nahe. In den sprachlichen Fächern zeigte sich zwar keine Ähnlichkeit im Verlauf beider Konstrukte, da hier die Gruppenmittelwerte des Fähigkeitsselbstkonzepts leicht zunahmen, während die Gruppenmittelwerte des Interesses abnahmen, aber es zeigten sich in beiden Konstrukten die gleichen Geschlechtsdifferenzen.

Für die korrelativen Beziehungen zwischen Fähigkeitsselbstkonzepten und Interessen zeigten sich erwartungsgemäß moderate bis hohe positive Zusammenhänge, die je nach Fachgebiet leicht variieren. Der Zusammenhang fiel dabei in den Fächern Mathematik und Englisch am höchsten aus, gefolgt von den Fächern Deutsch, Physik und Biologie. Die Unterschiede in der Höhe der Korrelationen lassen sich durch die unterschiedliche Schwierigkeit der Fächer, durch die unterschiedlich häufigen Leistungsrückmeldungen (u.a. in Form von Klassenarbeiten und Tests) und durch die Verwendung unterschiedlicher Skalen (*Topologisches Interesse* versus *Fachinteresse*) erklären. Mathematik und Englisch gelten z.B. als relativ schwierig und beinhalten häufige Leistungsrückmeldungen, die die höheren Korrelationen zwischen Fähigkeitsselbstkonzept und Interesse in diesen Fächern erklären können. In Deutsch als vergleichsweise leichtem Schulfach mit häufigen Leistungsrückmeldungen zeigen sich moderate Korrelationen zwischen Fähigkeitsselbstkonzept und Interesse. Die im Vergleich zu den anderen Fächern insgesamt deutlich niedrigeren Korrelationen in Physik und Biologie (inklusive der zum dritten Messzeitpunkt auftretenden Nullkorrelationen) sind u.a. darauf zurückzuführen, dass diese ausschließlich als *topologisches Interesse* erhoben wurden. Ein weiterer Grund kann darin liegen, dass es in Physik und Biologie zudem vergleichsweise wenig Leistungsrückmeldungen gibt. Die im Vergleich zu Biologie höheren Korrelationen in Physik lassen sich damit erklären, dass Physik als schwereres Fach gilt. Die sich bis auf das Fach Englisch ergebende fächerübergreifende Abnahme in den Korrelationen zwischen den Fähigkeitsselbstkonzepten und den Interessen im Verlauf der 7. Jahrgangsstufe lässt sich dagegen theoretisch nicht begründen. Möglicherweise handelt es sich hierbei um Methodenartefakte, da in der Forschung mit zunehmendem Alter eher ein Anstieg des Zusammenhangs zwischen Interessen und Kompetenzwahrnehmungen beobachtet wurde (Tracey & Ward, 1998).

Von entscheidender Bedeutung für die Frage nach dem Einfluss einer Abnahme in den Fähigkeitsselbstkonzepten auf den Rückgang der Interessen sind die Ergebnisse zu den interindividuellen Differenzen im Interessenverlauf von Schülerinnen und Schülern mit unterschiedlich stark ausgeprägten Fähigkeitsselbstkonzepten. Es zeigt sich, dass das Fähigkeitsselbstkonzept den Rückgang des Interesses an Physik und Mathematik – d.h. an den beiden als schwierig geltenden Fächern – signifikant beeinflusst. In der 7. Jahrgangsstufe führte ein niedriges physikbezogenes bzw. mathematisches Fähigkeitsselbstkonzept dazu, dass die Schülerinnen und Schüler das Interesse an Physik bzw. Mathematik stärker verloren. Weniger ausgeprägt zeigte sich der Einfluss des Fähigkeitsselbstkonzepts auf das Interesse in den Fächern Englisch und Biologie. In Biologie war ein signifikanter Einfluss nur in der ersten Schuljahreshälfte zu beobachten, in Englisch ein signifikanter Einfluss nur in der zweiten Schuljahreshälfte. Im Fach Deutsch zeigte sich kein signifikanter Einfluss des Fähigkeitsselbstkonzepts auf das Interesse.

Die Ergebnisse zeigen, dass die Abnahme fachspezifischer Fähigkeitsselbstkonzepte und individueller fachlicher Interessen auf Gruppenebene in den „harten" mathematisch-naturwissenschaftlichen Fächern weitgehend parallel verlief und sich zugleich bei der Untersuchung interindividueller Differenzen ein Einfluss des Fähigkeitsselbstkonzepts auf das Interesse zeigte. Dies legt den Schluss nahe, dass ein Teil des Rückgangs im Interesse auf die Abnahme der Fähigkeitsselbstkonzepte in diesen Fächern zurückzuführen ist. Wie im Abschnitt zur Differenzierung der Interessen dargelegt werden wird, könnte die Abnahme der Gruppenmittelwerte in den mathematisch-naturwissenschaftlichen Fächern nicht nur durch einen Abfall im Interesse bei allen Schülerinnen und Schülern erklärt werden. Der Interessenabfall könnte stattdessen nur einen größeren Teil der Jugendlichen betreffen, während bei einem anderen Teil der Jugendlichen das Interesse entweder gleich bleibt oder sogar noch leicht ansteigt. Für Biologie gilt dies im ersten Schulhalbjahr gleichermaßen. Bei den sprachlichen Fächern konnte ein Zusammenhang zwischen dem Verlauf der Gruppenmittelwerte der Fähigkeitsselbstkonzepte und dem Interesse und ein Einfluss der Fähigkeitsselbstkonzepte auf die Interessen dagegen nicht deutlich nachgewiesen werden. Wie im Abschnitt zur Differenzierung der Interessen dargelegt werden wird, schließt das Ergebnis aber nicht aus, dass es zu interindividuellen Verschiebungen kommen kann. In den sprachlichen Fächern könnte auf Ebene der Gruppenmittelwerte ein Abfall im Interesse bei einigen Schülerinnen und Schülern durch einen Anstieg im Interesse bei anderen Schülerinnen und Schülern ausgeglichen werden. Definitiv empirisch beantworten ließe sich die Frage nach interindividuellen Verschiebungen im Interesse allerdings erst mit Hilfe eines strukturentdeckenden Klassifikationsverfahrens (z.B. eine *Latent Class Analysis*). Mittels eines solchen Verfahrens könnten Gruppen von Schülerinnen und Schülern mit unterschiedlichen Mustern in ihrer Interessenentwicklung identifiziert werden. Die Untersuchung dieser Fragestellung könnte daher für zukünftige Forschung interessant sein.

**Der Einfluss intensivierter Geschlechtsrollenvorstellungen auf die Interessenentwicklung.** Die Forschung hat gezeigt, dass die individuellen Interessen im Verlauf der Entwicklung zunehmend in ein kohärentes Selbstbild integriert werden. Dies kann dazu führen, dass existierende Interessen unter dem Aspekt der Passung zum eigenen Geschlecht neu bewertet und vermehrt geschlechtsspezifisch ausgerichtet werden, indem das Interesse bei Nichtübereinstimmung mit der Geschlechtsrolle abnimmt (vgl. Hannover, 1998; Krapp, 2000; Todt, 2000). Entsprechend wurde angenommen, dass Mädchen das Interesse an den als typisch männlich geltenden mathematisch-naturwissenschaftlichen Fächern in der 7. Jahrgangsstufe stärker verlieren und Jungen das Interesse an den als typisch weiblich geltenden sprachlichen Fächern. Zudem sollte – gemäß der Hypothese – bei Mädchen mit stärker ausgeprägten Geschlechtsrollenvorstellungen das Interesse an den mathematisch-naturwissenschaftlichen Fächern stärker abnehmen und bei Jungen mit stärker ausgeprägten Geschlechtsrollenvorstellungen das Interesse an den verbalen und humanwissenschaftlichen Fächern.

Wie der Verlauf der Gruppenmittelwerte fachspezifischer Interessen in der BIJU-Studie zeigt, nimmt das Interesse von Mädchen und Jungen in weniger mit der eigenen

Geschlechtsrolle zu vereinbarenden Fächern nicht stärker ab. Dies zeigte sich daran, dass die Differenz in den geschlechtsspezifischen Interessen nicht zunahm. In Physik und Deutsch näherten sich die geschlechtsspezifischen Gruppenmittelwerte im Interesse sogar leicht an, in Englisch und Mathematik zeigte sich keine signifikante Veränderung. Nur in Biologie zeigte sich ein erwartungsgemäßer Verlauf zwischen der 7. und 10. Jahrgangsstufe. Die BIJU-Daten spiegeln somit nicht wieder, dass sich Geschlechtsunterschiede mit der Zeit fächerübergreifend verstärken. Auch der korrelative Zusammenhang zwischen den Geschlechtsrollenvorstellungen und der Ausrichtung der fachlichen Interessen zu Beginn der 7. Jahrgangsstufe war gering und wurde in den geschlechtsspezifischen Untergruppen nur in einem einzigen Fall signifikant. Bei der durch die große Anzahl durchgeführter Korrelationen bedingte Inflationierung des α-Fehlers kann diese Korrelation aber ebenso gut als zufallsbedingt angesehen werden. Ein Einfluss der Geschlechtsrollenvorstellungen auf das Interesse, der nicht auf einen Geschlechtseffekt zurückzuführen war, konnte nur in zwei Fächern – in Englisch und Physik – beobachtet werden. Im zweiten Schulhalbjahr verloren Jugendliche mit ausgeprägteren Geschlechtsrollenvorstellungen das Interesse am Fach Englisch stärker und das Interesse am Fach Physik weniger stark als Jugendliche mit weniger ausgeprägten Geschlechtsrollenvorstellungen. Das Interesse am Fach Englisch scheint somit eher mit einer „modernen“, weniger rigiden Geschlechtseinteilung, das Interesse am Fach Physik eher mit einer „traditionellen“ Geschlechtseinteilung einherzugehen. Den Verlauf des Interesses moderierende Geschlechtseffekte konnten – entgegen der ursprünglichen Annahme – nicht beobachtet werden. Die Hypothese, dass eine Intensivierung geschlechtsstereotyper Vorstellungen bei den Mädchen zu vermehrtem Interessenverlust in den mathematisch-naturwissenschaftlichen Fächern und bei den Jungen zu vermehrtem Interessenverlust in den sprachlichen Fächern führt, konnte somit nicht belegt werden.

Dieser Befund steht im Gegensatz zu einigen Forschungsergebnissen, denen zufolge sich Jungen und Mädchen in der Adoleszenz mehr gemäß den Geschlechtsrollenstereotypen verhalten (Eccles, 1987; Hannover, 1998; Hill & Lynch, 1983). Zudem hat die Forschung belegt, dass Mädchen in koedukativen Klassen das mathematisch-naturwissenschaftliche Interesse stärker verlieren als in monoedukativen Klassen (vgl. Hannover, 1992b), besonders wenn ihnen ihre Selbstdefinition als Frau wichtig ist (vgl. Hannover, 1997). Die Unterschiede in den Ergebnissen können darauf zurückzuführen sein, dass in der BIJU-Studie Geschlechtsrollenvorstellungen sehr allgemein erfragt wurden (z.B. mit Items wie „Es ist für Jungen wichtiger in der Schule gut zu sein als für Mädchen“). Würden die Geschlechtsrollenstereotype (fach-)spezifischer erfragt (z.B. mit Items wie „Es ist für Jungen wichtiger in Technik und Naturwissenschaften gut zu sein als für Mädchen“, „Jungen sind in der Regel besser darin, ein mathematisches Problem zu lösen“) könnten die Ergebnisse sich eventuell ändern. Darauf weist zumindest der Befund von Smith et al. (2007) hin, dem zufolge das fachspezifische Interesse durch das Wissen um geschlechtsspezifische Stereotype bezüglich fachspezifischer Fähigkeiten beeinflusst werden kann. Sie zeigten nämlich, dass geschlechtsspezifische Stereotype bezüglich der Fähigkeiten in mathematisch-naturwissenschaftlicher Fächer dazu führten, dass Mädchen – auch bei hohen Leistungen – weniger Interesse an diesen Fächern entwickelten. Dennoch kann an dieser Stelle nur spekuliert werden, dass sich mit einer solchen Itemformulierung der erwartete Einfluss traditioneller Geschlechtsrollenvorstellung auf das fachliche Interesse eher hätte nachweisen lassen. In Physik kann der erwartungswidrige Befund darüber hinaus auch darauf zurückzuführen sein, dass sich die Schere in der Abnahme des Interesses zwischen Jungen und Mädchen – anders als beim *Fachinteresse* – beim *Topologischen Interesse* nicht vergrößert und somit auch keine diesbezüglichen differentiellen Effekte gefunden werden können. Wie oben schon dargelegt, kann dies daran liegen, dass mit dem *Topologischen Interesse* möglicherweise Mädchen und Jungen eher gleichermaßen interessierende Inhalte, Tätigkeiten und Kontexte angesprochen werden. Dass mit den Instrumenten der BIJU-Studie ein Einfluss geschlechtsstereotyper Vorstellungen auf die Entwicklung von Interessen nicht nachgewiesen werden konnte, heißt somit nicht zwangsläufig, dass ein solcher Effekt nicht mit anderen Instrumenten hätten belegt werden können.

**Der Einfluss anstehender Entwicklungsaufgaben auf die Interessenentwicklung.** In der Literatur wird dargelegt, dass Jugendliche in der Adoleszenz eine Reihe verschiedener Entwicklungsaufgaben zu bewältigen haben (z.B. Dreher & Dreher, 1985a, 1991; Lerner, 2002). Dieser Prozess vollzieht sich etwa zeitgleich mit der Abnahme schulischer Interessen. Es wurde daher vermutet, dass die Beschäftigung mit anstehenden Entwicklungsaufgaben – mit der körperlichen Veränderung, gleich- und gegengeschlechtlichen sozialen Beziehungen, größerer Unabhängigkeit von den Eltern sowie der Entwicklung von Berufsvorstellungen – einen Einfluss auf die Interessenabnahme haben kann. Der Hypothese zufolge sollten Jugendliche, die vermehrt mit den Entwicklungsaufgaben der Adoleszenz beschäftigt sind, geringere fachspezifische Interessen aufweisen und das Interesse an schulischen Inhalten stärker verlieren als Jugendliche, für die solche Entwicklungsaufgaben noch nicht oder nicht mehr anstehen.

Entgegen der Erwartung zeigte sich anhand der BIJU-Daten weder ein Zusammenhang zwischen der Skala zu anstehenden Entwicklungsaufgaben und den schulischen Interessen noch ein Einfluss dieser auf die Abnahme der fachlichen Interessen. Aufgrund der geringen Reliabilität der Skala konnte nicht ausgeschlossen werden, dass die Heterogenität einzelner Items für den fehlenden Effekt verantwortlich ist. Um differenzielle Effekte einzelner Items auf die Interessenentwicklung auszuschließen, wurden daher auch Zusammenhänge mit den Einzelitems betrachtet. Spezifische Effekte einzelner Items waren aber ebenfalls nicht zu beobachten. Die vorhandenen geringfügigen Korrelationen zwischen einzelnen Items und dem Interesse in der Gesamtgruppe, zeigten sich mit einer Ausnahme – die angesichts der Vielzahl der durchgeführten Korrelationen und der damit einhergehenden Inflationierung des $\alpha$-Fehlers ebenso gut zufallsbedingt sein konnte – nicht in den geschlechtsspezifischen Untergruppen. Bezüglich eines Einflusses der anstehenden Entwicklungsaufgaben auf das Interesse oder die Abnahme des Interesses konnten bei den Einzelitems nur zwei sehr gering ausfallende signifikante Haupteffekte bezüglich des Interesses an Deutsch beobachtet werden. Auch hier war allerdings aufgrund der großen Anzahl durchgeführter Analysen und der dadurch bedingten Inflationierung des $\alpha$-Fehlers ein zufälliges Auftreten sehr wahrscheinlich. Für die Fragestellung ist darüber hinaus vor allem bedeutsam, dass sich in keinem Fall ein Interaktionseffekt zwischen den Items zur Entwicklung und den fachlichen Interessen zeigte. Die Annahme, der zufolge Jugendliche umso weniger Interesse an fachspezifischen Inhalten haben und das Interesse an diesen Inhalten umso stärker verlieren, desto mehr sie mit den Entwicklungsaufgaben in der Adoleszenz beschäftigt sind, konnte somit anhand der BIJU-Daten nicht belegt werden.

Es kann verschiedene Gründe für diesen erwartungswidrigen Befund geben. Eine Einschränkung erfahren die Ergebnisse zunächst einmal dadurch, dass die gewünschte Entwicklung zeitgleich mit dem Interesse zum zweiten Messzeitpunkt erhoben wurde, so dass sich die Vorhersage des Interesses zum zweiten Messzeitpunkt nur unter der Annahme der Invarianz der interindividuellen Rangfolge sinnvoll interpretieren lässt. Daher ist nicht ganz auszuschließen, dass die fehlenden Effekte daher rühren könnten, dass sich wider Erwarten die interindividuelle Rangfolge bezüglich der anstehenden Entwicklungsaufgaben innerhalb der 7. Jahrgangsstufe geändert hat. Allerdings finden sich für die Vorhersage des Interesses zum dritten Messzeitpunkt ebenfalls keine Effekte – und hier ging die Skala zur anstehenden Entwicklung der Skala zum Interesse tatsächlich voraus. Es ist daher eher unwahrscheinlich, dass eine Verschiebung in der interindividuellen Rangfolge das Fehlen von Effekten auf das Interesse zum zweiten Messzeitpunkt erklärt. Ein plausiblerer Grund für den erwartungswidrigen Befund kann darin gesehen werden, dass das Erhebungsinstrument die tatsächlichen Einflussfaktoren nur unzureichend erfasst. Die Items der vom Projekt TuDrop Jugendforschung der TU Berlin (Silbereisen & Eyferth, 1987) übernommenen Skala zu anstehenden Entwicklungsaufgaben waren formuliert mit „Möchtest Du bald ...“ und „Wünschst Du Dir ...“. Die Formulierung zeigt somit nicht direkt an, wie viel Raum im Denken der Jugendlichen die Entwicklungsaufgabe einnimmt. Eventuell wären daher Itemformulierungen sinnvoller gewesen, die danach fragen, wie sehr sich der oder die Jugendliche mit der (anstehenden) Entwicklungsaufgabe beschäftigt, etwa in Form von: „Wie sehr beschäftigt Dich Dein körperliches Aussehen?“ oder „Wie viel Zeit verbringst Du damit, über Deine berufliche Zukunft nachzudenken?“ etc.. Auch an dieser Stelle lässt sich nur spekulieren, dass die auf diese Weise formulierten Items möglicherweise eher widerspiegeln würden, dass die Beschäftigung mit Entwicklungsaufgaben Ressourcen bindet, die für ein Interesse an anderen Dingen wenig Raum lässt. Festgehalten werden kann, dass die hier verwendete Skala zu anstehenden Entwicklungsaufgaben nicht ausreichte, einen solchen Einfluss nachzuweisen.

**Der Einfluss der vermehrten Bedeutung Gleichaltriger auf die Interessenentwicklung.** Von der Forschung wird nahe gelegt, dass die Entwicklung schulischer Interessen durch eine Verschiebung der sozialen Beziehungen beeinflusst wird, da individuelle Interessen auch durch wichtige (Bezugs-)Personen geprägt werden (vgl. Lewalter & Schreyer, 2000; vgl. Deci & Ryan, 1992). Die Literatur zur Entwicklung im Jugendalter belegt eine zunehmende Bedeutung von Kontakten mit Gleichaltrigen sowie von Rückmeldungen durch die Gruppe der Gleichaltrigen (Brown, 1990; Hartup & Laursen, 1991; Hartup, 1992, 1999). Auch die gegengeschlechtliche Kontaktaufnahme erhält vermehrte Bedeutung (Schofield, 1980). Durch die Zunahme an sozialen Beziehungen zu Gleichaltrigen nimmt der Stellenwert der Schule für Jugendliche insgesamt ab (Berndt & Perry, 1990). Dadurch könnte – so die Annahme – der Rückgang des Interesses an schulischen Inhalten bedingt sein. Entsprechende differenzielle Effekte dürften sich demnach dahingehend zeigen, dass Jugendliche, denen gleich- und gegengeschlechtliche Beziehungen besonders wichtig sind und die sich viel mit anderen Jugendlichen treffen, ein geringeres Interesse an schulischen Inhalten aufweisen und das Interesse an diesen Inhalten stärker verlieren als Jugendliche, für die dies nicht zutrifft.

Ähnlich wie bei den generellen Entwicklungsaufgaben zeigten sich entgegen der Annahme anhand der BIJU-Daten (bis auf eine einzige geringfügige positive Gesamtkorrelation, die aufgrund der Inflationierung des $\alpha$-Fehlers ebenso gut zufallsbedingt sein könnte) keine Zusammenhänge der gleich- und gegengeschlechtlichen Beziehungen zu anderen Jugendlichen mit den schulischen Interessen. Auch ließ sich kein Einfluss der gleich- oder gegengeschlechtlichen Beziehungen zu anderen Jugendlichen auf die Abnahme fachlicher Interessen in der 7. Jahrgangsstufe finden. Der Befund, dass Jugendliche, die sich vermehrt eine Freundschaft oder Partnerschaft wünschten, weniger Interesse am Schulfach Physik aufwiesen, ließ sich auf einen Geschlechtseffekt zurückführen: Mädchen hatten weniger Interesse an Physik und mehr Interesse an Freundschaften/Partnerschaften, Jungen mehr Interesse an Physik und weniger Interesse an Freundschaften/Partnerschaften. Die Annahme, dass eine generelle Ausweitung der sozialen Beziehung zu Gleichaltrigen den Verlust der schulischen Interessen in der frühen Adoleszenz bedingt, konnte somit ebenfalls nicht bestätigt werden. Vermehrte soziale Beziehungen Jugendlicher an sich wirkten sich nicht negativ auf den Interessenverlauf aus.

Für den erwartungswidrigen Befund kann es auch hier wieder mehrere Gründe geben. Die Messung mit lediglich einem Item ist methodisch problematisch, da auf diese Weise keine Reliabilitätsprüfung vorgenommen werden kann, so dass der fehlende Befund in einer geringen Reliabilität begründet liegen könnte. Aufgrund der leichten Deckeneffekte der Items zum *Wunsch nach einer Freundschaft/Partnerschaft* könnte sich zudem der Anteil der Fehlervarianz erhöht haben und eventuelle Effekte abgeschwächt haben. Darüber hinaus handelt es sich hier – wie auch bei einigen anderen Einflussfaktoren – nicht immer um eine „echte" Vorhersage des Interesses: Nur das Item *Unternehmungen mit Freunden* wurde zum ersten Messzeitpunkt erhoben, so dass nur bei diesem Item das Interesse tatsächlich zu beiden Messzeitpunkten vorhergesagt werden konnte. Die Items zu *Freundschaften/Partnerschaften* wurden zeitgleich mit dem Interesse zum zweiten Messzeitpunkt erhoben, das Item zur *Cliquen-*

*zugehörigkeit* zum dritten Messzeitpunkt. Eine Änderung der interindividuellen Rangfolge könnte somit theoretisch zu einem Verschwinden eventueller Effekte beigetragen haben. Da sich bezüglich der Items zu Freundschaften/Partnerschaften die Vorhersage des Interesses im ersten Schulhalbjahr nicht von der Vorhersage des Interesses im zweiten Schulhalbjahr (wo die Items dem Interesse tatsächlich vorausgingen) unterscheidet, ist dies allerdings nicht sehr wahrscheinlich. Wahrscheinlicher ist auch hier, dass mit den verwendeten Messinstrumenten Aspekte der sozialen Beziehungen zu Gleichaltrigen, die die Interessenentwicklung beeinflussen, nur unzureichend erfasst wurden. Eine Möglichkeit wäre, genauer zu erfassen, wie wichtig Freundschaften/Partnerschaften sind, z.B. indem danach gefragt wird, welchen zeitlichen Rahmen sie einnehmen („wie viel Zeit verbringst Du mit Deinen Freunden“ oder „ich treffe mich viel mit anderen Jugendlichen“ etc.) und wie viel sich Jugendliche mit dem Thema Freundschaft/Partnerschaft befassen („mit meinen Freunden rede ich oft über andere Jugendliche“, „ich denke oft über meine Beziehungen zu anderen nach“ etc.). Auch wird mit dem Item zum Einfluss aktueller Freundschaften z.B. rein quantitativ erfasst, ob man eine Gruppe von Freunden hat oder sich diese wünscht. Dies dürfte aber unter Umständen weniger entscheidend für die Entwicklung schulischer Interessen sein als eine qualitative Aussage über die Art der Freunde und Freundschaften. Die Auswahl der Freunde, die wiederum gemeinsame (außerschulische) Interessen und Tätigkeiten bestimmt, dürfte eventuell entscheidender sein als die Tatsache, dass Freundschaften überhaupt wichtig sind. So dürfte es einen nicht unerheblichen Unterschied machen, ob man sich trifft, um gemeinsam in die Disco zu gehen oder um gemeinsam zu lernen und über aktuelle Themen zu diskutieren. Möglicherweise hätten die Items daher spezifischer die Art der Freunde und/oder Freundschaften erfragen sollen. So hätte nach (gemeinsamen) Aktivitäten gefragt werden können („meine Freunde gehen viel in die Disco“, „mit meinen Freunden rede ich in erster Linie über Mode“, „mit meinen Freunden diskutiere ich über politische/soziale Themen“). Auch dürfte der Stellenwert der Schule im Freundeskreis eine Rolle spielen („meine Freunde lernen viel für die Schule“, „meine Freunde interessieren sich kaum für die Schule“). Für die Cliquenzugehörigkeit gilt dasselbe. Möglicherweise ist nicht so entscheidend, ob Jugendliche einer Clique angehören, sondern *welcher* Clique sie angehören. So könnten Items formuliert werden, die verschiedene Cliquen unterscheiden: eine Clique mit „Strebertypen“, „Computerfreaks“, „sportlichen Typen“, „Looser- oder Null-Bock-Typen“, etc.. Diese Überlegungen sind rein spekulativ. Entscheidend ist, dass die hier zu Freundschaften/Partnerschaften formulierten Items allein nicht ausreichen, um eine auf die Ausweitung sozialer Beziehungen zurückgehende Abnahme im Interesse zu belegen. Um zu prüfen, inwieweit sich die sozialen Beziehungen auf die Interessenentwicklung auswirken, bedarf es u.U. sehr viel differenzierterer Messinstrumente und damit weiterer Forschung.

**Der Einfluss der Ablösung von den Eltern auf die Interessenentwicklung.** Die Forschungsliteratur belegt, dass sich im Jugendalter die Beziehungen zu den Eltern verändern: Einerseits nimmt der Einfluss der Eltern bezüglich der Schule und der eingeschlagenen Bildungsrichtung der Jugendlichen generell ab (Baumert, Bos et al., 2000; Eccles & Harold, 1993; Epstein, 1991), andererseits spielen die Erwartungen und Bewertungen der Eltern vielfach noch eine große Rolle (Collins, 1990; Grotevant & Cooper, 1998), da häufig die generelle Einstellung gegenüber Bildung oder das angestrebte Bildungsniveau geteilt wird (s. Gottfredson, 1981). Zudem wurden häufig differenzielle Effekte berichtet. So wirkt sich das Verständnis und Engagement der Eltern sowie ein unterstützender Erziehungsstil positiv auf die schulische Motivation von Jugendlichen aus (Baumrind, 1991; Chen & Dornbusch, 1998), während sich starke Kontrolle und ein autoritärer Erziehungsstil negativ auf die schulische Motivation auswirken (Gottfried et al., 1994). Entsprechend wurde in dieser Arbeit angenommen, dass eine veränderte Beziehung zu den Eltern im Sinne einer stärkeren Ablösung und Distanzierung eine Abnahme des Stellenwerts der Schule und damit einhergehend einen Verlust fachlicher Interessen bedingt. Allerdings sollte dieser Effekt durch die unterschiedlichen Erziehungsstile modifiziert werden: ein unterstützender, durch Gespräche und Vertrauen gekennzeichneter Erziehungsstil sollte der Abnahme individueller Interessen entgegenwirken.

Die anhand der BIJU-Daten gefundene Richtung des Einflusses der Beziehung zu den Eltern auf die fachlichen Interessen und die Interessenentwicklung der Jugendlichen entsprach in allen Analysen den Hypothesen. Die durchgängigsten Zusammenhänge zwischen dem Interesse und der Beziehung zu den Eltern zeigten sich für die *Intensität der Gespräche* mit den Eltern. Für die Gesprächsintensität ergaben sich in allen Schulfächern leichte bis moderate Korrelationen mit den fachlichen Interessen. Auch wirkten intensivere Gespräche dem Interessenverlust in den mathematisch-naturwissenschaftlichen Fächern entgegen. So ließ sich unter der weniger konservativen Bedingung und wenn das Geschlecht einbezogen wurde durchgängig ein signifikanter Einfluss einer gesprächsintensiven Beziehung zwischen Eltern und Jugendlichen auf die Entwicklung des Interesses an den diesen Fächern nachweisen. In der zweiten Schuljahreshälfte waren die Effekte allerdings nicht besonders stark ausgeprägt ($\beta \leq .07$). Für die Abnahme im Interesse an den sprachlichen Fächern war die Gesprächsintensität weniger bedeutsam. In Deutsch erreichte der Effekt nur in der ersten Schuljahreshälfte das Signifikanzniveau, in Englisch zeigte sich gar kein Effekt. Hinsichtlich der anderen hier untersuchten Konstrukte zur Beziehung zu den Eltern war der Einfluss auf die fachspezifischen Interessen ebenfalls eher gering. Bezüglich des Vertrauensverhältnisses zu den Eltern zeigte sich durchgängig allein ein geringer Effekt (von $\beta = .06$) auf das Mathematikinteresse. In Deutsch zeigte sich ein Effekt für das Vertrauen zur Mutter nur im ersten Schulhalbjahr, für das Vertrauen zum Vater nur im zweiten Schulhalbjahr. In den anderen Fächern wurde der Einfluss auf das Interesse nicht signifikant. Bezüglich der Zufriedenheit der Eltern mit den Schulleistungen zeigte sich – bei weniger konservativem Vorgehen und unter Einbeziehung des Geschlechts – durchgängig ein Effekt auf das Mathematik- und Physikinteresse, allerdings wiederum mit geringen Betakoeffizienten ($\beta \leq .06$). Für Deutsch zeigte sich ein signifikanter Effekt wieder im ersten Schulhalbjahr. In Biologie und Englisch zeigten sich keine signifikanten Effekte. Die Auseinandersetzung der Eltern mit den Jugendlichen über die Schulleistungen spielte keine signifikante Rolle für die Interessenentwicklung, auch wenn die Vorzeichen in der erwarteten Richtung ausfielen. Da die verbale Kommunikation und damit die Gesprächsintensität in Familien mit hohem Bildungsniveau ausgeprägter sein könnte, wurde zusätzlich geprüft, ob der Effekt aufgrund einer Konfundierung der Variablen mit dem Bildungsniveau zustande gekommen sein könnte. Die Variablen zur Beziehung zu den Eltern wurden dafür mit dem Bildungshintergrund der Eltern korreliert. Keine der Korrelationen lag höher als $r = .15$, so dass eine deutliche Konfundierung der Variablen zur Beziehung zu den Eltern mit dem Bildungshintergrund der Eltern nicht gegeben war. Fasst man die Ergebnisse zusammen, ergaben sich relativ durchgängige Effekte in den mathematisch-naturwissenschaftlichen Fächern, auch wenn die Effekte insgesamt eher gering waren und aufgrund der großen Stichprobe auch dort signifikant wurden, wo sie von geringer praktischer Relevanz sind.

Die Ergebnisse zeigen, dass eine gute Beziehung zu den Eltern für die Entwicklung fachlicher Interessen zwar insgesamt eine gewisse Rolle zu spielen scheint, am deutlichsten aber in den als schwieriger geltenden Fächern Mathematik und Physik. Erklären ließe sich der stärkere Einfluss einer durch intensive Gespräche und Vertrauen gekennzeichneten Beziehung auf das Interesse an den mathematisch-naturwissenschaftlichen Fächern damit, dass sich Schülerinnen und Schüler – wie die Forschung zeigt – weniger zutrauen, die Inhalte dieser Fächer selbständig zu lernen (Stodolsky et al., 1991). Auch ist die Beschäftigung mit diesen Fächern bei den meisten Jugendlichen weniger durch intrinsische Anreize gesteuert und bedarf daher mehr externaler Anreize. Aufgrund der größeren Schwierigkeit der Fächer und dem geringeren Zutrauen, deren Inhalte selbständig lernen zu können, dürfte der Unterstützung der Eltern in diesen Fächern eine stärkere Rolle zukommen als in den sprachlichen Fächern. Es sei in diesem Zusammenhang auch daran erinnert, dass der Interessenverlust in diesen Fächern besonders ausgeprägt ist – d.h., dass durch die Unterstützung der Eltern nur ein gewisser Anteil des Interessenverlusts abgefedert wird.

Bezüglich der Ergebnisse fällt auf, dass die Betakoeffizienten für den Einfluss der Variablen zur Beziehung zu den Eltern auf das Interesse in keinem Fall sehr hoch ausfielen, so dass die Ergebnisse praktisch von eher geringer Relevanz sind. Ein Grund hierfür kann sein, dass die Beziehung zu den Eltern sehr allgemein erfragt wurde. So kann vermutet werden, dass Variablen mit einer spezifischeren Itemformulierung im Sinne von: „mein Vater bzw. meine Mutter unterstützt mich bei den Hausaufgaben in Physik“ oder „mein Vater bzw. meine Mutter spricht mit mir über die Inhalte, die wir im Physikunterricht durchnehmen“ etc. deutlichere Effekte bezüglich der Interessenentwicklung gezeigt hätten. Eine weitere Einschränkung erfahren die Ergebnisse dadurch, dass die Variablen zur Beziehung zu den Eltern zum dritten Messzeitpunkt erhoben wurden. Für das Interesse zum zweiten Messzeitpunkt wurden dadurch Vorhersagen von einem späteren Messzeitpunkt aus gemacht, für das Interesse zum dritten Messzeitpunkt Vorhersagen vom gleichen Messzeitpunkt aus. Eventuelle Verschiebungen in der interindividuellen Rangfolge könnten damit die Ergebnisse im Sinne einer Verminderung der Effekte beeinflusst haben.

**Der Einfluss konkurrierender Freizeitinteressen auf die Interessenentwicklung.** Wie im Theorieteil dargelegt, wird in der Forschungsliteratur vielfach belegt, dass Jugendliche in der frühen Adoleszenz stärker in Freizeitaktivitäten im außerfamiliären Bereich engagiert sind. Die Ausweitung der Freizeitinteressen auf den außerfamiliären Bereich dient nicht nur dazu, mit anderen Jugendlichen zusammenzukommen, sondern auch dazu, die eigene Identität zu festigen (z.B. Fend, 1991; Mummendey et al., 1999; Tajfel & Turner, 1986). Die Ausweitung der Freizeitaktivitäten könnte auf Kosten des Interesses an schulischen Inhalten gehen. Eine Ursache für die Abnahme schulischer Interessen wurde daher in der Entwicklung von mit schulischen Inhalten konkurrierenden Freizeitaktivitäten vermutet (z.B. Fend, 1991; Silbereisen & Todt, 1994). Als möglicherweise mit fachspezifischen schulischen Interessen konkurrierende Freizeitinteressen wurden hier exemplarisch – anhand von Skalen aus dem *Differenziellen Interessen Test* von Todt (1967) – das Interesse an Politik/Wirtschaft, Sozialpflege/Erziehung, Kunst und Musik untersucht. Die dem gleichen Test entstammenden Skalen *Sport* und *Unterhaltung* konnten aufgrund zu geringer Skalenreliabilitäten (*Sport*: $\alpha = .43$, *Unterhaltung*: $\alpha = .42$) nicht verwendet werden. Da sich die in der Literatur beschriebene Geschlechtsspezifität der Freizeitinteressen (vgl. Schiefele & Stocker, 1990) auch in der BIJU-Studie zeigte, indem sich Jungen mehr für Politik/Wirtschaft, Mädchen mehr für Sozialpflege/Erziehung, Kunst und Musik interessierten, wurde in den Analysen das Geschlecht berücksichtigt.

Entgegen der Erwartung wiesen die konkurrierenden Freizeitinteressen mittlere *positive* Zusammenhänge mit den schulischen Interessen auf. Die geringeren Gesamtkorrelationen des Physik- und Mathematikinteresses mit den Freizeitinteressen an Sozialpflege/Erziehung, Musik und Kunst konnten dabei auf die gegenläufigen Interessen von Jungen und Mädchen zurückgeführt werden. Auch in den Regressionsanalysen entsprach die Richtung des Einflusses der Freizeitinteressen auf die schulischen Interessen nicht der ursprünglichen Erwartung. So fiel der Einfluss der Freizeitinteressen auf die schulischen Interessen in allen Fällen dem Vorzeichen nach positiv und in einer Reihe von Fällen signifikant positiv aus. Es zeigte sich ein geringer positiver Einfluss der Freizeitinteressen auf das Biologieinteresse beiden Schulhalbjahren – im zweiten Schulhalbjahr allerdings nur bei weniger konservativem Vorgehen und mit Ausnahme des Interesses an Sozialpflege/Erziehung. Auch in den anderen Fächern zeigten sich einige leichte positive Effekte, zum Teil in beiden Schulhalbjahren (wie z.B. Einfluss des Freizeitinteresses an Politik/Wirtschaft auf das Physikinteresse), zum Teil in der ersten Schulhalbjahr (z.B. der Einfluss des Freizeitinteresses an Sozialpflege/Erziehung sowie an Musik auf das Interesse an Deutsch) oder zweiten im zweiten Schulhalbjahr (wie z.B. das Interesse an Politik/Wirtschaft auf das Interesse an Deutsch). Weitere Effekte zeigten sich, wenn weniger konservativ vorgegangen wurde und das Geschlecht einbezogen wurde. Entgegen der ursprünglichen Annahme führten die hier erfassten außerschulischen Interessen somit nicht dazu, dass sich das Interesse an schulischen Fachgebieten verminderte, weil sich die Schwerpunkte auf die untersuchten außerschulischen Interessen verlagerten. Auch wenn die Effekte eher gering waren und z.T. nur sporadisch auftraten, wirkten die hier erfassten Freizeitinteressen im Gegenteil eher der Abnahme im fachlichen Interesse entgegen. Offenbar kommt es nicht zu einer Kompartementalisierung der Interessen in Freizeitinteressen auf der einen Seite und schulischen Interessen auf der anderen Seite.

Für diesen erwartungswidrigen Befund kann es mehrere Gründe geben. Mit den im BIJU-Projekt erhobenen Freizeitinteressen wurden eher bildungsnahe außerschulische Interessen erfasst. Die hier erfragten Interessen könnten daher verstärkt in Familien mit höherem Bildungsniveau vorkommen, so dass eine Konfundierung der beiden Aspekte vorliegen könnte. Um diese zu überprüfen, wurden bivariate Korrelationen zwischen den Variablen des Freizeitinteresses und dem Bildungshintergrund der Eltern durchgeführt. Positive Korrelationen zeigten sich nur für den Bildungsabschluss beider Eltern mit dem Freizeitinteresse an Politik/Wirtschaft und für den Bildungsabschluss der Mutter mit dem Freizeitinteresse an Musik. Für das Freizeitinteresse an Sozialpflege/Erziehung fiel die Korrelation sogar negativ aus. Die Korrelationen waren zudem insgesamt zu gering ($r \leq \pm.12$), um von einer deutlichen Konfundierung der Variablen auszugehen. Der erwartungswidrige Befund könnte auch dadurch bedingt sein, dass die hier genannten Interessen in der Freizeitbeschäftigung Jugendlicher dieser Altersstufe verglichen mit anderen Aktivitäten eine eher untergeordnete Rolle spielen und relevante konkurrierende Freizeitinteressen u.U. gar nicht erfasst wurden. Die Studie des Jugendwerks der Deutschen Shell (2002) berichtet zwar, dass 1991, zum Zeitpunkt der Durchführung der hier genannten Studie, immerhin 57 Prozent der Dreizehn- bis Sechzehnjährigen politisches Interesse aufwiesen. Fend (1991) beschreibt allerdings, dass das Interesse an Politik und Wirtschaft erst in der späten Adoleszenz deutlich zunimmt, d.h. möglicherweise in der hier untersuchten Altersstufe noch nicht besonders stark ausgeprägt ist. 35 Prozent der Jugendlichen engagierten sich zwar laut Jugendwerk der Deutschen Shell (2002) regelmäßig sozial oder gesellschaftlich – allerdings betraf das Engagement häufig Vereine (wie z.B. Sport- und Turnvereine) und weniger die hier abgebildete soziale Fürsorge, das Interesse an Erziehung oder der Pflege älterer Menschen (Fend, 1991). Auch bildungsorientierte Tätigkeiten im engeren Sinne, wie z.B. Malen, klassische Musik hören oder ein Musikinstrument spielen, war bei Jugendlichen nur in einem geringem Ausmaß gegeben (Fend, 1991). Genau nach diesen Tätigkeiten wurde aber mit den hier verwendeten Skalen gefragt. Die zwei Items zum DIT zur Erfassung des Musikinteresses dürften zudem weit davon entfernt sein, das tatsächlich starke Gewicht des Gegenstandbereichs Musik in der Struktur der Freizeitinteressen von Jugendlichen abzubilden. Mit den Items zum Musikinteresse wurden sehr wahrscheinlich entscheidende Aspekte nicht erfasst: z.B. Musik wie Rock, Pop, Techno etc. hören, MTV sehen, sich mit verschiedenen Musikgruppen auskennen, Charts zu verfolgen etc.. Auch ist denkbar, dass andere hier nicht erfasste bildungsfernere Aktivitäten mit den schulischen Interessen konkurrieren könnten: Aktivitäten wie Discobesuche, die in erster Linie Kontakten zu Gleichaltrigen dienen, tendenziell eher passive Aktivitäten wie fernsehen oder alleine oder mit anderen Jugendlichen „rumhängen", oder auch sportliche Aktivitäten, wie sie sich in der weit verbreiteten Mitgliedschaft in Turn- oder Sportvereinen widerspiegeln. Solche eher bildungsfernen Aktivitäten konnten nicht untersucht werden, weil z.T. keine Skalen für sie vorlagen, z.T. die Skalen vorgesehenen Skalen des *Differenziellen Interessentests (DIT)* von Todt (1967) zu diesen Bereichen (Sport, Unterhaltung) eine zu geringe Skalenreliabilität aufwiesen. Es muss somit kritisch angemerkt werden, dass mit den hier untersuchten eher bildungsnahen Freizeitinteressen potentiell mit schulischen Interessen konkurrierende außerschulische Interessen unter Umständen nicht ausreichend abgebildet wurden. Dennoch bleibt der Befund, dass die erwartete Kompartementalisierung der Interessen – zumindest für bildungsnahe Freizeitinteressen – nicht eingetreten ist.

**Zusammenfassende Diskussion entwicklungsbedingter Gründe.** Die in den entwicklungspsychologischen Hypothesen theoretisch angenommenen Einflussfaktoren ließen sich anhand der empirischen Daten somit nur teilweise bestätigen. Insgesamt zeigte sich für die hier untersuchten verschiedenen entwicklungsbedingten Veränderungen ein eher geringer Einfluss auf den Interessenverlauf: Der Veränderung fachspezifischer Fähigkeitsselbstkonzepte kam eine gewisse Bedeutung für die Interessenentwicklung zu – besonders was die mathematisch-naturwissenschaftlichen Fächer anbelangt. Bezüglich sich wandelnder Geschlechtsrollenvorstellungen zeigten sich dagegen – erwartungswidrig – keine Effekte. Anstehende Entwicklungsaufgaben waren für die Interessenentwicklung anscheinend ebenfalls nicht von Bedeutung. Genauso wenig konnte für vermehrte soziale Beziehungen Jugendlicher ein Einfluss auf die Interessenentwicklung nachgewiesen werden. Wie erwartet zeigten sich dagegen leichte positive Effekte einer durch Gespräche gekennzeichneten Beziehung zu den Eltern auf den Interessenverlauf – auch wenn die Effekte z.T. nicht besonders hoch ausfielen. Wiederum entgegen der Erwartung ergaben sich eher positive Effekte bildungsnaher Freizeitinteressen auf die Entwicklung der schulischen Interessen – so dass auch ein negativer Effekt einer Ausweitung der Interessen auf außerschulische Bereiche nicht nachgewiesen werden konnte.

Wie im Einzelnen angesprochen wurde, könnten z.T. methodische Schwierigkeiten dafür verantwortlich sein, dass die entwicklungstheoretisch gut begründbaren Effekte nicht nachgewiesen werden konnten. Wie gezeigt wurde, lässt sich am methodischen Vorgehen kritisieren, dass nicht alle entwicklungsbezogenen Variablen dem Interesse tatsächlich vorausgingen. Dies betraf zum einen die mit dem Interesse zum zweiten Messzeitpunkt zeitgleiche Erhebung mit der Skala anstehende Entwicklungsaufgaben und den Items zu aktuellen und gewünschten Freundschaften und Partnerschaften, zum anderen die mit dem Interesse zum dritten Messzeitpunkt zeitgleiche Erhebung mit dem Item zur Cliquenzugehörigkeit und den Skalen zur Beziehung zu den Eltern. Die Ergebnisse sind damit nur unter der Annahme einer – nicht unbedingt immer gegebenen – Invarianz der Rangfolge in den Antworten der Schülerinnen und Schüler sinnvoll interpretierbar. Veränderungen in der interindividuellen Rangfolge könnten somit eventuell Effekte verringert haben.

Ein weiteres methodisches Problem betraf die unterschiedliche Operationalisierung der Variablen zum Interesse. Diese könnte die Ergebnisse zum Einfluss entwicklungsbedingter Veränderungen (z.B. Fähigkeitsselbstkonzepte, Geschlechtsrollenorientierung) auf die fachspezifischen Interessen verändert haben. So fanden sich für die Fächer Physik und Biologie im Vergleich zu den anderen Fächern insgesamt deutlich niedrigere Korrelationen (inklusive der zum dritten Messzeitpunkt auftretenden Nullkorrelationen) zwischen Fähigkeitsselbstkonzept und Interesse die – zumindest zu einem Teil – darauf zurückzuführen sein könnten, dass diese ausschließlich als *topologisches Interesse* erhoben wurden. Die Erfassung des Physikinteresses mit der Skala *Topologisches Interesse* könnte daher auch dazu geführt haben, dass für fachspezifische Fähigkeitsselbstkonzepte ein leicht geringerer Einfluss auf das Interesse nachgewiesen werden konnte als dies eventuell mit einer Skala zum *Fachinteresse* der Fall gewesen wäre. Auch für den Einfluss anderer Variablen (wie z.B. der Geschlechtsrollenorientierung) könnte die Operationalisierung des Interesses eine Rolle gespielt haben. Möglicherweise hat sich der erwartete Effekt nicht gezeigt, weil die mit der Skala *Topologisches Interesse* erfragten Inhalte, Tätigkeiten und Kontexte weniger stark einer traditionellen Geschlechtsrollenvorstellung widersprechen als die Inhalte des gängigen Physikunterrichts.

Ein weiterer Grund für die z.T. erwartungswidrigen Befunde kann in einer mangelnden empirischen Validität der entwicklungstheoretischen Skalen begründet liegen. Wie im Einzelnen aufgezeigt wurde, konnte mit den Skalen teilweise nur sehr unzureichend erfasst werden, was in den entwicklungspsychologischen Theorien angesprochen wurde. Mit den Items der Skalen *Geschlechtsrollenorientierung* und *Beziehung zu den Eltern* werden die relevanten Aspekte nicht spezifisch genug erfasst. Mit einer fachspezifischen Formulierung hätten die erwarteten Effekte dagegen eventuell (deutlicher) nachgewiesen werden können. Mit der Skala zu anstehenden Entwicklungsaufgaben und dem auf einem Item beruhenden Messinstrument zu Freundschaften wird nicht erfasst, wie viel Zeit und Energie Jugendliche auf diese Fragen tatsächlich verwenden bzw. welchen Raum diese im Denken der Jugendlichen einnehmen. Bezüglich der Freundschaften und Cliquen wird zudem die Art der Freunde und Freundschaften nicht erfasst. Zusätzliche Items hätten hier eine Präzisierung erbringen können. Auch mit der auf wenigen Items beruhenden Kurzskala des DIT zum Musikinteresse konnte das tatsächlich starke Gewicht des Gegenstandbereichs Musik in der Struktur der Freizeitinteressen von Jugendlichen kaum erfasst werden. Hier wären ebenfalls ergänzende Items sinnvoll gewesen. In der Operationalisierung der entwicklungspsychologisch relevanten Einflussfaktoren liegt somit ein wesentlicher Kritikpunkt. Hier ist weitere Forschung gefragt. Um Items generieren zu können, die die theoretisch gemeinten Einflussfaktoren besser abbilden können, bedarf es dabei unter Umständen einer engeren Verknüpfung mit experimenteller Forschung.

## 15.6 Erklärung anhand einer mangelnden Passung des Unterrichts

Im Folgenden sollen die Befunde zum Einfluss von Unterrichtsbedingungen zusammengefasst und kritisch diskutiert werden. Im Theorieteil der Arbeit wurde aus der Selbstbestimmungstheorie abgeleitet, dass sich Unterrichtsbedingungen, die die Grundbedürfnisse nach Kompetenz, Autonomie und sozialer Eingebundenheit befriedigen, positiv auf die Entwicklung von fachlichem Interesse auswirken (vgl. auch Krapp, 2002b). Es wurden verschiedene Unterrichtskontexte identifiziert, die dazu beitragen, dass Lernende sich als kompetent, autonom und sozial eingebunden erleben. Für diese Kontexte wurde demnach ein förderlicher Einfluss auf die Entwicklung des Interesses angenommen, die dem in der Adoleszenz beobachteten Interessenverlust entgegenwirken kann. Dem *Developmental Stage/Environment Fit Model* von Eccles & Midgley (1989; Roeser et al., 2000; Wigfield et al., 1996) zufolge kann nämlich eine mangelnde Passung zwischen den Unterrichtsbedingungen und den Bedürfnissen nach Kompetenz, Autonomie und sozialer Eingebundenheit für die Abnahme der Interessen in der 7. Jahrgangsstufe verantwortlich sein.

Der Einfluss von Unterrichtsmerkmalen auf die Veränderung im Interesse wurde exemplarisch anhand von auf das Fach Mathematik bezogenen Schülerurteilen untersucht. Der Annahme zufolge sollten die wahrgenommenen Unterrichtsmerkmale der entscheidende Faktor für die Entwicklung des fachlichen Interesses sein. Die Analysen umfassten daher sowohl Effekte der von ganzen Klassen wahrgenommenen Lernumwelt (Unterrichtsmerkmale auf Klassenebene) als auch Effekte der individuellen Wahrnehmung der Schülerinnen und Schüler innerhalb der Klassen (Unterrichtsmerkmale auf Individualebene). Auf diese Weise konnte zwischen den von Klassen wahrgenommenen Merkmalen und den hiervon abweichenden Wahrnehmungsprozessen der Schülerinnen und Schüler differenziert werden. Es sei daran erinnert, dass mehr Variabilität im Interesse und Interessenverlauf auf Individualebene statt auf Klassenebene zu finden war und dass Unterschiede, die diese Variabilität erklären können, zum größten Teil wiederum auf der Individualebene zu finden waren. Darüber hinaus ist zu beachten, dass die auf Individual- und Klassenebene erhobenen Merkmale unterschiedliche Konstrukte abbilden können (vgl. Shen & Pedulla, 2000). Anhand der hier vorliegenden Daten lässt sich nämlich nicht bestimmen, ob die aggregierten Unterrichtsmerkmale dasselbe Konstrukt messen wie die auf Individualebene erhobenen Merkmale. Hinzu kommt, dass das auf Klassenebene erhobenen Maß nicht abbildet, welche Übereinstimmung zwischen den Schülerinnen und Schülern einer Klasse besteht. Zwar ist die prädiktive Validität bei über die Klasse gemittelten Schülerangaben hoch, aber es bleibt unklar, inwiefern die Schülerinnen und Schüler einer Klasse bei der Beurteilung der Unterrichtsmerkmale tatsächlich übereinstimmen und wie reliabel die aggregiereten Schülerwahrnehmungen sind (Lüdtke, Trautwein, Kunter & Baumert, 2006a, 2006b). Da ein leicht erhöhter Klassenmittelwert sowohl durch homogene Urteile im oberen Mittelbereich als auch durch einige extrem hohe Einzelbewertungen bei ansonsten mittleren oder einigen niedrigen Urteilen zustande kommen kann, kann die Übereinstimmung der Schülerurteile innerhalb der verschiedenen Klassen bei gleichem Klassenmittelwert unterschiedlich hoch ausfallen. Dieses Problem bleibt auch bei Anwendung von Mehrebenenmodellen bestehen. Ob es sinnvoll ist, die unterschiedlichen Urteilsmuster mit dem gleichen Wert abzubilden, wird daher in der Literatur (Bliese & Halverson, 1996; Lüdtke & Köller, 2002) kontrovers diskutiert.

Eine weitere kritische Anmerkung bezüglich der Analysen zur Vorhersage des Interesses und Interessenverlaufs durch verschiedene Unterrichtsmerkmale betrifft den Zeitpunkt der Erhebung der Unterrichtsmerkmale. Ähnlich wie bei einigen der Prädiktoren zu entwicklungsbedingten Veränderungen (z.B. die veränderte Beziehung zu den Eltern) stellt es auch hier ein grundlegendes methodisches Problem dar, dass alle Unterrichtsmerkmale zeitgleich mit dem Interesse zum dritten Messzeitpunkt erhoben wurden und somit auch hier von einem späteren Erhebungszeitpunkt aus eine Vorhersage gemacht wird. Da interindividuelle Differenzen zwischen Schülerinnen und Schülern erfasst werden, können bei einem solchen Vorgehen Effekte dadurch vermindert werden, dass sich die interindividuelle Rangfolge zwischen den Messzeitpunkten ändert. Obwohl die Invarianz der interindividuellen Rangfolge eine recht starke Annahme ist, so dass Veränderungen grundsätzlich nicht auszuschließen sind, ist es nicht sehr wahrscheinlich, dass sich die Rangfolge zwischen Schülerinnen und Schülern oder zwischen verschiedenen Schulklassen bezüglich ihrer Wahrnehmung des Klassenkontextes *innerhalb* eines Schuljahres erheblich ändert.

Im Folgenden wird diskutiert, inwiefern verschiedene Unterrichtsbedingungen die Entwicklung fachlicher Interessen fördern, weil diese den Bedürfnissen Jugendlicher entgegenkommen. Untersucht wurden eine klare und am Verständnis der Lernenden orientierte Strukturierung, ein angemessenes Unterrichtstempo und ein geringer Leistungsdruck, eine den individuellen Fähigkeiten angemessene Instruktion, eine intraindividuelle Rückmeldung, eine Aktivierung eigenständiger kognitiver Prozesse, Wahlmöglichkeiten und eine soziale Orientierung der Lehrkraft. Eine klare Strukturierung und ein angemessenes Unterrichtstempo sollten aufgrund des hierdurch vermittelten Kompetenzerlebens auf das Interesse wirken. Eine den individuellen Fähigkeiten angemessene Instruktion und eine intraindividuelle Rückmeldung sollten über die Förderung des Selbstkonzepts und der Selbstwirksamkeit wirken. Eine Aktivierung eigenständiger kognitiver Prozesse sollte sowohl über Kompetenz- als auch über Autonomieerleben einen Einfluss nehmen. Wahlmöglichkeiten sollten das Interesse über Autonomieerleben beeinflussen, und die soziale Orientierung der Lehrkraft sollte über das Gefühl sozialer Eingebundenheit einen Einfluss auf das Interesse haben.

**Der Einfluss einer angemessenen Anforderung im Unterricht auf die Interessenentwicklung.** Von der Forschung wurde nahe gelegt, dass dem Kompetenzbedürfnis aufgrund der Betonung des Erwerbs von Wissen im schulischen Kontext eine besondere Bedeutung für die Entwicklung von Interessen zukommt. Als kompetenzunterstützende Unterrichtsmerkmale gelten solche, die für eine angemessene Herausforderung beim Lernen sorgen: ein strukturiertes Vorgehen, eine verständliche Darstellung der Inhalte (vgl. Weinert & Helmke, 1995), ein die Schülerinnen und Schüler bei der Durchnahme des Stoffs weder unter- noch überforderndes Unterrichtstempo (vgl. Turner et al., 1998) und ein geringer Leistungsdruck (Helmke & Schrader, 1990). Wie die hier gefundenen Ergebnisse zeigen, gab es signifikante Effekte auf die Veränderung im Interesse nur auf Individualebene. Das bedeutet, dass sich auf die Entwicklung des fachspezifischen Interesses im Verlauf der 7. Jahrgangsstufe nur die individuelle Wahrnehmung dieser Unterrichtsmerkmale innerhalb einer Klasse auswirkte. Schülerinnen und Schüler, die den Unterricht – abweichend vom Klassenmittelwert – als weniger verständlich und schlechter strukturiert ansahen, das Unterrichtstempo als weniger angemessen empfanden und (bei Kontrolle des Fähigkeitsselbstkonzepts) mehr Leistungsdruck verspürten, verloren das Interesse am Fach Mathematik stärker als ihre Mitschülerinnen und -schüler. Schülerinnen und Schüler, die den Unterricht als strukturierter, das Tempo als angemessener und den Leistungsdruck (bei Kontrolle des Fähigkeitsselbstkonzepts) als geringer einstuften, verloren das Interesse am Fach weniger stark als ihre Mitschülerinnen und -schüler. Der Effekt, den die Klarheit und Strukturiertheit des Unterrichts auf individueller Ebene auf den Interessenverlauf zeigte, war – verglichen mit dem Einfluss der anderen Unterrichtsmerkmale – relativ groß. So wurden fast zehn Prozent der Varianz im Interessenverlauf auf Individualebene (bezogen auf die insgesamt aufgeklärte Varianz) durch diesen Aspekt aufgeklärt. Deutlich geringer ausgeprägt dagegen war die auf Individualebene aufgeklärte Varianz für das Unterrichtstempo (ca. zwei Prozent der Varianz) und den Leistungsdruck (ca. 0.2 Prozent der Varianz). Bezüglich kompetenzunterstützender Merkmale, die eine optimale Anforderung im Unterricht schaffen, nehmen somit eher individuelle Wahrnehmungsprozesse und weniger durch die gesamte Klasse wahrgenommene kontextspezifische Effekte den entscheidenden Einfluss auf die Veränderung im Interesse.

Die Ergebnisse unterstützen die in der Literatur berichteten Befunde zur Kompetenz und Interesse fördernden Wirkung eines gut strukturierten und vom Tempo her angemessenen Vorgehens im Unterricht (Assor et al., 2002; Helmke & Schrader, 1990; Kunter, 2005; Skinner & Belmont, 1993; Weinert & Helmke, 1995). Zum Beispiel wurden in der Studie von Kunter (2005) an TIMSS-Daten der 7. und 8. Jahrgangsstufe für die auf Individualebene erhobenen Faktoren *Transparenz* und *Herausforderung* im Unterricht, die Aspekte der hier untersuchten Variablen umfassten, ein vergleichbar positiver Einfluss auf den Interessenverlauf nachgewiesen. Die Bedeutung der Klarheit der Ziele und der Schlüssigkeit der Unterrichtsstunden wurde zudem in der Studie von Seidel et al. (2005) hervorgehoben. Kunter, Baumert und Köller (2007) fanden Effekte der *Klarheit (Transparenz) bezüglich der Regeln* und eine *klare Anleitung durch die Lehrkräfte* auf individueller Ebene.

Die Ergebnisse stehen allerdings der oft geäußerten Behauptung entgegen, dass sich eine durch eine starke Strukturierung gekennzeichnete Unterrichtsführung aufgrund einer Einschränkung des Autonomieerlebens negativ auf die Entwicklung von Interesse auswirkt (vgl. Flowerday & Schraw, 2000; Grell, 2000; Helmke, 1999; Weinert & Helmke, 1995). Eine starke Strukturierung und Effizienz in der Klassenführung nimmt aber nicht *per se* einen negativen Einfluss auf das Interesse (vgl. Kunter et al., 2007). Wie die Studien von Assor et al. (2002) sowie Weinert und Helmke (1995) zum Unterschied von unterstützendem und kontrollierendem Verhalten von Lehrkräften gezeigt haben, lässt sich dieser Widerspruch damit erklären, dass eine strukturelle Unterstützung eine autonome Steuerung des Verhaltens nicht notwendigerweise ausschließt, sondern auch fördern kann. Dies bestätigt auch die Studie von Skinner und Belmont (1993), die darauf hinwies, dass eine starke Struktur (klare Information) sowohl mit hohen Freiheitsgraden als auch mit starkem Kontrollverhalten einhergehen kann und daher unterschiedliche Auswirkungen auf die Interessenentwicklung haben kann.

**Der Einfluss einer an individuelle Fähigkeiten angepassten Instruktion auf die Interessenentwicklung.** Das Erleben von Kompetenz und Selbstwirksamkeit sollte der Annahme zufolge auch durch Unterrichtsmerkmale gefördert werden, die sich um die *individuelle* Angemessenheit der Anforderungen bemühen. Die Annahme, dass der Einsatz individueller Unterrichtsstrategien für die Interessenentwicklung förderlich sei, ließ sich aus der Forschung zur *Aptitude-Treatment-Interaction* ableiten. Diese belegt, dass Unterrichtsbedingungen, die dem jeweils individuellen Fähigkeitsniveau der Schülerinnen und Schüler angepasst sind, optimal herausfordernde Aufgaben bereitstellen (vgl. Corno & Snow, 2001; Snow et al., 1996). Zu erwarten wäre, dass durch individuell angepasste Aufgaben nicht nur das Kompetenzerleben, sondern auch das Autonomieerleben gefördert wird. Die in der BIJU-Studie gefundenen Ergebnisse zum Einfluss individualisierter Unterrichtsstrategien auf den Interessenverlauf zeigen allerdings einen erwartungswidrigen Effekt. Auf Individualebene zeigte sich kein Einfluss des Konstrukts auf den Interessenverlauf, auf Klassenebene ergab sich wider Erwarten ein negativer Einfluss auf die Veränderung des Interesses.

Wie lässt sich der Befund erklären? Zunächst einmal stellt sich die Frage, warum ein Einfluss individualisierter Unterrichtsstrategien auf die Veränderung im Interesse auf Individualebene fehlt. Das Fehlen eines Effekts könnte daran liegen, dass es sich bei den im Mathematikunterricht vorkommenden binnendifferenzierenden Maßnahmen nicht um eine tatsächliche Differenzierung anhand unterschiedlich anspruchsvoller Anforderungen handelt. So legt die Forschung zum Mathematikunterricht die Vermutung nahe, dass eine tatsächliche Differenzierung im Mathematikunterricht eher die Ausnahme darstellt. Wie im Theorieteil dargelegt, nehmen in der weiterführenden

Schule Unterrichtspraktiken wie das Unterrichten der ganzen Klasse mit gleichen Textbüchern, Aufgabenstellungen und Hausaufgaben im Gegensatz zu individualisierten Formen des Unterrichts zu (Eccles & Midgley, 1989; Feldlaufer et al., 1988). Auch scheint das Curriculum in Mathematik wenig Freiraum für eigene Gestaltung zu lassen. Mathematiklehrkräfte nehmen im Vergleich zu anderen Lehrkräften bezüglich der Lehrinhalte weniger Autonomie wahr (Stodolsky & Grossman, 1995) und greifen vergleichsweise eher auf lehrerzentrierte Unterrichtsformen zurück. Die Befunde der TIMSS-Video-Studie zeigen zudem, dass im Mathematikunterricht das fragend-entwickelnde Unterrichtsgespräch vorherrscht, bei dem in erster Linie Fertigkeiten und Routinen erklärt und geübt werden (Baumert et al., 1997; Klieme et al., 2001; Knoll, 2003). Die Wahrnehmung individualisierten Unterrichts könnte demnach auch bedeuten, dass schnellere Schüler im Rahmen von Übungsphasen in Stillarbeit nach Beendigung ihrer Aufgaben weiterführende Aufgaben bearbeiten dürfen, u.a. um die anderen Schüler nicht zu stören. Auch Videoanalysen des Physikunterrichts von Kobarg und Seidel (2007) zeigen, dass eine prozessorientierte Lernbegleitung unter Berücksichtigung individueller unterschiedlicher Lernvoraussetzungen von Schülerinnen und Schülern im Unterricht nur in Ansätzen zu beobachten war. Aus den Ergebnissen kann daher nicht geschlossen werden, dass eine Adaptivität des Unterrichts die Entwicklung von Interesse *per se* nicht unterstützt. In der Studie von Helmke und Schrader (1990) förderte die *Adaptivität* des Unterrichts die Einstellung gegenüber dem Fach Mathematik. *Adaptivität* wurde dort allerdings als Variation des Unterrichtsangebots (u.a. durch den Einsatz von Kleingruppenarbeit) und als Anteil individueller Hilfestellung operationalisiert. Der Aspekt der *individualisierten Unterrichtsstrategien* in der BIJU-Studie erfasst dagegen mit den binnendifferenzierenden Maßnahmen einen etwas anderen Aspekt der Unterrichtsadaptivität: nämlich eher die Ausrichtung der Aufgabenstellungen am individuellen Leistungsstand. Die Arbeit von Helmke und Schrader (Helmke & Schrader, 1990) weist darauf hin, dass es für die Förderung von Interesse wichtig ist, in welcher Weise der Unterricht an die Fähigkeiten der Schülerinnen und Schüler angepasst wird, und dass an der Leistung orientierte binnendifferenzierende Maßnahmen möglicherweise nicht das adäquate Mittel darstellen.

Von Interesse ist auch die Frage, warum sich auf Klassenebene ein negativer Effekt zeigt. Die Arbeit von Shen und Pedulla (2000) hat deutlich gemacht, dass auf Individual- und Klassenebene erhobene Unterrichtsmerkmale unterschiedliche Konstrukte abbilden können. So wiesen sie nach, dass die Zusammenhänge auf Individual- und Aggregatebene erheblich variieren und sich z.T. sogar umkehren können. Das bedeutet, dass die als *Individualisierter Unterricht* bezeichnete Skala, die auf Individualebene diverse binnendifferenzierende Maßnahmen wiedergibt, auf Klassenebene durchaus eine andere Bedeutung haben kann. Die sich daraus ergebende Frage, welches Konstrukt die Skala auf Klassenebene misst, kann hier aufgrund der unzureichenden Datenlage nur spekulativ beantwortet werden. Das Konstrukt des *individualisierten Unterrichts* könnte – anstelle einer individuell angemessenen Förderung – auf Klassenebene auch die Stärke der wahrgenommenen Leistungsunterschiede gemessen haben. Aus der Literatur (Weinert & Helmke, 1997) ist bekannt, dass durch eine unterschiedliche Behandlung von leistungsschwachen und leistungsstarken Schülerinnen und Schülern im Unterricht Leistungsunterschiede deutlicher hervortreten können. Deutlichere Leistungsunterschiede in der Klasse wirken sich aufgrund sozialer Vergleiche negativ auf das Selbstkonzept leistungsschwächerer Schülerinnen und Schüler aus und erhöhen den Konkurrenzdruck in der Klasse (z.B. Jerusalem & Schwarzer, 1991; im Überblick Wagner, 1999). Dies böte eine Erklärung dafür, warum Klassen, in denen unterschiedliche Leistungen stärker wahrgenommen wurden, das Interesse verstärkt verloren. Es sei an dieser Stelle allerdings noch cinmal angemerkt, dass es sich hierbei um eine anhand der Datenlage nicht weiter überprüfbare Interpretation des Ergebnisses auf Klassenebene handelt. Es versteht sich, dass solche *Post-hoc*-Erklärungen problematisch sind, da das gefundene Ergebnis auch auf die spezifische Stichprobe zurückzuführen sein kann. So bestätigen die Ergebnisse aus zwei weiteren Studien den in der BIJU-Studie gefundenen signifikant negativen Effekt nicht. In einer Studie von Gruehn (1995) wies die *Individualisierung im Unterricht* auf Klassenebene zwar einen dem Vorzeichen nach negativen, statistisch aber nicht signifikanten Zusammenhang mit einer Veränderung der *Schulfreude* auf. In der oben erwähnten Studie von Kunter (2005) zeigte sich unter Einführung der Unterrichtsmerkmale auf Individual- und Klassenebene ebenfalls kein signifikanter Effekt des *Individualisierten Unterrichts* auf die Veränderung im Interesse. Dadurch, dass die Ergebnisse über verschiedene Untersuchungen hinweg variieren, zeigt sich, dass eine Interpretation des Konstrukts auf dieser Ebene schwierig ist. Zur Klärung der Frage, was das Konstrukt auf Klassenebene tatsächlich misst, bedarf es daher weitergehender Forschung.

**Der Einfluss einer intraindividuellen Rückmeldung auf die Interessenentwicklung.** Die Forschung zeigt, dass für das Erleben von Selbstwirksamkeit und Kompetenz Rückmeldungen über eine Verbesserung der eigenen Leistung wichtig sind, und damit ein Unterricht, der den Schülerinnen und Schülern Möglichkeiten bietet, Informationen über ihre Lernfortschritte zu erhalten (Deci & Ryan, 1993, 2000b). Eine Rückmeldung über individuelle Lernfortschritte ist am besten durch eine intraindividuelle Bewertung der Leistung zu erreichen (vgl. Mischo & Rheinberg, 1995). Rückmeldungen über Lernfortschritte und die Anerkennung erbrachter Leistungen zeigen einen positiven Effekt auf die Motivationsentwicklung (Morrone & Pintrich, 2006). Angesichts der Verunsicherung Jugendlicher bezüglich des eigenen Selbstkonzepts (vgl. Harter, 1990c) dürfte eine intraindividuelle Bewertung der Leistung für die Entwicklung von Motivation und Interesse besonders hilfreich sein. In der Literatur zum Jugendalter wird allerdings darauf hingewiesen, dass – im Gegensatz hierzu – die Bedeutung von *normativen* Bewertungen durch die Lehrkräfte in der weiterführenden Schule stetig zunimmt (vgl. Deci, 1992, 1998). Auch werden vermehrt soziale Vergleiche gezogen, so dass die Sorge von Schülerinnen und Schülern um die Bewertung ihrer eigenen Leistungen sowie das Konkurrenzdenken verstärkt werden (s. Eccles et al., 1984; Rosenholtz & Simpson, 1984). Die zunehmende *soziale Bezugsnormorien-*

*tierung* dürfte – vermittelt über einen negativen Einfluss auf das Selbstvertrauen in die eigene Leistungsfähigkeit – einen negativen Einfluss auf den Verlauf des Interesses haben (vgl. Roderick, 1992) und könnte so zum Verlust des durchschnittlichen Interesses beitragen. Eine *intraindividuelle Bezugsnormorientierung* der Lehrkraft dagegen sollte – vermittelt über Kompetenzerleben – dem Interessenabfall in der 7. Jahrgangsstufe entgegenwirken.

Die Ergebnisse bezüglich der intraindividuellen Bezugsnormorientierung zeigen, dass sich ein signifikanter Einfluss auf die Veränderung im Interesse wiederum nur auf Individualebene abzeichnet. Schülerinnen und Schüler, die innerhalb einer Klasse eine stärkere individuelle Bezugsnormorientierung erfuhren, verloren das Interesse weniger stark. Auf Individualebene war der Effekt der intraindividuellen Bezugsnormorientierung auf den Interessenverlauf verglichen mit den anderen Unterrichtsmerkmalen relativ stark. So wurden mit diesem Unterrichtsaspekt sechs Prozent der Varianz in der Veränderung des Interesses auf Individualebene aufgeklärt, was – neben der Klarheit und Strukturiertheit des Unterrichts – den größten Anteil an Varianzaufklärung ausmachte. Interessant ist, dass auch hier wiederum nur individuelle Wahrnehmungsprozesse eine Rolle spielten. Das Ergebnis entspricht den von der Forschungsliteratur (Mischo & Rheinberg, 1995; vgl. die Übersichten in Möller & Köller, 1996; Pintrich & Schunk, 1996) nahe gelegten Erwartung zum Einfluss der *individuellen Bezugsnormorientierung* auf die Interessenentwicklung. In der oben erwähnten Arbeit von Kunter (2005), die u.a. auch den Einfluss der *individuellen Bezugsnormorientierung* auf das Interesse untersuchte, erwies sich die Rückmeldepraxis ebenfalls als wichtiger Einflussfaktor für die Interessenentwicklung auf Individualebene.

**Der Einfluss einer Aktivierung eigenständiger kognitiver Prozesse auf die Interessenentwicklung**. In der Forschungsliteratur (z.B. Turner et al., 1998) wird belegt, dass eine kognitive Aktivierung von Schülerinnen und Schülern durch einen konstruktiven Umgang mit Vorstellungen und Konzepten erreicht werden kann. In der Literatur (Brown & Campione, 1996; Klieme et al., 2001) wird ferner belegt, dass ein auf eine kognitive Anregung der Lernenden zielender Unterricht dazu führt, dass diese ihren Fähigkeiten entsprechend herausgefordert werden. Durch ein konstruktivistisches Vorgehen dürfte somit das Kompetenzerleben der Jugendlichen und damit auch die Entwicklung von Interesse gestärkt werden. Da die Fähigkeit Jugendlicher, komplexere kognitive Strategien zu nutzen, in der Adoleszenz deutlich ansteigt, dürfte ein konstruktivistisches Vorgehen zudem besonders in diesem Lebensabschnitt von Bedeutung sein (vgl. Baumert & Köller, 2000; Wigfield et al., 1996). In der Literatur wird ferner belegt, dass konstruktivistische Lernsituationen bzw. Unterrichtsstrategien Jugendlichen die Möglichkeit geben, ihre Lernprozesse selbständig zu regulieren (Ryan & Powelson, 1991). Die im Rahmen konstruktivistischer Ansätze erfolgende Anknüpfung an Alltagsvorstellungen und die Hervorhebung der Relevanz der schulischen Inhalte dürfte somit zugleich auch autonomieunterstützend wirken (vgl. Assor et al.,

2002; Pintrich et al., 1993). Auch aus diesem Grund dürften sie für die Interessenentwicklung förderlich sein.

Die Ergebnisse zeigen, dass ein sokratisches Unterrichtsgespräch, in dem ein solches Vorgehen abgebildet wurde, die Veränderung der Interessen – wie die anderen Unterrichtsmerkmale – nur auf Individualebene beeinflusste. Schülerinnen und Schüler, die innerhalb einer Klasse eher das Gefühl hatten, im Unterrichtsgespräch ihre eigenen Vermutungen äußern und diese – angeleitet durch Fragen seitens der Lehrkraft – weiterentwickeln oder revidieren zu können, verloren das Interesse an Mathematik weniger stark als Schülerinnen und Schüler, die solche Unterrichtsstrategien weniger wahrnahmen. Auch hier spielten also in erster Linie individuelle Wahrnehmungsprozesse eine Rolle. Das Ergebnis stimmt mit dem Befund der Studie von Kunter (2005) überein, bei der das sokratische Vorgehen einen Aspekt der Skala *Herausforderung* bildete, die sich wiederum positiv auf die fachspezifische Motivation auswirkte. Anhand von Videoanalysen konnte Kunter (2005) zudem zeigen, dass ein durch externe Beobachter erhobenes eher konstruktivistisches Vorgehen tatsächlich von den Schülern als herausfordernd und aktivierend wahrgenommen wurde. Studien im Rahmen des CoACTIV-Projekts zeigen dabei, dass das fachspezifische Wissen der Lehrkräfte der stärkste Prädiktor dafür war, ob die Lehrkräfte in der Lage waren, ihren Schülerinnen und Schülern kognitive Herausforderungen anzubieten (Brunner, Kunter, Krauss et al., 2006; Krauss, Kunter, Brunner et al., 2004). Ein ähnlicher Befund wie in der BIJU-Studie ergab sich auch in der Studie von Turner und seinen Mitarbeitern (Turner et al., 1998). Die Studie belegt, dass eine Betonung des konzeptuellen Verstehens der Lerninhalte, ein konstruktiver Umgang mit Fehlern und eine selbständige Regulation der Lernprozesse als herausfordernd erlebt wurden. Dieses wiederum bedingte ein *persönliches Engagement* der Schülerinnen und Schüler, das sich in einer positiven emotionalen Beteiligung und dem Wunsch, die Aktivität weiterzuführen, äußerte. Mit dem im Einklang mit anderen Forschungsergebnissen stehenden Befund der BIJU-Studie kann der Einfluss einer individuell wahrgenommenen kognitiven Anregung von Schülerinnen und Schülern auf die Interessenentwicklung als belegt gelten. Durch das sokratische Unterrichtsgespräch werden allerdings nur 2.5 Prozent der Varianz im Interessenverlauf auf Individualebene aufgeklärt. In Studien wurden zwar vielfach die stärksten Effekte auf motivational-affektive Variablen wie das Interesse für die Schaffung von fachspezifischen Lerngelegenheiten, die eine aktive Auseinandersetzung mit Lerninhalten ermöglichen, gefunden. Diese wurden allerdings in erster Linie in quasiexperimentellen oder experimentellen Studien untersucht (Seidel & Shavelson, 2007). Der eher geringe Einfluss des sokratischen Unterrichtsgesprächs auf das Interesse mag daran liegen, dass ein „echtes" sokratisches Vorgehen im Unterricht selten vorkommt. Widodo und seine Kollegen zeigen (Duit, Widodo & Wodzinski, 2007; Widodo & Duit, 2004, 2005; Widodo et al., 2002) zeigen, dass Lehrkräfte nur wenig Wissen über konstruktivistische Lerntheorien haben und selten bewusst im Unterricht entsprechende Lerngelegenheiten schaffen. Auch die Ergebnisse anderer Studien weisen in eine ähnliche Richtung. Die TIMSS-Video-Studie belegt eine deutliche Dominanz des fragend-entwickelnden Unterrichtsgesprächs (Baumert et al., 1997; Klieme et al., 2001; Knoll, 2003), und eine Studie von Roelofs, Visser und Terwel (2003) belegt eine in der Unterrichtspraxis weite Verbreitung einer direkten Instruktion und eines rezeptiven Verständnisses des Lernens. Eine Umsetzung konstruktivistischer Elemente wie des sokratischen Vorgehens in die Unterrichtspraxis ist somit eher selten.

**Der Einfluss von Mitbestimmung bei der Auswahl der Inhalte auf die Interessenentwicklung.** Im theoretischen Teil der Arbeit wurde dargestellt, dass für das Autonomieerleben die Möglichkeit grundlegend ist, eigene Handlungen und Entscheidungen selbst zu kontrollieren (Ryan & Powelson, 1991). Starke Fremdkontrolle dagegen, die sich etwa in eingeschränkten Entscheidungsmöglichkeiten äußert, vermindert eher das Autonomieerleben (z.B. Assor et al., 2002). Es wurde daher angenommen, dass die Bereitstellung von Wahlmöglichkeiten im Unterricht, z.B. durch eine Beteiligung der Jugendlichen an der Stoffauswahl, Raum für selbstbestimmte Handlungen und eigene Entscheidungen bietet und somit autonomieunterstützend wirkt. Da die Unterstützung von Autonomie die Entwicklung von Interesse begünstigt, sollte dies eine wirksame Strategie zur Förderung des Interesses darstellen. Umgekehrt wurde angenommen, dass Autonomieerleben und fachliches Interesse bei geringen Mitbestimmungsmöglichkeiten vermindert wird. Dieser Aspekt sollte in der Adoleszenz, in der Jugendliche nach größerer Selbständigkeit und Unabhängigkeit streben, für die Entwicklung von Interesse von besonderer Bedeutung sein (vgl. Fend, 1997; Wigfield et al., 1996).

Die Ergebnisse zum Einfluss der Schülermitbestimmung auf die Veränderung im fachlichen Interesse zeigen, dass sich zwar ein Einfluss auf Individualebene ergab, dieser aber (nach Kontrolle des Fähigkeitsselbstkonzepts) nur ein Prozent der auf Individualebene zu verzeichnenden Varianz erklärte. Das Maß an Schülerpartizipation im Unterricht hatte somit einen geringeren Effekt auf die Interessenentwicklung als die meisten anderen Unterrichtsmerkmale. Der geringe Effekt der Schülermitbestimmung auf den Interessenverlauf auf Individualebene verwundert zunächst, da die Bereitstellung von Wahlmöglichkeiten in der Forschungsliteratur als ein interesseförderliches Mittel gilt. Bekanntermaßen basiert eine der Grundannahmen der Konzeption des offenen Unterrichts darauf, mit der Bereitstellung ansprechender Materialien eine selbstbestimmte Auswahl von Lerninhalten zu gewährleisten und darüber Neugier, Lernfreude und Interesse zu wecken. Auch wird von vielen Lehrkräften die Bereitstellung von Wahlmöglichkeiten als eine effektive Methode zur Unterstützung der Selbstregulation und des Interesses angesehen (vgl. Flowerday & Schraw, 2000). Darüber hinaus belegen experimentelle Untersuchungen (Flowerday & Schraw, 2003) den positiven Effekt von Wahlmöglichkeiten auf die Einstellung gegenüber den Inhalten.

Es stellt sich daher die Frage, wie es zu diesem unerwarteten Ergebnis kommt. Ein Grund könnte darin liegen, dass es sich bei den Partizipationsmöglichkeiten nicht um *echte* Wahlmöglichkeiten handelt. So ist es möglich, dass mit einer Entscheidung gar nicht eigenständige Zielsetzungen oder Aktivitäten ausgewählt wurden, sondern die Wahl eher zwischen gleichermaßen unerwünschten Alternativen stattfand und es sich somit um sog. *Pseudo-Entscheidungen* handelte (vgl. Kunter, 2005; Schraw et al., 1998). Eine Pseudo-Entscheidung liegt z.B. dann vor, wenn eine Anzahl gleichwertiger Aufgaben in einer selbst gewählten Reihenfolge behandelt werden darf. Auch Kunter (2005) fand in ihrer Studie einen im Vergleich zu anderen Unterrichtsaspekten geringeren Effekt der auf Individualebene erhobenen Schülermitbestimmung auf die Veränderung im Interesse. Aufgrund von Analysen der Daten der TIMSS-Video-Studie führte sie dies darauf zurück, dass die oben beschriebene Art von *Pseudo-Entscheidungen* im Mathematikunterricht relativ häufig vorkommt (vgl. Kunter, 2005). Die Befunde von Kunter (2005) anhand der TIMSS-Daten haben zudem gezeigt, dass Wahlmöglichkeiten im Rahmen des relativ fremdbestimmten Kontexts des Mathematikunterrichts nur eine untergeordnete Rolle für das Autonomieerleben spielen. Studien von Assor und Kaplan (2002) sowie Reeve (2003) haben zusätzlich nachgewiesen, dass die intrinsische Motivation für die Beschäftigung mit fachspezifischen Inhalten weniger durch äußere Wahlmöglichkeiten als durch ein Gefühl persönlicher Verursachung vorhergesagt wird. Gefühle von persönlicher Verursachung werden aber im herkömmlichen Mathematikunterricht selten gefördert. So wird z.B. im weit verbreiteten fragend-entwickelnden Unterrichtsgespräch nur ein scheinbarer Dialog geführt, da die Lehrkraft das Unterrichtsziel in der Regel vorab festlegt und die Antworten der Schüler nur einbezogen werden, wenn sie in die erwünschte Richtung gehen (vgl. Baumert, 2002). Diese Form des Unterrichts wird als *mock participation* bezeichnet (vgl. Bloome et al., 1989; Kunter, 2005). Diese Art des der Gesprächsführung kommt sowohl im Mathematikunterricht als auch im Physikunterricht besonders häufig vor. So zeigt eine Studie von Seidel und Prenzel (2004), dass den Schülerinnen und Schülern im Physikunterricht oft nur die „Funktion eines Stichwortgebers" für die Ausführungen der Lehrkraft haben.

Ein weiterer Grund für den unerwartet niedrigen Effekt könnte darin liegen, dass Mitbestimmungsmöglichkeiten vor allem in Lernumgebungen zu finden sind, in denen die Schülerinnen und Schüler einen eher ungeordneten, wenig strukturierten Handlungsspielraum haben und in denen Störungen und Unterbrechungen häufig sind (vgl. Kunter, 2005). Ruft man sich in Erinnerung, dass Autonomie erlebt wird, wenn Personen die Möglichkeit zu selbständigem Handeln bezüglich einer bewältigbaren Aufgabe haben (situationsangemessene Autonomie, vgl. Krapp, 1998) lässt sich der Befund leicht erklären: Wahlentscheidungen werden in einer unstrukturierten Situation ohne klare Handlungsanleitung u.U. nicht als autonomieunterstützend, sondern als überfordernd erlebt. Eine solche Interpretation legt die oben erwähnte Studie von Gruehn (1995) nahe, in der Klassen mit einer positiven Entwicklung bezüglich der Leistung und der Schulfreude die niedrigsten Werte auf einem Faktor aufwiesen, der sich neben der *Schülerpartizipation* und *Individualisierung* aus den Skalen *Repetitives Üben*, hohes *Interaktionstempo*, hoher *Leistungsdruck* und *Sprunghaftigkeit* zusammensetzte.

Mit diesen Skalen wurde somit möglicherweise ein Unterricht abgebildet, in dem es zwar individuelle Mitbestimmungsrechte und an die Leistungen angepasste Aufgaben gab, der aber aufgrund der unstrukturierten Unterrichtsgestaltung, der anspruchslosen Aufgabenstellung und dem hohen Leistungsdruck zugleich wenig Handlungsstruktur und geringe Freiheitsgrade bot – alles Faktoren, die Interesse prinzipiell eher vermindern. Indem sich in einem solchen Unterricht autonomieunterstützende und autonomieunterdrückende Maßnahmen vereinen, verhindern die geringe Strukturierung und der Leistungsdruck möglicherweise, dass Mitbestimmungsmöglichkeiten als autonomieunterstützend wahrgenommen werden und dass das Interesse im erwarteten Maße gefördert wird (vgl. Assor et al., 2002; Kunter, 2005).

Die Forschungsliteratur zeigt zudem, dass stärker partizipative und vermeintlich motivationsfördernde Maßnahmen besonders angewandt werden, um wenig ansprechende Lernprozesse interessanter zu gestalten oder bei leistungsschwachen Klassen eine Motivationssteigerung zu erreichen (vgl. Gruehn, 2000). So griffen Lehrkräfte, die eine eher rezeptive Theorie des Lernens aufwiesen und den Lernprozess selbst für wenig motivationsförderlich hielten, häufiger zu partizipativen Maßnahmen als Lehrkräfte mit einer konzeptuellen Auffassung von Lernen (vgl. die Studie von Lipowsky, Thußbas, Klieme, Reusser & Pauli, 2003). Dies kann ebenfalls eine Erklärung dafür sein, warum den häufig als autonomieunterstützend eingestuften Maßnahmen wie Wahlmöglichkeiten oder einer individuell abgestuften Aufgabenverteilung weniger Bedeutung zukommt als z.B. einer inhaltlich anregenden und fordernden Instruktionsgestaltung (Assor et al., 2002; Kunter, 2005; Reeve et al., 1999).

**Der Einfluss einer positiven Lehrer-Schüler-Interaktion auf die Interessenentwicklung.** Im Theorieteil der Arbeit wurde dargelegt, dass sich Personen sozial eingebunden fühlen, wenn die sozialen Beziehungen durch gegenseitigen Respekt und die Anerkennung der Bedürfnisse des jeweils anderen gekennzeichnet sind (Ryan & Powelson, 1991). Für das Gefühl sozialer Eingebundenheit ist einerseits der Kontakt der Schülerinnen und Schülern untereinander, andererseits die Interaktion mit den Lehrkräften wichtig. In einigen Studien wird für kooperative Lernformen wie Kleingruppenarbeit ein direkter positiver Effekt auf das fachspezifische Interesse belegt (z.B. Battistich et al., 1993; Johnson & Johnson, 1995; Lou et al., 1996). Wie die TIMSS-Video-Studie zeigt, sind diese Lernformen allerdings im Rahmen des herkömmlichen Mathematikunterrichts eher selten (vgl. Baumert et al., 1997; Klieme et al., 2001; Knoll, 2003). Daher wurde hier eher untersucht, inwieweit das Erkennen und Berücksichtigen der Bedürfnisse der Schülerinnen und Schüler durch die Lehrkräfte einen Einfluss auf die Interessenentwicklung nimmt. Die Bedeutung der *Sozial- und Schülerorientierung* für die Motivationsentwicklung wurde in Konzepten des offenen Unterrichts und in einer Reihe von Unterrichtsstudien betont (vgl. z.B. die Studie von Skinner & Belmont, 1993). Abgeleitet aus dieser Forschung wurde angenommen, dass Schülerinnen und Schüler, die ihre Lehrkräfte als an ihren persönlichen Belangen interessiert und unterstützend wahrnehmen, mehr Interesse an den Unterrichtsinhalten entwickeln als Schülerinnen und Schüler, die ein solches Engagement bei ihren Lehrkräften in einem geringeren Maße wahrnehmen.

Die Ergebnisse zeigen, dass die diagnostische Kompetenz der Lehrkraft im Sozialbereich und die Sozialorientierung der Lehrkraft einen positiven Einfluss auf den Interessenverlauf auf Individualebene haben. Der Effekt war dabei für die Sozialorientierung größer als für die diagnostische Kompetenz im Sozialbereich: Durch die Sozialorientierung wurde 3.5 Prozent der Varianz im individuellen Interessenverlauf aufklärt, durch die sozialdiagnostische Kompetenz ca. zwei Prozent. Der etwas größere Effekt der Sozialorientierung ist vermutlich darauf zurückzuführen, dass diese ein handlungsnäheres Konstrukt darstellt, das die Bemühungen der Lehrkraft erfasst, sich für die Schülerinnen und Schüler Zeit zu nehmen und auf ihre Bedürfnisse einzugehen. Die diagnostische Kompetenz im Sozialbereich impliziert zwar, dass sich die Lehrkraft für die Belange der Jugendlichen interessiert und Probleme zwischen ihnen erkennt, umfasst aber nicht explizit entsprechende Handlungen. Auch bezüglich der Sozialorientierung der Lehrkraft fällt auf, dass die individuellen Wahrnehmungsprozesse entscheidend sind. Das Ergebnis stimmt mit anderen Ergebnissen aus der Forschung (vgl. z.B. die Studie von Skinner & Belmont, 1993) überein, die belegen, dass Schülerinnen und Schüler, die ihre Lehrkräfte als persönlich engagiert wahrnahmen, deutlich positivere Emotionen und mehr Interesse an den Inhalten zeigten als Schülerinnen und Schüler, die ein solche Engagement nicht wahrnahmen.

**Zusammenfassende Diskussion unterrichtsbedingter Gründe.** Der theoretisch angenommene Einfluss verschiedener Unterrichtsbedingungen ließ sich anhand der empirischen Daten weitgehend bestätigen. Die meisten der hier untersuchten Unterrichtsmerkmale beeinflussten den Interessenverlauf: er wurde beeinflusst durch den Grad an Strukturiertheit, das Unterrichtstempo, den Leistungsdruck, die Rückmeldepraxis, die Aktivierung eigenständiger kognitiver Prozesse, die Sozialorientierung der Lehrkraft sowie die Wahlmöglichkeiten der Schülerinnen und Schüler. Allerdings fällt dabei auf, dass es die individuelle Wahrnehmung dieser Unterrichtsmerkmale ist, die sich auf die Entwicklung des Interesses auswirkte, nicht die Wahrnehmung der Merkmale durch gesamte Schulklassen. Offenbar fördert die *individuell* erlebte Angemessenheit der Unterrichtsbedingungen die Entwicklung des Interesses relativ unabhängig von Unterrichtsmerkmalen, die von der gesamten Schulklasse wahrgenommen wurden. Durch das Unterrichtsangebot bereitgestellte Gelegenheiten werden also nicht in jedem Fall durch die Schülerinnen und Schüler als kompetenz- oder autonomieunterstützend wahrgenommen. Vielmehr stellt die innerhalb von Klassen variierende individuelle Einschätzung des Unterrichts den entscheidenden Faktor für die Stärke der Abnahme des Interesses in der 7. Jahrgangsstufe dar.

Für den fehlenden Einfluss von Unterrichtsmerkmalen auf Klassenebene kann es mehrere Gründe geben. Ein Grund kann darin liegen, dass Klassenkontexte differenziell wirksam sind. So kann es sein, dass bestimmte Schülerinnen und Schüler den Unterrichtskontext anders wahrnehmen als ihre Mitschülerinnen und Mitschüler, was wiederum eine Auswirkung auf die Entwicklung des Interesses haben kann. Diese Überlegung stimmt mit Befunden aus der Forschung zur *Aptitude-Treatment-Interaction* (ATI, vgl. Snow et al., 1996) überein. Die ATI-Forschung belegt die differentielle Wirksamkeit verschiedener Unterrichtsmerkmale in Abhängigkeit von Schülermerkmalen und betont, dass Wirkungszusammenhänge im Unterricht als Interaktion des Verhaltens und der Wahrnehmung von Schülerinnen und Schülern auf der einen Seite und Lehrkräften auf der anderen Seite aufzufassen sind. Ein gut belegtes Ergebnis dieser Forschung ist, dass verschiedene Unterrichtsmethoden bei leistungsstarken und leistungsschwachen Schülern unterschiedlich wirken. So profitieren z.B. leistungsschwächere Schülerinnen und Schüler eher von einem stark strukturierten Unterricht mit einem hohen Niveau an externer Kontrolle und klar definierten Sequenzen, während leistungsstärkere Schülerinnen und Schüler eher durch einen weniger stark strukturierten Unterricht gefördert werden. Auf die gleiche Weise können verschiedene Schülergruppen (z.B. leistungsstärker versus leistungsschwächere) den Unterricht unterschiedlich wahrnehmen, und dies wiederum könnte unterschiedliche Effekte auf die Interessenentwicklung haben. Da das Fähigkeitsselbstkonzept bzw. die Leistungsposition innerhalb einer Klasse den Einfluss des wahrgenommenen Unterrichts auf die Entwicklung des Interesses verändern kann, wurden diese beiden Aspekte in zusätzlichen Analysen auf Individualebene mitmodelliert.

Bei Betrachtung der um die Leistung und das Fähigkeitsselbstkonzept kontrollierten Befunde ließen sich keine von den Ergebnissen ohne Kontrolle stark abweichenden Muster bezüglich des Interessenverlaufs erkennen. Nur der Einfluss des Leistungsdrucks auf die Interessenentwicklung veränderte sich unter Kontrolle der Leistung und des Fähigkeitsselbstkonzepts. Das Ergebnis lag nahe der Signifikanzgrenze und fiel erst unter Kontrolle der Leistung bzw. des Fähigkeitsselbstkonzepts signifikant aus. Die unterschiedliche Wahrnehmung des Kontextes, die wiederum die Interessenentwicklung beeinflusst, scheint somit nicht in erster Linie durch die individuelle Leistungsposition und das Fähigkeitsselbstkonzept beeinflusst zu sein. Neben der Leistung bzw. dem Fähigkeitsniveau gibt es aber eine Vielzahl anderer, hier nicht mitmodellierter Schülermerkmale, die eine Rolle beim Einfluss der von den Schülerinnen und Schülern wahrgenommenen Unterrichtsmerkmale auf den Interessenverlauf spielen können. So ist z.B. belegt, dass auch die Ängstlichkeit der Schülerinnen und Schüler (vgl. Snow et al., 1996), die Aufgeschlossenheit der Lernenden gegenüber den Inhalten (Helmke & Weinert, 1997), die wahrgenommene Zuneigung der Lehrkräfte gegenüber den Jugendlichen (Skinner & Belmont, 1993) und die Zusammensetzung der Klasse nach kognitiven und motivationalen Merkmalen (Helmke & Weinert, 1997) den Einfluss individuell wahrgenommener Unterrichtsmerkmale auf die Interessenentwicklung moderieren kann. Um herauszufinden, ob individuelle Eingangsvoraussetzungen, die neben dem Vorkenntnisniveau auch motivationale Merkmale umfassen, oder ob Kontextmerkmale einen Einfluss auf die individuelle Wahrnehmung des Unterrichts haben, bedarf es weiterer Forschung.

Es gibt einen weiteren, vielleicht noch gewichtigeren Grund dafür, dass ein Einfluss auf die Veränderung im Interesse mit einer Ausnahme nicht auf Unterschiede in den von gesamten Klassen geteilten Unterrichtsbedingungen zurückgeht. Die Varianzzerlegung zeigt, dass überhaupt nur ein geringer Anteil der vorgefundenen Variabilität im Interesse und der Interessenentwicklung auf Unterschiede zwischen Schulklassen – und das heißt letztlich auf unterschiedliche Unterrichtskontexte – zurückzuführen ist. Sollen sich Unterschiede im Interesse und die Interessenentwicklung zwischen Klassen finden lassen, muss der Klassenkontext aber eine ausreichende Variabilität aufweisen. Sind die auf Unterrichtskontexte zurückzuführenden Unterschiede dagegen gering, wird auch der Effekt dieser Unterschiede auf die Interessenentwicklung nicht besonders ausgeprägt sein. Verantwortlich für die geringen Effekte der gemeinsam von ganzen Klassen wahrgenommenen Unterrichtskontexte auf das Interesse und die Interessenentwicklung könnte die relative Homogenität der in der natürlichen Schulumgebung vorgefundenen Klassenkontexte sein. Offenbar scheinen sich schulische Unterrichtskontexte nicht besonders voneinander zu unterscheiden. So belegen einige Forschungsarbeiten, dass das generelle Unterrichtsmuster im deutschen Schulsystem wenig über Schulklassen (und auch Schulformen) hinweg variiert. In der Regel folgt der Unterricht einem ganz bestimmten Skript: Hausaufgaben besprechen, Wiederholung der vergangenen Stunde, fragend-entwickelndes Unterrichtsgespräch, Stillarbeit mit Übungen (vgl. Baumert et al., 1997). Darüber hinaus sind in allen Klassen ähnliche allgemeingültige Muster der Gesprächsführung zu erkennen. So wies eine Studie von Hage und seinen Mitarbeitern (1985) darauf hin, dass über diverse Fächer und Schulformen hinweg nur wenig differenzielle Muster zu erkennen waren und attestierte dem Unterricht eine „methodische Monostruktur“ (Hage et al., 1985, S. 147). Diese äußerte sich in einer Gleichförmigkeit in methodischen Grundformen, Sozialformen, Schülertätigkeiten und didaktischen Grundfunktionen. Schulformspezifische Unterrichtskulturen ergaben sich allerdings dahingehend, dass am Gymnasium ein „gelenkter Sachdialog“ mit einem lehrergeleiteten, fragend-entwickelnden Unterrichtsgespräch überwog, während in der Hauptschule eine „gelenkte Beschäftigung“ mit größeren Anteilen an Gruppen- und Stillarbeit vorherrschte (Hage et al., 1985; vgl. auch Gruehn, 2000; Klieme et al., 2001; Kunter, 2005; Kunter, Brunner, Baumert et al., 2005). Ein Grund für die geringe auf unterschiedliche Unterrichtsmerkmale zurückgehende Variabilität im Interesse und der Interessenentwicklung könnte somit auch in dieser „Monostruktur“ zu finden sein.

Verschiedene Forschungsarbeiten zeigen zudem, dass das gleichförmige Muster der Gesprächsführung vor allem für den Mathematikunterricht (vgl. Baumert et al., 1997; Klieme & Clausen, 1999; Klieme et al., 2001) und den Physikunterricht (Seidel et al., 2002; Seidel, 2003; Seidel & Prenzel, 2006) gilt. Der Mathematikunterricht scheint noch weniger Spielraum für unterschiedliche Unterrichtsmethoden zuzulassen als sprachlicher und gesellschaftswissenschaftlicher Unterricht, so dass sich verschiedene Klassen bezüglich des Mathematikunterrichts noch weniger unterscheiden als bezüglich des sprachlichen und gesellschaftswissenschaftlichen Unterrichts (vgl. Gottfried et al., 2001). Besonders die TIMSS-Video-Analysen zeigen, dass der Mathematikunterricht stark standardisiert ist und (auch über Schulformen hinweg) nur geringfügig variiert (vgl. Kunter, 2005). Auch der deutsche Physikunterricht läuft hinsichtlich der Klassenorganisation, der Lernbegleitung, der Fehlerkultur und der Experimente sehr einheitlich ab (Seidel, Prenzel & Rimmele, 2006). Die geringere Variabilität des Mathematikunterrichts könnte daher für die Ergebnisse mitverantwortlich sein. Der fehlende Einfluss von Unterrichtsmerkmalen auf Klassenebene muss somit nicht zwangsläufig bedeuten, dass die Art und Weise der Unterrichtsgestaltung für die Entwicklung fachlicher Interessen keine Rolle spielt. Daher wäre es sinnvoll, ergänzend Unterrichtskontexte zu untersuchen, die eine etwas größere Variabilität der Merkmale aufweisen (z.B. an reformpädagogischen Schulen), oder experimentelle Studien durchzuführen, in denen die Unterrichtsbedingungen deutlicher variiert werden können.

## 15.7 Erklärung anhand einer Differenzierung der Interessen

Neben den Erklärungsansätzen, die die Ursache für den Interessenabfall in der Sekundarstufe I einerseits in entwicklungsbedingten Veränderungen außerhalb der Schule und andererseits in spezifischen Bedingungen des schulischen Umfelds sehen, wurde hier ein weiterer Ansatz vorgeschlagen. Dieser Ansatz führt die Abnahme schulischer Interessen auf eine Differenzierung der Interessen zurück. Ausgangspunkt für den Ansatz war ein Modell von Todt (1995; Todt & Schreiber, 1998), das die Entwicklung individueller Interessen im Verlauf des Lebens als einen Prozess der Herausbildung differenzierter Interessenstrukturen beschreibt. Todt postulierte, dass sich der Prozess der Interessendifferenzierung durch eine fortschreitende Eingrenzung der Interessen in Abhängigkeit von der Entwicklung des Selbstkonzepts vollzieht. Die Interessen werden an verschiedene Selbstkonzeptaspekte angepasst: an Vorstellungen von der eigenen Geschlechtsrolle, Vorstellungen von den eigenen Fähigkeiten, Vorstellungen von der zukünftigen gesellschaftlichen Rolle und der eigenen persönlichen Zukunft. Nach Todt und Schreiber (1998) ist eine im schulischen Kontext wichtige Selbstkonzeptfacette, an der die Interessen ausgerichtet werden, das Fähigkeitsselbstkonzept.

Marsh (1986; 1990a; Marsh & Hau, 2004) beschreibt die Entwicklung stabiler Fähigkeitsselbstkonzepte anhand eines Bezugsrahmenmodells (*internal/external frame of reference model*), das den Einfluss von zwei Vergleichsprozessen annimmt: (1) *interindividuelle soziale Vergleiche,* d.h. Vergleiche mit den Fähigkeiten anderer Schülerinnen und Schüler bezüglich des gleichen Fachbereichs und (2) *intraindividuelle Vergleiche,* d.h. Vergleiche mit den eigenen Fähigkeiten zu einem früheren Zeitpunkt (*temporaler Vergleich*) oder in einem anderen Fachgebiet (*dimensionaler Vergleich*). Ein interindividueller sozialer Vergleichsprozess führt dazu, dass gute Leistungen in einem Fach zu einem höheren Fähigkeitsselbstkonzept in diesem Fach führen, ein intraindividueller dimensionaler Vergleichsprozess führt dazu, dass gute Leistungen in diesem Fach zu einem geringeren Fähigkeitsselbstkonzept in einem anderen Fach führen (vgl. Dickhäuser, 2006; Streblow, 2004).

Aus dem Bezugsrahmenmodell von Marsh wurde abgeleitet, wie sich fachspezifische Fähigkeitsselbstkonzepte auf die Differenzierung individueller Interessen auswirken – nämlich indem verschiedene Bezugsrahmen auch bei der Genese schulischer Interessen eine Rolle spielen: Höhere Fähigkeiten in einem Fach verstärken – aufgrund interindividueller Vergleiche – das Interesse an diesem Fach, und vermindern – aufgrund intraindividueller Vergleiche – das Interesse an einem anderen Fach. Die Differenzierung von Interessen ließe sich damit in erster Linie durch intraindividuelle bzw. dimensionale Vergleiche von Fähigkeitsselbstkonzepten erklären. Die durchgeführten Vergleichsprozesse sollten über die Zeit hinweg insgesamt zur Ausbildung stabiler fachlicher Interessen führen. Die dimensionalen Vergleiche sollten zudem *Kontrasteffekte* zwischen verschiedenen Fächern zur Folge haben, die eine Differenzierung der Interessenbereiche bedingen. Intraindividuelle Vergleichsprozesse wären demnach dafür verantwortlich, dass sich im Verlauf der Zeit eine differenziertere Interessenstruktur herausbildet und am Ende der Adoleszenz deutliche Unterschiede in der Interessenstruktur zwischen verschiedenen Individuen zu erkennen sind. Dabei wurde betont, dass dieser Prozess – abgesehen von den inhaltlich sehr ähnlichen Fächern Mathematik und Physik – fächerübergreifend gilt. Vollzieht sich ein solcher Prozess der Differenzierung von Interessen – so die Annahme – kann mit diesem der Rückgang der durchschnittlichen fachspezifischen Interessen erklärt werden.

**Differenzierung der Interessen in der Sekundarstufe I.** Die zentrale Annahme des Modells – die Differenzierung der Interessen aufgrund inter- und intraindividueller Vergleichsprozesse bezüglich der eigenen Fähigkeiten – wurde anhand der Daten der BIJU-Studie für den Bereich der Sekundarstufe I überprüft. Als Folge der angenommenen Kontrasteffekte dimensionaler Vergleiche sollten sich schulische Interessen im Verlauf der Sekundarstufe I zunehmend auf einige wenige Bereiche konzentrieren und sich deutliche Unterschiede in der Interessenstruktur zwischen verschiedenen Individuen herauskristallisieren. Eine Differenzierung der Interessen anhand von intraindividuellen Vergleichen müsste sich der Hypothese zufolge darin widerspiegeln, dass die korrelativen Beziehungen der Interessenwerte zwischen verschiedenen Schulfächern – mit Ausnahme von Fächern, in denen es inhaltlich starke Überschneidungen gibt – innerhalb der Sekundarstufe I signifikant abnehmen.

Anhand der BIJU-Daten konnte die Abnahme der korrelativen Beziehungen für schulfachspezifische Interessen in der Sekundarstufe I belegt werden. Im Zeitraum von der 7. bis zur 10. Jahrgangsstufe zeigte sich eine – bis auf die Korrelation zwischen den inhaltlich sehr ähnlichen Fächern Mathematik und Physik – signifikante Abnahme der

Korrelationen der Interessenwerte verschiedener Schulfächer. Auch ließ sich im Verlauf der Sekundarstufe I eine zunehmende Fokussierung auf verschiedene Interessenbereiche feststellen. So wiesen die Korrelationen zu Beginn der 7. Jahrgangsstufe je nach Fachgebiet leicht unterschiedliche, aber dennoch nahe beieinander liegende Ausgangsniveaus auf, die auf ein allgemeines schulisches Interesse hinweisen. Am Ende der Sekundarstufe I hingegen war erwartungsgemäß ein ausgeprägtes differentielles Muster zu beobachten: *Innerhalb* des mathematisch-naturwissenschaftlichen Bereichs fielen die Korrelationen des Interesses am Ende der Sekundarstufe I deutlich höher aus als *zwischen* dem mathematisch-naturwissenschaftlichen und dem verbalen Bereich. Die Befunde sprechen dafür, dass sich die Interessenstruktur innerhalb der Sekundarstufe I im Sinne einer bereichsspezifischen Differenzierung – mit einem eher verbalen Interesse auf der einen Seite und einem eher mathematisch-naturwissenschaftlichen Interesse auf der anderen Seite – geändert hat. Einschränkend muss jedoch erwähnt werden, dass für eine Reihe von Fächerkombinationen in der 10. Jahrgangsstufe aus erhebungstechnischen Gründen keine Korrelationen berechnet werden konnten (für alle Kombinationen mit dem Fach Deutsch und für die Kombination Englisch-Biologie). Daher lässt sich bezüglich dieser Fächerkombinationen lediglich vermuten, dass hier ein ähnliches Muster vorliegen könnte. Die Ergebnisse stimmen insgesamt mit Befunden aus der Forschung überein (z.B. Todt & Schreiber, 1998; Tracey, 2002; Wigfield et al., 1997), die – wie dargelegt – einen solchen Prozess der Interessendifferenzierung beschreiben.

**Der Einfluss fachspezifischer Fähigkeitsselbstkonzepte auf die Interessendifferenzierung.** Nach Todt und Schreiber (1998) werden die Interessen ab dem Schuleintritt zunehmend an die Begabungen und Fähigkeiten angepasst. Es wurde daher argumentiert, dass bei der Entwicklung fachlicher Interessen im schulischen Kontext fachspezifischen Fähigkeitsselbstkonzepten eine entscheidende Rolle zukommt. In der Schule lernen Kinder anhand interindividueller bzw. sozialer Vergleiche ihre eigenen Fähigkeiten besser einzuschätzen. Sie werden sich für die Fächer interessieren, in denen sie im Vergleich zu ihren Mitschülerinnen und Mitschülern höhere Fähigkeiten besitzen. Es wurde daher angenommen, dass fachspezifische Fähigkeitsselbstkonzepte einen positiven Einfluss auf die Entwicklung fachspezifischer Interessen in der Sekundarstufe I nehmen.

Die Ergebnisse der anhand der BIJU-Studie durchgeführten Strukturgleichungsanalysen zeigen, dass das Fähigkeitsselbstkonzept das Interesse im Zeitraum von der 7. bis 10. Jahrgangsstufe in verschiedenen Fächern signifikant positiv beeinflusst. In allen Fächern wiesen die Pfade der fachspezifischen Fähigkeitsselbstkonzepte auf das Interesse positive Vorzeichen auf. In allen Fächern wurden diese für den Zeitraum zwischen der 7. und 10. Jahrgangsstufe signifikant, für die Fächer Physik und Englisch auch innerhalb der 7. Jahrgangsstufe. Es ist zu vermuten, dass der Effekt zwischen der 7. und 10. Jahrgangsstufe relativ stark ist, da er sich nach drei Schuljahren immer noch nachweisen lässt. In den Schulfächern Biologie und Englisch passte ein Modell mit einem wechselseitigen Einfluss von Fähigkeitsselbstkonzept und Interesse besser auf die Daten. In diesen Modellen wurde auch der umgekehrte Einfluss des Interesses auf das Fähigkeitsselbstkonzept für den Zeitraum von der 7. bis 10. Jahrgangsstufe signifikant, wobei sich die Höhe der interessierenden Pfadkoeffizienten vom Fähigkeitsselbstkonzept auf das Interesse nicht änderte.

Auch die Ergebnisse der Analysen, in denen sowohl ein Einfluss des Fähigkeitsselbstkonzepts auf das Interesse innerhalb desselben Fachs als auch ein Einfluss des Fähigkeitsselbstkonzepts auf das Interesse an einem anderen Fach modelliert wurde, belegen für viele Fächerkombinationen innerhalb eines Fachgebiets einen positiven Einfluss des Fähigkeitsselbstkonzepts zum vorangehenden Messzeitpunkt auf das Interesse zum nachfolgenden Messzeitpunkt. Innerhalb der 7. Jahrgangsstufe fand sich ein positiver Einfluss durchgängig für das Fach Physik und in zwei Fächerkombinationen für das Fach Englisch. Innerhalb der 10. Jahrgangsstufe fand sich ein signifikant positiver Einfluss vom Fähigkeitsselbstkonzept auf das Interesse innerhalb eines Fachs bei allen Fächerkombinationen (mit Ausnahme der Fächerkombination Englisch-Physik, für die die Stichprobe deutlich kleiner ausfiel). Auch anhand dieser Analysen wird deutlich, dass der Einfluss des Fähigkeitsselbstkonzepts auf das Interesse im Zeitraum zwischen dem 7. und 10. Schuljahr stärker ausfiel als für den Zeitraum innerhalb der 7. Jahrgangsstufe. Der Befund legt nahe, dass sich die Effekte über die Zeit hinweg kumulieren, vor allem, wenn man bedenkt, dass hier drei Schuljahre zwischen der Erhebung des Fähigkeitsselbstkonzepts und des Interesses lagen.

Der anhand der BIJU-Daten gewonnene Befund stimmt mit zahlreichen Befunden aus der Forschungsliteratur überein. Eine Reihe von korrelativen Studien aus unterschiedlichen Forschungstraditionen (z.B. Harter, 1992b; Marsh, Craven et al., 2000; Tracey & Ward, 1998) haben den engen Zusammenhang zwischen Fähigkeitsselbstkonzepten und individuellen Interessen belegt. In vielen Forschungsarbeiten wird zudem die Bedeutung des Fähigkeitsselbstkonzepts für die Interessengenese unterstrichen. Der Einfluss des Fähigkeitsselbstkonzepts auf das Interesse wurde in experimentellen Studien aus der Selbstkonzeptforschung explizit nachgewiesen (z.B. Hackett & Campbell, 1987; Lopez et al., 1997). Harter (1992b; 1998) nahm in ihrem Modell der Selbstkonzeptentwicklung eine Entwicklung intrinsischer Motivation in Bereichen an, in denen sich Personen als kompetent erleben – allerdings beruhten ihre Überlegungen auf korrelativen Daten. Mit einem aus der persönlichkeitstheoretischen Berufspsychologie stammenden Modell zur Interessengenese schlug Barak (s. Barak et al., 1989) vor, dass die im Fähigkeitsselbstkonzept generalisierte kognitive Verarbeitung von Erfolg bei der Bewältigung von Aufgaben einen entscheidenden Faktor bei der Entwicklung von Interessen darstellt und belegte dies anhand experimenteller Studien (Barak et al., 1992; Okev, 1993). Im Rahmen der Selbstbestimmungstheorie postulierten Deci und Ryan (1985; 2000a), dass Kompetenzwahrnehmungen die intrinsische Lernmotivation fördern. Von dieser Annahme ausgehende Forschung der Münchener Gruppe wies den Einfluss von Kompetenzwahrnehmungen auf die Entwicklung von intrinsischer motivationaler Lernorientierung bei Berufsschülern nach (vgl. Krapp, 2005; Krapp & Lewalter, 2001; Krapp & Wild, 1998; Lewalter et al., 1998; Wild, 2000). Der Interessenforschung zuzuordnende Arbeiten der Kieler Gruppe (Hoffmann et al., 1998) identifizierten das Selbstvertrauen in die eigene Leistungsfähigkeit im Fach Physik als entscheidenden Einflussfaktor für das physikalische Fachinteresse von Schülerinnen und Schülern der Sekundarstufe I. Im erweiterten Erwartungs-Wert-Modell von Eccles und ihren Mitarbeitern (Eccles, 1983; Eccles, Barber et al., 1998; Wigfield, 1994) wurde den Begabungsselbstkonzepten eine wichtige Rolle bei der Vorhersage des Aufgabenwertes – der die affektive und wertbezogene Komponente des Interesses sowie die Nützlichkeit umfasst – zugesprochen. Die auf der Basis der Erwartungs-Wert-Theorie durchgeführte Forschung belegt einen Einfluss von Kompetenzüberzeugungen auf den Wert einer Aufgabe (Jacobs et al., 2002; Meece et al., 1990; Wigfield & Eccles, 1992; Wigfield et al., 1997; Wigfield & Eccles, 2002a) und weist eine Zunahme der Zusammenhänge zwischen Selbstkonzept und Interesse über die Zeit hinweg nach (Denissen et al., 2007). Besonders gestützt werden die anhand der BIJU-Daten gewonnenen Ergebnisse zudem durch die Studie von Köller, Daniels et al. (2000), die belegt, dass die nachgewiesene kausale Beziehung zwischen der Leistung und dem Interesse (vgl. Baumert et al., 1998; Köller et al., 2001) über das Selbstkonzept vermittelt ist. Weitere längsschnittliche Studien wiesen einen direkten Effekt des Fähigkeitsselbstkonzepts auf das Interesse nach (Marsh, Trautwein et al., 2005; Tracey, 2002).

Die anhand der BIJU-Daten gewonnenen Befunde gehen allerdings über die Ergebnisse bisheriger Forschungsbemühungen hinaus. Zwar weisen die genannten Studien alle auf einen engen Zusammenhang zwischen dem Fähigkeitsselbstkonzept und dem Interesse hin; keine der Forschungsarbeiten belegt aber einen kausalen Einfluss fachspezifischer Fähigkeitsselbstkonzepte auf die Interessenentwicklung anhand einer groß angelegten längsschnittlichen Studie für verschiedene Schulfächer. Eine Reihe von Studien finden im experimentellen Setting statt (z.B. Barak et al., 1992; Hackett & Campbell, 1987; Lopez et al., 1997; Sjöberg, 1984). Viele der Schulstudien basieren entweder auf Querschnittdaten (Harter, 1992b, 1998; Marsh, Craven et al., 2000; Tracey & Ward, 1998) oder ließen Fähigkeitsselbstkonzepte – als Vermittler zwischen der Leistung bzw. Schulnote und den individuellen Interessen – außer Acht (Baumert et al., 1998; Köller, Baumert et al., 2000). Eine Anzahl von Studien untersuchen dem Interesse verwandte Konstrukte – wie *intrinsische motivationale Lernorientierungen* (z.B. Deci & Ryan, 1985; Deci & Ryan, 2000a; vgl. Krapp, 2005) oder den *Wert einer Aufgabe* (Jacobs et al., 2002; Wigfield et al., 1997; Wigfield & Eccles, 2002a). Einige Studien bezogen sich nur auf ein Fachgebiet, z.B. Mathematik oder Physik (Baumert et al., 1998; Hoffmann et al., 1998; Köller, Baumert et al., 2000; Köller, Daniels, Schnabel et al., 2000; Marsh, Trautwein et al., 2005), andere wiederum nahmen eine Einteilung von Interessengebieten vor, die sich mit schulfachspezifischen Interessen nicht deckt – wie z.B. die Interessenskalen *Realistic*, *Investigative*, *Artistic*, *Social*, *Enterprising* and *Conventional* von Holland (z.B. Tracey, 2002). Auch war häufig der Beobachtungszeitraum begrenzt (z.B. auf ein Jahr) oder die Stichprobe gering (z.B.

Tracey, 2002). Gegenüber diesen Arbeiten hat die hier durchgeführte Untersuchung den Vorteil, dass fächerübergreifend ein kausaler Einfluss von Fähigkeitsselbstkonzepten auf die Interessenentwicklung anhand einer groß angelegten Studie für einen vergleichsweise großen Zeitraum untersucht werden konnte.

In der BIJU-Studie fand sich in zwei Fächern auch ein umgekehrter Effekt vom Interesse auf das Fähigkeitsselbstkonzept. Auch wenn ein solcher Effekt nicht Teil der Argumentation bezüglich einer Differenzierung der Interessen war, soll hier kurz darauf eingegangen werden. Der Befund deckt sich mit den Forschungsergebnissen einiger anderer Autoren. Ein umgekehrter Effekt vom Interesse auf die Leistung und das Fähigkeitsselbstkonzept war auch hier weniger durchgängig zu beobachten als der Effekt von Leistung und Fähigkeitsselbstkonzept auf das Interesse. Die empirischen Arbeiten von Baumert et al. (Baumert et al., 1998; Köller, Baumert et al., 2000) wiesen z.B. einen Einfluss der Mathematikleistung auf das Mathematikinteresse, aber keinen umgekehrten Einfluss des Mathematikinteresses auf die Mathematikleistung nach. In anderen Studien konnte zwar ein umgekehrter Einfluss des Interesses auf das Fähigkeitsselbstkonzept nachgewiesen werden, die Effekte waren aber häufig gering und traten zudem nicht durchgängig auf. In der Studie von Marsh et al. (2005) z.B. war der Effekt des vorangegangenen Mathematikinteresses auf das nachfolgende mathematische Selbstkonzept marginal. In der ersten von den Autoren untersuchten Stichprobe (BIJU-Daten) wurde der Effekt des Mathematikinteresses auf das Mathematikfähigkeitsselbstkonzept mit $\beta = .04$ im Gesamtmodell (in das Testleistung, Note, Selbstkonzept und Interesse einbezogen wurden) knapp signifikant, in separaten Analysen (ohne Testleistung und Note) erreichte er dagegen das Signifikanzniveau nicht mehr. In der zweiten von den Autoren herangezogenen Stichprobe (TIMSS-Daten) wurde der Effekt zwar signifikant, die Betakoeffizienten überstiegen aber in keinem Modell $\beta = .10$. In der Studie von Tracey (2002), die statt schulspezifischer fachlicher Interessenskalen die Interessenskalen *Realistic*, *Investigative*, *Artistic*, *Social*, *Enterprising*, and *Conventional* von Holland (1997) verwendete, war ein umgekehrter Effekt des Interesses auf die Kompetenzeinschätzungen durchgängiger zu beobachten. Die Studien weisen darauf hin, dass offenbar unter bestimmten Bedingungen ein wechselseitiger Einfluss von Kompetenzeinschätzungen und Interesse gegeben zu sein scheint.

Wie lässt sich erklären, dass in zwei Fächern ein umgekehrter Effekt vom Interesse auf das Fähigkeitsselbstkonzept auftrat? Gemäß den im theoretischen Teil der Arbeit ausgeführten Überlegungen, haben bereichsspezifische individuelle Interessen dann einen Einfluss auf die Kompetenzeinschätzung, wenn das Interesse dazu führt, dass sich ein Individuum häufiger in Aktivitäten aus diesem Bereich engagiert, aus diesem Grund hinweg mehr Erfahrung mit den bereichsspezifischen Gegenständen sammelt und daher höhere Kompetenzen in diesem Bereich erwirbt (vgl. Schiefele, 1996; Tracey, 2002). Wie die Forschung zum Interesse gezeigt hat, ist das Interesse an einem Thema handlungsveranlassend, wenn ein Individuum frei über seine Zeit verfügen kann (Krapp, 1993; Prenzel et al., 2000). Dies ist im Rahmen der Schul- und Unterrichtsstruktur der Sekundarstufe I nur sehr begrenzt möglich, da Schülerinnen und Schüler hier kaum Möglichkeiten haben, frei zu entscheiden, mit welchem Fachgebiet sie sich vermehrt auseinandersetzen möchten (Köller et al., 2001). Zudem wurde vermutet, dass die vielen extrinsischen Anreize (z.B. Hausaufgaben, Klassenarbeiten) für leistungsthematische Aktivitäten in der Sekundarstufe I bestimmender sind als intrinsische Anreize, die im Lerngegenstand selbst liegen (s. Köller, Baumert et al., 2000). Für ein vermehrtes Engagement aus Interesse in der Sekundarstufe I kämen nur – zu den Hausaufgaben hinzukommende – außerschulische Aktivitäten in Frage. Es ist anzunehmen, dass für eine Beschäftigung mit den Inhalten der Fächer Mathematik und Physik außerhalb der Schule weniger Gelegenheit besteht als z.B. für eine Beschäftigung mit der Fremdsprache Englisch. So belegen Köller und Baumert (2002), dass mathematische Kompetenz z.B. fast ausschließlich im Mathematikunterricht geschaffen wird. Fachbezogene außerschulische Aktivitäten, die eine Beschäftigung mit der Fremdsprache Englisch beinhalten, dürften dagegen vergleichsweise häufiger vorkommen. So hören Jugendliche englische Lieder und versuchen, deren Texte zu verstehen, lesen englische Zeitschriften, hören englische Radiosender oder schauen sich englische Filme oder Fernsehsendungen an. Auch ist denkbar, dass sie sich aus eigenem Antrieb heraus an einem Schüleraustausch beteiligen. Das Interesse an Englisch könnte sich somit über investierte Zeit und Anstrengung und in deren Folge verbesserte Englischleistungen positiv auf das Fähigkeitsselbstkonzept auswirken. Da Gelegenheiten für eine außerschulische Beschäftigung mit Mathematik und Physik weniger gegeben sind, kann der Mangel an solchen Gelegenheiten den fehlenden Einfluss des Interesses auf das Fähigkeitsselbstkonzept in Mathematik und Physik erklären. Eine weitere Erklärungsmöglichkeit für einen fehlenden Einfluss des Interesses auf die Kompetenzeinschätzungen in diesen Fächern kann in der größeren Schwierigkeit der Fächer Mathematik und Physik liegen. Aus der Literatur (Schmied, 1982) ist bekannt, dass Schülerinnen und Schüler hohe Leistungen in Mathematik und Physik eher auf Fähigkeiten und Begabungen statt auf Anstrengung zurückführen, während sie gute Leistungen in sprachlichen Fächern eher auf Anstrengung als auf Begabung zurückführen. Auch hierin könnte somit ein Grund dafür liegen, dass sich in Englisch ein solcher Einfluss zeigt, in Mathematik und Physik dagegen nicht.

**Bezugsrahmeneffekte als Erklärung für die Differenzierung von Interessen.** Wie im theoretischen Teil der Arbeit dargelegt wurde, formen sich Fähigkeitsselbstkonzepte im schulischen Kontext über Leistungsrückmeldungen (z.B. über Rückmeldungen durch die Lehrkräfte, Klassenarbeiten und Zeugnisse). Die Forschung zum *internal/external frame of reference model* von Marsh (1986; 1988; 1990a; Marsh & Hau, 2004) machte dabei deutlich, dass die Bewertung eigener Fähigkeiten anhand interindividueller und intraindividueller Vergleichsprozesse erfolgt. Der I/E-Effekt von der Leistung auf Fähigkeitsselbstkonzepte konnte in der Forschung vielfach belegt werden (vgl. die Übersichtsarbeit von Möller & Köller, 2004): In Form von Schulnoten rückgemeldete höhere verbale Fähigkeiten führten z.B. aufgrund interindividueller Vergleiche mit den Leistungen von Klassenkameraden im verbalen Bereich zu einem höheren verbalen Fähigkeitsselbstkonzept und – aufgrund intraindividueller Vergleiche mit den eigenen geringeren mathematischen Fähigkeiten – zu einem geringeren mathematischen Fähigkeitsselbstkonzept (Marsh, Walker et al., 1991) – und umgekehrt.

Ein zentrales Anliegen dieser Arbeit war es zu belegen, dass die Herausbildung fachspezifischer schulischer Interessen ebenfalls durch inter- und intraindividuelle Vergleichsprozesse beeinflusst wird, die zur Herausbildung stabiler fachlicher Interessen und – über Kontrasteffekte – zu einer Differenzierung der Interessenbereiche beitragen. Abgesehen von den inhaltlich sehr ähnlichen Fächern Mathematik und Physik sollte der Prozess fächerübergreifend gelten. Überträgt man also das *internal/external frame of reference model* auf die Interessenentwicklung, müsste nicht nur ein hohes Fähigkeitsselbstkonzept in einem Schulfach – aufgrund interindividueller Vergleiche mit den Fähigkeiten anderer Schülerinnen und Schüler – zu einem höheren Interesse an diesem Schulfach führen, sondern – aufgrund intraindividueller Vergleiche eigener Fähigkeiten in einem Schulfach mit den Fähigkeiten in einem anderen Schulfach – auch zu einem *geringeren* Interesse am anderen Schulfach. Dies wäre ein direkter Nachweis dafür, dass intraindividuelle Vergleichsprozesse fachspezifischer Fähigkeitsselbstkonzepte eine Differenzierung der Interessen bedingen.

In Übereinstimmung mit dieser Annahme konnte anhand der BIJU-Daten das typische I/E-Muster der Pfadkoeffizienten zwischen dem Fähigkeitsselbstkonzept und dem Interesse aufgezeigt werden. Neben den oben beschriebenen positiven Effekten des Fähigkeitsselbstkonzepts auf die Interessen am selben Fach zeigten sich zusätzlich negative Effekte des Fähigkeitsselbstkonzepts auf das Interesse am anderen Schulfach. Bis auf sehr wenige Ausnahmen wiesen die Koeffizienten für den Einfluss vom Fähigkeitsselbstkonzept in einem Fach auf das Interesse am anderen Fach in den durchgeführten Analysen negative Vorzeichen auf. Innerhalb der 7. Jahrgangsstufe war dies etwas weniger durchgängig als innerhalb der 10. Jahrgangsstufe, in der alle Pfadkoeffizienten dem Vorzeichen nach negativ ausfielen. Da effektive Stichproben verwendet wurden, erreichte der Pfadkoeffizient allerdings nur in einigen Fällen das Signifikanzniveau: innerhalb der 7. Jahrgangsstufe für den negativen Einfluss des Fähigkeitsselbstkonzepts der beiden sprachlichen Fächer auf das Physikinteresse, innerhalb der 10. Klasse für den wechselseitigen Einfluss vom Fähigkeitsselbstkonzept auf das Interesse an den Fächern Mathematik und Englisch, sowie für den negativen Einfluss des Fähigkeitsselbstkonzepts in Physik auf das Interesse an Englisch und Biologie (da Deutsch in der 10. Jahrgangsstufe nicht untersucht wurde). In zusätzlichen Analysen ergab sich kein Hinweis darauf, dass der Effekt des Selbstkonzepts auf das Interesse am jeweils anderen Fach lediglich über das Selbstkonzept im jeweils anderen Fach mediiert sein könnte. Aufgrund der durchgängigen Richtung der Befunde kann mit ihnen ein Einfluss inter- und intraindividueller Vergleichsprozesse auf die Entwicklung der Interessen als belegt gelten. Der I/E-Effekt wurde signifikant, wenn inhaltlich wenig verwandte Fächer (z.B. Mathematik und Englisch) verwendet wurden, nicht signifikant hingegen, wenn inhaltlich verwandte Fächer (z.B. Physik und Mathematik) untersucht wurden. Auch trat der Effekt unter Verwendung des *Fachinteresses* deutlicher hervor als unter Verwendung des *Topologischen* oder *Sachinteresses*. Dies ist insofern plausibel, als fachliche Interessen stärker durch fachspezifische Fähigkeitsselbstkonzepte beeinflusst sein dürften als schulfachunabhängige *Sachinteressen*.

Die Befunde stimmen mit den für das I/E-Modell von der Leistung auf das Fähigkeitsselbstkonzept vielfach nachgewiesenen Effekten überein (vgl. Möller & Köller, 2004). Es zeigten sich nicht nur die positiven Regressions- bzw. Pfadkoeffizienten innerhalb eines Fachs, sondern auch die negativen Regressions- bez. Pfadkoeffizienten zwischen inhaltlich verschiedenen Fächern. Ähnlich der Forschung zum Einfluss sozialer und dimensionaler Vergleiche auf das Selbstkonzept (Möller et al., 2006; Schilling et al., 2004) konnten in den hier durchgeführten Analysen zur Interessengenese *Kontrasteffekte* in erster Linie bei zwei Fächern aus verschiedenen Domänen (z.B. Englisch und Mathematik in der 10. Jahrgangsstufe) nachgewiesen werden. Bei zwei Fächern aus der gleichen Domäne (z.B. Mathematik und Physik, Englisch und Deutsch) waren dagegen – wie auch in der Forschung zur Selbstkonzeptgenese – keine Kontrasteffekte zu verzeichnen. Anders als bei der Forschung zum Einfluss von Bezugsrahmeneffekten auf das Selbstkonzept zeigten sich in den Analysen zum Einfluss der I/E-Effekte auf das Interesse zwischen den innerhalb des gleichen Bereichs liegenden Fächern Mathematik und Physik aber auch keine deutlichen *Assimilationseffekte*. Die Assimilationseffekte bezüglich der Selbstkonzepte waren von Möller et al. (2006) damit erklärt worden, dass eine gute Leistung in dem einen mathematisch-naturwissenschaftlichen Fach Fähigkeiten voraussetzt, die auch im anderen mathematisch-naturwissenschaftlichen Fach genutzt werden können. Das Selbstkonzept im einen mathematisch-naturwissenschaftlichen Fach scheint dagegen auf das Interesse am anderen mathematisch-naturwissenschaftlichen Fach keine deutlich positive Auswirkung zu haben. In den Fächern Englisch und Deutsch zeigte sich sowohl bei der Selbstkonzeptgenese (vgl. Schilling et al., 2004) als auch bei der Interessengenese innerhalb des verbalen Bereichs kein Assimilationseffekt. Offenbar fordert das muttersprachliche Fach Deutsch und das fremdsprachliche Fach Englisch eher unterschiedliche Fähigkeiten, so dass hier der Effekt auch nicht bei der Selbstkonzeptgenese auftritt.

Die Ergebnisse zu den I/E-Effekten stimmen auch mit den vorhandenen Forschungsergebnissen zur Rolle inter- und intraindividueller Vergleiche für motivationale Variablen überein. Auch in dieser Forschung zeigte sich der beschriebene positive Einfluss interindividueller sozialer Vergleiche und der beschriebenen negative Einfluss intraindividueller dimensionaler Vergleiche. Skaalvik und Rankin (1995) wiesen I/E-Effekte bezüglich des Einflusses der schulischen Leistung auf Anstrengung, Schulangst und intrinsische Motivation nach. Möller und Köller (2001a) belegten I/E-Effekte für die Zufriedenheit mit der Leistung in Mathematik. Köller, Daniels und Baumert (2000) wiesen über die fachlichen Selbstkonzepte vermittelte I/E-Effekte der Leistungen in Mathematik und Englisch auf das Interesse an diesen Fächern nach.

**Zusammenfassende Diskussion zur Differenzierung.** Fasst man die Ergebnisse zusammen, ergeben sich anhand der BIJU-Daten deutliche Belege für den dritten Forschungsansatz, der die Reduktion schulischer Interessen als eine Folge der Differenzierung individueller Interessen ansieht. Anhand der Abnahme der Korrelationen zwischen den Interessen verschiedener Fächer wurde die Differenzierung der schulischen Interessen im Verlauf der Sekundarstufe I aufgezeigt. Des weiteren konnte der Prozess der Differenzierung der Interessen anhand der Erweiterung des Bezugsrahmenmodells (Marsh, 1986, 1990a; Marsh, Byrne et al., 1988; Marsh, Walker et al., 1991) erklärt werden. Wie bei der Entwicklung des Fähigkeitsselbstkonzepts spielen offenbar auch bei der Entwicklung von Interesse inter- und intraindividuelle Vergleichsprozesse eine Rolle. Die Ergebnisse der Analysen stützen die Annahme, dass domänenspezifische Fähigkeitsselbstkonzepte die schulischen Interessen beeinflussen und es innerhalb des schulischen Bereichs zu einer Kompartementalisierung der Interessen kommt. In Übereinstimmung mit den Annahmen und der oben erwähnten Forschung zeigten sich signifikant positive Effekte der fachspezifischen Fähigkeitsselbstkonzepte auf die fachlichen Interessen. Angesichts der Notwendigkeit, ein klar umrissenes generelles Selbstkonzept zu entwickeln, nutzen die Schülerinnen und Schüler über soziale Vergleichsprozesse gewonnene Rückmeldungen bezüglich ihrer schulischen Leistungen, um etwas über ihre Stärken und Schwächen herauszufinden. Das aus diesen Vergleichen gezogene Feedback über ihre fachspezifischen Fähigkeiten hilft ihnen, stabile fachliche Interessen in Fächern zu entwickeln, in denen sie vergleichsweise gute Leistungen erbringen. Zudem konnten – und dies ist in früherer Forschung bisher so nicht untersucht worden – I/E-Effekte für das Interesse nachgewiesen werden, besonders für inhaltlich wenig ähnliche Fächer: Ein hohes Fähigkeitsselbstkonzept im mathematischen Bereich führte nicht nur zu einem signifikant höheren Interesse an Mathematik, sondern auch zu einem signifikant geringeren Interesse am sprachlichen Fach Englisch, während ein hohes Fähigkeitsselbstkonzept in Englisch zu einem signifikant höheren Interesse an Englisch und einem signifikant niedrigeren fachlichen Interesse an Mathematik führte. Das typische I/E-Muster zeigte sich somit auch bei der Herausbildung unterschiedlicher individueller Interessen. Schülerinnen und Schüler verlieren das Interesse an Fächern vermehrt, wenn sie in anderen Fachgebieten deutlich bessere Leistungen erbringen und dort dementsprechend höhere Fähigkeitsselbstkonzepte entwickeln. Die Analysen zeigen damit insgesamt, dass die anhand inter- und intraindividuelle Vergleichsprozesse gewonnene Einschätzung eigener Fähigkeiten die Entwicklung fachspezifischer Interessen beeinflusst.

Die Abnahme der Korrelationen zwischen den einzelnen Fächern und der Nachweis von I/E-Effekten kann als Beleg für einen Prozess der Differenzierung individueller Interessen angesehen werden. Eine notwendige Folge der Differenzierung individueller Interessen aufgrund dimensionaler Vergleiche wäre, dass das individuelle Interesse an einigen Fächern bestehen bleibt oder zunimmt, während es in den (meisten) anderen Fächern abnimmt. Der Prozess der Differenzierung kann somit eine wichtige Ursache dafür sein, dass das durchschnittliche Interesse in der Sekundarstufe I in allen Fächern absinkt. Mit den Analysen zum Absinken der mittleren Interkorrelationen der Interessen und zu den I/E-Effekten des Fähigkeitsselbstkonzepts auf das Interesse wird die Frage nach einer durch eine Interessendifferenzierung im Jugendalter bedingte durchschnittlichen Interessenabnahme aber eher indirekt beantwortet. Ein zusätzlicher Nachweis könnte darin liegen, mit Hilfe von strukturentdeckenden Klassifikationsverfahren Schülerinnen und Schüler zu finden, die in einer Interessenfacette oder einigen wenigen Interessenfacetten einen Anstieg oder gleich bleibenden Verlauf über die Zeit aufwiesen, die aber in den übrigen Interessenfacetten mehr oder weniger deutliche Abfälle zeigten. Dies sollte dann mit der Abnahme der Mittelwerte in der Gesamtgruppe korrespondieren.

**Entwicklungspsychologischer Nutzen einer Interessendifferenzierung.** Die Abnahme der durchschnittlichen Interessen in verschiedenen Fächern der Sekundarstufe I hat in der Forschungsliteratur viel Anlass zur Sorge gegeben (zusf. Baumert & Köller, 1998; Krapp, 2000). Betrachtet man die Abnahme durchschnittlicher Interessen aber als eine Folge der Interessendifferenzierung könnte sich die gängige Ansicht, dass die Interessenabnahme generell zu beklagen sei, ändern. Eine über inter- und intraindividuelle Vergleichsprozesse eigener Fähigkeiten gesteuerte Differenzierung individueller Interessen kann durchaus sinnvoll sein. Nach Todt (2004) sind Interessen nicht nur Folge von Entwicklungsprozessen, sondern auch Voraussetzungen für diese. Unter einer längerfristigen entwicklungspsychologischen Perspektive betrachtet, können differenzierte individuelle Interessen eine wichtige Voraussetzung für eine fachliche Ausrichtung und spätere berufliche Orientierung sein. In diesem Sinne könnte eine Differenzierung von Interessen als Prozess der *Entwicklungsoptimierung* aufgefasst werden. Diese Überlegung basiert auf Forschungsarbeiten von P. Baltes und seinen Mitarbeitern (z.B. Baltes, 1997), die Prozesse der Selektion, Optimierung und Kompensation als grundlegende Mechanismen der menschlichen Entwicklung beschreiben (zum SOK-Modell, s. Baltes, 1987; Baltes, 1990, 1997; vgl. auch das Modell der Selektiven Optimierung mit Kompensation von Heckhausen & Schulz, 1993; Heckhausen & Schulz, 1995). Mit dem SOK-Modell wird beschrieben, dass Menschen, aufgrund der Begrenztheit menschlicher Ressourcen, für eine erfolgreiche Entwicklung eine bestimmte Auswahl von Bereichen treffen müssen (*Selektion*), um ihre Ressourcen in diesen Bereichen fokussieren und optimal einsetzen zu können (*Optimierung*), und dass sie mangelnde Fähigkeiten kompensieren müssen (*Kompensation*).

Folgt man den Annahmen des SOK-Modells können individuelle fachspezifische Interessen entwicklungsadaptiv sein, indem sie es erleichtern, innerhalb der komplexen Umwelt eine Auswahl zu treffen: Bestimmte Bereiche, für die sich das Individuum interessiert, werden ausgewählt und im Gegenzug werden andere Bereiche, an denen ein geringeres Interesse besteht, abgewählt (Prenzel, 1988; Prenzel, Bauereiss & Bogner, 1992). Da sich individuelle Interessen besonders in Bereichen herausbilden, in denen ein Individuum – verglichen mit anderen Bereichen – vermehrte Fähigkeiten und Fertigkeiten besitzt, können sie eine emotionale Bindung an Bereiche ermöglichen, in denen es sinnvoll ist, kognitive und emotionale Ressourcen zu investieren.

Aus der Perspektive des SOK-Modells kann auch die Abnahme des Interesses in Bereichen, in denen Schülerinnen und Schüler nur geringe Fähigkeiten besitzen, aus mindestens zwei Gründen entwicklungsadaptiv sein. Zum einen dürften als gering eingeschätzte Fähigkeiten in einem Bereich eine negative Auswirkung auf das Selbstwertgefühl, die Selbstwirksamkeitserwartung und die emotionale Entwicklung haben. Eine Abnahme des Interesses könnte somit eine Strategie sein, das Funktionsniveau eines Individuums angesichts geringer bereichsspezifischer Fähigkeiten aufrecht zu erhalten. Negative Effekte von Versagen auf das Selbstwertgefühl können nämlich abgefedert werden, indem eine Person sich emotional von solchen Bereichen löst, indem sie ihnen einen geringeren Platz in ihrer persönlichen Wertehierarchie gibt. Die negativen Auswirkungen mangelnder Fähigkeiten könnten auf diese Weise vermindert und das Selbstwertgefühl geschützt werden.

Zum anderen könnte eine Abnahme des Interesses an einem Bereich mit vergleichsweise geringeren Fähigkeiten, diesem Bereich kognitive und emotionale Ressourcen entziehen, die anderswo sinnvoller eingesetzt werden könnten. Nicht nur führt ein geringes fachspezifisches Fähigkeitsselbstkonzept zu einem geringeren Interesse in diesem Bereich. Darüber hinaus führt auch ein höheres fachspezifisches Fähigkeitsselbstkonzept in einem anderen Bereich dazu, dass das Interesse an diesem Bereich abnimmt. Der durch die Differenzierung bedingte Interessenabfall könnte somit dazu beitragen, dass wichtige Ressourcen nicht auf Bereiche verschwendet werden, in denen das Individuum nur geringe Fähigkeiten besitzt. Der Mangel an Interesse an einem Bereich und die damit einhergehende Abwertung dieses Bereichs, führt umgekehrt zur Aufwertung anderer Bereiche und zum Engagement in diese Bereichen. Auch auf diese Weise könnte die Abnahme des Interesses an bestimmten Bereichen dazu beitragen, Ressourcen gezielt einzusetzen. Indem differenzierte individuelle Interessen helfen, Ressourcen auf bestimmte Fachgebiete zu konzentrieren und sich von alternativen Bereichen emotional zu lösen, wären sie eine adaptive Strategie, die Entwicklung in Bereichen, in denen die eigenen Stärken liegen, zu optimieren. In diesem Sinne könnten beide Prozesse – sowohl die Zunahme als auch die Abnahme eines Interesses – zu einer selektiven Optimierung beitragen.

Ein solcher entwicklungspsychologischer Nutzen individueller differentieller Interessen müsste sich bei der Entscheidungsfindung zeigen, indem individuelle Interessen bei der Schwerpunktsetzung helfen und so Entscheidungen über den beruflichen Werdegang erleichtern. Die Forschung zeigt, dass dies bei der Wahl von Leistungskursen in der gymnasialen Oberstufe der Fall ist. Retrospektive Studien weisen darauf hin, dass neben fachspezifischen Selbstkonzepten auch Interessen eine wichtige Bedeutung für die Wahl von Kursen zukommt (Hodapp & Mißler, 1996; Roeder & Gruehn, 1997;

Schiefele & Csikszentmihalyi, 1995; Schmied, 1982). Auch in neueren prospektiven Studien wurde belegt, dass neben den fachspezifischen Selbstkonzepten auch die Interessen (als Teile des Wertaspekts) für die Vorhersage von Kurswahlen bedeutsam sind (Durik, Vida & Eccles, 2006; Eccles, 1994; Köller, Daniels, Schnabel et al., 2000; Meece et al., 1990; Nagy, Trautwein, Baumert, Köller & Garrett, 2006; Wigfield & Eccles, 1992). So belegt die Studie von Köller et. al. (2000), dass neben der Note und dem Selbstkonzept auch das Interesse im Fach Mathematik für die Leistungskurswahl des Fachs verantwortlich ist, und dass die häufigeren Leistungskurswahlen der Jungen in Mathematik zu einem erheblichen Teil über akademische Selbstkonzepte und Interessen vermittelt sind (vgl. Nagy et al., 2008). Der Effekt des Interesses scheint in den sprachlichen Fächern noch stärker ausgeprägt zu sein (vgl. Marsh, 1989a), da sich die Jugendlichen in diesen Fächern mehr an ihren Interessen orientieren als in den mathematisch-naturwissenschaftlichen Fächern, in denen die Fähigkeiten im Vordergrund stehen, da sie diese für den Erfolg in diesen Fächern für besonders entscheidend halten. Da die Leistungskurswahlen – besonders im Bereich der exakten Naturwissenschaften – in hohem Maße die Studien- und Berufswahlen vorhersagen (vgl. Schnabel & Gruehn, 2000), erfolgt durch individuelle Interessen eine wichtige Weichenstellung. Der Einfluss der Interessen zeigt sich – sowohl für Studentinnen und Studenten der Linguistik, der Kultur- und Sozialwissenschaften (vgl. Bargel, Framheim-Peisert & Sandberger, 1989) als auch für Doktoranden der Naturwissenschaften (Drottz-Sjöberg, 1989) – auch bei der Studienfachwahl (vgl. auch Giesen, Gold, Hummer & Weck, 1992). Weiterhin zeigt sich ein Einfluss individueller Interessen bei berufswahlbezogenen Entscheidungen (Bergmann, 1992). Da das Erlangen eines passenden Berufs u.a. von Entscheidungen im Verlauf des Bildungsweges bzw. von Schwerpunktsetzungen abhängt, kann eine Differenzierung von Interessen für die Entwicklung Jugendlicher von entscheidender Bedeutung sein. Fachliche individuelle Interessen können darüber hinaus eine einmal getroffene Auswahl stützen, indem sie diese auch weiterhin als „richtig" erscheinen lassen und führen so dazu, dass das Individuum mit seiner Wahl auch langfristig zufrieden ist (vgl. Heckhausen, 1990; Heckhausen & Schulz, 1999). So zeigte sich die Bedeutung von differentiellen Interessen bei beruflichem Erfolg (Csikszentmihalyi & Rathunde, 1998; Rathunde, 1993, 1998) sowie einer größeren beruflichen Selbstverpflichtung gegenüber den Bereichen des Interesses (Rathunde, 1993; Rathunde & Csikszentmihalyi, 1993).

Aus der Forschung ist bekannt, dass der Prozess der Planung und Realisierung eines zufrieden stellenden Bildungsweges und das Erlangen eines zufrieden stellenden Berufs eine der wichtigsten Entwicklungsaufgaben Jugendlicher ist (vgl. Krapp, 2000). Empirische Befunde zeigen zudem, dass die Entwicklung im Erwachsenenalter maßgeblich davon abhängt, wie diese Entwicklungsaufgabe bewältigt wurde (Häfeli, Kraft & Schallenberger, 1988; Hoff, 1994). Indem differenzierte Interessen diese Prozesse erleichtern, können sie zur Entwicklungsoptimierung beitragen.

## 15.8 Grenzen der Studie, Integration der Befunde, offene Fragen

In diesem Abschnitt sollen die Befunde zu den drei möglichen Erklärungsansätzen zur Abnahme der durchschnittlichen Interessen im Jugendalter integriert werden. Im Zusammenhang damit werden noch einmal die Möglichkeiten und Grenzen des Forschungszugangs für die Überprüfung der Hypothesen zusammengefasst. Darüber hinaus sollen die damit verbundenen Konsequenzen für die Bewertung der wissenschaftlichen Beweiskraft der Befunde diskutiert werden.

**Pubertäre Entwicklung als Grund für den Interessenverlust.** Betrachtet man die Befunde zum Einfluss entwicklungsbedingter Veränderungen auf die Interessenentwicklung und sucht nach Erklärungen, warum viele der theoretisch gut begründbaren Erklärungshypothesen an Hand der Daten nicht bestätigt werden konnten, lassen sich verschiede Argumente anführen: Ein Argument betraf die unterschiedliche Operationalisierung der Variablen zum Interesse (*Fachinteresse* versus *Topologisches Interesse*). Diese führte nicht nur zu Schwierigkeiten bei der Interpretation von Unterschieden im Interesse und der Interessenentwicklung in den verschiedenen Fächern, sondern könnte darüber hinaus auch – wie gezeigt wurde – die Ergebnisse zum Einfluss der Variablen zu entwicklungsbedingten Veränderungen (z.B. Geschlechtsrollenvorstellungen) auf die fachspezifischen Interessen beeinflusst haben. Ein zweites Argument dafür, warum sich einige der theoretisch gut begründeten Entwicklungshypothesen nicht anhand der Daten bestätigen ließen, betraf die Erhebung von Einflussvariablen (anstehende Entwicklungsaufgaben, aktuelle und gewünschte Freundschaften und Partnerschaften, Cliquenzugehörigkeit und Beziehung zu den Eltern) zu unterschiedlichen, nicht immer dem Interesse vorangehenden Messzeitpunkten. Da nicht sicher von einer Invarianz der interindividuellen Rangfolge der Variablen über die Zeit hinweg ausgegangen werden konnte, könnte eine Änderung dieser Rangfolge zu einer Verminderung der Effekte geführt haben. Ein drittes Argument betraf die Validität der empirischen Befunde. Zum Teil konnte mit den Skalen nur sehr unzureichend erfasst werden, was in den entwicklungspsychologischen Theorien angesprochen wurde. Dies betraf Skalen, die entweder zu unspezifisch formuliert waren (z.B. Geschlechtsrollenvorstellungen) oder die den interessierenden Gegenstandsbereich nur unzureichend erfassten (z.B. die Skala zu anstehenden Entwicklungsaufgaben, die Items zu Freundschaften/Partnerschaften, die Skalen des DIT zu den Freizeitinteressen). Trotz dieser Mängel konnte valide nachgewiesen werden, (1) dass fachspezifische Fähigkeitsselbstkonzepte einen positiven Einfluss auf fachliche Interessen haben und dass dieser Einfluss im mathematisch-naturwissenschaftlichen Bereich ausgeprägter ist, (2) dass eine vertrauensvolle Beziehung und intensive Gespräche mit den Eltern einen positiven Einfluss auf die fachlichen Interessen ausüben und dass diese besonders dem Interessenabfall in den mathematisch-naturwissenschaftlichen Fächern entgegenwirken und (3) dass bildungsnahe Freizeitinteressen keinen negativen Einfluss auf fachliche Interessen haben und eine Kompartementalisierung zwischen schulischen Interessen und bildungsnahen außerschulischen Interessen nicht stattfindet.

Die unzureichende Erfassung der theoretischen Konstrukte durch einige der Skalen weist auch auf die Grenzen der Aussagekraft von groß angelegten Surveystudien hin. Ein Argument dafür, dass solche Studien dennoch sinnvoll sind, ist, dass Forschung immer auch einen Suchprozess darstellt, der eine Verbesserung bei der Operationalisierung der Konstrukte und der methodischen Herangehensweise an eine Untersuchung beinhaltet. Aus den in dieser Arbeit gewonnenen Erfahrungen und auch aus den Einschränkungen können sich Anregungen für zukünftige Forschung ergeben. Dass es an einigen Stellen nicht gelungen ist, durch die Skalen tatsächlich relevante Gegenstandsbereiche zu erfassen, spricht nicht dafür, das methodische Vorgehen generell zu verwerfen. So erscheint es mir für zukünftige Forschung z.B. sinnvoll, die Freizeitinteressen Jugendlicher und deren psychologische Motivierung genauer zu erfassen, um besser auf die relevanten Konstrukte schließen zu können. Die aufgeführten Probleme stellen nicht den Aussagegehalt von groß angelegten Surveystudien generell in Frage, sondern bestärken eher darin, diese mit kleineren experimentellen oder qualitativen Studien zu verbinden, um auf diese Weise bessere Maße zur Erfassung der relevanten Konstrukte generieren zu können.

**Mangelnde Passung des Unterrichts als Grund für den Interessenverlust.** Betrachtet man die Befunde zum Einfluss von Unterrichtskontexten auf die Interessenentwicklung fällt auf, dass sich zwar für die meisten Unterrichtsmerkmale Effekte auf die Interessenentwicklung in der erwarteten Richtung nachweisen ließen, die Effekte z.T. aber nicht sehr ausgeprägt waren und sich zudem nur auf Individualebene zeigten. Dies wurde auch durch die Varianzzerlegung verdeutlicht: Nur ein sehr geringer Anteil der vorgefundenen Variabilität im Interesse und der Interessentwicklung war auf Unterschiede zwischen Schulklassen – und dass heißt letztlich auf tatsächliche Unterschiede in der Unterrichtsgestaltung – zurückzuführen. Damit stellt sich zum einen die Frage, ob es angesichts der Ergebnisse zur geringen Varianz zwischen Schulklassen in der Interessenentwicklung überhaupt sinnvoll ist, weitergehend analysieren zu wollen, ob sich Unterschiede in der Unterrichtsgestaltung zwischen Schulklassen auf die Entwicklung des Interesses auswirken. Zum anderen könnte man sich fragen, ob dieser Befund bedeutet, dass die Art der Unterrichtsgestaltung für die Entwicklung des Interesses unerheblich ist. Das hier gewählte empirische Vorgehen konnte zwar den Einfluss solcher Unterschiede nicht ausreichend verdeutlichen. Es gibt allerdings Argumente dafür, dass dies nicht zwangsläufig bedeuten muss, dass die Unterrichtspraxis für die Interessenentwicklung unerheblich ist. Ein Argument dafür, dass die geringe Varianz in der Interessenentwicklung zwischen Schulklassen nicht bedeutet, dass die Lernkontexte für die Interessenentwicklung unerheblich sind, konnte aus dem Problem der differenziellen Wirksamkeit von Klassenkontexten abgeleitet werden. In der vorliegenden Arbeit wurden die generellen Effekte diverser Unterrichtsmerkmale auf alle Schülerinnen und Schüler der Stichprobe untersucht. Es ist daher nicht auszuschließen, dass für bestimmte Schülergruppen einige Unterrichtsmerkmale eine besondere Bedeutung aufweisen. Dies wird von Arbeiten der Forschung zur *Aptitude-Treatment-Interaction* nahe gelegt, die anhand günstiger Auswirkungen von strukturierten Lernumgebungen für leistungsschwächere oder ängstlichere Schülerinnen und Schüler eine solche differenzielle Wirksamkeit in einen anderen Bereich belegen (Snow et al., 1996). Ein weiteres, vielleicht das wichtigste Argument im Zusammenhang mit dem geringen auf Klassenebene zurückgehenden Anteil an Varianz im Interesse und der Interessenentwicklung betraf die Homogenität des vorgefunden Unterrichtes. So wurde dargelegt, dass die Unterrichtsmerkmale in der natürlichen Schulumgebung unter Umständen keine ausreichende Variabilität aufweisen, da die Gesprächsmuster in der Unterrichtsführung über diverse Fächer und Schulformen hinweg recht wenig variieren (vgl. den Begriff der „methodischen Monostruktur" von Hage et al., 1985). Die geringe Varianzaufklärung auf Klassenebene schließt daher nicht generell aus, dass unterschiedliche Lernumgebungen differenzielle Einflüsse auf die Interessenentwicklung von Schülerinnen und Schülern aufweisen können.

Die geringe Variabilität im Interesse und der Interessenentwicklung von Schülerinnen und Schülern verschiedener Schulklassen weist damit auf die Grenzen von Studien in der natürlichen Schulumgebung hin, die durch große Stichproben eine ausreichende Varianz der Merkmale zwischen Klassen zu erreichen hoffen. Wenn es um die Frage der Wirksamkeit bestimmter Merkmale des Klassen- oder Unterrichtskontextes auf die Entwicklung von Schülerinnen und Schülern geht, ist ein solches Vorgehen vielleicht nicht der optimale Forschungsweg. Bessere Zugänge dürften hier Studien bieten, die Unterrichtskontexte analysieren, in denen eine deutlichere Variabilität der Merkmale zu erwarten ist. Dies kann einerseits durch eine genauere Analyse ungewöhnlicher Unterrichtsformen wie in den Arbeiten zur Evaluation reformierter Schulen (vgl. Köller & Trautwein, 2003; Stanat, Watermann, Trautwein, Brunner & Krauss, 2003) geschehen. Andererseits kann es anhand von Unterrichtsexperimenten erfolgen, die gezielt verschiedene Bedingungen variieren, um zu prüfen, welche der Bedingungen für bestimmte Schülermerkmale (Leistungszuwächse, Erfolgszuversicht, selbstbestimmte Motivation etc.) förderlich sind (z.B. Blumberg, Möller, Jonen & Hardy, 2003; Jonen, Möller & Hardy, 2003; Hardy, Jonen, Möller & Stern, 2006). Der Vergleich von extremen Formen des Unterrichtes lässt zwar keine generellen populationsbeschreibenden Aussagen zu, liefert aber wichtige Hinweise für die Wirksamkeit bestimmter Methoden, die wiederum Ansatzpunkte für die Umsetzung in die pädagogische Praxis ermöglichen. Da hier populationsbeschreibende Aussagen das Anliegen waren, muss sich die Studie mit einer geringen Merkmalsvarianz zwischen Schulklassen und der geringen differenziellen Wirksamkeit dieser Kontexte in der natürlichen Schulumgebung abfinden. In dieser Arbeit wurde trotz der geringen Variabilität versucht, Kontexte zu identifizieren, durch die das Interesse besonders stark oder besonders wenig gefördert wird. Aufgrund der geringen Heterogenität der Klassenkontexte konnten aber höchstens gewisse Trends aufgezeigt werden. Ansatzpunkte für die Umsetzung in die pädagogische Praxis dürften sich eher aus der Erforschung von Unterrichtsexperimenten oder anhand von experimentellen Studien mit einer größeren Merkmalsvarianz zwischen den unterrichteten Klassen ergeben.

**Differenzierung als Grund für den Interessenverlust.** Betrachtet man die Befunde zur Interessendifferenzierung, ist anzumerken, dass die Forschungsfrage insgesamt eher deskriptiv beantwortet wurde. Im Rahmen dieser Arbeit konnten Befunde präsentiert werden, die in Richtung einer Differenzierung der Interessen im Verlauf der Sekundarstufe I weisen und die Mechanismen aufzeigen, die die Differenzierung der Interessen steuern. Als mögliche Erklärung für die Befunde wurde genannt, dass bei den Schülerinnen und Schülern das Interesse an einem Fach gleich bleibt oder sogar ansteigt, während es in den anderen Fächern abnimmt. Darauf weisen zumindest die hier dargestellten Befunde zum Absinken der mittleren Interkorrelationen der Interessen und zum Einfluss der Fähigkeitsselbstkonzepte auf das Interesse hin. Es bedarf allerdings weiterer Forschung, um zu klären, ob solche Muster tatsächlich vorliegen. Hierzu wäre es sinnvoll, mit einem strukturentdeckenden Verfahren wie der *Latent Class Analysis* Gruppen von Schülerinnen und Schülern zu identifizieren, die in einer Interessenfacette oder in einigen wenigen Interessenfacetten einen Anstieg oder keinen Abfall über die Zeit aufwiesen, die aber in den übrigen Interessenfacetten mehr oder weniger deutliche Abfälle aufwiesen. Auch wenn die Forschungsfrage damit eher indirekt untersucht wurde, machen die vorliegenden Befunde deutlich, (1) dass Schülerinnen und Schüler im Verlauf der Sekundarstufe I eine immer differenziertere Interessenstruktur ausbilden und der Prozess der Differenzierung dazu führt, dass sich schulische Interessen zunehmend auf engere Bereiche konzentrieren, (2) dass der Prozess der Interessendifferenzierung durch inter- und intraindividuelle Vergleichseffekte gesteuert wird, indem sich höhere Fähigkeiten in einem Bereich nicht nur positiv auf das Interesse am gleichen Bereich, sondern auch negativ auf das Interesse an einem anderen Bereich auswirken. Dies kann als – wenn auch impliziter – Beleg dafür angesehen werden, dass der Abfall durchschnittlicher schulischer Interessen Sekundarstufe I z.T. auch auf einem Prozess der Interessendifferenzierung beruht.

Den angeschlossenen Überlegungen zufolge kann der Prozess der Entwicklung spezifischer Interessen auch die Entwicklung eines Individuums regulieren und eine funktionale Bedeutung für die persönliche Entwicklung haben. Wie dargelegt wurde, differenziert sich die Selbstwahrnehmung im Verlauf der Sekundarstufe I aus und führt zu immer realistischeren Einschätzungen bezüglich der eigenen Fähigkeiten. Interessen entwickeln sich vermehrt in Donämen, in denen das Individuum spezifische Fähigkeiten und Fertigkeiten besitzt. Das vermehrte Interesse an einem Fachbereich, in dem ausgeprägtere Fähigkeiten vorhanden sind, kann – im Sinne einer Verstärkung seines Wertes im Vergleich zum Wert anderer Fachbereiche – zur verstärkten Investition von Ressourcen in diesem beitragen. Gleichermaßen kann die Abnahme des Interesses in Fachbereichen, in denen vergleichsweise geringere Fähigkeiten vorhanden sind, zu einer verminderten Investition von Ressourcen in diesen führen. Wie die hier berichteten Ergebnisse deutlich machen, verstärkt das vermehrte Interesse an einem Bereich mit ausgeprägteren fachspezifischen Fähigkeiten darüber hinaus die Abnahme des Interesses an Bereichen, in denen geringere Fähigkeiten vorhanden sind. Die Abnahme des Interesses kann – so die angeschlossene Überlegung – das Selbstwertgefühl schützen und den Weg für die Investition von Ressourcen in Bereichen ebnen, in denen ausgeprägtere Fähigkeiten vorhanden sind. Eine Abnahme des Interesses in einzelnen Bereichen, die durch eine Akzentuierung von Interessen und nicht durch eine allgemeine Abwendung von sämtlichen schulischen Bereichen erfolgt, wäre als Zeichen einer gelungenen Differenzierung zu werten. Individuelle Interessen können damit den Einsatz von Ressourcen im Sinne von vermehrtem bzw. vermindertem Engagement regulieren. Aus einer längerfristigen Perspektive heraus können differenzielle Interessen auf diese Weise dazu beitragen, Entscheidungen im Verlauf der persönlichen Entwicklung zu unterstützen. Mit zunehmendem Alter müssen Jugendliche Entwicklungsziele in Form von schulischen und beruflichen Entscheidungen bewältigen. Eine Bündelung der Ressourcen aufgrund spezifischer Interessen kann – wie die Forschung nahe legt – zur Definition von Zielen und damit zur Zielerreichung beitragen. Unter dieser Perspektive betrachtet, würden differenzierte individuelle Interessen bewusste Selektionsprozesse unterstützen. Der über die Auseinandersetzung mit schulischen Fähigkeiten gesteuerte Prozess der Interessensdifferenzierung könnte damit als eine erfolgreiche Adaptation an Entwicklungsanforderungen gesehen werden.

**Integrative Betrachtung der Befunde.** Die verschiedenen Ansätze schließen einander nicht aus, sondern dürften im Gegenteil bei der Erklärung der Entwicklung individueller fachspezifischer Interessen in der Sekundarstufe I zusammenwirken. Um die Frage differenzierter zu untersuchen, welchen Stellenwert die hier untersuchten Forschungsansätze bei der Beschreibung und Erklärung des gefundenen Interessenverlaufs in den unterschiedlichen Schulfächern haben, bedarf es weiterführender Forschung, in der jenseits von *large-scale*-Studien auf Methoden wie Unterrichtsexperimente etc. zurückgegriffen werden sollte. Mit dieser Arbeit soll die Differenzierung von Interessen als grundlegende Bedingung für die Abnahme durchschnittlicher Interessen hervorgehoben werden. Das bedeutet, dass der hier vorgeschlagenen Differenzierung individueller Interessen insofern eine gewisse Vorrangstellung eingeräumt wird, als dass die Kompartementalisierung verschiedener Interessensbereiche den entwicklungspsychologischen Rahmen bildet, in den die anderen Prozesse eingreifen. Ausgehend von einem universellen Prozess der Differenzierung wäre damit zu untersuchen, welche – über diesen hinausgehenden – intervenierenden und mediierenden Prozesse von Bedeutung sind. Die Daten lassen darauf schließen, dass sowohl schulische Einflüsse, wie Aspekte der Unterrichtsgestaltung, als auch außerschulische Einflusse, wie eine Unterstützung durch die Eltern oder das Engagement in außerschulischen Aktivitäten, einen Einfluss ausüben kann. Auf der Grundlage des beschriebenen allgemeinen Entwicklungsprozesses der Differenzierung kann analysiert werden, welche Möglichkeiten bestehen, die Entwicklung von Interessen durch die Schaffung von innerschulischen und außerschulischen Opportunitätsstrukturen – die Gestaltung des Unterrichts, unterstützende Angebote der Eltern, Möglichkeiten der Freizeitgestaltung – zu kanalisieren. So wäre z.B. der Frage nachzugehen, welche Möglichkeiten Eltern haben, die Entwicklung von Interesse gezielt zu fördern oder welche Möglichkeiten bestehen, vermehrt außerschulische Gelegenheiten für die Beschäftigung mit dem Gegenstand des Interesses zu schaffen.

Es stellt sich an dieser Stelle auch die Frage, welche praktische Relevanz die Ergebnisse haben. In der Arbeit konnten natürliche Entwicklungsprozesse beschrieben werden. Es deutete sich ein Trend an – der einer generellen Interessenabnahme – und es konnte ein Muster identifiziert werden, das diesen Trend erklären kann. So spielen die Fähigkeitsselbstkonzepte der Schülerinnen und Schülern offenbar im schulischen Rahmen eine besondere Rolle für die Interessenentwicklung. Die Analysen sprechen dafür, dass es sich beim Prozess der Entwicklung von Interesse um einen sehr bereichsspezifischen und individuellen Prozess handelt. Die Entwicklung des Interesses an einem Fach hing dabei von der *individuellen* Wahrnehmung der Gegebenheiten im Unterricht ab. In besonderem Maße spielte eine Rolle, ob die Gegebenheiten im Unterricht als kompetenzfördernd wahrgenommen wurden. Ob die Schülerinnen oder Schüler Interesse an einem Fach entwickelten, hing z.B. davon ab, ob sie den Unterricht als strukturiert und klar erlebten, ob sie den Unterricht bezüglich des Tempos und der Leistungsanforderungen als angemessen erlebten, ob sie ihre Leistungen an einem intraindividuellen Maßstab beurteilt sahen und ob sie sich zu eigenständigen kognitiven Prozessen angeregt fühlten. Daneben spielten – wenn z.T. auch weniger ausgeprägt – Elemente der Selbstbestimmung und sozialen Eingebundenheit wie die Mitbestimmung bei der Auswahl der Inhalte oder die soziale Orientierung der Lehrkräfte eine Rolle für die Interessenentwicklung. Da die Gegebenheiten des Unterrichts nicht von allen Schülerinnen und Schülern gleichermaßen wahrgenommen wurden, haben die Ergebnisse zwar in dem Sinne keine unmittelbare Relevanz für die Unterrichtspraxis, dass sie Lehrkräften eine direkte Handlungsanleitung gäben. Aus ihnen lässt sich nicht direkt ableiten, wie sich Lehrer verhalten sollen oder worauf es im Unterricht ankommt, um der Abnahme des Interesses der Schülerinnen und Schüler entgegenzuwirken. Die Ergebnisse können aber zu einer gewissen Entkräftung des häufig implizit gegenüber Lehrkräften geäußerten Vorwurfs beitragen, dass diese nicht genug oder nicht das richtige für die Entwicklung der Schülerinteressen täten, und damit die Lehrkräfte zu einem gewissen Grad entlasten. Dass hier differenzielle Entwicklungsprozesse und deren Mechanismen nachgewiesen werden konnten, nimmt den Lehrkräften einen Teil der Verantwortung für den Interessenabfall. Auch wenn das Absinken schulischer Interessen z.T. auf einen Prozess der Interessendifferenzierung zurückzuführen ist, bedeutet das andererseits nicht, dass es aus pädagogischer Sicht sinnlos wäre, Schülerinnen und Schüler bei der Entwicklung von fachspezifischem Interesse zu unterstützen. Damit sich Interessen entwickeln und differenzieren können, bedarf es eines Unterrichtskontextes, der Gelegenheiten für eine (selbstbestimmte) Auseinandersetzung mit den Gegenständen bietet. Die Auseinandersetzung mit diesen Gegenständen ermöglicht die Entwicklung von Fähigkeiten in bestimmten Bereichen, die wiederum das Interesse an diesen Bereichen stärken. Dass der angebotene Lernkontext sehr individuell wahrgenommen wird und sich die individuelle Wahrnehmung des Kontextes darauf auswirkt, in welche Richtung sich die Interessen entwickeln, heißt – wie oben dargelegt wurde – nicht, dass der Kontext insgesamt nicht von Bedeutung wäre. Geht man davon aus, dass ein selbstbestimmter interessierter Umgang mit schulischen Inhalten und eine durch Interessen gesteuerte fachliche Schwerpunktsetzung einen wichtigen Aspekt in der Entwicklung der Persönlichkeit darstellt, sollte der Unterricht darauf abzielen, Angebote zu machen, die es den Schülerinnen und Schülern ermöglichen, sich mit den fachspezifischen Inhalten und den in einem Fachgebiet gestellten Aufgaben identifizieren und diese in ihr Selbstbild integrieren zu können. Was Schülerinnen und Schüler dann aus dieser Anzahl von Angeboten auswählen, d.h. in welche Richtung ihr Interesse sich wendet, hängt nicht nur von den Lernkontexten selbst, sondern eben auch von intraindividuellen Vergleichen fachspezifischer Fähigkeitsselbstkonzepte ab. Insgesamt kann somit durch innerschulische und außerschulische Gelegenheiten für eine Auseinandersetzung mit verschiedenen fachlichen Inhalten ein entwicklungspsychologisch wichtiger und sinnvoller Prozess der Interessendifferenzierung angeregt und durch die Lernumgebung optimal unterstützt werden.

# Literatur


Abu-Hilal, M.M. & Bahri, T.M. (2000). Self-concept: The generalizability of research on the SDQ, Marsh/Shavelson model and I/E frame of reference model to the United Arab Emirates students. *Social Behavior and Personality, 28*, 309–322.

Ainley, M., Hidi, S. & Berndorff, D. (2002). Interest, learning, and the psychological processes that mediate their relationship. *Journal of Educational Psychology, 94*, 545–561.

Alexander, P., Jetton, T.L. & Kulikowich, J.M. (1995). Interrelationship of knowledge, interest, and recall: Assessing a model of domain learning. *Journal of Educational Psychology, 87*, 559–575.

Alexander, P., Kulikowich, J.M. & Jetton, T.L. (1994). The role of subject-matter knowledge and interest in the processing of linear and nonlinear texts. *Review of Educational Research, 64*, 201–252.

Alexander, P., Kulikowich, J.M. & Schulze, S.K. (1994). How subject-matter knowledge affects recall and interest. *American Research Journal, 31*, 313–337.

Alexander, P. & Murphy, P.K. (1994). *The research base for APA's learner-centered principles.* Paper presented at the annual meeting of the American Educational Research Association, New Orleans, LA.

Alexander, P.A. (1997). Mapping the multidimensional nature of domain learning: The interplay of cognitive, motivational, and strategic forces. In M.L. Maehr & P.R. Pintrich (Hrsg.), *Advances Motivation and Achievement* (Bd. 10, S. 213–150). Greenwich CT: JAI Press.

Alexander, P.A. (2004). A model of domain learning: Reinterpreting expertise as a multidimensional, multistage process. In D.Y. Dai & R.J. Sternberg (Hrsg.), *Motivation, emotion, and cognition: Integrative perspectives on intellectual functioning and development* (S. 273–298). Mahwah, NJ: Erlbaum.

Alexander, P.A. & Murphy, P.K. (1998). Profiling the differences in students' s knowledge, interest, and strategic processing. *Journal of Educational Psychology, 84*, 261–271.

Alexander, P.A., Sperl, C.T., Buehl, M.M., Fives, H. & Chiu, S. (2004). Modeling Domain Learning: Profiles From the Field of Special Education. *Journal of Educational Psychology, 96*(3), 545–557.

Allison, P.D. (2001). *Missing Data: Bd. 136. Series on Quantitative Applications in the Social Sciences.* Thousand Oaks, CA, USA: Sage University Papers.

Amabile, T.M., Hill, K.G., Hennessey, B.A. & Tighe, E.M. (1994). The work preference inventory: Assessing intrinsic and extrinsic motivational orientations. *Journal of Personality and Social Psychology, 66*(5), 950–967.

Amabile, T.M., Hill, K.G., Hennessey, B.A. & Tighe, E.M. (1995). The work preference inventory: Assessing intrinsic and extrinsic motivational orientations: Correction. *Journal of Personality and Social Psychology, 68*(4), 580.

Ames, C. (1992). Classrooms: Goals, structures, and student motivation. *Journal of Educational Psychology, 84*(3), 261–271.

Anderman, E.M., Eccles, J.S., Yoon, K.S., Roeser, R., Wigfield, A. & Blumenfeld, P.B. (2001). Learning to value mathematics and reading: Relations to mastery and performance-orientated instructional practices. *Contemporary Educational Psychology, 26*(1), 76–95.

Anderman, E.M. & Maehr, M.L. (1994). Motivation and schooling in the middle grades. *Review of Educational Research, 64*(2), 287–309.

Anderman, E.M. & Young, A.J. (1994). Motivation and strategy use in science: Individual differences and classroom effects. *Journal of Research in Science Teaching, 31*(8), 811–831.

Anderson, J.R., Reder, L.M. & Simon, H.A. (1996). Situated learning and education. *Educational Researcher, 25*(4), 5–11.

Archer-Kath, J., Johnson, D.W. & Johnson, R.T. (1994). Individual versus group feedback in cooperative groups. *Journal of Social Psychology, 134*(5), 681–694.

Artelt, C., Demmrich, A. & Baumert, J. (2001). Selbstreguliertes Lernen. In D. PISA-Konsortium (Hrsg.), *PISA 2000 – Basiskompetenzen von Schülerinnen und Schülern im internationalen Vergleich* (S. 271–298). Opladen: Leske + Budrich.

Assor, A., Kaplan, H. & Roth, G. (2002). Choice is good, but relevance is excellent: Autonomy-enhancing and suppressing teacher behaviours predicting students' engagement in schoolwork. *British Journal of Educational Psychology, 72*(2), 261–278.

Atkinson, J.W. (1957). Motivational determinants of risk-taking behavior. *Psychological Review, 64*, 359–372.

Babad, E. (1996). How high is „high inference"? Within classroom differences in students' perceptions of classroom interaction. *Journal of Classroom Interaction, 31*(1), 1–9.

Baltes, P.B. (1987). Theoretical propositions of life-span developmental psychology: On the dynamics between growth and decline. *Developmental Psychology, 23*(5), 611–626.

Baltes, P.B. (1990). Entwicklungspsychologie der Lebensspanne: theoretische Leitsätze. *Psychologische Rundschau, 41*, 1–24.

Baltes, P.B. (1997). On the incomplete architecture of human ontogeny: Selection, optimization, and compensation as foundations of developmental theory. *American Psychologist, 52*, 366–380.

Bandura, A. (1977). Self-efficacy: Toward a unifying theory of behavioral change. *Psychological Review, 84*(2), 191–215.

Bandura, A. (1986). *Social foundations of thought and action: A social cognitive theory.* Englewood Cliffs, NJ: Prentice Hall.

Bandura, A. (1989). Social cognitive theory. In R. Vasta (Hrsg.), *Annals of child development: Bd. 6. Six theories of child development* (S. 1–60). Greenwich, CT: JAI Press.

Barak, A. (1981). Vocational interests: A cognitive view. *Journal of Vocational Behavior, 19*(1), 1–14.

Barak, A. (2001). A cognitive view of the nature of vocational interests: Implications for career assessment, counseling, and research. In F.T.L. Leong & A. Barak (Hrsg.), *Contemporary models in vocational psychology* (S. 97–131). Mahwah, NJ: Erlbaum.

Barak, A., Librowsky, I. & Shiloh, S. (1989). Cognitive determinants of interests: An extension of a theoretical model and initial empirical examinations. *Journal of Vocational Behavior, 34*(3), 318–334.

Barak, A., Shiloh, S. & Haushner, O. (1992). Modification of interests through cognitive restructuring: Test of a theoretical model in preschool children. *Journal of Counseling Psychology, 39*, 490–497.

Barber, B.L., Stone, M.R. & Eccles, J.S. (2005). Adolescent Participation in Organized Activities. In K.A. Moore & L.H. Lippman (Hrsg.), *What do children need to flourish: Conceptualizing and measuring indicators of positive development* (S. 133–146). New York, NY, US: Springer Science + Business Media.

Barber, B.L., Stone, M.R., Hunt, J.E. & Eccles, J.S. (2005). Benefits of activity participation: The roles of identity affirmation and peer group norm sharing. In J.L. Mahoney, R.W. Larson & J.S. Eccles (Hrsg.), *Organized activities as contexts of development: Extracurricular activities, after-school and community programs* (S. 185–210). Mahwah, NJ, US: Erlbaum.

Barcikowski, R.S. (1981). Statistical power with group mean as the unit of analysis. *Journal of Educational Statistics, 8*, 267–285.

Bargel, T., Framheim-Peisert, G. & Sandberger, J.U. (1989). *Studienerfahrungen und studentische Orientierungen in den 80er Jahren.* Bonn: Bock.

Barinaga, M. (1994). Overview: Surprises across the cultural divide. *Science, 263*, 1468–1474.

Barnett, R.C. (1975). Sex differences and age trends in occupational preferences and occupational prestige. *Journal of Counseling Psychology, 22*(1), 35–38.

Bartko, W.T. & Eccles, J.S. (2003). Adolescent participation in structured and unstructured activities: A person-oriented analysis. *Journal of Youth and Adolescence, 32*(4), 233–241.

Battistich, V., Solomon, D. & Delucchi, K. (1993). Interaction processes and student outcomes in cooperative learning groups. *Elementary School Journal, 94*(1), 19–32.

Baumert, J. (2002). Deutschland im internationalen Bildungsvergleich. In N. Killius, J. Kluge & L. Reisch (Hrsg.), *Die Zukunft der Bildung* (S. 100–150). Frankfurt am Main: Suhrkamp.

Baumert, J., Bos, W. & Lehmann, R. (2000). *TIMSS/III. Dritte internationale Mathematik- und Naturwissenschaftsstudie – Mathematische und naturwissenschaftliche Bildung am Ende der Schullaufbahn: Bd.2. Mathematische und physikalische Kompetenzen in der Oberstufe*. Opladen: Leske + Budrich.

Baumert, J., Gruehn, S., Heyn, S., Köller, O. & Schnabel, K. (2003). *Bildungsverläufe und psychosoziale Entwicklung im Jugendalter (BIJU). Dokumentation: Bd. 1. Skalen Längsschnitt 1. Wellen 1–4.* Unveröffentliche Dokumentation am Max-Planck-Institut für Bildungsforschung, Berlin.

Baumert, J., Klieme, E., Neubrandt, M., Prenzel, M., Schiefele, U., Schneider, W., Stanat, P., Tillmann, K.-J. & Weiß, M. (Hrsg.). (2001). *PISA 2000. Basiskompetenzen von Schülerinnen und Schülern im internationalen Vergleich.* Opladen: Leske + Budrich.

Baumert, J. & Köller, O. (1998). Interest research concerning secondary level I: An overview. In L. Hoffmann, A. Krapp, K.A. Renninger & J. Baumert (Hrsg.), *Interest and Learning. Proceeding of the Seeon Conference on Interest and Gender* (S. 241–256). Kiel: Institute for Science Education at the University of Kiel (IPN).

Baumert, J. & Köller, O. (2000). Unterrichtsgestaltung, verständnisvolles Lernen und multiple Zielerreichung im Mathematik- und Physikunterricht der gymnasialen Oberstufe, *TIMSS/III. Dritte internationale Mathematik- und Naturwissenschaftsstudie – Mathematische und naturwissenschaftliche Bildung am Ende der Schullaufbahn: Bd. 2. Mathematische und physikalische Kompetenzen in der Oberstufe* (S. 271–315). Opladen: Leske + Budrich.

Baumert, J., Köller, O. & Schnabel, K. (2000). Schulformen als differentielle Entwicklungsmilieus – eine ungehörige Fragestellung? In Gewerkschaft Erziehung und Wissenschaft GEW (Hrsg.), *Messung sozialer Motivation. Eine Kontroverse. Schriftenreihe des Bildungs- und Förderungswerks der GEW, Band 14.* (S. 28–69). Frankfurt am Main: Bildungs- und Förderungswerks der GEW.

Baumert, J., Lehmann, R., Lehrke, M., Schmitz, B., Clausen, M., Hosenfeld, I., Köller, O. & Neubrand, J. (1997). *TIMSS – Mathematisch-naturwissenschaftlicher Unterricht im internationalen Vergleich: Deskriptive Befunde.* Opladen: Leske + Budrich.

Baumert, J., Roeder, P.M., Gruehn, S., Heyn, S. & Köller, O. (1996). *Testdokumentation der Studie „Bildungsverläufe und psychosoziale Entwicklung im Jugendalter (BIJU)".* Unveröffentliches Manuskript, Berlin.

Baumert, J., Roeder, P.M., Gruehn, S., Heyn, S., Köller, O., Rimmele, R., Schnabel, K. & Seipp, B. (1996). Bildungsverläufe und psychosoziale Entwicklung im Jugendalter (BIJU). In K.-P. Treumann, G. Neubauer, R. Möller & J. Abel (Hrsg.), *Methoden und Anwendungen empirischer pädagogischer Forschung* (S. 170–180). Münster/New York: Waxmann.

Baumert, J., Roeder, P.M., Sang, F. & Schmitz, B. (1986). Leistungsentwicklung und Ausgleich von Leistungsunterschieden in Gymnasialklassen. *Zeitschrift für Pädagogik, 32*(5), 639–660.

Baumert, J., Schnabel, K. & Lehrke, M. (1998). Learning math in school: Does interest really matter? In L. Hoffmann, A. Krapp, K.A. Renninger & J. Baumert (Hrsg.), *Interest and*

*Learning. Proceeding of the Seeon Conference on Interest and Gender* (S. 327–336). Kiel: Institute for Science Education at the University of Kiel (IPN).

Baumert, J. & Schümer, G. (2001). Familiäre Lebensverhältnisse, Bildungsbeteiligung und Kompetenzerwerb. In J. Baumert, E. Klieme, M. Neubrand, M. Prenzel, U. Schiefele, W. Schneider, P. Stanat, K.-J. Tillmann & M. Weiß (Hrsg.), *PISA 2000 : Basiskompetenzen von Schülerinnen und Schülern im internationalen Vergleich* (S. 323–407). Opladen: Leske + Budrich.

Baumrind, D. (1991). Effective parenting during the early adolescent transition. In P.A. Cowan & E.M. Hetherington (Hrsg.), *Family transitions. Advances in family research series* (S. 111–163). Hillsdale, NJ: Erlbaum.

Bayrhuber, H., Bögeholz, S., Elster, D., Hammann, M., Hössle, C., Lücken, M., Mayer, J., Nerdel, C., Neuhaus, B., Prechtl, H. & Sandmann, A. (2007). Biologie im Kontext. Ein Programm zur Kompetenzförderung durch Kontextorientierung im Biologieunterricht und zur Unterstützung von Lehrerprofessionalisierung. *Der Mathematische und Naturwissenschaftliche Unterricht – MNU, 60*(5), 282–286.

Bentler, P.M. (1990). Comparative fix indexes in structural models. *Psychological Bulletin, 107*(2), 238–246.

Bentler, P.M. & Bonett, D.G. (1980). Significance tests and goodness of fit in the analysis of covariance structures. *Psychological Bulletin, 88*(3), 588–606.

Bentler, P.M. & Chou, C. (1987). Practical issues in structural modeling. *Sociological Methods & Research, 16*(1), 78–117.

Bergin, D.A. (1999). Influences on classroom interest. *Educational Psychologist, 34*, 87–92.

Bergmann, C. (1992). Schulisch-berufliche Interessen als Determinanten der Studien- bzw. Berufswahl und -bewältigung. Eine Überprüfung des Modells von Holland. In A. Krapp & M. Prenzel (Hrsg.), *Interesse, Lernen, Leistung. Neuere Ansätze einer pädagogisch-psychologischen Interessenforschung* (S. 195–220). Münster: Aschendorff.

Berlyne, D.E. (1960). *Conflict, arousal, and curiosity*. New York: McGraw-Hill.

Berndt, T.J. & Perry, T.B. (1990). Distinctive features of early adolescent friendships. In R. Montemayor, G.R. Adams & T.P. Gullotta (Hrsg.), *From childhood to adolescence: A transitional period?* Newbury Park, CA: Sage.

Biernat, M. (1991). Gender stereotypes and the relationship between masculinity and femininity: A developmental analysis. *Journal of Personality and Social Psychology, 61*(3), 351–365.

Blau, S. (1991). *The effects of cognitive determinants on differential formation of male and female interests.* Unveröffentliche Dissertationsschrift, Tel Aviv University.

Bliese, P.D. & Halverson, R.R. (1996). Individual and nomothetic models of job stress: An examination of work hours, cohesion, and well-being. *Journal of Applied Social Psychology, 26*(13), 1171–1189.

Bloome, D., Puro, P. & Theodorou, E. (1989). Procedural display and classroom lessons. *Curriculum Inquiry, 19*(3), 265–291.

Blumberg, E., Möller, K., Jonen, J. & Hardy, I. (2003). Multikriteriale Zielerreichung im naturwissenschaftlichen Sachunterricht der Grundschule. In D. Cech & H.-J. Schwier (Hrsg.), *Lernwege und Aneignungsformen im Sachunterricht* (S. 77–92). Bad Heilbrunn: Klinkhardt.

Blunck, S.M. & Yager, R.E. (1990). The Iowa Chautauqua Program: A model for improving science in the elementary school. *Journal of Elementary Science Education, 2*, 3–9.

Blyth, D.A., Simmons, R.G. & Carlton-Ford, S. (1983). The adjustment of early adolescents to school transitions. *Journal of Early Adolescence, 3*, 105–120.

Boaler, J. (1999). Mathematics from another world: Traditional communities and the alienation of learners. *Journal of Mathematical Behavior, 18*(4), 379–397.

Bock, R.D. (1989). *Multilevel analysis of educational data.* San Diego: Academic Press.

Boenicke, R. (2000). Selbstorganisation im Klassenraum? Zu den Begründungen offener Lernformen und ihrer Konzepte. *Die Deutsche Schule, 92*(1), 13–21.

Boggiano, A.K., Flink, C. & Shields, A. (1993). Use of techniques promoting students' self-determination: Effects on students' analytic problem-solving skills. *Motivation and Emotion, 17*(4), 319–336.

Bollen, K.A. (1989). *Structural equations with latent variables*. New York, NY: Wiley.

Bonfadelli, H., Darkow, M., Eckhard, J., Franzmann, B., Kabel, R., Meier, W., Weger, H.-D. & Wiedemann, J. (1986). *Jugend und Medien*. Eine Studie der ARD/ZDF-Medienkommission und der Bertelsmann Stiftung. Schriftenreihe Media Perspektiven, Band 6. Frankfurt a.M.: Metzner.

Bong, M. (1998). Test of the internal/external frames of reference model with subject-specific academic self-efficacy and frame-specific academic self-concepts. *Journal of Educational Psychology, 90*(1), 102–110.

Bong, M. (2001). Between- and within-domain relations of academic motivation among middle and high school students: self-efficacy, task value, and achievement goals. *Journal of Educational Psychology, 93*(1), 23–34.

Bong, M. & Clark, R.E. (1999). Comparison between self-concept and self-efficacy in academic motivation research. *Educational Psychologist, 34*(3), 139–154.

Bortz, J. (1993). *Statistik für Sozialwissenschaftler* (4. Auflage). Berlin: Springer.

Bottorff, J.L., Johnson, J.L., Ratner, P.A. & Hayduk, L.A. (1996). The effects of cognitive-perceptual factors on health promotion behavior maintenance. *Nursing Research, 45*(1), 30–36.

Bouffard, T., Marcoux, M., Vezeau, C. & Bordeleau, L. (2003). Changes in self-perceptions of competence and intrinsic motivation among elementary school-children. *British Journal of Educational Psychology, 73*, 171–186.

Bransford, J. & the Cognition and Technology Group at Vanderbilt. (1994). The Jasper series: Theoretical foundations and data on problem solving and transfer. In L.A. Penner, G.M. Batsche, H.M. Knoff & D.L. Nelson (Hrsg.), *The challenge in mathematics and science education: Psychology's response* (S. 113–152). Washington: American Psychology Association.

Brooks-Gunn, J. & Reiter, E.O. (1990). The role of pubertal process. In S.S. Feldman & G.R. Elliott (Hrsg.), *At the threshold: The developing adolescent* (S. 16–53). Cambridge, MA: Harvard University Press.

Brophy, J. (1999). *Teaching* (Bd. 1). Genf, Switzerland: International Academy of Education/International Bureau of Education.

Brown, A.L. & Campione, J.C. (1996). Psychological theory and the design of innovative learning environments: On procedures, principles, and systems. In L. Schauble & R. Glaser (Hrsg.), *Innovations in learning: New environments for education* (S. 289–326). Mahwah, NJ: Erlbaum.

Brown, B. (1990). Peer groups and peer cultures. In S.S. Feldman & G.R. Elliott (Hrsg.), *At the threshold: The developing adolescent* (S. 171–196). Cambridge, MA: Harvard University Press.

Browne, M.W. & Cudeck, R. (1989). Single sample crossvalidation indices for covariance structures. *Multivariate Behavioral Research, 24*(4), 445–455.

Browne, M.W. & Cudeck, R. (1993). Alternative ways of assessing model fit. In K.A. Bollen & J.S. Long (Hrsg.), *Testing structural equation models* (S. 132–162). Beverley Hills, CA: Sage.

Brunner, M., Kunter, M., Krauss, S., Klusmann, U., Baumert, J., Blum, W., Neubrand, M., Dubberke, T., Jordan, A., Löwen, K. & Tsai, Y. (2006). Die professionelle Kompetenz von Mathematiklehrkräften. Konzeptualisierung, Erfassung und Bedeutung für den Unterricht. Eine Zwischenbilanz des COACTIV-Projekts. In M. Prenzel & L. Allolio-Näcke

(Hrsg.), *Untersuchungen zur Bildungsqualität von Schule. Abschlußbericht des DFG-Schwerpunktprogramms.* (S. 54–82). Münster: Waxmann.

Bryant, F.B. & Yarnold, P.R. (1995). Principal-components analysis and exploratory and confirmatory factor analysis. In L.G. Grimm & P.R. Yarnold (Hrsg.), *Reading and understanding multivariate statistics* (S. 99–136).

Bryk, A.S. & Raudenbush, S.W. (1987). Application of hierarchical linear models to assessing change. *Psychological Bulletin, 101*(1), 147–158.

Bryk, A.S. & Raudenbush, S.W. (1989). Toward a more appropriate conceptualization of research on school effects: A three-level hierarchical linear model. In R.D. Bock (Hrsg.), *Multilevel analysis of educational data* (S. 159–204). San Diego: Academic Press.

Bryk, A.S. & Raudenbush, S.W. (1992). *Hierarchical linear models: Applications and data-analysis methods.* Newbury Park, CA: Sage.

Bryk, A.S., Raudenbush, S.W., Seltzer, T. & Congdon, R.T. (1989). *An introduction to HLM: Computer program and User's Guide*: University of Chicago/Scientific Software.

Buchanan, C.M. (1989). *Hormone concentrations and variability: Associations with self-reported moods and energy in early adolescent girls.* Paper presented at the meeting of the Society for Research on Child Development, Kansas City, MO.

Buchanan, C.M., Eccles, J.S. & Becker, J.B. (1992). Are adolescents the victims of raging hormones? Evidence for activational effects of hormones on moods and behaviors at adolescence. *Psychological Bulletin, 111*(1), 62–107.

Burstein, L. (Hrsg.). (1993). *The IEA Study of Mathematics III. Student growth and classroom processes: Bd. 3. International studies in educational achievement.* Oxford: Pergamon.

Burstein, L., Linn, R.L. & Capell, I. (1978). Analyzing multi-level data in the presence of heterogeneous within-class regressions. *Journal of Educational Statistics, 3*, 347–383.

Byrnes, J.P. (1988). Formal operations: A systematic reformulation. *Developmental Review, 8*(1), 66–87.

Cameron, J., Banko, K., Pierce, W. & David, W. (2001). Pervasive negative effects of rewards on intrinsic motivation: The myth continues. *Behavior Analyst, 24*(1), 1–44.

Cameron, J., Pierce, W. & David, W. (1994). Reinforcement, reward, and intrinsic motivation: A meta-analysis. *Review of Educational Research, 64*(3), 363–423.

Cameron, J., Pierce, W. & David, W. (1996). The debate about rewards and intrinsic motivation: Protests and accusations do not alter the results. *Review of Educational Research, 66*(1), 39–51.

Campbell, D.T. & Fiske, D.W. (1959). Convergent and discriminant validation by multitrait matrix. *Psychological Bulletin, 56*, 81–105.

Chen, Z.-Y. & Dornbusch, S.M. (1998). Relating aspects of adolescent emotional autonomy to academic achievement and deviant behavior. *Journal of Adolescent Research, 13*(3), 293–319.

Cheung, K.C., Keeves, J.P., Sellin, N. & Tsoi, S.C. (1990). The analysis of multilevel data in educational research: Studies of problems and their solutions. *International Journal of Educational Research, 14*(3), 215–319.

Chou, C. & Bentler, P.M. (1995). Estimates and tests in structural equation modeling. In R.H. Hoyle (Hrsg.), *Structural equation modeling: Concepts, issues, and applications* (S. 37–55). Thousand Oaks, CA: Sage Publications.

Church, M.A., Elliot, A.J. & Gable, S.L. (2001). Perceptions of classroom environment, achievement goals, and achievement outcomes. *Journal of Educational Psychology, 93*(1), 43–54.

Clancey, W.J. (1993). Situated action: A neuropsychological interpretation response to Vera and Simon. *Cognitive Science, 17*(1), 87–116.

Clausen, M. (2002). *Unterrichtsqualität: Eine Frage der Perspektive?* Münster: Waxmann.

Cobb, P. (1994). Where is the mind? Constructivist and sociocultural perspectives on mathematical development. *Educational Researcher, 23*(7), 13–20.

Cobb, P. & Bowers, J. (1999). Cognitive and situated learning perspectives in theory and practice. *Educational Researcher, 28*(2), 4–15.

Cognition and Technology Group at Vanderbilt. (1992). The Jasper series as an example of anchored instruction: Theory, program, description, and assessment data. *Educational Psychologist, 27*, 291–315.

Cognition and Technology Group at Vanderbilt. (1997). *Lessons in curriculum, instruction, assessment, and professional development*. Mahwah, NJ: Erlbaum.

Cohen, E.G. (1994a). *Designing groupwork: Strategies for the heterogeneous classroom*. New York: Teachers College Press.

Cohen, E.G. (1994b). Restructuring the classroom: Conditions for productive small groups. *Review of Educational Research, 64*(1), 1–35.

Collins, A.M., Greeno, J.G. & Resnick, L. (2001). Educational Learning Theory. In N. Smelser & P.B. Baltes (Hrsg.), *International encyclopedia of the social and behavioral sciences* (Bd. 6, S. 4276–4279). Oxford: Elsevier.

Collins, W.A. (1990). Parent-child relationships in the transition to adolescence: Continuity and change in interaction, affect, and cognition. In G.R. Adams & T.P. Gullotta (Hrsg.), *From childhood to adolescence: A transitional period?* (S. 85–106). Beverly Hills, CA: Sage.

Collins, W.A. (2003). More than myth: The developmental significance of romantic relationships during adolescence. *Journal of Research on Adolescence, 13*(1), 1–24.

Corno, L. & Snow, R.E. (2001). Conative individual differences in learning. In J.M. Collis & S. Messick (Hrsg.), *Intelligence and personality: Bridging the gap in theory and measurement* (S. 121–138). Mahwah, NJ: Erlbaum.

Covington, M.V. (2000). Intrinsic versus extrinsic motivation in schools: A reconciliation. *Current Directions in Psychological Science, 9*(1), 22–25.

Crain, R.M. (1996). The influence of age, race, and gender on child an adolescent multidimensional self-concept. In B.A. Bracken (Hrsg.), *Handbook of self-concept: Developmental, social, and clinical considerations* (S. 395–420). Oxford, England: Wiley.

Creemers, B.P.M. (1994). *The effective classroom*. London: Cassell.

Crockett, L., Petersen, A., Graber, J. & Schulenberg, J. (1989). School transitions and adjustment during early adolescence. *Journal of Early Adolescence, 9*(3), 181–210.

Csikszentmihalyi, M. (1988). Motivation and creativity: Toward a synthesis of structural and energistic approaches to cognition. *New Ideas in Psychology, 6*(2), 159–176.

Csikszentmihalyi, M. (1990). *Flow: The psychology of optimal experience*. New York: Harper & Row.

Csikszentmihalyi, M. (1995). *Flow. Das Geheimnis des Glücks* (4. Auflage). Stuttgart: Klett-Cotta.

Csikszentmihalyi, M. (1999). *Das Flow-Erlebnis* (8. Auflage). Stuttgart: Klett-Cotta.

Csikszentmihalyi, M. & Nakamura, J. (1989). The dynamics of intrinsic motivation: A study of adolescents. In C. Ames & R. Ames (Hrsg.), *Research on motivation in education: Bd. 3. Goals and cognitions* (S. 45–71). New York: Academic Press.

Csikszentmihalyi, M. & Rathunde, K. (1998). The development of the person: An experimental perspective on the ontogenesis of psychological complexity. In W. Damon & R.M. Lerner (Hrsg.), *Handbook of Child Psychology: Bd. 1. Theoretical models of human development* (5. Auflage). New York: Wiley.

Csikszentmihalyi, M. & Schiefele, U. (1993). Die Qualität des Erlebens und der Prozess des Lernens. *Zeitschrift für Pädagogik, 39*(2), 207–221.

Damon, W. & Hart, D. (1988). *Self-understanding in childhood and adolescence.* New York: Cambridge University Press.

DeCharms, R. (1979). *Motivation in der Klasse.* München: Moderne Verlags-GmbH.

Deci, E. (1975). *Intrinsic motivation.* New York: Plenum Press.

Deci, E. (1992). The relation of interest to the motivation of behavior: A self-determination theory perspective. In K.A. Renninger, S. Hidi & A. Krapp (Hrsg.), *The role of interest in learning and development* (S. 43–70). Hillsdale, NJ: Erlbaum.

Deci, E. (1998). The relation of interest to motivation and human needs – The self-determination theory viewpoint. In L. Hoffmann, A. Krapp, K.A. Renninger & J. Baumert (Hrsg.), *Interest and Learning. Proceeding of the Seeon Conference on Interest and Gender.* Kiel: Institute for Science Education at the University of Kiel (IPN).

Deci, E., Koestner, R. & Ryan, R.M. (1999a). A meta-analytic review of experiments examining the effects of extrinsic rewards on intrinsic motivation. *Psychological Bulletin, 125*(6), 627–668.

Deci, E., Koestner, R. & Ryan, R.M. (1999b). The undermining effect is a reality after all – Extrinsic rewards, task interests, and self-determination: Reply to Eisenberger, Pierce, and Cameron (1999) and Lepper, Henderlong, and Gingrass (1999). *Psychological Bulletin, 125*(6), 692–700.

Deci, E., Nezlek, J. & Sheinman, L. (1981). Characteristics of the rewarder and intrinsic motivation of the rewardee. *Journal of Personality and Social Psychology, 40*(1), 1–10.

Deci, E. & Ryan, R.M. (1985). *Intrinsic motivation and self-determination in human behavior.* New York: Plenum Press.

Deci, E. & Ryan, R.M. (1991). A motivational approach to self: Integration in personality. In R. Dienstbier (Hrsg.), *Nebraska Symposium on Motivation* (Bd. 38, S. 237–288). Lincoln, NE: University of Nebraska Press.

Deci, E. & Ryan, R.M. (1992). The initiation and regulation of intrinsically motivated learning and achievement. In A.K. Boggiano & T.S. Pittman (Hrsg.), *Achievement and motivation: A social-developmental perspective* (S. 9–36). New York: Cambridge University Press.

Deci, E. & Ryan, R.M. (1993). Die Selbstbestimmungstheorie der Motivation und ihre Bedeutung für die Pädagogik. *Zeitschrift für Pädagogik, 39*(2), 223–238.

Deci, E. & Ryan, R.M. (2000a). Self-determination theory and the facilitation of intrinsic motivation, social development, and well-being. *American Psychologist, 55*(1), 68–78.

Deci, E. & Ryan, R.M. (2000b). The „what" and „why" of goal pursuits: Human needs and the self-determination of behavior. *Psychological Inquiry, 11*(4), 227–268.

Deci, E. & Ryan, R.M. (Hrsg.). (2002). *Handbook of self-determination research.* Rochester, NY: University of Rochester Press.

Deci, E., Schwartz, A.J., Sheinman, L. & Ryan, R.M. (1981). An instrument to assess adults' orientations toward control versus autonomy with children: Reflections on intrinsic motivation and perceived competence. *Journal of Educational Psychology, 73*(5), 642–650.

Deci, E.L. & Moller, A.C. (2005). The Concept of Competence: A Starting Place for Understanding Intrinsic Motivation and Self-Determined Extrinsic Motivation. In A.J. Elliot & C.S. Dweck (Hrsg.), *Handbook of competence and motivation* (S. 579–597). New York, NY, US: Guilford Publications.

DeJong, R. & Westerhof, K.J. (2001). The quality of student ratings of teacher behaviour. *Learning Environments Research, 4*(1), 51–85.

Denissen, J.J.A., Zarrett, N.R. & Eccles, J.S. (2007). I like to do it, I'm able, and I know I am: Longitudinal couplings between domain-specific achievement, self-concept, and interest. *Child Development, 78*(2), 430–447.

Dewey, J. (1913). *Interest and effort in education.* Boston: Riverside Press.

Dickhäuser, O. (2003). Überprüfung des erweiterten Modells des internal/external frame of reference. *Zeitschrift für Entwicklungspsychologie und Pädagogische Psychologie, 35*, 200–207.

Dickhäuser, O. (2006). Fähigkeitsselbstkonzepte: Entstehung, Auswirkung, Förderung. *Zeitschrift für Pädagogische Psychologie, 20*, 5–8.

Dickhäuser, O., Seidler, A. & Kölzer, M. (2005). Kein Mensch kann alles? Effekte dimensionaler Vergleiche auf das Fähigkeitsselbstkonzept. *Zeitschrift für Pädagogische Psychologie, 19*, 97–106.

Dillenbourg, P., Baker, M., Blaye, A. & O'Malley, C. (1996). The evolution of research on collaborative learning. In P. Reimann & H. Spada (Hrsg.), *Learning in humans and machines: Towards an interdisciplinary learning science* (S. 189–211). Oxford: Elsevier.

Ditton, H. (1992). *Ungleichheit und Mobilität durch Bildung: Theorie und empirische Untersuchung über sozialräumliche Aspekte von Bildungsentscheidungen*. Weinheim und München: Juventa.

Ditton, H. (1998). *Mehrebenenanalyse: Grundlagen und Anwendungen des Hierarchisch-Linearen Modells*. Weinheim: Juventa.

Ditton, H. (2002). Unterrichtsqualität – Konzeptionen, methodische Überlegungen und Perspektiven. *Unterrichtswissenschaft, 30*(3), 197–212.

Dornbusch, S.M., Petersen, A.C. & Hetherington, E.M. (1991). Projecting the future of research in adolescence. *Journal of Research in Science Teaching, 1*(1), 7–17.

Dreher, E. & Dreher, M. (1985a). Entwicklungsaufgaben im Jugendalter: Bedeutsamkeit und Bewältigungskonzepte. In D. Liepmann & A. Stiksrud (Hrsg.), *Entwicklungsaufgaben und Bewältigungsprobleme in der Adoleszenz* (S. 59–70). Göttingen: Hogrefe.

Dreher, E. & Dreher, M. (1985b). Wahrnehmung und Bewältigung von Entwicklungsaufgaben im Jugendalter: Fragen, Ergebnisse und Hypothesen zum Konzept einer Entwicklungs- und Pädagogischen Psychologie des Jugendalters. In R. Oerter (Hrsg.), *Lebensbewältigung im Jugendalter* (S. 59–70). Weinheim: Edition Psychologie.

Dreher, E. & Dreher, M. (1991). Entwicklungsrelevante Ereignisse aus der Sicht von Jugendlichen. *Schweizerische Zeitschrift für Psychologie, 50*(1), 24–33.

Drottz-Sjöberg, B.M. (1989). Interest in science education and research: A study of graduate students. *Göteborg Psychological Reports, 19*(4), 1–33.

Duit, R. & Häußler, P. (1997). Physik und andere naturwissenschaftliche Lernbereiche. In F. Weinert (Hrsg.), *Enzyklopädie der Psychologie, Themenbereich D, Praxisgebiete, Serie I, Pädagogische Psychologie, Band 3: Psychologie des Unterrichts und der Schule* (S. 427–460). Göttingen: Hogrefe.

Duit, R. & Mikelskis-Seifert, S. (2007). Kontextorientierter Unterricht. Wie man es einbettet, so wird es gelernt. *Unterricht Physik [Naturwissenschaft im Unterricht – Physik], 18*(98), 4–8.

Duit, R. & Treagust, T.F. (1995). Students' conceptions and constructivist teaching approaches. In B. Fraser & H. Walberg (Hrsg.), *Improving science education* (S. 46–69). Chicago, IL: University of Chicago Press.

Duit, R., Widodo, A. & Wodzinski, C.T. (2007). Conceptual change ideas: Teachers' views and their instructional practice. In S. Vosniadou, A. Baltas & X. Vamvakoussi (Hrsg.), *Reframing the conceptual change approach in learning and instruction* (S. 197–217). New York, NY, US: Elsevier Science.

Durik, A.M., Vida, M. & Eccles, J.S. (2006). Task Values and Ability Beliefs as Predictors of High School Literacy Choices: A Developmental Analysis. *Journal of Educational Psychology, 98*(2), 382–393.

Eccles, J.S. (1983). Expectancies, values, and academic choice: Origins and changes. In J. Spence (Hrsg.), *Achievement and achievement motivation* (S. 75–146). San Francisco: W. H. Freeman.

Eccles, J.S. (1987). Gender roles and women's achievement-related decisions. *Psychology of Women Quarterly, 11*(2), 135–172.

Eccles, J.S. (1994). Understanding women's educational and occupational choices: Applying the Eccles et al. model of achievement-related choices. *Psychology of Women Quarterly, 18*(4), 585–609.

Eccles, J.S. (2005). Subjective Task Value and the Eccles et al. Model of Achievement-Related Choices. In A.J. Elliot & C.S. Dweck (Hrsg.), *Handbook of competence and motivation* (S. 105–121). New York, NY, US: Guilford Publications.

Eccles, J.S. (2007a). Families, Schools, and Developing Achievement-Related Motivations and Engagement. In J.E. Grusec & P.D. Hastings (Hrsg.), *Handbook of socialization: Theory and research* (S. 665–691). New York, NY, US: Guilford Press.

Eccles, J.S. (2007b). Where Are All the Women? Gender Differences in Participation in Physical Science and Engineering. In S.J. Ceci & W.M. Williams (Hrsg.), *Why aren't more women in science: Top researchers debate the evidence* (S. 199–210). Washington, DC, US: American Psychological Association.

Eccles, J.S., Barber, B.L., Stone, M. & Hunt, J. (2003). Extracurricular Activities and Adolescent Development. *Journal of Social Issues, 59*(4), 865–889.

Eccles, J.S., Barber, B.L., Updegraff, K. & O'Brian, K.M. (1998). An expectancy-value model of achievement choices: The role of ability self-concepts, perceived task utility and interest in predicting activity choice and course Enrollment. In L. Hoffmann, A. Krapp, K.A. Renninger & J. Baumert (Hrsg.), *Interest and Learning. Proceeding of the Seeon Conference on Interest and Gender* (S. 267–280). Kiel: Institute for Science Education at the University of Kiel (IPN).

Eccles, J.S., Freedman-Doan, C., Frome, P., Jacobs, J. & Yoon, K.S. (2000). Gender-role socialization in the family: A longitudinal approach. In T. Eckes & H.M. Trautner (Hrsg.), *The developmental social psychology of gender*. Mahwah, NJ: Erlbaum.

Eccles, J.S. & Harold, R.D. (1993). Parent-school involvement during the early adolescent years. *Teachers College Record, 94*(3), 568–587.

Eccles, J.S. & Midgley, C. (1989). Stage-environment fit: Developmentally appropriate classrooms for young adolescents. In C. Ames & R. Ames (Hrsg.), *Research on motivation in education* (Bd. 3, S. 139–186). San Diego: Academic Press.

Eccles, J.S., Midgley, C. & Adler, T. (1984). Grade-related changes in the school environment: Effects on achievement motivation. In J.G. Nicholls (Hrsg.), *The development of achievement motivation*. Greenwich, CT: JAI Press.

Eccles, J.S., Midgley, C., Wigfield, A., Buchanan, C.M., Reuman, D., Flanagan, C. & Mac Iver, D. (1993). Development during adolescence: The impact of stage-environment fit on young adolescents' experiences in schools and in families. *American Psychologist, 48*(2), 90–101.

Eccles, J.S. & Wigfield, A. (1995). In the mind of the actor: The structure of adolescents' achievement task values and expectancy-related beliefs. *Personality and Social Psychology Bulletin, 21*, 215–225.

Eccles, J.S., Wigfield, A., Flanagan, C., Miller, C., Reuman, D. & Yee, D. (1989). Self-concepts, domain values, and self-esteem: Relations and changes at early adolescence. *Journal of Personality, 57*(2), 283–310.

Eccles, J.S., Wigfield, A., Harold, R.D. & Blumenfeld, P.B. (1993). Age and gender differences in children's achievement self-perceptions during elementary school years. *Child Development, 64*(3), 830–847.

Eccles, J.S., Wigfield, A. & Schiefele, U. (1998). Motivation to succeed. In N. Eisenberg (Hrsg.), *Handbook of Child Psychology* (5th Auflage, Bd. 3, S. 1017–1095). New York: Wiley.

Eder, D. (1985). The cycle of popularity: Interpersonal relations among female adolescents. *Sociology of Education, 58*(3), 154–165.

Eder, F. (2001). Schul- und Klassenklima. In D.H. Rost (Hrsg.), *Handwörterbuch Pädagogische Psychologie* (S. 578–586). Weinheim: Beltz.

Einsiedler, W. (1997). Unterrichtsqualität und Leistungsentwicklung: Literaturüberblick. In F. Weinert & A. Helmke (Hrsg.), *Entwicklung im Grundschulalter* (S. 225–240). Weinheim: Beltz.

Einsiedler, W. (1999). *Von Erziehungs- und Unterrichtsstilen zur Unterrichtsqualität. Berichte und Arbeiten aus dem Institut für Grundschulforschung Nr. 90.* Nürnberg: Institut für Grundschulforschung (MC) der Universität Erlangen-Nürnberg.

Eisenberger, R., Pierce, W. & Cameron, J. (1999). Effects of reward on intrinsic motivation – negative, neutral, and positive: Comment on Deci, Koestner, and Ryan. *Psychological Bulletin, 125*(6), 677–691.

Elster, D. (2006). Welches Interesse haben Jugendliche an naturwissenschaftlichen Inhalten und Kontexten? – Erste Ergebnisse der ROSE-Erhebung in Deutschland und Österreich. *Bioskop – Zeitschrift der Austrian Biologist Association, 4*(4), 15–18.

Elster, D. (2007a). In welchen Kontexten sind naturwissenschaftliche Inhalte für Jugendliche interessant? – Ergebnisse der ROSE-Erhebung aus Österreich und Deutschland. *Plus Lucis, 14*(3).

Elster, D. (2007b). Interessante und weniger interessante Kontexte für das Lernen von Naturwissenschaften. *Der Mathematische und Naturwissenschaftliche Unterricht – MNU, 60*(4), 243–249.

Elster, D. (2007c). Student interests – the German and Austrian ROSE survey. *Journal of Biological Education, 42*(1), 1–7.

Elster, D. (2007d). Zum Interesse Jugendlicher an naturwissenschaftlichen Inhalten und Kontexten – Ergebnisse der ROSE Erhebung. In H. Bayrhuber, U. Harms, D. Krüger, A. Sandmann, U. Unterbruner, A. Upmeier zu Belzen & H. Vogt (Hrsg.), *Ausbildung und Professionalisierung von Lehrkräften. Internationale Tagung der Fachgruppe Biologiedidaktik im Verein deutscher Biologen (VBIO).* Kassel: Universität Kassel VBIO.

Enders, C.K. (2001). A primer on maximum likelihood algorithms available for use with missing data. *Structural Equation Modeling, 8*(1), 128–141.

Engeser, S., Rheinberg, F., Vollmeyer, R. & Bischoff, J. (2005). Motivation, Flow-Erleben und Lernleistung in universitären Lernsettings. *Zeitschrift für pädagogische Psychologie, 19*(3), 159–172.

Epstein, J.S. (1991). School and family connections: Theory, research, and implications for integrating sociologies of education and families. In D.G. Unger & M.B. Sussman (Hrsg.), *Families in community settings: Interdisciplinary perspectives* (S. 99–126). New York: Haworth Press.

Erikson, E.H. (1950). *Childhood and society.* New York: Norton.

Erikson, E.H. (1959). Identity and the life cycle. *Psychological Issues, 1*, 1–171.

Erikson, E.H. (1988). *Jugend und Krise. Die Psychodynamik im sozialen Wandel* (3. Auflage). Stuttgart: Klett-Kotta.

Faber, G. (1992). Bereichsspezifische Beziehungen zwischen leistungsthematischen Schülerselbstkonzepten und Schulleistungen. *Zeitschrift für Entwicklungspsychologie und Pädagogische Psychologie, 24*(1), 66–82.

Fagot, B.I., Rodgers, C.S. & Leinbach, M.D. (2000). Theories of gender socialization. In T. Eckes & H.M. Trautner (Hrsg.), *The developmental social psychology of gender* (S. 65–89). Mahwah, NJ: Erlbaum.

Faißt, W., Häußler, P., Hergeröder, C., Keunecke, K.H., Kloock, H., Milanowski, I. & Schöffler-Wallmann, M. (1994). *Physik-Anfangsunterricht für Mädchen und Jungen.* IPN-Materialien. Kiel: Institut für die Pädagogik der Naturwissenschaften (IPN).

Feldlaufer, H., Midgley, C. & Eccles, J.S. (1988). Student, teacher, and observer perceptions of the classroom environment before and after the transition to junior high school. *Journal of Early Adolescence, 8*(2), 133–156.

Fend, H. (1977). *Schulklima: Soziale Einflussprozesse in der Schule*. Weinheim: Beltz.

Fend, H. (1991). *Identitätsentwicklung in der Adoleszenz: Lebensentwürfe, Selbstfindung und Weltaneignung in beruflichen, familiären und politisch-weltanschaulichen Bereichen*. Bern: Huber.

Fend, H. (1997). *Der Umgang mit Schule in der Adoleszenz. Aufbau und Verlust von Lernmotivation, Selbstachtung und Empathie. Entwicklungspsychologie der Adoleszenz in der Moderne, Band 4*. Bern: Huber.

Fend, H. & Prester, H.G. (1986). *Dokumentation der Skalen des Projekts „Entwicklung im Jugendalter"*. Konstanz: Universität Konstanz.

Fend, H. & Specht, W. (1986). *Erziehungsumwelten. Bericht aus dem Projekt „Entwicklung im Jugendalter"*. Konstanz: Sozialwissenschaftliche Fakultät der Universität Konstanz.

Festinger, L. (1954). A theory of social comparison processes. *Human Relations, 7*, 117–140.

Fink, B. (1992). Interessenentwicklung im Kindesalter aus der Sicht einer Person-Gegenstands-Konzeption. In A. Krapp & M. Prenzel (Hrsg.), *Interesse, Lernen, Leistung. Neuere Ansätze einer pädagogisch-psychologischen Interessenforschung* (S. 53–83). Münster: Aschendorff.

Fink, R.P. (1998). Interest, gender, and literacy development in successful dyslexics. In H. Hoffman, A. Krapp, K.A. Renninger & J. Baumert (Hrsg.), *Interest and Learning. Proceeding of the Seeon Conference on Interest and Gender* (S. 402–407). Kiel: Institute for Science Education at the University of Kiel (IPN).

Fivush, R. (1998). Interest, gender and personal narrative: How children construct self-understanding. In L. Hoffmann, A. Krapp, K.A. Renninger & J. Baumert (Hrsg.), *Interest and Learning. Proceeding of the Seeon Conference on Interest and Gender* (S. 58–73). Kiel: Institute for Science Education at the University of Kiel (IPN).

Flammer, A. & Alsaker, F.D. (2002). *Entwicklungspsychologie der Adoleszenz*. Bern: Huber.

Flink, C., Boggiano, A.K. & Barrett, M. (1990). Controlling teaching strategies: Undermining children's self-determination and performance. *Journal of Personality and Social Psychology, 59*(5), 916–924.

Flowerday, T. & Schraw, G. (2000). Teacher beliefs about instructional choice: A phenomenological study. *Journal of Educational Psychology, 92*(4), 634–645.

Flowerday, T. & Schraw, G. (2003). Effect of choice on cognitive and affective engagement. *Journal of Educational Research, 96*(4), 207–215.

Fölsch, G. (1996). Sind die Bildungsziele „Kompetenz" und „Autonomie" vereinbar? Ein Nachdenken über Erfahrungen in der Praxis. *Die Deutsche Schule, 88*(4), 392–405.

Forum Bildung. (2001). *Empfehlungen des Forum Bildung*. Bonn: Forum Bildung.

Fraser, B. (1980). *Criterion validity of an individualized classroom environment questionnaire*. Sydney: McQuaire University.

Fraser, B. & Fisher, D.L. (1982). Predicting students' outcomes from their perceptions of classroom psychosocial environment. *American Educational Research Journal, 19*(4), 498–518.

Fraser, B. & Walberg, H. (1981). Psychosocial learning environment in science classrooms: A review of research. *Studies in Science Evaluation, 8*, 67–92.

Frazier-Kouassi, S. (1992). *Women in mathematics and physics: Inhibitors and enhancers*. Ann Arbor, MI: The University of Michigan, Center for Education of Women.

Fredricks, J.A. & Eccles, J.S. (2005). Developmental benefits of extracurricular involvement: Do peer characteristics mediate the link between activities and youth outcomes? *Journal of Youth and Adolescence, 34*(6), 507–520.

Fredricks, J.A. & Eccles, J.S. (2006a). Extracurricular Involvement and Adolescent Adjustment: Impact of Duration, Number of Activities, and Breadth of Participation. *Applied Developmental Science, 10*(3), 132–146.

Fredricks, J.A. & Eccles, J.S. (2006b). Is Extracurricular Participation Associated With Beneficial Outcomes? Concurrent and Longitudinal Relations. *Developmental Psychology, 42*(4), 698–713.

Friedler, Y. & Tamir, P. (1990). Sex differences in science education in Israel: An analysis of 15 years of research. *Research in Science & Technological Education, 8*(1), 21–34.

Galambos, N.L., Noack, P. & Silbereisen, R.K. (1995). *Sex role attitudes and perceived developmental tasks: A cross-validation study*. Paper presented at the 8th Bienial Meeting of the International Society for the Study of Behavioral Development, Tours, France.

Galambos, N.L., Petersen, A.C., Richards, M. & Gitelson, I.B. (1985). The Attitudes Toward Women Scale for Adolescents (ATWSA): A study of reliability and validity. *Sex Roles, 13*(5–6), 343–356.

Garden, R.A. & Robitaille, D.F. (1989). *The IEA Study of Mathematics 11: Contexts and outcomes of school mathematics*. Oxford: Pergamon.

Gardner, P.L. (1987). Schülerinteressen an Naturwissenschaften und Technik. In M. Lehrke & L. Hoffmann (Hrsg.), *Schülerinteressen am naturwissenschaftlichen Unterricht* (S. 13–38). Köln: Aulius.

Garner, R., Alexander, P., Gillingham, M.G., Kulikowich, J.M. & Brown, R. (1991). Interest and learning from text. *American Educational Research Journal, 28*(3), 643–659.

Garner, R., Brown, R., Sanders, S. & Menke, D.J. (1992). „Seductive details“ and learning from text. In K.A. Renninger, S. Hidi & A. Krapp (Hrsg.), *The role of interest in learning and development* (S. 239–254). Hillsdale, NJ: Erlbaum.

Gerstenmaier, J. & Mandl, H. (1995). Wissenserwerb unter konstruktivistischer Perspektive. *Zeitschrift für Pädagogik, 41*(6), 867–888.

Giaconia, R.M. & Hedges, L.V. (1982). Identifying features of effective open education. *Review of Educational Research, 52*(4), 579–602.

Giesen, H., Gold, A., Hummer, A. & Weck, M. (1992). Die Bedeutung der Koedukation für die Genese der Studienwahl. *Zeitschrift für Pädagogik, 38*(1), 65–81.

Gillies, R.M. & Ashman, A.F. (1998). Behavior and interactions of children in cooperative groups in lower and middle elementary grades. *Journal of Educational Psychology, 90*(4), 746–757.

Gisbert, K. (1998). Individual interest in mathematics and female gender identity. In L. Hoffmann, A. Krapp, K.A. Renninger & J. Baumert (Hrsg.), *Interest and Learning. Proceeding of the Seeon Conference on Interest and Gender*. Kiel: Institute for Science Education at the University of Kiel (IPN).

Gottfredson, L.S. (1981). Circumscription and compromise: A developmental theory of occupational aspiration. *Journal of Counseling Psychology, 28*(6), 545–579.

Gottfredson, L.S. & Lapan, R.T. (1997). Assessing gender-based circumscription of occupational aspirations. *Journal of Career Assessment, 5*(4), 419–441.

Gottfried, A.E. (1985). Academic intrinsic motivation in elementary and junior high school students. *Journal of Educational Psychology, 77*(6), 631–645.

Gottfried, A.E. (1986). *Children's Academic Intrinsic Motivation Inventory*. Odessa, FL: Psychological Assessment Resources.

Gottfried, A.E. (1990). Academic intrinsic motivation in young elementary school children. *Journal of Educational Psychology, 82*(3), 525–538.

Gottfried, A.E. (1998, April). *Academic intrinsic motivation in high school students: Relationships with achievement, perception of competence.* Paper presented at the meeting of the American Educational Research Association, San Diego, CA.

Gottfried, A.E., Fleming, J.S. & Gottfried, A.E. (2001). Continuity of academic intrinsic motivation from childhood through late adolescence: A longitudinal study. *Journal of Educational Psychology, 93*(1), 3–13.

Gottfried, A.E., Fleming, J.S. & Gottfried, A.W. (1994). Role of parental motivational practices in children's academic intrinsic motivation and achievement. *Journal of Educational Psychology, 86*(1), 104–113.

Gottfried, A.E., Fleming, J.S. & Gottfried, A.W. (1998). Role of cognitively stimulating home environment in children's academic intrinsic motivation: A longitudinal study. *Child Development, 69*(5), 1448–1460.

Gottfried, A.E. & Gottfried, A.W. (1996). A longitudinal study of academic intrinsic motivation in intellectually gifted children: Childhood through early adolescence. *Gifted Child Quarterly, 40*(4), 179–183.

Graber, J.A., Petersen, A.C. & Brooks-Gunn, J. (1996). Pubertal processes: Methods, measures, and models. In J. Graber & Brooks-Gunn (Hrsg.), *Transitions through adolescence: Interpersonal domains and context* (S. 23–53). Hillsdale, NJ: Erlbaum.

Gräber, W. (1992). Interesse am Unterrichtsfach Chemie, an Inhalten und Tätigkeiten. *Chemie in der Schule, 39*(10), 354–358.

Gräber, W. (1998). Schooling for lifelong attention to chemistry issues: The role of interest and achievement. In L. Hoffmann, A. Krapp, K.A. Renninger & J. Baumert (Hrsg.), *Interest and Learning. Proceeding of the Seeon Conference on Interest and Gender* (S. 290–301). Kiel: Institute for Science Education at the University of Kiel (IPN).

Graham, J.W., Cumsille, P.E. & Elek-Fisk, E. (2003). Methods for handling missing data. In J.A. Schinka & W.F. Velicer (Hrsg.), *Handbook of Psychology* (Bd. 2, S. 87–114). New York, NY: John Wiley & Sons.

Gräsel, C. & Gruber, H. (2000). Kooperatives Lernen in der Schule: Theoretische Ansätze – Empirische Befunde – Desiderate für die Lehramtsausbildung. In N. Seibert (Hrsg.), *Unterrichtsmethoden kontrovers* (S. 191–176). Opladen: Klinkhardt.

Greeno, J.G., Collins, A.M. & Resnick, L. (1996). Cognition and learning. In D. Berliner & R. Calfee (Hrsg.), *Handbook of educational psychology* (S. 35–58). New York: Macmillan Library.

Greeno, J.G., Smith, D.R. & Moore, J.I. (1992). Transfer of situated learning. In D. Detterman & R.J. Sternberg (Hrsg.), *Transfer on trial: Intelligence, cognition, and instruction* (S. 99–176). Norwood, NJ: Ablex.

Greeno, J.G. & the Middle School Mathematics Through Applications Project Group. (1998). The situativity of knowing, learning, and research. *American Psychologist, 53*(1), 5–26.

Grell, J. (2000). Direktes Unterrichten. Ein umstrittenes Unterrichtsmodell. In J. Wiechmann (Hrsg.), *Zwölf Unterrichtsmethoden. Vielfalt für die Praxis* (S. 35–49). Weinheim: Beltz.

Grolnick, W.S. & Ryan, R.M. (1986). Origins and pawns in the classroom: Self-report and projective assessments of individual differences in children's perceptions. *Journal of Personality and Social Psychology, 50*(3), 550–558.

Grolnick, W.S. & Ryan, R.M. (1987). Autonomy in children's learning: An experimental and individual difference investigation. *Journal of Personality and Social Psychology, 52*(5), 890–898.

Grolnick, W.S. & Ryan, R.M. (1989). Parent styles associated with children's self-regulation and competence in school. *Journal of Educational Psychology, 81*(2), 143–154.

Grotevant, H.D. & Cooper, C.R. (1998). Individuality and connectedness in adolescent development: Review and prospects for research on identity, relationships, and context. In E. Skoe & A. von der Lippe (Hrsg.), *Personality development in adolescence: A cross national and life span perspective. Adolescence and society* (S. 3–37). Florence, KY: Taylor & Francis/Routledge.

Grouws, D.A. & Cebulla, K.J. (2000). *Improving student achievement in mathematics* (Bd. 4). Genf, Switzerland: International Academy of Education/International Bureau of Education.

Grouws, D.A. & Lembke, L.O. (1996). Influential factors in student motivation to learn mathematics: The teacher and classroom culture. In M. Carr (Hrsg.), *Motivation in mathematics* (S. 39–62). Cresskill, NJ: Hampton Press.

Gruehn, S. (1995). Vereinbarkeit kognitiver und nichtkognitiver Ziele im Unterricht. *Zeitschrift für Pädagogik, 41*(4), 531–553.

Gruehn, S. (2000). *Unterricht und schulisches Lernen. Schüler als Quellen der Unterrichtsbeschreibung*. Münster: Waxmann.

Gustafsson, J.-E. (2001). On the hierarchical structure of ability and personality. In J.M. Collis & S. Messick (Hrsg.), *Intelligence and personality* (S. 25–42). Mahwah, NJ: Erlbaum.

Gustafsson, J.-E. & Balke, G. (1993). General and specific abilities as predictors of school achievement. *Multivariate Behavioral Research, 28*(4), 407–434.

Haag, L. (1999). Die Qualität des Gruppenunterrichtes im Lehrerwissen und Lehrerhandeln. In H.D. Dann & T. Diegritz (Hrsg.), *Gruppenunterricht im Schulalltag: Realität und Chancen* (S. 302–329). Erlangen: Universitäts-Bibliothek.

Hackett, G. & Campbell, N. (1987). Task self-efficacy and task interest as a function of performance on a gender-neutral task. *Journal of Vocational Behavior, 30*(2), 203–215.

Häfeli, K., Kraft, U. & Schallenberger, U. (1988). *Berufsausbildung und Persönlichkeitsentwicklung*. Bern: Huber.

Hage, K., Bischoff, H., Dichanz, H., Eubel, K.-D., Oehlschläger, H.-J. & Schwittmann, D. (1985). *Das Methoden-Repertoire von Lehrern: Eine Untersuchung zum Unterrichtsalltag in der Sekundarstufe I*. Leverkusen: Leske + Budrich.

Haladya, T. & Hess, R. (1994). The detection and correction of bias in student ratings of instruction. *Research in Higher Education, 35*(6), 669–687.

Hannover, B. (1991). Zur Unterrepräsentanz von Mädchen in Naturwissenschaften und Technik: Psychologische Prädiktoren der Fach- und Berufswahl. *Zeitschrift für Pädagogische Psychologie, 5*(3), 169–186.

Hannover, B. (1992a). *Mädchen und Technik*. Göttingen: Hogrefe.

Hannover, B. (1992b). Spontanes Selbstkonzept und Pubertät. Zur Interessenentwicklung von Mädchen koedukativer und geschlechtshomogener Schulklassen. *Bildung und Erziehung, 45*(1), 31–46.

Hannover, B. (1997). Die Bedeutung des pubertären Reifestatus für die Herausbildung informeller Interaktionsgruppen in koedukativen Klassen und in Mädchenschulklassen. *Zeitschrift für Pädagogische Psychologie, 11*(1), 3–13.

Hannover, B. (1998). The development of self-concept and interests. In L. Hoffmann, A. Krapp, K.A. Renninger & J. Baumert (Hrsg.), *Interest and Learning. Proceeding of the Seeon Conference on Interest and Gender* (S. 105–125). Kiel: Institute for Science Education at the University of Kiel (IPN).

Hannover, B. (2000). Development of the self in gendered contexts. In T. Eckes & H.M. Trautner (Hrsg.), *The developmental social psychology of gender* (S. 177–206). Mahwah, NJ: Erlbaum.

Hannover, B. & Bettge, S. (1993). *Mädchen und Technik*. Göttingen: Hogrefe.

Hannover, B. & Kessels, U. (2002). Monoedukativer Anfangsunterricht in Physik in der Gesamtschule: Auswirkungen auf Motivation, Selbstkonzept und Einteilung in Grund- oder Fortgeschrittenenkurse. *Zeitschrift für Entwicklungspsychologie und Pädagogische Psychologie, 34*(4), 201–215.

Hannover, B. & Kessels, U. (2003). Der Einfluss des Image der Mathematik auf die schulische Interessen- und Leistungsentwicklung. In H.W. Henn (Hrsg.), *Beiträge zum Mathematikunterricht* (S. 15–22). Hildesheim: Franzbecker.

Hannover, B., Scholz, P. & Laabs, H.J. (1992). Technikerfahrung und mathematisch-naturwissenschaftliche Interessen bei Mädchen und Jungen. Ein Vergleich zwischen Jugendlichen aus den alten und neuen Bundesländern. *Zeitschrift für Entwicklungspsychologie und Pädagogische Psychologie, 24*(2), 115–128.

Hansford, B.C. & Hattie, J.A. (1982). The relationship between self and achievement/performance measures. *Review of Educational Research, 52*(1), 123–142.

Harackiewicz, J.M., Barron, K.E., Tauer, J.M., Carter, S.M. & Elliot, A.J. (2000). Short-term and long-term consequences of achievement: Predicting continued interest and performance over time. *Journal of Educational Psychology, 92*, 316–330.

Harackiewicz, J.M., Barron, K.E., Tauer, J.M. & Elliot, A.J. (2002). Predicting success in college: A longitudinal study of achievement goals and ability measures as predictors of interest and performance from freshman year through graduation. *Journal of Educational Psychology, 94*, 562–575.

Hardy, I., Jonen, A., Möller, K. & Stern, E. (2006). Effects of instructional support within constructivist learning environments for elementary school students' understanding of „floating and sinking". *The Journal of educational psychology, 98*(2), 307–326.

Harlow, H.F. (1958). The nature of love. *American Psychologist, 13*, 673–685.

Harter, S. (1985). *The self-perception profile for adolescence*. Unveröffentliches Manuskript, University of Denver.

Harter, S. (1990a). Causes, correlates and the functional role of self-worth: A lifespan perspective. In R.J. Sternberg & J. Kolligian (Hrsg.), *Competence considered* (S. 67–97). New Haven: Yale University Press.

Harter, S. (1990b). Processes underlying adolescent self-concept formation. In R. Montemayer, G.R. Adams & T.P. Gullotta (Hrsg.), *From childhood to adolescence: A transitional period?* (S. 205–239). Newbury Park, CA: Sage.

Harter, S. (1990c). Self and identity development. In S. Feldman & G. Elliot (Hrsg.), *At the threshold: The developing adolescent* (S. 352–387). Cambridge, MA: Harvard University Press.

Harter, S. (1992a). Visions of self: Beyond the me in the mirror. In J. Jacobs (Hrsg.), *Nebraska Symposium on Motivation* (Bd. 40, S. 99–144). Lincoln, NE: University of Nebraska Press.

Harter, S. (1998). Developmental perspectives on the self-system. In N. Eisenberg (Hrsg.), *Handbook of Child Psychology* (5. Auflage, Bd. 3. Social, emotional, and personality development., S. 553–618). New York: Wiley.

Harter, S. (1999). *The construction of the self. A developmental perspective*. Hove: Guilford Press.

Harter, S. (Hrsg.). (1992b). *The relationship between perceived competence, affect and motivational orientation with the classroom: Processes and patterns of change*. New York: Cambridge University Press.

Hartup, W. (1992). Peer relations in early and middle childhood. In V. Van Hasselt & M. Hersen (Hrsg.), *Handbook of social development: A lifespan perspective. Perspectives in developmental psychology* (S. 257–281). New York: Plenum Press.

Hartup, W. (1999). Peer experience and its developmental significance. In M. Bennet (Hrsg.), *Developmental psychology: Achievements and prospects* (S. 106–125). Philadelphia, PA: Psychology Press/Taylor & Francis.

Hartup, W. & Laursen, B. (1991). Relationships as developmental contexts. In R. Cohen & A. Siegel (Hrsg.), *Context and development* (S. 253–279). Hillsdale, NJ: Erlbaum.

Hartup, W.W. (1983). Peer relations. In E.M. Hetherington (Hrsg.), *Handbook of child psychology* (4th Auflage, Bd. 4, S. 103–196). New York: Wiley.

Häußler, P. (1987). Measuring students' interest in physics – design and results of a cross-sectional study in the Federal Republic of Germany. *International Journal of Science Education, 9*(1), 79–92.

Häußler, P., Frey, K., Hoffman, L., Rost, J. & Spada, H. (1980). *Physikalische Bildung: Eine curriculare Delphi-Studie, Teil 1.* IPN-Arbeitsberichte 41. Kiel: Institut für die Pädagogik der Naturwissenschaften (IPN).

Häußler, P., Frey, K., Hoffman, L., Rost, J. & Spada, H. (1988). *Education in physics for today and tomorrow – Physikalische Bildung für heute und morgen.* Kiel: Institute for Science Education at the University of Kiel (IPN).

Häußler, P. & Hoffmann, L. (1995). Physikunterricht – an den Interessen von Mädchen und Jungen orientiert. *Unterrichtswissenschaft, 23*(2), 107–126.

Häußler, P. & Hoffmann, L. (1998). Qualitative differences in student's interest in physics and the dependence on gender and age. In L. Hoffmann, A. Krapp, K.A. Renninger & J. Baumert (Hrsg.), *Interest and Learning. Proceeding of the Seeon Conference on Interest and Gender* (S. 280–289). Kiel: Institute for Science Education at the University of Kiel (IPN).

Havighurst, R. (1948). *Developmental tasks and education.* New York, NY: McKay.

Havighurst, R. (1953). *Human development and education.* New York: Longmans, Green.

Havighurst, R. (1956). Research on the developmental task concept. *School Review. A Journal of Secondary Education, 64*, 215–223.

Havighurst, R. (1982). *Developmental tasks and education (1. Auflage 1948).* New York: Longmans, Green.

Hayduk, L.A. (1987). *Structural equation modeling with LISREL: Essentials and advances.* Baltimore: Johns Hopkins University Press.

Heckhausen, H. (1989). *Motivation und Handeln* (2. Auflage). Berlin: Springer.

Heckhausen, H. & Rheinberg, F. (1980). Lernmotivation im Unterricht, erneut betrachtet. *Unterrichtswissenschaft, 8*(1), 7–47.

Heckhausen, J. (1990). Entwicklung im Erwachsenenalter aus der Sicht junger, mittelalter und alter Erwachsener. *Zeitschrift für Entwicklungspsychologie und Pädagogische Psychologie, 22*(1), 1–21.

Heckhausen, J. & Schulz, R. (1993). Optimisation by selection and compensation: Balancing primary and secondary control in life-span development. *International Journal of Behavioral Development, 16*(2), 287–303.

Heckhausen, J. & Schulz, R. (1995). A life-span theory of control. *Psychological Review, 102*(2), 284–304.

Heckhausen, J. & Schulz, R. (1999). Selectivity in life-span development: Biological and societal canalizations and individuals' development goals. In J. Brandstädter & R.M. Lerner (Hrsg.), *Action and self-development: Theory and research through the life span* (S. 67–103). Thousand Oaks, CA: Sage.

Helmke, A. (1983). Prüfungsangst: Ein Überblick über neuere theoretische Entwicklungen und neuere Ergebnisse. *Psychologische Rundschau, 34*(4), 193–211.

Helmke, A. (1993). Die Entwicklung der Lernfreude vom Kindergarten bis zur 5. Klassenstufe. *Zeitschrift für Pädagogische Psychologie, 7*, 77–86.

Helmke, A. (1997). Entwicklung lern- und leistungsbezogener Motive und Einstellungen: Ergebnisse aus dem SCHOLASTIK-Projekt. In F. Weinert & A. Helmke (Hrsg.), *Entwicklung im Grundschulalter.* Weinheim: PVU.

Helmke, A. (1999). Direkte Instruktion – effektiver Unterricht? *Bildung Real, 38*, 59–72.

Helmke, A. (2002). Kommentar: Unterrichtsqualität und Unterrichtsklima: Perspektiven und Sackgassen. *Unterrichtswissenschaft, 30*, 261–277.

Helmke, A. (2003). *Unterrichtsqualität erfassen, bewerten, verbessern.* Seelze: Kallmeyer.

Helmke, A. (2006). Was wissen wir über guten Unterricht? Über die Notwendigkeit einer Rückbesinnung auf den Unterricht als dem „Kerngeschäft“ der Schule. *Pädagogik, 58*, 42–45.

Helmke, A., Schneider, W. & Weinert, F. (1986). Quality of instruction and classroom learning outcomes: The German contribution to the IEA classroom environment study. *Teaching and Teacher Education, 2*(1), 1–18.

Helmke, A. & Schrader, F. (1990). Zur Kompatibilität kognitiver, affektiver und motivationaler Zielkriterien des Schulunterrichts – Clusteranalytische Studien. In M. Knopf & W. Schneider (Hrsg.), *Entwicklung. Allgemeine Verläufe – Individuelle Unterschiede – Pädagogische Konsequenzen. Festschrift zum 60. Geburtstag von Franz Emanuel Weinert* (S. 180–200). Göttingen: Hogrefe.

Helmke, A. & Schrader, F. (2006). Determinanten der Schulleistung. In D.H. Rost (Hrsg.), *Handbuch Pädagogische Psychologie* (S. 183–187). Weinheim: PVU.

Helmke, A. & Weinert, F. (1997). Bedingungsfaktoren schulischer Leistung. In F. Weinert (Hrsg.), *Enzyklopädie der Psychologie: Psychologie des Unterrichts und der Schule* (S. 71–176). Göttingen: Hogrefe.

Hembree, R. (1988). Correlates, causes, effects, and treatment of test anxiety. *Review of Educational Research, 58*(1), 47–77.

Herbart, J.F. (1806). *Allgemeine Pädagogik, aus dem Zweck der Erziehung abgeleitet: Bd. 2. Pädagogische Schriften* (Bd. 2.). Düsseldorf: Küpper.

Hertz-Lazarowitz, R. & Miller, N. (1992). *Interaction in cooperative groups: The theoretical anatomy of group learning.* Cambridge: Cambridge University Press.

Hickey, D.T., Moore, A.L. & Pellegrino, J.W. (2001). The motivational and academic consequences of elementary mathematics environments: Do constructivist innovations and reforms make a difference? *American Educational Research Journal, 38*(3), 611–652.

Hidi, S. (1990). Interest and its contribution as a mental resource for learning. *Review of Educational Research, 60*(4), 549–571.

Hidi, S. (2000). An interest researcher's perspective on the effects of extrinsic and intrinsic factors on motivation. In C. Sansone & J.M. Harackiewicz (Hrsg.), *Intrinsic and extrinsic motivation. The secret for optimal motivation and performance* (S. 309–339). New York: Academic Press.

Hidi, S. (2001). Interest, reading, and learning: Theoretical and practical considerations. *Educational Psychology Review, 13*(3), 191–209.

Hidi, S. (2006). Interest: A unique motivational variable. *Educational Research Review, 1*(2), 69–82.

Hidi, S. & Anderson, V. (1992). Situational interest and its impact on reading and expository writing. In K.A. Renninger, S. Hidi & A. Krapp (Hrsg.), *The role of interest in learning and development* (S. 215–238). Hillsdale, NJ: Erlbaum.

Hidi, S. & Baird, W. (1986). Interestingness – a neglected variable in discourse processing. *Cognitive Science, 10*(2), 179–194.

Hidi, S. & Berndorff, D. (1998). Situational interest and learning. In L. Hoffmann, A. Krapp, K.A. Renninger & J. Baumert (Hrsg.), *Interest and Learning. Proceeding of the Seeon Conference on Interest and Gender* (S. 74–90). Kiel: Institute for Science Education at the University of Kiel (IPN).

Hidi, S. & Harackiewicz, J.M. (2000). Motivating the academically unmotivated: A critical issue for the 21st century. *Review of Educational Research, 70*(2), 151–179.

Hidi, S. & Renninger, K.A. (2006). The Four-Phase Model of Interest Development. *Educational Psychologist, 41*(2), 111–127.

Hidi, S., Renninger, K.A. & Krapp, A. (2004). Interest, a motivational variable that combines affective and cognitive functioning. In D.Y. Dai & R.J. Sternberg (Hrsg.), *Motivation, emotion, and cognition: Integrative perspectives on intellectual functioning and development*. Mahwah, NJ: Erlbaum.

Hiebert, J., Carpenter, T.P., Fennema, E., Fuson, K., Human, P., Murray, H., Olivier, A. & Wearne, D. (1996). Problem solving as a basis for reform in curriculum and instruction: The case of mathematics. *Educational Researcher, 25*(4), 12–21.

Hill, J.P. & Lynch, M.E. (1983). The intensification of gender-related role expectations during early adolescence. In J. Brooks-Gunn & A.C. Petersen (Hrsg.), *Girls at puberty* (S. 201–228). New York: Plenum Press.

Hodapp, V. & Mißler, B. (1996). Determinanten der Wahl von Mathematik als Leistungs- bzw. Grundkurs in der 11. Jahrgangsstufe. In R. Schumann-Hengsteler & H.M. Trautner (Hrsg.), *Entwicklung im Jugendalter* (S. 143–164). Göttingen: Hogrefe.

Hoff, E.-H. (1994). Arbeit und Sozialisation. In K.A. Scheewind (Hrsg.), *Psychologie der Erziehung und Sozialisation. Enzyklopädie der Psychologie* (S. 525–552). Göttingen: Hogrefe.

Hoffmann, L. (2002). Promoting girls' learning and achievement in physics classes for beginners. *Learning and Institution, 12*(4), 447–465.

Hoffmann, L. & Häußler, P. (1998). An intervention project promoting girls' and boys' interest in physics. In L. Hoffmann, A. Krapp, K.A. Renninger & J. Baumert (Hrsg.), *Interest and Learning. Proceeding of the Seeon Conference on Interest and Gender* (S. 301–316). Kiel: Institute for Science Education at the University of Kiel (IPN).

Hoffmann, L., Häußler, P., Bünder, W., Nentwig, P. & Peters-Haft, S. (1995). *BLK-Modellversuch: „Chancengleichheit – Veränderung des Anfangsunterrichts Physik/Chemie unter besonderer Berücksichtigung der Kompetenzen und Interessen von Mädchen" (Abschlussbericht)*. Kiel: Institut für die Pädagogik der Naturwissenschaften (IPN).

Hoffmann, L., Häußler, P. & Lehrke, M. (1998). *Die IPN-Interessenstudie Physik*. Kiel: Institut für die Pädagogik der Naturwissenschaften (IPN).

Hoffmann, L., Häußler, P. & Peters-Haft, S. (1997). *An den Interessen von Mädchen und Jungen orientierter Physikunterricht*. Kiel: Institut für die Pädagogik der Naturwissenschaften (IPN).

Hoffmann, L. & Lehrke, M. (1986). Eine Untersuchung über Schülerinteressen an Physik und Technik. *Zeitschrift für Pädagogik, 32*(2), 189–204.

Hofmann, K., Reichert, J. & Ricken, G. (1998). Typisch Offener Unterricht? Eine Rekonstruktion der Merkmalsordnung bei Lehrern. *Zeitschrift für Pädagogische Psychologie, 12*(4), 250–259.

Hogg, M.A. (2003). Social identity. In M.R. Leary & J.P. Tangney (Hrsg.), *Handbook of self and identity* (S. 462–479). New York, NY: Guilford Press.

Holland, J.L. (1997). *Making vocational choices: A theory of vocational personalities and work environments* (3rd Auflage). Odessa, FL: Psychological Assessment Resources.

Holland, J.L. (1999). Why interest inventories are also personality inventories. In M.L. Savickas & A.R. Spokane (Hrsg.), *Vocational interests: Meaning, measurement, and counseling use* (S. 87–101). Palo Alto, CA . Davies-Black Publishing, Inc.

Howard, G., Maxwell, S., Weiner, R., Boynton, K. & Rooney, W. (1980). Is a behavioral measure the best estimate of behavioral parameters? Perhaps not. *Applied Psychological Measurement, 4*(3), 293–311.

Hox, J. (2002). *Multilevel analysis techniques and applications*. Mahwah, NJ: Erlbaum.

Hu, L. & Bentler, P.M. (1998). Fit indices in covariance structure modeling: Sensitivity to underparameterized model misspecification. *Psychological Methods, 3*(4), 424–453.

Hu, L. & Bentler, P.M. (1999). Cutoff criteria for fit indexes in covariance structure analysis: Conventional criteria versus new alternatives. *Structural Equation Modeling, 6*(1), 1–55.

Hunt, D.E. (1975). Person-environment interaction: A challenge found wanting before it was tried. *Review of Educational Research, 45*(2), 209–230.

Husén, T. (Hrsg.). (1967). *International Study of Achievement in Mathematics: A Comparison of Twelve Countries*. Stockholm: Almquist & Wiksell.

Huston, A.C. (1987). The development of sex typing: Themes from recent research. In S. Chess & A. Thomas (Hrsg.), *Annual progress in child psychiatry and child development* (S. 168–186). Philadelphia, PA: Brunner, Mazel.

Hyde, J., Fennema, E., Ryan, R.M. & Frost, L. (1990). Gender comparisons of mathematics attitudes and affect: A meta-analysis. *Psychology of Women Quarterly, 14*(3), 299–324.

Inhelder, B. & Piaget, J. (1958). *The growth of logical thinking from childhood to adolescence*. New York: Basic Books.

Iran-Nejad, A. (1987). Cognitive and affective causes of interest and liking. *Journal of Educational Psychology, 79*(2), 120–130.

Iran-Nejad, A. & Cecil, C. (1992). Interest and Learning: A biofunctional perspective. In K.A. Renninger, S. Hidi & A. Krapp (Hrsg.), *The role of interest in learning and development* (S. 297–332). Hillsdale, NJ: Erlbaum.

Jacobs, J., Lanza, S., Osgood, D.W., Eccles, J.S. & Wigfield, A. (2002). Changes in children's self-competences and values: Gender and domain differences across grades one through twelve. *Child Development, 73*, 509–527.

Jerusalem, M. (1984). *Selbstbezogene Kognitionen in schulischen Bezugsgruppen: Eine Längsschnittstudie: Bd. 1*. Berlin: Freie Universität Berlin, Institut für Psychologie.

Jerusalem, M. & Schwarzer, R. (1991). Entwicklung des Selbstkonzepts in verschiedenen Lernumwelten. In R. Pekrun & H. Fend (Hrsg.), *Schule und Persönlichkeitsentwicklung: Ein Resümee der Längsschnittforschung* (S. 115–130). Stuttgart: Enke.

Jetton, T.L. & Alexander, P.A. (2000). Learning from text. A multidimensional and developmental perspective. In M.L. Kounil, P.B. Mosenthal, P.D. Pearson & R. Barr (Hrsg.), *Handbook of Reading Research* (Bd. 3). Mahwah NJ: Erlbaum.

Johnson, D.W. & Johnson, R.T. (1994). *Learning together and alone: Cooperative, competitive, and individualistic learning*. Englewood Cliffs, NJ: Prentice-Hall, Inc.

Johnson, D.W. & Johnson, R.T. (1995). Cooperative learning and nonacademic outcomes of schooling: The other side of the report card. In J.E. Pedersen & A.D. Digby (Hrsg.), *Secondary schools and cooperative learning* (S. 81–150). New York: Garland.

Jonen, A., Möller, K. & Hardy, I. (2003). Lernen als Veränderung von Konzepten – am Beispiel einer Untersuchung zum naturwissenschaftlichen Lernen in der Grundschule. In D. Cech & H.-J. Schwier (Hrsg.), *Lernwege und Aneignungsformen im Sachunterricht* (S. 93–108). Bad Heilbrunn: Klinkhardt.

Jones, J.E. & Greene, B.A. (2003, April). *Autonomy support, motivation, self-regulation, and perceived competence: Influences on achievement in a training context.* Paper presented at the annual meeting of the American Educational Research Association, Chicago, IL.

Jopt, U.J. (1978). *Selbstkonzept und Ursachenerklärung in der Schule*. Bochum: Kamp.

Jöreskog, K.G. & Sörbom, D. (1981). *Lisrel V: Analysis of linear structural relations by the method of maximum likelihood*: Chicago, IL: International Educational Services.

Jöreskog, K.G. & Sörbom, D. (1996). *LISREL 8: Structural equation modeling with the SIMPLIS command language*. Chicago, IL: Scientific Software International.

Jugendwerk der Deutschen Shell. (1985). *Jugendliche + Erwachsene '85. Generationen im Vergleich (Band I-V)*. Opladen: Leske + Budrich.

Jugendwerk der Deutschen Shell (Hrsg.). (2000). *Jugend 2000. 13. Shell Jugendstudie (Konzeption und Koordination: Arthur Fischer, Yvonne Fritzsche, Werner Fuchs-Heinritz, Richard Münchmeider)*. Opladen: Leske + Budrich.

Jugendwerk der Deutschen Shell (Hrsg.). (2002). *Jugend 2002. 14. Shell-Jugendstudie (Konzeption und Koordination: Klaus Hurrelmann und Mathias Albert in Arbeitsgemeinschaft mit Infratest Sozialforschung)*. Frankfurt/M: Fischer.

Jugendwerk der Deutschen Shell (Hrsg.). (2006). *Jugend 2006. 15. Shell Jugendstudie (Konzeption und Koordination: Klaus Hurrelmann und Mathias Albert in Arbeitsgemeinschaft mit Infratest Sozialforschung)*. Frankfurt/M: Fischer.

Kagan, S. (1994). *Cooperative learning*. San Juan Capistrano, CA: Resources for Teachers.

Kaplan, D. (2000). *Structural equation modeling: Foundations and extensions*. Newbury Park, CA: Sage.

Katz, I., Kanat-Maymon, Y. & Assor, A. (2003, April). *Toward a differentiated cross-cultural conceptualization of autonomy: Active goal/ideal formation, temperament/interest realization, and choice in learning*. Paper presented at the meeting of the American Educational Research Association, Chicago.

Keating, D.P. (1990). Adolescent thinking. In S. Feldman & G. Elliot (Hrsg.), *At the threshold: The developing adolescent* (S. 54–89). Cambridge, MA: Harvard University Press.

Keller, H., Schneider, K. & Henderson, B. (Hrsg.). (1994). *Curiosity and Exploration*. Berlin: Springer.

Kerschensteiner, G. (1922). *Theorie der Bildung*. Leipzig: Teubner.

Kessels, U. & Hannover, B. (2002). Die Auswirkungen von Stereotypen über Schulfächer auf die Berufswahlabsichten Jugendlicher. In B. Spinath & E. Heise (Hrsg.), *Pädagogische Psychologie unter gewandelten gesellschaftlichen Bedingungen. Dokumentation des 5. Dortmunder Symposiums für Pädagogische Psychologie* (S. 53–67). Hamburg: Kovac.

Kessels, U. & Hannover, B. (2004). Self-closeness: A mediator between self-concept of ability and major subject course selection intentions. *Zeitschrift für Entwicklungspsychologie und Pädagogische Psychologie, 36*(3), 130–138.

Kessels, U., Rau, M. & Hannover, B. (2006). What goes well with physics? Measuring and altering the image of science. *British Journal of Educational Psychology, 76*(4), 761–780.

King, A. & Rosenshine, B. (1993). Effects of guided cooperative questioning on children's knowledge construction. *Journal of Experimental Education, 61*(2), 127–148.

King, G. (1997). *A solution to the ecological inference problem*. Princeton: Princeton University Press.

Kinnear, A., Treagust, D. & Rennie, L. (1991). Gender-inclusive technology materials for the primary school: A case study in curriculum development. *Research in Science Education, 21*, 224–233.

Kintsch, W. (1998). *Comprehension: A paradigm for cognition*. New York, NY: Cambridge University Press.

Kish, L. (1987). *Statistical design for research*. New York, NY: John Wiley & Sons.

Kishton, J.M. & Widaman, K.F. (1994). Unidimensional versus domain representative parceling of questionaire items: An empirical example. *Educational and Psychological Measurement, 54*(3), 757–765.

Kleinespel, K. (1998). *Schulpädagogik als Experiment*. Weinheim: Beltz.

Klem, L. (2000). Structural equation modeling. In L.G. Grimm & P.R. Yarnold (Hrsg.), *Reading and understanding MORE multivariate statistics* (S. 227–260). Washington: American Psychology Association.

Klieme, E. & Clausen, M. (1999, April). *Identifying facets of problem solving in mathematics instruction*. Paper presented at the annual meeting of the American Educational Research Association, Montreal, Canada.

Klieme, E., Knoll, S. & Schümer, G. (1999). *Mathematikunterricht der Sekundarstufe I in Deutschland, Japan und den USA: Dokumentation zur TIMSS-Video-Studie*. Berlin: Max-Planck-Institut für Bildungsforschung.

Klieme, E., Schümer, G. & Knoll, S. (2001). Mathematikunterricht in der Sekundarstufe I: „Aufgabenkultur" und Unterrichtsgestaltung. In Bundesministerium für Bildung und Forschung (BMBF) (Hrsg.), *TIMSS – Impulse für Schule und Unterricht* (S. 43–57). Bonn: Bundesministerium für Bildung und Forschung (BMBF).

Klieme, E. & Stanat, P. (2002). Zur Aussagekraft internationaler Schulleistungsvergleiche: Befunde und Erklärungsansätze am Beispiel von PISA. *Bildung und Erziehung, 55*(1), 25–44.

Knoll, S. (2003). *Verwendung von Aufgaben in Einführungsphasen des Mathematikunterrichts.* Unveröffentliche Dissertationsschrift, Fachbereich Erziehungswissenschaft und Psychologie der Freien Universität Berlin.

Kobarg, M. & Seidel, T. (2007). Prozessorientierte Lernbegleitung. Videoanalysen im Physikunterricht der Sekundarstufe I. *Unterrichtswissenschaft, 35*(2), 148–168.

Koestner, R., Ryan, R.M., Bernieri, F. & Holt, K. (1984). Setting limits in children's behavior: The differential effects of controlling versus informational styles on intrinsic motivation and creativity. *Journal of Personality, 52*(3), 233–248.

Kohlberg, L. (1967). A cognitive-developmental analysis of children's sex-role concepts and attitudes. In E.E. Maccoby (Hrsg.), *The development of sex differences* (S. 82–173). London: Tavistock.

Kohn, A. (1996). By all available means: Cameron and Pierce's defense of extrinsic motivators. *Review of Educational Research, 66*(1), 1–4.

Köller, O. (1998a). Different aspects of learning motivation: The impact of interest and goal orientation on scholastic learning. In L. Hoffmann, A. Krapp, K.A. Renninger & J. Baumert (Hrsg.), *Interest and Learning. Proceeding of the Seeon Conference on Interest and Gender* (S. 317–326). Kiel: Institute for Science Education at the University of Kiel (IPN).

Köller, O. (1998b). *Zielorientierungen und schulisches Lernen.* Berlin: Waxmann.

Köller, O. (2000). *Leistungsgruppierungen, soziale Vergleiche und selbstbezogene Fähigkeitskognitionen in der Schule.* Unveröffentliche Habilitationsschrift, Universität Potsdam.

Köller, O. (2004). *Konsequenzen von Leistungsgruppierungen.* Münster: Waxmann.

Köller, O. (2005). Bezugsnormorientierung von Lehrkräften: Konzeptuelle Grundlagen, empirische Befunde und Ratschläge für praktisches Handeln. In R. Vollmeyer & J.C. Brunstein (Hrsg.), *Motivationspsychologie und ihre Anwendungen* (S. 189–202). Stuttgart: Kohlhammer.

Köller, O. & Baumert, J. (2001). Leistungsgruppierungen in der Sekundarstufe I. Ihre Konsequenzen für die Mathematikleistung und das mathematische Selbstkonzept der Begabung. *Zeitschrift für Pädagogische Psychologie, 15*(2), 99–110.

Köller, O. & Baumert, J. (2002). Entwicklung schulischer Leistung. In R. Oerter & L. Montada (Hrsg.), *Entwicklungspsychologie* (5. Auflage, S. 756–786). Weinheim: Beltz.

Köller, O., Baumert, J. & Schnabel, K. (2000). Zum Zusammenspiel von schulischem Interesse und Lernen im Fach Mathematik: Längsschnittanalysen in den Sekundarstufen I und II. In U. Schiefele & K.P. Wild (Hrsg.), *Interesse und Lernmotivation: Untersuchungen zu Entwicklung, Förderung und Wirkung* (S. 163–181). Münster: Waxmann.

Köller, O., Baumert, J. & Schnabel, K. (2001). Does interest matter? The relationship between academic interest and achievement in mathematics. *Journal of Research in Mathematics Education, 32*, 448–470.

Köller, O., Daniels, Z. & Baumert, J. (2000, April). *Multiple frames of reference, academic interests, and coursework selection in upper secondary schools in Germany.* Paper presented at the American Educational Research Association, New Orleans, LA.

Köller, O., Daniels, Z., Schnabel, K. & Baumert, J. (2000). Kurswahlen von Mädchen und Jungen im Fach Mathematik: Die Rolle des fachspezifischen Selbstkonzepts und Interesses. *Zeitschrift für Pädagogische Psychologie, 14*(1), 26–37.

Köller, O., Klemmert, H., Möller, J. & Baumert, J. (1999). Eine längsschnittliche Überprüfung des Modells des internal/external frame of reference. *Zeitschrift für Pädagogische Psychologie, 13*(3), 128–134.

Köller, O. & Klieme, E. (2000). Geschlechtsdifferenzen in den mathematisch-naturwissenschaftlichen Leistungen. In J. Baumert, W. Bos & R. Lehmann (Hrsg.), *TIMSS/III: Dritte Internationale Mathematik- und Naturwissenschaftsstudie – Mathematische und naturwissenschaftliche Bildung am Ende der Schullaufbahn: Bd. 2. Mathematische und physikalische Kompetenzen in der Oberstufe* (S. 373–404). Opladen: Leske + Budrich.

Köller, O., Schnabel, K. & Baumert, J. (2000). Der Einfluss der Leistungsstärke von Schulen auf das fachspezifische Selbstkonzept der Begabung und das Interesse. *Zeitschrift für Entwicklungspsychologie und Pädagogische Psychologie, 32*(2), 70–80.

Köller, O. & Trautwein, U. (Hrsg.). (2003). *Schulqualität und Schülerleistung. Evaluationsstudie über innovative Schulentwicklung an fünf hessischen Gesamtschulen.* Weinheim: Juventa.

Köller, O., Trautwein, U., Lüdtke, O. & Baumert, J. (2006). Zum Zusammenspiel von schulischer Leistung, Selbstkonzept und Interesse in der gymnasialen Oberstufe. *Zeitschrift für Pädagogische Psychologie, 20*, 27–39.

Krapp, A. (1992a). Das Interessenkonstrukt. Bestimmungsmerkmale der Interessenhandlung und des individuellen Interesses aus der Sicht einer Person-Gegenstands-Konzeption. In A. Krapp & M. Prenzel (Hrsg.), *Interesse, Lernen, Leistung. Neuere Ansätze einer pädagogisch-psychologischen Interessenforschung* (S. 297–330). Münster: Aschendorff.

Krapp, A. (1992b). Konzepte und Forschungsansätze zur Analyse des Zusammenhangs von Interesse, Lernen und Leistung. In A. Krapp & M. Prenzel (Hrsg.), *Interesse, Lernen, Leistung. Neuere Ansätze einer pädagogisch-psychologischen Interessenforschung* (S. 9–52). Münster: Aschendorff.

Krapp, A. (1993). Die Psychologie der Lernmotivation. *Zeitschrift für Pädagogik, 39*, 187–206.

Krapp, A. (1996). Psychologische Bedingungen naturwissenschaftlichen Lernens: Untersuchungsansätze und Befunde zu Motivation und Interesse. In R. Duit & C. von Rhöneck (Hrsg.), *Lernen in den Naturwissenschaften* (S. 38–68). Kiel: Institut für die Pädagogik der Naturwissenschaften (IPN).

Krapp, A. (1998). Entwicklung und Förderung von Interessen im Unterricht. *Psychologie in Erziehung und Unterricht, 44*, 185–201.

Krapp, A. (1999). Intrinsische Lernmotivation und Interesse. Forschungsansätze und konzeptuelle Überlegungen. *Zeitschrift für Pädagogik, 45*(3), 387–406.

Krapp, A. (2000). Interest and human development during adolescence: An educational-psychological approach. In J. Heckhausen (Hrsg.), *Motivational psychology of human development.* New York, NY: Elsevier Science.

Krapp, A. (2001). Interesse. In D.H. Rost (Hrsg.), *Handwörterbuch Pädagogische Psychologie* (S. 286–294). Weinheim: Beltz.

Krapp, A. (2002a). An educational-psychological theory of interest and its relation to self-determination theory. In E.L. Deci & R.M. Ryan (Hrsg.), *Handbook of self-determination research* (S. 405–427). Rochester, NY: University of Rochester Press.

Krapp, A. (2002b). Structural and dynamic aspects of interest development: Theoretical considerations from an ontogenetic perspective. *Learning and Instruction, 12*(4), 383–409.

Krapp, A. (2003). Interest and human development: An educational–psychological perspective. *British Journal of Educational Psychology, Monograph Series II, Part 2: Development and Motivation: Joint Perspectives*, 57–84.

Krapp, A. (2005). Basic needs and the development of interest and intrinsic motivational orientations. *Learning and Instruction, 15*(5), 381–395.

Krapp, A. (2007). An educational-psychological conceptualisation of interest. *International Journal for Educational and Vocational Guidance, 7*(1), 5–21.

Krapp, A. & Fink, B. (1992). The development and function of interests during the critical transition from home to preschool. In K.A. Renninger, S. Hidi & A. Krapp (Hrsg.), *The role of interest in learning and development* (S. 397–430). Hillsdale, NJ: Erlbaum.

Krapp, A., Hidi, S. & Renninger, K.A. (1992). Interest, learning, and development. In K.A. Renninger, S. Hidi & A. Krapp (Hrsg.), *The role of interest in learning and development* (S. 3–25). Hillsdale, NJ: Erlbaum.

Krapp, A. & Lewalter, D. (2001). Development of interests and interest-based motivational orientations: A longitudinal study in vocational school and work settings. In S. Volet & S. Järvelä (Hrsg.), *Motivation in learning contexts: Theoretical advances and methodological implications* (S. 201–232). London: Elsevier.

Krapp, A. & Prenzel, M. (1992). Zur Aktualität der pädagogisch-psychologischen Interessenforschung. In A. Krapp & M. Prenzel (Hrsg.), *Interesse, Lernen, Leistung. Neuere Ansätze einer pädagogisch-psychologischen Interessenforschung* (S. 1–8). Münster: Aschendorff.

Krapp, A. & Wild, K.-P. (1998, August). *The development of interest in school and work settings: A longitudinal study based on experience-sampling data.* Paper presented at the 24th international congress of applied psychology, San Francisco.

Krauss, S., Kunter, M., Brunner, M., Baumert, J., Blum, W., Neubrand, M., Jordan, A. & Löwen, K. (2004). COACTIV: Professionswissen von Lehrkräften, kognitiv aktivierender Mathematikunterricht und die Entwicklung von mathematischer Kompetenz. In J. Doll & M. Prenzel (Hrsg.), *Die Bildungsqualität von Schule: Lehrerprofessionalisierung, Unterrichtsentwicklung und Schülerförderung als Strategien der Qualitätsverbesserung* (S. 31–53). Münster: Waxmann.

Kubli, F. (1987). *Interesse und Verstehen in Physik und Chemie.* Köln: Aulis.

Kunter, M. (2005). *Multiple Ziele im Mathematikunterricht.* Münster: Waxmann.

Kunter, M. & Baumert, J. (2006a). Linking TIMSS to research on learning and instruction: A re-analysis of the German TIMSS and TIMSS video data. In S.J. Howie & T. Plomp (Hrsg.), *Learning mathematics and science: Lessons learned from TIMSS.* London: Routledge.

Kunter, M. & Baumert, J. (2006b). Who is the expert? Construct and criteria validity of student and teacher ratings of instruction. *Learning Environments Research, 9*(3), 231–251.

Kunter, M., Baumert, J. & Köller, O. (2007). Effective classroom management and the development of subject-related interest. *Learning and Instruction, 17*(5), 494–509.

Kunter, M., Brunner, M., Baumert, J., Klusmann, U., Krauss, S., Blum, W., Jordan, A. & Neubrand, M. (2005). Der Mathematikunterricht der PISA-Schülerinnen und Schüler. Schulformunterschiede in der Unterrichtsqualität. *Zeitschrift für Erziehungswissenschaft, 8*, 502–520.

Kunter, M. & Stanat, P. (2002). Soziale Kompetenz von Schülerinnen und Schülern: Die Rolle von Schulmerkmalen für die Vorhersage ausgewählter Aspekte. *Zeitschrift für Erziehungswissenschaft, 5*(1), 49–71.

Lance, C., LaPointe, J. & Stewart, H. (1994). A test of the context dependency of three causal models of halo rater error. *Journal of Applied Psychology, 79*(3), 332–340.

Langeheine, R., Häußler, P., Hoffmann, L., Rost, J. & Sievers, K. (2001). Structural changes in interest in physics education from grade 7 to grade 9. *Zeitschrift für Entwicklungspsychologie und Pädagogische Psychologie, 33*(1), 20–29.

Larson, R.W. (2000). Toward a psychology of positive youth development. *American Psychologist, 55*, 170–183.

Larson, R.W. & Kleiber, D.A. (1993). Daily experience of adolescents. In P. Tolan & B. Cohler (Hrsg.), *Handbook of clinical research and practice with adolescents* (S. 125–145). New York: Wiley.

Lave, J. (1997). The culture of acquisition and the practice of understanding. In D.I. Kirshner & J.A. Whitson (Hrsg.), *Situated cognition: Social, semiotic, and psychological perspectives* (S. 17–35). Mahwah, NJ: Erlbaum.

Lawless, J.A. & Kulikowich, J.M. (2006). Domain knowledge and individual interest: The effects of academic level and specialization in statistics and psychology. *Contemporary Educational Psychology, 31*(1), 30–43.

Lepper, M.R., Henderlong, J. & Gingras, I. (1999). Understanding the effects of extrinsic rewards on intrinsic motivation – Uses and abuses of meta-analysis: Comment on Deci, Koestner, and Ryan (1999). *Psychological Bulletin, 125*(6), 669–676.

Lepper, M.R., Sethi, S., Dialdin, D. & Drake, M. (1997). Intrinsic and extrinsic motivation: A developmental perspective. In S.S. Luthar, D. Burack & J.R. Weisz (Hrsg.), *Developmental psychopathology: Perspectives on adjustment, risk, and disorder* (S. 23–50). New York: Cambridge University Press.

Lerner, R.M. (2002). *Adolescence: Development, diversity, context, and application.* Upper Saddle River, NJ: Prentice Hall.

Lerner, R.M., Entwistle, D.R. & Hauser, S.T. (1994). The crisis among contemporary American adolescents: A call for the integration of research, policies, and programs. *Journal of Research on Adolescence, 4*, 1–4.

Leven, I. (2000). *Die Bedeutung der sozialen Beziehungen für die psychosoziale Entwicklung im Jugendalter.* Unveröffentliche Diplomarbeit, Freie Universität Berlin.

Lewalter, D. (2002). *Emotionales Erleben und Lernmotivation.* Unveröffentliche Habilitationsschrift, Universität der Bundeswehr, München.

Lewalter, D., Krapp, A., Schreyer, I. & Wild, K.-P. (1998). Die Bedeutsamkeit des Erlebens von Kompetenz, Autonomie und sozialer Eingebundenheit für die Entwicklung berufsspezifischer Interessen. *Zeitschrift für Berufs- und Wirtschaftspädagogik, Beiheft Nr. 14*, 143–168.

Lewalter, D. & Schreyer, I. (2000). Entwicklung von Interessen und Abneigungen – zwei Seiten einer Medaille? Studie zur Entwicklung berufsbezogener Abneigungen in der Erstausbildung. In U. Schiefele & K.P. Wild (Hrsg.), *Interesse und Lernmotivation: Untersuchungen zu Entwicklung, Förderung und Wirkung* (S. 11–30). Münster: Waxmann.

Lewin, K. (1935). *A dynamic theory of personality.* New York: McGraw-Hill.

Linn, M.C. & Hyde, J. (1989). Gender, math, and science. *Educational Researcher, 18*(8), 17–27.

Lipowsky, F. (2002). Zur Qualität offener Lernsituationen im Spiegel empirischer Forschung – Auf die Mikroebene kommt es an. In U. Drews & U. Wallrabenstein (Hrsg.), *Freiarbeit in der Grundschule. Offener Unterricht in Theorie, Forschung und Praxis* (S. 126–159). Frankfurt am Main: Arbeitskreis Grundschule.

Lipowsky, F., Thußbas, C., Klieme, E., Reusser, K. & Pauli, C. (2003). Professionelles Lehrerwissen, selbstbezogene Kognitionen und wahrgenommene Schulumwelt – Ergebnisse einer kulturvergleichenden Studie deutscher und schweizer Mathematiklehrkräfte. *Unterrichtswissenschaft, 3*, 209–237.

Lipstein, R. & Renninger, K.A. (2006). „Putting things into words": 12–15-year-old students' interest for writing. In P. Boscolo & S. Hidi (Hrsg.), *Motivation and writing: Research and school practice*. New York: Kluwer Academic Press.

Loehlin, J.C. (1998). *Latent variable models: An introduction to factor, path, and structural analysis* (3rd Auflage). New York, NY: Erlbaum.

Lopez, F., Lent, R., Brown, S. & Gore, P. (1997). Role of social-cognitive expectations in high school students' mathematics-related interest and performance. *Journal of Counseling Psychology, 44*(1), 44–52.

Lou, Y., Abrami, P.C., Spence, J.C. & Poulsen, C. (1996). Within-class grouping: A meta-analysis. *Review of Educational Research, 66*(4), 423–458.

Low, K.S.D., Yoon, M., Roberts, B.W. & Rounds, J. (2005). The Stability of Vocational Interests From Early Adolescence to Middle Adulthood: A Quantitative Review of Longitudinal Studies. *Psychological Bulletin, 131*(5), 713–737.

Löwe, B. (1987). Interessenverfall im Biologieunterricht. *Biologie, 124*, 62–65.

Lüdtke, O. & Köller, O. (2002). Individuelle Bezugsnormorientierung und soziale Vergleiche im Mathematikunterricht. Einfluss unterschiedlicher Referenzrahmen auf das fachspezifische Selbstkonzept der Begabung. *Zeitschrift für Entwicklungspsychologie und Pädagogische Psychologie, 34*(3), 156–166.

Lüdtke, O. & Köller, O. (2006). Mehrebenenanalyse. In D.H. Rost (Hrsg.), *Handwörterbuch Pädagogische Psychologie* (3. Auflage, S. 469–474). Weinheim: PVU.

Lüdtke, O., Köller, O., Artelt, C., Stanat, P. & Baumert, J. (2002). Eine Überprüfung von Modellen zur Genese akademischer Selbstkonzepte: Ergebnisse aus der PISA-Studie. *Zeitschrift für Pädagogische Psychologie, 16*, 151–164.

Lüdtke, O., Robitzsch, A., Trautwein, U. & Köller, O. (2007). Umgang mit fehlenden Werten in der psychologischen Forschung: Probleme und Lösungen. *Psychologische Rundschau, 58*(2), 103–117.

Lüdtke, O., Trautwein, U., Kunter, M. & Baumert, J. (2006a). Analyse von Lernumwelten. Ansätze zur Bestimmung der Reliabilität und Übereinstimmung von Schülerwahrnehmungen. *Zeitschrift für pädagogische Psychologie, 20*, 85–96.

Lüdtke, O., Trautwein, U., Kunter, M. & Baumert, J. (2006b). Reliability and agreement of student ratings of the classroom environment: A reanalysis of TIMSS data. *Learning Environments Research, 9*(3), 215–230.

Lund, B., Rheinberg, F. & Gladasch, U. (2001). Ein Elterntraining zum motivationsförderlichen Erziehungsverhalten in Leistungskontexten. *Zeitschrift für Pädagogische Psychologie, 15*, 130–143.

Lunk, G. (1926). *Das Interesse: Bd. 1. Historisch-kritischer Teil.* Leipzig: Klinkhardt.

Lunk, G. (1927). *Das Interesse: Bd. 2. Philosophisch-pädagogischer Teil.* Leipzig: Klinkhardt.

Mac Iver, D.J. & Reuman, D.A. (1988, April). *Decision-making in the classroom and early adolescents' valuing of mathematics.* Paper presented at the annual meeting of the American Educational Research Association, New Orleans, LA.

Maccoby, E.E. (2002). Gender and social exchange: A developmental perspective. In B. Laursen & W.G. Graziano (Hrsg.), *Social exchange in development. New directions for child and adolescent development* (S. 87–105). San Francisco, CA: Jossey-Bass/Pfeiffer.

Mahoney, J.L., Larson, R.W., Eccles, J.S. & Lord, H. (2005). Organized activities as development contexts for children and adolescents. In J.L. Mahoney, R.W. Larson & J.S. Eccles (Hrsg.), *Organized activities as contexts of development: Extracurricular activities, after-school and community programs* (S. 3–22). Mahwah, NJ, US: Erlbaum.

Marcia, J.E. (1980). Identity in adolescence. In J. Adelson (Hrsg.), *Handbook of adolescent psychology* (S. 159–177). New York: Wiley.

Marcia, J.E. (1994). The empirical study of ego identity. In H. Bosma, T. Graafsma & et al. (Hrsg.), *Identity and development: An interdisciplinary approach* (S. 67–80). Thousand Oaks, CA: Sage.

Markus, H. & Wurf, E. (1987). The dynamic self-concept: A social psychological perspective. *Annual Review of Psychology, 38*, 299–337.

Marsh, H.W. (1986). Verbal and math self-concepts: An internal/external frame of reference model. *American Educational Research Journal, 23*(1), 129–149.

Marsh, H.W. (1987a). The big-fish-little-pond effect on academic self-concept. *Journal of Educational Psychology, 81*, 417–430.

Marsh, H.W. (1987b). The hierarchical structure of self-concept and the application of hierarchical confirmatory factor analysis. *Journal of Educational Measurement, 24*(1), 17–39.

Marsh, H.W. (1989a). Age and sex effects in multiple dimensions of self-concept: Preadolescence to early adulthood. *Journal of Educational Psychology, 81*(3), 417–430.

Marsh, H.W. (1989b). Confirmatory factor analyses of multitrait-multimethod data: Many problems and a few solutions. *Applied Psychological Measurement, 13*(4), 335–361.

Marsh, H.W. (1990a). The Causal ordering of academic self-concept and academic achievement: A multiwave, longitudinal panel analysis. *Journal of Educational Psychology, 82*(4), 646–656.

Marsh, H.W. (1990b). Influences of internal and external frames of reference on the formation of math and English self-concepts. *Journal of Educational Psychology, 82*(1), 107–116.

Marsh, H.W. (1990c). A multidimensional, hierarchical model of self-concept: Theoretical and empirical justification. *Educational Psychological Review, 2*(2), 77–172.

Marsh, H.W. (1993). The multidimensional structure of academic self-concept: Invariance over gender and age. *American Educational Research Journal, 30*(4), 841–860.

Marsh, H.W. (2005). Big-fish-little-pond effect on academic self-concept. *Zeitschrift für Pädagogische Psychologie, 19*, 119–128.

Marsh, H.W. & Ayotte, V. (2003). Do multiple dimensions of self-concept become more differentiated with age? The differential distinctiveness hypothesis. *Journal of Educational Psychology, 95*(4), 687–706.

Marsh, H.W., Balla, J. & McDonald, R.P. (1988). Goodness-of-fit indexes in confirmatory factor analysis: The effect of sample size. *Psychological Bulletin, 103*(3), 391–410.

Marsh, H.W., Byrne, B.M. & Shavelson, R. (1988). A multifaceted academic self-concept: Its hierarchical structure and its relation to academic achievement. *Journal of Educational Psychology, 80*(3), 366–380.

Marsh, H.W. & Craven, R.G. (1997). Academic self-concept: Beyond the dustbowl. In G.D. Phye (Hrsg.), *Handbook of classroom assessment* (S. 38–90). San Diego, CA: Academic Press.

Marsh, H.W. & Craven, R.G. (2005). What comes first? A reciprocal effects model of the mutually reinforcing effects of academic self-concept and achievement. In H. Marsh, W., R.G. Craven & D.M. McInerney (Hrsg.), *International advances in self research* (Bd. 2). Greenwich, CT: Information Age.

Marsh, H.W., Craven, R.G. & Debus, R. (1991). Self-concepts of young children 5 to 8 years of age: Measurement and multidimensional structure. *Journal of Educational Psychology, 83*(3), 377–392.

Marsh, H.W., Craven, R.G. & Debus, R. (1998). Structure, stability, and development of young children's self-concepts: A multicohort-multioccasion study. *Child Development, 69*, 1030–1053.

Marsh, H.W., Craven, R.G. & Debus, R. (2000). Separation of competency and affect components of multiple dimensions of academic self-concept: A developmental perspective. *Merrill-Palmer Quarterly-Journal of Developmental Psychology, 45*, 567–580.

Marsh, H.W., Debus, R. & Bornhold, L. (2005). Validating young children's self-concept responses: Methodological ways and means to understand their responses. In D.M. Teti (Hrsg.), *Handbook of research methods in developmental science* (S. 138–160). Oxford, England: Blackwell.

Marsh, H.W. & Hattie, J. (1996). Theoretical perspectives on the structure of self-concept. In B.A. Bracken (Hrsg.), *Handbook of self-concept: Developmental, social, and clinical considerations* (S. 38–90). Oxford, England: Wiley.

Marsh, H.W. & Hau, K.-T. (2004). Explaining paradoxical relations between academic self-concepts and achievements: Cross-cultural generalizability of the internal/external frame of reference predictions across 26 countries. *Journal of Educational Psychology, 96*(1), 56–67.

Marsh, H.W. & Hocevar, D. (1983). Confirmatory factor analysis of multitrait-multimethod matrices. *Journal of Educational Measurement, 20*(3), 231–248.

Marsh, H.W. & Hocevar, D. (1985). The application of confirmatory factor analysis to the study of self-concept: First and higher-order factor structures and their invariance across age groups. *Psychological Bulletin, 97*(3), 562–582.

Marsh, H.W., Köller, O. & Baumert, J. (2001). Reunification of East and West German school systems: Longitudinal multilevel modeling study of the big-fish-little-pond effect on academic self-concept. *American Educational Research Journal, 38*, 321–350.

Marsh, H.W., Kong, C.K. & Hau, K. (2000). Longitudinal multilevel models of the big-fish-little-pond effect on academic self-concept: Counterbalancing contrast and reflected-glory effects in Hong Kong schools. *Journal of Personality and Social Psychology, 78*, 337–349.

Marsh, H.W., Kong, C.K. & Hau, K. (2001). Extension of the internal/external frame of reference model of self-concept formation: Importance of native an nonnative languages for Chinese students. *Journal of Educational Psychology, 93*(27), 543–553.

Marsh, H.W. & Shavelson, R. (1985). Self-concept: Its multifaceted hierarchical structure. *Educational Psychologist, 20*(3), 107–123.

Marsh, H.W., Smith, I.D. & Barnes, J. (1984). Multidimensional self-concepts: Relations with inferred self-concepts and academic achievement. *Australian Journal of Psychology, 36*(3), 367–386.

Marsh, H.W., Smith, I.D., Barnes, J. & Butler, S. (1983). Self-concept: Reliability, dimensionality, validity, and the measurement of change. *Journal of Educational Psychology, 75*(5), 772–790.

Marsh, H.W., Trautwein, U., Lüdtke, O., Baumert, J. & Köller, O. (2007). The big-fish-little-pond effect: Persistent negative effects of selective high schools on self-concept after graduation. *American Educational Research Journal, 44*, 631–669.

Marsh, H.W., Trautwein, U., Lüdtke, O., Baumert, J. & Köller, O. (im Druck). Social comparison and the big-fish-little-pond effects on self-concept and other self-belief constructs: Role of generalized and specific others. *Journal of Educational Psychology.*

Marsh, H.W., Trautwein, U., Lüdtke, O., Köller, O. & Baumert, J. (2005). Academic self-concept, interest, grades and standardized test scores: Reciprocal effects models of causal ordering. *Child Development, 76*, 337–349.

Marsh, H.W., Walker, R. & Debus, R. (1991). Subject-specific components of academic self-concept and self-efficacy. *Contemporary Educational Psychology, 16*(4), 331–345.

Marsh, H.W. & Yeung, A.S. (1998). Longitudinal structural equation models of academic self-concept and achievement: Gender differences in the development of math and Englisch constructs. *American Educational Research Journal, 35*(4), 705–738.

Matschinger, H. & Krebs, D. (1998). Zum Problem eindimensional konzipierter Konstrukte bei entgegengesetzter Itempolung. *ZA-Information, 43*, 81–110.

Mayer, L., Seidel, T. & Prenzel, M. (2006). Wenn Lernsituationen zu Leistungssituationen werden: Untersuchung zur Fehlerkultur in einer Videostudie. *Schweizerische Zeitschrift für Bildungswissenschaften, 28*(1), 21–41.

McFarland, C. & Buehler, R. (1995). Collective self-esteem as a moderator of the frog-pond effect in reactions to performance feedback. *Journal of Personality and Social Psychology, 68*, 1055–1070.

McInerney, V., McInerney, D.M. & Marsh, H.W. (1997). Effects of metacognitive strategy training within a cooperative group learning context on computer achievement and anxiety: An aptitude-treatment interaction study. *Journal of Educational Psychology, 89*(4), 686–695.

Meece, J.L., Wigfield, A. & Eccles, J.S. (1990). Predictors of math anxiety and its influence on young adolescents' course enrollment intentions and performance on mathematics. *Journal of Educational Psychology, 82*(1), 60–70.

Meloth, M.S. & Deering, P.D. (1994). Task talk and task awareness under different cooperative learning conditions. *American Educational Research Journal, 31*(1), 138–165.

Mevarech, Z.R. (1999). Effects of metacognitive training embedded in cooperative settings on mathematical problem solving. *Journal of Educational Research, 92*(4), 195–205.

Middleton, J.A. & Spanias, P. (1999). Motivation for achievement in mathematics: Findings, generalizations, and criticisms of the research. *Journal for Research in Mathematics Education, 30*(1), 65–88.

Midgley, C. & Feldlaufer, H. (1987). Students' and teachers' decision-making fit before and after the transition to junior high school. *Journal of Early Adolescence, 7*(2), 225–241.

Midgley, C., Feldlaufer, H. & Eccles, J.S. (1988). The transition to junior high school: Beliefs of pre- and posttransition teachers. *Journal of Youth and Adolescence, 17*(6), 543–562.

Midgley, C., Feldlaufer, H. & Eccles, J.S. (1989). Student/teacher relations and attitudes toward mathematics before and after the transition to junior high school. *Child Development, 60*(4), 981–992.

Mikelskis-Seifert, S. & Duit, R. (2007). Physik im Kontext – Innovative Unterrichtsansätze für den Schulalltag. *Der Mathematische und Naturwissenschaftliche Unterricht – MNU, 60*(5), 292–299.

Miller, C.L. (1996, April). *Puberty and person-environment fit in the classroom.* Paper presented at the annual meeting of the American Educational Research Association, San Francisco, CA.

Minnaert, A., Boekaerts, M. & de Brabander, C. (2007). Autonomy, competence, and social relatedness in task interest within project-based education. *Psychological Reports, 101*(2), 574–586.

Mischo, C. & Rheinberg, F. (1995). Erziehungsziele von Lehrern und individuelle Bezugsnormen der Leistungsbewertung. *Zeitschrift für Pädagogische Psychologie, 9*, 139–151.

Miserandino, M. (1996). Children who do well in school: Individual differences in perceived competence and autonomy in above-average children. *Journal of Educational Psychology, 88*(2), 203–214.

Mitchell, M. (1993). Situational interest: Its multifaceted structure in the secondary school mathematics classroom. *Journal of Educational Psychology, 85*(3), 424–436.

Möller, J. (2000). Effekte dimensionaler und sozialer Vergleiche auf Fähigkeitseinschätzungen und die Zufriedenheit mit der Leistung. *Zeitschrift für Experimentelle Psychologie, 47*, 67–71.

Möller, J. & Köller, O. (1995). Kausalattributionen von Schulleistungen: Reaktive und nichtreaktive Befragung. *Zeitschrift für Entwicklungspsychologie und Pädagogische Psychologie, 27*(3), 268–287.

Möller, J. & Köller, O. (1996). *Emotionen, Kognitionen und Schulleistung*. Weinheim: Beltz.

Möller, J. & Köller, O. (1998). Dimensionale und soziale Vergleiche nach schulischen Leistungen. *Zeitschrift für Entwicklungspsychologie und Pädagogische Psychologie, 31*, 11–17.

Möller, J. & Köller, O. (2001a). Dimensional comparisons: An experimental approach to the internal/external frame of reference model. *Journal of Educational Psychology, 93*, 826–835.

Möller, J. & Köller, O. (2001b). Frame of reference effects following the announcement of exam results. *Contemporary Educational Psychology, 26*(30), 277–287.

Möller, J. & Köller, O. (2004). Die Genese akademischer Selbstkonzepte: Effekte dimensionaler und sozialer Vergleiche. *Psychologische Rundschau, 55*, 19–27.

Möller, J., Pohlmann, B., Streblow, L. & Kaufmann, J. (2002). Spezifität von Begabungsüberzeugungen als Determinante des fachbezogenen Selbstkonzepts der Begabung. *Zeitschrift für Pädagogische Psychologie, 16*(33), 87–97.

Möller, J., Streblow, L. & Pohlmann, B. (2002). Leistung und Selbstkonzept bei lernbehinderten Schülern. *Heilpädagogische Forschung, 28*, 132–139.

Möller, J., Streblow, L., Pohlmann, B. & Köller, O. (2006). An extension of the internal/external frame of reference model to two verbal and numerical domains. *European Journal of Psychology of Education, 21*, 467–487.

Morgenstern, C. & Keeves, J.P. (1993). Descriptive scales for measuring educational climate. In T. Husén & T. Postlethwaite (Hrsg.), *The international encyclopedia of education* (Bd. 3, S. 1475–1483). Oxford: Pergamon.

Morrone, A.S. & Pintrich, P.R. (2006). Achievement Motivation. In G.G. Bear & K.M. Minke (Hrsg.), *Children's needs III: Development, prevention, and intervention* (S. 431–442). Washington, DC, US: National Association of School Psychologists.

Mui, F.L., Yeung, A.S., Low, R. & Jin, P. (2000). Academic self-concept of talented students: Factor structure and applicability of the internal/external frame of reference model. *Journal for the Education of the Gifted, 23*(29), 343–367.

Mullis, I.V.S., Martin, M.O., Fierros, E.G., Goldberg, A.L. & Stemler, S.E. (2000). *Gender differences in achievement. IEA's Third International Mathematics and Science Study (TIMSS)*. Chestnut Hill, MA: Boston College.

Mummendey, A., Klink, A., Mielke, R., Wenzel, M. & Blanz, M. (1999). Socio-structural characteristics of intergroup relations and identity management strategies: Results from a field study in East Germany. *European Journal of Social Psychology, 29*, 259–285.

Murphy, K., Jako, R. & Anhalt, R. (1993). Nature and consequences of halo error: A critical analysis. *Journal of Applied Psychology, 78*(2), 218–225.

Murphy, P.K. & Alexander, P.A. (2000). A motivated exploration of motivation terminology. *Contemporary Educational Psychology, 25*(1), 3–53.

Murphy, P.K. & Alexander, P.A. (2002). What counts? The predictive powers of subject-matter knowledge, strategic processing, and interest in domain-specific performance. *Journal of Experimental Education, 70*(3), 197–214.

Mussen, P., Conger, J.J., Kagan, J. & Huston, A.C. (1996). *Lehrbuch der Kinderpsychologie: Bd. 2* (5. Auflage). Stuttgart: Klett-Cotta.

Mussweiler, T. (2003). Comparison processes in social judgment: mechanisms and consequences. *Psychological Review, 110*(3), 472–489.

Nagy, G., Garrett, J., Trautwein, U., Cortina, K.S., Baumert, J. & Eccles, J.S. (2008). Gendered high school course selection as a precursor of gendered careers: The mediating role of self-concept and intrinsic value. In H.M.G. Watt & J.S. Eccles (Hrsg.), *Gender and occupational outcomes: Longitudinal assessments of individual, social, and cultural influences* (S. 115–143). Washington, DC, US: American Psychological Association.

Nagy, G., Trautwein, U., Baumert, J., Köller, O. & Garrett, J. (2006). Gender and Course Selection in Upper Secondary Education: Effects of academic self-concept and intrinsic value. *Educational Research and Evaluation, 12*(4), 323–345.

Nenninger, P. (1992). Task motivation: An interaction between the cognitive and content-orientated dimensions in learning. In K.A. Renninger, S. Hidi & A. Krapp (Hrsg.), *The role of interest in learning and development* (S. 121–149). Hillsdale, NJ: Erlbaum.

Nentwig, P., Demuth, R., Parchmann, I., Gräsel, C. & Ralle, B. (2007). Chemie im Kontext – From situated learning in relevant contexts to a systematic development of basic chemical concepts. *Journal of Chemical Education, 84*(9), 1439–1444.

Nicholls, J.G. (1990). What is ability and why are we mindful of it? A developmental perspective. In R.J. Sternberg & J. Kolligian (Hrsg.), *Competence considered* (S. 11–40). New Haven: Yale University Press.

Niemi, D. (1996). Assessing conceptual understanding in mathematics: Representations, problem solutions, justifications, and explanations. *The Journal of Educational Research, 89*(6), 351–363.

Nisbett, R. & Ross, L. (1980). *Human interference: Strategies and shortcomings of social judgment.* New York, CA: Prentice-Hall.

O'Brien, M., Peyton, V., Mistry, R., Hruda, L., Jacobs, A., Caldera, Y., Huston, A. & Roy, C. (2000). Gender-role cognition in three-year-old boys and girls. *Sex Roles, 42*, 1007–1025.

O'Donnell, A.M. & King, A. (1999). *Cognitive perspectives on peer learning.* Mahwah, NJ: Erlbaum.

Oerter, R. (1995). Motivation und Handlungssteuerung. In R. Oerter & L. Montada (Hrsg.), *Entwicklungspsychologie* (S. 758–822). Weinheim: Psychologie Verlags Union.

Oerter, R. & Montada, L. (1995). *Entwicklungspsychologie* (3. Auflage). Weinheim: Psychologie Verlags Union.

Okev, G. (1993). *Modification of interests through restructuring of three cognitive determinants in different combinations and each one separately: A test of a theoretical model in preschool children.* Unveröffentliche master's thesis, Tel Aviv University, Tel Aviv.

Paikoff, R.L. & Brooks-Gunn, J. (1990). Physiological processes: What role do they play during the transition to adolescence? In R. Montemayor, G.R. Adams & T.P. Gullotta (Hrsg.), *From childhood to adolescence: A transitional period?* Newbury Park, CA: Sage.

Patry, J.-L. & Hofmann, F. (1998). Erziehungsziel Autonomie – Anspruch und Wirklichkeit. *Psychologie in Erziehung und Unterricht, 45*(1), 53–66.

Pekrun, R. (1993). Entwicklung von schulischer Aufgabenmotivation in der Sekundarstufe: Ein erwartungs-wert-theoretischer Ansatz. *Zeitschrift für Pädagogische Psychologie, 7*, 87–97.

Pekrun, R. & Helmke, A. (1991). Schule und Persönlichkeitsentwicklung: Theoretische Perspektiven und Forschungsstand. In H. Fend & R. Pekrun (Hrsg.), *Schule und Persönlichkeitsentwicklung: Ein Resümee der Längsschnittforschung* (S. 33–56). Stuttgart: Enke.

Pekrun, R. & Hoffman, H. (1999). Lern- und Leistungsemotionen. Erste Befunde eines Forschungsprogramms. In R. Pekrun & M. Jerusalem (Hrsg.), *Motivation, Emotion und Leistung* (S. 247–267). Göttingen: Hogrefe.

Pekrun, R. & Schiefele, H. (1996). Emotions- und motivationspsychologische Bedingungen der Lernleistung. In F. Weinert (Hrsg.), *Enzyklopädie der Psychologie: Themenbereich D. Praxisgebiete: Serie I. Pädagogische Psychologie: Bd. 2. Psychologie des Lernens und der Instruktion* (S. 153–180). Göttingen: Hogrefe.

Petersen, A. (1988). Adolescent development. *Annual Review of Psychology, 39*, 583–607.

Pintrich, P.R. (2003). A motivational science perspective on the role of student motivation in learning and teaching contexts. *Journal of Educational Psychology, 95*(4), 667–686.

Pintrich, P.R., Marx, R.W. & Boyle, R.A. (1993). Beyond cold conceptual change: The role of motivational beliefs and classroom contextual factors in the process of conceptual change. *Review of Educational Research, 63*(2), 167–199.

Pintrich, P.R. & Schunk, D.H. (1996). *Motivation and education. Theory, research and applications.* Englewood Cliff, NJ: Prentice-Hall.

Pintrich, P.R. & Zusho, A. (2002). The development of academic self-regulation: The role of cognitive and motivational factors. In A. Wigfield & J.S. Eccles (Hrsg.), *Development of achievement motivation* (S. 249–284). New York: Academic Press.

Plucker, J.A. & Stocking, V.B. (2001). Looking outside and inside: Self-concept development of gifted adolescents. *Exceptional Children, 67*, 535–548.

Pohlmann, B., Möller, J. & Streblow, L. (2006). Zur Bedeutung dimensionaler Aufwärts- und Abwärtsvergleiche. *Zeitschrift für Pädagogische Psychologie, 20*, 19–25.

Prenzel, M. (1981). Wie weit ist das „erweiterte Motivationsmodell" Heckhausens? In H. Kasten & W. Einsiedler (Hrsg.), *Aspekte einer pädagogisch-psychologischen Interessentheorie*. München: Universität der Bundeswehr.

Prenzel, M. (1988). *Die Wirkungsweise von Interesse*. Opladen: Westdeutscher Verlag.

Prenzel, M. (1992). The selective persistence of interest. In K.A. Renninger, S. Hidi & A. Krapp (Hrsg.), *The role of interest in learning and development*. Hillsdale, NJ: Erlbaum.

Prenzel, M. (1994). Mit Interesse in das 3. Jahrtausend! Pädagogische Überlegungen. In N. Seibert & H.J. Serve (Hrsg.), *Erziehung und Bildung an der Schwelle zum dritten Jahrtausend* (S. 1314–1339). München: PimS-Verlag.

Prenzel, M. (1998). Interest research concerning the upper secondary level, college, and vocational education: An overview. In L. Hoffmann, A. Krapp, K.A. Renninger & J. Baumert (Hrsg.), *Interest and Learning. Proceedings of the Seeon Conference on Interest and Gender* (S. 355–366). Kiel: Institute for Science Education at the University of Kiel (IPN).

Prenzel, M., Bauereiss, R. & Bogner, C. (1992). Explorative Studien zur Wirkungsweise von Interesse. In A. Krapp & M. Prenzel (Hrsg.), *Interesse, Lernen, Leistung. Neuere Ansätze einer pädagogisch-psychologischen Interessenforschung* (S. 9–52). Münster: Aschendorff.

Prenzel, M., Baumert, J., Blum, W., Lehmann, R., Leutner, D., Neubrand, M., Pekrun, R., Rolff, H.-G., Rost, J. & Schiefele, U. (Hrsg.). (2004). *PISA 2003: Der Bildungsstand der Jugendlichen in Deutschland – Ergebnisse des zweiten internationalen Vergleichs*. Münster: Waxmann.

Prenzel, M. & Drechsel, B. (1996). Ein Jahr kaufmännische Erstausbildung: Veränderungen in Lernmotivation und Interesse. *Unterrichtswissenschaft, 24*(3), 217–234.

Prenzel, M., Drechsel, B. & Kramer, K. (1998). Changes in learning motivation and interest in vocational education: Halfway through the study. In L. Hoffmann, A. Krapp, K.A. Renninger & J. Baumert (Hrsg.), *Interest and Learning. Proceeding of the Seeon Conference on Interest and Gender* (S. 430–440). Kiel: Institute for Science Education at the University of Kiel (IPN).

Prenzel, M., Drechsel, B. & Kramer, K. (2001). Self-determined and interested learning in vocational education. In K. Beck (Hrsg.), *Teaching-learning processes in initial business education* (S. 43–68). Boston, MA: Kluwer.

Prenzel, M., Krapp, A. & Schiefele, H. (1986). Grundzüge einer pädagogischen Interessentheorie. *Zeitschrift für Pädagogik, 32*(2), 163–173.

Prenzel, M., Kristen, A., Dengler, P., Ettle, R. & Beer, T. (1996). Selbstbestimmt motiviertes und interessiertes Lernen in der kaufmännischen Ausbildung. *Zeitschrift für Berufs- und Wirtschaftspädagogik, 13*, 108–127.

Prenzel, M., Lankes, E. & Minsel, B. (2000). Interessenentwicklung in Kindergarten und Grundschule: Die ersten Jahre. In U. Schiefele & K.P. Wild (Hrsg.), *Interesse und Lernmotivation: Untersuchungen zu Entwicklung, Förderung und Wirkung* (S. 11–30). Münster: Waxmann.

Prenzel, M. & Seidel, T. (2003). Mit Fehlern umgehen – Zum Lernen motivieren. *Praxis der Naturwissenschaften – Physik in der Schule, 52*(1), 30–34.

Qin, Z., Johnson, D.W. & Johnson, R.T. (1995). Cooperative versus competitive efforts and problem solving. *Review of Educational Research, 65*(2), 129–143.

Quilter, D. & Harper, E. (1988). Why we didn't like mathematics, and why we can't do it. *Educational Research, 30*(2), 121–134.

Rathunde, K. (1993). The experience of interest: A theoretical and empirical look at its role in adolescent talent development. In M. Maehr & P.R. Pintrich (Hrsg.), *Motivation and adolescent development* (Bd. 8, S. 59–98). London: Jai Press.

Rathunde, K. (1998). Undivided and abiding interest: Comparisons across studies of talented adolescents and creative adults. In L. Hoffmann, A. Krapp, K.A. Renninger & J. Baumert (Hrsg.), *Interest and Learning. Proceedings of the Seeon-Conference on Interest and Gender* (S. 367–376). Kiel: Institute for Science Education at the University of Kiel (IPN).

Rathunde, K. & Csikszentmihalyi, M. (1993). Undivided interest and the growth of talent: A longitudinal study of adolescents. *Journal of Youth and Adolescence, 22*(4), 1–21.

Raudenbush, S.W. & Bryk, A.S. (1986). A hierarchical model for studying school effects. *Sociology of Education, 59*, 1–17.

Raudenbush, S.W. & Bryk, A.S. (1989). Quantitative models for estimating teacher and school effectiveness. In R.D. Bock (Hrsg.), *Multilevel analysis of educational data* (S. 205–232). San Diego: Academic Press.

Raudenbush, S.W. & Bryk, A.S. (2002). *Hierarchical linear models* (2. Auflage). Thousand Oaks, CA: Sage.

Raudenbush, S.W., Bryk, A.S. & Congdon, R.T. (2001). Hierarchical Linear and Nonlinear Modeling (HLM) (Version 5.05). Lincolnwood, IL: Scientific Software International.

Raykov, T. (1994). Two-wave measurement of individual change and initial value dependence. *Zeitschrift für Psychologie, 202*(3), 275–290.

Reeve, J. (2002). Self-determination theory applied to educational settings. In E.L. Deci & R.M. Ryan (Hrsg.), *Handbook of self-determination research* (S. 183–203). Rochester, NY: University of Rochester Press.

Reeve, J., Bolt, E. & Cai, Y. (1999). Autonomy-supportive teachers: How they teach and motivate students. *Journal of Educational Psychology, 91*(3), 537–548.

Reeve, J., Nix, G. & Hamm, D. (2003). Testing models of the experience of self-determination in intrinsic motivation and the conundrum of choice. *Journal of Educational Psychology, 95*(2), 375–392.

Reis, H.T., Sheldon, K.M., Gable, S.L., Roscoe, J. & Ryan, R.M. (2000). Daily well-being: The role of autonomy, competence, and relatedness. *Personality and Social Psychology Bulletin, 26*(4), 419–435.

Reiss, M. (1980). Kognitive Strukturierung und Eindimensionalität des Interesses am Unterricht – Eine Längsschnittuntersuchung am Beispiel des Englischunterrichts. *Psychologie in der Erziehung und im Unterricht, 27*(3), 138–147.

Renkl, A. (1997). *Lernen durch Lehren: Zentrale Wirkmechanismen beim kooperativen Lernen*. München: Deutscher Universitäts-Verlag.

Renkl, A. & Gruber, H. (1995). Erfassung von Veränderung: Wie und wieso? *Zeitschrift für Entwicklungspsychologie und Pädagogische Psychologie, 27*, 173–190.

Renninger, K.A. (1989). Individual differences in children's play interests. In L.T. Winegar (Hrsg.), *Social interaction and the development of children's understanding* (S. 147–172). Norwood, NJ: Ablex.

Renninger, K.A. (1990). Children's play interests, representation, and activity. In R. Fivush & J. Hudson (Hrsg.), *Knowing and remembering in young children* (Bd. 3, S. 127–165). New York, NY: Cambridge University Press.

Renninger, K.A. (1998). The roles of individual interest(s) and gender in learning: An overview of research on preschool and elementary school-aged children/students. In L. Hoffmann, A. Krapp, K.A. Renninger & J. Baumert (Hrsg.), *Interest and Learning. Proceedings of the Seeon Conference on Interest and Gender* (S. 165–174). Kiel: Institute for Science Education at the University of Kiel (IPN).

Renninger, K.A. (2000). Individual interest and development: Implications for theory and practice. In C. Sansone & J.M. Harackiewicz (Hrsg.), *Intrinsic and extrinsic motivation. The secret for optimal motivation and performance*. New York: Academic Press.

Renninger, K.A., Ewen, L. & Lasher, A.K. (2002). Individual interest as context in expository text and mathematical word problems. *Learning and Instruction, 12*, 467–491.

Renninger, K.A. & Hidi, S. (2002). Student interest and achievement: Developmental issues raised by a case study. In A. Wigfield & J.S. Eccles (Hrsg.), *Development of achievement motivation* (S. 173–195). New York: Academic Press.

Renninger, K.A., Hidi, S. & Krapp, A. (Hrsg.). (1992). *The role of interest in learning and development*. Hillsdale, NJ: Erlbaum.

Renninger, K.A. & Lecrone, T.G. (1991). Continuity in young children's actions: A consideration of interest and temperament. In L. Oppenheimer & J. Valsiner (Hrsg.), *The origins of action: Interdisciplinary and international perspectives* (S. 205–238). New York: Springer.

Renninger, K.A., Sansone, C. & Smith, J.L. (2004). Love of learning. In C. Peterson & M.E.P. Seligman (Hrsg.), *Character strengths an virtues: A classification and handbook* (S. 205–238). New York: Oxford University Press.

Renninger, K.A. & Shumar, W. (2002). Community building with and for teachers: The Math Forum as a resource for teacher professional development. In K.A. Renninger & W. Shumar (Hrsg.), *Building virtual communities: Learning and change in cyberspace* (S. 60–95). New York: Cambridge University Press.

Renninger, K.A. & Shumar, W. (2004). The centrality of culture and community to participant learning at and with the Math Forum. In S.A. Barab, R. Kling & J.H. Gray (Hrsg.), *Designing for virtual communities in the service of learning* (S. 181–209). New York: Cambridge University Press.

Resnick, L. (1994). Situated rationalism: Biological and social preparation for learning. In L. Hirschfeld & S. Gelman (Hrsg.), *Mapping the mind: Domain specificity in cognition and culture*. Cambridge, NY: Cambridge University Press.

Reusser, K. (1999). „Und sie bewegt sich doch" – Aber man behalte die Richtung im Auge. Zum Wandel der Schule und zum neu-alten pädagogischen Rollenverständnis von Lehrerinnen und Lehrern. *die neue schulpraxis, Themenheft '99*, 11–15.

Reusser, K. (2001). Unterricht zwischen Wissensvermittlung und Lernen lernen. Alte Sackgassen und neue Wege in der Bearbeitung eines pädagogischen Jahrhundertproblems. In C. Finkbeiner & G.W. Schaitmann (Hrsg.), *Lehren und Lernen im Kontext empirischer Forschung und Fachdidaktik* (S. 106–140). Donauwörth: Auer.

Reusser, K., Pauli, C., Grob, U., Waldis, M., Hugener, I. & Krammer, K. (2001, August). *Integrating insider's (participant's) and outsider's (researcher's) perspectives on teaching and learning: The case of adaptive instruction.* Paper presented at the 9th Conference of the European Association for Research in Learning and Instruction (EARLI), Fribourg, Schweiz.

Rhee, E., Uleman, J.S., Lee, H.K. & Roman, R.J. (1995). Spontaneous self-descriptions and ethnic differences in individualistic and collectivistic cultures. *Journal of Personality and Social Psychology, 69*(1), 142–152.

Rheinberg, F. (1980). *Leistungsbewertung und Lernmotivation*. Göttingen: Hogrefe.

Rheinberg, F. (1981). Leistungsmotivation. In H. Schiefele & A. Krapp (Hrsg.), *Handlexikon zur Pädagogischen Psychologie* (S. 227–231). München: Ehrenwirth.

Rheinberg, F. (1982). *Bezugsnormen zur Schulleistungsbewertung: Analyse und Intervention. Jahrbuch für Empirische Erziehungswissenschaft*. Düsseldorf: Schwann.

Rheinberg, F. (1986). Lernmotivation. In W. Sarges & R. Fricke (Hrsg.), *Psychologie für die Erwachsenenbildung* (S. 360–365). Göttingen: Hogrefe.

Rheinberg, F. (1989). *Zweck und Tätigkeit*. Göttingen: Hogrefe.

Rheinberg, F. (1993, September). *Anreize engagiert betriebener Freizeitaktivitäten – ein Systematisierungsversuch*. Paper presented at the 4. Tagung der Fachgruppe Pädagogische Psychologie, Mannheim.

Rheinberg, F. (1995). Flow-Erleben, Freude an riskantem Sport und andere „unvernünftige" Motivationen. In J. Kuhl & H. Heckhausen (Hrsg.), *Enzyklopädie der Psychologie* (Bd. 4, S. 101–118). Göttingen.

Rheinberg, F. (1996). Von der Lernmotivation zur Lernleistung: Was liegt dazwischen? In J. Möller & O. Köller (Hrsg.), *Emotionen, Kognitionen und Schulleistung* (S. 23–50). Weinheim: Beltz.

Rheinberg, F. (1998). Theory of interest and research on motivation to learn. In L. Hoffmann, A. Krapp, K.A. Renninger & J. Baumert (Hrsg.), *Interest and Learning: Proceedings of the Seeon Conference on Interest and Gender* (S. 126–145). Kiel: Institute for Science Education at the University of Kiel (IPN).

Rheinberg, F. (2001a). Bezugsnorm und schulische Leistungsbeurteilung. In F. Weinert (Hrsg.), *Leistungsmessung in Schulen*. Göttingen: Hogrefe.

Rheinberg, F. (2001b). Bezugsnorm-Orientierung. In D.H. Rost (Hrsg.), *Handwörterbuch Pädagogische Psychologie* (2. Auflage, S. 55–62). Weinheim: Beltz.

Rheinberg, F. (2004a). *Motivation*. Stuttgart: Kohlhammer.

Rheinberg, F. (2004b). Welche Motivationsfaktoren beeinflussen die Mathematikleistung? Eine Längsschnittanalyse. In J. Doll (Hrsg.), *Bildungsqualität von Schule* (S. 309–328). Münster: Waxmann.

Rheinberg, F. (2005). *Motivationsförderung im Schulalltag. Psychologische Grundlagen und praktische Durchführung* (3. Auflage). Göttingen: Hogrefe.

Rheinberg, F. & Krug, S. (1993). *Motivationsförderung im Schulalltag: Konzeption, Realisation und Evaluation*. Göttingen: Hogrefe.

Rheinberg, F., Manig, Y., Kliegl, R., Engeser, S. & Vollmeyer, R. (2007). Flow during work but happiness during leisure time: Goals, flow-experience, and happiness. *Zeitschrift für Arbeits- und Organisationspsychologie, 51*(2), 105–115.

Rheinberg, F., Noé, W. & Pilch, K. (1991). *Erfolgserleben aus der Sicht von Schülern der 6. bis 12. Klassenstufe: Eine Erkundungsstudie*. Paper presented at the 3. Tagung der DGfPs-Fachgruppe Pädagogische Psychologie, Köln.

Rheinberg, F. & Vollmeyer, R. (2000). Sachinteresse und leistungsthematische Anforderungen – zwei verschiedenartige Motivationskomponenten und ihr Zusammenwirken. In U. Schiefele & K.P. Wild (Hrsg.), *Interesse und Lernmotivation: Untersuchungen zu Entwicklung, Förderung und Wirkung* (S. 145–161). Münster: Waxmann.

Rheinberg, F., Vollmeyer, R. & Engeser, S. (2003). Die Erfassung des Flow-Erlebens. In J. Stiensmeier-Pelster & F. Rheinberg (Hrsg.), *Diagnostik von Motivation und Selbstkonzept* (S. 261–279). Göttingen: Hogrefe.

Rheinberg, F. & Wendland, M. (2001). *DFG-Bericht zum Projekt „Förderung von Motivationskomponenten"*. Universität Potsdam.

Rholes, W.S., Blackwell, J., Jordan, C. & Walters, C. (1980). A developmental study of learned helplessness. *Developmental Psychology, 16*(6), 616–624.

Rigdon, E.E. (1996). CFI versus RMSEA: a comparison of two fit indexes for structural equation modeling. *Structural Equation Modeling, 3*(4), 369–379.

Robinson, W.S. (1950). Ecological correlations and the behavior of individuals. *American Sociological Review, 15*, 351–357.

Roderick, M. (1992). *School transition and school dropout: Middle school and early high school antecedents to school leaving*. School of Social Service Administration, University of Chicago.

Roeder, P.M. & Gruehn, S. (1997). Geschlecht und Kurswahlverhalten. *Zeitschrift für Pädagogik, 43*(6), 877–894.

Roelofs, E., Visser, J. & Terwel, J. (2003). Preferences for various learning environments: Teachers' and parents' perceptions. *Learning Environments Research, 6*(1), 77–110.

Roeser, R.W., Eccles, J.S. & Sameroff, A.J. (2000). School as a context of early adolescents' academic and social-emotional development: A summary of research findings. *Elementary School Journal, 100*(5), 443–471.

Rogossa, D.R., Brand, D. & Zimowski, M. (1982). A growth curve approach to the measurement of change. *Psychological Bulletin, 92*(3), 726–748.

Rogossa, D.R. & Willet, B. (1985). Understanding correlates of change by modeling individual differences in growth. *Psychometrika, 50*, 203–228.

Rosenholtz, S.J. & Simpson, C. (1984). The formation of ability conception: Developmental trend or social construction? *Review of Educational Research, 54*(1), 31–63.

Rosenshine, B. & Meister, C. (1994). Direct instruction. In T. Husén & T. Postlethwaite (Hrsg.), *The international encyclopedia of education* (Bd. 3, S. 1524–1530). Oxford: Pergamon Press.

Rosenshine, B. & Stevens, R. (1986). Teaching functions. In M.C. Wittrock (Hrsg.), *Handbook of research on teaching* (3rd Auflage, S. 376–391). New York: Macmillan.

Rost, D.H., Dickhäuser, O., Sparfeldt, J.R. & Schilling, S. (2004). Fachspezifische Selbstkonzepte und Schulleistungen im dimensionalen Vergleich – eine versuchsplanerische Überprüfung des I/E-Modells. *Zeitschrift für Pädagogische Psychologie, 18*, 43–52.

Rost, D.H. & Sparfeldt, J. (2002). Facetten des schulischen Selbstkonzepts. Ein Verfahren zur Messung des differentiellen Selbstkonzepts schulischer Leistungen und Fähigkeiten (Disk-Gitter). *Diagnostica, 48*, 130–140.

Rost, D.H., Sparfeldt, J.R., Dickhäuser, O. & Schilling, S.R. (2005). Dimensional comparisons in subject-specific academic self-concepts and achievements: A quasi-experimental approach. *Learning and Instruction, 15*(6), 557–570.

Rost, J., Sievers, K., Häußler, P., Hoffmann, L. & Langeheine, R. (1999). Struktur und Veränderung des Interesses an Physik bei Schülern der 6. bis 10. Klassenstufe. *Zeitschrift für Entwicklungspsychologie und Pädagogische Psychologie, 31*(1), 18–31.

Rostampour, P. (1998). Die Zustimmungs- und Ablehnungstendenzen im Zusammenhang mit der Itemrichtung: Positiv vs. negativ formulierte Items. *ZA-Information, 42*, 148–169.

Rubin, D.B. (1996). Multiple imputation after 18+ years. *Journal of the American Statistical Association, 91*(343), 473–489.

Ryan, R.M. (1982). Control and information in the intrapersonal sphere: An extension of cognitive evaluation theory. *Journal of Personality and Social Psychology, 43*(3), 450–461.

Ryan, R.M. & Deci, E. (2000a). Intrinsic and extrinsic motivation: Classic definitions and new directions. *Contemporary Educational Psychology, 25*(1), 54–67.

Ryan, R.M. & Deci, E. (2000b). Self-determination theory and the facilitation of intrinsic motivation, social development, and well-being. *American Psychologist, 55*(1), 68–78.

Ryan, R.M. & Deci, E. (2002). Overview of self-determination theory: An organismic-dialectical perspective. In E. Deci & R.M. Ryan (Hrsg.), *Handbook of self-determination research* (S. 3–33). Rochester, NY: University of Rochester Press.

Ryan, R.M., Koestner, R. & Deci, E. (1991). Ego-involved persistence: When free-choice behavior is not intrinsically motivated. *Motivation and Emotion, 15*(3), 185–205.

Ryan, R.M. & Lynch, J. (1989). Emotional autonomy versus detachment: Revisiting the vicissitudes of adolescence and young adulthood. *Child Development, 60*(2), 340–356.

Ryan, R.M., Mims, V. & Koestner, R. (1983). Relation of reward contingency and interpersonal context to intrinsic motivation: A review and test using cognitive evaluation theory. *Journal of Personality and Social Psychology, 45*(4), 736–750.

Ryan, R.M. & Powelson, C.L. (1991). Autonomy and relatedness as fundamental to motivation and education. *Journal of Experimental Education, 60*(1), 49–66.

Ryan, R.M. & Stiller, J. (1991). The social contexts of internalization: Parent and teacher influences on autonomy, motivation, and learning. In M.L. Maehr & P.R. Pintrich (Hrsg.), *Advances in motivation and achievement* (Bd. 7, S. 115–149). Greenwich, CT: JAI Press.

Sansone, C. & Harackiewicz, J.M. (Hrsg.). (2000). *Intrinsic and extrinsic motivation. The search for optimal motivation and performance*. New York: Academic Press.

Sansone, C. & Smith, J.L. (2000). Interest and self-regulation: The relation between having to and wanting to. In C. Sansone & J.M. Harackiewicz (Hrsg.), *Intrinsic and extrinsic motivation: The search for optimal motivation and performance* (S. 341–372). New York: Academic Press.

Savin-Williams, R.C. & Berndt, T.J. (1990). Friendship and peer relations. In S.S. Feldman & G.R. Elliott (Hrsg.), *At the threshold: The developing adolescent* (S. 277–307). Cambridge, MA: Harvard University Press.

Schafer, J.L. & Graham, J.W. (2002). Missing data: Our view of the state of the art. *Psychological Methods, 7*, 147–177.

Schiefele, H. (1978). *Lernmotivation und Motivlernen* (2. Auflage). München: Ehrenwirth.

Schiefele, H. (2000). Befunde – Fortschritte – neue Fragen. In U. Schiefele & K.P. Wild (Hrsg.), *Interesse und Lernmotivation: Untersuchungen zu Entwicklung, Förderung und Wirkung* (S. 227–241). Münster: Waxmann.

Schiefele, H., Haußer, K. & Schneider, G. (1979). „Interesse" als Ziel und Weg der Erziehung. Überlegungen zu einem vernachlässigten pädagogischen Konzept. *Zeitschrift für Pädagogik, 25*, 1–20.

Schiefele, H. & Stocker, K. (1990). *Literaturinteresse*. Weinheim: Beltz.

Schiefele, U. (1990). Thematisches Interesse, Variablen des Leseprozesses und Textverstehen. *Zeitschrift für Experimentelle und Angewandte Psychologie, 37*(2), 304–332.

Schiefele, U. (1996). *Motivation und Lernen mit Texten*. Göttingen: Hogrefe.

Schiefele, U. (1998). Individual interest and learning – What we know and what we do not know. In L. Hoffmann, A. Krapp, K.A. Renninger & J. Baumert (Hrsg.), *Interest and Learning*. Kiel, Germany: Institut für die Pädagogik der Naturwissenschaften (IPN).

Schiefele, U. (1999). Interest and learning from text. *Scientific Studies of Reading, 3*(3), 257–279.

Schiefele, U. (2001). The role of interest in motivation and learning. In S. Messick & J.M. Collins (Hrsg.), *Intelligence and personality* (S. 177–214). Hillsdale, NJ: Erlbaum.

Schiefele, U. & Csikszentmihalyi, M. (1995). Motivation and ability as factors in mathematics experience and achievement. *Journal for Research in Mathematics Education, 26*(2), 163–181.

Schiefele, U. & Köller, O. (2001). Intrinsische und extrinsische Motivation. In D.H. Rost (Hrsg.), *Handwörterbuch Pädagogische Psychologie* (S. 304–310). Weinheim: Beltz.

Schiefele, U. & Krapp, A. (1996). Topic interest and free recall of expository text. *Learning and Individual Differences, 8*(2), 141–160.

Schiefele, U., Krapp, A. & Schreyer, I. (1993). Metaanalyse des Zusammenhangs von Interesse und schulischer Leistung. *Zeitschrift für Entwicklungspsychologie und Pädagogische Psychologie, 25*(2), 120–148.

Schiefele, U., Krapp, A., Wild, K.-P. & Winteler, A. (1993). Der „Fragebogen zum Studieninteresse" (FSI). *Diagnostica, 39*(4), 335–351.

Schiefele, U., Krapp, A. & Winteler, A. (1992). Interest as predictor of academic achievement: A meta-analysis of research. In K.A. Renninger, S. Hidi & A. Krapp (Hrsg.), *The role of interest in learning and development* (S. 183–212). Hillsdale, NJ: Erlbaum.

Schiefele, U. & Schreyer, I. (1994). Intrinsische Lernmotivation und Lernen. Ein Überblick zu Ergebnissen der Forschung. *Zeitschrift für Pädagogische Psychologie, 8*(1), 1–13.

Schiefele, U. & Urhane, D. (2000). Motivationale und volitionale Bedingungen der Studienleistung. In U. Schiefele & K.P. Wild (Hrsg.), *Interesse und Lernmotivation: Untersuchungen zu Entwicklung, Förderung und Wirkung* (S. 183–205). Münster: Waxmann.

Schiefele, U. & Wild, K.-P. (Hrsg.). (2000). *Interesse und Lernmotivation: Untersuchungen zu Entwicklung, Förderung und Wirkung*. Münster: Waxmann.

Schiefele, U., Wild, K.P. & Winteler, A. (1995). Lernaufwand und Elaborationsstrategien als Mediatoren der Beziehung von Studieninteresse und Studienleistung. *Zeitschrift für Pädagogische Psychologie, 9*(3–4), 181–188.

Schilling, S., Sparfeldt, J.R. & Rost, D.H. (2004). Wie generell ist das Modell? Analysen zum Geltungsbereich des Internal/External Frame of Reference Modells. *Zeitschrift für Pädagogische Psychologie, 18*, 221–230.

Schilling, S.R., Sparfeldt, J.R. & Rost, D.H. (2006). Facetten schulischen Selbstkonzepts: Welchen Unterschied macht das Geschlecht. *Zeitschrift für Pädagogische Psychologie, 20*, 9–18.

Schilling, S.R., Sparfeldt, J.R., Rost, D.H. & Nickels, G. (2005). Schulische Selbstkonzepte – Zur Validität einer erweiterten Version des Differentiellen Selbstkonzept Gitters (DISK-Gitter). *Diagnostica, 51*(1), 21–28.

Schmied, D. (1982). Fächerwahl, Fachwahlmotive und Schulleistungen in der reformierten gymnasialen Oberstufe. *Zeitschrift für Pädagogik, 28*(1), 11–30.

Schnabel, K. (1998). *Prüfungsangst und Lernen*. Münster: Waxmann.

Schnabel, K. & Gruehn, S. (2000). Studienfachwünsche und Berufsorientierungen in der gymnasialen Oberstufe. In J. Baumert, W. Bos & R. Lehmann (Hrsg.), *TIMSS/III. Dritte internationale Mathematik- und Naturwissenschaftsstudie – Mathematische und naturwissenschaftliche Bildung am Ende der Schullaufbahn: Bd. 2. Mathematische und physikalische Kompetenzen am Ende der gymnasialen Oberstufe* (S. 405–443). Opladen: Leske + Budrich.

Schofield, J.W. (1980). Complementary and conflicting identities: Images and interactions in an interracial school. In S.R. Asher & J. Gottman (Hrsg.), *The development of children's friendships* (S. 55–90). New York, NY: Cambridge University Test.

Schraw, G., Flowerday, T. & Reisetter, M.F. (1998). The role of choice in reader engagement. *Journal of Educational Psychology, 90*(4), 705–714.

Schraw, G. & Lehman, S. (2001). Situational interest: A review of the literature and directions for future research. *Educational Psychology Review, 13*(1), 23–52.

Schumacker, R.E. & Lomax, R.G. (1996). *A beginner's guide to structural equation modeling*. Mahwah, NJ: Erlbaum.

Schunk, D.H. (1991a). Goal setting and self-evaluation: A social cognitive perspective on self-regulation. In M.L. Maehr & P.R. Pintrich (Hrsg.), *Advances in achievement and motivation* (Bd. 7, S. 85–113). Greenwich, CT: JAI Press.

Schunk, D.H. (1991b). *Learning theories: An educational perspective*. New York: Merrill/Mc Millan.

Schwanzer, A. (2002). *Entwicklung und Validierung eines deutschsprachigen Instruments zur Erfassung des Selbstkonzepts junger Erwachsener*. Unveröffentliche Diplomarbeit, Humboldt-Universität, Berlin.

Schwarzer, R. & Jerusalem, M. (1982). Soziale Vergleichsprozesse im Bildungswesen. Analyse und Intervention. In F. Rheinberg (Hrsg.), *Bezugsnorm zur Schulleistungsbewertung* (S. 39–63). Düsseldorf: Schwann.

Schwarzer, R., Lange, B. & Jerusalem, M. (1982a). Die Bezugsnorm des Lehrers aus der Sicht des Schülers. In F. Rheinberg (Hrsg.), *Bezugsnorm zur Schulleistungsbewertung* (S. 161–172). Düsseldorf: Schwann.

Schwarzer, R., Lange, B. & Jerusalem, M. (1982b). Selbstkonzeptentwicklung nach einem Bezugsgruppenwechsel. *Zeitschrift für Entwicklungspsychologie und Pädagogische Psychologie, 14*(2), 125–140.

Seidel, T. (2003). *Lehr-Lernskripts im Unterricht. Freiräume und Einschränkungen für kognitive und motivationale Lernprozesse – eine Videostudie im Physikunterricht.* Münster, Westfalen: Waxmann.

Seidel, T. & Prenzel, M. (2004). Muster unterrichtlicher Aktivitäten im Physikunterricht. In J. Doll (Hrsg.), *Bildungsqualität von Schule* (S. 177–194). Münster, Westfalen: Waxmann.

Seidel, T. & Prenzel, M. (2006). Stability of Teaching Patterns in Physics Instruction: Findings from a Video Study. *Learning and instruction, 16*(3), 228–240.

Seidel, T., Prenzel, M., Duit, R., Euler, M., Geiser, H., Hoffmann, L., Lehrke, M., Müller, C.T. & Rimmele, R. (2002). „Jetzt bitte alle nach vorne schauen!" – Lehr-Lernskripts im Physikunterricht und damit verbundene Bedingungen für individuelle Lernprozesse. *Unterrichtswissenschaft, 30*(1), 52–77.

Seidel, T., Prenzel, M. & Rimmele, R. (2006). Blicke auf den Physikunterricht. *Zeitschrift für Pädagogik, 52*(6), 799–821.

Seidel, T., Rimmele, R. & Prenzel, M. (2003). Gelegenheitsstrukturen beim Klassengespräch und ihre Bedeutung für die Lernmotivation – Videoanalysen in Kombination mit Schülerselbsteinschätzungen. *Unterrichtswissenschaft, 31*(2), 359–377.

Seidel, T., Rimmele, R. & Prenzel, M. (2005). Clarity and coherence of lesson goals as a scaffold for student learning. *Learning and Instruction, 15*, 539–556.

Seidel, T. & Shavelson, R.J. (2007). Teaching effectiveness research in the past decade: The role of theory and research design in disentangling meta-analysis results. *Review of Educational Research, 77*(4), 454–499.

Sellin, N. (1990). On aggregation bias. *International Journal of Educational Research, 14*(3), 257–268.

Shavelson, R.J., Hubner, J.J. & Stanton, G.C. (1976). Validation of construct interpretations. *Review of Educational Research, 46*(3), 407–441.

Shen, C. & Pedulla, J.J. (2000). The relationship between students' achievement and their self-perception of competence and rigour of mathematics and science: A cross-national analysis. *Assessment in Education, 7*(2), 237–253.

Sibberns, H. & Baumert, J. (2001). Stichprobenziehung und Stichprobengewichtung (Anhang A). In J. Baumert, E. Klieme, M. Neubrand, M. Prenzel, U. Schiefele, W. Schneider, P. Stanat, K.-J. Tillmann & M. Weiß (Hrsg.), *PISA 2000: Basiskompetenzen von Schülerinnen und Schülern im internationalen Vergleich* (S. 323–407). Opladen: Leske + Budrich.

Sievers, K. (1999). *Struktur und Veränderung von Physikinteressen bei Jugendlichen.* Unveröffentliche Dissertation, Universität Kiel.

Silbereisen, R.K. & Eyferth, K. (Hrsg.). (1987). *Berichte aus der Arbeitsgruppe TuDrop Jugendforschung, 1987.* Berlin: Technische Universität Berlin.

Silbereisen, R.K. & Todt, E. (1994). *Adolescence in context: The interplay of family, school, peers, and work in adjustment.* New York: Springer.

Simmons, R.G. & Blyth, D.A. (1987). *Moving into adolescence: The impact of pubertal change and school context.* Hawthorn, NY: Aldine de Gruyter.

Simpson, R.D. (1987). Einstellungs- und Motivationsprofile gegenüber Naturwissenschaften bei amerikanischen Schülern in den Klassenstufen 6 bis 10. In M. Lehrke & L. Hoffmann (Hrsg.), *Schülerinteressen am naturwissenschaftlichen Unterricht* (S. 39–51). Köln: Aulis.

Sinharay, S., Stern, H.S. & Russell, D. (2001). The use of multiple imputation for the analysis of missing data. *Psychological Methods, 6*(4), 317–329.

Sjöberg, L. (1984). Interests, effort, achievement and vocational preference. *British Journal of Educational Psychology, 54*(2), 189–205.

Skaalvik, E.M. & Rankin, R.J. (1990). Math, verbal, and general academic self-concept: The internal/external frame of reference model and gender differences in self-concept structure. *Journal of Educational Psychology, 82*(13), 546–554.

Skaalvik, E.M. & Rankin, R.J. (1992). Math and verbal achievement and self-concepts: Testing the internal/external frame of reference model. *Journal of Early Adolescence, 12*, 267–279.

Skaalvik, E.M. & Rankin, R.J. (1995). A test of the internal/external frame of reference model at different levels of math and verbal self-perception. *American Educational Research Journal, 32*(1), 161–184.

Skaalvik, E.M. & Valas, H. (1999). Relations among achievement, self-concept and motivation in mathematics an language arts. A longitudinal study. *Journal of Experimental Education, 67*, 135–149.

Skinner, E.A. & Belmont, M.J. (1993). Motivation in the classroom: Reciprocal effects of teacher behavior and student engagement across the school year. *Journal of Educational Psychology, 85*(4), 571–581.

Slavin, R.E. (1994). *Educational psychology: Theory and practice*. Boston, MA: Allyn and Bacon.

Slavin, R.E. (1996). Research on cooperative learning and achievement: What we know, what we need to know. *Contemporary Educational Psychology, 21*(1), 43–69.

Smith, J.L., Sansone, C. & White, P.H. (2007). The Stereotyped Task Engagement Process: The Role of Interest and Achievement Motivation. *Journal of Educational Psychology, 99*(1), 99–114.

Snijders, T.A.B. & Bosker, R. (1994). Modeled Variance in two-level models. *Sociological Methods & Research, 22*, 342–363.

Snow, R.E., Corno, L. & Jackson, D.I. (1996). Individual differences in affective and conative functions. In D. Berliner & R. Calfee (Hrsg.), *Handbook of educational psychology* (S. 243–310). London, England: Macmillan Library Reference.

Sparfeldt, J.R. (2006). *Berufsinteressen hochbegabter Jugendlicher*. Münster: Waxmann.

Sparfeldt, J.R., Rost, D.H. & Schilling, S.R. (2004). Schulfachspezifische Interessen – ökonomisch gemessen. *Psychologie in Erziehung und Unterricht, 51*(3).

Stanat, P. & Kunter, M. (2001). Geschlechtsunterschiede in Basiskompetenzen. In D. PISA-Konsortium (Hrsg.), *PISA 2000 – Basiskompetenzen von Schülerinnen und Schülern im internationalen Vergleich* (S. 251–269). Opladen: Leske + Budrich.

Stanat, P. & Kunter, M. (2002). Geschlechterspezifische Leistungsunterschiede von Fünfzehnjährigen im internationalen Vergleich. *Zeitschrift für Erziehungswissenschaft, 5*(1), 28–48.

Stanat, P., Watermann, R., Trautwein, U., Brunner, M. & Krauss, S. (2003). Multiple Zielerreichung in Schulen: Das Beispiel der Laborschule Bielefeld – Eine Evaluation mit Instrumenten aus Schulleistungsuntersuchungen. *Die Deutsche Schule, 95*(4), 394–412.

Stark, R., Gruber, H. & Mandel, H. (1998). Motivationale und kognitive Passungsprobleme beim komplexen situierten Lernen. *Psychologie in Erziehung und Unterricht, 45*(3), 202–215.

Stark, R. & Mandl, H. (2000). Konzeptualisierung von Motivation und Motivierung im Kontext situierten Lernens. In U. Schiefele & K.P. Wild (Hrsg.), *Interesse und Lernmotivation: Untersuchungen zu Entwicklung, Förderung und Wirkung* (S. 95–115). Münster: Waxmann.

Steiger, J.H. (1980). Tests for comparing elements of a correlation matrix. *Psychological Bulletin, 87*(2), 245–251.

Steltmann, K. (1992). Forschungen zum Lehrer: Lehrerbeurteilung und Lehrereffektivität. In K. Ingenkamp, R. Jäger, H. Petillon & B. Wolff (Hrsg.), *Empirische Pädagogik 1970–1990 in der BRD* (S. 565–573). Weinheim: Deutscher Studien Verlag.

Stigler, J.W., Gonzales, P., Kawanaka, T., Knoll, S. & Serrano, A. (1999). *The TIMSS Videotape classroom study: Methods and findings from an exploratory research project on eighth-grade mathematics instruction in Germany, Japan, and the United States*. Los Angeles, CA: U.S. Department of Education, Office of Educational Research and Improvement.

Stipek, D.J. (1996). Motivation and instruction. In D. Berliner & R. Calfee (Hrsg.), *Handbook of educational psychology* (S. 85–113). New York: Simon and Schuster Macmillan.

Stodolsky, S. & Grossman, P. (1995). The impact of subject matter on curricular activity: An analysis of five academic subjects. *American Educational Research Journal, 32*(2), 227–249.

Stodolsky, S., Salk, S. & Glaessner, B. (1991). Student views about learning math and social studies. *American Educational Research Journal, 28*(1), 89–116.

Streblow, L. (2004). *Bezugsrahmen und Selbstkonzeptgenese*. Münster: Waxmann.

Tajfel, H. (1982). Social psychology of intergroup relations. *Annual Review of Psychology, 33*, 1–39.

Tajfel, H. & Turner, J.C. (1986). The social identity theory of intergroup behaviour. In S. Worchel & W. Austin (Hrsg.), *Psychology of intergroup relations* (S. 7–24). Chicago: Nelson-Hall.

Tarnai, C. (2001). Erziehungsziele. In D.H. Rost (Hrsg.), *Handwörterbuch Pädagogische Psychologie* (S. 146–152). Weinheim: Beltz.

Tausch, R. (1982). Wie kann ich als Lehrer echter, einfühlsamer und wärmer-sorgender werden? In D.H. Rost (Hrsg.), *Entwicklungspsychologie für die Grundschule* (S. 106–132). Bad Heilbrunn: Klinkhardt.

Tay, M.P., Licht, B.G. & Tate, R.L. (1995). The internal/external frame of reference model in adolescents' math and verbal self-concepts: A generalization study. *Contemporary Educational Psychology, 20*(4), 392–402.

Tesser, A. (1988). Toward a self-evaluation maintenance model of social behavior. In L. Berkowitz (Hrsg.), *Advances in experimental social psychology* (Bd. 21, S. 181–227). San Diego, CA: Academic Press.

Thibadeau, E.F. (2001). Open classroom: learning and teaching. In N. Smelser & P.B. Baltes (Hrsg.), *International encyclopedia of the social and behavioral sciences* (Bd. 16, S. 10863–10867). Oxford: Elsevier.

Tobias, S. (1994). Interest, prior knowledge, and learning. *Review of Educational Research, 64*(1), 37–54.

Todt, E. (1967). *Differentieller Interessentest (DIT)*: Bern: Hans Huber.

Todt, E. (1978). *Das Interesse*. Bern: Huber.

Todt, E. (1995). Entwicklung des Interesses. In H. Hetzer (Hrsg.), *Angewandte Entwicklungspsychologie des Kindes- und Jugendalters* (S. 213–264). Heidelberg: Quelle & Meyer.

Todt, E. (2000). Geschlechtsspezifische Interessen – Entwicklung und Möglichkeiten der Modifikation. *Empirische Pädagogik, 14*(3), 215–254.

Todt, E. (2004). Interessen als Motor und als Folge der Sozialisation. *Empirische Pädagogik, 18*(4), 382–409.

Todt, E., Drewes, R. & Heils, S. (1994). The development of interests during adolescence: Social context, individual differences, and individual significance. In R.K. Silbereisen &

E. Todt (Hrsg.), *Adolescence in context: the interplay of family, school, peers and work in adjustment* (S. 82–95). New York: Springer.

Todt, E. & Schreiber, S. (1998). Development of interests. In L. Hoffmann, A. Krapp, K.A. Renninger & J. Baumert (Hrsg.), *Interest and Learning. Proceedings of the Seeon Conference on Interest and Gender* (S. 25–40). Kiel: Institute for Science Education at the University of Kiel (IPN).

Tracey, T. (2002). Development of interests and competency beliefs: A one-year longitudinal study of fifth- to eighth-grade students using the ICA-R and structural equation modeling. *Journal of Counseling Psychology, 49*(2), 148–163.

Tracey, T. & Ward, C. (1998). The structure of children's interests and competence perceptions. *Journal of Counseling Psychology, 45*(3), 290–303.

Trautner, H.M. (1995). Boys' and girls' play behavior in same-sex and opposite-sex pairs. *Journal of Genetic Psychology, 156*(1), 5–15.

Trautner, H.M., Helbing, N., Sahm, W.B. & Lohaus, A. (1988). Unkenntnis – Rigidität – Flexibilität: Ein Entwicklungsmodell der Geschlechtsrollen-Stereotypisierung. *Zeitschrift für Entwicklungspsychologie und Pädagogische Psychologie, 20*(2), 105–120.

Trautwein, U. & Baeriswyl, F. (2007). Wenn leistungsstarke Klassenkameraden ein Nachteil sind: Referenzgruppeneffekte bei Übertrittsentscheidungen. *Zeitschrift für Pädagogische Psychologie, 21*(2), 119–133.

Trautwein, U., Köller, O., Lüdtke, O. & Baumert, J. (2005). Student tracking and the powerful effects of opt-in courses on self-concept: Reflected-glory effects do exist after all. In H.W. Marsh, R.G. Craven & D.M. McInerney (Hrsg.), *New frontiers for self research* (S. 307–327). Greenwich, CT: Information Age.

Trautwein, U. & Lüdtke, O. (2005). Der „Big-Fish-Little-Pond"-Effekt: Forschungsfragen und pädagogische Implikationen. *Zeitschrift für Pädagogische Psychologie, 19*, 137–140.

Trautwein, U., Lüdtke, O., Marsh, H.W., Köller, O. & Baumert, J. (2006). Tracking, Grading, and Student Motivation: Using Group Composition and Status to Predict Self-Concept and Interest in Ninth-Grade Mathematics. *Journal of Educational Psychology, 98*(4), 788–806.

Travers, R.M.W. (1978). *Children's interest.* Kalamazoo, MI: Michigan University, College of Education.

Tucker, L.R. & Lewis, C. (1973). The reliability coefficient for maximum likelihood factor analysis. *Psychometrika, 38*(1), 1–10.

Turner, J.C., Meyer, D.K., Cox, K.E., Logan, C., DiCintio, M. & Thomas, C.T. (1998). Creating contexts for involvement in mathematics. *Journal of Educational Psychology, 90*(4), 730–745.

Vallerand, R.J., Fortier, M.S. & Guay, F. (1997). Self-determination and persistence in a real-life setting: Toward a motivational model of high school dropout. *Journal of Personality and Social Psychology, 72*(5), 1161–1176.

van Dick, L. (1991). Freie Arbeit – offener Unterricht – Projektunterricht – handelnder Unterricht – praktisches Lernen: Versuch einer Synopse. *Pädagogik, 43*(6), 31–34.

Vollmer, H.J. (1982). *Spracherwerb und Sprachbeherrschung. Untersuchungen zur Struktur von Fremdsprachenfähigkeit.* Tübingen: Narr.

von Saldern, M., Littig, K. & Ingenkamp, K. (1986). *Landauer Skalen zum Sozialklima für 4. bis 13. Klassen (LASSO 4–13).* Weinheim: Beltz.

Wade, S.E. (1992). How interest affects learning from texts. In K.A. Renninger, S. Hidi & A. Krapp (Hrsg.), *The role of interest in learning and development*. Hillsdale, NJ: Erlbaum.

Wagenschein, M. (1989). *Verstehen Lernen: Genetisch – Sokratisch – Exemplarisch.* Weinheim: Beltz.

Wagner, J. (1999). *Soziale Vergleiche und Selbsteinschätzungen.* Münster: Waxmann.

Walberg, H.J. & Paik, S.J. (2000). *Effective educational practices* (Bd. 3). Genf, Schweiz: International Academy of Education/International Bureau of Education.

Wang, M.C. (1991). Adaptive instruction: An alternative approach to providing for student diversity. In M. Ainscow (Hrsg.), *Effective schools for all* (S. 134–160). London: David Fulton Publishers.

Wang, M.C., Haertel, G.D. & Walberg, H. (1993). Toward a knowledge base for school learning. *Review of Educational Research, 63*(3), 249–294.

Wang, M.C. & Walberg, H. (1983). Adaptive instruction and classroom time. *American Educational Research Journal, 20*(4), 601–626.

Waterman, A.S. (1982). Identity development from adolescence to adulthood: An extension of theory and review of research. *Developmental Psychology, 18*(3), 341–358.

Waterman, A.S. (1999). Identity, the identity statuses, and identity status development: A contemporary statement. *Developmental Review, 19*(4), 591–621.

Watt, H.M.G. (2004). Development of adolescents' self-perceptions, values, and task perceptions according to gender and domain in 7th- trough 11th-grade Australian students. *Child Development, 75*, 1556–1574.

Weinert, F. (1996). Für und Wider die „neuen Lerntheorien“ als Grundlagen pädagogisch-psychologischer Forschung. *Zeitschrift für Pädagogische Psychologie, 10*(1), 1–12.

Weinert, F. (1998a). Neue Unterrichtskonzepte zwischen gesellschaftlichen Notwendigkeiten, pädagogischen Visionen und psychologischen Möglichkeiten. In Bayerisches Staatsministerium für Unterricht Kultus Wissenschaft und Kunst (Hrsg.), *Wissen und Werte für die Welt von morgen* (S. 101–125). München: Bayerisches Staatsministerium für Unterricht, Kultus Wissenschaft und Kunst.

Weinert, F. (1998b). Vermittlung von Schlüsselqualifikationen. In D. Schade (Hrsg.), *Entwicklungen in Aus- und Weiterbildung. Anforderungen, Ziele, Konzepte* (S. 23–43). Baden-Baden: Nomos Verlagsgesellschaft.

Weinert, F. (2001a). A concept of competence: A conceptual clarification. In D.S. Rychen & L.H. Salganik (Hrsg.), *Defining and selecting key competencies* (S. 45–65). Seattle: Hogrefe & Huber.

Weinert, F. (2001b). Vergleichende Leistungsmessung in Schulen – eine umstrittene Selbstverständlichkeit. In F.E. Weinert (Hrsg.), *Leistungsmessungen in Schulen* (S. 17–31). Weinheim: Beltz.

Weinert, F. & Helmke, A. (1995). Learning from wise Mother Nature or Big Brother Instructor: The wrong choice as seen from an educational perspective. *Educational Psychologist, 30*(3), 135–142.

Weinert, F. & Helmke, A. (1997). *Entwicklung im Grundschulalter*. Weinheim: Psychologie Verlags Union.

White, R.W. (1959). Motivation reconsidered: The concept of competence. *Psychological Review, 66*, 297–333.

Widodo, A. & Duit, R. (2004). Konstruktivistische Sichtweisen vom Lehren und Lernen und die Praxis des Physikunterrichts. *Zeitschrift für Didaktik der Naturwissenschaften, 10*, 232–254.

Widodo, A. & Duit, R. (2005). Konstruktivistische Lehr-Lern-Sequenzen und die Praxis des Physikunterrichts. *Zeitschrift für Didaktik der Naturwissenschaften, 11*, 131–146.

Widodo, A., Duit, R. & Müller, C.T. (2002). *Constructivist views of teaching and learning in practice: Teachers' views and classroom behaviour.* Paper presented at the Annual Meeting of the American Educational Research Association, New Orleans, LA.

Wiechmann, J. (2000). *Zwölf Unterrichtsmethoden. Vielfalt für die Praxis*. Weinheim: Beltz.

Wigfield, A. (1994). Expectancy-value theory of achievement motivation: A developmental perspective. *Educational Psychology Review, 6*, 49–78.

Wigfield, A., Battle, A., Keller, L. & Eccles, J.S. (2002). Sex differences in motivation, self-concept, career aspiration, and career choice: Implications for cognitive development. In A. McGillicuddy-De Lisi & R. De Lisi (Hrsg.), *Biology, society, and behavior: The development of sex differences in cognition. Advances in applied developmental psychology.* Westport, CT: Ablex Publishing.

Wigfield, A. & Eccles, J.S. (1989). Test anxiety in elementary and secondary school students. *Educational Psychologist, 24*(2), 159–183.

Wigfield, A. & Eccles, J.S. (1992). The development of achievement task values: A theoretical analysis. *Developmental Review, 12*(3), 265–310.

Wigfield, A. & Eccles, J.S. (2000). Expectancy-value theory of achievement motivation. *Contemporary Educational Psychology, 25*(1), 68–81.

Wigfield, A. & Eccles, J.S. (2002a). The development of competence beliefs, expectancics for success, and achievement values from childhood through adolescence. In A. Wigfield & J. Eccles (Hrsg.), *Development of achievement motivation. A volume in the educational psychology series.* San Diego, CA: Academic Press.

Wigfield, A. & Eccles, J.S. (2002b). Students' motivation during the middle school years. In J. Aronson (Hrsg.), *Improving academic achievement: Impact of psychological factors on education* (S. 159–184). San Diego, CA: Academic Press.

Wigfield, A., Eccles, J.S., Mac Iver, D., Reuman, D. & Midgley, C. (1991). Transitions at early adolescence: Changes in children's domain-specific self-perceptions and general self-esteem across the transition to junior high school. *Developmental Psychology, 27*(4), 552–565.

Wigfield, A., Eccles, J.S. & Pintrich, P. (1996). Development between the ages of 11 and 25. In D. Berliner & R. Calfee (Hrsg.), *Handbook of educational psychology* (S. 148–185). New York, NY: Macmillan Library.

Wigfield, A., Eccles, J.S., Yoon, K.S., Harold, R.D., Arbreton, A.J.A., Freedman-Doan, C. & Blumenfeld, P.C. (1997). Change in children's competence beliefs and subjective task values across the elementary school years: A three-year study. *Journal of Educational Psychology, 89*(3), 451–469.

Wigfield, A. & Karpathian, M. (1991). Who am I and what can I do? Children's self-concepts and motivation in achievement situations. *Educational Psychologist, 26*, 233–262.

Wild, E., Hofer, M. & Pekrun, R. (2001). Psychologie des Lernens. In A. Krapp & B. Weidenmann (Hrsg.), *Pädagogische Psychologie* (S. 207–280). Weinheim: Beltz.

Wild, K.-P. (2000). Die Bedeutung betrieblicher Lernumgebungen für die langfristige Entwicklung intrinsischer und extrinsischer motivationaler Lernorientierungen. In U. Schiefele & K.P. Wild (Hrsg.), *Interesse und Lernmotivation: Untersuchungen zu Entwicklung, Förderung und Wirkung* (S. 73–93). Münster: Waxmann.

Wild, K.-P. & Krapp, A. (1996). Die Qualität subjektiven Erlebens in schulischen und betrieblichen Lernumwelten: Untersuchungen mit der Erlebens-Stichproben-Methode. *Unterrichtswissenschaft, 24*, 195–216.

Wild, K.-P., Krapp, A. & Winteler, A. (1992). Die Bedeutung von Lernstrategien zur Erklärung des Einflusses von Studieninteresse auf Lernleistungen. In A. Krapp & M. Prenzel (Hrsg.), *Interesse, Lernen, Leistung. Neuere Ansätze einer pädagogisch-psychologischen Interessenforschung* (S. 9–52). Münster: Aschendorff.

Willet, J.B. (1989). Questions and answers in the measurement of change. *Review of Research in Education, 15*, 345–422.

Williams, J.E. & Montgomery, D. (1995). Using frame of reference theory to understand the self-concept of academically able students. *Journal for the Education of the Gifted, 18*(4), 400–409.

Wischer, B. (2002). *Sozialisationsprozesse an der Laborschule – Eine empirische Untersuchung zur Evaluation einer Reformschule.* Unveröffentliche Dissertation, Universität Bielefeld.

Wubbles, T., Brekelmans, M. & Hooymayers, H. (1992). Do teacher ideals distort the self-reports of their interpersonal behavior? *Teaching and Teacher Education, 8*(1), 47–58.

Yager, R.E. (1991). The constructivist learning model: Towards real reform in science education. *The Science Teacher, 58*(6), 52–57.

Yager, R.E. (1995). Constructivism and the learning of science. In S.M. Glynn & R. Duit (Hrsg.), *Learning science in the schools: Research reforming practice* (S. 35–58). Hillsdale, NJ: Erlbaum.

Yager, R.E. & McCormack, A.J. (1989). Assessing teaching/learning successes in multiple domains of science and science education. *Science Education, 73*(1), 45–58.

Yager, R.E. & Tamir, P. (1993). STS Approach: Reasons, intentions, accomplishments and outcomes. *Science Education, 77*(6), 637–658.

Yager, R.E., Tamir, P. & Huang, D.S. (1992). An STS approach to human biology instruction affects achievement and attitudes of elementary science majors. *The American Biology Teacher, 54*, 349–355.

Yager, R.E., Tamir, P. & Mackinnu, D. (1993). *The effect of a science/technology/society approach on achievement and attitudes of students enrolled in science classes in grades 4 through 9.* Unveröffentliches Manuskript.

Yager, R.E. & Yager, S.O. (1985). Changes in perceptions of science for third, seventh, and eleventh grade students. *Journal of Research in Science Teaching, 22*(4), 347–358.

Yeung, A.S., Lee, J.C. & Wong, H. (2001, April). *Testing Marsh's (1986) frame of reference model of self-concept with bilingual students.* Paper presented at the American Educational Research Association, New Orleans, LA.

Zarrella, K.L. & Schuerger, J.M. (1990). Temporal stability of occupational interest inventories. *Psychological Reports, 66*(3), 1067–1074.

Zimmerman, B.J. (2000). Self-efficacy: An essential motive to learn. *Contemporary Educational Psychology, 25*(1), 82–91.

# Pädagogische Psychologie und Entwicklungspsychologie

HERAUSGEGEBEN VON DETLEF H. ROST

BAND 1

Annette Tettenborn
**FAMILIEN MIT HOCHBEGABTEN KINDERN**
vergriffen

BAND 2

Doris Lewalter
**LERNEN MIT BILDERN UND ANIMATIONEN**
Studie zum Einfluß von Lernermerkmalen auf die Effektivität von Illustrationen
1997, 282 S., 25,50 €, ISBN 978-3-89325-451-4

BAND 3

Jan Gowert Masche
**FAMILIENBEZIEHUNGEN ZWISCHEN SCHULE UND AUSBILDUNG**
1998, 302 S., 25,50 €, ISBN 978-3-89325-547-4

BAND 4

Olaf Köller
**ZIELORIENTIERUNGEN UND SCHULISCHES LERNEN**
1998, 224 S., 25,50 €, ISBN 978-3-89325-611-2

BAND 5

Kai Schnabel
**PRÜFUNGSANGST UND LERNEN**
Empirische Analysen zum Einfluß fachspezifischer Leistungsängstlichkeit auf schulischen Lernfortschritt
1998, 224 S., 25,50 €, ISBN 978-3-89325-612-9

BAND 6

Rainer Pior
**SELBSTKONZEPTE VON VORSCHULKINDERN**
Empirische Untersuchungen zum Selbstkonzept sozialer Integration
1998, 168 S., 19,50 €, ISBN 978-3-89325-598-6

BAND 7

Jürgen Wegge
**LERNMOTIVATION, INFORMATIONSVERARBEITUNG, LEISTUNG**
vergriffen

BAND 8

Beate Schreiber
**SELBSTREGULIERTES LERNEN**
Entwicklung und Evaluation von Trainingsansätzen für Berufstätige
vergriffen

BAND 9

Karl-Heinz Arnold
**FAIRNESS BEI SCHULSYSTEMVERGLEICHEN**
Diagnostische Konsequenzen von Schulleistungsstudien für die unterrichtliche Leistungsbewertung und binnenschulische Evaluation
1999, 212 S., 25,50 €, ISBN 978-3-89325-728-7

BAND 10

Dietmar Grube
**ARBEITSGEDÄCHTNIS UND ZEITVERARBEITUNG IM ALTER**
1999, 166 S., 25,50 €, ISBN 978-3-89325-739-3

BAND 11

Jürgen W.L. Wagner
**SOZIALE VERGLEICHE UND SELBSTEINSCHÄTZUNGEN**
Theorien, Befunde und schulische Anwendungsmöglichkeiten
1999, 258 S., 25,50 €, ISBN 978-3-89325-764-5

BAND 12

Sabine Gruehn
**UNTERRICHT UND LERNEN**
Schüler als Quellen der Unterrichtsbeschreibung
2000, 256 S., 25,50 €, ISBN 978-3-89325-757-7

BAND 13

Ulrike Sirsch
**PROBLEME BEIM SCHULWECHSEL**
Die subjektive Bedeutung des bevorstehenden Wechsels von der Grundschule in die weiterführende Schule
2000, 228 S., 25,50 €, ISBN 978-3-89325-758-4

BAND 14

Gerd Schulte-Körne
**LESE-RECHTSCHREIBSCHWÄCHE UND SPRACHWAHRNEHMUNG**
Psychometrische und neurophysiologische Untersuchungen zur Legasthenie
2001, 288 S., 25,50 €, ISBN 978-3-89325-790-X

BAND 15

Detlef H. Rost
**HOCHBEGABTE UND HOCHLEISTENDE JUGENDLICHE**
Neue Ergebnisse aus dem Marburger Hochbegabtenprojekt
2000, 430 S., 25,50 €, ISBN 978-3-89325-685-7

BAND 16

Klaus-Peter Wild
**LERNSTRATEGIEN IM STUDIUM**
Strukturen und Bedingungen
vergriffen

BAND 17

Sigrid Hübner
**DENKFÖRDERUNG UND STRATEGIEVERHALTEN**
2000, 160 S., 25,50 €, ISBN 978-3-89325-792-6

BAND 18

Cordula Artelt
**STRATEGISCHES LERNEN**
2000, 300 S., 25,50 €, ISBN 978-3-89325-793-4

BAND 19

Bettina S. Wiese
**BERUFLICHE UND FAMILIÄRE ZIELSTRUKTUREN**
2000, 272 S., 25,50 €, ISBN 978-3-89325-867-1

BAND 20

Gerhard Minnameier
**ENTWICKLUNG UND LERNEN – KONTINUIERLICH ODER DISKONTINUIERLICH?**
Grundlagen einer Theorie der Genese komplexer kognitiver Strukturen
2000, 216 S., 25,50 €, ISBN 978-3-89325-886-8

BAND 21

Gerhard Minnameier
**STRUKTURGENESE MORALISCHEN DENKENS**
Eine Rekonstruktion der Piagetschen Entwicklungslogik und ihre moraltheoretischen Folgen
2000, 214 S., 25,50 €, ISBN 978-3-89325-887-6

BAND 22

Elmar Souvignier
**FÖRDERUNG RÄUMLICHER FÄHIGKEITEN**
Trainingsstudien mit lernbeeinträchtigten Schülern
2000, 200 S., 25,50 €, ISBN 978-3-89325-897-3

BAND 23

Sonja Draschoff
**LERNEN AM COMPUTER DURCH KONFLIKTINDUZIERUNG**
Gestaltungsempfehlungen und Evaluationsstudie zum interaktiven computerunterstützten Lernen
2000, 338 S., 25,50 €, ISBN 978-3-89325-924-4

BAND 24

Stephan Kröner
**INTELLIGENZDIAGNOSTIK PER COMPUTERSIMULATION**
2001, 128 S., 25,50 €, ISBN 978-3-8309-1003-7

BAND 25

Inez Freund-Braier
**HOCHBEGABUNG, HOCHLEISTUNG, PERSÖNLICHKEIT**
2001, 206 S., 25,50 €, ISBN 978-3-8309-1070-3

BAND 26

Oliver Dickhäuser
**COMPUTERNUTZUNG UND GESCHLECHT**
Ein-Erwartung-Wert-Modell
2001, 166 S., 25,50 €, ISBN 978-3-8309-1072-X

BAND 27

Knut Schwippert
**OPTIMALKLASSEN: MEHREBENEN-ANALYTISCHE UNTERSUCHUNGEN**
Eine Analyse hierarchisch strukturierter Daten am Beispiel des Leseverständnisses
2002, 210 S., 25,50 €, ISBN 978-3-8309-1095-9

BAND 28

Cornelia Ev Elben

**SPRACHVERSTÄNDNIS BEI KINDERN**

Untersuchungen zur Diagnostik im Vorschul- und frühen Schulalter

2002, 216 S., 25,50 €, ISBN 978-3-8309-1119-X

BAND 29

Marten Clausen

**UNTERRICHTSQUALITÄT: EINE FRAGE DER PERSPEKTIVE?**

Empirische Analysen zur Übereinstimmung, Konstrukt- und Kriteriumsvalidität

2002, 232 S., 25,50 €, ISBN 978-3-8309-1071-1

BAND 30

Barbara Thies

**VERTRAUEN ZWISCHEN LEHRERN UND SCHÜLERN**

2002, 288 S., 25,50 €, ISBN 978-3-8309-1151-3

BAND 31

Stefan Fries

**WOLLEN UND KÖNNEN**

Ein Training zur gleichzeitigen Förderung des Leistungsmotivs und des induktiven Denkens

2002, 292 S., 25,50 €, ISBN 978-3-8309-1031-2

BAND 32

Detlef Urhahne

**MOTIVATION UND VERSTEHEN**

Studien zum computergestützten Lernen in den Naturwissenschaften

2002, 190 S., 25,50 €, ISBN 978-3-8309-1177-7

BAND 33

Susanne R. Schilling

**HOCHBEGABTE JUGENDLICHE UND IHRE PEERS**

Wer allzu klug ist, findet keine Freunde?

2002, 262 S., 25,50 €, ISBN 978-3-8309-1074-6

BAND 34

Ingmar Hosenfeld

**KAUSALITÄTSÜBERZEUGUNGEN UND SCHULLEISTUNGEN**

2002, 210 S., 25,50 €, ISBN 978-3-8309-1073-8

BAND 35

Tina Seidel

**LEHR-LERNSKRIPTS IM UNTERRICHT**

Freiräume und Einschränkungen für kognitive und motivationale Lernprozesse – eine Videostudie im Physikunterricht

2003, 196 S., 25,50 €, ISBN 978-3-8309-1248-X

BAND 36

Ulrich Trautwein

**SCHULE UND SELBSTWERT**

Entwicklungsverlauf, Bedeutung von Kontextfaktoren und Effekte auf die Verhaltensebene

2003, 270 S., 25,50 €, ISBN 978-3-8309-1296-X

BAND 37

Olaf Köller

**KONSEQUENZEN VON LEISTUNGSGRUPPIERUNGEN**

2004, 300 S., 25,50 €, ISBN 978-3-8309-1205-6

BAND 38

Corinna Schütz

**LEISTUNGSBEZOGENES DENKEN HOCHBEGABTER JUGENDLICHER**

„Die Schule mach' ich doch mit links"

2004, 242 S., 25,50 €, ISBN 978-3-8309-1355-9

BAND 39

Joachim Wirth

**SELBSTREGULATION VON LERNPROZESSEN**

2004, 274 S., 25,50 €, ISBN 978-3-8309-1352-4

BAND 40

Tina Hascher

**WOHLBEFINDEN IN DER SCHULE**

2004, 321 S., 25,50 €, ISBN 978-3-8309-1354-0

BAND 41

Stephanie Schreblowski

**TRAINING VON LESEKOMPETENZ**

Die Bedeutung von Strategien, Metakognition und Motivation für die Textverarbeitung

2004, 156 S., 25,50 €, ISBN 978-3-8309-1356-7

BAND 42

Lilian Streblow
**BEZUGSRAHMEN UND SELBSTKONZEPTGENESE**
2004, 146 S., 25,50 €, ISBN 978-3-8309-1353-2

BAND 43

Oliver Böhm-Kasper
**SCHULISCHE BELASTUNG UND BEANSPRUCHUNG**
Eine Untersuchung von Schülern und Lehrern am Gymnasium
2004, 284 S., 25,50 €, ISBN 978-3-8309-1383-4

BAND 44

Margarete Imhof
**ZUHÖREN UND INSTRUKTION**
Empirische Ansätze zu psychologischen Aspekten auditiver Informationsverarbeitung
2004, 206 S., 25,50 €, ISBN 978-3-8309-1423-7

BAND 45

Petra Wagner
**HÄUSLICHE ARBEITSZEIT FÜR DIE SCHULE**
Eine Typenanalyse
2005, 175 S., 25,50 €, ISBN 978-3-8309-1435-0

BAND 46

Britta Kohler
**REZEPTION INTERNATIONALER SCHULLEISTUNGSSTUDIEN**
Wie gehen Lehrkräfte, Eltern und die Schulaufsicht mit Ergebnissen schulischer Evaluationsstudien um?
2005, 377 S., 25,50 €, ISBN 978-3-8309-1466-2

BAND 47

Cornelia S. Große
**LERNEN MIT MULTIPLEN LÖSUNGSWEGEN**
2005, 200 S., 25,50 €, ISBN 978-3-8309-1467-9

BAND 48

Anne Levin
**LERNEN DURCH FRAGEN**
Wirkung von strukturierenden Hilfen auf das Generieren von Studierendenfragen als begleitende Lernstrategie
2005, 228 S., 25,50 €, ISBN 978-3-8309-1473-0

BAND 49

Britta Pohlmann
**KONSEQUENZEN DIMENSIONALER VERGLEICHE**
2005, 188 S., 25,50 €, ISBN 978-3-8309-1441-9

BAND 50

Christiane Pruisken
**INTERESSEN UND HOBBYS HOCHBEGABTER GRUNDSCHULKINDER**
Formeln statt Fußball?
2005, 248 S., 25,50 €, ISBN 978-3-8309-1472-3

BAND 51

Mareike Kunter
**MULTIPLE ZIELE IM MATHEMATIKUNTERRICHT**
2005, 296 S., 25,50 €, ISBN 978-3-8309-1559-1

BAND 52

Dietmar Grube
**ENTWICKLUNG DES RECHNENS IM GRUNDSCHULALTER**
Basale Fertigkeiten, Wissensabruf und Arbeitsgedächtniseinflüsse
2005, 188 S., 25,50 €, ISBN 978-3-8309-1572-0

BAND 53

Oliver Lüdtke
**PERSÖNLICHE ZIELE JUNGER ERWACHSENER**
2006, 298 S., 25,50 €, ISBN 978-3-8309-1610-9

BAND 54

Thiemo Müller-Kalthoff
**VORWISSEN UND NAVIGATIONSHILFEN BEIM HYPERTEXTLERNEN**
2006, 182 S., 25,50 €, ISBN 978-3-8309-1583-6

BAND 55

Jörn R. Sparfeldt
**BERUFSINTERESSEN HOCHBEGABTER JUGENDLICHER**
2006, 282 S., 25,50 €, ISBN 978-3-8309-1672-7

BAND 56

Susanne Narciss
**INFORMATIVES TUTORIELLES FEEDBACK**
Entwicklungs- und Evaluationsprinzipien auf der Basis instruktions psychologischer Erkenntnisse
2006, 304 S., 25,50 €, ISBN 978-3-8309-1641-3

BAND 57

Andrea Lenzner
**WOMEN IN MATHEMATICS**
A Cross-Cultural Comparison
2006, 216 S., 25,50 €, ISBN 978-3-8309-1642-0

BAND 58

Silvio Herzog
**BEANSPRUCHUNG UND BEWÄLTIGUNG IM LEHRERBERUF**
Eine salutogenetische und biografische Untersuchung im Kontext unterschiedlicher Karriereverläufe
2007, 448 S., 29,90 €, ISBN 978-3-8309-1770-0

BAND 59

Andrea Heiß
**DESORIENTIERUNG BEIM LERNEN MIT HYPERMEDIEN**
Förderung struktureller und konzeptioneller Orientierung
2007, 256 S., 25,50 €, ISBN 978-3-8309-1826-4

BAND 60

Ulrike-Marie Krause
**FEEDBACK UND KOOPERATIVES LERNEN**
2007, 230 S., 25,50 €, ISBN 978-3-8309-1806-6

BAND 61

Maria Bannert
**METAKOGNITION BEIM LERNEN MIT HYPERMEDIEN**
Erfassung, Beschreibung und Vermittlung wirksamer metakognitiver Strategien und Regulationsaktivitäten
2007, 300 S., br., 25,50 €, ISBN 978-3-8309-1872-1

BAND 62

Uwe Heim-Dreger
**IMPLIZITE ANGSTDIAGNOSTIK BEI GRUNDSCHULKINDERN**
2007, 192 S., br., 25,50 €, ISBN 978-3-8309-1886-8

BAND 63

Erwin Beck, Matthias Baer, Titus Guldimann, Sonja Bischoff, Christian Brühwiler, Peter Müller, Ruth Niedermann, Marion Rogalla, Franziska Vogt
**ADAPTIVE LEHRKOMPETENZ**
Analyse und Struktur, Veränderung und Wirkung handlungsstreuenden Lehrerwissens
2008, 214 S., br., 25,50 €, ISBN 978-3-8309-1936-0

BAND 64

Nele McElvany
**FÖRDERUNG VON LESEKOMPETENZ IM KONTEXT DER FAMILIE**
2008, 298 S., br., 25,50 €, ISBN 978-3-8309-1899-8

BAND 65

Katrin Rakoczy
**MOTIVATIONSUNTERSTÜTZUNG IM MATHEMATIKUNTERRICHT**
Unterricht aus der Perspektive von Lernenden und Beobachtern
2008, 240 S., br., 25,50 €, ISBN 978-3-8309-1897-4

BAND 66

Katrin Lohrmann
**LANGEWEILE IM UNTERRICHT**
2008, 236 S., br., 25,50 €, ISBN 978-3-8309-1896-7

BAND 67

Tobias Ringeisen
**EMOTIONS AND COPING DURING EXAMS**
A dissection of cultural variability by means of the tripartite self-construal model
2008, 300 p., pb., 25,50 €, ISBN 978-3-8309-1898-1

BAND 68

Isabelle Hugener
**INSZENIERUNGSMUSTER IM UNTERRICHT UND LERNQUALITÄT**
Sichtstrukturen schweizerischen und deutschen Mathematikunterrichts in ihrer Beziehung zu Schülerwahrnehmung und Lernleistung – eine Videostudie
2008, 262 S., br., 25,50 €, ISBN 978-3-8309-2023-6

Waxmann
Münster / New York
München / Berlin
*www.waxmann.com*